吕梁年鉴

LVLIANG YEARBOOK

2020

中共吕梁市委党史研究室
吕梁市地方志研究室 编

方志出版社
Publishing House of Local Records

吕梁市地方志编纂委员会

名誉主任　李正印
主　　任　王立伟
副 主 任　张广勇　刘振国　张稳科　任　忠　周昌盛
　　　　　王阳平　权　威　薛　波　耿万林　李鸿作

吕梁市地方志编纂委员会办公室

主　　任　李鸿作
副 主 任　李成明　薛　斌　李保生

《吕梁年鉴（2020）》编纂人员

主　　编　李鸿作
副 主 编　李成明　薛　斌　李保生
执行主编　李保生
编　　审　李永民　郭晓频　梁明旺　李小明　温智新
　　　　　史学勤　文　宏　闫金平
编　　辑　张卫兵　张建梅　冯学斌　阴月兰　王　娟
　　　　　任林莉　杜文斌　雷晓晴　王建玲　王小华
　　　　　李建华　邱朝晖　康瑞芳　李林英　刘翠翠
　　　　　薛晓明　郝治文　杨　鑫　卫晋鹏　冯　宏
　　　　　郭艳芳
校　　对　张国鑫　李　远　白　杨　弓艳华　杜彩萍
　　　　　王苗苗　杨朝晖

编纂说明

一、《吕梁年鉴（2020）》坚持以马克思列宁主义、毛泽东思想、邓小平理论、“三个代表”重要思想、科学发展观、习近平新时代中国特色社会主义思想为指导，坚持辩证唯物主义和历史唯物主义的立场、观点和方法，全面客观地记载了2019年吕梁市的政治、经济、社会、文化等方面的基本情况、重要事项和变化，系统汇集了2019年的重要资料，具有一定的权威性、系统性、史料性和参考性，是社会各界人士了解吕梁、研究吕梁、建设吕梁的重要文献资料。

二、《吕梁年鉴（2020）》除文献及部分附录外，记述时限均为2019年1月1日至12月31日。

三、《吕梁年鉴（2020）》采用条目式分类编排，设类目、分目、条目三个层次。

四、《吕梁年鉴（2020）》的原始资料由吕梁市直各部门、山西省驻市单位和各县（市、区）提供，有关统计资料来源于吕梁市统计局。

▲ 2019年6月14日，山西省政协副主席、吕梁市委书记李正印（前排右二）在磁窑河交城段调研

▲ 2019年8月4日，吕梁市委副书记、市政府市长王立伟（前排右三）在吕梁市区供热工地调研

▲ 2019年7月15日，吕梁市委副书记、政法委书记张广勇（右一）在市委政法委信息中心调研

▲ 2019年11月12日，吕梁市人大常委会主任郝月生（右三）在石楼县调研

▲ 2019 年 11 月 12 日，吕梁市委常委、纪委书记、监委主任张稳科（前排左二）在方山县调研

▲ 2019 年 8 月 30 日，吕梁市委常委、军分区司令员周昌盛（左三）在离石区人武部调研

◀ 2019年6月13日，吕梁市委常委、组织部部长、统战部部长秦书义（左二）在文水县调研

▲ 2019年9月28日，吕梁市委常委、市政府常务副市长李建国（左三）在岚县调研

▲ 2019年9月29日，吕梁市委常委、宣传部部长任忠（右一）在汾阳市慰问老党员

▲ 2019年6月17日，吕梁市委常委、离石区委书记梁志勇（左四）在离石区莲花街道办调研

▲ 2019年4月3日，吕梁市委常委、中阳县委书记乔晓峰（左二）参加中阳县植树造林活动

▲ 2019年6月14日，吕梁市政府副市长李俊平（右二）在吕梁市中医院调研

▶ 2019年4月5日，吕梁市政府副市长杨巨才（左三）在柳林县调研

▲ 2019年3月27日，吕梁市政府副市长、市公安局局长李安林（左三）在兴县调研

▲ 2019年5月7日，吕梁市政府副市长尉文龙（右三）在石楼县调研

▲ 2019年4月2 日，吕梁市政府副市长刘晋萍（右一）在离石区调研

▲ 2019年7月9日，吕梁市中级人民法院院长杨泽民（右二）在文水县人民法院调研

▲ 2019年11月26日，吕梁市人民检察院检察长郭鸿（右二）在兴县慰问被害人家属

▲ 世纪广场

▲ 离石区千年滑雪场

▲ 吕梁汽车客运总站

▲ 吕梁大土河集团

▲ 民间剪纸传承人王计汝作品

▲ 刘胡兰纪念馆

▲ 交城卦山天宁寺

▲ 离石区信义镇归化村大型实景剧——“沟梁上的土疙瘩”

▲ 吕梁市首届半程马拉松赛

序

“治天下者以史为鉴，治郡国者以志为鉴”。习近平总书记指出：“要高度重视修史修志，让文物说话，把历史智慧告诉人们，激发我们的民族自豪感和自信心，坚定全体人民振兴中华、实现中国梦的信心和决心。”习近平总书记关于地方志工作的重要论述，是新时代做好地方志工作的根本遵循和行动指南。地方志工作要实现高质量发展，必须把握发展大势，紧扣时代脉搏，围绕人民群众对美好生活期盼和切身感受，用精品记录新时代，为新时代新气象新作为留下真实、鲜活、生动、翔实的记录，肩负起时代赋予的崇高使命。

盛世修志，志载盛世。地方志是中华民族优秀传统文化的根与魂，积淀着中华民族优秀传统文化最深层的精神追求，代表着中华民族独特的精神标识。地方综合年鉴是系统记述本行政区域自然、政治、经济、文化、社会等方面情况的年度资料性文献，是传承文明的重要工具。年鉴编纂工作一定要坚持以习近平新时代中国特色社会主义思想为指导，肩负起为国存史的历史担当，弘扬“修志问道，执笔著史”的方志人精神，执着守望，精雕细琢，编纂出资辅当前、存鉴后世、经得起历史和人民检验的精品佳作，使后代在对历史深入思考中鉴往知来、汲取智慧，凝聚精神、赢得未来。

2019年，是中华人民共和国成立70周年，是吕梁在“两转”基础上拓展新局面的攻坚之年。《吕梁年鉴（2020）》的编纂工作得到了省委党史研究院（省地方志研究院）领导和专家的鼎力支持和悉心指导；得到了市、县两级供稿单位及编纂人员的紧密配合和通力协作。综览《吕梁年鉴（2020）》，全书共65万字，设29个类目，186个分目，全面、系统、客观、翔实地记载了吕梁市2019年度深化改革、扩大开放、脱贫攻坚、区域发展、社会民生等方面的施政实效；记录了经济和社会各项事业发展的新成就新经验；记录了出现的新情况、新问题以及涌现出的优秀人物和典型事迹，为推动吕梁发展留下了宝贵的历史借鉴。

地方志编纂工作是市委、市政府确立的一项重要文化建设工程。综合年鉴是地方志的重要内容，是志书“存史、资政、育人”功能的延续，是地方志工作“为当代服务”功能的延续。在实现“两个一百年”奋斗目标和中华民族伟大复兴中国梦的新征程中，望史志工作者再谱新篇、再铸辉煌，开创吕梁史志事业新局面，为全市经济社会发展做出新的更大贡献。

是为序。

中共吕梁市委常委、宣传部长、副市长 田安平

目　录

文　献

2019年大事记

市情概览

中国共产党吕梁市委员会

吕梁市人民代表大会

吕梁市人民政府

中国人民政治协商会议吕梁市委员会

中国共产党吕梁市纪律检查委员会
吕梁市监察委员会

民主党派　工商联

群众团体

法　　治

军　事

经济管理和监督

工业经济

农林　水利

交通　运输

邮政　通信

城乡建设

环境保护

财政　税务

金　融

商贸　服务业

教　育

科学技术

卫生　体育

文化　旅游

社会生活

县(市、区)概览

附　　录

在中共吕梁市委四届八次全体会议上的工作报告（节选）

省政协副主席、吕梁市委书记　李正印

（2019年12月30日）

市委四届六次全会暨经济工作会议以来，市委常委会深入学习贯彻习近平新时代中国特色社会主义思想，认真贯彻习近平总书记视察山西重要讲话精神，全面贯彻党的十九大和十九届二中、三中、四中全会精神，认真落实中央、省委各项决策部署，切实履行把方向、管大局、作决策、保落实职责，按照确定的贯彻"四项重大要求"、推进"十大举措"总体工作思路，召开45次常委会研究部署工作，团结带领全市党员干部群众攻坚克难、砥砺前行，推动吕梁在"两转"基础上全面拓展党的建设和党的事业新局面。

中央政治局委员、国务院扶贫开发领导小组组长胡春华同志专程来我市调研脱贫攻坚工作，看望贫困群众和基层扶贫干部，对我市扶贫工作给予肯定，更坚定了我们打赢脱贫攻坚战的信心和决心。省委高度重视吕梁工作，省委书记楼阳生同志多次对吕梁工作提出要求，省委副书记、代省长林武同志包联石楼县，省委常委、纪委书记王拥军同志主题教育联系吕梁，省委常委、统战部长徐广国同志包联中阳县，还有多位省领导来吕梁调研指导，充分体现了省委对吕梁工作的关心和支持。

市委常委会坚持把党的政治建设摆在首要位置，始终把高举旗帜、维护核心作为最大的政治，带头树牢"四个意识"，坚定"四个自信"，做到"两个维护"。坚持把学习贯彻习近平新时代中国特色社会主义思想、习总书记视察山西重要讲话精神作为长期政治任务，市委四届六次、七次全会作出部署，持续强化理论武装，推动党员干部以理论上的清醒保证政治上的坚定。坚持先学思想后作决策，市委常委会22次、中心组17次学习习总书记重要论述，原文学习《纲要》《选编》等重点书目，重温习总书记“三篇光辉文献”，3次举行集中学习研讨，召开第三次学用经验交流会，不断提升学用水平，确保吕梁各项工作始终沿着正确方向前进。坚持党的创新理论学习往实里走、往基层走，全市培训干部3.2万余人次。为党员干部订阅发放《纲要》21万余册，发放量全省第一。广泛开展理论宣讲，全市累计宣讲1万余场、受众100多万人次。及时跟进宣传阐释党的十九届四中全会精神，市县460多个宣讲团深入基层宣讲，新闻媒体广泛宣传，持续推动学用党的创新理论向基层延伸、向全体党员拓展、向广大群众覆盖。坚持从市委常委会做起，以上率下团结带领全市各级党组织和广大党员干部群众，坚决贯彻落实党中央、省委各项决策部署，召开脱贫攻坚、转型发展、生态环保、教育工作、全面从严治党等方面20多个重要会议部署推进，组织开展贯彻落实习总书记视察山西重要讲话精神情况组织检查，推动各项工作落到实处，切实提升“两个维护”的能力和实效。

一年来，吕梁发生了重大变化，各项工作取得了新成绩。全国森林质量精准提升论坛、全省特色产业扶贫现场会、全省退役军人服务保障体系建设推进会等重要会议在我市召开。吕梁荣获“2019中国最具生态竞争力城市”、省级“双拥”模范城等荣誉称号，孝义市“全国文明城市”成功复牌，市退役军人事务局获“全国退役军人工作模范单位”，舞剧《吕梁英雄传》获全国精神文明建设“五个一”工程奖，李廷俊同志荣获第七届全国道德模范称号，是我省唯一入选、吕梁第一个全国道德模范。“吕梁山护工”培训就业入选全国家政服务业发展典型案例，光伏扶贫获全省脱贫攻坚组织创新奖。经济发展稳中有进、稳中向好，多项主要经济指标居于全省前列。

一、精心组织开展重大活动和主题教育，全市上下爱党爱国热情和使命担当意识明显增强。常委会认为，按照中央、省委决策部署，抓好事关全局的重大活动，对教育引导党员干部群众坚定维护中国共产党领导、坚持走中国特色社会主义道路、奋力开创吕梁各项事业发展新局面具有重大意义。

一是热烈庆祝中华人民共和国成立70周年。我们专门研究制定《活动方案》，组织党员干部集中收看庆祝中华人民共和国成立70周年大会，开展了一系列形式多样、丰富多彩的活动，城乡国旗飘飘、群情振奋，营造了共庆祖国华诞、共享伟大荣光、共筑复兴伟业的浓厚氛围。开展了“我和我的祖国”主题宣传教育活动，组织传唱爱国歌曲、革命传统教育等活动195场，与中国煤矿文工团联合举办大型音乐会《我的祖国》，唱响了礼赞新中国、奋进新时代的主旋律。举办了“弘扬吕梁精神、决胜脱贫攻坚”大型图片暨书画展，组织了“壮丽70年奋斗新时代”大型主题系列报道活动，中央媒体刊发了《治黄70年：吕梁山区筑起“绿色长城”》等一批稿件，全方位、多角度、多层面集中反映了建国70年来特别是党的十八大以来我市发生的巨大变化和取得的成就。

二是扎实开展“不忘初心、牢记使命”主题教育。我们深入学习贯彻习总书记关于“不忘初心、牢记使命”的重要论述，深刻认识开展主题教育对一度时期成为腐败重灾区的吕梁更具现实紧迫性和针对性。认真落实中央、省委关于主题教育的决策部署，聚焦主题主线，紧扣目标要求，常委会14次研究部署，坚持“四个到位”，高标准、严要求推进主题教育。贯通推进四项重点措施，系统化推进学习教育、可转化推进调查研究、清单化推进检视问题、项目化推进整改落实。常委班子成员带头讲党课12次，全市各级党组织书记讲党课1.5万次，引领促进党员干部深刻理解领悟党的创新理论。常委班子成员开展两轮集中调研，市县两级县级以上领导干部共形成调研报告940篇，及时召开调研成果交流会，促进调研成果转化为具体工作举措。狠抓专项整治整改，贯通落实中央专项整治和省委整改要求，把深化放管服效改革、优化营商环境专项整治作为自选动作。深入开展“三服务”，主动解决群众的操心事烦心事揪心事，为基层群众办实事7620件。全市各级党组织召开专题民主生活会、组织生活会，党内政治生活的质量普遍提升。坚持边改边建、推进制度建设，市委制定完善了常委班子成员集中调研工作制度等9项制度，以制度形式巩固主题教育成果。

三是精心组织“改革创新、奋发有为”大讨论。我们按照省委部署，集中三个月时间，聚焦“六个破除、六个着力、六个坚持”，举办改革创新先进典型报告会，开展对标一流述职评议。制订对标一流整改提升清单，狠抓整改提升。组织万名干部入企进村服务，宣讲政策，发现问题，解决问题，为企业和群众排忧解难。扎实推进落实一批重点工作、推进一批重大改革、选树一批弘扬吕梁精神典型“三个一批”自选动作。全市上下进行了一场学习的革命、思想的革命、工作的革命，有效激发了干部群众对标一流、开拓创新的潜能，全市形成了改革再出发的良好态势。

二、集中力量攻坚深度贫困，坚决打赢脱贫攻坚决胜之战。常委会认为，吕梁作为全国14个集中连片特困地区之一，要始终坚持把脱贫攻坚作为“十三五”期间的头等大事和第一民生工程，咬定目标、尽锐出战，坚决攻克深度贫困堡垒，确保吕梁人民同全国、全省人民一道迈入全面小康社会。

全力攻坚深度贫困。连续第三年春节后一上班召开脱贫攻坚大会，部署实施“4336”行动计划。出台支持深度贫困县10条措施，市级新增财力的70%用以倾斜支持。组建3个工作组，进驻深度贫困县，督促工作落实。孝义、柳林、汾阳分别拿出5000、3000、2000万元开展对口帮扶，合力打赢深度贫困攻坚硬仗。今年剩余的临县、兴县、石楼3个深度贫困县已进入脱贫摘帽程序，脱贫攻坚取得决定性胜利。

持续打响“三大品牌”。生态扶贫，超额完成“三个100万亩”，1301个农民造林合作社、2.05万贫困群众参与，人均增收6000元。“吕梁山护工”培训就业，持续打造“诚信、勤劳、专业”品牌，今年培训1.29万人、就业7095人，累计培训4.9万人、就业2.6万人，就业辐射全国8省20多个城市。光伏扶贫，建成光伏扶贫电站714座，总规模57.1万千瓦，1129个贫困村、5.9万贫困群众受益。

扎实解决“两不愁三保障”突出问题。健康扶贫，开展大病、重病、慢病“三个一批”救治行动，救治率达99%以上。教育扶贫，实现学前教育到大学教育各阶段贫困家庭学生上学资助政策全覆盖，20万人次贫困家庭学生受益。兜底保障，农村低保标准提高，实现动态管理下的应保尽保。饮水安全，建设改造862处农村饮水安全工程，49.8万群众受益。住房安全，完成危房改造1.47万户，农村危房全部“清零”。易地搬迁，87个安置点全部竣工，搬迁入住11.4万人，配套后续扶持产业76个，推动群众搬得出、稳得住、能脱贫。

不断巩固脱贫成果。强化“交总账”意识，落实“四不摘”政策，持续加大扶贫资金投入力度，加强项目监管，提高扶贫绩效。夯实脱贫基础，全面推广扶贫“一码清”管理经验，做到户情村情乡情县情“一码清”，动态跟踪、靶向施策，不断提高脱贫质量。狠抓问题整改，上级督查、巡视等反馈的问题全部整改，有效提升脱贫成色。

将脱贫攻坚与乡村振兴有机衔接。持续打造红枣、核桃、小杂粮、中药材、食用菌、畜牧养殖等特色产业，加快推进“一乡一特一园区”“一村一品一基地”建设，举办两届吕梁名特优功能食品展销会，签约项目总额达41.56亿元。11月以来，组织县市区每周一县在山西展览馆举办农产品展销活动，促进农村群众增收。推进乡村人才振兴，录用农业院校专业人才170名，吸引本土人才回归1959人，培训新型职业农民3934人。持续开展“传承好家风、争当文明户”活动，累计评选文明户34.7万户，引领农村风尚。召开美丽宜居乡村建设推进会，首批推进建设95个示范村。发挥党建引领作用，坚持创建、规范、整顿并举，通过农村软弱涣散党组织整顿和乡村干部培训，持续扶志扶智，激发内生动力，促进打赢脱贫攻坚战、推进乡村全面振兴。

三、加快转变经济发展方式，转型发展呈现持久强劲态势。常委会认为，近年来吕梁经济发展由“疲”转“兴”、转型发展态势强劲，要坚定不移贯彻新发展理念，持续巩固良好态势，不断加快转型步伐，努力走出具有吕梁特色的资源型地区高质量发展新路子。

加快传统产业改造升级。以能源革命综合改革试点为牵引，落实年初出台的“增气减煤、控量提效、延长链条”15项举措，推动煤炭、焦化、钢铁分别退出落后产能570万吨、211万吨、140万吨。加快推动焦化产业向焦化园区集中，17个现代煤化工项目建成投产。举办煤焦化工产业绿色发展研讨会，签约总投资208亿元的16个煤炭转型项目。全市煤成气开采7.2亿立方米，产量排名全省第三。光伏、风力发电项目投产装机规模达157万千瓦。

积极培育壮大新兴产业。新材料产业，推进全省规模最大、装备技术水平最高的中铝华润一期43万吨轻合金铝项目全面投产，柳林县铝基新材料产业集聚区被列为全省首批特色产业集聚区试点。大数据产业，成功举办第三届大数据产业发展推进会，19个项目成功签约，华为山西（吕梁）大数据中心建成，智慧警务、智慧环保等平台稳定运行，中交智慧、软通动力等项目加快推进，“吕梁通”APP上线运行并不断拓展应用。文化旅游业，持续打造“吕梁，一个令人向往的地方”旅游品牌，举办首届吕梁文学季、第四届中国古村镇大会等，推动文化旅游深度融合发展，央视财经频道对我市有关工作作了报道。汾阳市贾家庄村被评为全国乡村旅游重点村。1—11月，全市旅游接待人次、总收入分别增长19%、19.8%。白酒业，成功举办第三届世界酒文化博览会和第20届国际烈性酒大奖赛，推进中汾酒城10万吨白酒项目建成投产，着力打造国际驰名的清香型白酒基地。1—11月，全市白酒产量增长34.5%，非煤产业增加值增速比规上工业增加值增速高2.6个百分点，第三产业对经济增长贡献率近50%，转型动能加速集聚、日益强劲。

着力打造良好营商环境。通报表扬80户优秀企业，重奖23户先进民营企业，举办民营企业家转型创新素质提升高级研修班，着力打造“守法、诚信、廉洁、创新”的吕梁新时代优秀企业家队伍。认真落实减税降费政策，全市新增减税35亿元、降费5.7亿元，预计全年减税45亿元。开展深化放管服效改革、优化营商环境专项整治，市级层面取消下放24项行政职权事项，129项审批事项实现网上申请办理，10项实现“不见面审批”，“一枚印章管审批”正式运行。加快推进转型项目建设，1—11月，全市新入库项目667个，同比增加101个，完成投资179.2亿元，占固定资产投资比重为37.4%。

四、坚定不移推进改革创新，有效激发吕梁发展动力活力。常委会认为，吕梁改革“补考”“赶考”任务都很重，要统筹抓好各领域改革，突出抓一批事关全局的重大改革事项，持续以创新厚植动能、以改革激发活力，不断增强吕梁发展的后劲。

持续深化人才体制机制改革。深入实施百千万人才工程，新聘请47名院士专家，累计聘请112名院士专家为我市转型发展顾问，新引进高层次科技人才136名，遴选“三晋英才”325名，新建3个院士专家工作站，累计建成8个，为我市发展提供了有力的人才和技术支撑。

大力推进循环经济园区电网改革。吕梁局域电网混改方案、电解铝到户电价0.3元/度的操作方案等获省同意，局域电网安稳系统建成投运，电网支撑负荷由20万千瓦提高到40万千瓦。扩大电力市场直接交易规模，82户用电企业参与市场化电力直接交易，预计全年交易电量达50亿千瓦时、节约用电成本8000万元。

积极推进开发区改革创新发展。连续两年召开开发区改革创新发展推进会，原有5个省级开发区全面推行绩效工资制，去年新获批的3个开发区管委会领导班子基本配齐，今年方山生态文化旅游示范区获省同意设立。2个开发区开展管运分离改革试点，3个开发区实施市场化选聘高级管理人员。1—11月，全市开发区签约项目52个、总投资357亿元，已开工项目29个、总投资102.45亿元，引擎作用进一步显现。

加快推进国资国企改革。成立吕梁市国有资本投资运营公司，专门召开动员大会，扎实推进国有企业改革。大力支持汾酒集团深度混改，汾酒集团成为我省首家整体上市国企。离柳集团在推进现代企业制度改革的同时，积极盘活集团闲置资产，投资建立的吕安危化应急救援基地，被确定为“全国应急救援产业市场化试点单位”。

始终坚持以开放促改革。市党政代表团先后到江西、浙江、深圳以及省转型综改示范区学习考察，主动对标找差，激发了争先进位意识，明确了努力方向和目标。内蒙古乌海市党政代表团以及日本文华传媒株式会社、北京思源政通科技集团、山西交控集团等企业负责人来我市考察交流、推进合作，携手实现共赢发展。连续两年召开进出口贸易工作推进会，13个县市区外贸进出口全部“破零”。1—11月，全市进出口总额40亿元，增长5.2%，总量排名全省第四。积极组织企业参加第二届进博会，我市总成交额达1.92亿美元，排名全省第一。

五、持续发力保障改善民生，群众获得感幸福感安全感不断增强。常委会认为，让老百姓过上好日子是我们一切工作的出发点和落脚点，要坚持在发展中保障和改善民生，着力解决群众最关心最直接最现实的利益问题，不断增进民生福祉，让人民群众共享改革发展成果。

坚持优先发展教育事业。召开全市教育大会，出台《关于加快教育改革发展的若干意见》等文件，努力办好人民满意的教育。加强与清华附中等院校合作，提升我市基础教育水平。全市普惠性幼儿园建设超省定任务，义务教育办学模式改革覆盖所有县市区，高中教育质量稳步提升，今年高考二本B类以上达线人数创历史新高。成功举办二青会吕梁赛事，参赛项目获19枚金牌，金牌总数名列全省第三。

持续提升医疗服务水平。加快建设总投资17亿元的市级医疗卫生园区，为乡镇卫生院引进医学院大学毕业生150名，全市每万人全科医生数由1.3人提高到1.8人、接近全国平均水平。建成全民健康信息系统平台，打造县域综合医改信息化平台，完成全员人口信息、电子健康档案、电子病历数据库建设，实现25家二级以上医院与省、市平台双向互联互通。开展医德医风专项整治，大力宣传李廷俊同志先进事迹，推动医护人员坚守医者仁心。

不断完善社会保障体系。截至11月底，全市城乡居民基本养老保险、工伤保险、失业保险参保人数分别达212.8万、37.8万、32.2万人，分别完成年度任务的110.8%、99.5%、98.3%，城乡居民医疗保险参保人数达304万人，参保率达95%。稳步推进养老保险制度改革，落实国家、省社会保险降费政策，全年可为企业减负4亿元以上。加强医保信息化建设，建设网上“医保服务大厅”，全省首家实现异地就医微信自助备案。

扎实推进平安吕梁建设。召开全市防范化解重大风险工作会议，分析形势、部署工作，坚决打好防范化解重大风险攻坚战。二青会吕梁赛事、建国70周年大庆等安保工作圆满完成。深入推进扫黑除恶专项斗争，共打掉黑恶势力犯罪团伙123个，取得重大战果。大力推广新时代“枫桥经验”，市县两级综治中心全部建成，城乡基层治理体系不断完善。扎实推进安全生产和信访维稳工作，社会大局保持和谐稳定。

六、发展社会主义民主政治，民主法治建设迈出坚实步伐。常委会认为，我国社会主义民主是维护人民根本利益的最广泛、最真实、最管用的民主，要坚持党的领导、人民当家作主、依法治国有机统一，不断巩固和发展生动活泼、安定团结的政治局面。

扎实推进民主政治建设。支持人大及其常委会依法行使职权，市人大常委会开展调研28次，听取审议专项工作报告21个，新出台4部地方性法规。支持政协组织履行职能，部署开展“县市区政协协商工作情况调研”，市政协围绕吕梁山生态修复治理等17项内容开展建言献策，提出了一批有价值的意见建议。

不断加强统一战线工作。召开党外人士专题协商座谈会，制定市委向党外人士通报情况和征求意见制度，巩固发展了和衷共济的生动局面。深入推进群团组织改革，“强三性”“去四化”，不断提升群团组织工作水平。全国危险化学品生产企业职工应急处置技能竞赛座谈会、全省首届职工职业劳动保护技能竞赛在我市举办，吕梁市代表队获团体一等奖。

加快法治吕梁建设步伐。两次召开市委全面依法治市委员会会议，研究制定“两规则、一细则”等文件。加强立法工作，《吕梁市大气污染防治条例》《吕梁市水污染防治条例》《吕梁市碛口古镇保护条例》《吕梁市横泉水库饮用水水源保护条例》等地方性法规正式颁布。深化司法体制改革，提升公共法律服务水平，实现“一村（社区）一法律顾问”。加强法治宣传教育，举办“12·4”国家宪法日宣传周等活动，持续推进法治宣传进农村，在吕梁电视台开设《法治吕梁》栏目，微视频《甘泉》荣获第三届“我与宪法”微视频征集活动全国一等奖。市中级人民法院、文水县人民法院被评为“2019年度全国法院司法宣传先进单位”。

七、加强宣传思想文化工作，凝聚起开拓奋进的强大力量。常委会认为，文化自信是更基本、更深沉、更持久的力量，要持续加强和改进宣传思想文化工作，促进全市人民在思想上精神上紧紧团结在一起，不断凝聚起奋进新时代、开拓新局面的强大力量。

坚持培育和践行社会主义核心价值观，不断夯实思想道德基础。加快新时代文明实践中心建设，全市乡级挂牌40%、村级挂牌20%，交城县作为省级试点示范县覆盖率达100%，临县被确定为国家级建设新时代文明实践中心试点县。发挥先进典型引领作用，在市区打造了社会主义核心价值观一条街，全市打造了汾阳栗家庄村等9个示范点，带动社会主义核心价值观建设。广泛举行弘扬吕梁精神先进典型展播、最美“吕梁山护工”宣传等活动，推动全市形成见贤思齐的良好氛围。

积极传承和弘扬优秀传统文化，加快推动文化繁荣发展。组团参加第四届山西文博会，集中展示了我市中阳剪纸、孝义皮影、岚县面塑等非遗产品，交城堆绫、兴县刺绣、方山木雕等文创产品。成功举办首届吕梁文学季，莫言、阿来、梁晓声等60多位文学大家齐聚吕梁，为文化兴吕注入新活力。积极打造文艺精品，舞剧《打金枝》在山西大剧院首演，道情戏《碛口雁来》入选国家艺术基金大型舞台剧资助项目。开展文化惠民活动，组织了“放歌新时代、文化进万家”系列活动，持续开展免费送戏下乡，覆盖148个乡镇、700个村，全市村级文化中心普及率达97%以上，群众文化生活日益丰富。

八、全面加强生态环境保护，美丽吕梁建设步伐明显加快。常委会认为，吕梁集生态脆弱和结构性污染于一体，要深入学习贯彻习近平生态文明思想，坚持问题导向，采取超常举措，坚决打赢污染防治攻坚战，努力建设天蓝、地绿、气净、水清的美丽吕梁。

扎实推进污染防治攻坚。召开生态环境保护暨污染防治攻坚推进会，部署实施生态环保“八大工程”。加强大气污染防治，779座工业炉窑完成环保设施升级治理，累计排查清理燃煤锅炉7182台。完成农村清洁供暖改造12.7万户，市区集中供热基本实现全覆盖，其余县市城区覆盖率达90%以上。1—11月，我市环境空气质量综合指数排名全省第三、优良天数排名全省第二，PM2.5平均浓度、改善幅度、优良天数三项主要指标在汾渭平原11个城市中排名第一。加强水污染防治，清理河道垃圾138万立方米，封堵排污口287处，吕梁市区污水收集管网工程建成投运，实施15个污水处理厂保温提标改造工程，推动水质达标排放。加强土壤污染防治，开展工业固体废物堆存场所环境整治，规范化整治121处。持续开展化肥、农药零增长行动，积极推广使用利于回收农膜，坚决打好农业面源污染防治攻坚战。

狠抓生态环保问题整治。扎实推进中央、省环保督察反馈意见整改，统筹实施精准治污、科学治污、依法治污，75项整改任务完成54项，其余按要求积极推进。综合运用“人防、技防、联防”，充分应用“大数据+环保”，建设16座跨界断面水质自动监测站，设置133个空气质量数字化监测点，全天候监控、精准化施策，有效推动环境问题整治。特别是针对一季度水环境污染问题突出的被动局面，大力实施“七个一批”“六大专项行动”，开展打击生态环境领域违法犯罪百日会战，依法快侦快办并公开通报生态环境违法案件50起，形成强大震慑。全市河流断面水质1—11月与1—3月相比，河流指数由37.72降至18.12，降幅51.96%，水质明显改善。

持续加强生态保护修复。大规模开展国土绿化行动，召开春季、秋季造林绿化动员会，连续三年每年造林100多万亩，全市森林覆盖率居全省第三。严格落实河长制，出台深化河长制改革《工作方案》，建立“河长+河长助理+河流警长+巡河员”工作机制，引进无人机巡河，全年开展河长巡河4.5万人次，发现问题238个、解决236个。加快推进水土流失治理，完成治理面积70万亩。

九、纵深推进全面从严治党，持续巩固风清气正政治生态。常委会认为，吕梁“两转”之后党风廉政建设和反腐败斗争形势依然严峻复杂，必须牢记习总书记“代价不能白付、教训必须汲取”的教诲，坚持“治”不忘“危”、“兴”不忘“忧”，始终把全面从严治党紧紧抓在手上，持续净化政治生态，决不能让吕梁风清气正的政治生态出现反复。

坚决扛牢压实主体责任。常委会坚持每季度听取党风廉政建设和反腐败斗争情况汇报，分析研判形势，研究解决问题。召开市委四届七次全会，对全面从严治党作出“七个坚持”新部署。召开贯通落实“两个责任”情况汇报点评会，听取13个县市区委、纪委责任落实情况汇报，逐一点评，指出问题，推动“两个责任”贯通落实。召开市委党建工作领导小组会议、农村基层组织建设工作座谈会等会议，3次听取县市区委书记、县市区乡镇党委书记代表和农村党组织书记代表工作汇报，传导压力，压实责任。

保持正风反腐高压态势。出台《关于持续保持正风反腐高压态势的实施意见》，聚焦解决“不敬畏、不在乎，不履职、不负责，不收敛、不收手，不担当、不作为”等“八不”问题，加大案件查处力度，深化标本兼治。部署开展2轮常规巡察、2轮扶贫领域专项巡察，强化问题整改，巡察利剑作用进一步彰显。组织拍摄《法纪不容触碰》《迷失的初心》警示教育片，持续开展警示教育，通过以案说纪说法，引导广大党员干部筑牢拒腐防变的思想防线。

积极引导干部担当作为。树立正确选人用人导向，提拔129名驻村帮扶干部、31名新时代新担当新作为干部，有效调动干部积极性。大力弘扬吕梁精神，选树宣传30个弘扬吕梁精神先进典型，编印先进事迹汇编，引导党员干部把吕梁精神用在当今时代。加大对基层干部关爱力度，实现乡镇党政正职、农村“两委”主干体检全覆盖。

持续深入推进“三基建设”。出台深化“三基建设”《实施方案》，推动“三基建设”全面进步。专门召开会议部署，集中整顿软弱涣散基层党组织，排查出的软弱涣散基层党组织全部完成整顿。持续推进街道“大工委”、社区“大党委”建设试点工作，统筹抓好各领域基层党建，着力建强战斗堡垒。行政村集体经济收益全部“破零”，年收益5万元以上村占比达72.3%。实施基层干部专业能力提升工程，累计培训基层干部9.95万人次，实施农村干部学历提升工程，每个行政村至少一名党员干部接受学历提升教育，基层干部履职能力明显提升。在抓好以上重点工作的同时，统筹推进其他方面工作，都取得了新进展新成效。

常委会将坚持以习近平新时代中国特色社会主义思想为指导，进一步深入贯彻落实党的十九届四中全会精神和习总书记“三篇光辉文献”精神，认真落实中央、省委决策部署，聚焦脱贫攻坚“交总账”、全面建成小康社会，不忘初心、牢记使命，攻坚克难、锐意进取，奋力谱写吕梁党的建设和党的事业发展新篇章。

吕梁市人民政府工作报告

——在吕梁市第三届人民代表大会第七次会议上

吕梁市人民政府市长 王立伟

（2020年4月21日）

一、2019年工作回顾

2019年是中华人民共和国成立70周年，是我市在“两转”基础上拓展新局面的攻坚之年。一年来，在市委坚强领导下，全市上下坚持以习近平新时代中国特色社会主义思想为指导，全面贯彻党的十九大和十九届二中、三中、四中全会精神，深入学习贯彻习近平总书记“三篇光辉文献”精神，聚焦“三大目标”，实施“十大举措”，全市经济发展保持了总体平稳、稳定向好态势，社会各项事业取得较好成绩。

全年地区生产总值完成1512.1亿元，增长5.7%，总量再创历史新高；规模以上工业增加值完成963.2亿元，增长4.6%，总量连续三年保持全省第一；一般公共预算收入完成192.6亿元，增长10.2%，总量连续三年保持全省第二；固定资产投资完成523.3亿元，增长11.2%，增幅全省第二；社会消费品零售总额增长7.7%，城乡居民人均可支配收入分别增长6.8%、10.3%。市区优良天数达280天，全省排名第二；秋冬季大气污染综合治理攻坚行动中，市区PM2.5平均浓度最低、改善幅度最大、优良天数最多，再次排名汾渭平原11个城市第一。省政府“八件民生实事”圆满完成。

一年来，我们主要做了以下工作：

（一）聚焦深度贫困持续发力，脱贫攻坚决战决胜。聚焦“交总账”目标，脱贫攻坚交出一份厚实的“吕梁答卷”，兴县、临县、石楼3个深度贫困县脱贫摘帽，退出286个贫困村，减贫7.69万人，截至去年底全市10个贫困县全部脱贫摘帽，1439个贫困村全部退出，累计减贫58.5万人，贫困发生率降至0.18%。脱贫攻坚“吕梁模式”不断创新，一批重点工作走在全国全省前列，生态扶贫、吕梁山护工、光伏扶贫三张品牌持续打响。在3月6日全国决战决胜脱贫攻坚座谈会上，习近平总书记再次肯定了我市组建造林合作社、推进生态扶贫的做法，这是党的领袖对吕梁革命老区的惦念、牵挂和关怀，更是对我们工作的勉励、激励和鞭策；“吕梁山护工”品牌入选全国家政服务业发展典型案例；光伏扶贫荣获全省2019年脱贫攻坚组织创新奖。“两不愁三保障”突出问题得到有效解决，教育扶贫、健康扶贫等工作取得扎实成效，“一码清”管理、“一保通”扶贫保险等做法全省推广。以“石楼小镇”为典型的风格别致、风情浓郁的移民安置点相继建成，11.4万户群众喜迁新居。广大干部群众和社会各界在脱贫攻坚主战场上越战越勇，用担当奉献诠释了新时代“吕梁精神”！

（二）经济发展质量效益稳步提升，由高

速增长阶段转向高质量发展阶段。稳步推进工业结构持续反转，煤炭产业占工业经济比重下降0.9个百分点，制造业占比提高1.2个百分点。全力打造五大产业集群，产业结构由一煤独大向多业支撑转变，吕梁铝镁新材料产业园区加快建设，中润公司一期25万吨合金铝产能投产，铝镁产业占工业经济比重达9.5%；成功举办第20届布鲁塞尔国际烈性酒大赛和第三届世界酒文化博览会，推动汾酒集团与中汾酒城深度合作释放产能7万吨，白酒占工业经济比重达11%；战略性新兴产业和高技术制造业占比达到3.5%。全市旅游总收入、接待游客人数均实现18%以上增长。第三产业增加值增长6.5%，对经济增长的贡献率达46.7%，成为经济增长的重要支撑。工业技改投资完成119亿元，总量位居全省首位，转型动能加速集聚、日益强劲！

（三）大力加强生态文明建设，生态环境持续改善。强力推进“治污、控煤、管车、降尘”和应对重污染天气，连续两年市区环境空气质量综合指数、PM2.5平均浓度降幅均在15%以上，领先汾渭平原，好于京津冀及周边地区平均水平。坚持“人防、技防、联防”综合施策，扎实推进“七个一批”“六大专项行动”，9条重点河流指数由2018年的31.06%降至17.3%，全市重点城镇污水收集处理率达75%，汾河流域沿线9个重点乡镇生活污水处理厂建成投运。持续实施“三个100万亩生态工程”，森林覆盖率全省排名第三，我市荣获全国“2019最具生态竞争力城市”称号，吕梁蓝、吕梁绿成为我市最鲜明的底色！

（四）不断深化重点领域改革，发展动能持续增强。认真贯彻“四个革命、一个合作”能源安全新战略，能源革命综合改革试点稳步推进，全市煤矿先进产能占比达70%以上。8个省级经济开发区全部推行“三化三制”改革，方山生态文化旅游示范区获批。22户国有企业“三供一业”分离移交工作全部完成，离柳集团债转股进展顺利，汾酒集团整体上市，吕梁农商行获批筹建。联盛破产重整计划执行完成，实现“平稳重整”，稳步向“涅槃重生”推进。积极组织基金招商、股权招商，“数谷吕梁”推介会等招商平台知名度和影响力不断提升。新聘院士专家47名，建成院士专家工作站7个。减税降费45亿元，有效激发各类市场主体活力。13个县（市、区）外贸进出口全部“破零”，第二届国际进博会上成交总额1.92亿美元，全省排名第一，开放的吕梁正在加速崛起！

（五）实施乡村振兴战略，农业农村经济加快发展。农业产业化水平不断提高，“一乡一特一园区、一村一品一基地”建设取得积极成效，成立红枣、核桃等8大产业联盟，成功创建“全国农业综合标准化示范市”，方山肉牛等11个农业循环经济园区基本成型，岚县成功创建“山西省特色花海基地”，全省特色产业扶贫现场会在我市召开。连续举办第三、第四届名特优功能食品展销会，“吕粮山猪”直供香港，交口食用菌出口韩国，兴县中药材参加“中国品牌商品（中东欧）展”，柳林沟门前碗团成为“中华品牌行”知名品牌，全市特色农产品“走出去”步伐明显加快。扎实推进农村产权制度改革，我市成为全国整市推进试点市，石楼、临县、兴县率先开展“三变”改革，513个行政村股份经济合作社改革有序推进，农村改革迈出坚实步伐！

（六）狠抓基础设施建设，城乡面貌大幅改观。围绕提升中心城区功能与品质，完成“二青会”比赛场馆周边城市风貌整治、东川河人行步道等10项工程，吕梁一中、吕梁师范高等专科学校、国投财经中心、医疗卫生园区、群艺馆等一批项目加快建设，吕梁中心城区建设焕发新的活力。静兴、祁离高速公路进展顺利，国道209吕梁新区段改线工程全线开工，黄河一号旅游公路一期主线基本贯通。全力推动以路水电气为主的农村基础设施提档升级，用三年时间集中补齐多年来的欠账短板，建成“四好农村路”2223公里，位居全省前列；新建改造农村饮水工程888处，惠及53.5万人。大力推进“百村示范、千村整治”，高标准打造美丽宜居示范村95个，近1000个村庄初步实现干净整洁有序，城乡区域发展协调性显著增强！

（七）更加重视社会民生事业发展，改革发展成果更多更公平惠及人民群众。坚持把教育工作放在优先发展的战略地位，启动市区29个中小学、幼儿园项目建设，学前三年毛入园率超过全省平均水平，高考二本B类以上达线1.55万人，创历史新高。农村建档立卡贫困人口医保政策全面落实，全市综合医改信息化平台、县域内外“一站式”结算服务平台建成运行。农村低保人均提标600元，特困供养标准和65周岁以上人员基础养老金大幅提升。农村、社区“两委”主干年人均报酬分别达到2.9万元、4.1万元，较上年翻了近一番。组织庆祝中华人民共和国成立70周年系列活动，红色经典舞剧《吕梁英雄传》荣获中宣部“五个一工程”优秀作品奖。成功举办吕梁首届文学季、第四届中国古村镇大会，高标准承办“二青会”蹦床、艺术体操比赛。吕梁荣获省级“双拥”模范城，岚县创建国家园林城市。安全生产形势持续好转，生产安全事故起数和死亡人数实现“双下降”。深入开展扫黑除恶专项斗争，打掉涉黑涉恶犯罪团伙123个，社会大局保持和谐稳定，人民群众获得感幸福感安全感不断提升！

（八）全面加强自身建设，政府治理能力不断提高。深入开展“不忘初心、牢记使命”主题教育。严格落实政府系统全面从严治党主体责任，坚持不懈推进党风廉政建设和反腐败斗争。完成市县政府机构改革。贯彻“基层减负年”工作要求，文件数量、会议和督查次数大幅减少。数字政府建设全面启动，“吕梁通”APP上线运行。“13710”督办制度深化拓展，政府效能不断提升。启动“一枚印章管审批”，首批划转事项集中度80.9%，超省定任务3.9个百分点。认真办理市人大代表建议和政协委员提案，办结率100%。支持各民主党派、人民团体工作，国防动员、人民防空、民兵预备役建设进一步加强，粮食供销、外事侨务、文物保护、防震减灾、民族宗教、史志、对台、气象等工作取得新进步。

今年以来，面对突如其来的新冠肺炎疫情，全市上下坚决贯彻落实习近平总书记关于“统筹推进疫情防控和经济社会发展”重要指示精神，科学研判疫情走势，精准实施防控措施，全面推行“五包一”工作机制，在“双返”“双防”中织牢织密防控网，做到早发现、早诊断、早报告、早隔离、早治疗，确诊患者、疑似病例在全省率先实现全部清零，疫情防控战役取得决定性胜利。截至4月20日已连续75天无新增确诊病例，连续78天无新增疑似病例。坚持“疫情防控一刻不能停、复工复产一天不能误”，提前谋划、及早准备、及时调度“四后”工作，全市各行业各领域在全省率先复工复产，消费市场开始活跃，一季度经济运行实现良好开局，高三年级顺利复学，生产生活秩序基本恢复。在这场严峻斗争中，全市各级党员干部冲锋在前、英勇奋战，医务工作者和援鄂医疗队员白衣执甲、逆行出征，广大基层干部、公安干警、志愿者不惧风雨、坚守一线，广大群众众志成城、踊跃参与，涌现出一大批可歌可泣的先进典型和感人事迹，体现了全市人民在大战大考中同舟共济、守望相助的家国情怀和敢打硬仗、顽强拼搏的吕梁精神！

过去的一年，面对经济下行压力，全市高质量转型发展取得积极进展，成绩来之不易。这是习近平新时代中国特色社会主义思想和“三篇光辉文献”科学指引、生动实践的结果，是省委省政府亲切关怀、坚强领导的结果，是市委团结带领全市人民奋力拼搏、攻坚克难的结果，是市人大和市政协有效监督、大力支持的结果。

在肯定成绩的同时，我们清醒地认识到，我市经济社会发展还面临不少困难和挑战，发展不平衡不充分的问题还比较突出，结构性、体制性、素质性矛盾尚未根本解决；“三农”和脱贫攻坚短板弱项还比较多，产业扶贫基础还不够牢固；水污染问题还比较突出，防治任务仍然艰巨；城市功能还不够完善，中心城市辐射带动能力不够强；公共卫生服务体系还不健全，基层医疗卫生人才队伍建设比较滞后；少数干部担当意识不强，政府治理效能有待进一步提升。特别是新冠肺炎疫情的发生，对群众生活、企业生产、市场秩序形成较大影响。我们必须进一步增强“四个意识”，坚定“四个自信”，做到“两个维护”，切实把思想和行动统一到党中央对当前形势判断和今年经济社会发展的大政方针上来，统一到省委省政府的安排部署上来，统一到省委楼阳生书记吕梁调研重要讲话精神上来，在市委的坚强领导下，统筹推进疫情防控和经济社会发展，坚持底线思维，增强忧患意识，把困难考虑得更充分一些，把问题研究得更透彻一些，把措施准备得更周全一些，紧抓国家中部崛起战略机遇期，抢抓黄河流域生态环境保护和高质量发展等国家战略带来的发展机遇，万众一心加油干、越是艰险越向前，坚决在大战大考中夺取双胜利！

二、2020年工作安排

2020年是全面建成小康社会和“十三五”规划的收官之年，是第一个百年奋斗目标的实现之年，克服疫情影响，做好全年工作十分重要。今年政府工作的总体要求是：以习近平新时代中国特色社会主义思想为指导，全面贯彻党的十九大和十九届二中、三中、四中全会精神，深入学习贯彻习近平总书记“三篇光辉文献”，增强“四个意识”、坚定“四个自信”、做到“两个维护”，按照中央、省委经济工作会议部署，贯彻市委“1234”发展思路，紧扣全面建成小康社会目标任务，坚持稳中求进工作总基调，坚持新发展理念，坚持以脱贫攻坚统揽经济社会发展全局，坚持以供给侧结构性改革为主线，坚持转型为纲、项目为王、改革为要、创新为上，推动高质量发展、高水平崛起、高标准保护、高品质生活，加快建设现代化经济体系，坚决打好三大攻坚战，全面做好“六稳”工作，统筹推进稳增长、促改革、调结构、惠民生、防风险、保稳定各项工作，保持经济运行在合理区间，确保“十三五”规划圆满收官，确保我市与全国、全省同步全面建成小康社会，得到人民认可、经得起历史检验。

今年经济社会发展的主要预期目标是：地区生产总值增长6.1%左右，全社会固定资产投资增长7%以上，社会消费品零售总额增长7%左右，一般公共预算收入增长2%左右，城镇居民和农村居民人均可支配收入分别增长7%以上和8%以上。城镇新增就业3.8万人以上，城镇调查失业率、城镇登记失业率分别控制在6.5%左右、4.5%以内。各项约束性指标不折不扣完成省下达任务。

2020年指标设定，是综合各方面因素，统筹考虑疫情影响和发展需要，科学合理确定的。地区生产总值增速设定在6.1%左右，体现了担当作为、积极进取的要求，同时考虑了我市优势产业向开发区集聚集群发展，铝镁铜新材料、白酒等一批新业态的产值进一步释放。固定资产投资增速设定在7%以上，主要考虑了一批重大产业转型项目、重点交通基础设施项目和重要社会民生项目加快建设，投资规模将达到650亿元以上。一般公共预算收入增速设定在2%左右，主要考虑去年年中实施的减税降费政策，在今年上半年形成较大翘尾减收，去年底转结今年收入较上年有所减少，同时考虑了疫情影响。城镇和农村居民人均可支配收入分别增长7%以上和8%以上，主要考虑公职人员工资和离退休人员待遇逐步提高，同时随着我市特色农业产业发展和脱贫攻坚政策红利释放，农村居民收入可以保持稳定较快增长。对标全面建成小康社会目标任务，我市人均GDP、科研经费投入、战略性新兴产业占比等监测指标与全国全省均有较大差距，农村公共基础设施、人居环境、生态环境存在较大短板，我们一定要紧盯目标和短板，抓重点、强弱项，迎头赶上、缩小差距。另外，需特别说明的是，6月底前汾河流域国考断面全部退出劣Ⅴ类，年底前黄河流域国考断面全部退出劣Ⅴ类，这是贯彻习近平总书记让汾河“水量丰起来、水质好起来、风光美起来”重要指示精神和“三篇光辉文献”精神的标志性成果，我们要在习近平总书记视察山西三周年之际，向总书记和全市人民交上一份满意的答卷！

受疫情影响，完成今年各项预期目标面临不少困难，但也要看到影响是短期的、阶段性的，经济长期向好的基本面没有改变。我们要毫不放松抓好常态化疫情防控，坚持外防输入、内防反弹，及时采取更有针对性措施；抓住国家政策机遇，坚决咬定目标，加大“六保”工作力度，推进企业达产达效，稳住基本盘，培育增长点，危中抢机，化危为机，竭尽全力实现全年目标任务。

在统筹做好各项工作的基础上，重点抓好以下工作：

（一）全力打好三大攻坚战，加快补齐全面建成小康社会短板。坚持问题导向、目标导向、结果导向，全面对标、攻坚克难，确保与全国全省同步全面建成小康社会。

决战完胜脱贫攻坚战。牢记习近平总书记的深情嘱托和亲切关怀，强化交总账、军令状意识，扎实推进脱贫攻坚“1916”年度行动计划和“1+N”工作举措，精准推进“一户一方案、一人一措施”，坚决完成剩余2560户5482人的脱贫任务。不断深化“合作社+”造林模式，引入现代企业治理方式，完善收益分配机制，持续推进“三个100万亩生态工程”；深化护工护理培训就业工作，力争年内培训1.25万人、就业1万人，努力推动吕梁山护工走出国门；实施好“光伏+”项目运维工作，光伏收益80%用于贫困户增收。因地制宜大力发展特色种植养殖业、劳动密集型加工业和服务业，增加贫困群众经营性收入。实施易地扶贫搬迁集中安置点产业就业配套“3+1”行动，推进扶贫车间、农业产业园区、合作组织和农业托管组织“三个全覆盖”，多渠道开发护林员、护路员、巡河员等公益岗位，组织贫困劳动力就近就业，确保搬得出、稳得住、逐步能致富。扎实抓好问题整改，依托“一码清”管理平台建立整改台账，确保6月底前所有问题整改到位，在合格基础上争取优异。聚焦“两不愁三保障”和贫困村基础设施、基本公共服务水平提升，全面补齐短板弱项。围绕完成脱贫攻坚目标任务，切实做到投入力度、扶持政策、帮扶力量“三个不减”和责任落实强化。认真总结提炼脱贫攻坚中的好经验好做法，挖掘先进典型，开展感恩教育，讲好吕梁故事，交好吕梁答卷！

坚决打赢污染防治攻坚战。打好蓝天保卫战，统筹转型、治企、减煤、控车、降尘“五管齐下”，以吕梁市区及周边、平川四县为主战场，全力攻坚大气环境质量突出问题。大力实施清洁供暖工程，市区提高供热能力和质量，各县市城区、开发区、重点乡镇和旅游景区基本实现集中供热全覆盖，农村地区清洁取暖覆盖率力争达60%以上，推动市区环境空气质量持续保持全省领先和汾渭平原前列，平川四县退出全省后10位。打好碧水保卫战，统筹推进饮用水源、黑臭水体、工业废水、城镇污水、农村排水“五水同治”，全力保护修复磁窑河、文峪河、岚河等汾河流域生态，打好入河排污口整治和水污染防治重点工程、城镇污水处理厂保（提）温措施、流域整体联防联控“1+3”组合拳。完成文水、汾阳等6个县市城镇污水处理厂保（提）温提效改造，开工建设交城、孝义（一期）等4个污水处理厂扩容工程，全市15个城镇生活污水处理厂全部达标排放运行；市区建成区生活污水实现全收集全处理，其他12个县市建成区收集处理率达95%以上。上马吕农2×10万吨有机肥加工二期项目，有效处理文水、汾阳周边近百万吨畜禽养殖粪污。打好净土保卫战，以文水县砂坑生态修复治理为重点，有序实施重点地块治理与修复工程；坚决遏制固废非法转移和倾倒，提高危险废物规范化管理和处置水平。持续推进生态修复治理。以54万亩省级营造林和89万亩国家储备林建设为重点，实施吕梁山生态系统保护和修复重大工程。完成71.25万亩水土保持综合治理。加快县域小水网建设，开工建设中阳后师峪、孝义东许等10座调蓄水库，对8座水库除险加固和养护，不断提高抵御旱涝和地质灾害能力。完善生态文明建设体制机制。严格划定落实“三区三线”“三线一单”和主体功能区，完成市县两级国土空间总体规划编制。开展全民绿色行动，倡导绿色低碳生活方式，让绿色消费、绿色出行成为全社会的自觉行动。

全力打好防范化解重大风险攻坚战。深化预算管理改革，优化财政支出结构，保障重点支出需求。加强债务风险防控，用好政府专项债券，规范政府举债融资行为，防范化解隐性债务风险。深化金融体制改革，组建吕梁市股权投资管理公司，设立绿色发展资金，发挥政府投资基金的引领作用，带动更多社会资本投向实体经济。积极防控信用风险，完成汾阳、方山、交口3户农信社改制任务，力争临县、中阳农信社不良贷款出表。持续加强网络经济风险防控和金融秩序整顿，坚决打击网络传销、电信网络诈骗等非法活动。高效稳妥处置各类突发事件，打好防范化解重大风险攻坚战。

三大攻坚战是决胜全面建成小康社会必须跨越的重大关口，我们要尽锐出战、全力攻坚，打好主动仗、下好先手棋，坚决兑现向人民、向历史作出的庄严承诺！

（二）全面贯彻新发展理念，实施千亿产业培育工程。坚持转型为纲，推动现代绿色煤化工、铝镁铜新材料、白酒、大数据和新能源新材料、文化旅游等产业集群集约发展，构建现代产业体系。

加快发展现代绿色煤化工产业。推动孝义、交城、汾阳等煤化工产业园区淘汰落后产能，向现代绿色高端化煤化工方向发展，向山上有环境容量和发展空间的离柳集中区等转移集聚。加快孝义鹏飞集团与美国GCES公司合作的氢能综合利用产业园项目前期工作，推动交城宏特、孝义金州等煤焦油精深加工向炭材料方向延伸，大力发展高端精细化工产品，实现从“原料”到“材料”转变。

大力发展铝镁新材料产业。以局域电网为支撑，以“铝水不落地、建设标准厂房”模式，大力开展定点招商，引进一批铝镁铜新材料加工项目，加快建设吕梁铝镁新材料产业园区。持续推动局域电网扩网增容，建成投用固贤—红旭、蔚汾—红旭两条输电线路，争取临县京能2×35万千瓦发电机组并网，晋能孝义2×35万千瓦电厂建成投产，开工建设华电锦兴2×35万千瓦电厂。

大力推动酒与文化旅游产业融合发展。支持汾酒集团酒类向高中端方向发展，做大做强汾酒、竹叶青、杏花村三大品牌。依托杏花村酒业发展集团整合地方酒企抱团发展，加快建设20万吨杏花村核心区基酒基地、中国汾酒城20万吨储酒基地、100万亩“一把抓”红高粱优质酿酒原料基地。依托山西大学杏花村学院和山西酿造产业研究院等专业院校，全面加强白酒勾兑、生产、营销等各类专业技术人才队伍建设。围绕再现“牧童遥指杏花村”景象，依托杏花村文旅开发公司，启动杏花古村“1+N”项目。举办好第四届山西（汾阳杏花村）世界酒文化博览会。支持中国汾酒城建设集白酒生产、酒庄藏酒贮酒、文化演艺、休闲观光为一体的酒文化创意旅游区，将杏花村建设成为酒与文化旅游融合发展示范区。

培育壮大战略性新兴产业。加快建设数谷吕梁，落实好大数据产业税收、用地、人才引进等优惠政策，推动大数据与实体经济融合发展。建设吕梁农数科技“五库两平台”、厂矿企业综合信息采集平台、智能大数据产业研究院“空间地理信息平台”。加快建设智慧城市，建成数字化城市管理平台。大力发展新能源产业。推动30万千瓦平价光伏项目投产、30万千瓦风电项目并网。加快发展新材料产业。重点发展炭黑、超高模量碳纤维原料、特种纳米碳酸钙、复合钛白粉等新材料。

加快发展文化旅游产业为重点的现代服务业。围绕做强黄河旅游板块，高起点规划，高品质打造。全面完成黄河一号旅游公路主线一期201公里、支线95公里项目，开工建设主线二期95公里项目，推动兴县、临县、离石、方山、交城等县（区）42个景区实现互联互通。加强与省内外大型文旅企业合作，保护开发碛口古镇、北武当山等重点景区；大力发展乡村旅游，创建乡村旅游示范村40个、黄河人家30个。举办吕梁“黄河人家”乡村旅游季、首届吕梁文化旅游产业节、第二届吕梁文学季等一批旅游文化活动，进一步提升“吕梁，一个令人向往的地方”旅游品牌。支持交城、岚县、方山创建国家全域旅游示范县。深化国家5A级景区创建活动。大力发展现代服务业，以市区步行街、汾阳贾街为重点，改造提升一批特色商业街区，大力发展夜间经济和假日经济，建设区域性大型商贸物流园区。

改造提升钢铁、机械制造业。支持中钢公司开展技术改造，建设新型矿山支护装备、材料生产基地。推动文水铸造园区尽快复产，提升文水光华、岚县三鑫等机械制造业配套加工能力。

吕梁转型已经迈出坚实步伐，我们要继续在培育壮大新动能上发力，在提升产业基础能力和产业水平上攻坚，在推动产业集聚集群集约发展上突破，全力完成好一煤独大向多业支撑转变的历史性任务！

（三）持续推进项目建设大会战，保持经济平稳健康发展。项目是第一要务的重要抓手，是转型发展的重要推力，是先进生产要素的重要载体。我们要坚持项目为王、年年都是转型项目建设年，不断强化高质量转型发展的项目支撑。

实施一批重大产业转型项目。围绕现代绿色煤化工向高端化方向发展，加快建设孝义金岩25万吨LNG、80万吨合成氨、140万吨绿色氢能源等焦炉煤气综合利用项目，开工建设孝义晋茂30万吨环己酮等项目，建成投产交城华鑫180万吨7.65米顶装等项目。围绕煤电铝镁材一体化发展，建成投产中润15万吨合金棒项目，开工建设中德工业园5万吨轻量化铝镁部件和江苏电缆城30万吨铜杆、20万吨铝线材等铝镁铜新材料加工项目。围绕酒与文化旅游融合发展，实施杏花村酒文旅融合发展等29个总投资80亿元的酒类制造、包装、文化旅游等上下游产业项目。加快建设汾酒集团综合活动中心和销售中心、新晋商国际酒庄、杏花村文旅小镇、华鑫酒庄2万吨保健酒及美丽酒庄等酒文旅项目，建成汾酒集团2万吨智能化生产、牛栏山二锅头文水白酒基地项目。围绕打造黄河旅游板块，实施苍儿会生态文化旅游区、柳林明清街区保护开发等45个总投资158亿元的生态文化旅游开发项目。围绕培育新动能，推进中西部数据中心等5个总投资23亿元的大数据产业项目，晋西北建筑产业园等16个总投资152亿元的新兴产业项目。抓好三一重工与华侨城合作投资的柳林固废新材料产业基地建设，建成投产煤矸石、赤泥生产高性能陶粒骨料、装配式板材、高性能保温材料等项目。

实施一批重大基础设施建设项目。进一步完善五纵九横交通路网，实施总投资610亿元的4条高速、6条国省道改线项目，开工建设离隰高速、汾石高速、大武互通立交项目，完成国道307线等10条总长279公里路面改造提升工程，建设1800公里“四好农村路”。加快完善铁路网，开展太原–吕梁–绥德高铁项目设计等前期工作，争取列入国家“十四五”规划。加快临县车赶、兴县赵家塔、柳林汾西荣欣等8个集运站建设。用足用好“公转铁”优惠政策，新增600万吨铁路货运量。加快建设岸港网，建成吕梁机场通用机坪项目，实施新区航空口岸、航空物流项目。加快建设5G基础网络，建成1200个5G基站，吕梁市区、平川四县（市）县城5G网络6月底实现全覆盖，其余8个县城核心区年底实现全覆盖。

实施一批社会民生事业项目。重点推进汾河流域生态修复、吕梁一中等280个总投资635亿元的社会民生项目。建设12所公办幼儿园、28所中小学校；抓好孝义、中阳人民医院和方山大武医院续建项目，开工建设汾阳、孝义、柳林3个县市中医院项目，吕梁医疗卫生园区年内完成主体及室内外装修。大力推进市区货源街老旧小区、体育场片区等棚户区改造。

转型出雏形，项目是基础；产业要升级，项目是源泉。我们要以项目促发展、以项目谋未来、以项目论英雄，用一个个项目为吕梁的未来夯基垒台、架梁立柱、添砖加瓦！

（四）持续深化重点领域改革，不断激发高质量转型发展动力活力。坚持改革为要，以基础性、牵引性、战略性重大改革为突破，最大限度地激发各类创新创造创业主体的内生动力。

扎实开展能源革命综合改革试点。全面落实省委省政府能源革命综合改革行动方案和任务清单，加快煤炭“减优绿”步伐，年内退出焦化产能368万吨、煤炭产能270万吨，释放产能570万吨；开展煤矿智能化改造、绿色开采技术试点示范。大力推动煤成气增储上产，实施中联煤层气临兴区块等6个总投资111亿元的勘探开发项目，争取年内煤成气产量达到18亿立方米。深化电力市场化交易改革，争取全年交易电量60亿千瓦时。

推动开发区提质升级。开发区是转型发展的主战场、创新生态的承载地。按照“多规合一”要求，编制完成各开发区总规、控制性详规。加快吕梁、交口、岚县开发区和方山生态文化旅游示范区“三制”改革，鼓励园区探索企业化管理，推动“区中城”“区中园”管运分离改革形成更多实践成果。所有开发区全面复制推广国家自贸区、省转型综改示范区改革创新发展经验。围绕产业链布局创新链、配置要素链、完善政策链。实施100个产业转型项目，收储1万亩土地，建设80万平方米标准厂房，起步区年底前全部完成“九通一平”。加大对开发区转型发展、落地项目“硬考核”力度，建立健全与业绩挂钩的激励机制，让以结果论英雄的理念和要求在开发区率先落地见效。

有效激发市场主体活力，全面铺开市县国资国企改革。坚持市场化法治化改革取向，按照“根上改、制上破、治上立”基本要求，对标对表省属国资国企改革路径，全面推进竞争性国企混改，稳妥推进公益性国企混改，设立文旅、交投、水务等新的市场主体，让国有资本在基础性领域和优势行业的集聚度进一步提升。按照“分级授权、厘清职责、品字架构”要求，依法依规深化国资监管体制改革试点；按照专业化运作、市场化运营、法治化管理和穿透式管理资本要求，做好国有资本“进退流转保”文章，确保国资保值增值，促进国企高质量转型发展。促进民营经济健康发展。落实好省市应对疫情支持中小微企业发展的10条、12条政策措施，通过金融支持、税收减免、缓缴社会保险费等，助力中小微企业保经营稳发展。支持金融机构以优惠利率发放“三农”、小微企业贷款，引导金融机构减免中小微企业贷款利息，市级应急周转资金、担保资金、产业基金优先支持符合产业政策的中小微企业，周转资金占用费、担保资金担保费在现有基础上减免50%，全力支持中小微企业共度难关。继续实施民营企业家“三个一”素质提升工程，启动明星企业培养工程，打造一批百亿产值民营企业，促进更多本土企业挺进全国民营企业500强，让民营经济创新源泉充分涌流，让民营企业创造活力充分迸发。

深化农业农村改革。依法推进农村土地征收、集体经营性建设用地入市、宅基地管理制度等改革。继续抓好农业生产托管整市推进工作，鼓励工商资本“上山下乡”、引导能人大户承包流转，力争年内突破百万亩托管服务规模。在全省率先开展农技员、农经员、农机员“三支队伍”改革，建立科研机构、农业龙头企业为主导的服务体系，适应现代农业、现代新农村和现代职业农民发展需要。加快推进经营性资产股份合作制改革，10月底前完成农村集体产权制度改革试点工作。全面铺开“三变”改革，促进集体资产保值增值。积极推动行政村合并工作，年内减少864个行政村。

改革始终是发展的主旋律，我们要坚持“赶考”“补考”一起抓，全力打通制约改革发展的痛点堵点难点，以凤凰涅槃的决心将改革进行到底！

（五）实施创新驱动开放发展战略，培育壮大新动能。创新为上既是发展理念又是工作方法，要以创新思维集聚创新资源、打造创新生态，主动融入国家战略，全面提升对外开放水平，加快构建内陆地区对外开放新高地。

全面提升企业技术创新能力。持续推进

"个转企、小升规、规改股、股上市"。加大财政扶持力度，对转型发展科技型、战略性新兴产业的中小微企业给予大力支持。新认定"专精特新"中小企业20户以上，培育"小升规"企业60户。大力实施高新技术企业倍增计划，力争高新技术企业达到60家、科技型中小企业达到55家。高标准建设一批省级、市级科技企业孵化器和众创空间。

大力推动产学研深度合作和科技成果转化。突出抓好规上企业创新全覆盖，统筹推进中试基地、重点实验室为载体的"双创"体系建设。鼓励中钢等企业联合清华大学等高等院校和科研机构，建设省级以上工程技术研究中心和省级重点实验室。加大与中科院、中国工程院合作，加快建设国际能源科技成果转化和国际人才共享（吕梁）分中心，打造世界一流煤基科技成果转化基地。发挥好聘请的121名院士专家和柳林能源与环境工作站等7个院士工作站作用，推动科技成果在吕梁转化落地。

加大高层次人才引进力度。继续实施百千万人才工程，积极引导吕梁籍在外优秀人才回乡创业。全面做好博士研究生、"双一流"高校硕士研究生等优秀高校毕业生招引工作，事业单位引进全职工作的不受岗位职数结构比例限制，柔性引进的根据实际工作天数给予适当津贴，引进留住用好人才。瞄准省内一流水平，进一步建强疾病控制科研队伍，培育领军人才，全面提升我市防疫科研能力和水平。

大力提升开放型经济水平。深度融入"一带一路"建设，积极参加"千企百展"计划，进一步巩固各县（市、区）外贸"破零"成果；扩大利用外资规模，8个省级开发区利用外资全部"破零"。加快融入京津冀联动发展，在清洁能源供应、生态环保联防联治等方面开展深度合作。差异化承接长三角、粤港澳等发达地区加工贸易产业梯度转移，争取引进一批企业落户吕梁。

着力提高招商引资精准度。围绕铝镁新材料、酒旅融合、现代绿色煤化工等重点产业，瞄准国内外发达地区和全国百强企业，建立招商引资项目库，制定完善招商图谱，实施精准招商。创新招商方式，以开发区为平台，举办第四届"数谷吕梁"推介会、煤焦产业论坛等活动，开展会展招商；用好吕梁绿色发展基金，广泛吸引社会资本和金融资金设立专业领域类子基金，实行基金招商；设立招商专员，组建招商分队，聘请在吕央企、国企中层以上领导为招商顾问，精准开展点对点招商、专业化招商、以企招商、以商招商、产业链招商，争取年内引进一批全国百强企业，孵化一批科技型企业。

创新是发展的第一动力，开放是发展的鲜明标志。我们要持续深化开放合作，强化资本助力、人才支撑、平台建设、产业培育，奋力跑出吕梁开放创新的"加速度"！

（六）加快提升城市能级和核心竞争力，全力打造区域性中心城市。统筹平川与山区开发、经济建设与生态保护，优化提升中心城区功能，向东融入中部盆地城市群，向西对接陕蒙两省区。

开展中心城市建设行动。实施中心区域提质、居住环境改善、新区建设攻坚、中心城市拓展、产业发展支撑、城市精细管理六大工程。以提升城市交通能力为重点，推进市区到柳林、方山、中阳3条快速路建设，开工建设新区盛地大道、新区到主城区快速路等项目，建成学院路、新区两条经路和10条纬路，开工建设马茂庄大桥和道路拓宽改造等项目，改造提升中心城区33条小街小巷、打通11条"断头路"，大幅提升市区道路通行能力。以完善城市功能为重点，坚持新城区、主城区一体化发展，年内完工图书馆、火车站候车大厅等项目，开工建设城南传统工业主题公园二期等项目，加快建设“三校”“四馆”“五中心”“两总部”以及新区碧桂园商住综合体等项目。以改善城市风貌为重点，开展城郊接合部环境整治百日攻坚行动，市区和各县市城区全面铺开“两下两进两拆”整治，集中规范门头牌匾、改造坡屋楼顶、整饰建筑立面，大力提升城市颜值。以优化城市生态空间为重点，启动市区19块小广场小游园绿地和停车场项目建设，完成主城区雨污分流管网1+N、新区湖面生态治理二期等工程，实施凤山公园西侧绿化提升等工程，打造东川河8公里城市蓝道。加快建立生活垃圾处理系统，市区实现公共机构生活垃圾分类全覆盖，建成吕梁市生活垃圾焚烧发电厂和餐厨垃圾处理设施。进一步理顺市区管理体制，运用现代信息技术和管理手段，提升中心城市常态化、精细化管理水平。

开展县城品质提升行动。突出补短板、塑风貌、提品质三大重点，实施老旧街巷疏通、老旧片区改造、清洁取暖、污水垃圾治理等十二项专项行动，促进县城风貌全面改善、品质全面提升。统筹推动供热、供气、教育、医疗等软硬件提升，大幅提高城镇化水平。支持平川四县市加快融入中部盆地城市群一体化发展，开行公交化运营的客运班线，推进汾河滨河西路文水段、交城至太原滨河西路连接线等项目，建设组团城市半小时通勤交通网络。推动山上九县区发挥对接陕蒙两省区的桥头堡作用，依托太中银铁路、瓦日铁路和青银高速大通道，建设对接丝绸之路经济带的重要物流集散地。

城市发展是高质量发展的重要载体，城市建设是现代化建设的重要引擎，我们要持续发力、久久为功，一张蓝图绘到底，将吕梁打造成蓝绿交织、山水相映、产城融合、宜居宜业的中心城市！

（七）全面实施乡村振兴战略，推进农业高质量发展。坚持脱贫攻坚、乡村振兴和全面建成小康社会相结合，统筹抓好“五个振兴”，夯实产业基础，推进社会主义新农村建设。

构建现代特色农业产业体系。围绕打造酿品、干果饮品、肉制品等农产品精深加工产业集群，建设交口韦禾3000万棒食用菌基地、中阳2000万棒黑木耳基地、百世食安“吕粮山猪”10万头养殖基地等总投资60亿元的30个重点项目，建设以汾阳干果交易中心和文水活畜交易中心为主的市场体系，全力支持枣芽茶、沙棘叶茶打开国内外市场，努力打造“吕梁干果”“吕梁饮品”等区域公用品牌。围绕建设“一乡一特一园区、一村一品一基地”，支持交口食用菌和文水肉牛加工、岚县马铃薯创建省级现代农业产业园，全面推进100个现代农业产业园区、覆盖1000个基地村的“百园千村工程”。引导生猪产业向山上养殖集中区转移，引导生猪屠宰加工向养殖集中区集聚，推动100个标准化畜禽养殖小区规模化、集群化发展。做优文水牧标肉牛、汾都香小米、兴县山花烂漫、中阳厚通等龙头企业，培育10户国家级农业龙头企业，引进10户全国一流加工企业，培育100户市级骨干龙头企业。推进农业品牌化标准化发展，力争标准化生产面积突破300万亩、高标准农田突破110万亩。深入推进电子商务进农村，推动临县、兴县、石楼等6个示范县升级提升。继续开展特色农产品巡展推介活动，持续办好吕梁名特优功能食品展销会，不断扩大区域公共品牌影响力。

实施美丽宜居示范村建设行动。全面铺开

农村环境整治，广泛开展村庄清洁行动春季战役和爱国卫生运动季活动，深化“三清一改”，地毯式清理乱搭乱建房子、乱堆乱放杂物、乱倒乱扔垃圾等问题，拆除乡村、公路沿线所有围挡，就地取材，拆墙透绿，拆违增绿，恢复农村自然生态。大力开展“文明村镇”“卫生家庭”评选创建活动，引导广大群众移风易俗，转变生活方式，提高生活品质。加快建设农村垃圾收运处置体系，生活垃圾集中收集处置率达90%以上；建成交城、方山等6个县33个村生活污水治理工程，污水收集率达到70%以上；改造2万座农村户厕，卫生厕所普及率达到45%，努力改善农村生活条件。

（八）持续增进民生福祉，进一步提高人民生活品质。坚持以人民为中心的发展思想，多办利民实事，多解民生难事，切实增强人民群众的获得感、幸福感和安全感。

着力补齐医疗卫生事业发展短板。坚决贯彻预防为主的卫生与健康工作方针，改革完善疾病预防控制体系，进一步建立健全分级、分层、分流的传染病等重大疫情救治机制。高标准建设市疾病预防控制中心，不断提升市县两级疾控中心实验室检测检验能力。启动市传染病医院、市医疗废物集中处置中心改扩建等项目。持续深化县域医疗卫生一体化改革，健全医疗集团内部运行机制，加强县级医院和乡镇、社区医疗机构能力建设，推动与三甲医院、专科联盟、远程医疗深度合作，提升医疗水平，让老百姓在家门口就能享受到优质医疗资源。加大医疗卫生人才引进培养力度，加强全科医生培养、分级诊疗等制度建设，大幅提高乡村医生补助标准。加快推进医疗卫生信息化建设，推进公共卫生领域健康大数据应用，支持汾阳医院、市人民医院率先开展5G+智慧医疗示范。支持中医药事业传承发展，加快中医药应急救治能力建设。有效提升出生人口素质，全面落实二孩生育政策，抓好第七次全国人口普查。

加快建设现代化教育强市。实施学前教育普及普惠行动计划，建设45所普惠性幼儿园，争取全市普惠性幼儿园学龄儿童就读比例达85%。实施义务教育优质均衡行动计划，建设55所农村寄宿制学校，确保每个乡（镇）至少有一所寄宿制学校；城区合理布局一批中小学校，统筹解决教育资源不足问题。实施高中教育优质特色行动计划，以贺昌中学等学校标准化建设试点为突破，推动普通高中全部达标。实施职业教育优化融合行动计划，以吕梁职业技术学院、吕梁师范高等专科学校为龙头，有效整合市教育学院、会校、经管校、农校等市直中职教育资源，做优做强职业教育。实施特殊群体控辍保学行动计划，加大对残疾儿童、智障儿童等特殊群体孩子关爱力度，保证人人享有受教育权利。持续深化教育改革，加强师德师风建设，打造一流名校，让广大学生在家门口享受优质教育。

多措并举抓好就业增收。突出抓好高校毕业生、农民工、就业困难人员等重点群体就业，新增城镇就业3.8万人，转移农村劳动力3.55万人，实现零就业家庭动态清零。坚持把“人人持证、技能社会”作为造福人民的普惠性民生工程，举办首届职业技能大赛，开展吕梁山技师、吕梁山工匠、吕梁山的哥等培训，颁发技能证书，促进持证就业。深化收入分配制度改革，统筹推进农民工工资清欠工作，全面落实最低工资标准、提高公职人员工资和离退休人员待遇等政策，千方百计增加城乡居民收入。

完善覆盖全民的社会保障体系。深入推进全民参保计划，全市社会保险参保率达97%以上。积极推行县级医疗集团总额预算打包付费、医保支付方式改革。严格落实退役军人和其他优抚对象各项政策，建立困难退役军人帮扶援助机制，扎实做好退役军人服务管理工作。

全面繁荣发展文化事业。实施文明守望工程、文物保护利用工程和乡村文化记忆工程。启动创作庆祝中国共产党建党100周年献礼作品民族舞剧《刘胡兰》，打造临县道情戏《大河古镇》等一批文艺精品力作。深入实施文化惠民工程，完成免费送戏下乡1045场，建设54个社会足球场，为人民群众提供更多更好的公共文化服务。

毫不松懈抓好安全稳定工作。牢固树立安全发展理念，强化应急安全管理和应急救援体系建设，持续开展煤矿、非煤矿山、危险化学品、森林防火等重点行业领域专项整治，推动全市安全生产形势持续稳定好转。扎实开展“三零”创建，加快推进市域社会治理现代化建设。持续深化扫黑除恶专项斗争，进一步延伸拓展“雪亮工程”，积极防范和依法严惩各类违法犯罪行为，切实维护社会和谐稳定和人民群众生命财产安全。重视国防教育和兵役工作，巩固省级双拥模范城创建成果，积极申报全国双拥模范城。支持各民主党派和各人民团体工作。加强统计、气象、抗震设防、民族宗教、外事侨务、档案方志等工作。

今年，我们将围绕群众关心关注的热点难点问题，在完成省政府“十件民生实事”基础上，集中力量办好我市的“六件民生实事”。一是继续提高城乡低保标准，每人每年提高480元，保障好困难群众基本生活。二是大力推进保障性安居工程建设，棚户区改造开工3890套，基本建成2030套。三是健全学生视力健康综合干预体系，全市66万儿童青少年近视筛查覆盖率达100%。四是大力发展康养理疗产业，每个县（市、区）启动建设一个康养中心。五是建档立卡贫困人口和农村特困人员医保支付比例提高到80%。六是积极发展养老、托幼服务，每县建设1个中心敬老院、1个示范性婴幼儿看护中心，解决“一老一小”问题。

民生稳，人心就稳，社会就稳。我们要把人民群众的小事当作我们的大事，从人民群众关心的事情做起，从让人民满意的事情抓起，一诺千金、说到做到，接受人民监督、向人民交账！

三、全面建设人民满意的政府

坚持和加强党的领导，以政治建设为统领，以数字政府为牵引，进一步创新治理方式、提高治理效能，全面提升政府治理能力和水平。

全面加强政治建设。坚持用习近平新时代中国特色社会主义思想武装头脑、指导实践、推动工作。树牢“四个意识”、坚定“四个自信”、做到“两个维护”，在政治立场、政治方向、政治原则、政治道路上同以习近平同志为核心的党中央保持高度一致。自觉把加强党的领导贯彻到政府工作各领域各方面各环节，坚决落实中央大政方针、省委省政府和市委的决策部署，切实把制度优势转化为治理效能。

加快推进数字政府建设。按照“一朵云、一张网、一平台、一系统、一城墙”总体要求，加快建立市级“一局一公司一中心”管理运营架构，承接好省级应用系统。加快建设市级“领导驾驶舱”，进一步提升决策科学化水平。启动市级政务云平台建设，建成民生服务、社会保障、精准扶贫、应急管理等一批主题信息资源库，初步形成“数字政府”政务大数据体系。加大“吕梁通”APP推广应用力度，推动更多公共服务事项“一网通办”。

深化“放管服效”改革。按照“三对”“六最”要求，深入开展优化营商环境“六项专项行动”，继续拓展企业投资项目承诺制改革，实现开发区一般工业项目“全承诺、无审批、拿地即可开工”。优化企业开办流程，将开办时间压减到1个工作日以内，跑出企业开办新速度。高标准完成相对集中行政许可权改革，实现“一枚印章管审批”。依托一体化在线政务服务平台，推动90%的审批服务事项实现“网上办”，开展政务服务进社区、进农村活动，实现民生事项“就近办”。持续提高政府服务便利化水平，进一步为企业“松绑”、为群众“解绊”、为市场“腾位”。建设市级“12345”政务服务热线平台，进一步畅通政民互动渠道。

提升政府治理效能。全面落实从严治党各项要求，强化政府系统党风廉政建设和反腐败斗争，全方位扎紧扎牢制度“笼子”，抓实做好巡视整改“后半篇文章”，切实解决不敬畏、不在乎、不履职、不负责等“八个不”问题，推进政治生态持久风清气正。严格执行人大及其常委会的决议决定，认真办理人大代表建议、政协委员提案，自觉接受人大、政协、社会、舆论监督，强化审计监督。加强法治政府建设，坚持依法行政，不断深化行政执法体制改革，严格规范公正文明执法。坚持干字当头、狠抓落实，从久拖不决的历史遗留问题做起，从老百姓的操心事烦心事做起，把担当作为体现到解决矛盾问题、破解发展难题上。高水平编制好“十四五”规划，争取有更多大项目列入国家和省规划盘子。坚持不忘初心、牢记使命，继续发扬艰苦奋斗、厉行节约优良传统，以政府的“紧日子”换取人民群众的“好日子”，以政府工作人员的“辛苦指数”换取人民群众的“幸福指数”。

新时代需要新担当，新使命需要新作为。让我们更加紧密地团结在以习近平同志为核心的党中央周围，高举习近平新时代中国特色社会主义思想伟大旗帜，始终牢记习近平总书记“把吕梁精神用在当今时代”的殷切嘱托，在市委的坚强领导下，大力弘扬吕梁精神，只争朝夕、不负韶华，苦干实干、砥砺前行，奋力开创吕梁高质量转型发展新局面！

2019年大事记

1　月

2日　市委副书记、市政府市长王立伟会见太原理工大学副校长梁卫国一行，双方就加快推进太原理工大学现代科技学院发展、深化校地多领域多层次合作进行深入交流座谈。太原理工大学现代科技学院党委书记吉育峰、院长袁群芳，市政府副市长李俊平、市政府秘书长梁斌参加。

3日　王立伟会见启迪某研究院院长彭顼砡一行，双方围绕实施发展战略，加强在能源互联网、云计算、大数据、无人机、科技教育等领域合作进行深入交流。李俊平、梁斌参加。

3日　市委中心组举行集体学习，专题学习习近平总书记在庆祝改革开放40周年大会上的重要讲话精神。省政协副主席、市委书记李正印主持并讲话。市委副书记、市政府市长王立伟，市委副书记、宣传部部长张广勇，市人大常委会主任郝月生参加。

4日　吕梁市召开乡村振兴战略总体规划审查会议。省政协副主席、市委书记李正印主持会议并讲话，市委副书记、市政府市长王立伟讲话。山西省农科院农业资源与经济研究所副所长、研究员李建军应邀出席，市委副书记、宣传部部长张广勇，市委常委、市政府副市长、交城县委书记李建国，市政府副市长尉文龙，市政府秘书长梁斌参加。

5日　中央音乐学院党委书记赵旻率领“龙之吟”笛埙乐团、民族乐团到吕梁市举行扶贫慰问演出。省政协副主席、市委书记李正印会见赵旻一行并致答谢辞。市委副书记、市政府市长王立伟一同会见。市委常委、市政府副市长郭震威，市人大常委会副主任梁来茂，市政府副市长李俊平，市政协副主席高永安观看演出。

6日　中央音乐学院“情洒吕梁”音乐会民族室内乐团专场演出在吕梁影剧院举行。省政协副主席、市委书记李正印出席。市委副书记、市政府市长王立伟致辞。市人大常委会副主任孙晋军、梁来茂、刘凯，市政府副市长李俊平，市人民检察院检察长郭鸿观看演出。

7日　省政协副主席、市委书记李正印会见中国工程院院士、清华大学环境学院院长、教授贺克斌，中国建筑材料科学研究总院教授何捷，南开大学教授冯银厂，北京大学教授谢绍东，华北电力大学教授彭林，清华大学副研究员孟朔等生态环境部大气重污染成因与治理攻关项目总体专家组成员，双方就打赢蓝天保卫战、建设美丽吕梁进行深入交流。市委副书记、市政府市长王立伟，市政府副市长杨巨才，市政府秘书长梁斌一同会见。

7日 王立伟主持召开县（市、区）长专题会议，部署推进土地集约节约高效利用工作。会议要求各县（市、区）政府和相关部门要进一步提高土地的节约集约高效利用，立即组织开展土地综合执法月专项行动，限期完成土地卫片执法、大棚房问题清理整治等重点任务，依法依规管好用好土地资源，切实维护良好土地管理秩序。杨巨才、尉文龙、梁斌参加。

8日 山西省扫黑除恶专项斗争领导小组召开视频会议，总结全省“扫黑除恶”专项斗争2018年工作情况，研究部署2019年工作。省政协副主席、市委书记李正印，市委副书记、市政府市长王立伟，市政府副市长、市公安局局长李安林，市中级人民法院院长杨泽民，市人民检察院检察长郭鸿在吕梁分会场参加。

12日 山西晋煤太钢能源有限责任公司三交一号矿井及选煤厂项目开工建设。省政协副主席、市委书记李正印宣布开工。市委副书记、市政府市长王立伟，晋煤集团党委书记、董事长李鸿双，太钢集团党委副书记、副董事长、总经理高建兵，市政府副市长杨巨才参加座谈并出席开工仪式。

15日 吕梁市机构改革动员大会召开。李正印出席并讲话，王立伟主持。会议以视频形式召开，张广勇、郝月生在吕梁主会场出席。

16日 中共吕梁市委四届六次全体会议暨经济工作会议召开。会议听取吕梁市委常委会2018年工作报告，总结2018年全市经济工作，分析当前经济形势，部署2019年经济工作，并就做好有关工作提出要求。李正印受市委常委会委托作工作报告，并就做好全年经济工作作讲话。王立伟就经济工作作具体安排。出席会议的市委委员46人，候补委员6人。

17日 王立伟主持召开专题会议，研究部署公路项目建设及生态环保重点工作。会议要求各级各部门要围绕完善五纵九横路网框架，加快推进一批重点公路工程项目建设，围绕打赢污染防治攻坚战，深入实施生态环保“八大工程”，逐项建立项目清单、责任清单，逐级明确路线图、时间表，落实工程化、项目化、指标化。杨巨才、梁斌参加。

17日 市委副书记、市政府市长王立伟会见到吕梁专题考察的振东集团董事长李安平一行，双方就药材基地建设、医药产业发展、保健食品开发等进行深入交流。市委常委、中阳县委书记乔晓峰，市政府副市长尉文龙，市政府秘书长梁斌参加。

18日 吕梁市农业农村局、吕梁市退役军人事务局、吕梁市市场监督管理局正式挂牌成立。王立伟、李建国、尉文龙、刘晋萍、梁斌分别出席揭牌仪式。

19日 吕梁市组织收听收看山西省纪委十一届四次全体会议。省政协副主席、市委书记李正印，市委副书记、市政府市长王立伟，市委副书记、政法委书记张广勇，市委常委、市政府常务副市长李建国，市委常委、宣传部部长任忠，市委常委、离石区委书记梁志勇，市委常委、中阳县委书记乔晓峰在吕梁分会场参加。市委常委、纪委书记、监委主任张稳科在省主会场参加。

21日 “感动吕梁”2018脱贫攻坚年度人物事迹展演活动在吕梁体育馆举行。闫保全、张海峰、李玉昌、刘翠娥、牛兴堂、曹继平、冀海鹏、贺虎平、李全德、李秋英10人荣获“脱贫攻坚年度人物”称号，马雁、贾彬良、刘晶、梁冠英等20人荣获年度“提名人物”。市委副书记、市政府市长王立伟出席并讲话。市委常委、宣传部部长任忠，市人大常委会副主任、市总工会主席刘凯，市政府副市长李俊平、尉文龙，市政协副主席白荣欣和1800多名干部群众观看展演。

23日　市委副书记、市政府市长王立伟会见中联煤层气有限责任公司董事长、党委书记、总经理俞进一行，双方就加快煤层气资源勘探开发、合作推进能源革命、深化多领域合作进行交流座谈。市委常委、市政府常务副市长李建国，市政府秘书长梁斌参加会见。

23日　王立伟主持召开县（市、区）长专题会议，研究部署深化土地综合执法专项行动、推进农村集体产权制度改革等工作。尉文龙、刘晋萍、梁斌参加。

23日　市委副书记、市政府市长王立伟会见到吕梁市专程考察的红星美凯龙家居集团总裁蒋小忠一行，双方就合作推进吕梁新区开发、打造大型商业综合体项目等进行深入交流。市政府副市长刘晋萍、市政府秘书长梁斌参加。

25日　参加山西省第十三届人民代表大会第二次会议的吕梁代表团举行全团会议。会议推选出代表团团长、副团长，审议预备会议有关文件，并成立临时党支部。推选李正印为吕梁代表团团长，郝月生、王立伟为副团长；推选产生吕梁代表团临时党支部，李正印为临时党支部书记，郝月生、王立伟为临时党支部副书记。

2　月

1日　吕梁市召开全市干部大会，传达学习中共中央政治局委员、国务院扶贫开发领导小组组长胡春华在吕梁调研指示精神，传达学习省委书记骆惠宁对吕梁工作的重大要求和省“两会”精神。李正印主持会议并讲话。王立伟、张广勇、郝月生分别传达。

1日　李正印赴临县林家坪镇光明村张家沟小组看望慰问困难群众。

10日　王立伟接受“新华访谈”、人民网等媒体专访，重点介绍吕梁市高质量转型发展迈出坚实步伐的总体情况、具体举措和实际成效。

12日　省政协副主席、市委书记李正印主持专题会议，听取市委第五轮巡察情况汇报。市委副书记、市政府市长王立伟，市委副书记、政法委书记张广勇，市委常委、纪委书记、监委主任张稳科，市委常委、组织部部长、统战部部长秦书义，以及市委巡察工作领导小组成员出席会议。

13日　省政协副主席、市委书记李正印与团中央书记处常务书记、团中央扶贫工作领导小组组长汪鸿雁一行座谈，双方就团中央在吕梁开展新一轮定点帮扶工作进行深入交流。团省委副书记苏涛，市委副书记、市政府市长王立伟，市委副书记、政法委书记张广勇参加座谈。

18日　全省“改革创新、奋发有为”大讨论动员部署会议召开。李正印、王立伟、张广勇、郝月生在吕梁分会场参会并参加分组讨论。

19日　市委副书记、市政府市长王立伟会见华为公司山西区域总经理倪正一行，双方就加快推进华为吕梁大数据中心建设投用、深化大数据产业发展应用等进行深入交流，市政府秘书长梁斌参加。

20日　吕梁市召开“改革创新、奋发有为”大讨论动员部署会议。李正印出席并讲话，王立伟主持，张广勇、郝月生出席。

21日 吕梁市集中收听收看省政府安委会2019年第一次全体（扩大）会议暨全省安全生产工作电视电话会议。王立伟、杨巨才、刘晋萍、郭震威、梁斌在吕梁分会场参加。

20日至21日 由国家发改委副主任连维良带队的调研组深入吕梁市临县、兴县、岚县等地，就脱贫攻坚专项巡视整改工作进行调研。省政协副主席、市委书记李正印陪同调研并主持座谈会。省发改委党组书记、主任姜四清，市委副书记、市政府市长王立伟分别汇报脱贫攻坚工作。市委常委、市政府常务副市长李建国，市委常委、离石区委书记梁志勇，市人大常委会副主任、临县县委书记张建国，市政府副市长尉文龙，市政府秘书长梁斌分别陪同调研和出席座谈。

22日 王立伟参加市政协三届五次会议经企、工商联组讨论，认真听取政协委员意见建议，共商吕梁高质量转型发展之策。

22日 政协第三届吕梁市委员会第五次会议在吕梁影剧院开幕。会议期间，委员们围绕落实省委对吕梁工作的“四项重大要求”、紧扣推进“十大举措”认真履职，建言献智，凝聚共识，为全市在“两转”基础上全面拓展新局面展现新作为、作出新贡献。

22日 吕梁市组织收听收看全省省直部门对标一流述职评议会。省政协副主席、市委书记李正印，市委副书记、市政府市长王立伟，市委副书记、政法委书记张广勇，市人大常委会主任郝月生，市委常委、纪委书记、监委主任张稳科，市委常委、军分区政委张选，市委常委、组织部部长、统战部部长秦书义，市委常委、市政府常务副市长李建国，市委常委、宣传部部长任忠，市委常委、离石区委书记梁志勇，市委常委、中阳县委书记乔晓峰，市人大常委会副主任、临县县委书记张建国，市政府副市长李俊平，市政府副市长、市公安局局长李安林，市政协副主席、孝义市委书记李真，市政协副主席白荣欣等在吕梁分会场参加。

23日 吕梁市三届人大六次会议在吕梁影剧院开幕。李正印出席会议，王立伟作《政府工作报告》。来自全市各条战线的300余名市人大代表，认真履行宪法和法律赋予的神圣职责，共同谋划吕梁建设发展的宏伟蓝图。

23日 吕梁市委召开“改革创新、奋发有为”大讨论领导小组（扩大）会议。李正印主持会议。王立伟、张广勇、郝月生、张稳科、张选、秦书义、李建国、任忠、梁志勇、乔晓峰、尉文龙出席会议。

24日 王立伟到所在的孝义市代表团，与代表们一起审议政府工作报告、计划和预算报告、市人大常委会工作报告、市中级人民法院工作报告、市人民检察院工作报告，听取代表们的意见建议。梁来茂、郭卫民、李真、梁斌一同参加。

24日 吕梁市三届人大六次会议举行第二次全体会议，市人大常委会主任郝月生作市人大常委会工作报告，市中级人民法院院长杨泽民作市中级人民法院工作报告，市人民检察院检察长郭鸿作市人民检察院工作报告。李正印、王立伟、张广勇出席。

24日 中国人民政治协商会议第三届吕梁市委员会第五次会议完成大会预定的各项议程后，在吕梁影剧院胜利闭幕。李正印、王立伟应邀出席。

27日 吕梁市委召开全市市直部门对标一流述职评议会。省政协副主席、市委书记李正印主持会议并讲话。省委“改革创新、奋发有为”大讨论第六联络督导组组长赵雁峰莅会指导。市委副书记、市政府市长王立伟，市委副书记、政法委书记张广勇对述职单位进行点评。市人大常委会主任郝月生出席。

27日 市委副书记、市政府市长王立伟主持召开煤电铝镁材一体化发展和吕梁增量配电网建设推进会，听取各相关部门推进工作情况汇报，安排部署当前重点工作。市政协副主席郝金光、市政府秘书长梁斌，市直及中铝华润、晋能电力、京能吕临电厂、晋能大土河电厂、国电、地电等有关方面负责人参加。

28日 王立伟到市区中心城区督导调研重点工程开复工情况，现场研究工程所涉规划选址、征地拆迁、资金保障、土地调配、手续办理等事项。刘晋萍、梁斌陪同调研。

28日 吕梁市政府班子召开2018年度民主生活会，围绕大讨论“六个破除、六个着力、六个坚持”部署要求，深入开展批评和自我批评。市委副书记、市政府市长王立伟主持会议并作总结讲话。省委大讨论第六联络督导小组联络员、省委统战部研究室副主任武海荣到会督导。市政府党组成员李建国、杨巨才、李安林、尉文龙、刘晋萍、梁斌参加，市政府副市长李俊平列席。市纪委监委、市委组织部负责人到会指导。

3　月

1日 市政府安委会2019年第一次全体会议召开。王立伟出席并讲话。会议要求各级各部门落实省委、省政府的安排部署，深刻认识做好安全生产工作的极端重要性，进一步增强忧患意识，强化底线思维，始终把安全生产作为重大政治责任扛在肩上、抓在手上，切实做好各地各行业领域安全生产工作。李建国、杨巨才、梁斌参加。

1日 市政府召开专题会议听取文峪河磁窑河水环境综合整治情况汇报，安排部署当前及下一阶段重点工作。王立伟出席并讲话，杨巨才、梁斌参加。

6日 在北京参加全国两会的全国人大代表、吕梁市委副书记、市政府市长王立伟接受新华网、《山西日报》《贵州日报》《甘肃日报》、山西电视台等新闻媒体联合采访，就吕梁市坚持生态与生计并重、增绿与增收双赢，在一个战场打赢生态建设和脱贫攻坚两场战役的经验做法做重点介绍。

11日 在全国人代会休会期间，全国人大代表、吕梁市委副书记、市政府市长王立伟与山西省工信厅厅长李晋平一同到中铝集团，与中铝股份董事长卢东亮等企业高层进行座谈，就加快推进兴县中润二期合金铝和铝材深加工项目上马、实现煤电铝镁材一体化发展等进行交流洽谈。

18日至19日 副省长王一新到吕梁市柳林、石楼、交口、文水等县，围绕工业转型、开发区建设等方面进行调研。市委副书记、市政府市长王立伟参加座谈会。市政府副市长杨巨才、市政府秘书长梁斌等陪同调研或参加座谈。

18日 市委召开县（市、区）委书记对标一流述职评议会。省政协副主席、市委书记李正印主持会议并讲话。市委副书记、市政府市长王立伟，市委副书记、政法委书记张广勇进行点评。省委大讨论第六联络督导组武海荣莅会指导。

19日 吕梁市集中收听收看全省安全风险防范化解工作电视电话会议。王立伟在吕梁分会场参加，并安排部署吕梁市安全工作。会议要求，各级各部门要深刻汲取全省近期事故和灾害教训，突出抓好煤矿安全、森林防火、地质灾害防治等10大重点领域的安全风险隐患排查整治工作，落细落实各项防控措施。梁斌参加。

20日 市政府召开全市深化转型项目建设年推进会，听取相关县市、市直部门工作推进情况汇报，分析一季度经济运行态势，研究解决项目建设存在问题，安排部署当前及下一步工作。王立伟出席并讲话。李建国、刘晋萍、梁斌参加。

21日 市委审计委员会第一次会议召开，省政协副主席、市委书记、市委审计委员会主任李正印主持并讲话。市委副书记、市政府市长、市委审计委员会副主任王立伟出席会议，市委常委、纪委书记、监委主任、市委审计委员会副主任张稳科，市委审计委员会委员李建国、卫成印参加。

24日 吕梁市召开“万名干部入企进村服务”动员会议，动员广大干部入企进村服务，推动“大讨论”延伸和成果转化。省政协副主席、市委书记李正印出席并讲话。省委大讨论第六联络督导组组长、省委统战部副部长赵雁峰莅会指导。市委副书记、市政府市长王立伟主持。市委副书记、政法委书记张广勇宣读《在全省“改革创新、奋发有为”大讨论中开展万名干部入企进村服务工作方案》。市委常委、纪委书记、监委主任张稳科，市委常委、宣传部部长任忠出席。

30日 吕梁市举行“弘扬吕梁精神 改革创新 奋发有为”大讨论报告会。李正印主持会议并讲话，王立伟、张广勇出席。

30日 王立伟主持召开专题会议，传达党中央国务院、省委省政府以及市委书记李正印关于森林防火、地质灾害治理、安全生产的重要批示指示精神，听取安委会各成员单位开展高陡边坡隐患排查、森林防火专项督查、安全生产大检查“三个专项行动”工作情况汇报，并对全市安全工作进行再安排、再部署。李建国、杨巨才、梁斌参加。

4 月

3日 王立伟主持召开美丽乡村、棚户区改造、吕梁新区建设推进专题会议，听取离石、方山两县区及市直相关部门负责人情况汇报，逐项梳理存在困难，研究推进遗留问题解决，安排部署当前重点工作。刘晋萍、梁斌参加。

4日 吕梁市人民政府与中国农业银行山西省分行签署乡村振兴战略合作协议。市委副书记、市政府市长王立伟出席签约仪式，并会见农行山西省分行副行长高世扬、郭一芳一行。市政府副市长尉文龙、市政府秘书长梁斌参加。

6日至7日 山西省自然资源厅厅长周建春先后到吕梁市交口县、石楼县、柳林县、临县等地，就近期森林防火、地质灾害防治工作进行督导调研。市委副书记、市政府市长王立伟，市政府副市长刘晋萍，市政府秘书长梁斌分别陪同调研。

9日 王立伟带领离石区及市直相关方面负责人，专题督导调研“二青会”市区绿化提升、风貌整治和重点项目建设、棚户区改造等工作。李俊平、刘晋萍、梁斌一同调研。

9日至10日 北京航空航天大学校长徐惠彬、北京理工大学副校长王晓锋分别带队到吕梁市中阳县、方山县开展定点帮扶工作。市委副书记、市政府市长王立伟分别与两校领导进行座谈，就深化定点扶贫、加强市校合作进行深入交流，市委常委、中阳县委书记乔晓峰，市政府副市长李俊平，市政府秘书长梁斌参加活动。

10日 市政府召开开发区建设、招商引资、重点项目推进会，听取相关县市、市直部门工作推进情况汇报，研究破解土地、融资、审批等方面的具体举措，部署开发区土地储备、“三化三制”改革、招商引资等工作。王立伟出席并讲话，李建国、刘晋萍、梁斌参加。

10日 王立伟与在吕梁市考察交流的河南省鹤壁市人大常委会主任史全新进行座谈，对鹤壁市人大拟发起开展的瓦日铁路沿线城市“人大+经济文化”交流活动表示支持，就两市以瓦日铁路为纽带，促进沿线城市经济联动、文化联姻、设施联建、区域合作进行交流。鹤壁市人大常委会副主任郭文涛、秘书长樊举格，吕梁市人大常委会副主任孙晋军、市政协秘书长刘雁斌参加活动。

11日 吕梁市举行全市深化转型项目建设年现场推进会暨项目集中开工仪式，55个项目当日集中开工。这是吕梁市继晋煤太钢三交一号矿井及选煤厂项目开工、市区城建30个项目集中开工、各县（市、区）56个项目集中开复工之后，组织的又一次重点项目集中开工活动，全市2019年开复工项目达到338个。李正印出席并宣布开工，王立伟讲话，郝月生、梁志勇出席，李建国主持开工仪式。

12日 王立伟到汾阳市和汾酒集团，专题听取杏花村经济技术开发区规划建设、第20届布鲁塞尔国际烈性酒大奖赛筹备、酒与文化融合发展等推进情况汇报，现场研究解决制约开发区建设、汾酒集团整体上市的具体困难问题，安排部署下一阶段重点工作。李建国、梁斌参加。

15日 吕梁市集中收听收看全省深化国有企业改革大会。李正印、王立伟、张广勇在吕梁分会场参加会议。

21日至24日 由国家煤矿安监局副局长张恩玺带队的国务院安委会第十六考核巡查组，到吕梁市汾阳、孝义及部分重点企业，就吕梁市安全生产和消防工作进行为期四天的实地巡查。市委副书记、市政府市长王立伟陪同巡查并主持汇报会。省政府副秘书长王延峰，省煤监局局长卜昌森，市委常委、市政府常务副市长李建国，市政府秘书长梁斌参加活动。

23日 吕梁市集中收听收看国务院第二次廉政工作会议。王立伟、张稳科、李俊平、李安林、尉文龙、梁斌在吕梁市分会场参加。

24日 山西省委第一巡视组听取吕梁市脱贫攻坚工作情况汇报。省政协副主席、市委书记李正印作工作汇报。市委副书记、市政府市长王立伟主持。省委第一巡视组组长罗民讲话。省委第一巡视组副组长边升阳、程明温，市委副书记、政法委书记张广勇，市委常委、纪委书记、监委主任张稳科，市委常委、组织部部长、统战部部长秦书义，市委常委、离石区委书记梁志勇，市委常委、市政府副市长郭震威，市政府副市长尉文龙、刘晋萍出席。

25日 全省目标管理工作会议在太原召开。省政协副主席、市委书记李正印，市委副书记、政法委书记张广勇，市人大常委会主任郝月生在吕梁分会场参加。市委副书记、市政府市长王立伟在省主会场参会。

26日 王立伟主持召开开发区建设工作领导组会议，学习《山西省开发区条例》，听取开发区建设工作情况汇报，就推进开发区改革创新发展进行再安排、再部署。刘晋萍、梁斌，领导组成员单位负责人参加会议。

27日 市委、市政府在吕梁体育馆举行吕梁山护工（第二十三批）走出大山欢送仪式，送别第二十三批1270名护工走出吕梁山，奔赴北京、天津、青岛、太原等地上岗就业。王立伟出席并讲话。张广勇主持。

28日 第三届吕梁名特优功能食品展销会期间，吕梁市特邀著名“三农”政策专家柯炳生教授作乡村振兴专题讲座。李正印与市其他四大班子主要领导，各县（市、区）委书记、分管农业的副县（市、区）长、农业农村局局长，市直有关单位主要负责人，市级以上农业龙头企业负责人聆听讲座。尉文龙主持。

5　月

6日　李正印主持召开市委“改革创新、奋发有为”大讨论领导小组会议。王立伟、张广勇、张稳科、秦书义、李建国、任忠出席会议。

7日　王立伟到吕梁新区督导调研重点工程建设，现场研究工程所涉规划选址、征地拆迁、资金保障、土地调配、手续办理等事项。梁斌一同调研。

8日　全市2019年度目标管理工作会议召开。李正印出席会议并讲话。王立伟主持。会议通报全市2018年度目标责任考核工作情况以及推荐担当作为表现突出干部的情况、区域经济转型升级指标完成情况和开发区发展水平考核工作情况，并对2018年度目标责任考核优秀县（市、区）和市直单位进行表彰。郝月生、张广勇参加会议。

8日　吕梁市政府与晋豫鲁铁路通道开发有限公司举行合作协议签约仪式，双方就进一步发挥瓦日铁路运能优势，合作建设留誉至孝柳穆村站联络线及吕梁煤焦综合物流园、李家湾综合物流园等事宜达成共识。吕梁市委副书记、市政府市长王立伟，晋豫鲁铁路通道公司董事长、总经理王金虎，晋豫鲁铁路通道开发有限公司董事长接建峰，吕梁市委常委、市政府常务副市长李建国出席签约仪式，并参加座谈。

9日　汾阳贾家庄作家村揭幕，作为首届吕梁文学季的一项重要活动，是山西乃至全国首个为艺术家体验生活、文学创作专门打造的“温馨之家”。吕梁市委副书记、市政府市长王立伟，山西省文联主席郭健，省作协主席杜学文，中国作家书画院副院长郭新民，著名导演、吕梁文学季创始人贾樟柯，北京师范大学特聘教授、吕梁文学季文学总监欧阳江河，吕梁市委常委、宣传部部长任忠出席揭幕仪式。

15日　汾阳贾家庄首届吕梁文学季落幕。吕梁市委副书记、市政府市长王立伟出席并致辞。中国作协副主席、诺贝尔文学奖获得者莫言，中国作协副主席、书记处书记、鲁迅文学奖获得者李敬泽，山西省作协党组书记、主席杜学文，江苏省作协副主席、茅盾文学奖获得者苏童，著名作家梁晓声，著名导演、吕梁文学季创始人贾樟柯，著名诗人、吕梁文学季文学总监欧阳江河，吕梁市委常委、宣传部部长任忠出席。

16日　中央扫黑除恶督导“回头看”工作吕梁市座谈会召开。公安部四局政委李晓东代表中央第11督导组传达中央扫黑除恶督导“回头看”总体要求和“回头看”有关安排。省政协副主席、市委书记李正印作专题汇报。市委副书记、市政府市长王立伟主持。省委政法委副书记刘永生，市委副书记、政法委书记张广勇，市委常委、纪委书记、监委主任张稳科，市委常委、组织部部长、统战部部长秦书义，市政府副市长、市公安局局长李安林，市中级人民法院院长杨泽民，市人民检察院检察长郭鸿出席会议。

18日至20日　第十一届中国中部投资贸易博览会在江西省南昌市举行。吕梁市委副书记、市政府市长王立伟率吕梁市相关县市、部门、企业参会，应邀出席主旨论坛暨开幕式、中部六省投资环境推介和项目对接会，到展区进行巡馆，前往南昌市国家级高新区、红谷滩新区考察开发区发展、城市建设，积极招商引资，进行项目洽谈。吕梁市政府党组成员、市政府办公室党组书记权威一同参加。

22日　全市开发区改革创新发展暨进出口贸易工作推进会召开。省政协副主席、市委书记李正印，省商务厅副厅长张效生出席会议并讲话。市委副书记、市政府市长王立伟主持。晋阳海关副关长王谊，市委常委、离石区委书记梁志勇，市委常委、中阳县委书记乔晓峰参加。

24日　市委副书记、市政府市长王立伟会见到吕梁市参加第四届古村镇大会的外宾和民宿行业企业代表，与斯洛文尼亚农村发展网络副主席葛然·索斯特、荷兰海牙城市推广局对外联络及中国市场营销主管汉斯·杜茨、意大利特威森旅游公司董事长弗朗切斯科·雷迪、5MM公司联合创始人斯特凡·哈柯兰德，以及中国旅游协会民宿客栈与精品酒店分会会长张晓军、寒舍旅游投资管理集团创始人殷文欢、穷游网总裁蔡景晖、借宿创始人夏雨清、大地风景文旅集团副总裁李霞等座谈，就加强古村古镇保护、民宿产业开发、文旅产业发展等进行交流。同时，吕梁市政府与中国民宿旅游界签署合作协议。第四届古村镇大会组委会主席吴必虎，市政府副市长李俊平，市政府党组成员、市政府办公室党组书记权威参加活动。

27日　市委副书记、市政府市长王立伟带领吕梁市相关县市、部门、企业负责人到省能源局、晋能集团，与省能源局局长王启瑞、晋能集团董事长李国彪就落实省委、省政府部署要求，加快推进吕梁局域电网混改、电力项目建设等进行沟通对接和座谈交流。省能源局副局长苗还利、侯秉让，晋能集团副董事长、总经理陈旭忠，晋能集团副总经理冯培一、王大力，市政府党组成员、市政府办公室党组书记权威参加。

28日　市委副书记、市政府市长王立伟带领部分县市、部门负责人，到中国铁路太原局集团公司、山西能源交通投资有限公司，与中国铁路太原局集团公司董事长程先东、山西能交投董事长武强就加强铁路项目建设推进交通运输“公转铁”、建立市企战略合作关系深化多产业全方位发展等座谈交流。中国铁路太原局集团公司副总经理白沛锋、山西能交投总经理于喜东，市政府党组成员、市政府办公室党组书记权威参加。

30日　王立伟到市残疾人职业技能学校、离石区龙凤小学，看望慰问接受特殊教育的残疾孩子和广大少年儿童，并代表市委、市政府向全市少年儿童致以节日祝贺。梁志勇、李俊平、白荣欣、权威一同参加。

30日　全省退役军人服务保障体系建设暨部分退役士兵保险接续工作推进会在吕梁市召开。省政协副主席、市委书记李正印出席并致辞。省政府副秘书长王延峰讲话。市委副书记、市政府市长王立伟陪同观摩。省退役军人事务厅厅长冯征主持。市委常委、市政府常务副市长李建国参加。

6　月

2日　水利部副部长陆桂华在吕梁市委副书记、市政府市长王立伟的陪同下，到兴县等地就水土保持和流域治理进行调研。山西省水利厅厅长陈耳东、吕梁市政府副市长尉文龙参加。

5日　王立伟会见华电集团总工程师、华电煤业集团董事长王旺旺，就共同推进华电兴县电厂项目、加快吕梁铝镁新材料产业园区建设进行交流。李建国、杨巨才、权威参加。

4日至5日　省政协主席李佳到吕梁市汾阳市、离石区、临县、兴县，就转型发展、脱贫攻坚等工作进行调研。省政协副主席、市委书记李正印，市委副书记、市政府市长王立伟，省政协机关党组副书记、副秘书长张岐云，市委常委、离石区委书记梁志勇，市人大常委会副主任、临县县委书记张建国，市政府副市长杨巨才分别陪同调研。

6日 吕梁市举行“吕梁山护工”（第24批）走出大山欢送仪式，1123名吕梁山护工将奔赴北京、天津、南京、青岛、榆林等地上岗就业。李正印出席仪式。王立伟讲话。张广勇主持。

7日 市委副书记、市政府市长王立伟会同山西省高考巡视组成员，到离石区朝阳小学考点巡视高考工作，看望慰问广大考务人员。市委常委、离石区委书记梁志勇，市政协副主席郝金光，市政府党组成员、市政府办公室党组书记权威一同参加。

11日 珠三角企业家代表团吕梁对接座谈会召开。省政协副主席、市委书记李正印，省政府驻广州办事处主任刘亚林出席并讲话。市委副书记、市政府市长王立伟主持。市政府副市长刘晋萍参加。

12日 中华医学会卫生健康人才培养吕梁活动周启动，40多位医学界知名专家为吕梁市300余名基层医务工作者进行为期一周的专题培训。省人大常委会副主任、省医学会会长卫小春，中华医学会副会长饶克勤等出席培训启动仪式并讲话。省政协副主席、市委书记李正印会见与会专家。市委副书记、市政府市长王立伟出席仪式并致辞。市人大常委会主任郝月生、市政府副市长李俊平参加活动。

17日 吕梁市委副书记、市政府市长王立伟带领吕梁市部分县市及市直部门负责人，到中国美丽乡村建设的重要发源地浙江省金华市，考察学习金华市全域土地综合整治、农村生活垃圾集中收集处置等推进美丽宜居乡村建设成功经验。金华市委副书记陈玲玲、市政府副市长祝伦根陪同考察。吕梁市政府副市长刘晋萍，市政府党组成员、市政府办公室党组书记权威一同参加。

18日至19日 吕梁市委副书记、市政府市长王立伟带领吕梁市部分县区、市直部门负责人，到改革开放前沿的浙江省台州市、宁波市，考察学习两市开发区建设、产业集聚、产城融合、创新发展等方面的先进经验和典型做法，与当地政府企业就加强交流合作进行洽谈，与华强方特集团负责人就方特文旅项目落地吕梁进行具体对接。台州市委常委、常务副市长蔡永波，台州市委常委、台州湾循环经济产业集聚区党工委书记芮宏，宁波杭州湾新区党工委书记俞雷等陪同考察。吕梁市政府副市长刘晋萍，市政府党组成员、市政府办公室党组书记权威参加。

22日 市人民政府与中国煤矿文工团签订结对帮扶战略合作协议。省政协副主席、市委书记李正印出席签约并致辞，市委副书记、市政府市长王立伟与中国煤矿文工团党委书记刘中军签约。市委常委、宣传部部长任忠，市委常委、离石区委书记梁志勇，市政府副市长李俊平参加活动。

25日 吕梁市2019年“庆七一·迎二青”广电杯市直机关篮球联谊赛在市体育馆开幕。吕梁广播电视台代表队与人保财险吕梁市分公司代表队进行揭幕战。市直机关47支代表队、670余名运动员进行联谊竞技。王立伟、任忠、郭卫民、刘凯、闫广聪出席开幕仪式。

26日至27日 副省长张复明在市委副书记、市政府市长王立伟的陪同下，到扶贫包联县方山县，进车间、访农户、看产业、听汇报，就巩固提升脱贫成效和基层减负情况进行调研。省政府副秘书长丁纪岗、省文旅厅党组书记刘润民、省扶贫办巡视员张伟勤、民革山西省委专职副主委王静、市政府副市长李俊平参加。

29日　在中国共产党成立98周年之际，市委副书记、市政府市长王立伟到兴县蔚汾镇、蔡家崖乡，看望慰问基层老党员，为他们送去节日的祝福。李安林、权威一同慰问。

7　月

2日　李正印以“深入学习实践党的创新理论、奋力拓展吕梁各项事业新局”为题，为全市党员干部讲授“不忘初心、牢记使命”主题教育专题党课。王立伟参加。张广勇主持。

3日　中国农业发展银行吕梁调研座谈会召开。省政协副主席、市委书记李正印，中国农业发展银行副行长鲍建安出席并讲话。市委副书记、市政府市长王立伟主持。农发行山西省分行行长钱德辉，市政府副市长尉文龙参加。

6日　王立伟带领市住建、水利、新区办、园林等部门主要负责人，到凤山吕梁新区山体、北川河二期、吕梁大道二期、城南主题公园、主城区部分学校等地，专题调研中心城区规划建设，现场办公解决问题。李俊平、权威参加调研。

8日　市委副书记、市政府市长王立伟分别与国网山西省电力公司董事长刘宏新、晋能集团副总经理冯培一等座谈交流，就落实省委、省政府部署要求，加快推进吕梁铝镁新材料产业园区建设等进行对接。国网山西省电力公司总经理安彦斌、副总经理刘福义，晋能电力集团董事长史晓文、总经理柳成亮，市政府秘书长权威参加。

13日　由吕梁市人民政府与新华社中国经济信息社联合举办的第二届“一带一路”煤焦化工产业绿色发展研讨会在吕梁市孝义举行。工业和信息化部原党组成员、总工程师，中国企业联合会、中国企业家协会常务副会长兼理事长朱宏任，国务院国有重点大型企业监事会原主席季晓南，国家能源局原副局长张玉清，国家信息中心经济预测部首席经济师祝宝良，中国炼焦行业协会原秘书长杨文彪，国务院发展研究中心宏观经济研究部研究员张立群等专家学者，围绕“高端驱动、绿色发展”主题作主旨演讲。市委副书记、市政府市长王立伟出席会议并致辞。

12日至13日　长城影视文化企业集团创始人赵锐勇率考察团到吕梁市就文化旅游发展情况进行调研。省政协副主席、市委书记李正印，市委副书记、市政府市长王立伟会见赵锐勇一行，双方就加强文创、旅游、康养等文化产业合作发展进行交流座谈。市政府副市长尉文龙、刘晋萍参加会见。

16日　王立伟主持召开“二青会”吕梁市执委会全体会议，听取吕梁赛区筹备工作总体进展及执委会各部门工作汇报，对赛事组织、实体火炬传递所涉场馆运行、后勤保障、安全保卫、新闻宣传、志愿服务、市容市貌整治等进行再推进、再部署、再落实。李俊平参加。

17日　王立伟主持召开市政府专题会议，听取政务信息平台系统建设、垃圾分类、污水处理、采煤沉陷区综合治理搬迁安置进展情况汇报，分析研究存在问题，安排部署下一步工作。李建国、权威参加。

20日　第二届全国青年运动会“山西燃气杯”实体火炬传递吕梁市离石区站起跑仪式在吕梁火车站站前广场举行，拉开“二青会”实体火炬在吕梁市传递序幕。李正印、王立伟、任忠、梁志勇、卫成印、李安林、薛爱平、权威出席。李俊平主持开幕仪式。

20日　王立伟到吕梁火车站、凤山公园、龙凤大街、长治路、北川河等地，实地督导调研“二青会”城市风貌整治工作。

26日 吕梁市举行优秀退役军人事迹展播暨庆“八一”双拥联欢晚会，庆祝中国人民解放军建军92周年。李正印、王立伟、郝月生、李建国观看演出。

31日 副省长王一新在市委副书记、市政府市长王立伟的陪同下，到联系贫困县岚县，到帮扶贫困村普明镇前祁村调研指导脱贫攻坚工作。省工信、商务、扶贫办等有关方面负责人一同调研。

8 月

1日 王立伟带领吕梁市“二青会”执委会相关部门负责人，督导检查体育场馆、服务设施，看望运动员、教练员、工作人员。李俊平、权威一同调研。

2日 吕梁市人民政府与南方电网综合能源公司举行项目对接座谈会。双方就能源综合利用、固废处理、污泥处置、智慧路灯、建筑节能等项目进行对接，围绕实施能源革命、推动项目落地、深化双方全方位合作进行交流。市委副书记、市政府市长王立伟，南方电网综合能源公司总经理陈庆前出席座谈会。市委常委、市政府常务副市长李建国，市政府副市长刘晋萍，市政府秘书长权威参加。

5日 王立伟主持召开专题会议，听取市发改委、市行政审批局、市大数据应用局所承担的政务信息平台、政务审批平台、数字吕梁APP建设推进情况汇报，听取市发改委、中铝华润、晋能电力等部门、企业有关吕梁铝镁新材料产业园区建设情况汇报，强调要以政务信息化建设为抓手提升政府治理能力现代化水平，以铝镁新材料产业园区建设为突破，推动煤电铝材一体化发展。李建国、李俊平、李安林、权威参加。

6日 王立伟主持召开专题会议，听取全市深化企业投资项目承诺制改革、工程建设项目审批制度改革推进情况汇报，梳理分析存在问题，研究推进相关工作。强调要聚焦企业投资项目承诺制落地、工程建设项目审批等重点领域改革，解决企业和群众反映强烈的痛点堵点难点问题，持续优化营商环境。市政府秘书长权威参加。

7日 吕梁市脱贫攻坚交口“一码清”现场推进会召开。李正印主持推进会。王立伟通报脱贫攻坚进展情况及存在问题，安排部署下一步重点工作。秦书义、梁志勇、乔晓峰出席会议。尉文龙就推行“一码清”工作作具体安排。

9日 全省特色产业扶贫现场会在吕梁市召开。山西省直相关部门、全省17个拟摘帽贫困县副县长、11市58个贫困县的农业农村局局长，到临县、方山等地观摩学习吕梁市实施产业扶贫的经验做法，对全省产业扶贫进行再动员、再部署。山西省特色产业扶贫工作领导小组副组长、省农业农村厅厅长乔建军讲话。市委副书记、市政府市长王立伟致辞并介绍吕梁市经验做法。省农业农村厅副厅长张和平、市政府副市长尉文龙参加。

10日 国家体育总局副局长李建明一行到吕梁市指导“二青会”赛事。省政协副主席、市委书记李正印与李建明一行座谈，并一同在吕梁市体育馆观看蹦床比赛。市委副书记、市政府市长王立伟陪同李建明在孝义市体育运动管理中心观看艺术体操比赛。省体育局副局长杜荣，市政府副市长李俊平参加座谈。

14日 为期8天的“二青会”吕梁赛区蹦床、艺术体操比赛完美收官。两项比赛共决出79枚金牌，吕梁体育馆奥亚青少年体育俱乐部、孝义振达青少年体育俱乐部代表吕梁市出征两项赛事以及掷地球与冰壶、田径等项目，斩获金牌18枚、银牌9枚、铜牌4枚。市委副书记、市政府市长王立伟，国家体育总局体操运动管理中心主任缪仲一等出席蹦床项目颁奖仪式，并为获奖队员颁奖。市政府副市长李俊平、市政府秘书长权威一同颁奖。

13日至14日 副省长王成在市委副书记、市政府市长王立伟的陪同下，先后到吕梁市兴县、临县、石楼、交口等地，就产业发展、易地扶贫搬迁、危房改造等脱贫攻坚重点工作进行调研。市人大常委会副主任、临县县委书记张建国，市政府副市长尉文龙陪同。

14日 山西文旅集团董事长王文保率集团规划发展、法律事务、财务管理以及下属信息技术、晋旅投资、汇诚投资公司等部门主要负责人，到吕梁市杏花村经济技术开发区进行专题考察调研。吕梁市委副书记、市政府市长王立伟，汾酒集团董事长李秋喜一同调研。

15日 王立伟主持召开专题会议，听取第三届“数谷吕梁、智赢未来”大数据产业发展推进会筹备情况汇报，研究数字经济发展等工作。强调要以即将召开的第三届“数谷吕梁、智赢未来”大数据产业发展推进会为契机，推进新技术、新模式、新业态与实体经济深度融合，加快构建高效统一的一体化政务服务平台，加快形成具有较强竞争力的数字经济产业体系。杨巨才、权威参加。

17日 省政协副主席、市委书记李正印，市委副书记、市政府市长王立伟会见出席“数谷吕梁·智赢未来”第三届吕梁大数据产业发展推进会的部分院士专家。中央候补委员、北京航空航天大学党委书记曹淑敏，中纪委委员、北京理工大学校长张军院士，中国科学院院士、中国工程院院士李德仁，中国工程院院士王浚、赵沁平、刘吉臻、郑志明，北京航空航天大学副校长、长江学者特聘教授王云鹏，中国人口出版社党委书记、社长郭震威，中国移动山西分公司总经理魏春辉等出席。市政府副市长杨巨才参加。

18日 第三届“数谷吕梁·智赢未来”大数据产业发展推进会举行。来自全国的218家企业436位代表参会，共商“数谷吕梁”大计、共议“智赢未来”之策。中央候补委员、北京航空航天大学党委书记曹淑敏，中纪委委员、北京理工大学校长张军院士，中国科协副主席、书记处书记孟庆海，中国科学院、中国工程院院士李德仁，中国工程院院士王浚、赵沁平、刘吉臻、廖湘科、郑志明出席会议。省政协副主席、市委书记李正印，省工信厅党组书记、厅长李晋平分别致辞。市委副书记、市政府市长王立伟主持会议。

22日 副省长王一新，省政协副主席、市委书记李正印会见在吕梁参加2019（山西·吕梁·杏花村）国际烈性酒大赛的比利时布鲁塞尔国际酒类大赛组委会主席卜度安·哈弗一行。比利时布鲁塞尔国际烈性酒大赛组委会全球赛事比赛负责人、墨西哥国家酒类大赛总经理马赛洛·孔法洛涅里，下届赛事东道主代表、哥伦比亚巴兰基亚市行政财务部副总玛莎·佩雷斯，省政府办公厅主任赵光国，吕梁市委副书记、市政府市长王立伟，汾酒集团党委书记、董事长李秋喜参加会见。

24日 山西省文化和旅游厅厅长盛佃清一行在吕梁市委副书记、市政府市长王立伟的陪同下，到吕梁市交城县庞泉沟等景区景点，督导检查旅游服务质量提升工作，实地调研文化旅游产业发展。市政府秘书长权威一同调研。

25日 第20届比利时布鲁塞尔国际烈性酒大奖赛完成各项任务，在吕梁市汾阳市举行交接旗仪式。比利时布鲁塞尔国际酒类大赛组委会主席卜度安·哈弗主持。省政协副主席、市委书记李正印讲话。市委副书记、市政府市长王立伟交旗。市政府副市长、市公安局局长李安林出席交旗仪式。

26日 市委、市政府在吕梁体育馆举行吕梁山护工（第26期）走出大山欢送仪式。王立伟出席仪式并讲话。张广勇主持仪式，李建国、权威参加。

28日 王立伟主持召开吕梁市政府党组扩大会议，传达学习省委十一届八次全会等会议精神；传达省委第一巡视组对吕梁市脱贫攻坚专项巡视情况反馈意见，研究吕梁市整改措施；研究部署“十四五”规划编制、农信社改制、应急救援体系建设等工作。

28日 汾阳市贾家庄举办第19届乡村旅游文化节暨电视剧《我们村里的年轻人》开机仪式，中国文联、中国视协组织10余位文艺名家在贾家庄进行“送欢乐下基层”慰问演出。省政协副主席、市委书记李正印，中国电视艺术家协会名誉主席赵化勇，中国曲艺家协会主席姜昆，省委宣传部副部长张羽，省文学艺术界联合会党组书记、主席郭健，山西广播电视台党委书记、台长刘英魁等共同为《我们村里的年轻人》开机揭幕。市委副书记、市政府市长王立伟致辞。市委常委、宣传部部长任忠，市政府秘书长权威出席。

9 月

3日 中共吕梁市委四届七次全体会议在离石召开。李正印代表市委常委会讲话。全会以习近平新时代中国特色社会主义思想为指导，认真落实省委十一届八次全会和省纪委十一届五次全会精神，对全市全面从严治党作出新部署，审议《中共吕梁市委贯彻落实〈中共山西省委关于深化“三基建设”进一步加强基层工作的若干意见〉的实施方案》。

6日 王立伟到包联县兴县召开攻坚深度贫困推进会，传达省委脱贫攻坚督导组督导吕梁市反馈意见和市委常委会关于兴县攻坚深度贫困的有关精神，听取兴县反馈问题整改情况汇报，就推进相关工作进行研究部署。刘晋萍、权威参加。

8日至9日 王立伟率吕梁市相关县市、部门、开发区、企业参加2019厦门国际投资贸易洽谈会暨丝路投资大会。出席开幕仪式、国际投资论坛、新丝绸之路发展交流会等活动，到展区进行巡馆，并前往有投资意向的普罗特集团、纵横集团考察对接，与罗普特集团董事长陈彦行、纵横集团董事长林龙智等企业高管进行项目洽谈。展会期间，吕梁经济技术开发区智能洗肺机等一批项目成功签约。刘晋萍、权威一同参加。

10日 华强方特集团总裁刘道强一行到吕梁市，就推进方特文旅项目落地吕梁进行考察。市委副书记、市政府市长王立伟陪同考察。华强方特集团执行总裁顿忠杰、副总裁刘道宏，市政府副市长刘晋萍参加。

10日 吕梁市委召开全市“不忘初心、牢记使命”主题教育部署会议。会议学习贯彻习近平总书记关于主题教育重要讲话精神，按照中央、省委安排，对全市开展主题教育进行动员部署。李正印出席会议并讲话。张广勇主持会议。王立伟、郝月生、张稳科、秦书义、任忠、梁志勇、乔晓峰参加。

12日 全市脱贫攻坚专项巡视整改工作会议召开。李正印出席会议并讲话。强调全市各级各部门要聚焦高质量打赢脱贫攻坚战目标，以脱贫攻坚专项巡视整改为契机，统筹抓好国务院脱贫攻坚督查反馈问题整改、省委脱贫攻坚督导组督导反馈问题整改等各项整改工作，全面对标对表，认真检视问题，狠抓整改落实，确保高质量打赢脱贫攻坚决胜之战。王立伟主持会议。张广勇、郝月生参加。

17日至18日 吕梁市委常委班子举行“不忘初心、牢记使命”主题教育第一次集中学习研讨。李正印主持。王立伟、张广勇、张稳科、秦书义、任忠、梁志勇、乔晓峰，以及省委巡回指导组有关人员参加。

18日 吕梁市脱贫攻坚领导小组召开会议，专题研究全市《关于落实国务院扶贫开发领导小组督查反馈主要问题及建议的整改方案》。李正印主持。王立伟、张广勇、郝月生、张稳科、秦书义、任忠、梁志勇、乔晓峰参加。

19日 由吕梁市人民政府、中国酒业协会共同主办的第三届山西（汾阳·杏花村）世界酒文化博览会，在杏花村经济技术开发区中国汾酒城开幕。副省长张复明宣布开幕并巡馆。省政协副主席、市委书记李正印参加相关活动。市委副书记、市政府市长王立伟致辞。中国酒业协会副理事长兼秘书长宋书玉讲话。比利时布鲁塞尔国际烈性酒大奖赛总经理提艾利·汉斯，中国酒类流通协会常务副会长刘员，市人大常委会主任郝月生出席。市政府副市长刘晋萍主持开幕仪式。

20日 吕梁市政府党组举行“不忘初心、牢记使命”主题教育第一次集中学习研讨。王立伟强调，要深入学习贯彻习近平新时代中国特色社会主义思想，牢记宗旨性质，践行初心使命，确保政府领导班子和政府系统主题教育取得扎扎实实的成效。

22日至24日 由国家林业和草原局总经济师杨超带队，国家发展改革委、自然资源部、水利部等有关部委组成的联合调研组到吕梁市离石、兴县、临县、柳林等地，就2019年“两会”期间山西代表团向全国人大提交的“关于加大吕梁山革命老区林业生态修复力度的建议”进行专题调研。市委副书记、市政府市长王立伟，省林草局副局长黄守孝，市政府副市长尉文龙陪同。

25日 吕梁市政府安委会召开第四次全体（扩大）会议。王立伟出席并讲话。强调各级各部门各企业要坚持把安全生产工作放在首位，深化重点行业领域安全专项整治，做实做细做好各项风险隐患防范化解工作，进一步促进全市安全生产形势稳定好转。李建国、李俊平、权威，以及市政府安委会成员单位负责人在主会场参加会议。各县（市、区）长及相关方面负责人在分会场参加。

26日 吕梁市政府党组班子召开主题教育找差距专题会议。强调围绕“守初心、担使命，找差距、抓落实”总要求，重点对照《党章》《关于新形势下党内政治生活的若干准则》《中国共产党纪律处分条例》，查找自身差距、检视剖析问题。王立伟主持会议并讲话。市政府党组成员李建国、李安林、尉文龙、刘晋萍、权威参加会议。省委第四巡回指导组赵政鑫、药绚到会指导。

27日 第四届吕梁名特优功能食品展销会暨2019农民丰收节开幕。山西省政协副主席、吕梁市委书记李正印宣布开幕。中国数字文化集团原总经理、吕梁市特聘文化旅游专家陈建祖，中国农业大学农业规划科学研究所所长张天柱，省农业农村厅、省商务厅、山西农业大学、省农科院、山西中医药大学有关领导出席。市委副书记、市政府市长王立伟作主题推介。市人大常委会主任郝月生参加，市政府副市长尉文龙主持。

29日 吕梁市组织123家农业企业、300余种产品参加第六届中国（山西）特色农产品交易博览会布展，市委副书记、市政府市长王立伟出席开幕仪式，并与参会领导和嘉宾共同巡馆。市政府副市长尉文龙参加。

30日 吕梁市在位于凤山山顶的离石烈士陵园举行烈士公祭活动，缅怀革命先烈的丰功伟绩，祭奠革命先烈的不朽英魂。李正印和社会各界代表向烈士纪念碑敬献花篮。王立伟、张广勇、郝月生及市、区两级四大班子其他领导，市、区两级有关单位和各人民团体主要负责人，驻吕部队官兵、退伍老战士及军烈属代表、公安干警，各民主党派及无党派人士代表，学生代表，共计300余人参加活动。

30日 王立伟带领市工信、能源、煤炭纠察等有关方面负责人，到离柳集团中阳县朱家店煤矿400多米深井下、中钢集团在建项目工地，实地督导检查安全生产工作。强调各级各部门各企业要坚持把安全生产工作放在首位，深化重点行业领域安全专项整治，做实做细做好各项风险隐患防范化解工作，进一步促进全市安全生产形势稳定好转。乔晓峰、杨巨才、权威一同参加。

10　月

1日 李正印、王立伟、张广勇、梁志勇、孙晋军、郭卫民、刘凯、杨巨才、尉文龙、刘晋萍、白荣欣、闫广聪、薛爱平等市领导，在市委市政府综合办公区集中收看庆祝中华人民共和国成立70周年大会实况直播。

2日 王立伟带领市城管、园林、自然资源、新区办以及离石区、方山县等相关方面负责人，到中心城区龙山、凤山、虎山、吕梁机场、吕梁新区东西两山和青银高速、环城高速沿线等重点区域，实地调研中心城区生态绿化工作。强调要抓住秋季造林黄金时节，紧盯城市山体、高速通道、吕梁机场等重点区域不松劲，持续在三山绿化、延伸拓展、提档升级上下功夫，让绿色成为吕梁发展的底色。尉文龙、刘晋萍、权威一同参加。

4日 王立伟到联系贫困县兴县，深入帮扶贫困村康宁镇花子村，与县、乡、村基层干部群众座谈交流，调研指导脱贫攻坚工作。强调聚焦解决“两不愁三保障”突出问题，扎实推进“一村一品一主体”产业扶贫，落实落细危房改造、厕所革命、基础设施建设等重点工作，瞄准靶心精准发力，全面提升脱贫成色和质量。权威参加。

8日 全省深化党政机构改革总结会议在太原召开。省政协副主席、市委书记李正印，市委副书记、市政府市长王立伟，市人大常委会主任郝月生，市委副书记、政法委书记张广勇在吕梁分会场参加会议。

10日 王立伟主持召开专题会议，听取中心城区民生事业、基础设施、转型项目建设进展情况，分析存在问题，研究推进措施，部署下一步工作。强调要紧紧围绕基础设施建设、民生事业发展、产业转型升级，全力以赴加快中心城区重点项目建设，促进老城区提档提质，推动新城区规模开发。

15日 长1539公里的黄河、长城、太行三大板块旅游公路首批建成路段启用仪式在晋城市沁水县举行，省政府主要领导出席。吕梁市委副书记、市政府市长王立伟，在大会上介绍碛口试验段吕梁黄河一号、“四好农村路”建设推进情况经验。

17日 第六个国家扶贫日来临之际，市领导李正印、王立伟、张广勇、郝月生等到市体育馆观看“弘扬吕梁精神 决胜脱贫攻坚”庆祝中华人民共和国成立70周年图片暨书画展。

19日 中国驻德国前大使史明德与山西

能源交通投资有限公司董事长武强、德国劳科特技术有限公司董事长吴公式、德盛镁汽车部件有限公司董事长丁楠溪等一行，在吕梁市委副书记、市政府市长王立伟的陪同下，专程到位于兴县的吕梁铝镁新材料产业园区进行考察，重点就引进落地高精尖铝系深加工项目、推动中德工业园区建设、加快吕梁对外开放步伐等进行交流。市政府副市长杨巨才，市政府秘书长权威一同参加。

21日 王立伟会见到吕梁市考察调研的新城控股集团战略投资总经理张智博一行，双方就合作推进吕梁新区开发、打造吾悦广场城市大型商业综合体项目等进行交流。刘晋萍陪同考察，权威参加会见。

21日 吕梁市委常委班子主题教育调研成果交流会召开。李正印主持会议并讲话。省委“不忘初心、牢记使命”主题教育第四巡回指导组组长李太阳一行到会指导。王立伟、张广勇、张稳科、李建国、梁志勇、乔晓峰参加会议。

25日 吕梁市委常委集体到兴县晋绥边区革命纪念馆，举行“践行初心和使命”主题党日活动。李正印主持，王立伟、张稳科、秦书义、李建国、梁志勇、乔晓峰参加。

30日 王立伟召集全市13个县（市、区）及市直相关部门主要负责人，分析前三季度经济运行情况，相互交流典型经验做法，部署推进下一步重点工作。李俊平、李安林、刘晋萍、权威参加。

30日 吕梁市第三次学用习近平新时代中国特色社会主义思想经验交流会召开。李正印出席并讲话。王立伟主持。郝月生、张稳科、秦书义、李建国、梁志勇、乔晓峰参加。省委“不忘初心、牢记使命”主题教育第四巡回指导组有关人员应邀参加。

11 月

13日 市委副书记、市政府市长王立伟会见中国科学院地理科学与资源研究所副研究员任国柱、中国农业大学教授乔娟等，就推进北京中农富通公司农业嘉年华项目落地吕梁，以及开展农业科技、农业旅游等领域合作，实现三产融合发展等进行座谈。市政府副市长刘晋萍、市政府秘书长权威参加。

14日 市委副书记、市政府市长王立伟会见北京东昊科技有限公司董事长朱建华一行，重点围绕赤泥、钢渣、煤矸石、粉煤灰等固废物的无害化处理、资源化利用进行交流。双方表示要充分利用吕梁丰富的赤泥、煤矸石等资源，依托先进科技手段，上马固废物转化利用项目，实现变废为宝、资源化产业化发展。市政府副市长李俊平、市政府秘书长权威参加。

14日 吕梁市集中收听收看全省深化“放管服效”改革优化营商环境电视电话会议。王立伟在吕梁分会场参会，并召开专题会议研究推进加快建设数字政府、提升政府治理能力、优化营商环境工作。强调要按照省委、省政府决策部署，坚持“三对”“六最”要求，切实抓好工作落实，以数字政府建设引领“放管服效”改革向纵深推进，最大限度实现利企便民，最大程度激发市场活力和社会创造力，全面提升政府治理现代化水平。李建国、李俊平、刘晋萍、权威参加。

15日 王立伟主持召开市政府党组扩大会议，专题听取防范化解重大风险、精准脱贫、污染防治“三大攻坚战”推进情况汇报，研究部署下一步工作。强调要准确把握吕梁市安全生产持续稳定、金融风险有效防控、脱贫成效稳步提升、环境质量不断改善的良好态势，坚决克服松劲歇脚、力度不够、工作不平衡等存在问题，全力抓好工作落实，坚决打赢打好三大攻坚战。李建国、李俊平、杨巨才、尉文龙、刘晋萍、权威参加。

18日 李正印主持召开吕梁市国企国资改革工作进展情况汇报会。强调要肯定成绩，正视问题，切实增强责任感和紧迫感，推动国企国资改革不断取得新成效。王立伟、杨巨才参加。

19日 省委宣讲团成员、省人大法制委员会主任委员赵建平到吕梁市宣讲中国共产党十九届四中全会精神。省政协副主席、市委书记李正印主持宣讲会。市委副书记、市政府市长王立伟，市委副书记、政法委书记张广勇，市人大常委会主任郝月生聆听宣讲。

20日 吕梁市教育大会召开。李正印出席并讲话。强调要深入学习贯彻习近平总书记关于教育的重要论述和全国、全省教育大会精神，认真落实党的十九届四中全会关于“构建服务全民终身学习的教育体系”的部署要求，进一步拓展全市教育发展新局面，加快推进教育现代化，努力建设教育强市，办好人民满意的教育。王立伟作具体部署。张广勇、秦书义、李建国、任忠、梁志勇、乔晓峰参加。

20日 王立伟召集临县、柳林县、离石区及市直相关部门、项目单位负责人，专题听取黄河一号旅游公路、国道209市区段改线等项目推进情况汇报，研究解决存在问题，安排部署下一步工作。李俊平、杨巨才、权威参加。

21日 市委副书记、市政府市长王立伟分别会见民生银行集团总部总经理助理刘文、华夏银行太原分行行长赵佩红等金融部门客人，就建立政银企联动机制、拓宽金融机构参与吕梁经济社会建设的领域和渠道等交换意见。市政府副市长杨巨才、市政府秘书长权威参加。

24日 王立伟到离柳集团生产一线宣讲党的十九届四中全会精神，观摩指导吕农科技公司有机肥基地项目建设，督导推进平川县市污染防治工作。杨巨才、权威，交城、文水、汾阳等平川县（市）主要负责人参加。

26日 李正印到华为山西（吕梁）大数据中心、吕梁市某创新研究院进行调研。强调要深入贯彻落实党的十九届四中全会精神，坚定不移推进“数谷吕梁”建设。王立伟、张广勇、李建国、任忠、梁志勇、杨巨才一同调研。

26日 王立伟主持召开专题会议，深入贯彻省委、省政府城市品质提升决策部署，研究推进“两下两进两拆两补”、城市风貌整治等中心城区品质提升工作。强调要从吕梁中心城区实际出发，坚定推进重点项目建设，深入实施城市风貌整治，加快启动老旧小区改造，扎实抓好社区环境治理，着力建立现代城市管理体系。刘晋萍、权威，市直及离石区相关部门负责人参加。

27日 吕梁市政府党组举行“不忘初心、牢记使命”主题教育第三次集中学习研讨。王立伟主持。市政府党组成员李建国、杨巨才、刘晋萍、权威参加。

28日 王立伟到柳林县特种纳米碳酸钙、汾西荣欣铁路专用线等重点项目工地，就转型项目建设情况进行调研，沿三川河流域巡河督导污染防治工作。强调要聚焦转型发展，聚力项目建设，创新要素配置和制度供给，提供优质服务和有力保障，谋划推动更多转型项目落地生根，切实加大新技术新装备的推广应用力度，坚决落实大气水污染防治攻坚措施，有效提高经济发展的含金量、含新量、含绿量，推动高质量发展迈出新步伐。权威及市直相关部门负责人一同参加。

29日 吕梁市安全生产电视电话会议召开。会议全面分析安全生产形势，就做好全市安全生产工作进行部署。王立伟在主持会议时强调，要深刻汲取近期各地安全生产事故教训，彻底排查整治安全风险隐患，全面加强重点行业领域管控，压实各级党政领导责任和部门监管责任，特别是要严格落实企业主体责任，抓好抓实抓细安全生产各项工作。李建国、李俊平、杨巨才、李安林、尉文龙、刘晋萍和权威参加。

12 月

3日　吕梁市文化体制改革和发展领导小组召开会议，听取全市2019年重大改革任务中“推进文化体制改革”9项工作进展情况汇报，安排部署下一步改革和发展工作。王立伟出席。任忠、权威参加。

3日　省生态环境厅厅长潘贤掌在市委副书记、市政府市长王立伟的陪同下，到吕梁市区污水处理厂、已实施关闭的焦化厂等地，就生态环境保护、大气水污染防治进行调研。省生态环境执法局局长徐国平，市政府副市长杨巨才，市政府秘书长权威参加。

4日　王立伟到吕梁高级技工学校、职业中等专业学校、经济管理学校、聋哑学校、教育学院等学校，专题调研市区职业教育工作，现场协调解决具体问题。强调要充分遵循职业教育发展规律，加快推进吕梁市中等职业教育资源整合，做大做强职业教育品牌，办好人民满意职业教育。李俊平、权威参加。

6日　王立伟全程参加指导兴县县委常委班子“不忘初心、牢记使命”主题教育专题民主生活会。强调要坚持把“不忘初心、牢记使命”作为终身课题，狠抓问题整改落实，持续巩固深化主题教育成果。权威参加。

9日　吕梁市政府党组班子召开“不忘初心、牢记使命”主题教育专题民主生活会。王立伟主持会议并作总结讲话。省委第四巡回指导组副组长周鹏到会指导。会议紧扣学习贯彻习近平新时代中国特色社会主义思想主线，聚焦“不忘初心、牢记使命”主题，按照“四个对照”“四个找一找”要求，盘点收获、检视问题、深刻剖析，明确细化整改措施，用主题教育成果进一步激发干事创业的热情和干劲。

13日　市委副书记、市政府市长王立伟率市直及柳林县相关方面负责人，到三一集团长沙工业园总部进行考察，与三一集团总裁唐修国、副总裁马荣全等企业高管进行交流，就加快推动固废在线监测平台以及固废基装配式PC构件等项目落地、设立三一煤炭机械吕梁4S店、建立全方位战略合作关系达成初步意向。市政府秘书长权威一同考察。

14日　市委副书记、市政府市长王立伟率队到国防科技大学，就进一步深化双方在能源互联网、微纳卫星、高性能云计算等领域合作进行考察。国防科技大学副校长凌仕明陪同考察。国防科技大学计算机学院、系统工程学院、空天科学学院等相关院系、中心及重点实验室负责人，市政府秘书长权威参加相关活动。

18日　王立伟主持召开市政府党组扩大会议，重温习近平总书记视察山西重要讲话、在推动中部地区崛起工作座谈会重要讲话、在黄河流域生态保护和高质量发展座谈会重要讲话“三篇光辉文献”，研究推进小康社会建设等工作。

19日　王立伟到临县、兴县部分易地扶贫安置小区、搬迁户家中、扶贫车间等地，专题调研易地扶贫搬迁工作。强调要紧扣目标要求，强化政策举措，在如期高质量完成贫困户搬迁入住的基础上，全力以赴做好旧村拆迁复垦、安置区基础配套、后续产业发展、社区管理服务等后半篇文章，确保搬迁群众搬得出、稳得住、能脱贫。权威一同调研。

20日 省政协原副主席、省城市经济学会会长张璞一行到吕梁市调研。省政协副主席、市委书记李正印，市委副书记、市政府市长王立伟出席座谈会，双方围绕吕梁智慧城市建设和城市经济转型及高质量发展进行交流。市政协副主席白荣欣参加座谈。

21日 王立伟到晋西北建筑产业园、国道209改线工程以及晋能大土河热电厂等部分重点项目工地，督导调研项目推进情况，看望慰问奋战一线的广大建设者。强调要抓住冬季施工期不松劲，科学组织调度、精心精细施工、严格质量监管，全力以赴抓进度赶工期，坚决完成年度目标任务。权威一同调研。

22日 市委副书记、市政府市长王立伟到山西省展览馆调研指导离石区名特优功能食品展销暨文旅推介活动。

24日 吕梁市召开2020年重大项目谋划情况汇报会，李正印主持并讲话。王立伟作安排，李建国就重大项目谋划进行具体部署。

26日 吕梁市政府召开专题会议，听取12个市直部门的系统行业领域2020年重大项目谋划情况汇报，对进一步做好项目谋划、加快项目建设作出部署。王立伟强调要切实按照“四为四高两同步”总体思路和要求，在产业转型、基础设施、民生事业等领域，工程化项目化谋划和实施一批基础性、全局性、牵引性的重大项目，推动高质量转型发展开拓新局面。李建国、李俊平、杨巨才、尉文龙、权威参加。

27日 吕梁市人民政府与华融晋商资产管理股份有限公司、山西证券股份有限公司举行战略合作签约仪式。省政协副主席、市委书记李正印会见华融晋商资产管理股份有限公司董事长张心智、山西证券股份有限公司董事长侯巍一行并出席签约仪式。市委副书记、市政府市长王立伟致辞。张心智、侯巍分别讲话。市委常委、市政府常务副市长李建国代表市政府分别与华融晋商、山西证券签订战略合作协议。

27日 吕梁市举行相对集中行政许可权改革审管衔接备忘录签署暨集中审批印章启动仪式。李正印宣布“吕梁市一枚印章管审批”正式运行，并颁发第一张营业执照。王立伟讲话，并在原审批印章回收集中存放箱上加封条。省行政审批服务管理局党组成员、公共资源交易中心主任卫继周，市委常委、组织部部长、统战部部长秦书义，市政府秘书长权威出席仪式。市委常委、市政府常务副市长李建国主持。

28日 由汾阳市、山西杏花村汾酒集团有限责任公司和山西大学共建的山西大学杏花村学院（山西酿造产业研究院）在山西大学揭牌成立。副省长张复明，省政协副主席、市委书记李正印揭牌。市委副书记、市政府市长王立伟讲话。山西大学党委书记符惠明、汾酒集团董事长李秋喜致辞。山西大学校长黄桂田参加座谈会。市委常委、宣传部部长任忠，市政府副市长李俊平，中国农业大学、华东理工大学、江南大学、茅台学院等高校领导，中国酒业协会、省食品工业协会、省酿酒工业协会、省醋产业协会、省酒业协会、吕梁白酒协会等协会领导和酿造类企业负责人参加签约揭牌仪式。

30日 市委副书记、市政府市长王立伟会见到吕梁市参加临县京能电厂2×35万千瓦发电机组168小时试运行的北京能源集团董事长姜帆一行，双方就加快推进京能电厂并网发电、拓展多领域深度合作进行交流。北京能源集团副总经理王永亮、总经理助理张平，市委常委、市政府常务副市长李建国，市人大常委会副主任、临县县委书记张建国，市政府秘书长权威参加会见。

市情概览

自然地理

【位 置】

吕梁市位于山西省中部西侧，北纬36°43′~38°43′，东经110°22′~112°19′，西隔黄河与陕北相望，东临汾水与晋中为邻，北与忻州接壤，南与临汾毗邻。吕梁市因吕梁山脉纵贯南北而得名。

【面 积】

吕梁市东西最大宽度140千米，南北最大距离220千米，周边界线总长954.3千米。境域总面积2.1万平方公里，占山西省总面积的13.5%。

【地 质】

吕梁地质构造属演化过程中华北地台的一部分。中生代的燕山运动形成山西台背斜的地廓后，吕梁复背斜基本定型；受新生代第三纪的喜马拉雅运动影响，形成汾河地堑；下更新世，形成现代的河川二级阶地和丘陵区的梁峁沟壑地貌。

境内地层发育较为齐全，除缺失奥陶系上统、志留系、泥盆系、白垩系地层外，其余各种地层均有出露。出露地层依次为：中太古界界河口群，上太古界吕梁群，下元古界岚河群、野鸡山群、黑茶山群，中上元古界下统汉高山群，古生界寒武系、奥陶系、石炭系、二叠系，中生界三叠系、侏罗系，新生界第三系、第四系等。

基底地质构造分别为前五台构造层、五台构造层、吕梁构造层。前五台期构造表现于岚县界河口至临县务周会一带出露的界河口群，在柳林上白霜、中阳柏洼山、交口长树山、交城西榆皮等地也有出露。五台期构造主要分布于中北部方山县开府、马坊一带以东，岚县袁家村以南，方山县周家沟以西，交城横尖以北地区。吕梁构造层主要是岚河群、野鸡山群、黑茶山群不对称褶皱带，该褶皱带主要分布于吕梁山中北部，即方山至野鸡山一带及两侧地带。

境内岩浆分布较广，并且与主要金属矿藏有着直接关系。主要散布于山区以及西部黄土丘陵区的突出山岭地带，如临县紫金山、交城县狐偃山等地。

【地 貌】

吕梁地貌属晋西黄土高原的一部分。地势北高南低，至东北方向西南倾斜，一般海拔在1000米~2000米，最高海拔关帝山主峰2831米，最低点在石楼县和合乡崖头村黄河岸，海拔556米，相对高差2275米，市区海拔920米~940米。

地貌大致可分为中山区、丘陵区、平川区三种类型。中山区海拔1500米以上，区内奇峰突立，挺拔险峻，沟壑纵横，分布着众多小山川，植被覆盖较好，包括岚县、方山、离石、中阳、交口5县（区）和汾阳、孝义、文水、交城4县（市）的山区部分。丘陵区海拔900米~1500米，黄土覆盖广，厚度大，地形破碎，坡陡沟深，平地较少，植被稀少，水土流失严重，包括黄河沿岸的兴县、临县、柳林、石楼4县。平川区海拔740米~800米，地势平坦，土壤肥沃，水源充足，适宜发展现代立体化种植业，包括汾河沿岸交城、文水、汾阳、孝义4县（市）。

【气 候】

吕梁市属大陆性季风气候，具有四季分明、雨热同步、光照充足的特点。

季节气候特点：春季（3月至5月）温度变化急剧，气候干燥，少雨多风。3月份平均气温3℃左右，极端最低气温达-19℃；5月份平均气温升至17℃，极端最高气温达39℃，当冷空气入侵时，最低气温可降至0℃以下。该季降水量一般为年降水量的15%左右，干旱是主要灾害性天气。夏季（6月至8月）温度较高，雨量集中，多有雷阵雨天气。7月份平均气温为23℃左右，年极端最高气温多数出现在6月中、下旬。该季降水量一般为年降水量的60%左右，大雨、暴雨多集中在7月至8月，其间易发生洪涝灾害。秋季（9月至11月）气温迅速下降，气候凉爽，秋初多连阴雨天气。9月份平均气温为16℃左右，季末极端最低气温可降至-17℃~-24℃。该季降水量一般为年降水量的30%左右，2007年连阴雨日数长达半月以上。冬季（12月至次年2月）气候寒冷，降雪稀少。极端最低气温多出现在该季，高寒山区可达-30℃以下。该季降水量一般为年降水量的3%左右。

区域气候特点：北部4县（岚县、方山县、兴县、临县）十年九旱，主要灾害为干旱、冰雹，年降水量460毫米~500毫米，年平均气温7℃~9℃。中南部山区5县（区）（包括离石区、中阳县、柳林县、交口县、石楼县）十年九旱，主要灾害为干旱、冰雹，年降水量460毫米~561毫米，年均气温7℃~11℃。平川4县（市）（包括汾阳市、孝义市、交城县、文水县）年降水量420毫米~460毫米，年平均气温10℃~11℃。

日照：日照时数较长，太阳辐射较强，年均日照时数2487小时~2872小时，其中最少为2200小时/年，最多为3280小时/年。5月至6月日照时间最长，11月至次年2月日照时间最短。

太阳辐射：年均太阳总辐射量131千卡/平方厘米~151千卡/平方厘米，全年生理辐射量62千卡/平方厘米~74千卡/平方厘米。5月至6月太阳辐射最强，11月至次年2月太阳辐射最弱。

气温：年均气温9℃左右，1月份平均气温-10℃~-5℃，7月份平均气温19℃~24℃。极端最低温度-33.0℃，极端最高气温41℃。

降水：年均降水量472毫米，且降水季节

分配极不均衡，主要集中在7月至9月，年际变化较大。

无霜期：无霜期为133天~178天，初霜日期9月24日至10月15日，终霜日期3月19日至4月24日。

建置沿革

吕梁建置，最早可追溯到春秋时代。当时吕梁有屈邑、平陵邑、中阳邑及瓜衍县等。公元前376年，韩、赵、魏“三家分晋”以后，吕梁为赵国境域，境内设有中阳、兹氏、大陵等。秦庄襄王四年（前246年）设太原郡后，吕梁遂为太原郡境域，设有大陵、兹氏等县。

汉初，吕梁仍为太原郡境域。汉武帝元朔四年（前125年）分设西河郡后，吕梁分属西河、太原、平阳三郡。大陵、平陶、兹氏为太原郡辖县；蔺、皋狼、中阳、离石、土军、隰成、临水为西河郡辖县；蒲子县为平阳郡辖县。王莽代汉后，兹氏县改兹同，大陵县改大宁，平陶县改多穰，临水县改监水。东汉始立后各县遂复旧名。

东汉初，吕梁属于西河、太原、河东三郡。离石、蔺、皋狼、临水、中阳、平周为西河郡辖县；大陵、平陶、兹氏为太原郡辖县；蒲子县属河东郡。永和五年（140年）九月“因匈奴寇掠，西河郡治南徙五百九十里”迁至离石县，为吕梁境内最早的郡级建置。同年，临水县并入离石。中平年间美稷县“南徙于兹氏县界，寻废”。建安二十一年（216年）“南匈奴内附”，左部居于兹氏，中部居于大陵。

三国初分，吕梁为魏国境域。黄初二年（221年）设置西河郡，治兹氏县，辖离石、中阳等县；大陵、平陶二县仍属太原郡，蒲子县仍为平阳郡辖县。

西晋，吕梁境内各县分属于西河国和太原国，属县未变，仅兹氏县改隰城。东晋十六国时期，吕梁境内社会混乱。后赵石勒元年（319年），“以离石县境荒废”设置永石郡，寻改西河，后燕置离石护军。永兴后西河郡并入太原郡。

北魏初立，吕梁为太原郡境域，设置有大陵、平陶、兹氏等县。天兴初增设离石镇，延和三年（434年）设吐京镇。太平真君九年（448年），吐京镇下设岭东、岭西二县，平陶县移出区境，大陵县改受阳。太和八年（484年）复置西河郡，太和十年（486年）吐京镇改吐京郡，同年废蒲子县，设汾州，吐京、西河等五郡为其辖郡。太和十七年（493年）设永安县，太和二十一年（497年）岭东县改新城，岭西县改吐京。

东魏，吕梁仍为汾州和太原郡境域，汾州辖西河、吐京等郡，隰城、永安二县属西河郡；吐京、新城二县属吐京郡；受阳县仍属太原郡，离石境域仍设离石镇。

北齐、北周之际，吕梁为政权纷争之地，北齐斛律金所筑长城的起点——金锁关即在境内黄芦岭上，今遗址尚存。当时吕梁境内设有西汾州怀政郡、南朔州西河郡、吐京郡、神武郡和并州太原郡。南朔州系由汾州改称，治所仍设隰城，西河郡隶属之。离石镇改怀政郡，辖县有昌化、良泉等县，蔚汾县属神武郡，受阳县属太原郡，吐京、新城二县属吐京郡，后因裁郡改属怀政郡。北周建德年间，西汾州改称石州；大象年间，南朔州改称介州，并增设定胡、窟胡、乌突三县及同名郡。

隋朝，吕梁分属于离石郡、西河郡、太原郡、楼烦郡、龙泉郡。离石、修化（窟胡县改）、太和（乌突县改）、平夷、定胡、宁乡等县属离石郡，西河郡辖县有隰城、永安二县，受阳县仍属太原郡，岚城县属楼烦郡，石楼县属龙泉郡。

唐代，吕梁分属于石州、汾州、隰州、岚州、并州（后改太原府）。西河（隰城县改）、孝义（永安县改）二县属汾州，离石、平夷、定胡、临泉、方山属石州，宜芳、合河二县属岚州；石楼、温泉二县属隰州，交城、文水二县属并州（太原府）。

五代时期，吕梁境域内所属未变。

宋代，吕梁分属于石州、汾州、岚州、隰州、晋宁军、太原府。离石、平夷、方山为石州辖县。西河、孝义为汾州辖县；宜芳、合河为岚州辖县；石楼、温泉为隰州辖县；定胡、临泉为晋宁军辖县；交城、文水二县为太原府辖县。

金代，吕梁因晋宁军被撤销，辖县改属石州，其他州县的隶属未变。

元代，吕梁大部属于太原路（后改冀宁路）管辖，境内设置有交城县、文水县、兴州、岚州、临州、石州（辖离石县、宁乡县）、汾州（辖县有西河县、孝义县）。石楼为晋宁路辖县。

明初，吕梁除石楼县属隰州外，境内州县均属太原府。县有兴县、岚县、临县、交城、文水，州有石州（辖宁乡县）、汾州（辖孝义县）。万历二十三年（1595年）5月，汾州升为府，并倚郭设汾阳县，原太原府所辖州县，临县、永宁州及辖县宁乡县和原汾州辖县改属汾州府，府治设汾阳县城。万历四十年（1612年），石楼县改属汾州府。

清代，吕梁沿用明制，建置未变。

中华民国元年（1912年），取消汾州府建置，永宁州废州改县。三年（1914年）1月，永宁县改离石，宁乡县改中阳。七年（1918年），增设方山县。

抗日战争和解放战争期间，吕梁各县均属晋绥边区（初称晋西北）行政公署。

1949年9月，山西省人民政府成立以后，吕梁境内设兴县专区和汾阳专区，兴县专区辖兴县、临县、离石、方山、岚县等11县，汾阳专区辖汾阳、孝义、交城、文水、中阳、石楼等9县。

1951年3月27日，汾阳专区撤销，交城、文水、汾阳、孝义等县划归榆次专区，中阳县划归兴县专区，石楼县划归晋南专区。

1952年7月1日，兴县专区撤销，兴县、岚县划归雁北专区，临县、方山、离石、中阳划归榆次专区。

1954年7月1日，离石、方山二县合并为离山县。1958年11月10日，文水、交城二县并入汾阳县，中阳县与离山县合并为离石县，孝义县并入介休县，岚县分属静乐县和兴县，石楼县并入吕梁县。1959年9月19日，除孝义县以外其他各县恢复原建置。1961年5月，恢复孝义县建置。

1971年5月，吕梁地区组建，同时恢复方山县，新增设娄烦、交口二县；10月5日，新增设柳林县。1972年4月，娄烦县划归太原市。

1992年，孝义撤县设市；1996年，离石、汾阳均撤县建市。

2004年7月，吕梁撤地设市，离石改市为区。

行政区划

2019年，吕梁市下辖1区、2市、10县，13个街道办、81个镇、67个乡，232个社区居委会、3111个村委会。

2019年吕梁市乡级以上行政区划一览表

离石区（市辖区）	凤山街道办、城北街道办、滨河街道办、莲花街道办、田家会街道办、西属巴街道办、交口街道办、吴城镇、信义镇、红眼川乡、枣林乡、坪头乡（7街道办、2镇、3乡）
文水县	凤城镇、开栅镇、南庄镇、南安镇、刘胡兰镇、下曲镇、孝义镇、南武乡、西城乡、北张乡、马西乡、西槽头乡（7镇、5乡）
交城县	天宁镇、夏家营镇、西营镇、水峪贯镇、西社镇、庞泉沟镇、洪相乡、岭底乡、东坡底乡、会立乡（6镇、4乡）
孝义市	新义街道办、中阳楼街道办、振兴街道办、崇文街道办、兑镇镇、阳泉曲镇、下堡镇、西辛庄镇、高阳镇、梧桐镇、柱濮镇、大孝堡乡、下栅乡、驿马乡、南阳乡、杜村乡（4街道办、7镇、5乡）
汾阳市	文峰街道办、太和桥街道办、贾家庄镇、杏花村镇、冀村镇、肖家庄镇、演武镇、三泉镇、石庄镇、杨家庄镇、峪道河镇、西河乡、阳城乡、栗家庄乡（2街道办、9镇、3乡）
兴县	蔚汾镇、魏家滩镇、瓦塘镇、康宁镇、高家村镇、罗峪口镇、蔡家会镇、交楼申乡、恶虎滩乡、东会乡、固贤乡、奥家湾乡、蔡家崖乡、贺家会乡、孟家坪乡、赵家坪乡、圪垯上乡（7镇、10乡）
临县	临泉镇、白文镇、城庄镇、兔坂镇、克虎镇、三交镇、湍水头镇、林家坪镇、招贤镇、碛口镇、刘家会镇、丛罗峪镇、曲峪镇、木瓜坪乡、安业乡、玉坪乡、青凉市乡、石白头乡、雷家碛乡、八堡乡、大禹乡、车赶乡、安家庄乡（13镇、10乡）
柳林县	柳林镇、穆村镇、薛村镇、庄上镇、留誉镇、三交镇、成家庄镇、孟门镇、李家湾乡、贾家垣乡、陈家湾乡、金家庄乡、高家沟乡、石西乡、王家沟乡（8镇、7乡）
石楼县	灵泉镇、罗村镇、义牒镇、小蒜镇、龙交乡、和合乡、前山乡、曹家垣乡、裴沟乡（4镇、5乡）
岚县	东村镇、岚城镇、普明镇、界河口镇、土峪乡、上明乡、王狮乡、梁家庄乡、顺会乡、河口乡、社科乡、大蛇头乡（4镇、8乡）
方山县	圪洞镇、马坊镇、峪口镇、大武镇、北武当镇、积翠乡、麻地会乡（5镇、2乡）
中阳县	宁乡镇、金罗镇、枝柯镇、武家庄镇、暖泉镇、下枣林乡、车鸣峪乡（5镇、2乡）
交口县	水头镇、康城镇、双池镇、桃红坡镇、石口乡、回龙乡、温泉乡（4镇、3乡）

资　源

【土地资源】

吕梁市国土面积2.12万平方公里，其中东部平川面积16.90万公顷，占8％；西部黄土高原丘陵区面积97.40万公顷，占45.90％；中部土石山区面积97.81万公顷，占46.10％。

【矿产资源】

吕梁市探明有40多种矿产资源，煤、铁、铝资源储量大，品位高。全市含煤面积1.14万平方公里，占总面积的54.3％，保有储量420多亿吨，其中被誉为“能源国宝”的4号主焦煤储量达114亿吨。铁矿石保有储量13亿吨，占全省的34.6％；铝土矿保有储量6.49亿吨，占全省的45.7％。

【水资源】

吕梁市年均水资源总量为14.47亿立方米，其中，河川径流量为11.1亿立方米，地下水资源量为8.9亿立方米。

人　口

2019年年末，全市常住人口389.09万人，比上年末增加0.53万人。全市全年出生人口3.67万人，出生率9.42‰；死亡人口2.01万人，死亡率5.17‰；自然增长率4.25‰。常住人口中，男性为201.77万人，占常住人口的51.86%；女性为187.32万人，占常住人口的48.14%。城镇居住人口196.56万人，占常住人口的50.59%；农村居住人口187.87万人，占常住人口的48.14%。

民族　宗教

【民　族】

吕梁市属于少数民族散杂居区域，截至2019年底，全市共有常住人口36个民族成份2213人，涉13个县（市、区）159个乡镇，其中满族522人、蒙古族279人、彝族225人、回族210人、黎族205人。主要集中分布在离石区、交城县、孝义市、汾阳市、兴县、岚县等地。少数民族暂住人口600余人，主要集中在吕梁学院、山西医科大汾阳学院、太原理工大学孝义现代学院等高校。少数民族流动人口有17个民族成份237人，涉及10个县（市、区）26个乡镇35个社区（村），主要来自青海、宁夏、新疆等地，以务工、经营民族饮食等为主，且主要集中在城镇。

【宗　教】

吕梁市有佛教、道教、天主教、基督教四大宗教。在吕梁境内，佛教早发于北魏时期，道教兴于唐宋时期，天主教于十七世纪中后期传入，基督教于十九世纪末传入。

截至2019年底，吕梁市有四大宗教活动场所210处，教职人员226人，宗教团体30个，信教群众10.3万人。其中，佛教活动场所75处，教职人员72人，信教群众4万余人；道教活动场所33处，教职人员32人，信教群众1.4万余人；基督教活动场所46处，教职人员79人，信教群众2.9万余人；天主教活动场所56处，教职人员39人，信教群众1.9万余人。全市成立的宗教团体23个，其中市级团体4个、县级团体19个。宗教事务重点县是离石区、交城县、文水县、汾阳市、孝义市、临县、方山县。

各宗教重点活动场所有：交城县玄中寺是中国净土宗的祖庭之一，与日本佛教界文化交流较多，1983年被国务院列为汉族地区佛教全国重点寺院。方山县北武当山是中国北方道教圣地之一，北武当山太和宫是山西省西北地区重要的道教宫观。天主教吕梁教区是中国最早的国籍教区之一，主教霍成曾任全国天主教主教团副主席、山西省天主教两会主任，在全国、全省天主教界影响较大。

国民经济和社会发展

【地区生产总值】

2019年，吕梁市地区生产总值1512.1亿元，同比增长5.7%。其中，第一产业增加值69.7亿元，同比增长1.9%，占地区生产总值的比重4.6%；第二产业增加值903.4亿元，同比增长

5.5%，占地区生产总值的比重59.8%；第三产业增加值539亿元，同比增长6.5%，占地区生产总值的比重35.6%。人均地区生产总值38890元，按2019年平均汇率计算为5637美元。

【农 业】

2019年，吕梁市农作物种植面积338.2千公顷，比上年减少22.6千公顷。其中，粮食种植面积307.2千公顷，减少24.6千公顷；油料种植面积7.5千公顷，减少4.5千公顷；棉花种植面积0.03千公顷。在粮食种植面积中，玉米种植面积171.0千公顷，减少1千公顷；小麦种植面积1.9千公顷，减少0.2千公顷。全年粮食产量92.6万吨，减少30.1万吨，同比下降24.5%。其中，夏粮0.4万吨，同比下降42.9%；秋粮92.1万吨，同比下降24.5%。

2019年吕梁市农林主要产品产量及其增长表

产品名称		产量（万吨）	比上年增长（%）
粮食		92.6	–24.5
其中	玉米	71.1	–23.8
	小麦	0.4	–42.8
	谷子	6.9	–21.6
豆类		3.5	–36.4
薯类（鲜薯）		32.5	–7.1
油料		0.8	–38.4
棉花		0.002	0
甜菜		0.0002	–96
蔬菜及食用菌		20.0	–2.4
水果		20.2	24.7
其中	瓜果类	1.4	40
	园林水果	18.8	23.7
食用坚果		6.3	350
其中：核桃		6.3	350

2019年，吕梁市猪牛羊肉总产量11.9万吨，同比下降42.2%。其中，猪肉产量8.9万吨，同比增长14.1%；牛肉产量1.9万吨，同比下降5%；羊肉产量1.1万吨，同比下降8.3%。年末，生猪存栏73.6万头，生猪出栏106.0万头；牛奶产量2.9万吨，同比增长7.4%；禽蛋产量9.8万吨，同比增长263.0%；水产品产量0.09万吨。

2019年末，全市农业机械总动力131.1万千瓦，同比增长8%。机械耕地面积265千公顷，同比下降0.45%；机械播种面积和机械收获面积分别为211.6千公顷和147.7千公顷，同比分别增长2.55%和2.5%。

【工 业】

2019年，吕梁市规模以上工业企业465户，净增12户。规模以上工业增加值同比增长4.6%。其中，煤炭工业增加值同比增长2.8%，非煤工业增加值同比增长6.6%。规模以上工业中，战略性新兴产业增加值同比增长1.8%，高新技术制造业增加值同比增长16.7%。

全年规模以上工业企业原煤产量11841.3万吨，同比增长4.6%；焦炭产量2575.7万吨，同比增长14.2%；白酒产量1.77万万升，同比增长23.4%；钢材产量347.7万吨，同比增长8.2%；生铁产量478.9万吨，同比增长7.4%；氧化铝1194.9万吨，同比下降0.4%。发电量285.8亿千瓦时，同比增长20.9%。

规模以上工业企业实现主营业务收入2432.4亿元，同比下降2.3%。其中，焦炭、电力、建材、化学和医药工业企业主营业务收入呈上升趋势，分别增长0.9%、23.2%、12.8%、15.5%和13.4%；煤炭、钢铁和有色金属工业企业主营业务收入呈下降趋势，分别下降4.4%、4.5%和3.8%。规模以上工业实现利税423.9亿元，同比下降11.5%；实现利润225亿元，同比下降11.8%。

【建筑业】

2019年，吕梁市资质以上建筑业企业完成总产值94.5亿元，同比增长30.3%；房屋施工面积309.5万平方米，同比下降7.4%。竣工面积139.1万平方米，同比下降99.3%；资质以上建筑业企业共119户，减少2户。

【能 源】

2019年，吕梁市一次能源生产折标准煤8917.29万吨，同比增长1.76%；二次能源生产折标准煤3597.52万吨，同比增长0.06%。全市全社会用电总量214.61亿千瓦小时。其中，第一产业用电量1.69亿千瓦小时，占全社会用电量0.8%；第二产业用电量171.25亿千瓦小时，占全社会用电量79.8%，第二产业中工业用电量169.03亿千瓦小时；第三产业用电量22.33亿千瓦小时，占全社会用电量10.4%；城乡居民生活用电量19.34亿千瓦小时，占全社会用电量9%。

【固定资产投资】

2019年，吕梁市固定资产投资（不含跨市、农户）523.3亿元，同比增长11.2%。其中：第一产业完成投资20.4亿元，同比增长8.1%；第二产业完成投资244.3亿元，同比下降5.0%；第三产业完成投资258.6亿元，同比增长32.9%。全市工业投资245.8亿元，同比下降5.0%。在工业投资中，煤炭工业投资50.1亿元，同比增长3.3%，非煤工业投资195.7亿元，同比下降6.9%；传统产业（煤炭、焦炭、冶金、电力）投资合计165.3亿元，同比增长0.1%，非传统产业投资合计80.5亿元，同比下降14.0%。全年全市在库固定资产投资项目（不含房地产开发项目）1170个。其中，亿元以上项目330个，完成投资375.0亿元。全年房地产开发投资44.3亿元，同比下降0.1%。其中，住宅投资35.6亿元，同比下降0.5%；商业营业用房投资3.9亿元，同比下降0.7%。

【国内贸易】

2019年，吕梁市社会消费品零售总额536.9亿元，同比增长7.7%。按经营地计，城镇消费品零售额414.2亿元，同比增长7.3%；乡村消费品零售额122.7亿元，同比增长9.0%。按消费形态计，商品零售额465.3亿元，同比增长7.6%；餐饮业收入额71.5亿元，同比增长8.4%。

2019年，吕梁市限额以上单位消费品零售额80亿元，同比增长1%，限额以上单位网上零售额1.3亿元，同比增长6.3%。

【对外经济】

2019年，吕梁市海关进出口总额45.1亿元，同比增长3%。其中，进口额23.4亿元，同比增长21.4%；出口额21.7亿元，同比下降11.5%。全年化学工业及其相关工业产品出口8.7亿元，同比增长10.6%；太阳能电池等机电高新技术产品出口8.1亿元，同比下降30.7%；农产品出口1.7亿元，同比增长64.9%；塑料及其制品出口1.1亿元，同比增长43%。全年铁矿砂进口19.4亿元，同比增长46.3%；锰矿砂及其精品进口3.4亿元，同比下降36.9%；农产品进口0.4亿元，同比增长137.6%。

【交通、邮电和旅游】

2019年末，吕梁市公路线路里程17453千米，其中高速公路534千米。全年吕梁机场累计完成客运量45.8万人，同比增长24.8%，完成货运量235吨，同比增长127.7%。

2019年末，全市民用汽车保有量46万辆，比上年末增长11.9%，其中私人汽车40.7万辆，同比增长12.3%。新注册汽车5.1万辆，同比下降11%。年末轿车保有量28.8万辆，同比增长12%，其中私人轿车27.4万辆，同比增长12.7%。

2019年，吕梁市邮政业务总量3.1亿元，同比增长8.8%；电信业务总量221.2亿元，同比增长82.4%。年末，移动电话用户322.9万户，其中4G移动电话用户290.8万户。全市宽带接入用户89.8万户，同比增长18.7%。

2019年，全市快递服务企业业务量累计2296.7万件，同比增长47.7%；业务收入累计2.78亿元，同比增长30.8%。其中，同城业务量累计188万件，同比下降42.8%；异地业务量累计2107.8万件，同比增长72.1%；国际/港澳台业务量累计0.9万件，同比增长51.2%。

2019年，全市接待入境旅游者0.64万人次，接待国内旅游者6952.11万人次，同比分别增长2.42%和18.87%；旅游外汇收入241.2万美元，同比增长1.46%；国内旅游收入597.5亿元，同比增长19.64%；旅游总收入597.7亿元，同比增长19.63%。

【教育、科学技术】

2019年末，吕梁市共有幼儿园833所，同比增加58所；小学566所，同比减少3所；普通初中249所，同比增加4所；普通高中41所；中等职业学校9所；普通高等学校1所。

2019年末，全市8个经济开发区（包括高新区）入驻企业1087家，其中世界500强投资企业10户。区内税收收入114.14亿元，同比增长16.28%；主营业务收入1288.98亿元，同比增长7.96%。

2019年全市有气象台站14个，其中开展电话天气自动答询台站1个。全市气象系统开展人工影响天气业务的单位13个，卫星云图接收站14个。

全市有专业综合地震台站2个，市级地震台网中心1个。全年察报M3.0—M3.9级地震0次，M4.0—M4.9级地震0次，察报最大震级M2.8级。

【文化、卫生和体育】

2019年末，吕梁市共有群众艺术馆1个，文化馆13个，文化站162个（其中：乡镇综合文化站148个），农村文化活动场所3119个。共有专业艺术表演团体12个，公共图书馆14个。年末，共有广播电视台14座，电视台11座，调频转播发射台18座，一百瓦以上电视转播发射台14座。广播人口覆盖率96.38%，电视人口覆盖率99.94%，有线电视用户24.12万户。

2019年末，吕梁市共有卫生机构（含诊所、村卫生室）4647个，床位1.55万张。有卫生防疫、防治机构14个，妇幼保健院（所、站）14个。全市卫生机构共有卫生技术人员1.76万人；卫生院卫生技术员0.327万人，社区卫生服务中心（站）卫生技术人员0.091万人，其中农村乡镇卫生院0.365万人；防疫、防治卫生技术员316万人，妇幼保健（所、站）卫生技术人员0.067万人。全市13个县（市、区）全部开展新型农村合作医疗工作。

2019年，吕梁市有体育运动场7个，体育馆3个。运动员在国内外重大比赛中获金、银、铜牌分别为19枚、9枚、5枚（包括非奥运项目比赛）。全市销售中国体育彩票1.9亿元，同比增长19%。

【财政税收】

2019年，吕梁市一般公共预算收入192.6亿元，同比增长10.2%。其中，税收收入146.1亿元，同比增长5.8%。非税收入46.5亿元，同比增长27.1%。全年全市一般公共预算支出431.5亿元，同比增长5.3%。其中，财政民生支出353.7亿元，同比增长3.9%。

【金融、保险】

2019年末，吕梁市金融机构本外币各项存款余额2536.1亿元，比年初增加250.1亿元，比年初增长10.9%。各项贷款余额1199.4亿元，比年初增加49.8亿元，比年初增长4.3%。

2019年，吕梁市保费收入57.8亿元，同比增长3.9%。其中，财产险保费收入14.3亿元，同比增长13.4%；寿险保费收入31.7亿元，同比下降3.9%；意外险保费收入1.1亿元，同比增长9.5%；健康险保费收入10.8亿元，同比增长35%。

【人民生活和社会保障】

2019年，吕梁市居民人均可支配收入18369元，同比增长8.8%。按常住地分，城镇居民人均可支配收入29181元，同比增长6.8%；城镇居民人均消费支出17654元，同比增长10.9%。农村居民人均可支配收入9963元，同比增长10.3%；农村居民人均消费支出7553元，同比增长7.2%。城镇20%的低收入家庭人均可支配收入9771元，同比增长8.6%；农村20%的低收入家庭人均可支配收入3695元，同比增长14.4%。

2019年末，全市参加城镇职工基本养老保险46.39万人，增加2.6万人；参加城乡居民社会养老保险212.95万人，增加20.95万人；参加城镇职工基本医疗保险35.41万人，增加0.42万人；参加失业保险32.75万人，增加0.37万人；参加工伤保险38.06万人，增加0.11万人；参加生育保险32.46万人，减少1.63万人。全年得到城市最低生活保障救济人数2.74万人，全年共发放城市最低保障资金1.5亿元。共有1.71万人纳入农村五保供养。

2019年末，全市城镇有各种社区服务设施398个，其中综合性社区服务中心200个，各类收养性单位床位数2188张，收养人数679万人，国家抚恤、补助各类优抚对象18991人。全年销售福利彩票2.28亿元，接受社会捐赠款134万元。

【脱贫攻坚】

2019年，吕梁市投入24.8亿元攻坚深度贫困，剩余临县、兴县、石楼3个深度贫困县脱贫摘帽，剩余286个贫困村退出、7.69万人脱贫，贫困发生率降至0.18%以下。

（市统计局）

中国共产党吕梁市委员会

综　述

【概　况】

2019年，中共吕梁市委深入学习贯彻习近平新时代中国特色社会主义思想和习近平总书记视察山西重要讲话精神，全面贯彻中共十九大和十九届四中全会精神，认真落实中央、省委各项决策部署，整体推进“十大举措”战略措施，落实“四项重大要求”目标任务，脱贫攻坚取得决定性胜利，经济发展稳中有进、转型发展态势强劲；民生保障不断加强，生态环境持续改善；全面从严治党向纵深推进，推动吕梁在“两转”基础上党的建设和党的事业取得新进展新成效。

中央政治局委员、国务院扶贫开发领导小组组长胡春华到吕梁市调研脱贫攻坚工作，看望贫困群众和基层扶贫干部，更坚定了老区人民打好脱贫攻坚战的信心决心。中央主题教育第八巡回督导组组长杨雄在督导吕梁市主题教育时给予充分肯定，指出“吕梁市主题教育开展得好”。全国森林质量精准提升论坛、全省特色产业扶贫现场会、全省退役军人服务保障体系建设推进会等重要会议在吕梁市召开。

吕梁市荣获“2019中国最具生态竞争力城市”、省级“双拥”模范城等荣誉称号，孝义市成功恢复“全国文明城市”称号，市退役军人事务局荣获“全国退役军人工作模范单位”称号，市卫生学校成为山西省首家商务部授牌的家政劳务输出基地。舞剧《吕梁英雄传》获全国精神文明建设“五个一”工程奖，李廷俊荣获第七届全国道德模范。“吕梁山护工”培训就业入选全国家政服务业发展典型案例，光伏扶贫获全省脱贫攻坚组织创新奖。

【党的创新理论学习】

2019年，中共吕梁市委坚持把学习贯彻习近平新时代中国特色社会主义思想和习近平总书记视察山西重要讲话精神作为首要政治任务，市委四届六次、七次全会作出部署，持续强化理论武装，推动党员干部树牢“四个意识”、坚定“四个自信”、坚决做到“两个维护”。坚持先学思想后决策，市委常委会21次、中心组16次学习习近平总书记重要论述，确保吕梁各项工作始终沿着正确方向前进。加强干部理论培训，市级培训1600余人次，全市共培训3.2万余人次，有效提升干部理论修养。广泛开展理论宣讲，组建1012个宣讲团，开展《纲要》和习近平总书记视察山西重要讲话精神宣讲，全市累计宣讲1万余场，受众100多万人次。开展“不忘初心、牢记使命”主题教育，坚持把理论学习贯穿始终，市委常委3次集中学习研讨，市委主要领导、各级党组织书记讲党课1.5万人次，召开全市第三次学用经验交流会，不断提升学用水平。充分运用“学习强国”平台，有效激发党员干部学习热情，全市注册人数21万人，为党员干部订阅发放《纲要》21万余册。党的十九届四中全会召开后，市委常委会及时学习习近平总书记重要讲话和全会精神，班子成员带头开展宣讲，组建市级14个宣讲团深入基层宣讲，组织市内新闻媒体广泛宣传，开展市管干部专题培训，全市形成学习贯彻的良好局面。

【脱贫攻坚】

2019年，中共吕梁市委全力攻坚深度贫困，出台支持深度贫困县的“10条”措施，市级新增财力70%倾斜支持剩余的临县、兴县、石楼3个深度贫困县脱贫摘帽。夯实脱贫基础。市委专门召开会议，推广交口县扶贫“一码清”管理经验，13个县（市、区）全部完成平台建设，做到户情村情乡情县情“一码清”，提升脱贫攻坚质量。塑造生态扶贫、吕梁山护工、光伏扶贫三大品牌。大力实施“三个100万亩”，完成退耕还林、荒山造林104万亩，经济林提质增效106万亩，林下经济109万亩，1301个农民造林合作社、2.05万贫困群众参与，人均增收6000元。持续打造“诚信、勤劳、专业”品牌，2019年培训12898人、就业7095人，累计培训4.9万人、就业2.6万人，就业辐射全国8省20多个城市。光伏扶贫方面，建成光伏扶贫电站714座、总规模57.1万千瓦，结算收益1.99亿元，1129个贫困村、5.9万贫困群众受益。解决“两不愁三保障”突出问题。健康扶贫方面，开展“三个一批”行动，累计救治12.92万人次，救治率99.99%。教育扶贫方面，实现学前教育到大学教育各阶段贫困家庭学生上学资助政策全覆盖，20万人次贫困家庭学生受益。兜底保障方面，各县（市、区）农村低保保障标准提高为每人每年4100元以上，实现动态管理下的应保尽保。饮水安全方面，建设改造862处农村饮水安全工程，49.8万群众受益。住房安全方面，改造14661户危房，农村危房全部“清零”。易地搬迁方面，87个安置点全部竣工，搬迁入住11.4万人。推进脱贫攻坚与乡村振兴有机衔接，把发展产业作为脱贫攻坚与乡村振兴的根本之策。加快推进“一乡一特一园区”“一村一品一基地”建设，持续打造红枣、核桃、小杂粮、中药材、食用菌、畜牧养殖等特色产业，举办两届吕梁名特优功能食品展销会，签订项目总额达41.56亿元；从11月9日开始，县（市、区）每周一县在山西展览馆举办农产品展销活动。推进乡村人才振兴，录用农业院校专业人才170名，吸引本土人才回归1959人，培训新型职业农民3934人。持续开展“传承好家风、争当文明户”活动，市、县、乡村累计评选文明户34.7万户。召开美丽宜居乡村建设推进会，首批推进建设95个示范村，以点带面推动乡村生态振兴。发挥党建引领作用，创建、规范、整顿并举，不断建强农村党组织，促进打赢脱贫攻坚战，推进乡村全面振兴。

【经济转型发展】

2019年，中共吕梁市委贯彻新发展理念，保持转型发展定力，努力走出资源型地区转型发展新路。加快传统产业改造升级。以能源革命综合改革试点为牵引，增气减煤、控量提效、延长链条15项措施，退出煤炭落后产能570万吨、焦化211万吨，钢铁去产能完成140万吨。推动焦化产业向焦化园区集中，21个现代煤化工项目建成投产17个。天然气产能达10.56亿立方米/年，累计抽采7.21亿立方米，产量排名全省第三。光伏、风力发电项目投产装机规模达157万千瓦。1—10月，全市工业技改投资完成94.9亿元，增长18.7%。积极培育壮大新兴产业。新材料产业方面，推动装备技术水平较高的中铝华润一期43万吨轻合金铝项目全面投产，柳林县铝基新材料产业集聚区被列为全省首批特色产业集聚区试点。大数据产业方面，举办第三届大数据产业发展推进会，吕梁智慧能源云等19个项目成功签约，华为山西（吕梁）大数据中心建成，中交智慧、软通动力等项目加快建设，“吕梁通”APP上线运行并不断拓展应用。建成智慧警务、智慧环保等一批数字化项目。文化旅游业方面，持续打造“吕梁，一个令人向往的地方”旅游品牌，举办首届吕梁文学季、第四届中国古村镇大会等，推动文化旅游深度融合。1—11月，全市接待旅游人数6458万人次，旅游总收入568亿元，分别增长19%、19.8%。白酒业方面，成功举办第三届世界酒文化博览会和第20届比利时布鲁塞尔国际烈性酒大奖赛，推进中汾酒城10万吨白酒项目全部投产达效，着力打造国际驰名的清香型白酒基地。1—10月，全市白酒产业增加值增长24%，产量增长28.7%。着力打造良好营商环境。万名干部入企进村服务，帮助企业用好减税降费等惠企政策，全市新增减税35亿元，全年减税总规模达45亿元，实现减费5.7亿元。开展深化放管服效改革、优化营商环境专项整治，市级层面取消下放24项行政职权事项，129项审批事项实现网上申请办理、10项实现“不见面审批”，全面铺开“一枚印章管审批”试点改革，梳理出29个单位298项审批事项，划编制、划人员、划经费、划职权，实行行政审批集中办理。全市纳入企业投资承诺制改革试点项目达到105个。1—10月，全市签约招商引资项目108个、总投资792.8亿元，其中当年签约当年开工50个，开工率46.7%，完成省定目标任务。持续深化转型项目建设。实行市级领导和职能部门双包联推进转型项目建设制度，开展进工地到一线解难题等活动，召开转型项目政银企对接会，全方位保障项目建设。1—10月，全市建设项目库共764个项目，年度计划投资633亿元，完成投资437.3亿元，增长7.5%。1—10月，全市高新技术产业增加值增长19.6%，非煤产业增加值增速比规模以上工业企业增加值增速高2.3个百分点，第三产业对经济增长贡献率近50%，转型动能加速集聚、日益强劲。

【全面深化改革】

2019年，中共吕梁市委以“改革创新、奋发有为”大讨论为牵引，各级各部门和广大党员干部对标一流、改革创新的意识明显增强，212项年度改革任务、一批重点改革取得重大进展。深入实施百千万人才工程，累计聘请112名院士专家为吕梁市转型发展顾问，新引进高层次科技人才136名，遴选“三晋英才”325名。推动能源革命综合改革试点，研究制定《实施方案》，加快推进循环经济园区电网建设，吕梁局域电网混改方案、电解铝到户电价0.3元/千瓦时的操作方案等获省同意，局域网安稳系统建成投运，82户用电企业参与市场化电力直接交易，全年交易电量达50亿千瓦时、节约用电成本8000万元。开发区改革创新发展，原有5个省级开发区全面推行绩效工资制，新获批的3个开发区管委会领导班子基本配齐，2个开发区开展管运分离改革试点，3个开发区实施市场化选聘高级管理人员。1—10月，开发区投资强度、产出强度、税收强度分别完成317.88万元/亩、136.38万元/亩、13.82万元/亩。促进国企国资改革。召开国企国资改革动员大会，推进313户国有企业改革，87户正常运营企业实行公司化改制，15户完成混改，43户注销，16户实施市场化出清。离柳集团在推进现代企业制度改革的同时，积极盘活集团闲置资产，投资1.95亿元建立吕安危化应急救援基地，被确定为“全国应急救援产业市场化试点单位”。中吕公司沙炭湾煤矿87%股权依法公开拍卖，拍卖价达11.025亿元。党政机构改革全部完成，农村集体产权制度等各项改革持续深化。以开放促改革，市党政代表团先后到江西、浙江、深圳以及省转型综改示范区学习考察，连续两年召开进出口贸易工作推进会，13个县（市、区）外贸进出口全部“破零”。组织企业参加第二届进博会，全市总成交额达1.92亿美元，排名全省第一。

【民生改善】

2019年，中共吕梁市委坚持以人民为中心，着力解决与群众利益密切相关的问题，不断增强群众福祉。1—11月，全市民生支出286.82亿元，占财政支出比重80%。出台《关于加快教育改革发展的若干意见》等文件，努力办好人民满意的教育。普惠性幼儿园建设超省定任务，义务教育办学模式改革覆盖所有县（市、区），高中教育质量稳步提升，高考全市二本B类以上达线人数创历史新高。成功举办“二青会”吕梁赛事，参赛项目获19枚金牌，金牌总数名列全省第三。加快建设总投资17亿元的市级医疗卫生园区，为乡镇卫生院引进医学院大学毕业生150名。开展医德医风专项整治，宣传李廷俊先进事迹，推动医护人员坚守医者仁心。加强医保信息化建设，建设网上“医保服务大厅”，实现异地就医微信自助备案。截至11月底，全市城乡居民基本养老保险、工伤保险、失业保险参保人数分别达212.8万人、37.8万人、32.2万人，分别完成年度任务的110.8%、99.5%、98.3%。思想文化建设深入发展，13个县（市、区）融媒体中心全部挂牌成立，“吕梁发布”新媒体进入全国地市政务宣传影响力排行榜前十，舞剧《吕梁英雄传》荣获全国精神文明建设“五个一工程奖”。

【生态文明建设】

2019年，中共吕梁市委学习贯彻习近平生态文明思想，坚持问题导向，采取超常举措，坚决打赢污染防治攻坚战，努力建设天蓝、地绿、气净、水清的美丽吕梁。召开生态环境保护暨污染防治攻坚推进会，部署实施生态环保“八大工程”。加强大气污染防治。强化工业污染治理，34户焦化企业完成特别排放限值改造，779座工业炉窑完成环保设施升级治理。开展禁煤区燃煤炉灶和散煤贮存“双清零”，累计排查清理燃煤锅炉7182台、散煤7162吨。实施燃煤污染控制工程，完成农村清洁供暖改造12.7万户，市区集中供热基本实现全覆盖，其余县市城区覆盖率达90%以上。1—10月，全市空气质量综合指数排名全省第三、优良天数排名全省第二，PM2.5平均浓度在汾渭平原11个城市中最低、排名第一。加强水污染防治。实施“七个一批”“六大专项行动”，全市清理河道垃圾138万立方米，封堵排污口287处，吕梁市区污水收集管网工程建成投运，实施15个污水处理厂保温提标改造工程，推动水质达标排放。部署开展打击生态环境领域违法犯罪百日会战，依法快侦快办并公开通报生态环境违法案件50起，形成强大震慑。全市河流断面水质1—10月与1—3月相比，河流指数由37.72降至19.08，降幅49.4%，水质明显改善。加强土壤污染防治。开展工业固体废物堆存场所环境整治，规范化整治121处场所。持续开展化肥、农药零增长行动，推广使用利于回收的农膜，坚决打好农业面源污染防治攻坚战。狠抓环保问题整治。推进中央、省环保督察反馈意见整改，统筹工程治污、科技治污、源头治污、依法治污，75个整改任务按要求推进。综合运用“人防、技防、联防”，应用“大数据+环保”，建设16座跨界断面水质自动监测站，设置133个空气质量数字化监测点，全天候监控、精准化施策，有效推动环境问题整治。加强生态保护修复。召开春季、秋季造林绿化动员会，大规模开展植树造林，连续三年造林100多万亩，全市森林覆盖率年均增长1个百分点以上，达到33.2%，居全省第二。

【从严治党】

2019年，中共吕梁市委深刻领会习近平总书记“开展主题教育是推进新时代党的建设的迫切需要”等重要论述，认真落实中央、省委开展“不忘初心、牢记使命”主题教育的决策部署，坚决承担主体责任，聚焦主题主线，贯通推进四项重点措施，常委会13次研究部署，先后召开动员部署会、2次推进会、2次调度会，坚持开门搞教育，高标准、严要求推进主题教育。坚持系统化推进学习教育、可转化推进调查研究、清单化推进检视问题、项目化推进整改落实。各级各部门全部建立检视问题整改“三清单一台账”，逐项整改销号清零。狠抓专项整治整改，落实中央“8+1”专项整治和省委5个方面整改，把深化放管服效改革、优化营商环境专项整治作为自选动作。全市查找问题5806个，完成整改4886个，整改率84.2%。坚持边改边建、推进制度建设，市委制定完善市委常委班子成员调研工作制度、市委理论学习中心组学习常态化制度等7项制度，以制度形式巩固主题教育成果，引领全市主题教育不断向纵深推进。中央第八巡回督导组在吕梁市督导主题教育时指出“广大党员干部思想认识有了新的提高，很多过去比较难解决的问题在主题教育中得到了解决”。

压紧压实管党治党主体责任。市委常委会坚持每季度听取党风廉政建设和反腐败斗争情况汇报，分析研判形势，研究解决问题。召开市委四届七次全会，对全面从严治党作出新部署。实行党风廉政建设述职述廉、抓基层党建述职评议、廉政谈话簿等制度，召开落实“两个责任”情况汇报点评会，推动责任落实。保持高压正风反腐。出台《关于持续保持正风反腐高压态势的实施意见》，加大查处力度，深化标本兼治。全年立案2641件、处分2536人，实现“双增长”。查处形式主义、官僚主义问题333件，处理725人。查处扶贫领域腐败和作风问题306件、处理611人，查处群众身边腐败和作风问题850件、处理1573人，查处涉黑涉恶腐败和“保护伞”案件109件、处分109人。狠抓省委脱贫攻坚专项巡视反馈意见整改，反馈的20个问题中18个整改到位。部署开展2轮常规巡察、2轮扶贫领域专项巡察，巡察利剑作用进一步彰显。加强警示教育，拍摄《法纪不容触碰》《迷失的初心》警示教育片，组织12.4万名党员干部观看，以案为鉴、警钟长鸣。激励干部担当作为。树立正确选人用人导向，提拔129名驻村帮扶干部、31名新时代新担当新作为干部，完成221名市管干部职级晋升，有效调动干部积极性。弘扬吕梁精神，选树宣传30个弘扬吕梁精神先进典型，引导党员干部把吕梁精神用在当今时代。坚持“三个区分开来”，精准有效问责10个党组织、234名领导干部，为37名受到不实举报的党员干部澄清正名，推动全市形成干事创业的良好氛围。持续深化“三基建设”。出台《贯彻落实〈中共山西省委关于深化“三基建设”进一步加强基层工作的若干意见〉的实施方案》，推动“三基建设”整体提升。专门召开会议部署，集中整顿软弱涣散基层党组织，排查出的512个软弱涣散基层党组织全部完成整顿。推进街道“大工委”、社区“大党委”建设试点工作，统筹抓好各领域基层党建。大幅度提高村干部报酬，行政村集体经济收益全部“破零”，年收益5万元以上村占比达72.3%。农村基层干部培训实现全覆盖，实施农村干部学历提升工程，推动基层干部履职能力明显提升。

【依法治市体制建设】

2019年，吕梁市各级党委加强对法治政府建设的集中统一领导，统筹推进依法治市工作。市委成立全面依法治市委员会及其办公室，同时成立立法、执法、司法、守法普法四个协调小组，制定《中共吕梁市委全面依法治市委员会工作规则》《中共吕梁市委全面依法治市委员会协调小组工作规则》《中共吕梁市委全面依法治市委员会办公室工作细则》“两规则一细则”。召开会议研究有关法治政府建设的重大问题，部署2019年法治吕梁建设工作任务，出台《关于深入贯彻落实习近平总书记全面依法治国新理念新思想新战略加快推进全面依法治市工作的意见》《关于健全完善党组（党委）法治建设体制机制的方案》《关于创建全国全省法治政府建设示范市县的工作方案》《吕梁市2019年度市委书记市长履行推进法治建设第一责任人职责工作清单》。开展法治政府建设全面督察，部署开展党政主要负责人履行推进法治建设第一责任人职责年度目标责任考核。

根据市委依法治市委员会的部署要求，全市各级党委随即成立依法治县（市、区）领导机构和四个协调小组，各有关部门普遍成立相应法治建设机构，制定法治政府建设的实施方案，为法治吕梁建设的推进奠定良好的组织基础。

【重要活动】

领导干部进村入企。3月28日至31日，中共吕梁市委、市人大常委会、市政协、市政法委领导，分别深入石楼县裴沟乡曹家峪村、罗村镇沙窑村、灵泉镇西卫村、石楼县树德枣业有限公司、文水县大象农牧集团有限公司、岚县三鑫实业继亨铸造有限公司，一同参加进村入企服务，并实地查看村委便民服务中心以及企业运转情况，了解存在的困难和问题。

市领导指出，领导干部要经常深入基层，进村入户倾听群众真实声音，对农村工作给予重点指导和支持，全心全意为广大群众多办实事。要做实万名干部入企进村服务的每一个环节，要扎实做好政策宣讲，着力推动政策落地，要深入了解情况，扎实推动问题解决，要引深“大讨论”，激发内生动力。企业要结合自身优势，通过积极寻求外部合作，取长补短，谋求自身更大发展。各相关部门要从实际出发，竭尽所能帮助企业解决产业合作、企业贷款等问题，提升企业管理水平和产品竞争力，确保企业高质量稳步发展。要引导企业加快升级改造，延伸产业链条，加大招商引资、招才引智力度，抢占行业制高点，推动高质量转型发展。

重点项目集中开工。4月11日，吕梁市举行全市深化转型项目建设年现场推进会暨项目集中开工仪式，55个项目集中开工。这是吕梁市继晋煤太钢三交一号矿井及选煤厂项目开工、市区城建30个项目集中开工、各县市区56个项目集中开复工之后，再度组织重点项目集中开工活动，使全市2019年开复工项目达到338个。市委、市政府要求，全市上下要紧盯示范区、排头兵、新高地三大目标，以“大讨论”牵引大决战、带动大突破、助推大转型，以改促转、以转促改，坚决打赢“3331”项目建设大会战，为吕梁高质量转型发展奠定坚实基础。

市委重要会议

【中共吕梁市委四届六次全体会议暨经济工作会议】

2019年1月16日，中国共产党吕梁市第四届委员会第六次全体会议暨经济工作会议在离石召开。会议由中共吕梁市委常委会主持。会议以习近平新时代中国特色社会主义思想为指导，深入贯彻党的十九大精神和习近平总书记视察山西重要讲话精神，深入贯彻中央经济工作会议和省委十一届七次全会、省委经济工作会议精神，总结2018年全市经济工作，部署2019年经济工作。省政协副主席、市委书记李正印受中共吕梁市委常委会委托作工作报告。市委副书记、市政府市长王立伟就经济工作作安排部署。

会议指出，2019年是中华人民共和国成立70周年，是全面建成小康社会的关键之年，是吕梁市在“两转”基础上拓展新局面的攻坚之年。会议明确了2019年全市经济工作总体要求，强调要创造性地贯彻落实中央和省委经济工作决策部署，聚焦“四件大事”，推进“十大举措”，解决突出问题，奋力拓展吕梁转型发展新局面。会议提出了2019年全市经济工作的主要预期目标。会议强调，要坚持稳中求进工作总基调，坚持高质量转型发展的根本要求，坚持新发展理念，坚持以人民为中心的发展思想，坚持党对经济工作的全面领导，扎实做好今年经济工作。

会议提出，2019年要抓好7项重点任务：一要坚持以脱贫攻坚统揽经济社会发展全局，打赢打好脱贫攻坚决胜之战。二要深入推进能源革命，坚定不移推动经济转型发展、高质量发展。三要切实降低企业成本负担，促进实体经济强筋健骨。四要狠抓转型项目建设，着力扩大有效投资、促进消费需求。五要深入推进改革开放，加快培育经济发展新优势。六要扎实推进生态文明建设，坚决打赢污染防治攻坚战。七要持续保障改善民生，增强人民群众获得感幸福感安全感。

会议强调，要进一步加强和改善党对经济工作的领导，为全市拓展转型发展新局面提供坚强保障。要切实提高政治站位，把践行“四个意识”、坚定“四个自信”、做到“两个维护”作为党领导经济工作的首要任务。要激励干部担当作为，树立重实干、重实绩的鲜明用人导向，坚持“三个区分开来”，鼓励干部落实好中央、省委和市委决策部署。要提升干部能力水平，持续实施“大培训”战略举措，最大限度激发新活力。要持续转变工作作风，自党践行“五倡导、五反对”，全面推行“一线工作法”，加强学习和调查研究，增强风险意识和斗争意识，特别要牢记习近平总书记嘱托，把吕梁精神用在当今时代，为老百姓过上美好生活努力奋斗。

会议指出，在新的起点上，全市各级各部门要牢记习近平总书记“紧紧抓住机遇，勇于改革创新，果敢应对挑战，善于攻坚克难”的嘱托，在总结改革开放辉煌成就中汲取前进力量，以实际行动在新一轮改革开放中迈出铿锵的吕梁步伐。一要高扬改革开放旗帜。二要深入开展“改革创新、奋发有为”大讨论。三要以新担当新作为抓好各项工作任务的落实。

会议表决通过《关于开展“改革创新、奋发有为”大讨论的实施方案》。市委常委、市政府常务副市长李建国宣读《关于对吕梁市优秀企业表扬的通报》《关于对2018年度民营经济科技创新挂牌上市股份制改造先进单位奖励的决定》，印发《关于构建亲清新型政商关系的实施意见》《支持民营经济发展若干措施（试行）》。出席会议的中共吕梁市委委员46人，候补委员6人。

【市直部门对标一流述职评议会】

2019年2月27日，市委召开市直部门对标一流述职评议会。省政协副主席、市委书记李正印主持并讲话。省委“改革创新、奋发有为”大讨论第六联络督导组组长赵雁峰莅会指导。市委副书记、市政府市长王立伟，市委副书记、政法委书记张广勇对述职单位进行点评。市人大常委会主任郝月生出席。

这次述职评议是我市开展“改革创新、奋发有为”大讨论的必要步骤。目的是要抓住“一把手”这个“关键少数”，以评促改、以评促进，推动各级领导班子和领导干部勤勉履职、狠抓落实，立起奋勇争先、对标一流的姿态，营造求真务实、真抓实干的氛围，全面拓展我市党的建设和各项事业新局面。会上，市发改委、市财政局、市教育局、市农业农村局、市人社局、市卫健委、市生态环境局、市规划和自然资源局、市扶贫办、市城市管理局10个市直部门的主要负责人作了述职发言，16个市直部门进行书面述职。有关市领导分别进行点评，会上还对述职部门领导班子或主要负责人进行了测评。

会议指出，市直部门党组（党委）的工作成效，关乎全市工作大局。总的看，述职部门党组（党委）工作是富有成效的。近年来，市直各部门党组（党委）谋划发展的能力进一步增强，推动工作的成效进一步显现，狠抓落实的作风进一步改进，管党治党的合力进一步凝聚。各部门和一把手要以这次对标一流述职评议为新的契机，总结成绩、正视问题，明确思路、加压奋进，明确本部门本行业全省全国一流水平、先进经验，有的放矢对标，切实把各项工作抓得更紧、抓得更实。

会议强调，当前，“改革创新、奋发有为”大讨论热潮正在全市兴起，践行改革创新、奋发有为，要在领导干部、难在自我革命、贵在对标一流、成在务实行动。一要坚持高点定位，树立对标的意识。二要坚持问题导向，夯实对标的举措。三要坚持担当作为，强化对标的行动。四要坚持以上率下，凝聚对标的合力。五要坚持比学赶超，提升对标的成效。

【全市生态环境保护暨污染防治攻坚推进会】

2019年4月3日，全市生态环境保护暨污染防治攻坚推进会召开。会议深入学习贯彻习近平生态文明思想，全面贯彻落实全国、全省生态环境保护大会精神和生态环境保护工作会议精神，总结2018年工作，部署2019年工作，动员全市上下共同努力，坚决打赢打好污染防治攻坚战。省政协副主席、市委书记李正印出席并讲话。市委副书记、市政府市长王立伟主持。市人大常委会主任郝月生出席。

会议简要通报2018年全市环保工作情况，安排2019年环保重点工作，印发《吕梁市2019年污染防治攻坚实施方案》。交城县、文水县、孝义市、柳林县、离石区有关负责同志作表态发言。

会议指出，去年以来，全市上下深入贯彻习近平生态文明思想，认真落实中央和省委各项决策部署，生态环境保护工作取得了新成效。广泛开展国土绿化行动，超额完成“三个100万亩”。扎实开展环保问题整改整治，深入推进工业污染源治理等“八大工程”，去年市区空气质量优良天数全省排名第二，第四季度我市在汾渭平原11个城市中PM2.5平均浓度最低、降幅最大，位列第一。同时，要清醒认识我市生态环保还存在结构性污染问题尚未根本改变、市域生态环境保护工作不均衡、环境基础设施落后、部分企业环保意识不强、一些部门和干部环保责任落实不到位、全社会环保意识整体还不高等问题，必须引起高度重视，认真解决。

李正印就做好2019年全市生态环境保护和污染防治工作提出要求。一要提高政治站位，进一步增强抓好生态文明建设的责任感和紧迫感。二要把握工作重点，坚决完成生态环境保护和污染防治各项目标任务。三要层层落实责任，为全年各项目标任务顺利完成提供坚强保障，以优异成绩迎接新中国成立70周年。

王立伟就贯彻落实会议精神强调，一要强化思想认识，迅速传达贯彻落实会议精神，进一步掀起污染防治攻坚行动高潮。二要明确目标任务，进一步细化工作举措，确保各项整改任务和约束性指标圆满完成。三要突出问题导向，进一步压实工作责任，全力打好污染防治攻坚战，确保全市环境质量持续好转。

【全市“改革创新、奋发有为”大讨论交流总结会议】

2019年5月20日，全市“改革创新、奋发有为”大讨论交流总结会议召开。省政协副主席、市委书记李正印出席并讲话。市委副书记、市政府市长王立伟主持。省委第六联络督导组组长、省委统战部副部长赵雁峰出席。市委副书记、政法委书记张广勇，市人大常委会主任郝月生参加。

会议指出，从2月中旬开展大讨论以来，市委认真贯彻落实省委部署要求，提高政治站位，精心安排部署，强化组织领导，深入学习实践，开展入企进村服务，广泛宣传发动，强化督导推动，抓实“三个一批”，推动大讨论在全市广泛深入开展。广大党员干部聚焦“六个破除、六个着力、六个坚持”，积极投身大讨论，进行了一场学习的革命、思想的革命、工作的革命。大讨论牵引全年工作实现良好开局，取得丰硕成果。一批重点工作有效落实，一批重大改革加快推进，全市主要经济指标实现首季“开门红”，为全年目标任务完成奠定了基础。

会议指出，全市各级各部门和广大党员干部坚持问题导向，大讨论六项主要任务取得扎实成效。一是形成了改革再出发的良好态势。二是激发了干部群众开拓创新的巨大潜能。三是重塑了吕梁对外开放的新形象。四是提高了干部群众运用市场推动发展的能力。五是形成了对标和争创一流的浓厚氛围。六是巩固了作风建设成果。在肯定大讨论取得成绩的同时，也应清醒认识到，大讨论不可能毕其功于一役，还存在不少问题和不足：一些地方、部门和干部还存在改革意识不强、创新观念不强、开放意识不强、主动对标找差意识不强、抓落实的力度不大以及县市和单位大讨论进展不平衡等问题，需进一步抓实抓好、补齐短板、拓展深化。

李正印强调，要深化拓展成果，凝聚起全市开拓奋进的强大力量。要认真落实好省委骆惠宁书记在全省大讨论交流总结会议上提出的“三个下功夫”要求，深刻认识解放思想是行动的先导，是解决一切问题的“总开关”；改革创新是破解发展难题的基本路径；担当作为是推动事业发展的强大支撑重要启示和经验，结合吕梁实际，进一步在六个方面下功夫。一要在进一步交流总结上下功夫。二要在进一步解决问题上下功夫。三要在进一步对标一流上下功夫。四要在进一步改革创新上下功夫。五要在进一步改进作风上下功夫。六要在进一步加强党的建设上下功夫。

王立伟指出，各级各部门要认真贯彻落实会议精神，切实把思想和行动统一到市委部署要求上来。要聚焦“六个破除、六个着力、六个坚持”持续发力，积极对标一流，查摆差距不足，抓好问题整改，把大讨论的思想成果、实践成果、制度成果巩固好、深化好、拓展好，以改革创新精神抓好脱贫攻坚、转型发展、生态环境治理等各项重点工作，推动全市整体工作上台阶上水平。

会上，市退役军人事务局、柳林县、市税务局、汾阳栗家庄乡4个单位主要负责同志分别作了交流发言。

【全市党外人士专题协商座谈会】

2019年8月28日，市委召开党外人士专题协商座谈会，听取各民主党派市委员会、市工商联和无党派人士代表对落实全面从严治党部署，推进政治生态持久风清气正的意见和建议。省政协副主席、市委书记李正印主持会议并讲话。市委常委、纪委书记、监委主任张稳科，市委常委、组织部部长、统战部部长秦书义出席。

座谈会上，与会人员先后围绕推进政治生态风清气正、加强民主监督和党派自身建设、构建“亲”“清”政商关系、加强基层组织建设等方面作了发言。会议认为，近年来，市委以习近平新时代中国特色社会主义思想为指导，认真贯彻落实中央全面从严治党各项部署，按照省委“一个指引、两手硬”的重大思路和要求，以脱贫攻坚统揽经济社会发展全局，全面加强党的领导，大力推进正风反腐，深入推进扫黑除恶专项斗争，凝聚全社会力量，推进吕梁在“两转”基础上全面拓展了党的各项事业新局面。

会议指出，近年来，全市各级党委深入贯彻落实中央、省委部署，切实扛牢压实管党治党主体责任，始终保持正风反腐高压态势，积极培厚良好政治生态土壤，树立鲜明选人用人导向，全面提升“三基建设”水平，推动全面从严治党向纵深发展取得扎实成效。当前吕梁正处于“两转”基础上全面拓展党的各项事业新局面的关键时期，构建良好政治生态离不开各民主党派、工商联和无党派人士的参与和民主监督，离不开全社会的共同努力。一要充分认识省委十一届八次全会的重要意义，深刻领会会议精神，切实把思想和行动统一到全会决策部署上来。二要提高政治站位，凝聚思想共识。三要履职尽责，充分发挥民主监督作用。四要加强参政党建设，当好参谋助手。五要严守规矩，构建“亲”“清”政商关系。

【全市脱贫攻坚专项巡视整改工作会议】

2019年9月12日，全市脱贫攻坚专项巡视整改工作会议召开。省政协副主席、市委书记李正印出席并讲话。市委副书记、市政府市长王立伟主持。市委副书记、政法委书记张广勇，市人大常委会主任郝月生出席。

会议指出，全市各级各部门要聚焦高质量打赢脱贫攻坚战目标，以脱贫攻坚专项巡视整改为契机，统筹抓好国务院脱贫攻坚督查反馈问题整改、省委脱贫攻坚督导组督导反馈问题整改等各项整改工作，全面对标对表，提高思想认识，强化组织领导，落实工作责任，认真检视问题，狠抓整改落实，确保高质量打赢脱贫攻坚决胜之战。

李正印强调，一要进一步提高政治站位，切实增强抓好巡视整改的责任感紧迫感。二要进一步聚焦目标发力，高质量打赢打好脱贫攻坚决胜之战。三要进一步加强组织领导，确保脱贫攻坚存在问题整改落实到位。

王立伟强调，一要进一步提高思想认识，把省委脱贫攻坚巡视反馈问题整改作为主题教育“检视问题、整改落实”的重要抓手，坚决扛起整改政治责任。二要进一步加大攻坚力度，坚持问题导向抓整改，聚焦主体责任抓整改，坚持下沉一级抓整改，坚决抓好问题整改落实。

会上，临县、兴县、石楼县县委主要负责同志就抓好脱贫攻坚问题整改分别作了表态发言。

【全市脱贫攻坚领导小组会议】

2019年9月18日，全市脱贫攻坚领导小组召开会议，专题研究吕梁市《关于落实国务院扶贫开发领导小组督查反馈主要问题及建议的整改方案》。省政协副主席、市委书记李正印主持。市委副书记、市政府市长王立伟，市委副书记、政法委书记张广勇，市人大常委会主任郝月生，市委常委、纪委书记、监委主任张稳科，市委常委、组织部部长、统战部部长秦书义，市委常委、宣传部部长任忠，市委常委、离石区委书记梁志勇，市委常委、中阳县委书记乔晓峰参加。

会议原则同意吕梁市《关于落实国务院扶贫开发领导小组督查反馈主要问题及建议的整改方案》。同时，会议指出，一要进一步提高政治站位，深入学习贯彻习总书记关于扶贫工作的重要论述，认真贯彻落实国务院扶贫开发领导小组督查反馈整改要求和省委、省政府主要领导批示精神，坚持问题意识、问题导向，照单全收，举一反三，标本兼治，统筹抓好各类问题的整改工作。二要高度重视治本之策，聚焦解决“两不愁三保障”突出问题，持续在精准施策精准帮扶上下功夫，在加强基层组织建设上下功夫，在激发贫困人口内生动力上下功夫，确保问题整改不留盲区、不留死角，做足脱贫攻坚的质量和成色。三要加快特色产业发展，大力推广“一码清”工作法，进一步完善扶贫工作科学管理体系，持续加强驻村帮扶工作，有机衔接乡村振兴战略实施，切实巩固提升脱贫质量，确保脱贫成果经得起历史和实践检验。四要把国务院扶贫开发领导小组督查反馈问题整改和开展“不忘初心、牢记使命”主题教育结合起来，大力弘扬吕梁精神，转变提升工作作风，认真检视存在问题，狠抓问题整改落实，追根溯源，即知即改，确保扶贫工作务实、脱贫过程扎实、脱贫结果真实，高质量打赢打好脱贫攻坚决胜之战。

【全市“不忘初心、牢记使命”主题教育推进会】

2019年10月8日，全市“不忘初心、牢记使命”主题教育推进会召开。会议深入学习贯彻习近平总书记关于主题教育的一系列重要指示精神，认真贯彻省委推进会议部署，结合吕梁实际，分析主题教育进展情况，进一步明确要求、强化落实，推动全市主题教育扎实深入开展。省政协副主席、市委书记李正印讲话。市委副书记、市政府市长王立伟出席。市委副书记、政法委书记张广勇主持。

会议指出，全市主题教育开展以来，市委坚决扛起主体责任，省委第四巡回指导组认真督导指导，各级各部门精心组织，全市主题教育在各层面迅速开展、扎实有序推进。一是市委及时安排部署，各级党组织迅速组织开展；二是广大党员积极投入，党员领导干部发挥示范带头作用；三是坚持四项重点措施一体推进，取得了初步成效；四是坚持把开展主题教育同推动中心工作结合起来，全市主题教育呈现出持续发力、初见成效的良好态势。

会议指出，要认真贯彻落实省委推进会议精神和省委骆惠宁书记重要讲话精神，切实提高思想认识，进一步增强抓好主题教育的政治自觉、思想自觉和行动自觉。要清醒认识到，扎实开展主题教育，用习近平新时代中国特色社会主义思想武装干部头脑，对于广大党员干部增强“四个意识”、坚定“四个自信”、做到“两个维护”至关重要；对于培植良好政治生态土壤，持续构建风清气正的政治生态、促进各级党组织全面进步全面过硬、推动全面从严治党向基层延伸尤为重要；对于打通服务群众“最后一公里”，密切党群干群关系、不断厚植党执政的群众基础的意义十分重大；对于转变广大党员干部工作作风，以担当作为、改革创新的崭新面貌，贯彻落实好习近平总书记视察山西重要讲话精神和中央、省委、市委决策部署，不断拓展全市各项事业发展新局面，影响深远。全市各级领导干部要进一步提高政治站位，充分认识肩负的重大责任，切实矫正思想偏差，以更加自觉的行动推动主题教育高质量开展。

会议强调，要切实加强理论武装，进一步推动学用党的创新理论往深里走、往心里走、往实里走。要进一步凝神聚光，学思践悟，紧扣主题主线，坚持领导干部带头学、集中研讨学、形式多样学，推动党员干部在理论学习上持续用力。要进一步加强党委（党组）中心组学习的示范引领作用，提高集中研讨的质量，精心组织开好学用交流会，进一步提升全市学用成效。要通过召开党员大会、支委会、党小组会，继续开展进基层万场宣讲活动等方式，推动基层党员干部学习教育全覆盖，切实抓好革命传统教育、形势教育、先进典型教育和警示教育，教育广大党员干部传承红色基因，切实把吕梁精神用在当今时代、用在本职工作中。

会议指出，要抓紧抓实专项整治，切实以刀刃向内的勇气推进存在问题的整改落实。主题教育要始终坚持问题导向，奔着问题去、盯着问题改。市县两级要形成合力，要坚持以上率下、点面结合、标本兼治、上下联动贯通抓好整改。要对照“8+5+1”专项整治整改任务，进一步明确牵头抓专项整治的负责人和责任部门，细化工作措施，明确进度时限，建立好问题清单、措施清单、责任清单“三清单”，实行清单式管理、项目化推进，确保整改一个、销号一个。要立行立改抓整改、健全机制抓整改，真正以整治整改的实际成效取信于民。

【中共吕梁市委四届七次全体会议】

2019年9月3日，中国共产党吕梁市第四届委员会第七次全体会议在离石召开。全会由中共吕梁市委常委会主持。会议以习近平新时代中国特色社会主义思想为指导，认真落实省委十一届八次全会和省纪委十一届五次全会精神，对全市全面从严治党作出新部署。省政协副主席、市委书记李正印代表中共吕梁市委常委会作讲话。

会议指出，在习近平新时代中国特色社会主义思想的科学指引下，在省委的坚强领导下，全市上下牢记嘱托，感恩奋进，砥砺前行，深刻汲取过去腐败重灾区的沉痛教训，以落实“两个责任”为抓手，坚持思想政治引领，强力正风反腐肃纪，严肃党内政治生活，扎实推进“三基建设”，激励干部担当作为，坚定不移推进全面从严治党，全市管党治党从宽松软走向严紧硬，实现了具有历史意义的“两转”并继续拓展新的局面。

会议指出，要始终保持高度清醒，对反腐败斗争形势的严峻性复杂性一点也不能低估，实现持久风清气正的紧迫感一点也不能减弱，落实全面从严治党的政治责任一点也不能松懈。要坚持“治”不忘“危”、“兴”不忘“忧”，以刀刃向内的勇气向各种作风顽疾开刀，以高压惩治的决心向各种腐败行为亮剑，认真解决“不敬畏、不在乎，不履职、不负责，不收敛、不收手，不担当、不作为”等问题，不断推动全面从严治党向纵深发展，进一步巩固拓展好全市来之不易的良好局面。要深入贯彻新时代党的建设总要求，把高的标准、严的要求贯穿管党治党全过程各方面，不断取得反腐败斗争新成果，不断打造政治生态新气象，不断开创全面从严治党新局面。

会议指出，要坚持以政治建设为统领，切实增强“两个维护”的实际效果。要坚持高压正风反腐肃纪，巩固扩大反腐败斗争压倒性胜利。要坚持勇于自我革命，不断增强党内政治生活的严肃性。要坚持干事创业导向，激励党员干部新时代新担当新作为。要坚持政治机关属性，全面提高机关党的建设质量和水平。要坚持高标准高质量，扎实开展“不忘初心、牢记使命”主题教育。

会议指出，各级党委（党组）主要负责同志要当好“施工队长”。压实抓基层工作政治责任，市、县党建工作领导小组要牵头抓总，聚焦落实转型发展任务、提升基层治理水平、改进为民服务方式、强化党建引领“四项重点任务”，发挥基层组织作用。健全基层党组织领导体制，突出重视基层用人导向，选优配强农村、社区党组织带头人，提高基层干部待遇，提升基础工作质量，强化基本能力建设，推动全市“三基建设”整体提升、全面进步。

会议要求，要统筹做好全市各项工作。一要进一步增强转型定力，千方百计稳增长，坚定不移促转型，突出重点抓投资，深化改革增活力，巩固经济发展良好态势。二要进一步强化对标对表，解决“两不愁三保障”突出问题，按照“四不摘”要求巩固提升脱贫成果，交好脱贫攻坚吕梁答卷。三要进一步强化底线思维，继续做好保障和改善民生、安全生产、信访稳定、扫黑除恶等工作，扎实做好各领域重大风险防范化解，保持社会和谐稳定。

会议审议《中共吕梁市委贯彻落实〈中共山西省委关于深化“三基建设”进一步加强基层工作的若干意见〉的实施方案》。出席会议的中共吕梁市委委员43人，候补委员7人。市纪委常委和有关方面负责同志列席会议，在吕党的十九大基层代表、部分省第十一次党代会基层代表列席会议。

【全市软弱涣散基层党组织整顿工作推进会】

2019年11月20日，全市软弱涣散基层党组织整顿工作推进会在离石召开。省政协副主席、市委书记李正印主持并讲话。市委副书记、政法委书记张广勇，市委常委、组织部部长、统战部部长秦书义参加并点评。市委常委、宣传部部长任忠，市委常委、离石区委书记梁志勇，市委常委、中阳县委书记乔晓峰，市政协副主席、孝义市委书记李真参加。

会上，13个县（市、区）委负责同志分别就近期软弱涣散基层党组织整顿进展情况作了汇报。

会议指出，主题教育开展以来，各县（市、区）委认真贯彻落实中央、省委和市委部署要求，高度重视、全面排查、落实责任、分类施策、扎实推进，整顿软弱涣散基层党组织取得了新进展新成效。但也要清醒看到，全市软弱涣散基层党组织整顿成效还是初步的，进展还不平衡。各县市区委一定要保持清醒认识，坚持问题导向、目标导向，相互交流、取长补短，强化举措，推动软弱涣散基层党组织整顿取得更大成效。

会议强调，各县（市、区）委、市直各部门党组（党委）要认真贯彻落实党的十九大、十九届四中全会精神和主题教育要求，主动对标对表，强化担当作为，深入开展整治，切实把软弱涣散基层党组织整顿抓紧抓实抓出成效。一要进一步增强政治意识，树牢“四个意识”，坚定“四个自信”，做到“两个维护”，坚持从政治上看待软弱涣散基层党组织整顿工作。二要进一步落实主体责任，认真履行抓基层党建主体责任，打破老套路、旧做法，加大工作力度，创新工作思维、工作方法，主动谋划、积极推进整顿工作。三要进一步强化精准施策，以农村为重点，统筹抓好机关和企事业单位、街道社区、非公企业和社会组织等其他领域软弱涣散基层党组织整顿，坚持对症下药，真正解决问题。四要进一步跟进后续工作，扎实开展软弱涣散基层党组织整顿“回头看”，发现问题，解决问题，提升整顿质量和成效，切实把基层党组织建设成为坚强战斗堡垒。五要进一步建立长效机制，认真落实《中国共产党支部工作条例（试行）》《中国共产党农村工作条例》等党内法规制度，结合“三基建设”要求，加强制度建设，常态化、动态化抓好软弱涣散基层党组织整顿，结合行政村撤并推进党的基层组织设置和活动方式创新，持续发展壮大村级集体经济，不断提升基层党组织组织力。六要进一步转变工作作风，切实把“吕梁精神”用在当今时代，坚持一线工作法，真抓实干、解决问题，带动广大党员干部提升落实工作、推进工作的能力，推动全市在“两转”基础上全面拓展党的建设和党的事业新局面。

（市委办）

组　织

【“改革创新、奋发有为”大讨论】

2019年，吕梁市委组织部组织200余名优秀党支部书记代表和有关党务骨干参加全市党支部书记“改革创新、奋发有为”大讨论示范培训班；对全市各领域8000余名党支部书记培训2次，实现全覆盖。大讨论贯穿到民主生活会和专题组织生活会，全市338个市县党委（党组）班子的民主生活会，8个领域8737个党支部的组织生活会。全市党员领导严格落实双重组织生活制度，60名厅级干部、1547名处级干部参加双重组织生活会。全市各党支部班子查摆具体问题26514个，党员参加民主评议174005人。

分类指导。在市级层面举办农村党支部书记、软弱涣散基层党组织书记、市直单位党组织书记、老干部支部书记以及新社会阶层人士等5个示范培训班，培训党支部书记8400余名。对学校、两新组织、市直机关、国有企业5个领域进行针对性指导；随机调阅54个各层级党委（党组）、基层党组织书记党课讲稿、调研报告、交流研讨和检视问题材料，对28个好的进行通报表扬，11个差的“回炉”补课。

开门搞教育。邀请全市市级以上党代表420名、人大代表375名、政协委员410名参与主题教育，实现全覆盖。牵头开展三个专项整治，共查摆出不担当不作为问题1973个，解决1638个。8月底，完成全市40名厅级领导干部配偶、子女及其配偶经商办企业情况个人申报汇总并上报省委组织部等工作；研究制定《吕梁市副厅级以上领导干部配偶、子女及其配偶经商办企业禁业范围》等3个制度。完成512个软弱涣散基层党组织整顿工作，共清理101名受过刑事处罚、存在“村霸”和涉黑涉恶等问题的村干部，对58名不胜任、不尽职的村党组织书记进行调整并撤换。

【“一体两翼”干部教育培训体系】

2019年，吕梁市委组织部以吕梁市委党校为主体，将兴县县委党校和汾阳市贾家庄培训基地作为辅助培训基地，将晋绥边区革命纪念馆、“四八”烈士纪念馆等革命传统教育现场教学点作为参观体验互动场所，打造“一体两翼”和“学院＋基地＋教学点”模式的党性教育和革命传统教育平台。在市委党校举办第3期和第4期市管干部读书班、第5期优秀中青年干部培训班，培训县处级干部、中青年干部160余名。完成中直机关和省直单位举办的各类专题培训市级领导16人次、县处级干部103人次、科级干部80人次。举办全市脱贫攻坚专题培训班、全市民营企业家转型创新素质提升高级研修班等班次15期，培训干部1500余名、民营企业家70余名。订购启动第五批全国干部学习培训教材，保障全市1000余名市管县处级干部培训。落实党性教育基地目录备案管理制度，汾阳市贾家庄培训基地被纳入全省第一批干部党性教育基地。

【干部队伍建设】

选人用人导向。2019年，吕梁市委组织部创新干部选拔任用政治考察，制定《吕梁市干部政治素质考察评价办法（试行）》。坚持把脱贫攻坚作为干部培养锻炼的主阵地、选拔任用的主渠道。2019年有7名优秀的贫困县乡镇党委书记被选拔到副县级领导干部岗位，5名担任农村第一书记的干部走上县处级领导干部岗位。1名挂职副书记担任扶贫工作大队长，调整为县委班子成员。从推选出的106名“新时代新担当新作为”干部中提拔重用31名干部。

领导班子建设。结合机构改革，及时选优配强党政领导班子成员。按照优先安排撤销、合并等涉改部门需消化的领导干部的原则，调整40个市直单位180名县处级干部。在11个县（市、区）和部分市直事业单位提拔38名科级干部到县处级领导岗位。落实中组部《关于规范干部挂职工作有关问题的通知》，县（市、区）党政领导班子中挂职干部免职18人，2017年选派的乡镇挂职干部至2019年10月挂职期满后全部免职。注重年轻干部培养锻炼，从3个非贫困县和已脱贫摘帽的7个贫困县选派10名年轻干部到市扶贫办挂职锻炼，选派15名优秀年轻干部到青岛跟班学习。

干部职级晋升。印发《吕梁市市管干部晋升一级调研员工作方案》《吕梁市市管干部晋升三级调研员工作方案》，与56个市直行政机关和17个市直参公单位的主要负责人谈话，对13个县（市、区）和60个市直单位进行推荐考察。完成221名市管干部职级晋升，其中市直单位一级调研员57名，三级调研员67名；县（市、区）一级调研员38名，三级调研员59名。

干部日常管理监督。完成个人有关事项报告1016人，报告率为100%；完成38批次、395名干部的重点抽查核实；对个人事项报告存在漏报和瞒报情节的100人依规作出组织处理。强化干部选拔任用监督检查，对31批次444名干部征求“一票否决”部门意见。对全市1560名县处级及以上领导干部（含离退休干部）因私出国（境）审核备案情况，进行集中审核处理，撤销备案289人，补充登记618人。

激励干部担当作为。贯彻落实《吕梁市支持干部改革创新合理容错实施办法（试行）》，对处分期已满、思想认识转变好、综合素质高、实绩突出的部分干部合理使用安排；对3名副处级干部重新安排职务，2名正处级干部安排担任市直机关重要领导岗位，1名副处级干部提拔为正处级领导干部。同时，为受到恶意中伤、诬告陷害的干部撑腰鼓劲，切实保护干部干事创业激情。

【公务员队伍建设】

2019年机构改革后，市委组织部与市人社局的公务员职能合并，新组建公务员科室，全面担负公务员队伍建设。完成公务员法管理机关的公务员职级套转，全面推开首次晋升。2019年度公务员招录共216名，完成市直13个单位21名公务员遴选。加强公务员日常管理，审核39名选任制公务员档案材料，对143名公务员、18名选调生进行任职定级和公务员登记。对2018年行政序列新录用公务员和2019年新录用公务员，分3批共计487人进行初任培训。

【基层党组织建设】

2019年，吕梁市委组织部坚持以“三基建设”为抓手，持续推动工作标准化规范化。按照“村为基础、整乡推进、整县提升、全面进步”整体思路，持续引深“基层党组织整体提升年”活动。

农村基层党组织规范化建设。2019年，整顿软弱涣散基层党组织512个，使全市3456个村党组织基本达到规范化建设水平；引导管理441个村党组织，从组织文化、基层治理、党员教育等方面培育党建品牌；命名表彰16个乡镇党委、151个村党组织为2018年度“五个好”乡村党组织。持续加强农村干部队伍建设，制定《关于推行村干部职业化管理的指导意见》，推行农村干部职业化管理；印发《关于进一步解决村干部“走读”问题的通知》，有效解决村干部“走读”问题；吸引本土人才回归1959人，其中173人当选村党组织书记；开展村“两委”换届选举全面“回头看”，共调整撤换不合格不胜任农村干部175名；实施农村“领头雁”培训，全市培训农村“两委”干部、后备干部3.2万余人；建立7547人的农村后备人才库，实施农村干部学历提升工程，2047个空白村计划实现一村一名大学生。强化信教群众聚居村党组织建设，对全市7个信教群众聚居村进行集中整顿，共培养16名积极分子，并发展正式党员2名。加强大学生村官（选调生）管理，分流2016年选聘大学生村官30名，省、市、县三级2018年考录56名选调生全部到村担任大学生村干部，并集中清理违规借用大学生村干部（选调生）问题。

农村基层基础保障。2019年，全市人财物各类资源向农村基层倾斜，村级组织活动场所基本实现“六个一”；乡镇平均运转经费提高至75.37万元，村级平均运转经费提高至13.39万元，社区工作经费达到12.48万元以上；为全市208个社区配套536万元专项经费；为石楼县、临县、兴县3个深度贫困县1141个行政村，每村增加补助2万元；村“两委”主干平均报酬提高到2.9万元，城市社区“两委”主干年平均报酬达到4.1万元，农村社区两委主干年平均报酬达到3.8万元。全力发展壮大村级集体经济，确定石楼县、兴县、方山县的85个贫困村作为2019年扶持对象。全市所有行政村集体经济收益实现“破零”，年收益5万元以上的村达72.3%，数量和质量均排在全省前列。

驻村帮扶干部管理。在全市范围选派政治素质高且专业能力强的机关优秀年轻干部、后备干部、涉农方面专业人员1740人担任农村第一书记，7538人担任驻村工作队员，841名农村第一书记兼任驻村工作队队长。市直单位农村第一书记每人每年工作经费达8.5万元，每个驻村工作队工作经费达17万元。对农村第一书记集中家访，帮助解决后顾之忧。加大处理问责力度，2019年共召回驻村干部6人，处分9人；共提拔使用驻村帮扶干部129名（第一书记52名、工作队员77名），形成“好干部到脱贫一线去、好干部从脱贫一线来”的导向。先后举办3期全市干部驻村帮扶学习班，将每次明察暗访发现和上级通报中存在问题的干部，以及所涉县（市、区）委组织部、驻村办（下乡办）、乡镇党委、市县派出单位等分管领导进行实训，受训学员201名。

【党员教育】

2019年，全市下达发展党员指标2913个，全面推行乡镇统筹农村发展党员工作。交城县作为全省集中排查解决发展党员违规违纪问题试点，取得重要实践成果和初步制度成果。健全完善党员教育培训经费保障机制，划拨党员教育培训经费295.05万元。10月底，在全市范围内开展党费工作自查，对汾阳市、柳林县党费收缴、使用和管理情况进行全面审计。结合机构改革，印发《关于市直机关因机构改革变更、撤销和成立党组的通知》，新设立党组18个、撤销17个、更名4个。解决党员管理信息系统数据“硬伤”问题，使信息系统日常维护和数据治理得到良好效果。

【人才强市战略】

“百千万”人才工程。2019年，市委组织部与34所高校、科研院所、省级以上单位签订协议，新聘市委、市政府特聘专家47名，引进高层次科技创新人才130余名。在“九吕合作”推动下，清华大学附属中学与吕梁市政府签订战略合作协议，新建吕梁市绿色农业专家工作站、吕梁市消化道早癌临床研究院士工作站、吕梁市心血管临床研究院士工作站。研究制定《吕梁市关于引进农业人才服务乡村振兴的实施意见》，充实全市农业人才队伍。

“三晋英才”支持计划。市委组织部根据全省统一部署，从全市各行业领域遴选“三晋英才”325名，发放奖励金626万元。引导各级党组织加强对“三晋英才”的联系服务。在市县两级主流媒体开辟专栏，刊发入选人才先进事迹宣传稿件130余篇次，扩大“三晋英才”品牌影响力。加强党政人才、专业技术人才、技能人才、农村实用人才、企业经营管理人才、社会工作专业人才培育，全年培训6支人才队伍11.38万人次。

加强政治吸纳引领力度。2019年，市委组织部向71位吕梁市转型发展专家（顾问）寄送春节慰问信。印发《关于加强联系服务特聘专家工作的意见》，明确联系服务主体，落实专家服务待遇保障，为特聘专家服务吕梁创造条件、搭建平台，促进特聘专家参谋智库的建设。向省委组织部推荐“山西省青年拔尖人才”支持计划人选1名，山西省“百人计划”专家1名，“山西省优秀人才突出贡献奖”候选人3名，“山西省人才工作贡献奖”候选人1名。

【“摸实情、讲实话、办实事”主题活动】

2019年，市委组织部机关干部分11组赴兴县蔚汾镇、蔡家崖乡等9个乡镇19个村开展进村服务调研，了解在乡村振兴、脱贫攻坚、人居环境治理等方面具体情况，梳理解决问题27条。进村服务干部列席指导所服务村党支部的专题组织生活会。所服务的19个村党支部均召开专题组织生活，进行民主评议党员和支部班子活动。在主题教育期间，分6个组赴13个县（市、区）、4个工（党）委和部分市直单位座谈610人，发放调查问卷1380份，征求意见2120条。

“吕梁共产党员”微信公众平台共编辑、发布信息228期956条，完成《信息报送等情况通报》4期，平台关注人数达12万余人。全面升级改造档案室，完成智能档案室及其配套设施建设，新增独立的阅档场所、数字化场所和管理人员办公室，实现“三所分立”。同时推进档案数字化建设，建立全市干部人事档案“沟通网”。完成980余名县处级干部人事档案数字化，实现与省委组织部远程联网调档；完成800余名科级及以下干部人事档案查漏补缺、归类整理工作。

组织创作系列微视频《筑梦吕梁》，其中《钢铁是这样炼成的》于6月18日在山西卫视《新闻午报》栏目播出；《香菇书记》《情系贾家庄》分获人民网组织的“时代新人说”微视频大赛专业组“最佳故事奖”和“最佳人气奖”；《农民教授》被省委组织部评为优秀作品并入选第十五届全国党员教育电视片观摩交流活动。

（市委组织部）

宣　传

【思想理论建设】

2019年，吕梁市委中心组出台《中共吕梁市委中心组2019年理论学习计划》，组织安排集体学习20次。创建吕梁市首批党委（党组）理论学习中心组联系示范点和理论宣讲联系示范点，市委政研室、汾阳市委等19个单位命名为全市首批党委（党组）理论学习中心组联系示范点。召开全市第三次学用习近平新时代中国特色社会主义思想交流会，在主题教育中征订《习近平新时代中国特色社会主义思想学习纲要》21.1万册，党员占比108.96%，全市党支部和党员全覆盖，发行工作全省排名第一。开展分众化宣讲，发挥全市400名专业基层理论宣讲骨干、164名乡镇（街道）宣传员、1800名农村第一书记、6000名驻村帮扶工作队员、3226名农村宣传员等5支力量的作用，运用分众化、对象化方式，作“菜单式”宣讲，围绕党的十九届四中全会精神、学习贯彻习近平总书记视察山西重要讲话精神和纲要，开展进企业、进农村、进机关、进社区、进校园、进军营、进网络“七进”宣讲，累计宣讲10000余场，受教育群众100多万人次。

2019年，市委调整吕梁市意识形态工作领导小组，落实意识形态工作责任制，出台《吕梁市论坛、讲坛、讲座、年会、报告会、研讨会等阵地管理办法》，常态化召开意识形态领域形势分析研判会议。3月，在全市“改革创新、奋发有为”大讨论对标一流述职会上，对全市13个县（市、区）党委意识形态工作进行现场点评，着力指缺点、找短板，推动意识形态工作责任制向基层传导。

成立专班负责“学习强国”学习平台的推广应用、优质资源报送和信息采集。全市平台学员总数达21万余人，注册人数、活跃度保持全省第一方阵；全市报送稿件900余篇，被“学习强国”山西平台采用280篇；向省委宣传部推荐13个“中国乡村”视图征集名单；省委宣传部《宣传工作》第9期刊发《吕梁市五措并举推动学习强国学习平台推广使用》，“学习强国”山西平台工作简报3次刊发吕梁市“学习强国”平台动态及推广经验案例，涌现出中阳县联合商家对积分5000分以上的学员进行福利奖励等经验。

【文化事业发展】

“吕梁文学季”。2019年7月，吕梁市举办首届吕梁文学季。在汾阳市贾家庄设主会场，在临县碛口古镇设分会场，邀请包括诺贝尔文学奖获得者莫言、11位鲁迅文学奖获得者在内的60多位文学名家参加。举办活动30余场，现场参与2万余人次，100多家媒体跟踪报道，微信、手机客户端参与达百万人。

组织参加第四届山西文博会。12月5日，吕梁市以“122”（一个主展区、两个分展区、两个分会场）的组团规模参加第四届山西文博会。吕梁展厅以“吕梁—— 一个令人向往的地方”为主题，包括非遗产品展示、文创产品展示、文化旅游融合展示、媒体深度融合展示和文化科技融合展示等板块，共有28家企业的45种产品参展。文博会期间，吕梁市共推出16个招商项目，落实签约项目2个，总投资5.96亿元，签约金额4亿元。

文艺精品创作。2019年，舞剧《吕梁英雄传》荣获中宣部第15届精神文明建设“五个一工程奖”。大型舞剧《打金枝》获国家艺术基金资助，9月在山西大剧院首演。电影《吕梁山护工》取得公映许可证，获2019年度山西省优秀电影项目。临县道情戏《碛口雁来》入选2019年国家艺术基金大型舞台剧资助项目。促成吕梁市政府与中央音乐学院、中国煤炭文工团等国家级文艺院校和文艺院团合作，中央音乐学院开展“传承红色基因、助力乡村振兴”高雅艺术进基层义务巡演13场，中国煤炭文工团演出15场。

群众文化生活。2019年，市委宣传部组织开展“放歌新时代·文化进万家——2019年春节、元宵节群众文化活动”。系列活动包括歌舞晚会、晋剧专场晚会、迎新春音乐会、伞头秧歌展演等8项内容，先后有10万人次参加。完成送戏下乡1730场，对照省下达吕梁市免费送戏下乡任务，完成率达165.5%。举办“‘中国好声音——唱响吕梁’暨吕梁市首届原创歌曲征集创作传唱评选活动”，征集原创歌曲197首，评选出晋级山西赛区比赛的优秀选手20名。举办3期“英雄吕梁山，魅力黄土地——庆祝新中国成立70周年当代书画名家吕梁采风创作活动”，邀请30余名全国知名书画家写生创作，创作书画作品180余幅。

文化体制改革。2019年，市委宣传部组织召开吕梁市文化体制改革和发展领导小组会议，对文化体制改革工作作出专门部署。融媒体平台建设、新时代文明实践中心试点、“学习强国”平台建设位居全省前列。初步完成深化落实意识形态工作责任制、推进培育和践行社会主义核心价值观制度化等工作，公益性文化事业单位法人治理结构改革有序推进。

【主流舆论宣传】

2019年，市委宣传部组织新闻单位开设“新时代新作为新篇章”“新时代新担当新作为典型风采”“深入学习贯彻党的十九届四中全会精神”等专栏15个，累计发稿150余条。围绕市委中心工作，在脱贫攻坚、转型发展、全面从严治党、法治建设等方面重点宣传，开辟“脱贫攻坚尽锐出战夺取全胜”“持续推进扫黑除恶专项斗争”“聚焦问题立即行动扎实整改”等专题专栏，刊播各类稿件5000余条，推出专刊180期。在“不忘初心、牢记使命”主题教育中，开设主题教育进行时、主题教育专项整治“三服务”点播台等专题专栏，在《吕梁日报》头版公布专项整治整改进度公告，共刊发消息、评论等各类稿件500余条，新媒体转载1500余条。在中新网、人民网、《山西日报》等中央和省级媒体，刊播稿件100余条。在“改革创新、奋发有为”大讨论中，开设“万名干部入企进村”“吕梁改革开放再出发”等专题专栏，共刊发相关报道18000余条，其中在《山西日报》、山西电视台等省级主要媒体重要版面刊发新闻27条。

塑造吕梁形象。市委宣传部对接中央省级媒体到吕梁日常采访，加强与新华网、中新社、人民网、山西新闻网等媒体的合作，邀请中央、省级媒体采访团队参加第四届名特优功能食品展销会、第四届中国碛口古村镇大会、第三届“数谷吕梁、智赢未来”大数据产业推进会等大型会议和活动，各大媒体刊发宣传吕梁稿件2000余篇。围绕吕梁名特优功能食品展销会、“二青会”实体火炬传递、大数据产业推进会等，组织召开新闻发布会19场。

媒体融合建设。在市级层面，“吕梁发布”新媒体群在2019年全国澎湃政务号地市宣传周、月排行榜中，7次入围全国前10，其中4次位列全国第4。吕梁广播电视台打造“一网两微一端一窗口”新媒体架构，综合用户量突破130万人。新媒体指挥中心一期工程建设启动。《吕梁日报》打造“一指吕梁”新闻客户端、吕梁日报微信公众平台、吕梁新闻网三大新闻平台，用户量突破10万人次，成为吕梁市内外各类媒体网站、客户端、微信公众号的主要新闻源。在县级融媒体建设层面，市委常委会多次研究，制定《吕梁市关于扎实推进县级融媒体中心建设的实施方案》，组织召开全市媒体融合发展专题培训会、县级融媒体中心建设现场推进会，建立进展周报、定期验收督导制度。2019年，13个县（市、区）全部挂牌成立，实现与省级媒体智慧云平台的互联互通，全市建设进度位居全省前列，同时涌现出融媒体多种模式样本。汾阳市从开工到建成仅用一个月时间，在全市首家实现与省平台的互联互通。孝义市在省内县一级首家打造融媒品牌，配套实施18类90余项改革管理办法，有近百款全媒产品的点击量过30万+，并且惊现700万+产品，创收同比增长51%。岚县打造县乡村三级工作框架体系，切实打通服务群众“最后一公里”。石楼县立足本地实际，在融媒体产品生产发布上下功夫，发布量、生产量居全省第一。

【社会主义核心价值观建设】

2019年，市委宣传部组织“壮丽70年·奋斗新时代”大型主题采访活动，《人民日报》、新华社等中央媒体在兴县蔡家崖、汾阳贾家庄等地进行为期半个月的蹲点采访，刊发《治黄70年：吕梁山区筑起“绿色长城”》《又见我们村里的年轻人》等文章。组织参与“我和我的祖国——山西省红色故事讲解大赛”“时代新人说——我和祖国共成长”演讲比赛。组织“我和我的祖国”群众性主题宣传教育活动，全市开展文艺活动、传唱爱国歌曲、摄影书画展、主题宣讲、革命传统教育等群众性活动195场。

培育和践行社会主义核心价值观。市委宣传部组织市级新闻媒体宣传、刊登（播）各类公益广告，《吕梁日报》先后刊发55个整版，吕梁广播电视台每天播出44次，吕梁人民广播电台每天播出20次。将离石区朝阳小学、汾阳市栗家庄乡栗家庄村等9个单位打造为社会主义核心价值观示范点。举办吕梁市未成年人心理健康教育骨干培训班。孝义市举办全省首家“新时代孝义好少年”先进事迹发布会，评选出各类好少年130名。

拓宽新载体，推动新时代文明实践中心建设。全市新时代文明实践中心乡镇一级（新时代文明实践中心所）挂牌40%，村（新时代文明实践中心站）达20%。交城县作为新时代文明实践中心省级试点示范县覆盖率达100%，临县确定为国家级建设新时代文明实践中心试点县。打造志愿服务品牌，建立县级志愿服务联合会14个，志愿服务队1499个。截至12月，全国志愿服务信息系统吕梁市志愿者总数达172025人，涌现出离石区“爱心学校”、岚县“法律援助”等优秀志愿服务项目。开展先进典型评选，结合吕梁脱贫攻坚工作实际，评选出市、县、乡、村四级文明户达347584户，占比34%，其中市级文明户102户；评选文明村镇37个。吕梁市推送的中医药研究院名誉院长李廷俊荣获第七届全国道德模范，成为全省唯一、吕梁市第一次入选的先进典型。文明创建中，孝义市全国文明城市成功复牌，成为全省第一家县级全国文明城市。向省文明办推荐6个县（市）、12个乡镇、30个村、15个单位标兵、5个社区、3个景区及66个单位137个先进集体作为拟表彰的山西省文明创建先进集体。

【弘扬“吕梁精神”】

2019年6月和9月，市委宣传部分别组织召开“吕梁精神”内涵提炼专家论证会、吕梁精神研讨会，组织吕梁市理论专家共同探讨和挖掘“吕梁精神”的时代内涵和时代价值。在市级主流媒体推出“弘扬吕梁精神，建功伟大时代”系列深度报道，以“弘扬吕梁精神，助力脱贫攻坚”为主题进行电影、电视剧展播展映。评选“弘扬吕梁精神，聚力改革创新”先进集体10个、先进典型10名，并在吕梁影剧院举行先进典型报告会。编写《弘扬吕梁精神，聚力改革创新》先进典型事迹汇编，列入“主题教育”学习内容并在全市处级以上领导干部中发放。组织举办“弘扬吕梁精神，决胜脱贫攻坚”庆祝中华人民共和国成立70周年图片暨书画展。

（市委宣传部）

精神文明建设

【文明实践中心试点建设】

2019年3月初，根据省委办公厅印发《关于开展建设新时代文明实践中心试点工作的实施方案》要求，交城县率先启动试点建设并挂牌，形成了可复制可推广的试点经验。5月份，市文明办制定出台《关于在全市推进建设新时代文明实践中心工作的通知》，全面铺开新时代文明实践中心试点建设工作。全市13个县（市、区）新时代文明实践中心全部挂牌启动，65个乡镇实践所、618个村实践站挂牌开展活动。通过试点探索推广，临县入选国家级试点县，交城县入选省级试点县，孝义市和兴县入选市级试点县。

【精神文明“五大创建”】

2019年是全省“五大创建”2018年到2019年两年一度的评选表彰年，也是吕梁市“五大创建”的评选表彰年。市文明办组织完成了“五大创建”推荐评选各类型资料审核和实地测评工作。

文明城市创建。孝义市在全国同一批7个全国文明城市资格停牌一年后，第一个如期成功复牌，受到省文明办的充分肯定。在充分征求和吸收意见建议的基础上，制定和完善《吕梁市创建省级文明城市实施方案》，同时组织开展2018—2019年度申报创建省级文明县城的交城县、汾阳市、孝义市、交口县、岚县、临县6个县（市）的实地测评，开展2018—2019年度申报创建市级文明县城的文水县、柳林县、中阳县、方山县4个县的实地测评。

文明单位创建。市文明办修订完善并制定出台《吕梁市文明单位（标兵）测评细则》，组织评选推荐15个文明单位标兵、66个文明单位、5个文明社区和3个文明景区为2018—2019年度拟表彰的省级文明单位创建先进集体。组织开展2018—2019年度全市42个文明单位标兵、113个文明单位、17个文明社区和11个文明景区的申报和创建市级文明单位测评。

文明村镇创建。市文明办修订完善并制定出台《吕梁市文明村镇测评细则》，组织评选推荐12个乡镇、30个村为2018—2019年度拟表彰的省级文明创建先进集体。组织开展2018—2019年度全市24个文明乡镇和49个文明村的申报和创建市级文明村镇测评。受省委宣传部、省文明办委托，向吕梁市3个国定贫困县困难家庭赠送9477台电视机，助力打赢脱贫攻坚战。

文明家庭创建。组织推荐8户家庭为第二届省级文明家庭候选家庭；组织开展2018—2019年度申报创建市级文明家庭10个家庭的测评。

文明校园创建。评选推荐创建省级文明校园14所、创建省级文明校园先进学校16所。组织审查复核上一届文明校园15所，深入开展“最美校园竞赛”活动。

【道德模范典型宣传活动】

2019年，吕梁市中医药研究院名誉院长李廷俊荣获“第七届全国道德模范”荣誉称号。在此次全国道德模范表彰活动中，李廷俊是山西唯一一位获此殊荣者，也是吕梁首位获得全国道德模范者，受到中共中央政治局常委、中央书记处书记王沪宁会见，得到省文明办充分肯定。成功举办山西省第七届全国道德模范先进事迹报告会吕梁专场巡讲，市直党政机关、企事业单位、各县（市、区）文明办主任、离石区机关负责人和部分群众及师生代表300余人参加报告会，在全市引起强烈反响。开展“我评议我推荐身边好人”活动，中阳县“见义勇为”好人刘建入选2019年中国好人榜；方山县“孝老爱亲好人”刘兰则、“敬业奉献好人”郝俊娥，汾阳市“助人为乐好人”王秉山3人入选2019年“山西好人榜”。

【“传承好家风，争当文明户”评选】

2019年，市文明办制定《关于2019年在全市农村深入推进“传承好家风，争当文明户”活动实施方案》，完善实施细则、细化评选标准，涌现出了一大批文明户先进典型。经基层提名，各县（市、区）文明委推荐，市文明办审核和实地考察等程序，共评选出2019年市级文明户102户。

【未成年人思想道德建设】

2019年，市文明办组织推荐2019年度中央专项彩票公益金支持乡村学校少年宫项目学校9所，并会同市财政局、教育局开展2011—2019年度83所中央彩票支持乡村少年宫建设项目管理和运行情况考核评估；在全省乡村学校少年宫建设成果短视频展演活动中，孝义市金晖小学、兴县120学校、方山县西相王小学分别荣获一、二、三等奖。组织开展吕梁市2019年未成年人心理健康教育骨干培训，全市42所省级文明校园及创建先进校的60余名心理辅导教师参加学习培训，有力促进全市未成年人思想道德建设工作。

【志愿服务制度化】

2019年，吕梁市建立县级志愿服务联合会14个，注册各级各类志愿服务协会45个，其他各级各类志愿服务队1499个，志愿服务者总数达17.2万人，实名认证志愿者总数达16.6万人。建立培育和确立志愿服务项目机制，有效推动志愿服务项目化建设。推荐命名一批学雷锋志愿服务先进典型。

（市文明办）

统　战

【思想政治教育】

2019年，吕梁市委统战部先后举办民主党派市委委员培训班、市委统战系统干部暨基层统战委员专业化能力提升专题培训、市党外代表人士“参政议政、建言献策”能力提升专题培训班、市统战理论政策研究宣传信息工作能力提升培训班。开展为期半个月的吕梁市佛教活动场所主要教职人员培训班2期。举办吕梁市道教、天主教、基督教教职人员培训班。组织民营企业家召开“区域经济改革创新转型发展”和“法律进商会”专题讲座。与市委组织部、市中小企业局联合举办“吕梁市民营企业家转型创新素质提升高级研修班”。组织民营企业家分别赴北京、西安、长沙、太原、成都等地进行外出集中培训4批70余人次。部机关全年举办各类培训班共9期，培训主题明确、内容丰富，参训人数达600余人。2019年，全市统一战线组织系统单位，以及各县（市、区）委统战部举办各类培训班、专题讲座、报告会等80余期5000余人次，进一步统一思想，凝聚共识。

【政党协商智助农企】

市委统战部按照中共吕梁市委确定的《吕梁市2019年政党协商计划》，明确政党协商的安排部署和工作机制。2019年，引导各民主党派从4个方面16个项目进行比促活动，组建10个民主党派服务民营企业工作组结对服务50户民营企业，帮助企业解决问题2个，反映建议13条，形成调研报告10篇，为党委、政府决策提供科学依据。组织开展民主党派参政议政成果评比交流会，利用和借助九三学社人才、智力、科技优势，推动吕梁经济社会高质量发展。助力吕梁市政府与清华附中签订战略合作协议，与吕梁市贺昌中学建立校际帮扶关系。建立“绿色农业专家工作站”，为吕梁市蔬菜和小杂粮种植提供技术创新服务。

在吕梁市全境实施中国科协“科技小院”项目，农业农村部确定在方山县马坊镇实施“农业产业强镇”项目，连续三年每年支持项目经费1000万元。在汾阳医院建立院士专家工作站。开展京东城市管家项目合作，建成金融小站22个，城市管家2个，累计实现线上销售额1.67亿元，线下销售额1246万元。

【民族宗教事务管理】

2019年，市委统战部组织开展宗教工作督查整改“回头看”活动。由部领导班子带队分7个督查组，到13个县（市、区）进行全覆盖督查整改，共梳理出问题87个，整改85个。

引导宗教界开展“四进”宗教场所活动，全市141处寺观教堂全部引入“四进”。推进大型露天宗教造像治理，整治孝义市大型露天宗教造像，临县、方山县两处大型宗教造像补办调整上报土地利用整体规划等相关手续。加大基督教非法私设聚会点专项治理力度，对2018年排查出的非法私设聚会点66处治理情况“回头看”，纳入管理5处，登记临时活动地点9处，劝散16处，取缔2处，甄别家庭聚会点34处。推进天主教自选自圣工作，先后4次到天主教吕梁教区调研，同霍成主教、冀伟忠等神父座谈，开展思想交流和情感沟通。推进宗教团体登记、成立、换届工作，市道教协会顺利换届，指导交城、汾阳、孝义、离石、临县等10个县级宗教团体完成宗教团体登记、成立、换届工作。

创建“进学校、进企业、进社区”活动。在吕梁学院、山西医科大学汾阳学院等院校，及企业、社区召开少数民族人员座谈会10次。实行少数民族流动人口网格化管理。规范管理全市清真饭店及清真食品生产经营企业，制定《吕梁市清真食品监督员制度》，对全市范围内42家清真饭店摸底，发现的问题全部整改到位。做好十一届全国少数民族传统体育运动会的准备服务工作，吕梁市获得男子2×100接力和男女4×100米混合接力三等奖2项，取得历届比赛最好成绩。

【非公经济引导支持】

2019年，市委统战部强化政治引导，制定和完善同非公有制经济人士谈心交流制度，与非公经济代表人士谈心交流35人次。组织推荐新生代、“创二代”青年企业家到沿海沿江先进企业挂职锻炼，全市19位企业家赴上海13户企业进行为期三个月的挂职锻炼学习。拓展入党渠道，培育优秀非公经济人士通过工商联党支部入党，打造工商联会员企业和商会的党建孵化器。市工商联获2019年度“创新中国”商会工作优秀案例奖项。为探索建立民营企业家评价职能部门、评价营商环境工作机制，对143名企业家进行评价，根据评价情况完成调研报告。

引导民营企业投身光彩事业。推进中阳县车鸣峪食用菌生产基地项目、规模化现代肉鸡养殖示范项目等9个项目签约成功。助力县域经济高质量发展，促进北京至城科技有限公司等14家企业与石楼县人民政府签约产业扶贫合作项目，项目总投资20.8亿元。助力攻坚深度贫困县，全市384个企业参与帮扶，370个党外人士参与帮扶，实施项目392个，投入资金13.03亿元。参与“百企百村”精准扶贫行动，全市共有476户民营企业参与，实施帮扶项目1112个，投入资金达4.86亿元，结对帮扶713个贫困村12.3万人。

【党外人士队伍建设】

2019年，市委统战部组织召开县级党外干部2018年度述职述廉大会。全市73名党外县级领导干部参加会议。推进党外干部挂职工作，到挂职单位走访调研，完成23名党外科级干部挂职锻炼鉴定。全市有50名省级无党派人士政治面貌得到规范使用。建立市县两级206名无党派重点人物和273名无党派后备人才数据库。

【新的社会阶层人士组织】

2019年，吕梁市新的社会阶层人士联谊会成立，吕梁市新联会临时党支部成立，向省委统战部择优上报7个新阶层人士活动站。强化组织引领，凝聚思想共识。组织开展全市新的社会阶层代表人士培训班、市县新联会会长座谈会、各县（市、区）委统战部分管副部长和市县新联会会长赴山东淄博考察学习、先进典型人物和事迹宣传等“五个一活动”，在全市新的社会阶层人士中开展“凝聚新力量，筑梦新时代”主题教育活动。

【港澳台侨海外联谊】

2019年，市委统战部加强联谊侨界乡贤，凝聚侨心发挥侨力，发挥省海联会在推进乡村振兴战略中的积极作用。在石楼、中阳两县获批建设15所（中阳县5所，石楼县10所）海联卫生室。举办香港山西商会结对帮扶石楼县深度贫困大学生捐赠会，为石楼县10名家庭贫困大学生每人资助助学金5000元。开展全市归侨侨眷摸底及海外华文教育工作，联合市教育部门，外派柳林县、离石区2名教师赴菲律宾任教。

【调研宣传】

2019年，市委统战部根据省委统战部年度课题计划，组织各县（市、区）委统战部、统一战线系统单位、统一战线组织及机关各科室，完成课题申报16项。其中，交城县申报的“发掘玄中寺祖庭文化，加强中日佛教交流”被省委统战部列为立项课题。统战宣传影响力不断扩大。2019年，全市统战干部、统一战线成员在中央、省、市级刊物及互联网媒体上发表宣传稿件500多篇（件）。通过“吕梁统一战线”微信公众平台发布统战宣传稿件共计50余期400多篇。“吕梁统一战线”微信公众号社会关注人数达40000余人，活跃粉丝人数达5000余人。

2019年，市委统战部被中共中央统战部、中国统一战线杂志社评为2019年度中国统一战线宣传先进单位。统战信息以月总结、季通报、年考核的机制自发进行，全年共编发《每周汇报》49期487条信息。其中，柳林县《信教群众聚居村宗教基本特点及存在的突出问题》被中央统战部刊物《统战工作专刊》采用。

（市委统战部）

巡　察

【第六轮巡察】

2019年2月21日至5月31日，吕梁市委巡察办5个巡察组分别进驻市公安局、市交警支队、市住房公积金管理中心、市商务局（含市招商引资局)、市中小企业局、市新城建设管理中心、市住建局、市司法局、市人防办、市建筑安装总公司、市直工委、市委老干局(含市老干部活动中心)、市科协、市新闻工作者协会、市文联、市总工会、市工商联、团市委、市妇联、市侨联。市委扶贫领域项目资金专项巡察组对全市10个贫困县扶贫领域项目资金使用情况进行巡察。

【第七轮巡察】

9月28日至12月31日,市委巡察办9个巡察组进驻市委党校(吕梁行政学院)、市委政策研究室、市委党史研究室(市地方志研究室)、市委讲师团、市政府发展研究中心、市园林局、市物资总公司、市投资管理公司、山西广播电视大学吕梁分校、贺昌中学、市卫生学校、吕梁学院离石师范分校、吕梁经济管理学校、市聋哑职业技术学校(市特殊教育学校)、市艺术学校、市实验中学、吕梁职业中专、市会计学校、市农业学校(市农业干部学校)、吕梁高级技工学校、市水利局、市人民医院、市疾控中心等市直单位,以及兴县固贤乡、奥家湾乡,临县三交镇、大禹乡。同时对全市8个贫困县开展易地扶贫搬迁和农村危房改造专项巡察。

(市委巡察办)

市直机关工委

【党的建设】

2019年,吕梁市直工委坚持以党的政治建设为统领,学习贯彻习近平新时代中国特色社会主义思想和《中共中央关于加强党的政治建设的意见》。邀请党史党建专家对机关党组织负责人进行专题辅导,购买分发《意见》1200余册。理论学习中心组集中组织学习研讨13次;各基层党组织开展党的政治纪律和政治规矩学习教育共420余场次;8342名党员干部接受思想政治洗礼。市直工委购买分发《中国共产党党组工作条例》《中国共产党支部工作条例》《中国共产党党员教育管理工作条例》《中国共产党纪律处分条例》《党的十九届四中全会〈决定〉学习辅导百问》等学习资料10万余册,组织市直机关党员知识测试2次,完成7个主体班次培训,累计培训2300人次;各单位理论学习中心组共完成学习823次,领导干部发挥引领带动作用,讲党课共568次;各级基层党组织学习培训708场次,市直机关"学习强国"注册使用人数21132人。

【机关作风建设】

2019年,市直工委出台《2019年党风廉政建设和反腐败工作意见》,集中对《中国共产党纪律处分条例》进行专题讲授与培训;严格执行廉政谈话制度,推进廉政文化进机关。工委组织各基层党组织书记集中观看廉政警示电影、廉政教育专题片,126个单位共组织观看300余场次。规范完善廉政审查制度,共审查605人次,有效防止党员干部"带病提拔""带病表彰"现象发生。2019年市直纪工委审理市直各派驻纪检监察组移送的审理案件33件52人,建议给予党纪政务处分47人。

2019年市直机关工委推荐省级文明单位标兵9个、省级文明单位10个,市级文明单位标兵19个、市级文明单位19个;审核市直文明单位和文明单位标兵56个,推荐省级文明校园4个,精神文明创建成为凝聚机关干部职工队伍精气神的有效载体。

(市直工委)

政策研究

【改革决策】

2019年，吕梁市委政研室（市委改革办、市综改办）加强改革决策，推进全面深化改革体制机制建设。牵头出台《中共吕梁市委全面深化改革委员会2019年重大改革安排及责任分工》，确立年度改革事项35项、具体事项196个、转型综改先行先试事项37个，并将每项改革明确责任领导、牵头部门、配合部门，建立改革管理台账，形成较为严密的改革工作目标责任体系。牵头筹备召开市委深改委会议9次，研究审议《关于深化农村资源变资产、资金变股金、农民变股东改革的实施方案》等改革类文件、专项改革方案13个。

【改革管理】

2019年，市委政研室在完善改革过程、台账化管理基础上，对标省委政研室（省委改革办、省综改办）及其他市做法，启动建设吕梁市改革信息管理平台，提升全市改革工作精准化、可视化、规范化管理水平。抓住省考核六项改革这一重中之重，放大其对面上改革的先导性、牵引性作用。建立与19个牵头、配合部门的联动推进机制，全年组织6次联席会议、现场推进会议，并邀请政协委员参加联合调研。

【改革重点】

2019年，市委政研室统筹推进中央、省、市改革试点，从全市各领域、各层面选择33个基层一线单位，建立改革联系点制度。抓改革调研，以研促改，联合市政协提案委，完成对县（市、区）、涉改部门的改革调研。运用调研成果指导改革实践，形成《教育帮扶托起明天的希望——吕梁教育学院与交口三中帮扶合作的调查与思考》《优化组织设置，以强帮弱提升，筑牢农村基层党组织战斗堡垒》《创新发展合作总社，壮大村级集体经济——兴县培育新型农业经营主体助力乡村振兴探索实践》《党建统领，互助发展，破解乡村治理难题——交口县尚家沟村探索“十户一体”善治乡村的实践报告》《植根于强村富民实践的初心使命——汾阳市栗家庄村牢记富民初心、践行强村使命的实践》等一批高质量调研报告。

7月上旬，与市委、市政府督查室等9部门联合组成6个督查组，编制《督查工作手册》并进行专题培训，集中对各县（市、区）、81个涉改部门、8个开发区前半年改革情况进行全面督查，形成督查报告并报告市委。同时，针对发现问题统一印发《督查意见反馈书》限期整改，于9月20日前统一收回整改落实情况报告。

【调研成果】

市委政研室2019年提炼总结调研成果90项，编发《吕梁改革信息》指导各县（市、区）学习推广，在《山西改革信息》《山西信息》《中央改革情况交流》采用量居全省前列。

推进落实县处级领导干部调研工作制度，配合完成省委政研室部署的重要调研课题，完成《山区经济》《调研内参》全年编发任务。

【宣传培训】

2019年6月下旬，市委政研室牵头在浙江大学举办吕梁市首次改革系统干部能力提升主体培训班，各县（市、区）、市直单位选派83人参加，培训班以选题精准、组织严密、纪律优良获评优秀班级。针对市、县两级改革工作力量薄弱现状，试行县级跟班学习制度，并延伸至市直涉改部门。7月中旬起，与《吕梁日报》联手在头版位置推出“吕梁全面深化改革进行时”专栏，宣传改革典型45例。与吕梁电视台筹备，在“吕梁新闻”板块推出《问效吕梁改革》专题。5月，创办《吕梁政研与改革》微信公众号，发挥自媒体宣传推动作用。

【考评规范】

2019年，市委政研室借鉴省、市改革考核做法经验，将改革工作细化为10个评价点，年中、年末2次考评，年终集中考核，并重点改革吸纳市直重点部门、对县（市、区）及相关部门开展工作评价，发挥以考促改的指挥棒、风向标作用。

（市委政研室、市委改革办、市综改办）

机构编制

【党政机构改革】

2019年，吕梁市委编办总体完成全市党政机构改革。采取提前谋划部署，先后到西辛庄等8个乡镇（街道）、市园林绿化中心等调查研究，形成调研报告4篇；聚焦群众反映强烈的教育问题，对全市中小学教师编制及大中专院校的机构、编制、专业、教师和学生数量等情况摸底调研。先后三批次到县乡专题调研，掌握市县两级在机构设置、人员编制、职能配置情况和机构运行中的问题。针对人员转隶，通盘考虑改革全局，创新人员编制转隶办法，有效破解行政编制少和人员编制划转分配的难题。全年实现市级转隶公务员153名，事业人员1240名，县级转隶公务员243名，事业人员3336名。

市级党政机构总数改革前46个，改革后总数47个；行政编制数改革前2216名，改革后2190名；领导职数改革前253名，改革后188名。涉及行政职能划转77项，事业单位数减少9个。核销工勤编制数188名。调整人大专门委员会2个，调整政协专门委员会3个。机构改革对党政机构和管理体制进行系统性、整体性重构，市县两级机构设置职能更优化、权责更协同、监督监管和运行更高效。

【重点领域改革】

2019年，吕梁市乡镇（街道）改革实现整合优化，综合设置乡镇（街道）党政机构和事业单位。在党政机构设置上，采取“3+X”设置模式。在设置满足基础服务保障工作的党政综合办公室、经济发展办公室、社会事务管理办公室等“共性”机构的基础上，结合乡镇（街道）人口总量、区域面积等实际情况，选择性设置行政审批办公室、综合执法办公室、社区治理办公室等“个性”机构。在事业单位设置上，坚持事业机构设置数量不超过3个的原则，统一设置综合便民服务中心、退役军人服务站2个事业单位，其他乡镇（街道）选择性设置党群服务中心。在县级部门派驻机构设置上，将县级职能部门派驻在乡镇的机构全部下放乡镇，实行属地管理，工作考核以乡镇为主，干部任免听取所在乡镇党委、政府意见。全市共下放乡镇事业站所256个，理顺了县级部门和乡镇的条块关系。

经济发达镇行政管理体制改革。汾阳市杏花村镇被列为吕梁市唯一的经济发达镇试点。经杏花村镇申请、政府各部门对接论证后，确定赋予杏花村经济发达镇行政职权事项92项，实现精准赋权。

综合执法体制改革。基本完成市场监管、

生态环境保护、文化市场、交通运输、农业五大领域综合行政执法体制改革，减少执法层级，市级共计整合执法机构27个，划转人员编制359名。市、区实行市一级统一执法，县级整合组建除生态环境外的四个领域综合执法队伍，全部实行“局队合一”，提高执法效能。

事业单位改革。在各部门“三定”规定中，统一将事业单位承担的行政职能全部划归党政机关，并在党政部门主要职责以及内设机构中明确体现。制定出台《关于剥离市直事业单位行政职能回归行政机关的通知》等文件，将承担的行政职能全部进行剥离，根除事业单位“委、办、局”。改革从事生产经营活动事业单位，制定出台《关于加快推进市县从事生产经营活动事业单位改革的意见》，与市直涉改的14个主管部门沟通，协商拟定改革方案。同财政、人社等职能部门协同配合，下发改革配套政策文件，组织专人审核改革方案。

【机构编制管理】

2019年，市委编办加强机构编制管理，制定编委《工作规则》和编办《工作细则》，促进机构编制管理规范化、科学化、法治化。加大编制统筹调配力度，将市级18名事业编制调整到孝义市、中阳县、交城县，全力满足县级人才用编需求。同意全市农林、水利系统面向山西农业大学校园招聘人员211名，切实解决市属农业系统人才匮乏问题。梳理调整权责清单，会同市行政审批服务管理局、市司法局联合印发《关于集中梳理调整市县政府部门权责清单的通知》，梳理市县两级政府部门行政职权7984项。完成事业单位法人年度报告公示和日常登记管理，对74个事业单位进行核查，下达整改通知24份，对市直206家事业单位2018年度报告向社会公示。对在网上登记管理系统推送的1个失信事业单位实施联合惩戒。进一步推行事业单位法人注销登记简易程序，申请材料减少为2项。机构编制信息化建设明显提高，制定印发机构编制云平台应用实施方案，将全市权责清单8354条数据导入机构编制云平台权责清单管理系统数据。党政机关事业单位网上名称进一步规范，及时调整更正全市党政机关事业单位网上名称，注册中文域名2139个，注销网站标识20个，网站挂标126个。

（市委编办）

老干部工作

【政治思想建设】

2019年，吕梁市委老干部局发挥广大离退休干部在维护核心、维护党中央权威和集中统一领导方面的独特优势和突出作用，坚持阅读文件、听报告、参加重要会议活动、情况通报、节日慰问等制度。2月，组织刘明勇、成久生等市级老领导参加全市干部大会；组织18名市级老领导列席吕梁市“两会”。6月，组织老干部代表在吕梁分会场参加全省“不忘初心、牢记使命”主题教育动员部署会；并先后4次组织25名老干部参加市政府召开的柳林县撤县设区行政区划调整专题座谈会。8月，组织老干部现场观看“二青会”蹦床比赛1000余人次。11月，组织岳培民、刘明勇、解金亭3名市级老领导参加省委宣讲团中共十九届四中全会精神吕梁宣讲报告会。元旦春节期间，集中走访慰问72名市级老领导及遗孀、116名离休干部及遗孀、827名县处级退休干部。年内，市县两级党政领导向老干部通报情况24次，组织1183名老干部参观经济社会发展成果12次，走访慰问老干部15623人次，发放慰问金、慰问品366.67余万元。

从实际出发抓思想建设。采取专题辅导、集中培训、情况通报、座谈交流、信息化平台推送、观看警示教育片等多种形式，发挥老干部党校、老年大学、老干部活动中心的主阵地作用。对年老体弱、行动不便的老同志，采取送学上门、发送短信微信等方式，扩大学习覆盖面。组织36名离退休干部支部书记参加市直机关党支部书记“改革创新、奋发有为”大讨论培训班。9月，举办全市离退休干部党支部书记培训班，对“不忘初心、牢记使命”主题教育进行专题辅导。培训期间，组织老干部学员在中共汾阳特别支部陈列室和贾家庄村史馆接受革命初心教育。举办“夕阳红大讲堂”4期，邀请专家学者围绕党的十九届四中全会精神、意识形态工作等作专题讲座，有1000余名老同志参加学习。组织全市4288名离退休干部党员参加“不忘初心葆本色·砥砺前行立新功”主题知识竞赛活动，其中33名老干部获个人优胜奖。孝义市开展“我和我的祖国”征文活动，收录73篇优秀征文编辑成书，并作为主题教育辅助读本。汾阳市组织80余名离退休干部党支部书记和部分副县级以上退休干部，赴延安开展红色教育参观学习活动。年内，市县两级老干部共举办学习报告会、座谈会、研讨会等114场次，组织102名老干部理论骨干宣讲153场次，5000余名老同志参加学习。

【党组织设置】

2019年，市委老干部局从完善组织设置、规范组织生活、加强班子建设、强化规范管理、推动品牌建设等5个方面对离退休干部党组织建设进行部署。根据“业缘”（依托原工作单位）、“地缘”（依托居住地）和“趣缘”（依托兴趣社团组织）3种党组织设置模式，提供可借鉴、能复制、效果好的“单位独建型”“系统联建型”“乡村联动型”“社区共建型”“网格覆盖型”“异地组建型”“班级引领型”“综合联动型”“高龄居家型”等9种类型离退休干部党组织设置形式供各县（市、区）参照设置，确保每一名离退休干部党员都能接受党组织的教育服务管理。市县两级全面落实5000元支部工作经费、每月不低于100元的支部书记补贴、党费全额返还等经费项目，为离退休干部党组织开展活动创造条件。岚县在县直机关和乡镇成立离退休干部党支部22个；石楼县先期组建老年大学教学班和老年社团协会的党支部；离石区在街道社区、乡镇设立离退休干部党支部18个，做到离退休干部党员全覆盖；12月，孝义市府东社区被中组部授予“全国离退休干部先进集体”称号。

【离退休服务管理】

2019年，市委老干部局创新机制，加大投入，为老干部提供更多更好的服务保障。

医药费报销机制。与市财政局、卫健委、医保局沟通协调，理顺市直离休干部医药费报销机制。确定从2019年10月起，由市医保中心管理报销行政、事业单位离休干部医药费，解决了多年来离休干部医药费报销渠道的问题。同时，实行“2+3”一站式医疗服务（做好2个基本医疗保障工作，优化3项医疗服务措施），全面落实医疗待遇。年内，采取集中体检和个别检查相结合的方式，组织市直单位106名离休干部分别在离石区、汾阳市和孝义市就近进行健康体检。

离休干部联系制度。为离休干部制作亲情联系服务卡，采取市直单位、市局工作人员“双联系”方式，按照“五必访”（即生日必访、重病住院必访、家庭出现重大变故必访、遇到困难有需求必访、临终去世必访）工作原则，随时掌握离休干部身体、思想、生活状况，帮助协调落实各项待遇，解决实际困难。国庆节前，组织开展慰问活动，集中走访慰问离休干部104名，发放慰问金、慰问信、中华人民共和国成立70周年纪念章、学习资料以及生活待遇政策明细，并收集整理慰问中离休干部反馈的问题，及时组织逐条答疑。

信息化深度融合。11月，对市委老干部局门户网站进行全方位升级改版并上线运行。新网站栏目更加合理、服务功能更加完善、版面设计也更加美观。在页面设计上依次将搜索、今日头条、组织机构、工作动态、党建工作、专题活动、网络大学等老干部点击热点放置在重点路径；在功能设计上，聚焦政策文件，对部门建设、经验交流、工作思考、学习培训、先进典型、阵地建设等重点内容进行梳理，优化主题分类和展现方式。网站系统新增滚动专题活动栏目、信息置顶排序、表格附件下载功能和关键字模糊搜索等功能，进一步提升兼容性。

规范“吕梁老干部之声”微信公众号，并取得官方认证。2019年，共推送图文信息62期358条，为离退休干部提供了解实时新闻、学习政策文件、传播正能量的便捷渠道。建立“朝阳行·桑榆情”微信群，将104名市直离休干部（或家属）吸纳入群，并提供便捷、贴心、及时的联系服务。规范“吕梁老干部工作”“吕梁市直离退休干部党支部书记”微信群，提升工作传达效率，方便老干部相互交流思想、畅谈学习心得。

特困帮扶。重视解决特殊困难和问题，在市县两级全部建立离退休干部特困帮扶机制。市委老干部局对3名离退休干部及遗属进行救助，发放救助金1.5万元；全市共救助离退休干部230名，发放救助金31.36万元。为全市离休干部提高护理费，为1名厅级离休干部申报享受按副省（部）长级标准报销医疗费待遇。向已故离休干部无工作配偶发放冬季取暖补贴，并落实至各县（市、区）。2019年，市老干局看望慰问生病离退休干部3名，每人发放慰问金500元。

保障费用。2019年，市委老干部局为37名市营企业离休干部发放各项离休费等303.19万元，发放“一至两个月”生活补贴14.19万元，为29名遗属发放遗属补助21.5万元；为31名离休干部、27名遗属发放取暖费25.2万元；为9名离休干部办理抚恤金和丧葬费188.34万元；为34名企业离休干部和部分自收自支事业单位离休干部报销医药费65.28万元；为全体企业离休干部办理社保卡，并完成民生山西APP身份验证，确保离休干部及遗属的各项费用及时发放到位。

（市委老干局）

党校教育

【干部教育培训】

2019年，中共吕梁市委党校按照市委、市政府目标任务，开展全市党员干部培训轮训工作，共开办培训班13期，培训干部1547人次。其中，“市管干部学习贯彻习近平新时代中国特色社会主义思想读书班”“优秀中青年干部培训班”主体班3期，“全市乡镇（街道）党（工）委书记培训班”“全市乡村党组织书记‘不忘初心、牢记使命’主题教育示范培训班”“全市乡镇（街道）党（工）委书记‘不忘初心、牢记使命’主题教育示范培训班”专题研讨班5期，“学习贯彻党的十九届四中全会精神集中轮训班”1期，外培班4期。

【办学质量】

2019年，市委党校聚焦习近平新时代中国特色社会主义思想，新设立习近平新时代中国特色社会主义思想教研室和党史党建教研室，新开发系列专题14个，举办吕梁市党校系统第一届精品课评选活动。拓展“课堂教学+延伸培训+学术研讨”教学模式，组织主体班赴江西井冈山、兴国和湖南韶山等红色教育基地开展延伸培训。

2019年，市委党校对县（市、区）党校办学质量进行评估，开展精品课评选、教学观摩和专题调研，促进全市党校系统相互交流，形成人心思进、竞相发展的良好局面，县（市、区）委党校整体办学水平和办学条件得到明显提升。

（市委党校）

讲 师 团

【理论学习】

2019年，吕梁市委讲师团为市委起草拟定《中共吕梁市委中心组2019年理论学习计划》和《市委中心组集中学习〈习近平新时代中国特色社会主义思想学习纲要〉的安排意见》。整理印发“改革创新、奋发有为”大讨论、《中国共产党党内法规制度》等市委中心组专题学习资料。团长吴新元以《坚定不移走改革开放之路——学习贯彻习近平总书记在庆祝改革开放四十周年大会上的讲话精神》《认真学习贯彻党的十九届四中全会精神，确保各项目标任务在吕梁全面落实到位》为题，为市委中心组成员做专题解读2次，并全年服务市委中心组学习26次。

市委讲师团督导县级及县以下党委（党组）中心组学习，与市委宣传部联合印发《关于2018年各县市区党委中心组学习情况的通报》和《关于推荐申报党委（党组）理论学习中心组联系示范点和理论宣讲联系示范点的通知》。通过实地走访调研，命名全市首批党委（党组）理论学习中心组联系示范点19家，并挂牌；汾阳市贾家庄裕和教育培训中心被确定为山西省首批基层理论宣讲联系示范点，中共汾阳市委、中共吕梁市委政研室被确定为山西省首批理论学习中心组联系示范点。

【理论宣讲】

2019年6月，市委讲师团在全市组织开展“弘扬吕梁精神，重温习总书记视察山西讲话”进企业、进农村、进机关、进社区、进校园、进军营、进网络“七进”主题宣讲活动，共开展宣讲活动300余场，受众4万余人。7月，组织开展学习《习近平新时代中国特色社会主义思想学习纲要》进基层万场宣讲活动，全市共成立宣讲团1012个，覆盖各县（市、区），累计开展宣讲活动4292场，受众42万余人次。11月，在全市开展党的十九届四中全会专题宣讲活动，市委、市政府主要领导分别在吕梁职业技术学院、离柳集团有限公司进行宣讲。

组建老中青“三支宣讲队伍”，会同市委老干局、团市委，在全市各领域、各行业特别是从党校（行政学院）、中小学校、企业、科研单位、相关工作部门的学者、领导干部、专业技术人员、退休老干部中，遴选专兼职人员50名开展宣讲。

3月，“吕梁宣讲”微信公众号开通，全年共推送图文消息和理论文章200余篇，进一步拓宽了互联网理论宣传渠道。

【理论研究】

2019年，市委讲师团组织吕梁精神研讨座谈会，提炼吕梁精神的思想内涵。结合吕梁革命史和改革开放史，完善和充实吕梁精神的内涵和外延，挖掘和总结“吕梁精神”的时代价值。结合“改革创新、奋发有为”大讨论，与长治市委讲师团开展对标学习交流。11月，以全市改革发展为主题开展调研，完成《关于吕梁市基层理论学习和宣讲情况的调研报告》《精准施策对帮扶工作重要性的调研——以兴县交楼申乡冯家沟村为例》《孝义市“五老”宣讲团队伍建设情况调研报告》等理论调研文章。

（市委讲师团）

信　访

【概　况】

2019年，吕梁市信访总量呈现下降态势。1—11月，全市走访、来信、网上信访总量（国家、省、市、县四级登记）14778件次、28901人次，同比件次下降1.1%、人次下降4.1%。赴省进京集体上访明显下降。国家、省信访局网上登记越级集体访182件次1015人次，同比件次下降20.2%、人次下降32.9%。赴省进京到非接待场所走访明显减少。

【信访问题化解】

2019年，市信访局压实各级领导信访责任，强化责任单位政治意识，下发《关于深入开展信访矛盾纠纷大排查大化解暨“‘重点领域、重点群体、重点问题、重点人员’信访矛盾化解攻坚战”的实施方案》。成立由市委副书记任组长的重点攻坚战领导组和6名政府副市长牵头的13个专项工作组；建立全市信访工作微信群每日调度，把国家和省信访局交办的案件及市级自行排查出的赴省进京上访、重复上访和到非接待场所上访事项作为化解重点，交办各县（市、区）和市直责任单位；对国家和省信访局交办案件全部交由主要领导牵头包案化解。推行“日报告、双周调度、月研判通报”“清单式管理”“多形式督查指导”等工作机制，推进交办重点信访事项化解。

4月26日，召开市委常委会，约谈信访工作较为落后、案件化解不力的县（市、区）委书记5名。11月初，由市纪委监委牵头，市委政法委、市公安局、市信访局等有关部门参与，在全市开展重信重访专项整治工作，有效化解多年、多层、多头重信重访问题。截至12月底，国家信访局分两批累计交办33件，办结33件、化解27件，办结率100%、化解率82%；省信访局分三批累计交办134件，办结122件、化解93件，办结率91%、化解率为69.4%；市县自行梳理交办174件，办结162件、化解128件，办结率93.1%、化解率73.6%。中央交办信访案件161件，办结上报120件、办结率75%。省脱贫攻坚巡视组交办案件438件，办结303件。交办县（市、区）委书记、县（市、区）长包处疑难信访案件104件，化解75件，化解率72.1%。

【“规范化提升年”活动】

2019年，市信访局下发《吕梁市信访工作“规范化提升年”活动实施方案》，对3个方面15项重点工作明确目标、任务、责任单位、责任人。6月17日至18日，举办全市信访系统专业化能力提升专题培训班，邀请省信访局和武汉市信访局专家，重点围绕依法分类处理信访诉求工作规则、提升信访工作规范化等业务理论进行培训，市、县、乡三级6800余名一线信访业务骨干接受培训。

试点推动。在市级层面，制定下发《吕梁市完善联合接待群众来访工作实施方案》，对工作目标、原则、流程提出具体要求。县级层面，在全市13个县（市、区）分类推开信访听证、“最多访一次”等7项试点工作，推动信访工作实现“规范、便民、高效、有序”的目标。

典型推动。推动各县打造一个县直单位、一个乡镇、一个村或社区作为典型，确保13个县（市、区）有典型、有特色。10月24日，黄河电视台《民生大接访》栏目专题播报交口县借力综治平台预防化解信访矛盾。

督查推动。对省信访局交办的551件信访案件，按照国家信访局印发的《概况要素及录入准则》等8项业务规则进行自查。经督促审核后，整改537件。信访督查专员采取电话督导、书面督导等方式，及时发现问题并跟踪督促落实。全市信访事项“三率”明显提升，其中信访机构和有权机关的及时受理率、按期答复率分别上升0.6%、6.26%和9.03%。

【信访制度改革】

2019年，市信访局在每个乡（镇、街道办）和县直重点单位至少配备一名专职信访人员，每个行政村至少配备一名专（兼）职信访员，发挥乡村两级党组织在源头治理中的基础作用，全市80%以上的信访事项在乡村两级得到有效处理。

依法分类处理信访诉求。根据原有33个市直单位依法分类诉求清单，结合全市机构改革，重新制定依法分类处理信访诉求的规则和办法，厘清有权机关责任界限，保证改革后信访事项有人接、有人管、有人办。市人社局、市城管局和中阳县试点均取得明显成效。

智能信访数据应用系统。2019年先后组织各县（市、区）业务骨干集中培训3次，全市累计接受专业培训60余人。11月初，“信访网上督查室”上线运行，“信访网上投、事项网上办、结果网上评、问题网上督、形势网上判”的信访智能模式初步形成。

机制创新。2019年，市信访局与市司法局联合下发《吕梁市开展人民调解参与信访矛盾化解工作方案》，健全完善信访与人民调解联动体系；文水县构建“互联网+共享调解”平台，注册各类调解机构271个、专兼职调解员357名、群众调解员725名，其中自愿参与信访工作135人，实现矛盾纠纷调解资源社会共享；交口县将社会各类矛盾纳入网格化管理体系，引导社会力量参与社会管理，全县447名网格长依托综治中心进行矛盾纠纷排查化解；岚县、兴县着眼于打造“网上信访主渠道”，开通“信访微信公众号”，切实做到“让数据多跑路、群众少跑腿”。

（市信访局）

网络信息管理

【打造宣传品牌】

2019年，吕梁市委网信办与市扶贫办共同参与“决战脱贫攻坚·决胜全面小康”网络媒体主题采访活动。来自新华网、光明网、国际在线、正义网、山西新闻网、山西云媒体等多家中央、省直重点新闻网站的记者到深度贫困县临县、交口农村采访报道，全面反映吕梁老区人民脱贫攻坚取得的成就，形成新闻稿件40余篇，网民累计阅读量达200余万人次。

【网评激励机制】

2019年，市委网信办将《吕梁市核心网评员和骨干网评员考核保障办法（试行）》和《网评文章绩效考核补充细则》落到实处。从959名基础网评员中择优选拔产生70名骨干网评员队伍，实行绩效考核与待遇挂钩制度，并进行集中培训。全市骨干网评员围绕中央、省委重大活动和市委部署，参与《王毅：山西与时俱进，迈上了转型发展的新征程》《全省“改革创新、奋发有为”大讨论这么干》等重大新闻评论及转发61项，完成网络评论5900余条次。建立“吕梁新语”微信公众号、“吕梁新语”今日头条号、“吕梁新语”新浪微博号3个网络平台，全年发布网评文章406篇。

【网络空间治理】

2019年，市委网信办筑牢网络意识形态安全防线，在全市集中整治规范网络内容。

“清朗”专项行动。出台《关于在全市开展2019“清朗”专项行动的通知》，针对全市问题突出的网站、栏目、账号等，建立网站和账号管理工作台账，对拒不服从管理或整改无效的，实行警告、封堵、删除，直至关停等措施。专项行动期间，对属地微信公众号“山西交通在线”“汾阳在线网”、微博“三晋法制”等存在问题的平台负责人进行约谈。关停微信公众号“全视网络”、新浪微博“记者韩某某”“姚某某”3个账号。共处置属地谣言和虚假信息类、违规采编新闻类等有害信息30余条，向省委网信办上报政治类有害信息2000余条。

网站排查梳理。启动排查和梳理核对全市3200个网站，对全市13个县（市、区）及市直相关单位涉及的网站备案登记信息逐一核对，审核网站发布内容。对排查中发现的“吕梁市人力资源和社会保障信息网”“吕梁市农机局网站”“孝义文明网”3个假冒网站，遭到攻击后发布博彩违法信息的“文水县孝义镇人民政府网站”1个博彩网站，以及其他27个涉黄、涉赌网站，均按程序上报省委网信办，依法依规进行处置。

【网络安全监测普查】

2019年，市委网信办对全市关键信息基础设施网络安全实时监测。针对网页篡改、网页挂马、黑链、敏感内容等网络安全问题进行实时监测，对存在的安全漏洞每月扫描一次并进行通报，对发现的问题及时整改。年内，下发网络安全漏洞和安全事件通报20次，涉事单位均整改完成。

根据省委网信委《关于开展全省各市直机关网络安全普查的通知》精神，在市公安局、市国安局等网信委成员及相关单位协作下，5月起启动网络安全普查工作，6月底完成摸底。根据信息系统分布情况，选取其中45个重点信息系统进行评估检查。市委网信办会同第三方技术支撑单位，通过对45个系统的物理安全、网络安全、主机安全、应用安全、系统运维管理等10大项290小项适用项进行现场检查，对每个系统形成风险评估报告，及时将风险评估报告下发给受检单位进行整改。

（市委网信办）

党史地方志研究

【方志编纂】

2019年，吕梁市委党史研究室（吕梁市地方志研究室）认真贯彻落实全国、全省党史方志会议精神，创办《每周快报》，实行每周一通报、每月一排队，把握时间节点，为志鉴编纂制定时间表，倒排工期，挂图作战。聘请史观正、素质高、有影响的专业人才，对《吕梁市志》总纂稿全盘把关，力求达到精品佳志的质量标准。采取“抓两头、带中间”和“一县一策”的举措，先后召开市县史志研究室主任工作进度汇报会和现场推进会4次，扭转全市史志编纂的滞后局面，使史志工作实现新突破。省史志研究院对全省11个市级党史方志部门综合考核评定，吕梁市史志研究室在2019年度党史方志目标责任考核中排名全省第一。

【志鉴“两全目标”】

2019年，市委党史研究室（吕梁市地方志研究室）第二轮方志编纂工作实现新突破：《吕梁市志》送审稿通过评审，13个县（市、区）除已出版县级地方志3部，又通过评审并完成送审稿8部，即将完成县志送审稿2部。市县两级年鉴编纂实现全覆盖。

【党史研究】

2019年，市史志研究室组织进行《抗日战争亲历者口述史》《革命年代山西外援干部调研工程》资料征集、整理工作，先后多次奔赴新疆、青海、甘肃、宁夏、四川、浙江等地，走访健在的120师358旅、359旅抗战老兵；对南下西进外援干部进行采访，形成150万字的口述史原始资料，100余小时的录音录像素材。8月下旬，对在吕梁战斗过的贺龙、王震、张宗逊、彭绍辉、廖汉生等革命先辈的后代进行专门走访，深入挖掘研究宝贵的史料资源。

开展党史基本著作征编工作，《中国共产党吕梁历史》进入出版阶段，孝义市出版《中共孝义历史》，交城县、文水县、岚县完成资料征集，离石区、临县完成初稿，其他县进入征集资料阶段。《吕梁精神——红色印记》书稿编纂完成，报送中央党校出版社提起重大审查和出版。《中共吕梁历史大事纪》完成编纂和审校，进入出版程序。《市委工作纪事》完成资料征集和编纂工作，正在进行后期校对。

【部门志、专业志、旧志整理】

2019年，市史志研究室协助审定《吕梁市机场志》《吕梁艺校志》等部门志书。指导《碛口镇志》《汾酒志》分别入选“中国名镇志文化工程”和“国家名酒志工程”，并按计划进入编纂中。协助完成康熙版《永宁州志》点校工作，该书由清代谢汝霖、朱玲、于准纂修，具有极高的史料和版本价值。

（市委史志研究室）

档　案

【档案机构改革】

2019年，吕梁市档案馆完成档案机构改革，档案行政管理职能划归市委办公室，档案馆调整为市委直属事业单位。原档案馆长任命为市委副秘书长，吕梁市委办公室新成立档案科，并任命科长。档案馆核定编制28人，实有24人；下设办公室、收集征集科、档案保管科、利用服务科、编纂研究科、宣传教育科6个内设机构，所属事业单位有信息技术中心、现行文件阅览中心2个。

【档案服务】

2019年，市档案馆加强重大活动档案管理，服务全市中心工作。参与“二青会”、全国古村镇大会、首届吕梁文学季、市“两会”等大型活动，征集档案资料200余份。做好吕梁山护工及市委、市政府主抓的其他重点工作的档案指导和规范化管理，保障全市重大活动档案完整齐全。

利用馆藏档案服务全市文化建设。市档案馆开发利用馆藏资源，开展《吕梁市组织沿革(2004—2018)》的续编工作，完成市委、市政府领导2018年度工作纪实汇编。利用爱国主义教育基地，筹办“档案见证吕梁发展·岁月凝望历史变迁——新中国成立以来吕梁发展图片展”。

提升档案查阅利用水平，进一步提高查档技能，优化查档环境，并利用电话、微信等途径方便群众查阅。2019年共接待查阅利用1034人次，调档9350卷（册）。为方便群众异地查档，与太原市档案馆签订跨馆查阅利用协议，整合全市综合档案馆民生档案资源，构建吕梁—太原民生档案查阅服务共享利用平台。

【档案管理】

2019年，市档案馆不断拓展领域，在优化馆藏资源上做文章，在《吕梁日报》、吕梁电视台发布《吕梁市档案馆关于征集档案的通知》，除接收纸质档案之外，还扩大档案接收范围和门类。接收文书档案8492卷、8787件，原生电子档案811件，声像档案380GB，图书资料430册，口述档案17件，实物档案315件。为服务全市机构改革，市档案馆起草《关于做好机构改革中档案处置工作的意见》和《关于尽快移交机构改革中撤并单位档案的通知》，并提交市委办印发。涉及档案移交的19个涉改单位共有12个交回2018年前全部档案，共计1662卷、5316件。

市档案馆在实现档案文件级和案卷级目录100%数字化、馆藏2008年之前档案100%全文扫描的基础上，2019年完成原文数据挂接94万幅，采集照片2906张，录制视频461GB。

【档案安全建设】

2019年，市档案馆健全档案安全应急预案，及时排除馆库安全隐患，对馆藏影像、吕梁新闻、数字化档案等光盘载体的档案进行迁移备份，共迁移2652盘，内存3.85TB，目录3857条，保证了档案信息安全。按照异地备份工作要求，再次将市县两级综合档案馆馆藏重要档案数据约4.46TB移至江苏省镇江市档案馆进行备份。

【档案建设创新】

2019年，市档案馆在“6·9”国际档案日和“9·5”《档案法》颁布日、“12·4”宪法日，通过编印宣传册和档案法律法规宣传单，制作漫画图解档案违法行为，把档案宣传渗透到社会的各个领域，在传播档案知识的同时增强全民档案意识和法治观念。利用《吕梁档案》信息及时刊登和发布档案工作新政策、新信息。

2019年，采取“走出去”与“请进来”相结合的方法，外派业务骨干前往北京、哈尔滨、苏州、镇江、太原、大同等地考察学习；邀请省档案馆、省委党校资深专家进行档案业务和党的政策理论辅导。6月25日，组织召开全市档案工作者档案业务培训班、档案业务培训会议；与吕梁市农业学校合作继续开办档案班，年内招生19人。2019年，全市共发表档案学术论文20篇、新闻报道30余条。

（市委档案馆）

孝义办事处党委

【基层党组织整治】

2019年年初，孝义办事处党委与基层党组织签订《党建责任状》，将基层党建作为工作重点，列入重要议事日程，并就党建工作履行情况做出公开承诺，广泛接受监督。

注重分类指导，强化基层组织建设。随着经济体制的改革，社会主义市场经济的确立，各类物资经营的开放，孝义办事处党委所属17个公司，经营情况出现严重滑坡。多数支部班子老化，结构不合理，党务工作者经济待遇低，报酬少，因公司经营状况差，工作经费无保障，思想不稳定，积极性不高。企业党员队伍中不在岗党员比重大，管理难。部分离岗党员长期不过组织生活，不参加组织学习，成为“口袋”党员、“挂空”党员。党的基层组织建设步履艰难。

针对以上困难和问题，办事处党委决定采取分类指导方法，强化更新公司党的基层组织。一是对于多年没有班子的企业，由党委出面组织选举进行班子调整。如：原肉联厂党组织由于企业破产，行政班子已经解体，而破产时没有确定党组织的归宿问题，后来定下党员各自找地方，可办手续转移，但除个别党员外，多数党员不愿意转移，最终经吕梁市委组织部、市商务局和孝义办事处党委协商确定继续归办事处党委管理。根据离休、下岗两种情况，分别组织召开党员大会，选举产生两个支部。二是对公司稳定、工作较好、任职到期的基层组织正常调整。如：日杂公司、棉麻公司等。三是对基层矛盾较多，易激化的公司，办事处党委在充分听取各方意见的基础上，采取直接任命的方法，选好配强领导班子。如：副食公司、储运公司等。四是对党员人数少、年龄老化，公司停产，党员又在外不便统一集中的单位，采取个别征求意见的方法，配好基层支部领导。如：外贸公司等，进一步强化党的领导。

加强学习培训，不断提升基层组织领导素质。办事处党委努力提高自身政治素质和服务市委中心工作的能力，注重加强政治理论学习。结合“不忘初心，牢记使命”主题教育，2019年办事处党委组织了3期基层公司书记经理集中培训，同时组织外出培训，学习借鉴经验，坚持走出去请进来，提升基层支部的基本能力。

【社会治安综合治理】

2019年，孝义办事处党委成立综治领导小组，签订《2019年综治责任书》。年初工作会，党委与基层15个公司签订《2019年综治责任书》，量化工作考核。积极做好基层稳定工作。2019年办事处党委将和谐稳定工作作为党委一项重要工作，及时调查了解，提前介入，将矛盾化解到萌芽阶段，确保各公司和谐稳定发展。全年无一例越级上方案件，切实维护基层的稳定工作。

【工会组织】

按照2019年吕梁市劳动模范评选表彰工作的实施方案，3月14日召开吕梁市孝义办事处全体职工会议，在民主推荐的基础上，推荐侯佳为吕梁市劳动模范候选人。

为庆祝新中国成立70周年营造良好的社会政治环境，办事处工会联合会认真贯彻落实党中央关于坚持底线思维、着力防范化解重大风险的决策部署，按照《吕梁市总工会关于开展全面排查化解职工队伍稳定风险工作的通知》（吕工发〔2019〕25号），从2019年5月开始在办事处基层开展职工队伍稳定调研排查化解工作。成立吕梁市孝义办事处工会联合会排查化解职工队伍稳定风险领导小组。结合各基层的实际情况，办事处工会联合会排查的重点为两个方面：一是停业企业围绕职工欠保情况开展好集中排查，妥善化解矛盾纠纷。二是针对互联网特别是三微（微信、微博、微视频）等极易传播扩散职工群体性事件的社交网络平台和即时通讯工具，开展集中调研，排查化解风险隐患，引导职工以理性、合法、有序方式表达诉求，防止出现职工群体性事件和影响职工队伍稳定的恶性事件。

为进一步加大对困难女职工及其困难家庭的帮扶力度，维护广大女职工合法权益和特殊利益，吕梁市孝义办事处工会联合会组织基层棉麻公司吴彩云、副食公司任海莲于6月21日在孝义市儿童医院妇幼体检中心进行乳腺癌（电脑红外乳腺诊断）、宫颈癌（液基薄层细胞检测）"两癌"筛查体检工作，共支付体检费600元。

开展基层工会和工会会员实名制信息采集工作。积极开展"互联网+工会"，实行"工会会员普惠制"，为困难职工帮扶、服务等工作提供准确信息依据，确保更好服务广大职工。2019年6月底所有基层工会会员实名制信息全部采集完成。

在庆祝新中国成立70周年之际，开展全国劳动模范生活情况调查，并将基本情况报市总经济技术部。上门慰问全国劳动模范活动。

9月29日，吕梁市孝义办事处党委书记赵焕锦、工会联合会主席郭志宏、办公室主任侯佳上门为全国劳动模范冯亮明、张鸿藻送上新中国成立70周年纪念章，还为荣获山西省优秀共产党员冯亮明送上慰问金1000元。

10月2日，吕梁市总工会党组书记王海生、吕梁市孝义办事处党委书记赵焕锦、工会联合会主席郭志宏、办公室主任侯佳上门为全国劳动模范冯亮明、张鸿藻送上鲜花和慰问金每人2000元。

吕梁市孝义办事处工会联合会按照《吕梁市总工会关于对2018年帮扶资金管理使用和困难职工档案管理工作进行专项检查的通知》（吕工便字〔2019〕12号）精神，进行自查。一是办事处工会联合会有建档困难职工6人。6名困难职工档案信息准确、附件完善。二是2018年度收到市总工会拨付中央财政帮扶资金2.79万元。其中医疗救助1人，生活救助5人，每人0.348万元。三是收到吕梁市总工会拨付中央财政帮扶资金2.79万元后，办事处党委及时依档帮扶，全部采用银行卡发放，帮扶资金发放后及时全部录入帮扶工作系统。

（孝义办事处党委）

吕梁市人民代表大会

综　述

【思想政治工作】

2019年，吕梁市人大常委会将学习贯彻习近平新时代中国特色社会主义思想作为首要政治任务，认真落实习近平总书记关于坚持和完善人民代表大会制度的重要思想，重温“三篇光辉文献”，全面深化对新思想的理解把握，深刻感受真理光芒和实践伟力，“四个意识”进一步增强，“四个自信”愈加坚定，“两个维护”更为牢固。坚持党组会议第一时间、首要议题传达学习习近平总书记最新重要讲话、指示批示和党中央决策部署，及时组织学习宣传党的十九届四中全会精神，努力用马克思主义中国化最新成果武装头脑、指导实践、推动工作。注重辅导讲座和研讨交流等多种形式相结合，先后举办专题讲座5场，开展交流研讨6次，成立全省首家市级人大工作与理论研究会，在省级以上报刊发表具有吕梁特色的理论研究文章20余篇，为做好新时代人大工作提供了理论参考、注入了精神动力。紧扣“守初心、担使命，找差距、抓落实”的总要求，在先学先查先改基础上，将主题教育与依法履职结合起来、与工作创新结合起来，推动学习教育入脑入心、调查研究走深走实、检视问题对标对表、整改落实立说立行。注重教育成效，精心组织红色革命教育、向典型学习等活动，在对标提升中坚守初心使命，筑牢信仰之基；开展庆祝新中国成立70周年和纪念地方人大设立常委会40周年系列活动，激发爱党爱国热情，激励担当作为精神；班子成员坚持问题导向，带头深入基层调研，广泛听取意见建议，聚焦社会关切，推动问题解决。通过学习教育，广大党员干部经受了思想淬炼、政治历练和实践锻炼，践行初心使命的思想和行动更加自觉坚定。

【坚持党的领导】

2019年，吕梁市委高度重视人大工作，多次专题讨论研究部署，为人大常委会依法履职指明了方向、提供了支撑。全面落实向市委报告工作制度，确保人大工作与市委决策部署同频共振、同向发力。坚持重要议题党组讨论决定，及时统筹谋划推进常委会工作，在脱贫攻坚、转型发展、生态建设和民生改善等关键领域积极作为，审议出台法规4件，听取审议专项工作报告21项，作出决议决定11个，跟踪监督审议意见的研究处理情况10项，确保党的决策部署通过法定程序得到全面贯彻和有效执行。

【地方立法】

2019年，市人大常委会加强重点领域立法。聚焦打好污染防治攻坚战，在环境保护立法领域持续发力，及时将全市在环境整治实践中的成功经验上升为法规，出台《吕梁市大气污染防治条例》《吕梁市水污染防治条例》《吕梁市横泉水库饮用水水源保护条例》，明确责任主体，量化地方标准，严格风险防控，建立生态补偿机制，引入大数据技术应用，与之前出台的4件环保法规，共同构筑起生态环境保护立体法网。着眼挖掘传承保护前人留下的宝贵遗产，制定《吕梁市碛口古镇保护条例》，有效解决了长期困扰古镇保护的范围不清、体制不顺、责权不明、经费不足等问题，为古镇管理拔钉清障、引领护航。这是全省新授立法权地级市中首部关于古镇保护方面的法规，为山西省同类立法提供了吕梁经验、吕梁样本。年内还对河道管理条例进行了初审，对固体废物污染防治条例、电动自行车管理条例开展了立法调研，使所立法规更富特色、更可操作、更加管用。完善立法工作机制。发挥常委会在立法工作中的主导作用，做到立法项目精心选定，起草修改全程主持，综合立法自主起草，具体制度主导设计，调研论证牵头组织，审议环节统筹协调，保障立法活动有序高效运行，常委会4年立法12件，稳居全省新授立法权地级市之首，省内外十余家兄弟市人大前来考察交流。深入推进科学立法、民主立法、依法立法，健全立法民主参与机制，发挥基层立法联系点、咨询专家库和人大代表作用，扩大公民有序参与。对涉及重大利益调整、存在争议的重要事项，开展论证咨询、引入第三方评估，凝聚社会共识，表达各方意愿。夯实法治工作基础。组织开展“12·4”宪法宣传日和法制宣传月活动，举办宪法修正案专题讲座，多形式、多渠道学习宣传贯彻宪法。坚持立法和普法结合，加大对新出台法规的宣传，召开新闻发布会诠释条例，运用报刊、电视广播、网站微信等多种载体公布条例，不断增强法规影响力，使立法过程成为宣传普及宪法法律和弘扬社会主义法治精神的过程，着力营造尊法学法守法用法的良好社会氛围。

【监督工作】

2019年，市人大常委会依法护航经济高质量发展。加快全市预算联网监督系统建设，出台《预算联网监督系统管理暂行办法》，推动预算审查监督重点向支出预算和政策拓展。加强对计划、预算、决算和审计工作的监督，作出批准“十三五”规划纲要部分指标调整方案的决议，适时调整市本级预算，切实防范化解金融风险，推动发展质量和效益不断提升。制定出台《贯彻落实市委关于建立市人民政府向市人大常委会报告国有资产管理情况制度的实施意见五年规划（2018—2022）》，首次听取审议企业国有资产管理情况的报告，促进国有资产保值增值。开展民营经济发展、重点工程项目建设情况专题调研，推动相关部门创优环境、搞好服务。全面助力脱贫攻坚。坚决扛起打赢脱贫攻坚战的重大政治责任，听取审议脱贫攻坚、农业产业扶贫工作情况报告，推动强化产业扶贫，增加群众收入，提高扶贫效益。紧盯“两不愁、三保障”目标，听取审议易地扶贫搬迁、健康扶贫、农村饮用水安全保障等工作情况的报告，促进脱贫攻坚与乡村振兴有效衔接、脱贫质量持续提高。把防止返贫摆在更加突出位置，将“支持2018年脱贫摘帽县巩固提升脱贫成效”的建议确定为重点建议，加大督办力度，推动落实“四不摘”要求，确保贫困人口脱真贫、真脱贫、不返贫。持续推动环境保护。综合运用立法规范、审议报告、出台决定、跟踪监督等形式，打出环保监督“组合拳”。常态化听取审议年度全市环境状况和环境保护目标完成情况报告并实施跟踪监督、满意度测评，助推全市年度环保目标较好完成，生态环境质量持续改善。听取审议林业工作情况的报告，合力做活“绿”文章，打造靓丽新吕梁。开展“吕梁环保行”活动，将人大监督与媒体监督充分结合，督促解决了一批突出环境问题。切实保障和改善民生。针对群众反映较为集中的市区集中供热问题，连续四年实施监督，年内听取两项报告，供热前集中视察，全方位、多角度督促相关部门积极作为，有效提升供暖质量。听取审议职业教育、招生工作、中医药等专项报告，推动职业教育产教深度融合，义务教育优质资源合理配置，中医药事业传承发展。依法依规办理群众来信来访，对加强医保监管、缓解停车难等关乎民生的5个代表重点建议挂牌督办，“小切口”破解群众操心事烦心事揪心事。注重加强执法和司法监督。发挥“法律巡视”监督利剑作用，对劳动合同法实施情况开展执法检查，依法保障劳动者合法权益。对促进科技成果转化、妇女权益保障两部法律贯彻实施情况再检查再报告，全力推动科技成果转化，维护妇女合法权益。对全市禁毒工作开展监督，推动形成严打毒品犯罪高压态势，坚决打赢新时代禁毒人民战争。对民事执行工作开展“回头看”，督促全市法院加大对失信行为的联合惩戒力度，筑牢公平正义的最后一道防线。坚持对规范性文件进行备案审查，切实做到有备必审，有错必纠。

【重大决定和选举任免】

2019年，市人大常委会行使重大事项决定权。坚持党委决策与人大依法决定相统一，出台《关于全面加强生态环境保护、依法推动打好污染防治攻坚战的决定》《关于加快推进全市旅游产业发展的决定》，促进生态环境保护，壮大旅游产业规模。着眼城乡一体化发展，作出《关于同意部分县（市）乡镇行政区划调整的决定》，助推小城镇建设。注重强化决定的地位作用，对《关于加快推进工业经济转型升级的决定》贯彻落实情况实施监督，推进全市工业结构全面升级、发展动能深度转换。做好人事任免工作。坚持党管干部原则与人大依法任免相统一，按照过程严谨、程序规范、纪律严明的标准，完善“党组会议统一思想、主任会议认真讨论、常委会会议慎重表决”的任免机制，组织9批31人次向宪法宣誓，增强任命干部的仪式感、责任感和使命感。对个别涉黑涉恶代表，及时许可公安机关采取强制措施，坚决做到不护短、不手软。

【代表工作】

2019年，市人大常委会尊重代表主体地位，坚持以人民为中心的发展思想和价值取向开展代表工作，拓宽代表履职平台。召开全市人大代表联络站建设推进会，推动建成人大代表联络站558个，实现乡镇联络站全覆盖，受到省人大高度肯定，《人民代表报》头版专题报道。依靠代表做好人大工作，完善“三联系”制度，常态化邀请代表对口列席常委会会议，组织269人次参加常委会立法、调研、视察、执法检查、建议督办等活动，推动“代表机关”建设迈出新步伐。保障代表依法履职。发放市人大代表通信交通补贴近90万元，提高无固定工资收入代表履职补贴，为代表执行职务创造条件、提供支持。采取以会代训、集中参训等方式，组织部分代表参加培训，提升依法履职能力。开展“向申纪兰学习，做人民好代表”活动，号召全市人大代表践行“人民选我当代表，我当代表为人民”的庄严承诺。健全代表履职档案，如实反映代表出席会议、提出议案建议、参加培训和视察调研等情况，支持代表当好重要的政治角色、庄严的法律角色、关键的社会角色。丰富代表履职活动。举办全市人大系统演讲、征文、书画比赛，讲好人大故事，展现代表风采，激发履职动力。《人民代表报》年度宣传工作会议在吕梁市召开，依托《人大之声》栏目报道代表先进事迹15期、代表建议办理8期，引导激励全市人大代表学用新思想、建功新时代、作出新贡献。强化代表建议办理。市三届人大六次会议期间，代表们以高度的主人翁意识，认真行使管理国家事务权力，提出的180件建议与全市中心工作高度契合、密切相关。常委会高度重视代表建议的交办督办工作，坚持领导牵头督办、工委分工督办、重点建议办理情况分别测评的工作机制，挂图作战、对标推进，推动建议办理质量进一步提高。市政府召开专题会议研究办理事项，实行领导领办、部门承办、跟踪督办；市中院把办理代表建议与推动全面工作结合起来，一体推进；市检察院不断加大公益诉讼工作力度，回应代表新期待，一批人民群众关心的民生问题得到较好解决。

【常委会机关自身建设】

2019年，市人大常委会推进全面从严治党。常委会党组发挥把方向、管大局、保落实的重要作用，召开党组会议研究重要问题和重要事项，履行全面从严治党主体责任。坚持把纪律和规矩挺在前面，严守《党章》《准则》《条例》，深入开展警示教育，不断增强党员干部坚守“底线”、远离“红线”、不碰“高压线”的思想自觉和行动自觉。落实意识形态工作责任制，支持市纪委监委驻市人大机关纪检监察组工作，着力营造常委会机关良好政治生态。狠抓作风建设。常委会领导带头深入所包联的贫困村、重点工程、企业等开展帮扶，全体干部及时跟进，完成包联帮扶任务。落实中央八项规定精神，驰而不息整治“四风”问题。倡导务实新风，以“改革创新、奋发有为”大讨论为抓手，坚持决定、审议之前先调研的工作方法，围绕市委确定的工作重点，就农村污水处理、易地扶贫搬迁等开展专题调研。全年共形成有价值的调研报告28篇，为市委、市政府科学决策提供参考。深化“三基建设”。贯彻新时代党的建设总要求，严格执行民主集中制、“三会一课”和党员领导干部双重组织生活制度，指导督促机关党组织标准化规范化建设，建立学习制度，编印学习手册，机关党建工作质量不断提升，并在全市党建交流会上进行典型发言。修订出台各类制度26项，基本形成统一组织、协调配合的人大机关服务保障机制。组织机关干部参加各级各类培训6次，着力推动干部交流，优化队伍结构，进一步激发干部职工干事创业活力。选举产生社会建设委员会，机构设置进一步合理，“工作机关”建设取得新进步。

【科学立法】

2019年，市人大常委会坚持“党委领导、人大主导、政府依托、公众参与”的立法模式，加强立法调研、立法起草、立法论证等立法工作，出台《吕梁市碛口古镇保护条例》《吕梁市大气污染防治条例》《吕梁市横泉水库饮用水水源地保护条例》《吕梁市水污染防治条例》等地方性法规4部。

【调研履职】

2019年，市人大常委会坚持“以人民为中心”的总要求，以监督为重点，以代表为主体，紧贴吕梁市情和发展实际，把市委要求做、法律规定做、政府需要做、群众希望做、人大能够做的事项作为监督重点，组织调查研究150余次。围绕全面打赢“三大攻坚战”，以实施大扶贫为主攻目标，开展市、县、乡三级人大代表脱贫攻坚大调研活动。全市4361名人大代表到699个贫困村、16734户贫困户开展调研，提出具有针对性、建设性的意见建议18类632条。经市人大常委会梳理汇总报市委、市政府。市委充分肯定活动成效，要求相关部门运用好人大调研成果。有关县（市、区）和市直部门依照调研发现问题，主动认领，针对性整改。市人大常委会及时跟进，建立健全台账式跟踪督查管理机制，全面跟踪督办，推动了全市脱贫攻坚。

【依法监督】

2019年，市人大常委会坚持对督查不落实的事不放手、对督查承办责任和措施不到位的不放手、对督查问题解决不彻底的不放手，建立了以常委会主任会议、办事机构或工作机构、人大代表为主的督查体系，共开展督查70余次，督促解决各类问题300余件。确定主任会议定期研究督查制度，听取有关方面抓落实情况汇报，并利用与“一府一委两院”联席会议的时机，督促“一府一委两院”抓好人大有关决议决定和审议、评议意见的落实。

发挥人大代表优势，鼓励支持人大代表发挥“前沿哨所”作用，向常委会反馈有关情况，增强督查工作的实效性。针对督查工作中发现的工作落实不到位问题，建立督查登记备案制度，将督查工作与机关工作的日常监督考核结合起来，并将督查工作结果列入各机构年终考核，与机关干部提拔使用结合起来。市人大常委会强化代表建议督办机制，改进督办方式，对代表所提意见建议及时进行集中交办，并下达督办任务书，由主任会议成员按分工牵头督办。

市人大常委会落实市委打赢“三大攻坚战”的安排部署，将《吕梁市柳林泉域水资源保护条例》《吕梁市城市绿化条例》《吕梁市扬尘污染防治条例》三部环保法规的贯彻实施，列为监督工作的重点内容开展执法检查，共涉及30余项检查内容、13个县（市、区）、15个部门单位、50多个检查点，先后参与的检查人员达300人。为此，专门与吕梁电视台合作创办《人大之声》栏目，全年播报共106期。

【学习考察】

2019年3月25日至29日，市人大常委会组织常委会有关工作机构负责人和部分县市人大常委会主任，赴浙江省湖州市、嘉兴市、衢州市，就基层人大代表工作、旅游产业发展、乡村振兴等工作进行学习考察。考察团学习湖州市南浔古镇在景区立法、管理机构设置、景区建设和运营等方面的先进经验；在吴兴区织里镇人大中心代表联络站和衢州市府山街道人大代表联络站，了解代表接待选民、民生实事票决制等情况。

4月18日，市人大常委会立法调研组到方山县，就横泉水库饮用水水源地保护进行立法调研。调研组围绕横泉水库饮用水水源地保护立法问题，考察方山县生活垃圾处理场、横泉水库取水点、圪洞镇后东旺坪村、方山县污水处理厂外排工程点及污水处理厂，了解横泉水库水量、水质及水源地周边环境，听取各方利益诉求。

6月21日，市人大常委会邀请省委党校、山西行政学院教务处处长、山西大学硕士生导师呼旭光教授，在吕梁市作宪法修正案专题讲座。市人大常委会委员，市公安局、法院、检察院、司法局的相关领导出席讲座。

8月28日，市人大常委会到文水县就信访案件督办情况进行调研。10月11日，市人大常委会到文水县围绕生猪养殖等产业进行调研，对企业养殖模式、养殖管理、市场销售等情况，以及规模养猪企业面临的主要困难和未来发展规划提出指导意见。

（市人大常委会办公室）

人大重要会议

【吕梁市第三届人民代表大会第六次会议】

2019年2月23日至25日在离石召开。省政协副主席、市委书记李正印出席会议，市委副书记、市政府市长王立伟向大会作《政府工作报告》。大会执行主席、主席团常务主席郝月生宣布大会开幕。

会议听取和审议吕梁市政府工作报告；听取和审议吕梁市人民代表大会常务委员会工作报告；听取和审议吕梁市中级人民法院工作报告；听取和审议吕梁市人民检察院工作报告；审查和批准市人民政府关于吕梁市2018年国民经济和社会发展计划执行情况与2019年国民经济和社会发展计划草案的报告，批准吕梁市2019年国民经济和社会发展计划；审查和批准市人民政府关于吕梁市2018年全市和市本级预算执行情况与2019年全市和市本级预算草案的报告，批准吕梁市2019年市本级预算；补选吕梁市人民代表大会常务委员会秘书长；会议通过吕梁市第三届人民代表大会有关专门委员会设立的决定以及组成人员名单。

大会共收到议事原案2件，建议、批评和意见177件。大会议案审查委员会依照《吕梁市第三届人民代表大会第六次会议代表议案、建议、批评和意见处理办法》规定，对代表所提的议事原案逐件进行认真审查，认为这些议事原案作为议案确定的基本条件尚不成熟转为代表建议，与另外的177件建议、批评和意见一并交有关机关和组织办理，并负责向代表答复。

大会表决通过关于政府工作报告的决议、关于计划的决议、关于预算的决议、关于市人大常委会工作报告的决议、关于市中级人民法院工作报告的决议、关于市人民检察院工作报告的决议。

出席会议的代表374人，列席代表607人。列席本次会议的有：驻吕梁市的全国人大代表和省人大代表；军分区正职领导；在吕梁市的省政协委员和市政协委员；原市级老领导；其他副市级领导；市人大常委会副县级以上领导干部；市中级人民法院副院长；市人民检察院副检察长；市直公务员管理单位负责人；市直参照公务员管理单位负责人；市直企、事业单位负责人；垂直管理单位和驻市单位负责人；县（市、区）监察委员会主任；县（市、区）人民法院院长、人民检察院检察长；县（市、区）人大常委会秘书长（或办公室主任）。

【吕梁市第三届人大常委会会议】

2019年，吕梁市人大常委会共举行10次常委会会议。

第三十次会议 2019年1月17日，市三届人大常委会第三十次会议召开。市人大常委会主任郝月生，副主任孙晋军、梁来茂、卫成印、郭卫民、刘凯、张建国，党组成员刘雁斌及委员共37人出席会议，符合法定人数。会议由刘凯主持。市委常委、纪委书记、监委主任张稳科，市委常委、市政府常务副市长李建国列席会议。

会议审议通过《吕梁市人大常委会关于刘晋萍决定任命名单(草案)》；审议通过《吕梁市人大常委会关于梁斌等决定任免名单(草案)》；审议通过《吕梁市人大常委会关于刘毅免职名单(草案)》；审议通过《吕梁市人大常委会关于张振明免职名单(草案)》；审议通过《吕梁市人大常委会关于接受刘毅辞职请求的决定(草案)》。会议依法依程序全票通过刘晋萍任吕梁市人民政府副市长，全票通过梁斌等13名政府组成部门负责人的任命。郝月生向刘晋萍等颁发任命书。接受任命后，刘晋萍等向宪法宣誓。

第三十一次会议 2019年1月22日，市三届人大常委会第三十一次会议召开。市人大常委会主任郝月生，副主任孙晋军、梁来茂、卫成印、郭卫民、刘凯，党组成员刘雁斌及委员共30人出席会议，符合法定人数。市委常委、市政府副市长郭震威列席会议。会议由孙晋军主持。

会议听取市人民政府副市长郭震威所作的《关于提名杨月祥等任职议案》的说明；杨月祥等5名同志作供职发言；表决通过《吕梁市人大常委会决定任命名单(草案)》。会议依法依程序通过杨月祥等5名政府组成部门负责人的任命。郝月生向杨月祥等5名同志颁发任命书。接受任命后，杨月祥等向宪法宣誓。

第三十二次会议 2019年2月21日上午，市三届人大常委会第三十二次会议举行第一次全体会议。市人大常委会主任郝月生，副主任孙晋军、梁来茂、卫成印、郭卫民、刘凯、张建国，党组成员刘雁斌及委员共36人出席会议，符合法定人数。梁来茂主持会议，市政府副市长刘晋萍、市中级人民法院院长杨泽民、市人民检察院检察长郭鸿列席会议。听取市人大常委会党组成员刘雁斌所作的《关于吕梁市第三届人民代表大会第六次会议筹备情况的报告》；听取市人大常委会代表资格审查委员会副主任委员李海珠所作的《关于代表出缺情况和补选代表的代表资格审查情况的报告》；听取市发改委主任权威所作的《关于吕梁市“十三五”规划〈纲要〉实施情况中期评估及部分指标调整方案的报告》；听取市人大常委会副主任孙晋军所作的《关于提名康卓群任职议案的说明》；听取市人民政府副市长刘晋萍所作的《关于提名高博等任免职务议案的说明》，拟任人员作供职发言。

2月21日下午，市三届人大常委会第三十二次会议举行第二次全体会议。市人大常委会主任郝月生，副主任孙晋军、梁来茂、卫成印、郭卫民、刘凯、张建国，党组成员刘雁斌及委员共36人出席会议，符合法定人数。卫成印主持会议，市政府副市长刘晋萍、市中级人民法院院长杨泽民、市人民检察院检察长郭鸿列席会议。会议表决通过《吕梁市人大常委会任免名单(草案)》，为新任职人员颁发任命书，新任职人员向宪法宣誓。会议表决通过《吕梁市人大常委会关于调整吕梁市第三届人民代表大会第六次会议召开时间的决定(草案)》《吕梁市第三届人民代表大会第六次会议议程(草案)》《吕梁市三届人大常委会向吕梁市第三届人民代表大会第六次会议所作的工作报告稿(讨论稿)》《吕梁市第三届人民代表大会第六次会议主席团和秘书长名单（草案）》《吕梁市第三届人民代表大会第六次会议议案审查委员会组成人员名单（草案）》《吕梁市第三届人民代表大会第六次会议计划和预算审查委员会组成人员名单（草案）》《吕梁市第三届人民代表大会第六次会议列席人员名单（草案）》《吕梁市人大常委会代表资格审查委员会关于代表出缺情况和补选代表的代表资格审查情况的报告》《吕梁市人大常委会关于批准吕梁市“十三五”规划〈纲要〉部分指标调整的决议（草案）》。

第三十三次会议 2019年4月23日，市三届人大常委会第三十三次会议举行第一次全体会议。市人大常委会主任郝月生，副主任孙晋军、卫成印、郭卫民、刘凯、张建国，秘书长刘雁斌及委员共28人出席会议，符合法定人数。会议由郭卫民主持。市政府副市长尉文龙，市人民检察院检察长郭鸿列席会议。会议先后听取了尉文龙所作的《关于2018年度全市环境状况和环境保护目标完成情况的报告》；听取了市扶贫办负责人所作的《关于全市2018年度脱贫攻坚工作情况的报告》；听取了市中小企业局负责人所作的《关于支持民营经济发展情况的报告》；听取了市教育局负责人所作的《关于全市职业教育发展情况报告审议意见研究处理情况的报告》。

4月24日，市三届人大常委会第三十三次会议举行第二次全体会议。市人大常委会主任郝月生，副主任孙晋军、卫成印、郭卫民、刘凯，秘书长刘雁斌及委员共计28人出席会议。会议由刘凯主持。市政府副市长李俊平、市中级人民法院院长杨泽民、市人民检察院检察长郭鸿列席会议。会议对市人民政府关于全市职业教育发展情况报告审议意见研究处理情况的报告进行了满意度测评。

第三十四次会议 2019年4月30日上午，市第三届人大常委会第三十四次会议举行。市人大常委会副主任卫成印主持。会议听取了市公安局副局长张弘所作的《关于报请许可对市三届人大代表李永奇采取刑事拘留强制措施的报告》，就地审议后会议以电子表决的方式通过了《吕梁市人大常委会关于许可对市人大代表李永奇采取刑事拘留强制措施的决定（草案）》和其他事项。

第三十五次会议 2019年6月19日，吕梁市第三届人大常委会第三十五次会议举行第一次全体会议。市人大常委会主任郝月生，副主任孙晋军、梁来茂、卫成印、郭卫民、刘凯，秘书长刘雁斌及委员共34人出席会议，符合法定人数。会议由梁来茂主持。市政府副市长李俊平、市中级人民法院院长杨泽民，市人民检察院检察长郭鸿列席会议。会议听取了受市人民政府委托市规划和自然资源局所作的《关于全市林业工作情况的报告》、市城市管理局所作的《关于吕梁市区集中供热老旧管网改造规划情况的报告》、市卫健委所作的《关于全市健康扶贫工作情况的报告》；听取了市妇儿工委所作的《关于全市贯彻实施〈中华人民共和国妇女权益保障法〉情况报告审议意见研究处理情况的报告》；听取了市中级人民法院院长杨泽民所作的《关于全市法院民事执行情况报告审议意见研究处理情况的报告》；听取了市人大常委会财经工委所作的《关于〈吕梁市人大常委会预算联网监督系统管理暂行办法（草案）〉起草情况的说明》；听取了市人大常委会副主任郭卫民所作的《关于〈吕梁市大气污染防治条例（草案）〉的说明》；听取了市人民政府副市长李俊平所作的《关于提名郭震威免职议案的说明》；听取了市人民政府副市长李俊平所作的《关于提名权威等任免职务议案的说明》；

听取了市人大常委会副主任孙晋军所作的《关于提名郑世光等任免职务议案的说明》；听取了市中级人民法院院长杨泽民所作的《关于提名孟育汾等免职议案的说明》；拟任人员作了供职发言。

6月20日，吕梁市第三届人大常委会第三十五次会议举行第二次全体会议。会议由孙晋军主持。会议表决通过市人大常委会任免名单。

第三十六次会议 2019年7月16日，市三届人大常委会第三十六次会议召开。郭卫民主持会议。会议听取市公安局副局长张弘所作的《关于报请许可对市三届人大代表王拴安采取刑事拘留强制措施的报告》就地审议后，表决《吕梁市人大常委会关于许可对市人大代表王拴安采取刑事拘留强制措施的决定(草案)》。

第三十七次会议 2019年8月26日，市三届人大常委会第三十七次会议第一次全体会议召开，市人大常委会主任郝月生，副主任孙晋军、卫成印、郭卫民、刘凯，秘书长刘雁斌及委员共32人出席会议，符合法定人数。市委常委、纪委书记、监委主任张稳科，市政府副市长、市公安局局长李安林列席会议。会议听取市人民政府副市长、市公安局局长李安林所作的《关于全市禁毒工作情况的报告》；听取市发改委主任吴建军所作的《关于2019年上半年全市国民经济和社会发展计划执行情况的报告》；听取市财政局局长耿万林所作的《关于2018年市本级决算和2019年上半年全市预算执行情况的报告》；听取市财政局局长耿万林所作的《关于2019年市本级预算调整方案(草案)的报告》；听取市审计局局长高博所作的《关于2018年市本级预算执行和其它财政收支的审计工作报告》；听取市水利局局长李子荣所作的《关于全市脱贫攻坚农村饮水安全保障工作情况的报告》；听取市科技局所作的《关于全市〈中华人民共和国促进科技成果转化法〉贯彻实施情况报告审议意见研究处理情况的报告》；听取市人大常委会副主任郭卫民所作的《〈吕梁市水污染防治条例(草案)〉的说明》《〈吕梁市横泉水库饮用水水源地保护条例(草案)〉的说明》；听取市人大常委会副主任、法制委员会主任委员郭卫民所作的《〈吕梁市大气污染防治条例(草案)〉修改情况及审议结果的报告》《〈吕梁市碛口古镇保护条例(草案)〉修改情况及审议结果的报告》；听取市人大常委会委员、城环工委主任薛太润所作的《〈吕梁市人大常委会关于全面加强生态环境保护依法推动打好污染防治攻坚战的决定(草案)〉的说明》；听取市人大常委会副主任孙晋军所作的《关于接受梁来茂辞职请求议案的说明》《关于提名游福海等任职议案的说明》；听取市人民政府副市长、市公安局局长李安林所作的《关于提名刘智平等任免职务议案的说明》；听取市监察委员会主任张稳科所作的《关于提名李振华等任免职务议案的说明》。

8月27日下午，市三届人大常委会第三十七次会议第二次全体会议召开，市人大常委会主任郝月生，副主任孙晋军、卫成印、郭卫民、刘凯，秘书长刘雁斌及委员共33人出席会议，符合法定人数。市政府副市长杨巨才，市中级人民法院、市人民检察院有关负责人列席会议。会议表决通过《吕梁市人民代表大会常务委员会关于接受梁来茂同志辞职请求的决定(草案)》；表决《吕梁市人大常委会任免名单(草案)》；郝月生为任职人员颁发任命书，任职人员现场向宪法宣誓。会议表决通过《吕梁市人大常委会关于批准2018年市本级决算的决议(草案)》；表决《吕梁市人大常委会关于批准2019年市本级预算调整方案的决议(草案)》《吕梁市人大常委会关于全面加强生态环境保护依法推动打好污染防治攻坚战的决定(草案)》《吕梁市大气污染防治条例(草案)》《吕梁市碛口古镇保护条例(草案)》。会议对市人民政府关于全市《中华人民共和国促进科技成果转化法》贯彻实施情况报告审议意见研究处理情况的报告进行满意度测评。

第三十八次会议 2019年10月23日，吕梁市第三届人大常委会第三十八次会议举行第一次全体会议。市人大常委会主任郝月生，副主任孙晋军、卫成印、郭卫民，秘书长刘雁斌及委员共28人出席会议，符合法定人数。会议由卫成印主持。副市长李俊平、市中级人民法院院长杨泽民，市人民检察院检察长郭鸿列席会议。

会议先后听取了市人大常委会社会建设委员会副主任委员高云梅所作的《关于吕梁市人大常委会执法检查组检查〈中华人民共和国劳动合同法〉实施情况的报告》；听取了市人大常委会委员、财经工委主任韩俊明所作的《关于全市重点工程项目建设情况的调研报告》；听取了市国资委党委专职副书记南建中所作的《关于企业国有资产监督管理情况的报告》；听取了市教育局局长康二平所作的《关于全市招生工作情况的报告》；听取了市扶贫办主任陈林强所作的《关于全市易地扶贫搬迁工作情况的报告》；听取了市工业和信息化局局长郝继平所作的《关于贯彻落实〈吕梁市人大常委会关于加快推进工业经济转型升级的决定〉情况的报告》；听取了市人大常委会副主任、法制委员会主任委员郭卫民所作的《关于〈吕梁市水污染防治条例(草案)〉修改情况及审议结果的报告》《〈吕梁市横泉水库饮用水水源地保护条例(草案)〉修改情况及审议结果的报告》；听取了市人大常委会副主任孙晋军所作的《关于接受郭清智辞去吕梁市人大常委会委员职务请求议案的说明》。

10月24日，吕梁市第三届人大常委会第三十八次会议举行第二次全体会议。市人大常委会主任郝月生，副主任孙晋军、卫成印、郭卫民、刘凯，秘书长刘雁斌及委员共28人出席会议，符合法定人数。会议由郭卫民主持。市政府副市长李俊平，市中级人民法院、市人民检察院有关负责人等列席会议。

会议表决通过了《吕梁市水污染防治条例(草案)》《吕梁市横泉水库饮用水水源地保护条例(草案)》《吕梁市人民代表大会常务委员会关于接受郭清智辞去吕梁市人大常委会委员职务请求的决定(草案)》。

第三十九次会议 2019年12月24日，吕梁市第三届人大常委会第三十九次会议举行第一次全体会议。市人大常委会主任郝月生，副主任孙晋军、卫成印、郭卫民，秘书长刘雁斌及委员31人出席会议，符合法定人数。会议由郭卫民主持。市政府副市长李俊平、市中级人民法院院长杨泽民，市人民检察院检察长郭鸿列席会议。

会议先后听取了市人民政府秘书长权威所作的《关于市三届人大六次会议代表建议办理情况的报告》；听取了市中级人民法院院长杨泽民所作的《关于市三届人大六次会议代表建议办理情况的报告》；听取了市财政局局长耿万林所作的《关于2019年市本级第二次财政预算调整方案(草案)的报告》；听取了市审计局局长高博所作的《关于2018年市本级预算执行和其他财政收支审计查出问题整改情况的报告》；听取了市卫生健康委员会主任贾誉所作的《关于全市中医工作情况的报告》；听取了市农业农村局局长孙尚平所作的《关于全市农业产业扶贫工作情况的报告》；听取了市生

态环境局局长刘玉云所作的《关于2018年度全市环境状况和环境保护目标完成情况报告审议意见研究处理情况的报告》；听取了市人大常委会法制工作委员会主任郑志刚所作的《〈吕梁市河道管理条例(草案)〉的说明》；听取了市人大常委会民族宗教侨务外事工作委员会主任高云梅所作的《〈吕梁市人大常委会关于加快推进全市旅游产业发展的决定(草案)〉的说明》；听取了市民政局局长郭清智所作的《〈吕梁市人民政府关于提请审议吕梁市部分县（市）乡镇行政区划调整的议案〉的说明》；听取了市公安局副局长张弘所作的《〈关于许可对市三届人大代表陆建华采取强制措施的请示〉的说明》；听取了市人民检察院检察长郭鸿所作的《〈关于提名免去梁明光等职务议案〉的说明》。

12月25日，吕梁市第三届人大常委会第三十九次会议举行第二次全体会议。市人大常委会主任郝月生，副主任孙晋军、卫成印、郭卫民，秘书长刘雁斌出席会议。会议由孙晋军主持。市政府副市长李俊平、市中级人民法院院长杨泽民，市人民检察院检察长郭鸿列席会议。

会议表决了《吕梁市人大常委会免职名单(草案)》《吕梁市人大常委会关于批准2019年市本级第二次财政预算调整方案的决议(草案)》《吕梁市人大常委会关于加快推进全市旅游产业发展的决定(草案)》《吕梁市人大常委会关于同意部分县（市）乡镇行政区划调整的决定(草案)》；对市人民政府关于吕梁市三届人大六次会议代表建议办理情况的报告进行满意度测评；对市人民政府有关部门吕梁市三届人大六次会议代表重点建议办理情况的报告进行满意度测评；对市中级人民法院关于吕梁市三届六次会议代表建议办理情况的报告进行满意度测评；对市人民政府关于2018年度全市环境状况和环境保护目标完成情况报告审议意见研究处理情况的报告进行满意度测评。

（市人大常委会办公室）

吕梁市人民政府

综　述

【经济社会发展】

2019年，吕梁市地区生产总值完成1512.1亿元，同比增长5.7%；规模以上工业企业增加值完成963.2亿元，同比增长4.6%；一般公共预算收入完成196.2亿元，同比增长10.2%；固定资产投资完成523.3亿元，同比增长11.2%；社会消费品零售总额536.9亿元，同比增长7.7%；城乡居民人均可支配收入分别为29181元、9963元，同比增长6.8%、10.3%。

全市工业生产结构由多产业支撑，煤炭产业占工业经济比重下降0.9个百分点，制造业占比提高1.2个百分点；铝镁新材料产业园区加快建设，中润公司一期25万吨合金铝产能投产，铝镁产业占工业经济比重达9.5%；成功举办第20届布鲁塞尔国际烈酒大奖赛和第三届世界酒文化博览会，推动汾酒集团与中汾酒城合作释放产能7万吨，白酒占工业经济比重达11%；战略性新兴产业和高技术制造业占比达到3.5%，工业技改投资完成119亿元。

市政府通过基金招商、股权招商、“数谷吕梁”推介会等招商平台，新聘院士专家47名，建成院士专家工作站7个。2019年在第二届国际进出口博览会上成交总额达1.92亿美元。

2019年，“黄河一号”旅游公路一期主线基本建成，全市旅游总收入、接待游客人数均实现18%以上增长；全市第三产业增加值增长6.5%，对经济增长的贡献率达46.7%。

【生态文明建设】

2019年，吕梁市市区环境空气质量综合指数、PM2.5平均浓度降幅15%以上，年优良天气280天；推进环保“六大专项行动”，9条重点河流相关指数由2018年的31.06%降至17.3%，全市重点城镇污水收集处理率达75%，汾河流域沿线9个重点乡镇生活污水处理厂建成并投入运营；实施“三个100万亩生态工程”，全市森林覆盖率在全省排名第三。

【乡村振兴战略】

2019年，吕梁市“一乡一特一园区、一村一品一基地”建设取得成效，成立红枣、核桃等8大产业联盟，创建“全国农业综合标准化示范市”，方山县等11个农业循环经济园区成型，岚县创建“山西特色花海基地”。举办第三、第四届名特优功能食品展销会，“吕粮山猪”直供香港，交口县食用菌出口韩国，兴县中药材参加“中国品牌商品（中东欧）展”，柳林县碗团成为“中华品牌行”知名品牌。全市推进农村产权制度改革，石楼县、临县、兴县施行农村“三变”改革，513个行政村股份经济合作社改革有序推进。

2019年，全市推动以路水电气为主的农村基础设施建设，新建、改造农村饮水工程888处，惠及53.5万人；推进“百村示范、千村整治”，高标准建设美丽宜居示范村95个，近1000个村居住环境初步实现干净整洁。

【民生事业】

2019年，吕梁市政府把教育事业放在优先发展的地位，启动市区29个中小学、幼儿园项目建设，全市高考二本B类以上达线人数1.55万人。各县（市、区）农村建档立卡贫困人口医保政策全面落实，全市综合医改信息化平台、县域内外“一站式”结算服务平台建成运行。农村低保人均提高标准600元。生态扶贫、光伏扶贫、教育扶贫、健康扶贫、“吕梁山护工”培训就业取得显著成效。

组织开展庆祝中华人民共和国成立70周年系列活动，红色经典舞剧《吕梁英雄传》荣获中宣部“五个一工程”奖。举办首届吕梁文学季、第四届中国古村镇大会，承办“二青会”蹦床、艺术体操比赛。

【行政执法改革】

2019年，吕梁市政府制定印发《吕梁市全面推行行政执法公示制度执法全过程记录制度重大执法决定法制审核制度实施方案》，整合组建五大领域综合行政执法队伍，落实编制2298个，梳理公告执法主体478个；加强执法信息管理建设，1484名执法人员录入执法信息系统。开展证明事项承诺制试点，依法办理行政复议案件188件，结案率达93%；办理行政应诉案件149件，办结率达89%。推进“放管服效”改革和“减证便民”大行动，优化营商环境，梳理下放行政审批事项，全面完成相对集中行政许可权改革，加强行政审批“事中事后”监管。2019年市级梳理行政职权事项430项，下放行政职权事项26项，梳理行政审批服务事项670项，取消审批前置申请材料813项，县（市、区）平均梳理行政职权事项506项，做到“就近办”“一次办”“马上办”“网上办”。全市26个部门的298项行政许可及其他职权事项，全部划转到市行政审批局，实现“一枚印章管审批”。市直部门取消相关证照年检项目3项。推进“双随机一公开”监管，出台“双随机一公开”检查事项清单，建成“监管对象库和执法人员名录库”，明确23类61项检查监督事项。

2019年，市政府建立完善专题会议集体讨论、合法性审查、政府决策专家咨询等制度，达到重大决策前期论证和政府法律顾问咨询，聘请108位院士专家为市转型发展顾问，在重大产业布局和重大项目决策前进行论证。贯彻《关于在全省推行政府法律顾问制度的意见》，市政府聘请政府法律顾问49人，县（市、区）聘请政府法律顾问26人。将文件审查、备案、清理制度日常化，出具合法性审查意见19份，复函征求意见18份，回复合同文本、协议法律意见9份，推进政府行政决策科学化、民主化、法治化。

【政务督查】

2019年，吕梁市政府组织各有关部门对土地综合执法、集中供暖、清洁取暖、环保等突出问题进行专门整治督查，对旅游A级景区整改等进行专项政务督查。市政府、市委督查室协同联合对美丽宜居乡村建设、深化改革、落实习近平总书记视察山西重要讲话精神、中央两轮巡视山西反馈意见整改、省委脱贫攻坚专项巡视反馈意见整改、“不忘初心、牢记使命”主题教育等梳理出的专项整治工作开展督查。

（市政府办）

政府重要会议

【市政府常务会议】

第69次常务会议 1月8日召开，研究静兴高速等国有建设用地使用权出让供地方案，市政府与阳泉市、阳煤集团三方合作协议事宜，应对非洲猪瘟疫情等事宜。

第70次常务会议 1月14日召开，研究第四届中国古村镇大会有关事宜，听取市级领导2019年分管领域重点工作、重点项目安排情况的汇报。

第71次常务会议 1月15日上午，市长王立伟主持召开市政府第71次常务会议，研究人事任免事项。

第72次常务会议 1月22日召开，研究城南传统工业主题公园项目工程费用、东川河蓄水改造工程等事宜。

第73次常务会议 2月1日召开，研究安排全市脱贫攻坚行动计划、乡村振兴战略规划、“三农”工作等事宜。

第74次常务会议 2月13日召开，研究讨论《政府工作报告(讨论稿)》《2018年国民经济和社会发展计划执行情况与2019年国民经济和社会发展计划草案的报告(讨论稿)》《2018年全市和市本级预算执行情况与2019年全市和市本级预算草案的报告(讨论稿)》。

第75次常务会议 3月21日召开，研究吕梁市循环经济发展规划、市政府与晋豫鲁铁路通道开发合作建设及物流园项目协议，研究横泉水库饮用水水源地二级保护区生态涵养林建设工程、贯彻落实深化河长制改革方案等。

第76次常务会议 4月2日召开，研究促进进出口贸易发展、提高城乡低保和特困人员标准、离柳集团托管中吕公司、临县部分煤矿企业兼并重组、吕梁火车站站前广场景观建设、第20届比利时布鲁塞尔国际烈性酒大奖赛筹备工作等事项。

第77次常务会议 4月10日召开，研究全市开发区招商引资暨进出口贸易推进会相关事宜，研究《吕梁市产业转型发展投资基金实施方案》，北川河一号坝至交口大桥河道整治工程等事宜。

第78次常务会议 5月7日召开，研究推进吕梁铝镁新材料产业园区建设事宜。

第79次常务会议 5月17日召开，研究深入推进农村“三变”改革、农村教师特设岗位计划、残疾儿童康复救助、第四届中国古村镇大会、吕梁市政府与新疆生产建设兵团一师阿拉尔市政府缔结友好城市等事项。

第80次常务会议 5月23日召开，研究棚户区改造、美丽宜居乡村建设、生态文明建设年度评价、大数据产业发展等工作。

第81次常务会议 6月13日召开，听取解决制约全市社会信用体系建设意见的汇报，研究通过《吕梁市食品安全三年行动计划

（2019—2021）》《吕梁市工程建设项目审批制度改革实施方案》等。

第82次常务会议　7月5日召开，听取推进“两不愁三保障”问题解决汇报，吕梁学院新校区土地划拨手续办理情况汇报，华强方特、红星美凯龙招商引资项目推进情况汇报；研究通过《吕梁市新型职业农民培训方案（试行）》。

第83次常务会议　7月18日召开，听取上半年全市经济运行情况汇报，第二届全国青年运动会相关筹备情况汇报，全市水环境质量改善情况汇报；研究通过第三届吕梁大数据产业发展推进会工作方案等事宜。

第84次常务会议　8月28日召开，研究《吕梁市“十四五”规划编制工作方案》；听取吕梁机场建设通用机坪情况汇报，晋能电力售电公司股权改革资金筹集情况汇报；研究通过《吕梁市应急救援指挥体系建设方案》。

第85次常务会议　9月4日召开，听取体育中心、吕梁新区快速路建设项目汇报；研究禁毒示范城市创建、完善促进消费体制机制、工程建设项目审批制度改革、国土空间规划编制、全域土地综合整治与生态修复等工作。

第86次常务会议　9月20日召开，研究《吕梁市创建全国禁毒示范城市百日攻坚专项行动方案》，第四届吕梁名特优功能食品展销会暨2019年农民丰收节工作等事宜。

第87次常务会议　9月26日召开，听取集中供热准备工作情况汇报，讨论通过吕梁新区会展中心及配套酒店项目控规调整方案，西属巴社区城市棚户区改造安置房项目控规调整方案。

第88次常务会议　10月21日召开，讨论防范化解政府隐性债务风险有关政策措施、吕梁市行政村合并工作方案，听取全市教育大会政策文件起草汇报，研究市政府与山西能交投公司合作框架协议等事项。

第89次常务会议　10月23日召开，分析前三季度经济运行情况，部署吕梁市融入山西中部盆地城市群一体化发展、能源产业改革、优化营商环境等工作。

第90次常务会议　11月5日召开，传达学习党的十九届四中全会公报；研究汾石高速PPP项目实施主体及政府补助资金事宜，讨论通过《吕梁市易地扶贫搬迁旧房拆除指导意见》《吕梁机场2020年航线发展计划》。

第91次常务会议　11月15日召开，研究部署中心城市老旧小区改造、生活垃圾处理、乡村振兴战略规划编制等工作；传达全省推进相对集中行政许可权改革晋城现场会精神，研究吕梁市贯彻落实意见。

第92次常务会议　12月4日召开，研究部分县（市）乡镇行政区划调整、全市高职学校和部分市直中职（幼儿园）学校归教育口管理事宜，讨论通过《吕梁市城市环境卫生专项规划（2019—2030年）》。

第93次常务会议　12月18日召开，研究生态环境保护督察、推进工业高质量发展、优秀人才引进等工作。

第94次常务会议　12月25日召开，研究推进行政集中许可权改革、加强行政审批事中事后监管、吕梁经济技术开发区总体规划编制、企业上市挂牌等工作。

【全市美丽宜居乡村建设推进会议】

2019年6月12日，全市美丽宜居乡村建设推进会议召开。省政协副主席、市委书记李正印出席会议并讲话。市委副书记、市政府市长王立伟主持。市委副书记、政法委书记张广勇，市人大常委会主任郝月生参加。

会前，与会人员实地观摩离石区信义镇任家沟村旧村提档升级改造和移民新村标准化建设。会上，市住建局、交城县、兴县和离石区信义镇、中阳县金罗镇水峪村主要负责同志作表态发言。

会议强调，要提高政治站位，切实增强建设美丽宜居乡村的责任感和紧迫感。要深入贯彻落实习总书记关于美丽中国和乡村振兴的重要论述，认真贯彻落实省委关于美丽宜居乡村建设的部署要求，准确把握全市美丽宜居乡村建设面临的形势和任务，把思想和行动统一到中央、省委和市委的决策部署上来，从树牢“四个意识”、坚定“四个自信”、坚决做到“两个维护”的政治高度，从实施乡村振兴战略、决胜全面建成小康社会、满足农民群众对美好生活向往的高度，深刻认识推进农村人居环境整治和美丽宜居乡村建设的重大意义，直面存在的问题和差距，确保圆满完成农村人居环境整治和美丽宜居乡村建设目标任务。

会议指出，要明确工作重点，加快推进美丽宜居乡村建设。要坚持规划引领建设，把握科学原则，加快规划编制，强化规划约束，充分用好吕梁市美丽宜居乡村规划导则，切实发挥规划在引领发展、指导建设、配置资源等方面的基础作用。要深入实施拆违治乱、垃圾治理、污水治理、厕所革命、卫生乡村“五大专项”，集中力量解决乡村脏乱差问题。要加强基础设施建设，统筹农村水、电、路、气、房、通信等建设，重点实施农村污水净化、硬化、绿化、亮化、美化“五化”提升行动，推进城乡基础设施共建共享、互联互通。要大力发展乡村产业，加快发展现代农业，壮大农村集体经济，积极发展农村电子商务等新产业新业态，因地制宜发展种植养殖业、林草业、林农产品加工业和旅游业等，实现生态美与百姓富统一。要加强乡风文明建设，保护传承乡村文化，挖掘弘扬红色文化，开展创建文明村镇、评选星级文明户等活动，加强农村法治建设，学习推广新时代“枫桥经验”，完善乡村治理机制，为美丽宜居乡村建设营造良好环境。

会议强调，要加强组织领导，确保美丽宜居乡村建设取得扎实成效。要坚持示范带动，2019年重点打造100个左右不同特点、不同发展模式的宜居宜业示范村，示范引领全市美丽宜居乡村建设取得扎实成效。要加大投入力度，注重发挥财政资金作用，引导企业家、民间资本和社会力量参与，助力美丽宜居乡村建设。要突出农民主体地位，动员群众主动参与、建言献策、投工投劳，借鉴合作社造林模式，推动美丽宜居乡村建设与贫困群众增收脱贫互促双赢。要创新人才机制，大力实施农村本土人才回归工程、新型职业农民培育工程，持续抓好“吕梁山工匠”培训工作。要建立长效机制，加快建立管护长效机制，健全责任考核机制，建立工作督导机制，总结经验，发现问题，跟踪问效。

【市政府廉政工作会议】

2019年6月26日，吕梁市政府召开廉政工作会议。市委副书记、市政府市长王立伟出席并讲话。市委常委、市政府常务副市长李建国主持。市政府副市长李俊平、李安林、刘晋萍参加。

会议指出，2019年是坚决打赢脱贫攻坚战、决胜全面建成小康社会的关键之年，也是吕梁市在“两转”基础上全面拓展新局面的攻坚之年。全市政府系统要把思想和行动统一到中央和省委、市委关于全面从严治党的新部署、新要求上来，严守政治纪律和政治规矩，严肃党内政治生活，切实把加强政治建设摆在更加突出的位置，贯彻到党风廉政建设和反腐败斗争的各个方面。

会议强调，全市政府系统要进一步深化“放管服效”改革，围绕降低市场准入门槛、企业开办便利化、企业投资便利化、互联网+监管、掌上办事等目标，进一步行简政之道、革繁苛之弊、施公平之策、开便利之门，全力推动全市营商环境跻身全省第一方阵。要以简政放权激发市场活力，推动“多证合一”“证照联办”改革事项扩面；要进一步压减下放审批事项，向开发区赋权到位，探索将重点民生事项下放至县乡一级集中审批；要全面推行“一个窗口管受理”“一枚印章管审批”“一条热线管服务”，推行一般工业项目“全承诺、零审批、拿地即可开工”，实行“净地出让”，将区域环评、区域能评、地震安全性评价、地质灾害危险性评估纳入政府统一服务事项，推动企业投资项目承诺制改革真正落地；要深化“3545”专项改革，推进审批服务“四办”全覆盖，加快建设全市“互联网+监管”系统，全面推行政务服务“好差评”制度，全力打造“六最”营商环境。

会议要求，全市政府系统要进一步强化正风肃纪，坚决把减税降费等重大决策部署落实到位。要紧盯公共资金、公共资产、公共资源和矿产资源交易等重点领域，以审计监督、预算刚性约束和风险制度防控为利器，着力构建不敢腐、不能腐、不想腐的反腐败体制机制。要进一步加强法治政府建设，不断夯实以法促廉的基础。要进一步扛牢压实党组(党委)主体责任，以更高的站位抓好巡视巡察问题整改，以更坚决的态度落实中央“基层减负年”决策部署，以更大的力度鼓励担当作为，推动政府系统全面从严治党、全面从严治政取得新成效，以优异的成绩迎接中华人民共和国成立70周年。

【第二届“一带一路”煤焦化工产业绿色发展研讨会】

2019年7月13日，由吕梁市政府与新华社中国经济信息社联合举办的第二届“一带一路”煤焦化工产业绿色发展研讨会在吕梁孝义市举行。中外专家围绕“高端驱动、绿色发展”献智献策，共同推动“一带一路”能源合作。工业和信息化部原党组成员、总工程师，中国企业联合会、中国企业家协会常务副会长兼理事长朱宏任，国务院国有重点大型企业监事会原主席季晓南，国家能源局原副局长张玉清，国家信息中心经济预测部首席经济师祝宝良，中国炼焦行业协会原秘书长杨文彪，国务院发展研究中心宏观经济研究部研究员张立群等权威专家学者作主旨演讲。吕梁市委副书记、市政府市长王立伟出席会议并致辞。

研讨会以主旨演讲和高端对话的形式展开，与会嘉宾、专家学者就煤焦化工产业如何转型升级做了深入探讨。会议发布了《吕梁市焦化产业绿色发展研究报告（2019）》，现场签约总投资208.3亿元的16个项目，涉及新型煤化工、新材料、新能源、高端装备制造等领域。山西省工业和信息化厅副巡视员王黎红，新华社中国经济信息社董事、副总裁李月，吕梁市政协副主席、孝义市委书记李真分别致辞。山西省生态环境厅总工程师侯正伟、省能源局副局长侯秉让、省商务厅副巡视员田保民，吕梁市政府副市长杨巨才、市政府秘书长权威参加。

研讨会发布《吕梁市焦化产业绿色发展研究报告（2019）》，报告聚焦吕梁市焦化行业污染防治、转型升级的实践，全面分析吕梁市煤焦化工行业发展的新特点、新趋势，评价预判了吕梁市煤焦化工行业面临的新机遇和新挑战，并就更好推进吕梁市煤焦化工产业绿色发展提出了展望与建议。

【离石德岗遗址保护专家论证会】

2019年8月4日，吕梁市政府召开离石德岗遗址保护专家论证会。山西省文物局副局长赵曙光，国内知名文物保护专家参加会议，吕梁市政府副市长李俊平出席并主持会议。

专家组指出，离石德岗遗址是国内发现具有早期轴心思想的五边形房址最多且最为偏北的一个地点，具有较强的社会意义，规模最大的房屋面积达到137平方米，是山西目前发现保存较好，规模最大的史前房址。

会议强调，离石德岗遗址的考古成果是吕梁山区文化建设的一件大事。首先从社会信仰层面，展现了仰韶中期的山岳崇拜文化，丰富了吕梁山的历史积淀；其次德岗遗址房址展现的群体社会的牢固信仰，为吕梁在中华文明起源中的地位与作用探索指明了方向。吕梁市将以此次专家论证会为契机，做好文物保护规划编制工作，保护继承好文化遗产，让仰韶文化焕发新的生命力。

【2019中国马铃薯产业发展高端论坛】

2019年8月5日，由中国科协扶贫办、吕梁市政府共同举办的2019中国马铃薯产业发展高端论坛在吕梁市岚县举行。来自美国、英国、秘鲁、津巴布韦4国的7位农业及马铃薯领域专家，19位国内薯类繁育、产业推广、营养研究专家，四川、甘肃、贵州、云南、内蒙古、陕西等中国马铃薯种植面积大省的60余名代表，以及百余名山西省内马铃薯科研、种植机构代表共计240余人参加论坛。本次论坛以“创新、融合、提质、增效”为主题，聚焦马铃薯科技进步和产业创新的新需求、新趋势，共同研讨马铃薯前沿技术和产业升级。中国科协党组成员、书记处书记宋军，山西省政协副主席、吕梁市委书记李正印出席并致辞。中国科协科技导报社社长王康友、国际马铃薯中心亚太中心主任卢肖平分别主持开幕式及论坛。山西省科协党组成员、副主席郝建新，市政府副市长尉文龙参加论坛。

开幕式后，青海省农林科学院副院长王舰围绕“高原马铃薯育种”、国际马铃薯中心高级科学家Jan Low围绕“撒哈拉以南地区推广高营养橙色薯肉甘薯”、美国康奈尔大学客座教授Ross Welch围绕“作物营养强化的重要性及全球实践经验分享”、云南农业大学郭华春教授围绕“利用马铃薯多样性特点助推产业发展”、中国种子协会马铃薯分会会长王登社围绕“中国马铃薯产业融合发展”等主题作报告，通过事例、数据，分享马铃薯从育种到形成产业链的全过程中的经验、知识和见解。

报告会之后，还分别举行了国际马铃薯前沿技术高峰论坛、吕梁市马铃薯产业发展圆桌会议、马铃薯产业融合与创新论坛、马铃薯前沿技术培训等活动。

【吕梁市“二青会”蹦床比赛竞委会会议】

2019年8月8日，吕梁市政府召开“二青会”蹦床比赛竞委会会议。会议就“二青会”蹦床赛事筹备工作、赛风赛纪等工作进行汇报。国家体育总局体操运动管理中心副主任叶振南，国家体育总局体操运动管理中心及奥运保障部副部长朱月寒，山西省体操运动管理中心主任甘降雷，吕梁市政府副市长李俊平参加会议。

会议指出，“二青会”是吕梁市乃至全省第一次承办的全国性大型综合赛事，在国家体育总局和山西省体育局的指导下，目前蹦床比赛活动组织、比赛筹备、后勤保障和安全维稳等各项工作全部就绪。吕梁市作为本次蹦床比赛的承办方，将全力以赴，争取将本次比赛办成一次精彩、圆满的盛会。

会议强调，技术官员、教练员、领队、运动员要严格执行“二青会”各项要求，严格执行承办方提出的各项要求，严格遵守“二青会”各项竞赛要求，严格遵守“二青会”蹦床比赛赛风赛纪要求，在全力维护蹦床项目声誉和发展空间的同时取得优异成绩。

【全省特色产业扶贫现场会】

2019年8月9日，全省特色产业扶贫现场会在吕梁市召开。山西省直相关部门、全省17个拟摘帽贫困县副县长、11市58个贫困县的农业农村局局长，深入临县、方山等地观摩学习实施产业扶贫的经验做法，会议对全省产业扶贫进行再动员、再部署。山西省特色产业扶贫工作领导小组副组长、省农业农村厅厅长乔建军讲话。吕梁市委副书记、市政府市长王立伟致辞并介绍吕梁市经验做法。山西省农业农村厅副厅长张和平、吕梁市政府副市长尉文龙参加。临县、榆社县等6个县作了表态发言。

会议指出，近年来，吕梁市委、市政府认真落实省委、省政府决策部署，把实施乡村振兴战略作为新时代“三农”工作总抓手，把精准脱贫作为决胜全面小康社会的攻坚硬仗，统筹推进产业、人才、文化、生态和组织振兴，全面推进产业、生态、教育、健康、消费扶贫和易地扶贫搬迁，“一县一策”攻坚深度贫困，“三农”优先发展和脱贫攻坚成果不断巩固扩大，乡村振兴特别是产业振兴呈现良好局面。

会议强调，各级各部门要准确把握产业扶贫面临的新形势、新要求，进一步增强对产业扶贫重要性、紧迫性的认识，坚持问题导向，强化责任担当，科学谋划实施，推动产业扶贫向纵深发展。要全力推进产业培育，突出“特”“园”“加”“品”，筑牢群众增收基石；要培育引进龙头企业，规范合作经济组织，坚持举好产业扶贫带动“龙头”；要加强产业指导服务，推进全员技能培训，强化产业技术支撑；要坚持市场导向，强化产销衔接，不断提升消费扶贫水平；要加强产业扶贫工作的组织领导，强化组织保障，加强队伍建设，强化产业扶贫项目储备和落实，为打牢脱贫基础、巩固脱贫成果、打赢打好脱贫攻坚战提供坚实保障。

【“数谷吕梁·智赢未来”第三届吕梁大数据产业发展推进会】

2019年8月18日，“数谷吕梁·智赢未来”第三届吕梁大数据产业发展推进会举行。中央候补委员、北京航空航天大学党委书记曹淑敏，中纪委委员、北京理工大学校长张军院士，中国科协副主席、书记处书记孟庆海，中国科学院、中国工程院院士李德仁，中国工程院院士王浚、赵沁平、刘吉臻、廖湘科、郑志明出席会议。山西省政协副主席、吕梁市委书记李正印，山西省工信厅厅长李晋平致辞。吕梁市委副书记、市政府市长王立伟主持。吕梁市人大常委会主任郝月生参加。来自中直单位和省直单位领导，大数据领域院士专家、企业家和全国各界的朋友600余人齐聚吕梁，共商“数谷吕梁”大计，共议“智赢未来”之策。

会议指出，近年来，吕梁市委、市政府紧紧抓住国家实施大数据战略的重大机遇和我省转型综改的重要契机，把发展大数据产业作为推进经济转型和高质量发展的重要战略抓手，精心打造“数谷吕梁”，大数据产业“从无到有”、已经起势。一是基础设施建设取得新进展。二是人才集聚优势形成新格局。三是融合应用推广掀开新篇章。四是产业发展生态得到新改善。

会议指出，吕梁市要进一步提高认识，增强大数据产业发展的使命担当，牢牢抓住重要窗口期和难得机遇期，推动大数据产业发展走在全省前列。要坚持优势发展、特色发展、集群发展，将资源优势转变为竞争优势，促进实体经济与数字经济融合，为高质量发展培育新动能。要坚持科技引领，强化平台支撑，瞄准科技前沿，精准对接需求，大力培育大数据产业生态。他希望与会院士专家和企业家一如既往关心支持山西，助推山西做好工业数字化、网络化、智能化高质量发展这篇大文章。

会上，曹淑敏书记围绕“5G助力高质量发展”、张军院士围绕“智联网与政务智治”、李德仁院士围绕“基于大数据的新型智慧城市”、赵沁平院士围绕“虚拟现实能给我们带来什么”、刘吉臻院士围绕“能源大数据与新能源电力系统”、郑志明院士围绕“区块链技术及应用”分别作了主题演讲。罗克佳华科技集团负责人、交口县政府负责人分别围绕“吕梁生态环境大数据应用”“扶贫一码清”作了交流分享。

会议期间，山西省政协副主席、吕梁市委书记李正印为李德仁、刘吉臻、郑志明、孟庆海、王云鹏、王俊升等6位院士专家颁发了“吕梁市转型发展专家（顾问）”聘书。

会上还举行了“吕梁通”APP上线启动仪式和大数据项目签约仪式，现场签约19个项目。

【第三届山西（汾阳·杏花村）世界酒文化博览会】

2019年9月19日，由吕梁市政府、中国酒业协会共同主办的第三届山西（汾阳·杏花村）世界酒文化博览会，在杏花村经济技术开发区中国汾酒城开幕。山西省副省长张复明宣布开幕并巡馆。山西省政协副主席、吕梁市委书记李正印出席。吕梁市委副书记、市政府市长王立伟致辞。中国酒业协会副理事长兼秘书长宋书玉讲话。吕梁市政府副市长刘晋萍主持。比利时布鲁塞尔国际烈性酒大奖赛总经理提艾利·汉斯，中国酒类流通协会常务副会长刘员，吕梁市人大常委会主任郝月生出席。来自国内外的嘉宾和世界烈酒产区、十七大名酒企业、烈酒赛中国区获奖企业、全球酒类生产企业代表，以及省直相关部门负责人、知名酒文化专家等齐聚汾阳，共品吕梁美酒美筵，共话世界酒业发展大计。

会议指出，吕梁酿酒历史千年传承，汾酒作为吕梁产区的代表和领头羊，深厚的文化底蕴、悠久的酿造历史、卓越的清香品质享誉中外。国内酒企要以中国文化为魂，不断融合发展，构筑中国白酒在世界酒文化中的新优势，树立中国白酒在世界的新地位，不断增强白酒品牌的建设能力和国际化推进能力。要通过举办产业文化、经济旅游等多元素的综合性盛会，拉伸酒业发展的长度，拓宽酒业发展的宽度，提升酒业发展的高度，在白酒国际化竞争中创造新一轮的辉煌。

本届酒博会以“举杯汾阳，品味世界”为主题，是继第20届比利时布鲁塞尔国际烈性酒大奖赛后，吕梁市再次以酒文化为主题召开的一次大型盛会。酒博会历时4天，展厅面积达到3.5万平方米，以展示新中国成立70周年酒企发展成果为亮点。此外，大会还专设了2000平方米的酒文化综合展区。酒博会期间，还举办了中国酒业轮值会议年会、美酒品鉴会、中国白酒杏花村论坛、中国百强酒商齐聚汾阳活动、酒文化系列活动、中国厨师之乡“美酒+美筵”文化节等活动。

会上，提艾利·汉斯宣布了第20届国际烈性酒大奖赛中国区获奖榜单。本届大奖赛中国区共获得191枚奖牌，其中山西区获得的34枚奖牌全部集中在吕梁烈酒产区，汾酒公司40度清纯玫瑰汾酒荣获最高奖——“大金奖”。

活动期间，张复明、李正印共同参观了汾酒博物馆，参加了相关活动。王立伟会见了中国酒协、国际烈性酒大奖赛、烈酒产区城市、十七大名酒企业代表等中外嘉宾。

【“黄河一号”旅游公路建设现场推进会】

2019年10月20日，吕梁市政府召开“黄河一号”旅游公路建设现场推进会。会议深入贯彻落实全省“黄河一号”“长城一号”“太行一号”旅游公路建设现场推进会精神，实地检查兴县段、临县段工程进展，现场观摩碛口试验段项目建设，总结全市“黄河一号”旅游公路建设和沿黄通道绿化推进情况，安排部署下一步工作。市委副书记、市政府市长王立伟出席并讲话，市政府副市长杨巨才、尉文龙，市政府秘书长权威，省路桥公司副总经理李殿青参加。

会议指出，举全省之力锻造“黄河一号”“长城一号”“太行一号”旅游公路，是省委、省政府着眼全省转型发展作出的重大战略决策。建设吕梁“黄河一号”旅游公路，对于吕梁打造沿黄旅游品牌、推进沿黄地区脱贫攻坚、实现全面振兴崛起，具有重大深远意义。一要全面深入贯彻全省现场推进会精神，按照“专用性、安全性、智慧性和环境友好型”的要求，扭住目标、对标找差、聚力攻坚，坚决完成各项目标任务。二要高标准高质量建好公路。要坚持高质量规划设计、高质量组织施工、高质量完善沿途配套设施，全力以赴加快施工进度，切实把黄河一号打造成脱贫路、小康路、振兴路。要高标准推进沿线绿化彩化，生态优先、绿色发展；要高标准打造沿途景区景点，配套完善人行步道、自行车道、房车营地等基础设施，做到路在景中、景在路中、路景一体，实现快进慢游深度体验；要高标准串联黄河景观、汾河谷地、吕梁旅游大循环圈，加快支线建设，开通景区班车，实现互联互通，促进乡村旅游、特色农产品精深加工产业发展，带动富民增收。三要抓实抓细具体工作。围绕全线通车目标，施工单位要增人增机械抢进度赶工期，沿线乡村干部要主动配合创优环境，有关方面要创新投融资机制、建设机制和管理机制，强化资金到位、征地拆迁等要素保障，日报告周调度，拉清单建台账，插红旗亮黄牌，确保公路建设、通道绿化有序推进。

会议强调，各级各部门要以黄河一号旅游公路建设为抓手，迅速掀起秋季植树造林高潮。要坚持整山头整地头连片推进，以城市周边、道路沿线为重点，规划实施更多万亩片、千亩片绿化工程；要坚持树种推进、板块设计，购买式造林、合作社造林、企业造林、义务植树、飞播造林等多管齐下，实现生态绿化、增彩增色，推动沿黄通道“靓起来”，带动沿线群众“富起来”。

会上，通报了“黄河一号”旅游公路建设情况，杨巨才、尉文龙分别就“黄河一号”旅游公路建设和通道绿化工作作了安排部署，临县、离石区负责人介绍了主线碛口试验段、支线米五线建设的经验做法。市直相关部门负责人及兴县、柳林县、交城县、方山县等6个县（区）的县（区）长、分管副县（区）长，交通局长、林业局长等参加会议。

【吕梁市文峪河、磁窑河流域生态环境综合整治项目产学研一体化推进论证会】

2019年10月22日，吕梁市文峪河、磁窑河流域生态环境综合整治项目产学研一体化推进论证会在吕梁汾阳市召开。吕梁市政府副市长杨巨才、尉文龙出席。

会上，离柳集团董事长杨虎平介绍了吕农生物科技有限公司有机肥生产项目进展情况。中国农业生产资料流通协会有机肥分会秘书长沈建华、省农业科学院资源与环境研究所所长周怀平、山西师范大学地理科学学院院长张永清博士等专家学者围绕技术、市场、生态环境效益等方面就文峪河、磁窑河流域生态环境整治项目产学研一体化发展进行了论证。

会议指出，各相关县市一定要认真贯彻市委、市政府确定的全市农业产业发展的总体思路，推动循环农业示范区的建设；要积极探索联农惠农的利益联结机制，真正解决从小农户到大市场的利益连接难题；要发挥产学研一体化平台作用，结合实际研究专用肥、配方肥、液体肥等有机肥，把产业链拉长，为吕梁农业高质量发展提供有力支撑；要进一步探索资源型企业建立农业龙头企业，实现转型发展、带动农业产业共同发展的新机制。

会议强调，要进一步加快有机肥项目的建设和完善，交城县、文水县、汾阳市要加大支持力度，在吕农生物科技有限公司的指导下，确保年底前100个发酵罐建设到位，具备生产10万吨有机肥的基础；要高起点规划，建好产学研合作平台，并以平台建设为纽带，务求高质量循环发展，以高质量的有机肥助力高品质的农业生产， 为汾阳白酒大发展做好支撑；要围绕建成投用目标，合作各方加强协调配合，努力实现合作共赢。

【全市教育大会】

2019年11月20日，全市教育大会召开。省政协主席、市委书记李正印出席并讲话。市委副书记、市政府市长王立伟作工作部署。市委副书记、政法委书记张广勇，市委常委、组织部部长、统战部部长秦书义，市委常委、市政府常务副市长李建国，市委常委、宣传部部长任忠，市委常委、离石区委书记梁志勇，市委常委、中阳县委书记乔晓峰参加。

会议指出，近年来，中共吕梁市委认真贯彻中央和省委关于教育工作的决策部署，坚持优先发展教育事业，及时对教育改革发展作出安排部署，积极解决制约教育发展的突出问题，全市教育均衡发展成效明显、教育质量稳步提升、教育扶贫扎实推进、教育改革不断深化、职教优势进一步发挥、开放办学步伐加快，形成了切实加强党对教育工作的领导、切实加大教育事业投入、切实推进教育综合改革、切实加强教师队伍建设、切实强化教育和学校管理工作等经验做法。同时也要清醒认识到，吕梁教育事业底子薄、欠账多、基础差的问题仍然比较突出。全市各级各部门和广大教育工作者要提高政治站位，深入贯彻落实习近平总书记关于教育的重要论述和省委关于教育工作的部署要求，充分认识当前吕梁教育工作面临的新形势新任务，切实增强加快吕梁教育事业发展的责任感、紧迫感，推动教育事业高质量发展。

李正印强调，一要坚持立德树人，培养德智体美劳全面发展的社会主义建设者和接班人。二要坚持教育优先发展，全面提升各级各类教育发展质量和水平。三要强化改革创新，坚决破除制约教育事业发展的体制机制障碍。四要加强党的领导，为教育事业持续健康发展提供坚强保障。

王立伟就加快推进教育现代化、办好人民满意的教育作出具体部署，强调一要大力实施教育强市“五大计划”，实施好学前教育普及普惠、义务教育优质均衡、高中教育优质特色、职业教育优化融合、特殊群体控辍保学行动计划，着力提升全市教育水平和教学质量。二要着力抓好“四大关键环节”，抓好教师队伍、校长队伍、学校建设和教育管理，全面激发教育发展动力活力。三要聚集最优质的资源办教育，切实加大投入，形成工作合力，推动教育事业全面发展。

会议宣读了《关于授予牛俊玲等同志吕梁市“最美乡村教师”、王琦等同志吕梁市“最美乡村校长”荣誉称号的决定》，市教育局、市人社局、市财政局、孝义市政府、离石区政府、市卫生学校、文水中学、兴县120师学校负责人分别作了交流发言。会议还分组讨论了《吕梁市教育现代化2035》《加快推进吕梁教育现代化实施方案（2019—2025年）》。

（市政府办）

行政审批服务

【营商环境评价】

2019年，吕梁市行政审批服务管理局牵头，协调市相关部门和企业参加并完成山西省域营商环境评估工作。对涉评部门进行培训，分解具体工作任务，协调解决存在的问题，督促如期完成。6月17日，组织群众和企业进行本地营商环境评估的前期工作，配合第三方无量科技有限公司在市政务服务大厅收集信息10万多条，初步完成营商环境评估信息收集。吕梁市政府第89次常务会议审议通过《吕梁市优化营商环境行动方案》，并于11月29日正式印发，方案内容包括商事制度改革、不动产登记、建设项目审批改革、政务服务、公共服务、金融服务、税费改革、信用监管等13个方面共90条。

【重大改革任务】

2019年，市行政审批服务管理局制定印发《吕梁市行政审批制度改革领导组办公室〈关于加强吕梁市2019年“放管服效”重大改革任务工作进度情况报送〉的通知》，将行政审批改革任务细化分解并下发至各有关部门。8月22日，市审改办召开重大改革任务推进会，听取各部门工作进展情况，通报营商环境评价结果，提出工作推进的时间节点。随后印发《关于对市委审改办专项督查“放管服效”改革工作反馈意见整改落实的通报》，明确存在的各部门在重大改革任务推进不力的具体问题，督促市市场监督管理局、市规划和自然资源局、市住房和城乡建设局牵头下发的“企业开办”“不动产登记”“工程建设审批制度”等具体改革实施方案。市审批局重点督促推进三方面的改革，即按办好“一件事”目标重新规划设置窗口；结合机构改革、职能分流与合并契机，按照为群众和企业办好“一件事”原则，将业务相关联的事项窗口调整在同一功能区；在重点领域改革上，推行“一窗受理、集成服务”审批模式，减少材料、优化流程、缩短时限。同时，开发建设审批平台，督促推进共享平台建设，全面推行“前台综合受理、后台分类审批、综合窗口出件”工作思路。“吕梁政务通”APP一并上线运行，实现18个事项“全程网办”。

【“放管服效”改革】

2019年，市行政审批局对“放管服效”进行改革，上报省行政审批局《吕梁市近三年深化“放管服效”改革的工作情况》，上报省政府《关于吕梁市深化“放管服效”改革优化营商环境工作情况的报告》《关于深化“放管服效”改革加快营造“六最”营商环境2019上半年推进落实情况的报告》《关于吕梁2018—2019年深化“放管服效”改革加快营造“六最”营商环境推进情况的报告》。

对吕梁市公共服务事项清单目录进行梳理，征求相关单位意见，对群众关心的衣食住行、社保医保、教育卫生等诸多领域的公共服务事项进行全面梳理，共梳理汇总34个市直部门公共服务事项372项，以市政府办公室名义出台《关于印发吕梁市市级公共服务事项目录的通知》并正式发布。

【“互联网+监管”梳理】

2019年，市行政审批局开展“互联网+监管”事项的梳理工作。全年共梳理吕梁市级认领监管事项967项，认领率100%，公布行政检查实施清单816项，公布率达100%；县级平均认领监管事项816项，认领率100%，公布实施清单751项。11月至年底，吕梁市新增监管业务数据4643条；共累计录入监管业务数据市级2239条，县级10876条；吕梁注册账号441个。国家互联网+监管系统进入试运行阶段。

【行政审批事项改革】

2019年10月14日，市行政审批局下发《关于进一步清理规范市政府部门行政审批中介服务事项的通知》，对各部门及所属事业单位的中介服务事项进行全面梳理，进一步规范促进中介服务市场发展，提升服务效能。11月29日，吕梁市政府印发《吕梁市政府部门权责清单动态调整办法》，要求市直各相关单位根据法律法规规章的立改废释和行政审批制度改革工作，加强权责清单动态管理，及时动态调整权责清单。市行政审批局先后组织市县相关部门业务人员进行培训，吕梁云计算公司提供技术支持。截至12月8日，吕梁市行政审批同步事项537项。12月2日，吕梁市政府印发《关于市政府取消、下放和调整一批行政审批事项的通知》，取消下放行政职权事项共26项，其中取消6项，下放和部分下放20项。

【工程建设项目审批制度改革】

2019年，市行政审批局协调市住建局、市规划和自然资源局、市人防办、市城市管理局、市国安局等部门，完成市工改办安排的验收阶段相关工作，包括制定竣工验收阶段办事指南、起草《吕梁市工程建设项目竣工联合验收实施方案》《吕梁市工程建设项目审批制度改革中介服务管理办法（试行）》《吕梁市工程建设项目审批制度改革市政公用服务管理办法（试行）》。在征求相关部门意见的基础上，经市司法局合法性审查后，以吕梁市工程建设领导小组办公室文件印发。正式发布《关于市政公用服务事项进驻政务大厅的通知》，要求市城管局、市工信局、市能源局限时将市政公用服务机构全部入驻政务服务大厅。工改涉及的供水、排水、燃气、供暖、通信等报装业务均进驻政务服务大厅。

（市行政审批局）

公共资源交易

【一体化在线政务服务平台】

2019年1月30日，吕梁市公共资源交易中心与政府采购服务中心合并，组建新的吕梁市公共资源交易中心。

2019年，根据吕梁市全国公共资源交易平台交易数据显示：建设工程项目招标投标交易数252个，交易额35.18亿元，节约金额1370万元，节约率0.4%；政府采购交易数55个，交易额5300万元，节约金额400万元，节约率7%；国有产权交易数3个，交易额746万元，增值金额140万元，增值率15.8%；水利工程项目招标投标交易数10个，交易金额4600万元，节约金额810万元，节约率14.9%。预约场地并服务建设工程项目275场；政采项目83场，水利项目7场，国土交易1场，产权交易6场，共计372场。另外，对外发布信息44条，其中重要通知19条，新闻动态20条，转载国务院、省、市重要文件5条。

【政府采购电子化】

2019年，市公共资源交易中心推进政府采购项目实现交易全程电子化，对照《政府采购法》等相关法律法规，对系统进行应用研发，完成政府采购电子交易系统建设。由市财政局采购办监督代表对系统进行把关，由采购人代表、供货商代表和专家评委代表对系统进行二次模拟演练，查缺补漏。4月1日，吕梁电子交易系统运行。市公共资源交易中心按照操作流程编制《市直单位政府采购操作流程》，以行政审批服务局名义下发至市直各单位。

【远程开标】

2019年，市公共资源交易中心结合第三届吕梁大数据产业发展推进会，于7月23日实现远程开标带项目在线测试，9月1日正式上线。

“远程开标”依托互联网技术，改变以往交易主体必须在有形市场集中参会的方式，利用交易中心电子交易系统、借助山西CA认证和电子签名技术，在开标流程中确认相关当事人的有效身份后即可参与开标活动。招标人、投标人在网上进行开标、文件远程解密、数据实时查询等程序；通过在线互动交流功能，开标过程中可进行在线提问和答疑，将开标情况实时公开。

“远程开标”项目入选国家发改委2019年公共资源交易平台创新成果。11月25—27日，交易中心主任郝东平在北京国家信息中心参加观摩交流活动，对远程开标建设情况进行了系统讲解和演示，受到国家发改委和全国各地市公共资源交易平台单位的认可。

【投标保证金管理】

2019年1月2日至10月21日，市公共资源交易中心投标保证金发生额52361.54万元，收取投标保证金26125.47万元，退投标保证金26236.07万元。交易中心出台《保证金退还制度》，通过在中心网站发布退还投标保证金通知，与投标人联系，退还积压的保证金。

2019年，市公共资源交易中心专项退还保证金1345.61万元，政府采购积压的履约保证金2390.82万元，通过专项行动累计退还1781.37万元，清退率为74.5%；中心保证金账户结余609.45万元，其中已履约项目保证金得到核实退还，属无法退还的，均申请上缴国库。

（市公共资源交易中心）

大数据发展应用

【概　况】

2019年1月17日，吕梁市委、市政府办公室下达《关于印发〈吕梁市机构改革方案〉

的通知》，成立吕梁市大数据应用局。3月22日，市委、市政府办公室下达《关于印发吕梁市人民政府办公室等部门职能配置、内设机构和人员编制规定的通知》，规定吕梁市大数据应用局职能配置、内设机构和人员编制。6月18日，市政府办公室印发《吕梁市大数据产业发展2019年行动计划》，包含完善数字经济发展工作机制、培育具有地方特色的数字经济产业生态、推进全市大数据平台建设、加快签约项目落地建设、深化大数据融合应用、设立大数据发展专项资金和产业发展基金、举办“数谷吕梁·智赢未来”第三届吕梁大数据产业发展推介会7个方面18项任务。9月23日，市政府印发《吕梁市加快推进数字经济产业发展的若干政策措施》，包括加快推进传统产业转型升级、大力引进和培育市场主体、加强数字经济人才培养引进三个方面12条优惠政策。

【大数据智库建设】

2019年8月17日，吕梁市大数据专家咨询委员会第二次会议召开，通过市政府关于增补张云泉、王兆华、郭震威为委员的建议，专家委员会成员增加到31人。4月18日、5月16日、6月20日和11月27日，市大数据应用局与吕梁职业技术学院举办4期“大数据讲堂”，邀请北京航空航天大学王静远和尚涛两位副教授、腾讯教育总架构师姚士佳博士、北京航空航天大学姜博讲师分别以“智慧城市”“大数据安全关键技术”“互联网时代的大数据技术与场景”和“区块链技术及应用”为题做专题讲座。各县（市、区）和市直有关单位及吕梁职业技术学院师生约800人次聆听讲座。

扎实推进吕梁智能大数据产业技术创新研究院建设和业务开展。吕梁智能大数据产业技术创新研究院建成展厅，开展InSAR地表形变监测、高炉炉壁侵蚀大数据预判、人工智能眼科辅助诊断系统等项目研究。11月9日、10日、24日，吕梁智能大数据产业技术创新研究院与吕梁学院联合举办大数据公益讲座4场，邀请中国信通院、山西智能大数据研究院专家，普及大数据知识，分享大数据技术前沿资讯，1600余人次聆听讲座。

【“吕梁通”城市综合服务平台】

吕梁市建设“吕梁通”城市综合服务平台，让市民、企业用一个APP畅享城市服务。2019年8月18日，“吕梁通”APP1.0版上线发布，截至2019年底，接入服务共72个，其中行政审批类10个、便民公共类46个、景区景点类5个、医疗医保类11个。

（市大数据应用局）

经济社会发展研究

【“市政府发展研究中心”调查研究联系点挂牌】

2019年，吕梁市政府发展研究中心在2018年省政府发展研究中心挂牌5个“调查研究联系点”的基础上，从全市各县（市、区）遴选3个改革创新先进单位作为调查研究联系点，其中包括兴县弓家沟村工作队扶贫点、离石区信义镇特色乡村以及方山县北武当镇文化旅游点。结合省政府发展研究中心工作，围绕吕梁市经济社会发展情况，精选课题，探索课题研究新思路。

【县(市、区)联合专题培训】

2019年6月11日至6月17日，吕梁市政府发展研究中心组织全市部分县（市、区）发展研究中心主任、单位业务骨干、县（市、区）分管领导、课题组成员共39人，赴浙江大学参加“吕梁市美丽乡村及智库专业化能力提升专题培训班”，培训内容包括乡村振兴路径与举措、美丽乡村建设、政府智库建设等课题。培训主题明确，在学习经验的前提下对标一流，提升研究工作能力，推动吕梁市经济高质量转型发展。

【聚焦深度贫困调研】

2019年，吕梁市政府发展研究中心深入扶贫点调研，召开专题会议11次，针对兴县弓家沟村的扶贫工作，以及养猪场建设、种植品种等提出合理化建议。在扶贫点培育种养殖业及产业项目，继续推广种植土豆、中药材，全面推开红芸豆、玉露香梨、毛豆及晋谷21号的种植。其中，帮助种植土豆5.33公顷，中药材6.67公顷，红芸豆6.67公顷，晋谷-21号6.67公顷，玉露香梨3.33公顷。协助该村开展劳动力技术能力提升培训，分批次赴汾阳贾家庄等地学习耕种技术，提升村民的技术能力和种植养殖的效率。调研光伏产业发展，千方百计增加贫困群众收益。调研和推进半自动化养猪场投入使用，组织有能力的村民参加“吕梁山护工”培训。

（市经济研究中心）

外　事

【外事礼宾接待】

2019年，吕梁市外事部门接待来自40多个国家和地区代表团15批、共计173位外宾。

4月19日至21日，在全国友协美大部副巡视员徐凤华、山西省友协专职副会长靳云艳等人的陪同下，加拿大国际文化基金会主席吴永光率领加拿大心脏病专家马丁·本特利·泰勒一行8人到兴县参观访问并开展义诊，有针对性地了解当地医疗需求，并与兴县人民医院签订友好合作交流备忘录。

5月23日至25日，以“黄河传统·时代生活”为主题的第四届中国古村镇大会在临县碛口举办。大会邀请来自斯洛文尼亚农村发展网络副主席葛然·索斯特（GORAN ŠOSTER）、荷兰海牙城市推广局对外联络及中国市场营销主管汉斯·杜茨（Hans Diederik Doets）、意大利特威森（Twissen）旅游公司董事长&创始人弗朗切斯科·雷迪（FRANCESCO REDI）、德国5MM（Five More Minutes）公司联合创始人&CEO斯特凡·哈柯兰德（STEFAN HELGE HACKLÄNDER）4位外宾参会并发表演讲。吕梁市人民政府市长王立伟会见外宾，并就吕梁与欧洲国家在经贸、文化、旅游等领域的合作交流举行座谈会。

5月26日至28日，日本文华传媒株式会社董事长福岛大毅一行到吕梁市，就“吕梁山护工”赴日就业、农特产品出口、文化旅游、佛教净土宗交流等进行考察。福岛大毅一行实地察看吕梁山护工服务中心、吕梁卫校护工培训基地，参观考察晋绥边区革命纪念馆、碛口古镇、贾家庄、玄中寺等景区，考察小米、红枣、核桃等农特产品。

8月13日至15日，曾为中国人民抗战事业做出重大贡献的林迈可、李效黎夫妇（李效黎原籍吕梁离石）长子詹姆斯·林赛访问吕梁。林赛得知家乡为其父母修建了纪念馆，充满感激，表示要尽力收集父母生前物品，丰富展馆内容；帮助家乡扩大对外开放，推动家乡经济发展。

11月3日至8日，日本原财务省副大臣远

藤乙彦、日本文华传媒株式会社董事长福岛大毅一行到吕梁考察，围绕“吕梁山护工”赴日就业、文化旅游、农特产品出口等事宜进行交流。到吕梁市经济管理学校、卫生学校、山西医科大学汾阳学院继续教育部、吕梁职业技术学院、吕梁山护工服务中心等地，详细了解“吕梁山护工”培训就业情况。在交口县、岚县考察香菇、山猪、马铃薯等农畜产品产业发展情况。

2019年，吕梁外事办配合完成2019中国（岚县）马铃薯产业发展高端论坛、2019中国（孝义）生物降解材料技术国际研讨会、美国欧喜集团威海公司考察团到吕梁市考察调研、2019全国（临县）枣产业发展高端论坛等活动中的外宾礼宾服务接待。

【协办国际活动】

8月21日至25日，2019（山西·杏花村）比利时布鲁塞尔国际烈性酒大奖赛在汾阳举办，来自29个国家和地区的104名评委、59个国家和地区的1748款酒品齐聚世界十大烈酒产区之一——吕梁·汾阳产区，同台竞技、互学互鉴，呈现了一场精彩的酒文化盛宴。赛事共设置大金奖、金奖和银奖，吕梁市生产的玫瑰汾酒荣获大奖赛大金奖。吕梁市委外事办全程参与赛事。

【国际友好城市联络】

7月15日至19日，吕梁市外事办主任高侯平应美国国际姐妹城协会邀请，代表吕梁市政府赴美国休斯敦参加第四届中美友城大会，并作题为《共享城市发展成果拓展互利合作共赢》的发言，从“坚持绿色发展，扎实推进生态文明建设；坚持精准方略，坚决打赢脱贫攻坚战；发挥资源优势，加快产业转型升级步伐”三方面同与会嘉宾分享吕梁经济社会发展的经验做法，并向与会嘉宾发出到吕梁投资兴业的诚挚邀请。

10月23日，太原能源低碳发展论坛召开期间，在山西省友协专职副会长靳云艳的主持下，柳林县政府与意大利共和国曼托瓦省戈伊托市在太原签订了友好城市关系备忘录。

【APEC商务旅行卡宣传推介】

2019年，吕梁市外事办多渠道宣传APEC商务旅行卡的基本知识、优惠政策和办理程序，鼓励企业申报办理APEC商务旅行卡。在吕梁市开发区改革创新发展暨进出口贸易工作推进会上，向参会的100余家企业代表发放APEC宣传资料。在吕梁市外事工作会议上，向各县（市、区）、企业代表宣传推介APEC卡。大讨论和主题教育调研期间，向柳林县、孝义市等多家企业进一步宣传介绍APEC卡的高效、便捷作用。2019年，全市共18人申办APEC商务旅行卡。

（市外事办）

台港澳事务

【文化旅游交流】

2019年，吕梁市台港澳事务办公室拓宽交流交往渠道，积极搭建两岸文化旅游交往平台。1月29日，台湾青年学生寒假参访团一行32人到汾阳杏花村汾酒厂参观访问。参访团一行参观汾酒博物馆，领略汾酒传承千载、驰名中外的风韵光彩。活动结束后，参访团团长赠送中国科技大学室内设计系暨硕士班系徽以作留念。

5月23日至25日，第四届中国古村镇大

会在吕梁举办，来自台湾的小镇文创股份有限公司负责人何培钧、花莲县休闲旅游协会理事叶陈锦、翎芳魔镜品牌创始人王翎芳和徐尧鹏参会并发表主旨演讲。大会推动吕台交流交往，深化双方在经贸、文化旅游、人文等领域的合作交流。

7月3日至5日，来自台湾的“走进山西，感受体育魅力——第十六届中华文化小天使交流体验营”到吕梁市开展交流活动。吕梁市政府副市长刘晋萍出席开营仪式并宣布“第十六届中华文化小天使交流体验营”开营。国台办九洲音像出版公司常务副总经理裴超、山西省台办副主任郝文杰、山西省足协副主席樊卫平、吕梁市台港澳办主任高俣平、台湾桃园市捷豹足球协会顾问林平湧出席活动。台湾青少年同胞参观贾家庄、中汾酒城、汾酒博物馆等景区，品尝吕梁特色美食，并与汾阳中学、孝义中学学生举行足球友谊比赛。

【省级海峡两岸交流基地建设】

2019年，吕梁市台港澳办深挖优势资源，多次到孝义市三皇庙景区、皮影木偶剧团、孝河国家湿地公园、临县碛口古镇、中阳剪纸艺术中心等地，实地指导相关县（市、区）的海峡两岸交流基地建设，为讲好“吕梁故事”、促进两岸同胞亲情融合献计出力。

【因公赴台港澳管理】

2019年，吕梁市台港澳办严格遵循因公临时赴台、赴港澳流程，方便快捷办理相关手续。根据省、市关于因公赴台、赴港澳管理办法，严格履行因公临时赴台、赴港澳审批程序。开展涉台、涉港澳交流，为吕梁市人民医院、吕梁日报社等人员顺利办理了因公赴台、赴港澳手续。2019年，吕梁市共有3批4人次因公赴台，有2批2人次因公赴港澳。

（市台港澳办）

机关事务服务

【机关事务管理】

2019年，吕梁市直属机关事务服务中心出台《推进机关事务集中统一管理工作方案》，加强对市委大院、市纪委监委等集中办公区管理。启动吕梁新区40000平方米和市区泰和商场18000平方米办公区接收工作，计划安排71个单位集中办公；接管吕梁政务服务中心办公区，共形成5大集中办公区。接收63宗地块不动产原始资料，完成29个单位土地测绘，收回17本国有土地使用证和26本房屋所有权证书，办理10块宗地不动产权证书。完成“全省一张网”建设任务，为全市2500辆车安装北斗终端并上线运行。

2019年，完成接待保障“二青会”、全国碛口古村镇大会等重大活动，接待服务中央、省委等领导和来宾428次、5776人次，组织服务各类会议301批次、27658人次。统筹管理异地干部周转房、龙凤小区等7个住宅区。联合开办市直机关餐厅，惠及204个单位10290名干部职工。编制包括实物定额和服务标准在内的150个标准化项目，其中31个标准通过阶段性验收。

10月30日，市直属机关事务服务中心开设“机关事务大讲堂”。12月20日至22日，举办全市机关事务系统第一届服务技能竞赛，有248名选手参与6大类25个项目的角逐，在全系统形成“发扬工匠精神、锤炼服务技艺、争做岗位能手”的新风尚。

【宾馆接待服务】

2019年，吕梁宾馆共接待各类宾客54.3万人次，接待全国性会议9次、省级会议11次、市级会议80余次、VIP客人139人次，接待副省级以上领导参加活动30余次，完成市“两会”、市党代会、全委会和中华人民共和国第二届青年运动会等多项重要政务接待任务。全年实现营业收入7616万元，同比增收400余万元，实现“保工资、保运行、保质量”的目标。

吕梁宾馆着力提升服务质量和品质，启动多项硬件改造和软件提升工程。4月，参加全国第八届山西赛区技能大赛的11名选手分别获得特金、金、银奖牌。在全市后勤系统技能大赛中，摘得“两金、一银、一铜”和组织奖等奖项。11月，在全国绿色饭店发展大会上，荣膺国家“五叶级绿色饭店”和“会议接待标杆企业”，为吕梁市贯彻绿色发展理念树立了标杆。

2019年，吕梁宾馆先后组织管理团队分三批26人次赴全国酒店业发达省份——山东和河南学习考察。3月3日至10日到山东省德州、济南、青岛三地10家酒店参观学习交流；3月18日至21日派第二批一行6人到山东济南舜和国际酒店和青岛海景花园酒店重点学习。3月31日至4月3日到河南郑州园博园建国酒店和濮阳市委办公厅下属宾馆——濮阳迎宾馆交流学习，赴北京京西宾馆考察，对全国政务会议接待的标杆单位调研考察，并与部分同行达成每年互访互派的交流机制。

2019年，吕梁宾馆促进软硬件设施提档升级，实现和提升高星级酒店服务质量水平。投资50余万元，选用国内一流的北京797厂音响设备，更换二楼大会议室、锦绣厅、鹿鸣厅等重点会议室音响设备；更新和增加部分会议室台布、演讲台、会议钟表等设施；重新铺设弱电机房和电话机房防静电地板，完成全馆“三网合一”改造工程；改造南楼厨房排烟排气系统设施，启用厨房新风系统，更新炉灶和厨房吊顶等；整治地下停车场进入南楼东、西电梯厅的4条通道，修缮改造完成地下停车场地面、管线、桥架、灯光、消防系统及更换指示路牌等；升级改造金色大厅和宴会厅，为进一步拓展婚宴、生日宴业务营造良好氛围。

2019年11月，吕梁宾馆通过国家五叶级绿色饭店评审并挂牌。

（市机关事务服务中心）

中国人民政治协商会议吕梁市委员会

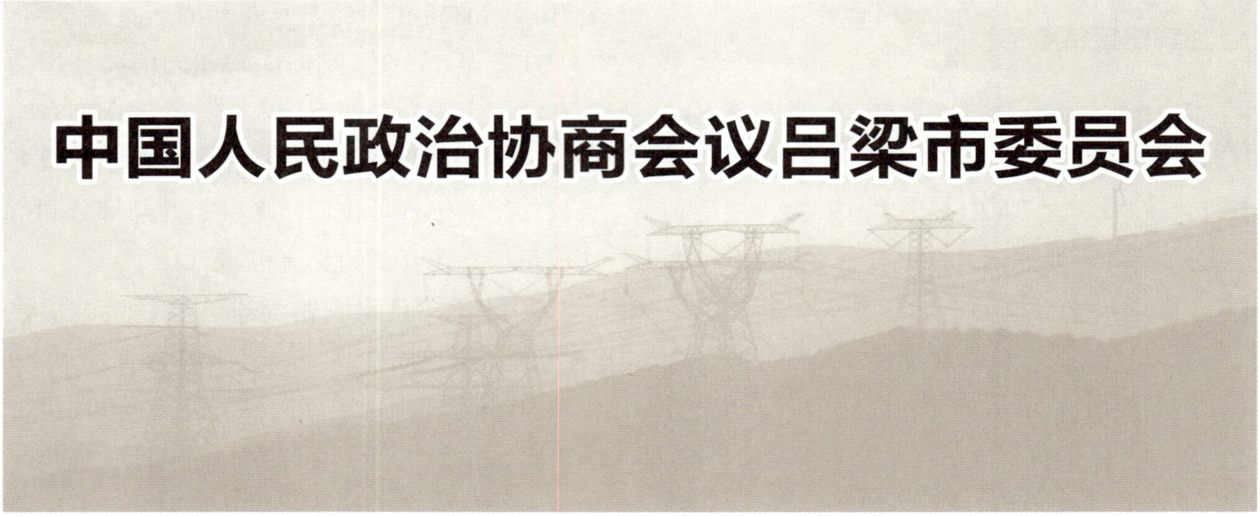

综　述

【理论学习】

2019年，吕梁市政协坚持把学习贯彻习近平新时代中国特色社会主义思想作为首要政治任务，持续引深创新理论学习，不断增进高度的政治认同、思想认同、理论认同、情感认同，夯实团结奋斗的共同思想政治基础。开展“不忘初心、牢记使命”主题教育。始终聚焦主题主线主旨，突出目标导向和问题导向，把自我革命精神贯穿到学习教育、调查研究、检视问题、整改落实全过程，持续推动学习贯彻习近平新时代中国特色社会主义思想往深里走、往心里走、往实里走，进一步树牢“四个意识”，坚定“四个自信”，增强“两个维护”的思想自觉和行动自觉。针对党外干部多的实际，同步学习，同频共振，不忘合作初心，继续携手前进，筑牢思想政治基础。拓展主题教育成果，完善市政协党组中心组学习常态化制度，全年组织市政协党组中心组学习15次、机关集体学习19次，举办“政协学堂”12期，以理论学习促进政协工作创新发展。学习贯彻中央政协工作会议精神，市政协党组向市委报告将中央政协工作会议精神纳入市委理论中心组学习的重点内容。市政协通过召开党组（扩大）会议、常委会议，专题学习贯彻中央政协工作会议精神，推动会议精神在全市政协系统深入人心、落地生根。组织开展“学习讲话大督促、协商议政大调研、服务委员大走访”活动，党组和班子成员带领6个调研组分赴13个县（市、区），就协商内容、频次、形式、流程等提出明确要求，总结典型经验，发现工作亮点，研究提出加强和改进政协工作的具体举措。在此基础上，形成《关于加强和规范县市区政协协商工作的意见》，有效解决“职能模糊、责任虚化”问题，推进县级政协协商常态化、规范化、制度化。学习贯彻党的十九届四中全会精神，市政协专门召开三届二十次常委会，把十九届四中全会精神同中央政协工作会议精神结合起来学习，贯通起来理解，统筹起来落实。着力抓好“学”的深入、把握“专”的定位、强化“聚”的功能、着力“制”的完善，在坚持和巩固、完善和发展、遵守和执行上下功夫。收听收看中央宣讲团山西宣讲报告会，在微信公众号开辟学习专栏，将学习引向深入，推动全会精神入脑入心。

【坚持党的领导】

2019年，市政协党组牢牢把握新时代党的建设总体要求，发挥把方向、管大局、保落实的重要作用，确保政协事业正确的政治方向。把党的领导贯穿于依法依章履职的全过程、各环节，向市委请示汇报重要事项、重大活动，推动市委意图转化为各界的共识和行动。发挥政协党组在政协工作中的领导核心作用，年初召开市政协机关全面从严治党工作会议，研究部署全面从严治党工作。贯彻落实中共中央《关于加强新时代人民政协党的建设工作的若干意见》和省委《实施意见》精神，制定《关于加强新时代人民政协党的建设工作的实施意见》，加强政协党组织的政治功能和组织力建设，把党的领导贯彻落实到政协履职的各方面、各环节。出台《中共政协吕梁市委员会党组关于设立中共党员委员活动小组制度》《中共政协吕梁市委员会党组关于建立党的工作对政协委员全覆盖的制度》，规范党员委员组织关系一方隶属、参加双重组织生活的具体办法，进一步巩固和发展"两个全覆盖"的工作格局。在政协全会、常委会议、考察调研、学习培训等活动中设立临时党组织，扩大基层党组织覆盖面，使党的工作及时跟进，有效发挥党组织的战斗堡垒作用和党员委员的先锋模范作用。制定机关和领导干部党风廉政建设责任清单，落实党风廉政建设主体责任，召开县级以上领导干部集体廉政谈话会，层层传导压力，层层落实责任。全面落实廉政档案制度，严把领导干部个人重大事项报告审查关。推进党风廉政建设，支持派驻纪检监察组开展工作，日常重要活动邀请纪检监察组人员参加，保障监督责任落实。

【协商建言】

2019年，市政协紧扣市委、市政府中心工作，精选议题，深入调研，积极协商建言，为全市脱贫攻坚、转型发展、民生改善贡献政协智慧和力量。聚焦脱贫攻坚发力。围绕吕梁山生态修复治理、加快易地扶贫搬迁后社会保障建设、农村集体产权制度改革、推动农业特色产业做大做强、以"精神扶贫"助推"精准扶贫"开展多层次、系列化协商议政，提高建言咨政质量，推动党和政府决策部署贯彻落实，助力打赢打好脱贫攻坚战。围绕吕梁扶贫产业发展中存在的"林牧矛盾"展开调研，形成调研报告上报市委市政府，并参加省政协专题议政会交流发言。聚焦经济转型发力。紧扣促进支持民营经济发展"20条"政策落实，在深入调研的基础上，召开常委会议专题协商，提出开展隐性障碍清理专项行动、实施政策入企活动、实施"民企二代"接班工程、健全政策落实服务机制等建议，市委、市政府主要领导作出批示，并印发有关部门参阅。围绕吕梁市煤电铝材一体化发展展开调研，形成调研报告。配合省政协围绕营商环境诚信建设、科技型民营企业高质量发展、环境污染防治、能源革命排头兵建设、农业特色产业、深化国企改革、深度融入一带一路和大健康产业发展等开展一系列联动调研，并提出可行性建议。组织政协委员就重点工程项目落实落地情况开展专项视察监督，反馈情况，提出建议，助力市委、市政府相关部署落实到位。

【机关自身建设】

2019年，市政协主动适应治理体系和治理能力现代化要求，以"改革创新、奋发有为"大讨论为牵引，激发改革创新热情，对照一流标准，着力强基固本，把提质增效贯穿工作的全过程和各方面，全面展现新时代吕梁政协新风采。加强委员队伍建设。坚持加强委员管理与优化履职服务相结合，努力打造“懂政协、会协商、善议政”和“守纪律、讲规矩、重品行”的政协委员队伍。采取常委会学习、集中培训、个别交流、组织活动等多种形式对委员教育培训，提升建言建在需要时、议政议到点子上、监督监在关键处的水平。完善委员履职考核办法，健全委员履职档案，及时通报履职情况，激励委员积极担当作为。完善主席会议成员和专委会联系界别机制，统筹制定界别活动计划，要求每个界别至少活动两次以上，充分发挥委员主体作用。下发《关于政协委员应依照章程正当履职的通知》，坚决杜绝利用委员身份谋取私利，与委员签订《守纪律讲规矩重品行承诺书》和廉洁自律责任书。在三届五次全会上表彰“优秀政协委员”20名，通报公开约谈的4名不称职委员，撤销委员资格3名，纯洁委员队伍，维护政协形象。完善政协制度体系。突出建章立制，强化制度约束。制定完善11项制度成果，修订《政协党组中心组学习常态化制度》《吕梁市提案工作条例》《关于进一步加强调查研究的意见》《社情民意信息考核办法》等，提升政协机关工作制度化、规范化水平。改进文风会风，制定并落实发文计划、会议计划，严格文件会议报批，减少发文、会议数量，提升工作实效。探索资政建言质量评价标准和评价办法，探索建立协商成果跟踪落实反馈制度，努力构建务实有效的制度体系，为政协更好履行职能、发挥作用提供保障。增强政协系统合力。主动与省政协工作对接，密切同兄弟市政协的横向联系，彰显政协系统服务大局的整体优势。配合省委政协工作调研组开展专题调研，围绕省政协代拟省委《关于新时代加强和改进人民政协工作的实施意见》专题讨论并提出意见建议，明确方向和着力重点。定期召开政协主席座谈会和秘书长会议，通报工作情况，研究解决共性问题，推动形成市县两级联动协同履职的工作常态。

【“精神扶贫”助推“精准扶贫”】

2019年，吕梁市政协围绕突出抓好吕梁山生态修复治理、加快易地扶贫搬迁后社会保障建设、农村集体产权制度改革、推动农业特色产业做大做强等工作，坚持以“精神扶贫”助推“精准扶贫”，开展多层次、系列化协商议政，提高建言咨政质量，推动扶贫各项工作部署贯彻落实。围绕突出抓好吕梁扶贫产业发展中存在的“林牧矛盾”展开调研，形成调研报告上报市委、市政府，并在省政协专题议政会发言。党组成员、主席会议成员以身作则，多次到贫困村督查指导帮扶，由一名副主席担任总协调人，常年配合省委脱贫攻坚督导组开展扶贫工作。实施政协扶贫助学工程，资助大学生60名，支资金额30万元，帮助“支出性贫困”家庭解决子女上大学难的问题。

【民生改善献策】

2019年，吕梁市政协围绕“增强医疗卫生服务与保障能力、提高群众就医满意度”深入开展协商议政，提出针对性建议，推动问题解决和工作改进。召开基础教育改革发展电视议政会，现场协商议政，推动问题解决。坚持提高提案质量和增强办理实效并重，创新工作理念，实行多措并举，注重选题引导，加强培训辅导，改进征集方式，加大审查力度，全年征集提案470件，审查立案420件，全部办理答复。压实办理责任，将提案办理纳入各县（市、区）和市直各单位年度考核。突出督办重点，确定转型发展、脱贫攻坚、民生改善、文化旅游、改革创新等6个方面19件重点提案，市委、市政府领导对重点提案逐一研阅、作出批示，市政协由各副主席带队督办，发挥重点提案示范作用。深化提案办理协商，拓宽协商方式，搭建协商平台，推动提升提案承办工作绩效水平，委员对提案办理的反馈意见满意度达98%。强化社情民意信息舆情汇集和民意表达功能，了解社情，反映民意，全年共收集社情民意信息1818篇，全国政协采用7篇，省政协采用26篇。34篇信息得到党政领导同志和有关职能部门批办，3篇信息得到省领导批示，其中与省政协、阳泉市政协共同采写的《关于防治燃煤污染推行“双改”存在问题的建议》得到中央政治局常委、国务院副总理韩正批示，《基层委员对办好“二青会”的建议》得到副省长张复明批示，《关于强化县域发展中科技创新的建议》得到副省长王一新批示，《关于尽快开展德岗遗址系列保护研究工作的建议》得到省政协副主席、吕梁市委书记李正印批示，《关于将晋绥日报旧址创建为全国新闻工作者教育基地》由全国政协转至中宣部。

【“智慧政协”建设】

2019年，市政协坚持把建言资政建立在扎实的调查研究基础之上，做到不调研不协商、先调研后协商、边调研边协商。改进组织实施方式，各种协商议政活动提前聚焦提炼，跟进讨论，使协商过程成为相互交流、集合众智、精准建言的过程，成为宣传政策、统一思想、凝聚共识的过程。加强市政协微信、网站、期刊“三大平台”建设，对接省政协云平台建设，推动“互联网+政协”建设，打造“智慧政协”，充分发挥多媒介宣传优势，传播政协智慧，凝聚社会共识。

【团结联谊合作】

2019年，市政协组织开展庆祝新中国、人民政协成立70周年系列活动，编辑出版《吕梁文史·新中国成立暨人民政协成立七十年》专刊，集中收听收看全国政协重大专项工作委员宣讲团山西宣讲报告会。密切与各民主党派、工商联和无党派人士的团结联系。加强同宗教界代表人士、党外知识分子、非公有制经济人士、新的社会阶层人士的联系。接待全国政协委员、全国台联特邀理事、全国妇联执委凌友诗一行来吕梁考察调研，与多个省市政协组织交流互动，宣介吕梁美好形象，推动对外交流合作。

【文史资料征编】

2019年，市政协做好文史精品征编，把好征编方向。寻访1969年入伍的764名吕梁籍军人在重庆涪陵816地下核工程建设中的感人事迹，编辑完成《吕梁816核工程兵》，编辑完成《吕梁文化丛书》第三、四辑共10册，初步完成《吕梁特种兵》年度专刊编辑。继续加大《知识青年在吕梁》史料征集，已收集300余万字的文字资料和大量图片资料。与吕梁日报社联合推出《红色记忆》专栏共20版约8万字，系统介绍革命战争年代吕梁儿女为民族解放斗争所做出的巨大贡献，发挥文史资料“存史、资政、团结、育人”功能，弘扬“吕梁精神”。

（市政协办）

政协重要会议

【吕梁市政协三届五次全体会议】

2月22日至24日召开。会议听取、审议《常委会工作报告》《提案工作报告》；列席市人大三届六次会议，听取并讨论市长王立伟所作的《政府工作报告》和其他报告；表决通过《政协第三届吕梁市委员会第五次会议政治决议》《常委会工作报告的决议》《提案工作报告的决议》；通报《三届五次会议提案审查情况的报告》；通过人事任免事项。省政协副主席、市委书记李正印在农业界别及涉农委员联组讨论会上肯定广大政协委员的工作。

会议期间，共征集提案470件。经审查，立案420件，占89.4%；撤并转50件，占10.6%。立案提案中，委员提案338件，占80.5%；各民主党派市委、市工商联、界别和政协专门委员会集体提案82件，占19.5%。提案议题广泛、内容丰富，为市委、市政府科学决策提供了参考。会后经69家承办单位办理，截至2019年12月，所有提案全部办复，许多意见建议被采纳落实转化为相关部门工作措施。

【吕梁市政协三届常委会议】

第十六次常委会议 2月20日召开。会议听取市委常委、市政府常务副市长李建国所作的《关于〈政府工作报告〉(征求意见稿)的说明》；听取市政协副主席白荣欣所作的《关于〈政协第三届吕梁市委员会常务委员会工作报告〉(讨论稿)的说明》；听取市政协副主席刘继隆所作的《〈政协第三届吕梁市委员会常务委员会关于三届四次会议以来提案工作情况的报告〉(讨论稿)的说明》；听取市中级人民法院党组书记、副院长高育星所作的《关于〈市中级人民法院工作报告〉(征求意见稿)的说明》；听取市人民检察院党组副书记、副检察长刘双平《关于〈市人民检察院工作报告〉(征求意见稿)的说明》；听取市委办公室、市政府办公室关于政协第三届吕梁市委员会第四次会议以来提案办理情况的通报，以及有关人事事项的说明。

第十七次常委会议 2月23日至24日召开。会议通过《政协第三届吕梁市委员会第五次会议选举办法(草案)》；通过《政协第三届吕梁市委员会副主席补选建议人选名单》；通过《政协第三届吕梁市委员会第五次会议总监票人、监票人名单(草案)》；通过《关于政协第三届吕梁市委员会常务委员会工作报告的决议(草案)》；审议通过提案审查委员会《关于市政协三届五次会议提案审查情况的报告(草案)》；通过《政协第三届吕梁市委员会第五次会议政治决议(草案)》。

第十八次常委会议 6月3日召开。会议听取并讨论市政府副市长杨巨才所作的《关于全市民营经济发展情况的报告》和市政协副主席刘继隆所作的《关于支持民营经济政策贯彻落实情况调研的报告》，通过了人事任免事项。会议邀请国务院参事、清华大学社科学院国际关系学系教授、清华大学经济外交研究中心主任、博士生导师何茂春教授作《国际国内新形势与“一带一路”》专题报告。

第十九次常委会议 9月29日至30日召开。会议听取并审议市政府副市长李俊平所作的《关于深化医疗卫生体制改革情况的报告》和市政协副主席薛爱平所作的《关于“增强医疗卫生服务与保障能力，努力提高群众就医满意度”的调研报告》，审议通过有关人事任免事项。

第二十次常委会议 11月19日至20日召开。会议学习贯彻中共十九届四中全会精神、全国政协十三届九次常委会精神，学习贯彻省委十一届九次全会、省政协十二届十次常委会议及中共吕梁市委常委会议精神；听取并讨论市政府2019年前三季度经济运行情况的通报；视察了市区部分重点工程项目；审议通过人事任免事项。

（市政协办）

中国共产党吕梁市纪律检查委员会
吕梁市监察委员会

【政治监督】

2019年，吕梁市纪委监委认真学习习近平总书记最新重要讲话精神，专题系统研究习近平总书记关于全面从严治党重要论述和“三篇光辉文献”，市纪委理论学习中心组集体学习28次。扎实开展“不忘初心、牢记使命”主题教育，坚持把学习教育、调查研究、检视问题、整改落实贯穿始终，在提高认识、改进工作和制度建设等方面取得实实在在的成效。强化政治监督，重点围绕脱贫攻坚、生态环境等领域开展监督检查，督促整改扶贫领域问题103个、约谈20人，环保领域问责72人。临县、兴县、石楼县创新方式方法，加大对易地搬迁、危房改造等方面问题监督执纪问责力度。严明党的政治纪律和政治规矩，严查违反政治纪律案件88件、处分102人，交城县严肃查处部分村“两委”主干组织参与封建迷信活动问题。提高党风廉政意见回复质量，全市回复9647人次，否决512人次，严把干部选用政治关、品行关、作风关、廉洁关。

坚持“两个责任”贯通协同，“三项改革”扎实推进，管党治党政治责任压得更紧更实。层层压实“两个责任”，协助市委召开市直部门党组（党委）书记和县（市、区）委书记对标一流述职评议会，召开贯彻落实“两个责任”汇报点评会。加强党委对反腐败工作的领导，协助市委召开5次反腐败领导小组会议，2019年市委1号文件对持续保持正风反腐高压态势作出安排。严格落实请示报告制度，向市委书面请示报告40次，市委主要领导对纪检监察工作批示57件次，报请市委批准立案51件，采取留置措施6人，作出处分决定42人。坚持“两个为主”，向省纪委监委书面请示报告工作50次，报备采取和解除留置措施6人；审批备案县级纪委监委采取和解除留置措施29人次。推进纪检监察体制改革，完善市纪委常委会议事规则，调整班子成员分工，一体分管监督检查和审查调查。将“四风”问题和第二种形态的执纪审查职责调整至监督检查室。制定邀请检察机关提前介入、退回补充调查等制度，加强纪法贯通、法法衔接。制定特约监察员工作办法，选聘22名特约监察员。在乡镇纪委（街道纪工委）加挂县级监委派出监察室牌子。交口县进一步规范村级纪检监察监督员工作，强化基层监察监督。

【监督执纪】

2019年，吕梁市纪委监委坚持全覆盖、常态化、高质量，监督基本职责、第一职责得到加强。

深化运用监督执纪“四种形态”。全市运用监督执纪“四种形态”处理8013人次，一至四种形态分别占比63%、29%、5%、3%。对县（市、区）党委、纪委监委把握运用监督执纪“四种形态”专题调研，及时发现问题，纠正偏差。离石区制定全面从严治党谈心谈话制度，方山县出台“三重一大”事项专项检查制度，孝义市创新舆情监测分析、考核成果研判、廉政档案运用等日常监督方式方法。有序推进巡察全覆盖，第六轮、第七轮常规巡察发现问题线索1768个，立案261件，处理286人，移送司法5人。

组织开展扶贫项目资金、危房改造和易地搬迁专项巡察，发现问题484个、移送线索171条。

强化巡察整改，按要求高标准完成中央第十五巡视组交办事项、省委巡视反馈问题和市县巡察发现问题的整改。加强派驻监督，市县派驻机构处置问题线索1510件、立案389件、处分348人，26个市级派驻纪检监察组查办案件全部破“零”。中阳县加强内设机构和派驻机构协作联动，增强监督实效。保护激励干部担当作为，开展问责工作专题调研。

全市问责12个党组织、250名领导干部。精准处置问题线索，查处诬告陷害案件8件，为54名受到不实举报党员干部澄清正名。对全市7801名受处分党员干部开展回访教育，新华社“国内动态”清样进行报道，中央领导和中央纪委领导作出重要批示予以肯定。

【反腐惩恶】

2019年，吕梁市纪委监委坚持稳高压态势、稳惩治力度、稳干部群众对持续反腐惩恶的预期，反腐败斗争压倒性胜利巩固发展。

突出重点削减存量，零容忍遏制增量。全市纪检监察机关受理信访举报10002件、同比下降34%，立案3133件、同比增长3.9%，给予党纪政务处分2943人、同比增长4%，组织处理3390人、同比增长45%，其中查处科级以上干部471人，移送审查起诉68人。市纪委监委立案查处县处级干部42人，特别是严肃查处一批不收敛不收手严重违纪违法案。在纪法威慑和政策感化下，全市有86名干部主动交代违纪违法问题。深入整治群众反映的突出问题，查处扶贫领域腐败和作风问题355件、处理670人。

坚持“打伞破网”主攻方向，落实“两个一律复核”要求。全市立案查处涉黑涉恶腐败及“保护伞”案件114起，处理党员干部和公职人员176人。认真开展人防系统腐败问题专项治理，排查433个问题、处分36人，追缴人防易地建设费1亿多元。查处民生领域侵害群众利益问题，查处“微腐败”981件、处理1751人。在主题教育活动中扎实开展漠视侵害群众利益问题专项整治，查处问题84件、处理185人，3次公布漠视侵害群众利益专项整治成果。编印严重违纪违法典型案例、忏悔录、反思录，拍摄《法纪不容触碰》《迷失的初心》等警示教育片，组织全市12万名党员干部开展警示教育，以案为鉴，警钟长鸣。

【“四风”纠治】

2019年，吕梁市纪委监委深入落实中央“八项规定”精神，纠治“四风”力度持续加大。坚持日常监督与专项督查相结合，紧盯错峰违纪、隐形变异等问题，紧盯“关键少数”“退而不休”等重点，紧盯元旦、春节、中秋、国庆等节点，严肃查处各类问题216个、处理335人，其中处分228人。严肃整治形式主义、官僚主义问题，贯彻落实党中央为基层减负要求和省市工作措施，从领导机关和领导干部抓起，推动解决文山会海、督查检查过多过频等问题。市级发文减少31.6%、会议减少32.3%，督查减少83.3%；全市查处形式主义、官僚主义问题366件、处理793人，其中处分451人。严肃查处并公开通报市人社局和市行政审批局、政务服务中心、部分窗口单位严重形式主义和官僚主义问题，取得良好政治效果、纪法效果和社会效果。

【干部队伍建设】

2019年，吕梁市纪委监委坚持“五个过硬”，纪检监察干部队伍建设进一步加强。旗帜鲜明讲政治，全面落实机关党建工作责任制，开展领导干部讲党课、主题党日活动等，引领纪检监察干部牢记初心使命，践行“两个维护”。

切实抓好全员培训，选派44批次232名纪检监察干部参加中央纪委国家监委、省纪委监委组织的培训；对全市318名乡镇纪检监察干部进行为期6天的综合业务培训。汾阳市通过分组连片、以案代训方式，提高业务能力。对全市纪检监察机关落实“三转”要求“回头看”，自查自改“三转”不到位问题16个。

执行纪检监察干部48字行为规范。坚持正视问题、刀刃向内，坚决防止“灯下黑”，全市谈话函询纪检监察干部132人，组织处理39人，处分8人。

（市纪委监委）

民主党派　工商联

民革吕梁市委会

【示范支部、民革“党员之家”创建】

2019年，民革吕梁市委会持续开展“示范支部创建”活动和“党员之家”建设，完善、创新支部工作机制。市直一支部、离石区支部、柳林支部、汾阳支部、孝义支部参加示范支部创建，市直二支部开展达标创建，均取得良好成绩，孝义支部获得全国“示范支部”称号。

民革“党员之家”建设以服务党员为宗旨，将“党员之家”建设成为参政议政的平台、服务社会的基地、多党合作的生动样板、展示宣传民革工作的重要窗口。孝义支部、离石区支部、柳林支部、汾阳支部4个支部建成“党员之家”，离石区支部获评全国“优秀民革党员之家”称号。民革吕梁市委会严格按照《民革吕梁市委发展党员程序及审批办法》发展党员，把关严格、程序规范，保证质量。全年发展党员19名，其中培养吸收具备副高职称和硕士研究生以上学历新党员7名，占到新一批党员的37%，为民革全市人才队伍建设和可持续发展夯实基础。

【参政议政】

2019年，民革吕梁市委会深入石楼县、交口县、临县和兴县服务民营企业，向石楼县民宜供热有限责任公司、交口县经纬铸造有限公司、临县丰林现代农业发展有限公司、兴旺枣业有限公司和兴县中源科技开发有限公司，宣讲省委支持民营经济发展“30条”和市委支持民营经济发展“20条”，并通过实地考察、走访车间和召开座谈会等方式，重点了解企业发展现状和存在的问题，帮助企业化解难题。

在政协吕梁市三届五次会议上，市委会提交大会发言11篇、集体提案18件，其中，《关于重视和总结交城科技创新经验，推动全市实现高质量发展的建议》提交大会发言。提案《关于谱写新时代吕梁发展新篇章需要法治先行的建议》《关于加强文化遗产保护 传承吕梁历史文脉的建议》被评为“2018年度优秀提案”。积极参加省政协重点提案督办协商和吕梁市委、市政府、市政协及有关部门召开的座谈会、通报会、征求意见会和对口协商会，积极咨政建言。全年共向吕梁市政协报送社情民意信息40条，向民革山西省委报送社情民意信息30条。

【脱贫攻坚服务社会】

2019年，民革吕梁市委会坚持把社会服务作为民革参政议政的延伸、拓展，按照中共吕梁市委统一部署要求和脱贫攻坚重点，积极开展脱贫攻坚民主监督工作。赴兴县奥家湾乡走访建档立卡贫困户，开展吕梁市委统战部部署的“百千百工程”帮扶任务。市委会赴方山县走访慰问5位结对帮扶贫困生；市直二支部为结对帮扶贫困大学生捐款3000元；离石区支部联系燕之屋碗燕为贫困大学生筹资3000元；汾阳支部与汾阳正能量联合会共同走访中考贫困生家庭，为汾阳市三泉镇靳屯高考贫困生捐款1000元。市直一支部深入柳林县薛村小学开展支教活动；汾阳支部开展关爱贫困儿童活动，义务栽植桃树200余株、油松400余株。帮扶活动的开展，为吕梁民革树立了良好的社会形象。

（民革吕梁市委会）

民盟吕梁市委会

【组织建设】

2019年，民盟吕梁市委共有21人加入盟组织。全市盟员为526名，平均年龄46岁，其中副高以上职称124人，县级以上19人，科级68人，中级职称以上365人，占69%；省人大代表1人，省政协委员1人，市县人大代表16人；市县政协委员83人，政治安排达18%。

在汾阳市贾家庄举办新盟员履职能力培训班，共计80余人参加，民盟山西省委、吕梁市委统战部负责人为培训班主讲。组织骨干盟员参加盟中央、盟省委、市政协、市委统战部等部门举办的参政议政能力提升班、盟史培训班，受训盟员100余人次。开展外出调研考察，与西安市等省外兄弟地市级盟组织建立联系，汾阳总支每年接待兄弟盟组织来访10余次，民盟吕梁市组织的社会影响力进一步提高。

推进“人才强盟”战略，完善盟领导班子联系基层组织制度、民主生活会制度。离石支部、妇女专委会进行届中调整。

【参政议政】

2019年，民盟吕梁市委围绕推进“五位一体”总体布局和“四个全面”战略布局，充分发挥民盟组织参政议政和民主监督作用。在2019年吕梁市人代会上，共提交建议10余件；吕梁市政协会议上，共提交集体提案15件，2件为重点提案，并在大会上作发言；省政协会议上，提交9件集体提案立案。

2019年，在协商座谈会上，提交的报告《应用大数据，助推“数治乡村”的全景研究》得到好评。吕梁市民盟先后围绕农村医保、康养产业、农村集体资产股份制改革、“数治乡村”、乡村旅游、“六个一”、民营企业等进行一系列调研，形成多份高质量调研报告。张焕文撰写的《强化乡村卫生队伍建设，为实施健康中国战略提供基层人才保障》论文在民盟中央第十届民生论坛被评为优秀论文。离石支部撰写的《乡镇统战工作机构建设和机制创新研究——以离石区乡镇统战工作为例》一文，获得全省统战理论政策研究优秀成果三等奖。

4月，民盟吕梁市委组织教育界盟员赴离石区中小学进行调研。12月22日，盟市委主办、教育专委会承办第三届“教育论坛”，围绕离石区的教育现状，教育界10位盟员作了发言。论坛为吕梁市教育的发展起到了积极作用。

反映社情民意。2019年，民盟吕梁市委会先后向盟省委、市政协、统战部等报送社情民意100余条，其中，全国政协采用（综合稿件）2条，民盟中央采用8条，省政协采用11条，盟省委采用30余条。

（民盟吕梁市委会）

民建吕梁市委会

【学习培训宣传引导】

2019年5月，民建吕梁市委、部分支部成员参加全省民主党派市委委员培训班。6月，民建吕梁市委会主委、各支部主委、副主委等骨干会员参加了民建山西省委在哈尔滨商业大学举办的参政议政培训班；民建骨干会员参加吕梁市委统战部主办的吕梁民主党派大讲堂第四期“一带一路”与“吕梁发展”讲座。7月，参加吕梁市委统战部组织的第五期《监察法》专题讲座。10月，部分支部成员参加民建山西省委举办的基层组织负责人培训班、市委统战部组织的党外代表人士参政议政建言献策能力提升专题培训班。民建汾阳总支组织骨干会员赴贵州遵义会议会址、重庆民建成立旧址、中国民主党派历史陈列馆、白公馆、渣滓洞、红岩村等地参观学习。

2019年，民建吕梁市委各级组织在市级网站刊登新闻稿件50余篇，其中被民建中央和省委网站采用30余篇。开展了主题征文活动，为民建省委、市政协提供稿件40余篇。

【基层组织建设】

2019年，民建吕梁市委规范发展会员程序，把好“进口关”，严格按照发展比例发展会员；做好发展前的考察、引导，吸收政治素质好、层次高、参政议政能力强的优秀人才加入，全年发展会员15名。加强对新会员的培训、培养，强化自身建设。市委会组织开展支部建设现场观摩会，各支部间相互学习交流，带动全市基层组织共同发展；汾阳4个支部、市直三支部建成“会员之家”，其他5个基层组织支部阵地逐步形成。各基层组织完善支部各项制度，使支部运转有规可循。根据2019年初制定的工作计划，各支部每季度开展一次基层组织活动。民建吕梁市直三支部、汾阳总支第一支部被民建山西省委评为“特色基层组织”。

【履职建言参政议政】

2019年8月，民建吕梁市委组织市委委员及基层组织负责人，围绕履职尽责、发挥民主党派作用、支持民营企业发展等问题，深入调查研究；市直支部组织会员赴中阳县培英学校就留守儿童学习、生活情况进行调研。汾阳总支结合“酒都汾阳”建设，参观考察贵州茅台、四川泸州老窖等国内名酒企业，研究中国酒文化，挖掘本土酒文化资源，探索将汾阳打造为全国一流的清香型白酒基地的发展之路。医务界会员结合义诊活动，在汾酒集团社区就分级诊疗、社区医疗服务等情况进行了调研。

2019年，民建吕梁市委会会员中的人大代表、政协委员提交“两会”议案建议、提案共40余件，其中集体提案15余件；报送社情民意共67条，完成《畅通民营企业意见建议反映渠道研究》《落实六大政策举措 支持民营企业发展》报告。

【社会服务工作提升】

2019年，民建吕梁市委在扶贫、教育、

文化、卫生和健康养老等领域开展社会服务工作。开展农村基层义诊活动，为群众送医送药、宣讲保健知识，组织会员捐资助学、助残帮扶等活动。继续开展全省统一战线助力攻坚深度贫困“百千百”工程，对结对帮扶的6位贫困家庭大学生进行跟踪帮扶，分别给予5000-6000元助学资金，共计32000元。

根据“四比四促”实施方案安排，民建吕梁市委按照吕梁市委统战部《关于开展民主党派服务民营企业活动的实施方案》要求，组建5个民建服务企业工作组，分别联系服务5户民营企业，共计25户；对出台的《关于支持民营经济发展的若干意见》开展专项监督。组织“民建医疗服务队”成员、总支委成员、各支部主委一行20余人赴汾阳市石庄镇、汾酒集团社区，为100余名社区居民进行义诊。会员武伟伟积极投身产业扶贫，投入890余万元，建设湖羊养殖园区，安排贫困户30人就业，项目已完成70%。

（民建吕梁市委会）

民进吕梁市委会

【“一人一建议”活动】

2019年，民进吕梁市委会开展“一人一建议”活动，号召基层组织“给单位提建议、向部门进忠言、为社会做贡献”；坚持按季度下发重点选题，集聚专业人士做好“新兴产业监管”等中央特约稿件和全国“两会”重点信息征集报送工作。全年共收到会员提交信息170篇，《吕梁民进社情民意信息》刊用80篇，其中《支部信息专刊》刊用11篇。全年共提交市政协大会发言材料9篇、集体提案21件，报送民进省委调研成果15件，提交吕梁市委召开的党外代表人士座谈会协商议政发言材料2篇，有11件成果受到表彰，其中省领导领办督办重点提案2件，市政协重点提案4件，民进省委优秀成果5件。

【“大服务”惠民活动】

2019年，民进吕梁市委会坚持把社会服务与民进工作结合起来，组织人员到岚县普明镇实地调研，开展脱贫攻坚工作；贺昌中学支部开展送优质教育和医疗服务活动；市人民医院支部、离石支部、交城总支部、汾阳总支部先后到方山、离石、交城、中阳的贫困山村进行医疗义诊，向贫困家庭和孤寡老人献爱心；汾阳文教医卫支部联合山西省肿瘤医院支部共建“医疗服务工作站”；汾阳综合支部定点支教全年累计达32次、近70多个小时；开展“百千百”工程结对帮扶工作，为结对帮扶贫困户大学生捐款3.5万元。

（民进吕梁市委会）

九三学社吕梁市支社

【学习教育活动】

2019年，九三学社吕梁市支社通过微信群开展学习，组织社员关注“吕梁政协”微信公众平台，及时了解组织动态，在线学习理论知识。通过“请进来”和“走出去”的学习模式，以分散自学、集中培训相结合等形式开展学习，鼓励社员积极参加民主党派大讲堂及政协大讲堂，拓宽学习视野。支社主委薛爱平参加全国政协第127期干部培训班，带领社员参加九三学社山西省委举办的能力提升培训班。支社5名社员参加吕梁市委统战部举办的民主党派市委委员培训班。

【组织建设】

2019年，九三学社吕梁市支社加快推进人才储备和干部培养，培养考察新社员，年内发展新社员5名。在组织建设中正式设立支社办公地点，确立支社专职工作人员。6月11日，九三学社孝义小组正式成立，选举产生第一届委员会。

【参政议政】

2019年，九三学社吕梁市支社参政议政部有2名社员负责编辑《参政议政》，发布并上报市委统战部、省九三学社。全年编发《参政议政信息》104期，围绕群众关心的热点问题建言献策。根据社省委约稿，组织社员完成《关于大力推动企业科技创新的建议》《扩大债券资金发行范围全力支持乡村振兴战略实施》《关于配备农村学前教育教师的建议》等提案10余篇。

2019年，针对企业科技创新能力开展深度调研，完成《提升企业科技创新能力，夯实企业转型发展基础》调研报告。就全市医改情况组织开展协商议政。围绕“增强医疗卫生服务与保障能力，努力提高群众就医满意度”开展深入调研，形成《关于增强医疗卫生服务与保障能力，努力提高群众就医满意度的建议》。围绕“科技成果转化”开展监督性调研，形成《吕梁市科技成果转移转化情况的调研报告》。

【“九吕合作”品牌项目建设】

2019年，九三学社吕梁支社争取九三学社中央和九三学社山西省委对“九吕合作”的支持，建立了“九三学社专家人才库”和“九吕合作征集项目库”，为专家优选项目，为项目优选专家。选定专家后，通过深入沟通形成合作初步意向，多次去北京、西安、天津等地与专家对接，沟通筹划合作模型，邀请专家学者来吕梁实地考察，确定对接项目，最终签订合作协议。为保证合作项目个个落地见效，对专家和项目单位进行跟踪服务，帮助项目单位拟定编制洽谈文件。

2019年，九三学社吕梁支社协助引进顾东风院士、柯炳生教授和吴松博士等专家学者30余名，在医疗卫生、教育、农业、大数据、金融物流等多个领域引进建设项目，并与多个单位展开合作。农业方面，聘请中国农业大学原校长柯炳生教授为现代农业专家（顾问），在吕梁实施中国科协“科技小院”项目；国家农业农村部确定在方山县马坊镇实施“农业产业强镇”项目，议定在柳林县实施旱作农业技术推广和红枣防裂果、核桃深加工技术研究推广；由九三学社省委会原主委刘滇生领衔的“绿色农业专家工作站”，为吕梁市蔬菜和小杂粮种植提供技术创新服务；推动孝义市政府与西北农林科技大学专家就本地农业、林业、畜禽产业、农产品加工等事项达成产学研全方位合作意向。

教育方面，协助清华大学附中与吕梁市政府签订战略合作协议，贺昌中学与清华永丰中学建立校际帮扶关系。

医疗卫生方面，聘请顾东风院士在汾阳医院建立院士专家工作站；吕梁市人民医院与北医三院、北京朝阳医院等多家医院专家团队开展合作；孝义市中医院分别与北京中医药大学医院、中国中医科学院的九三委员会达成中长期合作意向。

金融物流方面，协助京东集团和市供销社建立产销体系，推动吕梁农产品“走出去”。

大数据方面，吕梁市军民协同研究院与中国大数据与智能计算产业联盟合作，推动“数谷吕梁”建设。

2019年，九三学社吕梁支社建成“九三农村幸福院”，为柳林县王家沟乡中心敬老院配备康复器材、健身器材、五保老人生活用品，修缮敬老院基础设施。

【社会服务活动】

科普活动。2019年，九三学社吕梁支社开展各类科普活动12场，其中科普讲座3场，健康培训讲座6场，医疗服务5场。累计专家参与人数24人次。发放科普资料7500份，累计受益人数达到12500人。

义诊活动。九三学社孝义小组、汾阳小组组织义诊活动2次，受益人数1200多人。柳林小组在柳林县燎原广场开展免费义诊、健康咨询及保健知识宣传活动，为居民免费测血糖、测血压，讲解高血压、高血糖应注意事项及保健知识，发放健康宣传资料500余份。离石小组联合市区医卫界专家赴吴城镇下罗堡村开展健康义诊进农村支援服务活动，使村民不出家门即可享受优质医疗资源服务。

扶贫送教活动。离石小组为山区留守儿童送去学习生活用品，向农村学校提供教学用具。汾阳小组在市经济开发区开展专题调研活动2次。

（九三学社吕梁支社）

吕梁市工商业联合会

【民营企业源头培育工程】

2019年，吕梁市工商联实施民营企业源头培育工程，提高民营企业家的基本素质，探索民营企业家评价机制；报送的《实施“源头培育工程”促进民企规范发展》工作报告荣获全国工商联《中华工商时报》2019年度“创新中国”优秀案例。山西省政府驻沪办、上海市山西商会和吕梁市工商联联合举办吕梁市新生代、创二代企业家在沪学习锻炼活动；7月15日，省驻沪办、省长三角招商局、省工商联、上海市山西商会、吕梁市工商联等部门领导参加活动启动仪式。本次活动组织吕梁市20名民营企业家在上海市14户先进企业进行学习锻炼。10月18日，吕梁市工商联在上海燕归来健康科技有限公司召开“吕梁市新生代、‘创二代’企业家在沪学习锻炼总结交流座谈会”，为期3个月的吕梁市年轻企业家在沪学习锻炼圆满结束。

孝义市、汾阳市、交城县、临县、柳林县、中阳县工商联获得2018—2019年度“五好县级工商联”称号。中阳县工商联被全国工商联评为“2019年民营企业调查点工作示范单位”。

【驻外吕梁商会】

2019年10月17日，上海市吕梁商会举行成立大会。10月24日，吕梁市工商联赴西安就西安市吕梁商会筹备情况进行考察，10月28日市工商联批复同意筹备。12月26日，银川市山西吕梁商会召开成立大会，吕梁市工商联领导应邀出席。

【法律服务】

2019年4月28日，吕梁市工商联与市司法局联合组织开展“百名律师进民企”法律服务公益活动动员会，组织34个律师事务所的上百名律师，为106户民营企业提供为期三年的“点对点”精准法律服务。

（市工商联）

群众团体

吕梁市总工会

【劳模评选】

2019年，吕梁市总工会根据省委、省政府和省劳动竞赛委员会要求，组织开展全市劳模评选活动。评选的劳动模范，提交市劳动竞赛委员会会议和市委常委会审定。共推荐全市69个单位（集体）和个人受省委、省政府表彰。其中山西省模范单位7个，山西省模范集体7个，山西省特级劳动模范7名，山西省劳动模范4名。

【“五小六化”竞赛】

2019年，吕梁市总工会召开二届四次全委（扩大）会议，出台《吕梁市总工会深化改革创新实施办法》，推动“五小六化”竞赛由传统行业向高新技术行业延伸，由工业企业向事业单位延伸，由公有制企业向非公有制企业延伸，由大型集团公司向中小微企业延伸、向班组一级拓展，形成全方位、多层次、广覆盖的新格局。

7月上旬，吕梁市总工会进行职工创新专项调研，为职工创新提供活动场地，增加经费投入。其中孝义市总工会推动民营企业开展竞赛，中阳钢铁（集团）有限公司工会推进竞赛科技化等方面做出大胆探索。2019年，全市共推荐来自企事业基层一线职工发明创造的120项竞赛项目，参加全省“五小六化”竞赛活动项目评选，有37个项目获奖，其中一等奖2个、二等奖11个、三等奖24个。

【技能竞赛】

2019年，市总工会在汾阳市先后主办吕梁市首届餐饮行业职工职业技能大赛和吕梁市首届汽车维修与检测行业职工职业技能大赛，两项赛事均分为理论考试和实际操作两部分进行。全市13个县（市、区）选送的256名参赛选手，围绕中式热菜、中式面点、食品雕刻、意境菜制作、餐厅服务、客服服务和发动机曲轴拆装测量、空调维修技术、钣金、汽车车身涂装等10多个比赛项目展开角逐比拼，有72名选手获金、银、铜奖。

2019年，市总工会与市直机关服务中心联合举办“优化营商环境、展示后勤风采”第一届服务技能竞赛。承办全国危化品企业职工技能竞赛暨全省首届职工职业劳动保护技能竞赛，吕梁市代表队获团体一等奖，个人奖项20个，得到中华全国总工会和国家安全生产应急救援中心的肯定。

【产业工人队伍建设】

2019年，吕梁市总工会按照省总工会要求，联合孝义市总工会对山西东义煤电铝集团有限公司等大型企业在产业工人队伍技能素质提升方面的做法和经验，进行为期三个月的调查研究。采取多项举措，提升产业工人队伍整体素质。依托企业实行企校联合，把技工学校办进企业，按照行业工种和企业需要设置专业和课程，实现产业工人队伍技能和学历教育双提升。通过岗前培训、岗中轮训，考核与激励相同步，培养崇尚劳动、钻研技能的新时代产业工人队伍。

【“吕梁山护工”服务平台】

2019年元旦和春节期间，吕梁市总工会筹措资金70万元，走访慰问护工家属1000户。9月在“金秋助学”活动中，专门为117名困难护工子女发放助学金26.4万元。市总工会成立“吕梁山护工”工会委员会，建立驻北京、天津等6个工会服务部和17个服务站，将京津冀就业的4600多名“吕梁山护工”组织起来，并提供全方位服务。11月上旬，吕梁市总工会与“吕梁山护工”培训就业领导组，联合主办第三届“吕梁山护工”技能竞赛，有8家护工护理培训单位选送的100名“吕梁山护工”围绕养老陪护、病患陪护、母婴护理、家居保洁等项目进行决赛，共决出一等奖4名、二等奖8名、三等奖12名、优秀奖66名。

【城市困难职工解困】

2019年，吕梁市总工会动员、指导、督促各级工会精准识别全市困难职工档案，注销橙色档案。召开专题会议，签订《困难职工解困脱困目标责任书》，动员部署全市各级工会，推动城市困难职工解困脱困，为2020年全市全面脱贫作出贡献。

【职工组织服务改革】

2019年，吕梁市总工会全面深化“三基三移三服务”改革，着力突破制约全市工会中心工作的瓶颈问题。在“智慧工会”建设培训活动中，有各基层工会干部130余名参加培训。集中开展“工会组建月”活动，以“货车司机入会集中行动”为主导，共新建基层工会46个，在货车司机、快递员等群体发展会员6421人。

市总工会对接吕梁市直相关部门，启动吕梁市工人文化宫建设项目。全年为新建职工俱乐部的县（市、区）工会下拨补助200余万元，完成19个首批职工文化阵地建设示范点的考核验收，并下拨补助经费270万元。为165个乡镇（街道）工会、87个500人以上的基层工会联合会（联合基层工会）和1568个村（社区）工会下拨补助资金660余万元，有效解决基层工会经费不足问题。

市总工会出台《深入开展工会会员普惠性服务实施方案》，在全省率先推行“四送八服务”（即“春送岗位、夏送清凉、金秋助学、冬送温暖”和日常消费服务、爱心超市服务、“妈咪小屋”服务、心理健康咨询服务、户外劳动者驿站服务、职工文体活动阵地服务、井口接待站服务、假期托管中心服务）。举办“春风行动”招聘会38场，达成就业意向2030

人；开展“送清凉”慰问活动135次，慰问职工46062人，慰问物资价值470余万元；对527名困难职工家庭子女开展助学救助（其中吕梁山护理护工子女175名），共发放专项帮扶资金221.7余万元。2019年，全市各级工会走访慰问困难企业141个、困难职工8536户，共发放慰问金710.3万元。

2019年，市总工会出台《吕梁市总工会农民工讨薪应急救助周转专项资金的筹集及使用管理制度》，探索农民工应急救助周转专项资金的筹集管理和工会干部聘用制度改革。方山县工会干部社会化聘用试点取得成效，孝义市城镇困难职工解困脱困工作经验得到省总工会肯定，在全省推广。

（市总工会）

共青团吕梁市委

【团组织创新发展】

2019年，共青团吕梁市委推动共青团改革向基层纵深发展，制定《共青团吕梁市委2019年度重点改革任务实施方案》，完成县（市、区）26项重点改革任务。

学校共青团改革。团市委以严格入团政治标准、降低团员青年比为切入点，落实“青源工程”，抓好“团队衔接”“推优入团”，从源头上确保团员发展质量，学校初中、高中毕业班团员比例分别控制在30%、60%以内。开展“六个一”活动，指导整顿软弱涣散团支部进行整改。出台《“住校蹲班”直接联系基层团支部制度》，促进学校共青团改革工作落地生根。规范团务档案管理，统一制定《团委工作手册》《团支部工作手册》，开展标准化档案保管等工作。对全市使用团队标识进行线上、线下核查，规范使用团徽、团旗、团歌。

团组织设置创新。落实团省委“一带三强”工作部署，指导各基层团组织重点理顺学校、国有企业、党政机关、事业单位团组织隶属关系和管理体制，开展“一县一品”团建工作。探索有效措施补齐非公企业、城市社区、农村、社会组织等难点领域的团组织覆盖漏洞，在新建43家“两新”领域团组织的基础上，与市民政局联合推动全市社会组织规范化建立团组织工作。2019年，成立快递行业团组织，组建共青团吕梁市邮政行业委员会，在全市范围内推进各快递公司成立团支部。有序推进全市金融系统团组织筹建工作。

团组织工作模式创新。团市委着力打造共青团“两微一端”、抖音等新媒体网上宣传矩阵，在五四、建党、国庆等重要时间节点开设专栏，编创视频并转发讨论。在重大舆情和突发事件出现之际敢于发声、善于引导，引领网上舆论。充分利用网络直播途径，开展多个团主题日、“改革创新、奋发有为”动员、共青团知识竞赛、“我和我的祖国”等活动。借助网络平台，开展“脱贫攻坚青年先锋”推选、“争做新时代向上向善好青年”分享、“五四精神传承有我”展示、“我与祖国共成长”征集等活动，并评选吕梁脱贫攻坚青年先锋30名。

深化中小学少先队改革，从10大方面出发，分别细化重点任务，促进项目清单有效落地。

【青少年思想政治引领】

2019年，共青团吕梁市委强化政治引领，用科学理论武装青少年，倾力推进“青年大学习”行动，且全市参与人次累计超过25万人，连续3次名列全省第一。团市委吸纳党政机关和社会各界优秀青年组建“青年讲师团”，班子成员及兼职副书记深入基层开展面对面宣讲交流。团市委13个“青年讲师团”全年开展宣讲活动24场，覆盖农村、社区、机关、学校、企业共计24个单位，覆盖团员青年和各类群众近1万人。

团市委通过主题实践教育，引导青少年树立正确的价值观。通过纪念五四运动100周年暨“英雄吕梁青春追梦”活动，全面展示新时期吕梁青年继承和发扬五四精神的新形象。依托吕梁红色教育资源，举办团中央示范性特别主题团日网络直播活动6场，在线观看人数达5万人次。通过清明祭扫先烈、参观红军东征纪念馆等“弘扬吕梁精神，传承红色基因”实践活动，深化社会主义核心价值观主题教育。举行“奋斗的青春最美丽”先进典型3场分享会，共邀请8位先进典型青年分享成长历程和奋斗故事，用身边的励志榜样感召广大青少年。

【青少年成长成才环境建设】

2019年，共青团吕梁市委创新青少年成长成才环境，服务青年创业就业。

年初，在“暖春行动”青年人才大型招聘会上，有100余家省市企业参会，提供1200余个工作岗位，参与求职者人数达到7000余人，现场达成就业意向近800人。在“青春兴吕、扶贫助学、促进就业”公务员考试公益培训中，受训人员达400余人。

团市委组织举办休闲农业与农村合作社经营管理创业致富带头人培训班，累计培训人员达700余名。

2019年夏，举办吕梁市星火项目暨第六届“创青春”青年创新创业大赛，通过吕梁广播电视网进行现场直播，共计10万余人次在线观看，为全社会营造了浓厚的创业氛围。

团市委建立青年电商创业服务支持体系，在吕梁电商青年科技创业园建立“青年之家”，并主动对接市经济开发区管委会，与青年电商孵化园创业青年代表座谈。同时统筹团系统资源和整合社会资源，对全市电商创业青年进行高端电商创业培训150人次。

团市委开展“青春兴吕”系列活动，通过线上征集“青春兴吕”“我为家乡代言”等主题宣传视频，感召外地吕梁籍青年回故乡建吕梁。召开“学子归巢”座谈会3场，慰问“吕梁山护工”活动30场。在“冬季递暖”慰问活动中，向快递小哥赠送1万余元的生活物资和价值600万元的富德生命保险。

2019年，团市委在吕安危化应急救援基地举办吕梁市“青年安全生产示范岗”争创活动。开展“青年林建设”，在清明节前后动员青少年积极参与植树造林活动，累计植树4000余株，助力“大生态”吕梁建设。组织团员青年参与“二青会”志愿服务，有235名志愿者参与火炬传递、机场接站、驻地服务等25项志愿服务，累计接送运动员往返比赛场馆320车次，分发门票2万余张，协助运动员检录46场次，进行颁奖服务56次，引导3.2万名观众入座。

2019年，全市各级团组织上下联动，以团中央彩票公益金支持困境青少年服务项目为依托，组织服务团队深入全市各中小学校开展“五防”安全教育（防侵害、防拐卖、防校园暴力、防意外、防灾害），增强青少年学生的安全意识和自我保护意识。全年开展“五防”安全教育500场，覆盖全市2万多名青少年。开展团体“心理辅导”300场，覆盖全市1.3

万名青少年。组建禁毒防艾服务队46支，开展“禁毒防艾”宣传活动92场，覆盖全市1万多名青少年。依托团中央“童心港湾”公益项目，着重针对留守儿童开展亲情陪伴、情感关怀、自护教育等工作，并在临县、石楼县建立“童心港湾”试点6所。

【共青团基层组织建设】

2019年，共青团吕梁市委全面推进基层团组织规范化建设，共组织基层团组织规范化建设专题会议2次，举办专题培训讲座2次，举办团务知识竞赛1场，使“大抓基层”潜移默化转化为团干部和青年的行为养成。团市委精心打造“青年之家”，根据青年聚集和生活时空特点，依托各类城市社区、商区、园区等场所，全年累计成立“青年之家”46家，并开展助力脱贫攻坚、志愿服务、社会实践等活动336场，覆盖青年2万人次。

团市委组织智慧团建系统培训2次，培训人数达400余人次。组织基层团组织规范化建设专项培训2次，覆盖全市13个县（市、区）团委班子成员。组织“青年之家”负责人赴晋中、临汾等地参加专项培训4期，并邀请省级专家对市属“青年之家”负责人进行专题培训。各县（市、区）团委书记、市直学校团委书记以及各类青年社会组织负责人等100余人，均开展志愿者管理系统培训。

2019年，团市委采取逐级向下推进的方式，创建从团市委到所有基层团支部的完整组织树。全年录入团员总数108123个，录入团干部总数1462个，“学社衔接”率达95.8%；纳入整顿团支部5129个，开展组织整顿团支部4292个，进度达83.7%。

（共青团吕梁市委）

吕梁市妇女联合会

【组织建设】

2019年，吕梁市妇联推进乡镇（街道）妇联组织区域化建设，采用“以点带面、试点先行”的办法，在各县（市、区）分别确定一个乡镇为区域化基层组织建设改革试点。各试点乡镇整合乡镇区域内的单位、组织和领域资源，使乡镇妇联组织从乡镇（街道）机关向区域发展。全市163个乡镇（街道）妇联全部完成区域化改建，改建率达100%。基层妇联组织改建后，共配有兼职副主席665名、常委827名、执委3219名。

2019年，吕梁全市共有新领域、新业态、新阶层、新群体组织858个，其中组建妇联组织272个，妇联组织组建率32%；建成“妇女之家”263个，建成率达97%。妇联组织队伍中，有妇女代表8858名、执委1546名，选举产生主席269名、副主席441名。

在妇女组织建设改革中，吕梁市妇联进一步拓展“妇女之家”建设领域，纵向在乡镇（街道）、村（社区）、机关企事业单位等或建或设“妇女微家”，横向在“四新”领域推进“网上妇女之家”建设，形成纵横交织、网上网下相结合的基层妇女组织建设新格局。

【执委专题研修班】

2019年5月19日至25日，吕梁市妇联在厦门大学举办“吕梁市妇联执委专题研修班”，市妇联二届全体执委、县（市、区）部分妇女干部70余人参加培训。培训期间，召开吕梁市妇联二届二次执委（扩大）会议，通过举手表决方式，替补韩凤娇、宋禄珍、郗晓娟为吕梁市妇联第二届执委，制定《吕梁市妇联执委履职考评办法（试行）》。2019年，先后选派优秀妇女领导干部、县乡村妇女干部共30余人次，参加全国、省妇联和市委组织部举办的各类干部素能培训、妇女干部综合能力提升等培训班。

【主题宣传】

2019年，吕梁市妇联依托新媒体网络平台，创新和开展各类主题活动。在微信公众平台开设各界妇女纪念“三八”妇女节系列活动、最美家庭事迹展播、“改革创新、奋发有为大讨论在妇联”“巾帼心向党·礼赞新中国”“不忘初心、砥砺前行——基层妇联纪念建党98周年活动剪影”“走基层话改革”等系列宣传专栏。开设“法律维权”“家庭教育”等各类与妇女儿童权益保障、家庭教育相关的知识小课堂。实地开展纪念建国70周年“我和我的祖国”宣传教育活动，市各级妇联组织开展内涵丰富、形式多样的庆祝中华人民共和国成立70周年主题活动，其中离石区滨河街道办龙山社区的活动视频作为吕梁代表，成为山西省被选中的5个地市之一。在“百千万巾帼大宣讲”活动中，以“巾帼心向党·建功新时代”为主题，市各级妇联组织共组织线上宣讲活动180余场次，受众人数累计达5万余人次；组织线下宣讲活动130余场次，受众人数累计达3万余人次。

【妇女创业就业】

2019年6月，吕梁市妇联向吕梁市委、市政府争取妇女创业就业活动资金130万元，认定吕梁市妇女创业就业基地14个。依托基地组织手工艺、保洁等实用技能培训，共计培训从业人员540名，并安排9名基地负责人分别赴浙江义乌和山西农大参加“乡村振兴巾帼行动”、农村电商骨干培训和巾帼农业创新创业骨干培训。全市14个妇女创业就业基地累计组织各类技能培训14期1600余人次，帮扶建档立卡贫困妇女420名，人均增收3000元。

【巾帼脱贫行动】

2019年9月24日至11月28日，吕梁市妇联在离石区和国定6个贫困县分批举办贫困妇女就业技能（保洁师）培训7场，实行“集中授课、现场操作和跟踪服务”三段式管理，确保培训的实效性；依托15个妇女手工基地，累计培训贫困妇女2355人次，帮助457名妇女就业；21个巾帼家政服务示范基地累计培训贫困妇女7309人次，帮助3706名妇女在家政行业实现就业。2019年，市妇联申报全国巾帼脱贫示范基地1个，争取全国妇联扶持资金5万元；申报创建省巾帼脱贫示范基地10个。各级示范基地累计组织各类技能培训17期2400余人次，帮扶建档立卡贫困妇女1907名，人均增收2000元。

2019年，市妇联开展“两癌”免费检查，检查项目县由2018年的6个国定贫困县扩大到10个贫困县，“两癌”检查总任务数为80647人，至12月底完成乳腺癌检查82764人，完成率为102.63%，宫颈癌检查80832人，完成率为100.23%。全部完成和超额完成检查任务。

【巾帼家政服务】

2019年，吕梁市妇联注重提升吕梁家政服务品质，更加专业、优质、贴心地为外出务工的“吕梁山护工”提供维权服务。7月5日，吕梁市妇联与山西翰儒律师事务所、山西品觉心理咨询有限责任公司、吕梁百花创客空间商务服务有限公司，分别签订法律服务合同、心理健康服务合同以及“吕梁山护工”网上妇联应用维护服务合同。着力强化对护工法律、心理知识的普及，强化对护工个案法律维权、心理咨询服务的专业性。4月23日，吕梁市妇联在北京组织召开吕梁市妇联回访“吕梁山护工”代表座谈会。6月6日，召集吕梁“贝亲好家政”“艳平家政”等5家培训学校和家政公司负责人，召开网上妇联专题工作会议，对实现网上妇联“吕梁山护工”全覆盖，收集护工意见。

6月19日，在全国巾帼家政职业经理人（山西）培训班上，吕梁市妇联就“吕梁山护工”网上妇联工作进行经验交流。9月18日，在全国妇联举办的巾帼家政服务提质扩容专题培训班开班式上，吕梁市妇联作为工作交流单位中唯一的地市级妇联，以《打造娘家服务新平台，唱响巾帼家政金品牌》为题在大会作交流发言。

10月31日至11月1日，吕梁市妇联承办由省妇联、省人社厅、省商务厅、省卫生健康委、省中小企业发展促进局联合举办的“2019年中国技能大赛——第五届‘晋嫂’家政服务技能大赛”复赛决赛。通过组织比赛，提升了“吕梁山护工”的品牌影响力。

11月26日，《中国妇女报》以《“吕梁模式”让巾帼脱贫道路越走越宽》为题，报道吕梁市妇联打造家政“金招牌”、做好网上“娘家人”。

【巾帼法治建设】

2019年，吕梁市妇联开展送法下乡活动，在扶贫点为150余名贫困妇女进行普法宣传教育，邀请山西晋前律师事务所张安乐律师宣讲。在“12·4”国家宪法日，市妇联组织妇女群众学习《我们需要了解的宪法知识》专题视频讲座。全年制作《巾帼维权课堂》微视频13期，累计播放4万余次，收看人数达5万余人。各级妇联累计举办反家庭暴力宣传活动56次，宪法宣传活动62场次，禁毒防艾宣传活动31场次，共计5万余人次参与。2019年，吕梁市妇女儿童一站式维权中心成立，志愿者累计无偿为贫困妇女代写法律文书17份，提供各类法律咨询48人（次），调处涉及婚嫁家庭纠纷案件1起，接待群众信访案件170件。

【“平安家庭”活动】

2019年，吕梁市妇联在市、县两级全部成立婚姻家庭矛盾纠纷调解委员会，共排查婚姻家庭矛盾纠纷117起，化解99起，化解率达85%。为6个国定贫困县和4个省定贫困县的29名贫困患病妇女争取省妇女儿童基金会救助资金5.8万元，完成76名贫困“两癌”妇女的救助申报工作。

【家庭文明建设】

2019年，吕梁市妇联持续开展“最美家庭”寻找活动，召开纪念“三八”妇女节109周年暨“最美家庭”事迹报告会，表彰揭晓2018年度吕梁市“最美家庭”“最孝儿女”和“最优家长”共计100户。通过手机端在线同步直播全市最美家庭事迹报告会，在线观看人数达1万余人次。

2019年，吕梁市妇联建立并挂牌省级“亲子阅读体验基地”10个、市级“亲子阅读体验基地”20个。开展“书香飘万家”家庭亲子阅读体验活动暨家风家教主题宣传月活动，依托吕梁市妇女儿童活动中心，开设公益讲座3场和诵读会1场；开展家庭教育服务，组织全市家庭教育骨干参加省妇联组织的“家庭教育工作骨干”培训班、“山西省家庭教育师资”培训班；在市妇联微信公众平台定期播放“家庭教育公益讲座”，分享科学的家庭教育理念。

市妇联保护和关爱留守困境儿童。“爱心妈妈志愿队”利用开学季、节假日、六一儿童节等时间节点开展结对帮扶。2019年，全市13个县（市、区）妇联和爱心企业、爱心协会，承接省妇联安排的1500斤毛线编织任务，为贫困孤残儿童送温暖献爱心。其中方山县妇联毛衣编织回收活动在“学习强国”平台上宣传报道。

（市妇联）

吕梁市科学技术协会

【第六届山西科普惠农“3·19”行动暨吕梁市第二届乡村e站科技节活动】

2019年3月19日至4月19日，吕梁市科协牵头，省科协、山西农业大学、山西省农资商会、离石区委区政府联合举办第六届山西科普惠农“3·19”行动暨吕梁市第二届乡村e站科技节。活动以“服务乡村振兴，助力脱贫攻坚”为主题，围绕送技术、送信息、送物资等内容，通过全省1000多个科普惠农服务站、乡村e站及农资经销点，向广大农民以让利900万元供应平价物资，开展技物结合与科普惠农工作。

【万民干部入企进村服务】

2019年3月25日至31日，吕梁市科协选派科技馆、学会部、青少部干部，按照省委、市委关于干部进村入企服务要求，分3组深入汾阳市阳城乡文侯村、乔家庄村、田屯村、小虢城村、肖家庄镇青堆村、玉兰村等村开展入企进村服务。对农村在蘑菇种植、浇地水费征收、厕所革新、环境整治等方面存在的13个问题逐一梳理解决。各组按要求进行跟踪回访，其中阳城乡回访反馈46人、26个村，新型农业经营主体4个；肖家庄镇青堆村、玉兰村回访反馈3人、2个村，新型农业经营主体4个；回访反馈满意率均为100%。

【科协系统改革和基层“三长制”建设】

2019年，吕梁市科协按照中央、省委、市委群团改革会议精神和中国科协、省科协“三长制”建设（吸纳学校校长、医院院长、农技站站长等“三长”进入县乡科协领导机构任职、兼职、挂职工作机制）工作部署，在2018年改革阶段性成效的基础上，进一步健全组织领导，发挥典型示范作用，吸纳“三长”进入基层科协队伍，推进全市科协系统改革。41项改革任务完成34项，完成率达82.9%。11月，市科协在孝义市召开全市“三长制”改革工作推进会，通过现场观摩和经验介绍，推动全市“三长制”建设向纵深发展。11个县（市、区）科协完成“三长制”建设，全市161个乡镇中有142个乡镇科协完成“三长”吸纳工作，完成率达88.2%。

【院士专家工作站建设】

2019年，吕梁市科协坚持以项目合作为前提、平台共建为载体，创新平台建设，引导高端成果、高新项目、高层次人才等创新要素向吕梁集聚，培育壮大高质量发展新动能。年内建成山西省汾阳医院院士专家工作站、吕梁市人民医院院士专家工作站、柳林含钙矿物及固废资源清洁高效利用院士专家工作站等4个，吕梁沃丰农业科技公司绿色农业专家工作站1个；建成兴县医疗集团人民医院、汾阳市贾家庄镇卫生院、吕梁野山坡食品有限责任公司创新驱动学会服务站3个。

【信息技术与数字经济报告会】

2019年5月10日，吕梁市委中心组（扩大）举行学习报告会。特别邀请中国科协党组书记、常务副主席、书记处第一书记怀进鹏作题为《信息技术与数字经济：变革与对策》的报告。报告阐述数字经济新的经济形态，以及发展数字经济的现实意义和深远影响。报告对于确立信息技术与数字经济理念，顺应科技和产业变革趋势，发展大数据产业和推动吕梁高质量转型具有很强的指导意义。

【"全国科技工作日"活动】

2019年5月30日，市科协启动“寻访吕梁市最美科技工作者”活动，组织开展以“礼赞共和国，追梦新时代”为主题的全国科技工作日系列活动。选出王久平等10名科技人员为“吕梁市最美老科技工作者”，刘笑等10名科技人员为“吕梁市十佳最美科技工作者”，杜开云等33名科技人员为“吕梁市优秀科技工作者”。

【科普宣传活动】

2019年，吕梁市科协在市县两级电视台开办《科普大篷车》和农村版《科普大篷车》科普栏目，每周2期，全年播放104期节目，覆盖13个县（市、区）。9月，吕梁市科协举办“全国科普日”暨第十八届中国科协·吕梁市科普月主题宣传活动。其间，成功举办首届全民科学素质电视大赛、首届全民科学素质网络有奖竞答、首届科普摄影展、首届科普诗征集与宣传推广等系列活动。2019年12月16日，吕梁市科协被中国科协办公厅评为“2019年全国科普日活动优秀组织单位”。

2019年，市科协面向全市开展“中国流动科技馆”巡展和“科普大篷车”进校园活动。组织开展“中国流动科技馆”巡展活动，走进汾阳14个乡镇、孝义17个乡镇，科普受众20000人；走进离石区泰化学校、贺昌中学初中部，开展科普宣讲活动，参与学生2000余名。

2019年，市科协为吕梁市申报山西省农村科普示范基地3个，科普教育基地1个。扩展与创新科普宣传理念和服务模式。开通公交科普，利用公交车载视屏播放科普宣传短片，在吕梁火车站候车室LED电子屏进行科普宣传，利用乡村、社区、校园科普e站开展科普宣传。大力推行“互联网+科普”行动计划，运行“科协一家”APP、“科普吕梁”微信公众号，发布科普工作动态80余条，征集科普诗词100余首，收集健康生活类科普信息500余条。

【青少年科普竞赛】

2019年，吕梁市科协组织各县（市、区）学校学生参加山西省第三十四届青少年科技创新大赛，共获得184个奖项，其中一等奖21个、二等奖55个、三等奖108个。有2名学生进入国家决赛，并获得二等奖、三等奖各1个。2019年，市科协组织吕梁市机器人参赛队参加山西省第十九届青少年机器人竞赛，共获奖29项，其中一等奖4个、二等奖9个、三等奖16个。有3组参赛队进入国家决赛，并获得国家二等奖2个、国家三等奖1个。

2019年，市科协组织吕梁市学生参加全国青少年人工智能科普活动，参加山西省和全国青少年创意编程与智能设计大赛，共获奖159项，包括一等奖24个、二等奖35个、三等奖54个；优秀辅导教师3个、专项奖12个、人气之星奖1个。其中有7名学生进入国家决赛，并获国家级三等奖1个、国家级优秀奖6个。全市共有8个学校被评为2019年度“全国青少年人工智能活动特色单位”，激发了青少年投身科技创新的浓厚兴趣。

【科技论坛】

马铃薯产业发展高端论坛。2019年8月5日至6日，中国马铃薯产业发展高端论坛在吕梁市岚县举办，来自美国、英国、秘鲁、津巴布韦农业及马铃薯领域7位专家，国内薯类繁育、产业推广、营养研究领域19位专家，云、贵、川等马铃薯种植大省的60余名代表，以及省内100余名马铃薯科研、种植机构代表共计240余人参加论坛。论坛研讨交流马铃薯全产业链运营模式，推动马铃薯科技成果转化，助力贫困地区脱贫攻坚。

全国枣产业发展高端论坛。2019年9月17日至19日，全国枣产业发展高端论坛在吕梁市临县举办。来自国内外从事林果业的19位专家和192家红枣企业代表参加论坛活动。共同研讨规划枣产业发展前景和方向，助力贫困地区枣产业提质增效。

山西省干旱半干旱地区有机旱作农业技术交流会。2019年10月23日，吕梁市科协承办以“乡村振兴、扶智脱贫”为主题的干旱半干旱地区有机旱作农业技术交流会，来自以色列、中国台湾地区等境内外6名农业专家参加并作主题报告。吕梁市直涉农部门，各县（市、区）相关部门科技工作者、乡村e站站长等共计260余人参加。会后，专家们深入离石区、临县、柳林县、孝义市等地考察座谈，为吕梁市有机旱作农业高质量发展建言献策。

（市科协）

吕梁市文学艺术界联合会

【文学创作】

2019年，吕梁市文联配合首届吕梁文学季活动，编辑出刊《吕梁文学——吕梁文学季专号》，汇集近年来吕梁作家创作的优秀文学作品，共41位作家40多万字。市文联动员组织吕梁作家参加吕梁文学季各项活动，听名家演讲并作交流，为文学季活动提供协调服务。

2019年，吕梁市文联编辑出版《吕梁作家文丛》第二辑六卷本，包括长篇小说、中篇小说、短篇小说、诗歌、散文、文学评论，收集2013年至2018年吕梁作家的优秀文学作品。编辑出版《非遗吕梁》，对吕梁非物质文化遗产进行收集整理，用七律诗词的形式介绍120余种非遗项目，并配图片和文字。

2019年，吕梁市文联围绕中心开展主题文艺创作展览活动。6月25日至26日，主办“不忘初心、牢记使命”——庆祝新中国成立70周年伞头秧歌广场消夏文艺演出2场，宣传精准扶贫，传承非物质文化遗产。由市委、市政府主办、市文联承办的“弘扬吕梁精神·决胜脱贫攻坚”——吕梁市庆祝中华人民共和国成立70周年书画展，于9月27日至10月25日在吕梁体育馆展出。主办“吕梁七子、墨彩山河——庆祝新中国成立70周年吕梁优秀美术作品展”，10月1日至25日在吕梁山美术馆展出，汇集吕梁7位优秀画家的70幅美术作品。主办《共和国同龄人安琪致敬展》和安琪艺术人生研讨会。

【对外文化交流】

2019年5月，市文联配合中国煤矿文工团、山西省剧协在吕梁就“吕梁山护工”进行扶贫题材采风创作。6月22日，中国煤矿文工团再度到吕梁，吕梁市人民政府与其签订结对帮扶战略合作协议，确定吕梁市为定点帮扶地区。5月31日至6月2日，市文联配合山西省书法协会开展“山西书法三晋行”大型公益活动走进吕梁系列活动：在吕梁学院举办“山西省书法家协会书法（公益）培训班”，400余名书法爱好者参加培训；组织“翰墨薪传”进校园活动，走进离石区东关小学指导小学生学习书法；组织助力脱贫攻坚书法作品捐赠，走进临县孙家沟村，并捐赠书法作品300多幅。

5月起，市文联与市委宣传部联合主办“英雄吕梁山、魅力黄土地”——当代书画名家写生创作活动，特邀中国当代书画名家东方油画院院长陈可之、中国国家画院乌兹别克斯坦创作中心主任黄智程等一行20余人，深入碛口古镇、红军东征纪念馆、黄河第一湾等地，感受吕梁动人的红色故事和厚重的人文积淀。共组织采风活动4次，走遍吕梁13个县（市、区），吕梁市美协部分人员全程陪同学习创作。还邀请中国水墨画院、北京书画艺术院画家来吕梁，并组织“水润黄土地、墨写吕梁山”采风创作活动，为孙家沟村采风创作基地挂牌。市文联与山西省美协、吕梁学院共同举办“英雄吕梁——优秀美术作品展”，于10月15日至25日在吕梁学院展出。5月，在吕梁山美术馆与山西工艺美术协会、山西省文化馆、吕梁市文化和旅游局共同举办“山西历代碑拓艺术展”。

【文艺成果展览】

2019年，吕梁市画家王爱荣的国画入选十四届全军美展、庆祝澳门回归20周年美展；青年画家王琼的油画作品入选第十三届全国美展。7月，在第十七届山西省美展中，吕梁市共有20余件作品入选。徐秀珍、程香梅等14位画家的作品入选山西省庆祝中华人民共和国成立70周年“锦绣中华、美丽乡村”农民画精品展。同时有多位画家参加吉林省、江西省等省外的农民画展。2019年，吕梁市民间艺术家参加各类剪纸展览、赛事活动30余次，有多位作者获得奖项。参与市级企业民俗文化展示（设计）3次。年内，吕梁市书法家郝慎之、侯晋军的作品入选全国书法展；有28位书法家的作品入选山西省书法展，进入全省第一方阵。吕梁市摄影家冯裕玲的摄影作品入选全国摄影展。

（市文联）

吕梁市新闻工作者协会

【新闻创新】

2019年，吕梁市新闻工作者协会紧跟时代发展要求，理顺办刊思路，对刊物的思想性、政治性、专业性优化升级，提高《新闻内参》《吕梁记者》《吕梁摄影》刊物的办刊质量。改变集中培训模式，深入基层新闻单位开展培训活动，9月23日和11月27日，两次深入汾阳市、离石区开办基层讲坛。主动对标中国记协，修改完善出台《吕梁新闻奖评选办法》，严格评选范围和评选流程，在“吕梁新闻奖”年度评选中，评选出105件获奖作品，同时评选出2019年度“吕梁市十佳新闻工作者”。

【“守正创新”座谈会】

2019年11月7日，吕梁市新闻工作者协会贯彻落实十九届四中全会精神，组织省级驻站媒体、市直新闻单位、部分县级融媒体中心负责人以及优秀记者代表，召开新闻界“守正创新”座谈会。

（市新闻工作者协会）

吕梁市归国华侨联合会

【履行职能、服务侨胞】

2019年，吕梁市侨联建立侨界困难群众档案和帮扶工作长效机制，开展向侨界困难群众“送温暖、献爱心”活动。

全年共走访慰问侨界群众20余户，送去慰问金2万多元。与爱尔眼科医院达成项目合作意向，为吕梁市困难归侨侨眷眼病患者提供救助。市侨联深入各县（市、区），了解困难老年归侨生活补助落实情况。全市20多名60岁以上的老年归侨中，有7名困难老年归侨享受每月200元的生活补助，并通过交流座谈，了解侨胞对侨联工作的意见和他们的生活诉求。

【侨联基层组织建设】

2019年，吕梁市侨联通过和各县（市、区）协调沟通，除原孝义市、汾阳市建立侨联组织，继又在离石区、交城县和岚县筹备建设县侨联组织。结合吕梁市实际，市委出台《吕梁市侨联改革实施方案》。市侨联学习借鉴兄弟市侨联基层侨务工作方法和建设“侨胞之家”工作经验，带领汾阳市侨联、孝义市侨联和机关人员赴太原、晋城、运城、晋中等地考察交流学习。

市侨联全程参与省侨联在吕梁市开展的各项活动。9月，参加省侨联新侨创新创业联盟第三届理事大会暨中阳县招商引资及特色产品推介会。11月，参与在中阳县举行的“侨爱心健康行——股骨头康复器捐赠”公益活动。

（市侨联）

吕梁市残疾人联合会

【残疾预防重点干预和残疾儿童抢救性康复项目】

2019年，山西省政府提出实施5万名残疾预防重点干预和残疾儿童抢救性康复项目，吕梁市残联和卫计委、财政局密切配合，圆满完成省下达目标任务。截至2019年12月19日，吕梁市共为14165名（省下达年度总任务为5354名）残疾人提供残疾预防重点干预和残疾儿童抢救性康复服务，年度任务总体完成率264.57%。其中，包括的3个子项目完成情况分别为：残疾儿童抢救性康复项目任务数629名，完成数1333名，完成率204.23%，全省排名第一；0-6岁儿童残疾筛查诊断任务数225名，完成数459名，完成率204%，排名全省第二；疑似残疾人残疾评定任务数4500名，完成12373名，完成率274.96%。

在项目实施中，针对省项目资金不足问题，吕梁市政府全部兜底安置进行康复救助，从市财政切块资金100万元，为项目实施提供有力保障，对筛查出的残疾儿童且有意愿康复的全部给予救助。吕梁市残联按照“早发现、早干预、早康复”要求，建立残疾儿童“筛查—诊断—康复”全程服务流程，发现一例、诊断一例、康复一例，为广大残疾儿童提供及时有效服务，提高了残疾儿童的幸福感与获得感。

【残疾儿童“雨露关爱计划”】

2019年5月14日，吕梁市残联组织的残疾儿童肢体矫治手术“雨露关爱计划”正式启动。项目针对全市范围内的0-14岁肢体残疾儿童开展大规模摸排，由省康复研究中心组织技术专家团队进行复筛，确定手术对象、签订手术协议并实施矫治手术。手术救助标准为每人13200元，其中10000元用于矫治手术救助，2000元用于术后康复训练救助，1200元用于矫形器装配。同时，每救助一例，由吕梁市投入资金给予救助对象家庭3000元交通和生活补贴费用。全市9个县（市、区）共完成初筛470名、复筛313名，经复筛符合手术条件的对象共计122名，至年底完成手术88名。

【残疾人康复中心与综合服务设施建设】

2019年，吕梁市残联抓住国家发改委、中国残联“民生兜底保障工程项目”建设政策机遇，大力推进各县（市、区）残疾人康复中心与综合服务设施建设，并取得实质性进展。临县2017年立项争取到中央投资904万元，县级配套投资900余万元，2019年7月全部竣工。石楼县2018年立项获政府划拨土地0.93公顷，争取中央投资904万元，县级配套投资340万元，10月土建部分完工。2019年，文水县、柳林县申请立项成功，每县争取中央投资904万元。年内，方山县、兴县、岚县、交城县、中阳县积极准备申请立项。吕梁市康复中心建设的跨越式发展，初步扭转吕梁多年来康复基础设施建设落后现状，为残疾人康复奠定坚实的基础。

【残疾人精准康复服务】

2019年，吕梁市残疾人精准康复服务按照国家《精准康复服务管理系统》标准，完成14224人，康复服务率97.40%，全省排名第三；持证残疾人基本辅助器具免费适配率99.81%，全省排名第一；全市建档立卡残疾儿童和持证残疾人接受基本康复服务率98.49%；因病致（返）贫残疾儿童和持证残疾人接受基本康复服务率98.77%。

2019年，市残联结合残疾人精准康复服务，按照建档立卡残疾人基本辅助器具适配率达到85%以上的要求，各县（市、区）残联组织开展辅具下乡活动，推进基本型辅具适配，满足残疾人对辅助器具的需求。各县（市、区）残联依据中国残联精准康复大数据库平台，派康复人员入户采集评估后，对符合适配标准的残疾人分批进行适配。截至12月19日，累计配发辅助器具8164人，其中建档立卡贫困残疾人881人，建档立卡贫困残疾人适配率达99%。

2019年，吕梁市为残疾人免费安装大腿假肢50例，小腿假肢10例。

2019年，国家、省级、市级为吕梁市共计投入康复资金1056.04万元，其中分配到临县、兴县、石楼县3个深度贫困县共计280.79万元，占比26.6%；市级用于康复的资金共计200万元，分配到3个深度贫困县的资金达59.38万元，占比29.7%。通过资金投入，推进了3个深度贫困县开展残疾人精准康复服务工作。

【“阳光家园计划”和省彩票公益金残疾人托养项目】

2019年5月5日，吕梁市残联下发《关于下达2019年度“阳光家园计划”任务指标与资金的通知》，将“阳光家园计划”和省彩票公益金残疾人托养项目任务与配套资金下达相关县（市、区）。2019年，吕梁市托养任务为432人，指标分配于石楼县、方山县、中阳县、文水县、汾阳市、临县、岚县7个县（市），补助资金64.8万元。各县（市、区）残联按照《吕梁市2016年度“阳光家园计划”——精神、智力和重度残疾人政府购买托养服务实施方案》，入户摸底调查后确定托养服务对象，选取符合当地残疾人需求的服务内容。其中，临县残联本着就近原则，选择在城区街道及周边个别村镇开展，具体由服务机构按照既定服务内容、服务规范、服务流程，逐户进行调查。服务项目包括残疾人健康体检、擦玻璃、室内保洁，清洗衣服、窗帘、糊窗，家电维修、更换节能灯和开关、管道疏通、心理指导等。贴近残疾人的生活需求，受到残疾人一致好评。

2019年，吕梁市省彩金托养试点任务指标共400人，孝义市、离石区确定为项目试点单位。其中离石区200人、孝义市200人，补助资金共计60万元。项目试点县按照省财政厅、省残联实施方案要求开展托养工作。

吕梁市残联针对两个项目共计为832名残疾人提供托养服务，完成省下达目标任务600名的138.7%。

【助残扶贫】

2019年，吕梁市残联围绕《坚决打赢脱贫攻坚战三年行动实施方案》要求，按照中国残联、省残联残疾人脱贫工作安排部署，采用“基地+残疾人户”“农民专业合作社+残疾人户”多种模式，通过发展养猪、养羊、养鸡、食用菌种植、购买农机具等帮扶形式，完成省下达帮扶801户农村建档立卡贫困残疾人家庭帮扶任务。2019年，吕梁市残联因地制宜选择适合项目，加大资金投入量，在临县、石楼两个深度贫困县争取县本级配套资金，提高补贴标准。其中，临县本级配套资金由1000元/户提高到4000元/户，使每户帮扶对象补贴提高到6000元，确保帮扶对象稳定脱贫。石楼县由本级配套资金1000元/户提高到1500元/户，同时根据残疾人具体情况和各地实际因地制宜开展帮扶，确保取得实效。

【残疾人社会保障】

2019年，吕梁市残联按照省残联工作部署，做好残疾人“两补”发放。市残联联合有关部门对“两项补贴”工作进行安排部署，按时完成护理补贴移交，并按照相关要求做好对应审核。年内，全市共发放护理补贴35199人，生活补贴27174人。

2019年，吕梁市落实社会保险政策，在多数县（市、区）出台城乡居民养老保险实施办法，包括为一、二级重度残疾人等特殊困难群体代缴养老保险费。孝义市按照有关养老保险实施办法规定，为适龄参保的农村和城镇重度一、二级残疾居民，按最低缴费标准100元代缴养老保险，并为所有持证的10191名残疾人缴纳每人40元保额14.4万元的意外保险，共缴纳保险费用40.764万元。中阳县为1451名就业年龄段重度残疾人办理代缴城乡居民基本养老保险费，每人每年免缴养老保险费100元，共为1984名贫困户残疾人办理享受城乡居民医疗保险缴费补贴220元。

2019年，吕梁市残联对333名城镇残疾人进行职业技能培训，完成年度目标任务200名的166.5%。共组织残疾人参加省级举办的职业技能培训班2期，培训残疾人73名。市残联组织1期职业技能培训班，培训30天，共培训残疾人100名，其中有广告设计、手机维修等专业。汾阳市、方山县、中阳县、离石区等县（市、区）残联，根据残疾人的技能需求和各自实际情况，共对160名残疾人进行技能培训，提升残疾人的职业技能，增强就业能力。

2019年，吕梁市残联成立吕梁市残疾人法律救助工作站，在保障残疾人依法维权的道路上又向前迈出一大步。

【中央和省彩票公益金助学项目】

2019年，吕梁市共计资助45名接受学前教育的残疾儿童和81名残疾人大学生（研究生）、残疾人家庭子女大学生完成学业，分别完成目标任务数40名的112.5%和目标任务数60名的135%。

2019—2020学年学前教育助学项目。2019年，吕梁市学前教育项目共资助3-8周岁残疾儿童45名，助学资金13.5万元。项目机构均确定资助名单，首次打入特教学校账户。

彩票公益金资助残疾大学生项目。2019年，吕梁各县（市、区）共申报45名残疾大学生，其中研究生3名、本科生28名、专科生13名，共计助学资金19.7万元打入残疾人账户。

彩票公益金资助残疾人家庭子女大学生项目。2019年，吕梁市共申报36名残疾人家庭子女大学生，其中建档立卡贫困残疾人家庭26户，低保家庭5户，父母双残家庭2户，共计助学资金10.8万元打入残疾人账户。

2019年，吕梁市适龄残疾儿童少年入学明显增加。各县（市、区）核实未入学残疾儿童数据，成立残疾人教育专家委员会。经市县两级残联配合教育部门对6—14周岁残疾儿童少年入学情况摸底调查，适龄残疾儿童总数2915人，入学人数2797人，入学率95%。

【残疾儿童康复救助改革】

2019年，吕梁市残联根据《国务院关于建立残疾儿童康复救助制度的意见》和《山西省残疾儿童康复救助制度》，借鉴山东济南、青海西宁等地办法，以市政府名义于6月4日印发《吕梁市残疾儿童康复救助制度实施办法》。规定在原省定救助年龄0-6岁的基础上，将救助范围扩大到0-8岁；结合吕梁实际，积极探索利用社区资源，因地制宜开拓社区康复训练途径，并将经费由每人3000元增加到4000元；通过向市委、市政府争取，加大资金投入，争取市级资金200万元，同时按照人口因素，县级等额配套资金200万元；为0-14岁残疾儿童肢体矫治手术项目的每位救助对象发放交通和生活补贴3000元。

7月18日至19日，中国残联与第三方评估机构到吕梁市就残疾儿童康复救助制度实施情况进行调研评估，在离石区、汾阳市分别召开座谈会，与残联、教育、民政、卫健体、财政部门进行座谈，深入现场考察5个定点康复机构，由调研评估组评价。吕梁市把残疾儿童康复救助工作列入各级党委、政府重要议事日程，突出政府主导，对残疾儿童康复救助工作推进扎实，特别是市政府出台《吕梁市残疾儿童康复救助制度实施办法》，在政策方面进行大胆改革创新，使救助政策更加精准有效。

【残疾人文化事业】

2019年，市残联组织开展第二十九次“全国助残日”活动。吕梁市政府残工委紧紧围绕“自强脱贫、助残共享”安排部署，在吕梁市聋哑职业学校、离石区田家会社区残疾人康复服务中心进行慰问并送去慰问金。

组织残疾人文化周活动。5月18日，吕梁市残联与吕梁市图书馆共同组织举办吕梁市第七届残疾人文化周活动，在世纪广场举办书法、绘画、手工艺、剪纸、食品雕花技能比赛活动，并为获得名次的学生颁发荣誉证书。选送9幅作品参加“庆祝中华人民共和国建国70周年山西省残疾人书法、绘画、手工艺作品展”。选送优秀残疾人作品参加省残联组织的《我与阅读》征文大赛，其中李璐《阅读，无限的精神乾坤》获得一等奖，张星《阅读让残疾人挺起脊梁》、史珩《我和阅读》获得三等奖。

残疾人体育运动取得新突破。2019年，吕梁市3名青年选手代表山西省参加第十届残疾人运动会暨第七届特殊奥林匹克运动会围棋项目比赛，其中赵小艺获得男子听力组第五名的好成绩。3名运动员参加盲人柔道项目比赛，其中贺妙琪获得盲人柔道男子100公斤级金牌，马金鑫获得盲人柔道男子66公斤级银牌和73公斤以下无差别级第五名，李安程获得盲人柔道男子60公斤级第五名。

（市残联）

吕梁市红十字会

【应急救援体系建设】

2019年，吕梁市红十字会指导各县（市、区）红十字会建立了红十字森林防火救护站；组织相关县（市、区）红十字会及部分大中专院校开展《中华人民共和国红十字会法》暨红十字青少年自救互救知识竞赛。

实施“2019年红十字生命健康安全教育”项目，建立“生命健康安全体验教室”1间，通过各种情景式体验、高科技模拟、游戏式互动以及标准化教学等方式宣传普及应急救护知识和技能；选择离石区朝阳小学和所在地后瓦社区组成“学校+社区”健康教育单元。全年共开展初级救护员培训13期，按照总会“四统一”要求，累计培训合格救护员662人；开展“世界急救日”主题宣传活动2次，受益群众2000余人；在离石区朝阳小学开展应急演练1次，受益师生近1000人；在离石区朝阳小学和吕梁市直春苗幼儿园开展亲子讲座3期，受益家长及学生1000余人；在离石区朝阳小学开展学校安全教育体验活动2期，受益学生3200余人。

发挥红十字应急救护知识培训在推动全社会安全和谐方面的重要作用，深入吕梁学院、吕梁市退役军人事务局、吕梁学院附中、吕梁农校、吕梁体校、吕梁职业中专等单位，开展红十字应急救护知识普及培训10期，受益群众达1万余人次，提升了应急救护知识普及率。中华人民共和国第二届青年运动会期间，对230余名志愿者进行培训，推动红十字会参与“二青会”赛事救护保障。赴文水县红十字会对2018年红十字生命健康安全教育项目进展情况进行督导。组织志愿者参加山西省首届红十字应急救护大赛，组织市县两级30余名红十字救护师资召开“全市红十字救护师资交流研讨会”，更新授课内容，统一培训标准，提升救护师资的教学能力和水平，提高全市红十字应急救护培训标准化管理水平。

【人道救助服务】

2019年，吕梁市红十字会开展“博爱送温暖”慰问救助活动。做好大病或困难家庭的人道救助，共计救助困难群众、职工143人，救助金额11.88万元；市本级及部分县级红十字会开展红十字“博爱一日捐”活动，有35个单位参与活动，捐款总额25.26万余元，所筹资金用于博爱助困、助学、助医等；召开山西省国奶扶贫工程项目吕梁启动会，推动各县级红十字会开展国奶扶贫工程，对方山县、兴县、岚县红十字会项目开展情况进行督导。

吕梁市第一批5家“红十字福寿安康养老服务基地”运行良好。经过红十字会系统性规范化培训的红十字养老护理志愿者，能够在各基地积极发挥主流服务作用。11月，吕梁市红十字会会同吕梁市卫健委赴孝义市、汾阳市、文水县、交城县红十字会及“红十字福寿安康养老服务基地”调研，了解基层红十字会及红十字福寿安康养老服务基地运行情况和存在问题，探索总结红十字会参与养老服务工作的成功经验。

2019年，吕梁市共有3家单位（离石区医疗集团交口街道办事处社区卫生服务中心、岚县王狮乡史家庄村老年日间照料中心、交城县社会福利服务中心）成功申报成为全省第二批养老服务试点单位。市红十字会加强“博爱家园”项目监管，赴方山县、岚县督导博爱家园情况，进一步提高项目实施效果；临县已成功申报2020年“红十字博爱家园”项目。同时，强化人道救助服务，做好吕梁市先心病、白血病贫困患儿救助资料审核上报工作。

【红十字“三献”活动】

2019年，吕梁市红十字会组建成立了“中国红十字会捐献造血干细胞志愿服务总队吕梁市分队”，面向全市开展捐献造血干细胞志愿服务各项工作，推动吕梁市造血干细胞捐献工作健康发展。

3月5日，联合吕梁市中心血站，在全市范围内开展无偿献血及加入中华骨髓库的奉献爱心活动。5月8日，联合吕梁卫校、吕梁市人民医院、吕梁市中医院、吕梁市中心血站、离石区红十字会等单位以及红十字志愿者，以发放宣传资料、摆放宣传展板、免费健康义诊、心肺复苏及创伤包扎普及培训、推动无偿献血和造血干细胞捐献、播放公益宣传片、进行主题宣誓等方式，开展“5·8世界红十字日”系列主题宣传活动。共有59名志愿者参加无偿献血，献血量达23600毫升，其中4人完成了造血干细胞血样采集。5月12日，联合各减灾委成员单位，在市区世纪广场开展“全国防灾减灾日”宣传活动，市红十字会救护师现场进行创伤包扎等急救知识的科普培训。6月14日，联合吕梁市卫健委、吕梁市中心血站、离石区红十字会及红十字志愿者，在市区世纪广场献血屋，开展2019年“世界献血者日”宣传暨“捐献造血干细胞宣传月”活动，共有330名志愿者参加无偿献血，献血量达132000毫升，其中62人完成了造血干细胞血样采集。2019年，共完成志愿者捐献造血干细胞血样108例。

12月1日，在市区世纪广场开展2019年“世界艾滋病日”主题宣传活动。

（市红十字会）

法 治

政法 综治

【“扫黑除恶”专项斗争】

2019年，吕梁市“扫黑除恶”专项斗争保持凌厉进攻态势。全市共排查、接收线索5375条，其中各县（市、区）共3629条，市扫黑办有1746条。全市对2018年部省转线索全部清零，对2019年部转线索查结率87.89%、省转线索查结率73.35%，对全国扫黑办“12337”平台转办线索查结率79.66%。2019年，全市共打掉黑恶势力犯罪团伙128个，其中黑社会性质组织17个、恶势力犯罪集团30个、恶势力团伙81个；破获刑事案件1003起，查扣冻结各类涉案财产累计约20.9亿元，抓获各类犯罪嫌疑人1161人，刑拘1009人，302名涉黑涉恶逃犯抓获296名。全市检察机关起诉审结率动态保持95%以上，审判机关一审宣判144件，结案率达94%；二审审结54件，结案率达93%。

全市纪检监察机关落实“两个一律复核”和“一案三查”工作要求，复核发现问题线索137条，追究党委、政府主体责任及相关职能部门监管责任8件44人。共查处涉黑涉恶腐败和“保护伞”案件218件，被问责单位17个，受党纪政务处分213人，受组织处理217人，被移送司法机关14人；涉黑案件“保护伞”查处率达42.9%，涉恶案件“保护伞”查处率达8.3%。全市共清理受过刑事处罚、存在“村霸”和涉黑涉恶等问题的村干部101人，接受组织处理涉案村干部39人。

【行业部门监管】

2019年，吕梁市政法委以“三书”强化行业部门监管。各级政法机关对办案过程中发现的行业监管漏洞和问题隐患，及时制发“风险提示函”“检察建议书”“司法建议书”，并综合运用交办、督办两项措施，推动行业监管部门落实责任、强化整改、完善制度机制。全市政法机关共制发“三书”415份，行业监管部门实施整改354份，整改率达85.3%。全市以重点行业整治为抓手推动综合治理，先后在能源资源、市场、住建等8个重点领域展开专项整治行动，推动各级监管部门排查整治行业领域乱象，规范行业秩序，净化行业环境。

【专项整治】

2019年，吕梁市围绕“关于对黄赌毒和黑恶势力听之任之、失职失责甚至包庇纵容、充当‘保护伞’”的问题，开展专项整治。全市共查处涉黄刑事案件27起，刑事处罚31人；治安案件161起，治安处罚193人。查处涉赌刑事案件37起，刑事处罚48人；治安案件844起，治安处罚486人。破获毒品刑事案件101起，抓获毒品犯罪嫌疑人158人，缴获冰毒和吗啡等主要毒品5734克、咖啡因14223克；确立部目标案件1起、省目标案件1起，查处涉毒行政案件1003起，新发现吸毒人员583人，进行强制隔离戒毒592人，社区进行戒毒374人。

2019年，吕梁市政法机关开展以“服务地方、服务基层、服务群众”为主题的“三服务”。统筹全市各级政法机关，扎实开展排查整治社会治安隐患、打击违法犯罪，以及法制宣传和法律咨询等。市公安机关开展“千名民警访百企进千村入万户”活动，走访并稳控重点人员5342人，清理整治企业周边各类行业场所1976家，发现并整改治安隐患2542处，打击涉企违法犯罪案件758起。市公安机关严厉打击各类违法犯罪活动，共立刑事案件6086起，查处治安案件6584起，其中对社会严重危害的“八类案件”发案255起，同比下降14.72%。

吕梁市法检机关和司法行政机关开展法律“六进”活动，通过宪法宣传、入户走访、法律讲堂、发放法官服务卡、预约法律服务等形式，开展法制宣传和免费法律咨询，为全市营造全民学法、知法、用法浓厚氛围。

【社会综合治理】

2019年，吕梁市健全立体化防控体系，有效管控社会面。为解决“治安防范不到位、矛盾化解不及时、风险隐患难预防、民生服务水平低”问题，市政法部门织密农村防控网，在全市推行治安员、调解员、网格员“三员一身兼”防控模式。2019年，全市13个县（市、区）重新选聘“一身兼”工作人员6662人，其中11个县（市）按照每人每月500—800元标准，将“一身兼”人员工资报酬全部纳入财政预算。“一身兼”人员上岗，对开展治安巡查、入户走访、化解矛盾、采集信息，具有一职多能作用，有效维护农村片区居民安全和社会稳定。

织密街面防控网。各县（市、区）按照人口在20万以下的县不少于50人、人口在20万以上的县不少于100人的标准，健全完善专职巡防队伍。全市实有巡防队员1024人，做到对城区街面、大街小巷、城郊接合部24小时不间断巡逻防范，实现治安实时管控。

织密内部单位防控网。在各级党政机关、企事业单位，全面推行“保安化”服务，由专职保安维护内部单位的治安秩序、办公秩序，“保安化”服务率达85%以上。

织密视频监控防控网。按照“全域覆盖、全网共享、全程可控、全时可用”要求，统筹推进“雪亮工程”建设、联网、管理、应用工作。全市累计投入建设经费6亿余元，建成一类视频监控点位11610个、二类视频监控点位46303个、三类视频监控点位55123个，初步实现城区、城乡接合部、县域出入口、重点乡镇、重点农村、重点部位全覆盖。

织密边际部位查缉堵控网。全市共建立治安检查站17个，在重要敏感节点和重大活动期间建立常态化盘查堵截机制，常态化多警联勤、整体布控、实时联动，及时发现和打击惩治各类违法犯罪分子。

2019年，吕梁市政法部门完善多元化排查化解体系，化解各类矛盾纠纷。在各基层单位点健全调解组织，按照“六有四落实”标准，推动完善县、乡、村三级调解中心，即政法机关信访接待室，医患、劳资、交通、住建等重点领域专业性行业性调解组织，50人以上企业矛盾化解和职工维权室。全市共有各类调解组织3390个，保证群众诉求表达渠道畅通。调解队伍逐步完善，各县（市、区）落实市委政法委、司法局、中级人民法院、民政局、财政局、人社局等六部门印发的《关于进一步加强人民调解工作的意见》，按照县级矛盾纠纷调解中心不少于5人，乡级矛盾纠纷调解中心3-5人，村级矛盾纠纷调解中心1-2人的标准，配齐配强县、乡、村调解队伍。全市选聘调解人员9217人，其中专职1352人，兼职7865人，累计调解各类矛盾纠纷8863起，调解成功8833起，做到“小事不出村，大事不出乡，矛盾不上交”。调解保障得以强化，各县（市、区）结合实际，按不少于30万元的标准将县、乡、村三级调解经费纳入县级财政预算，实行“以案定补”和“以奖代补”，调动乡村两级调解员的积极性，2019年全市共落实调解经费407万元。调解方式趋向创新，全市推行文水县“互联网+多元化解”调解方法，通过互联网将县、乡、村三级调解组织和职能部门的专业性行业性调解组织互联互通，实现各类矛盾纠纷信息录入、统计分析、跟踪指导、办结反馈、经验交流、绩效评定、奖惩兑现全部网上运行，让全社会共享“数据多跑路、群众少跑腿”。2019年全市网上调解各类矛盾纠纷1371件，调处成功率达92%。

2019年，吕梁市政法部门推行律师参与和代理涉法涉诉案件化解工作方法，实行党委“牵头协调”、政府“财政支持”、值班律师“初诊”、政法单位“会诊”的立体式破解办法。全市律师接待上访群众2000余人次，法律咨询1800余人次，参与协调信访案件448余起，化解案件58起，出具法律意见书124份，对36案涉生活困难的信访当事人进行法律援助，为群众解决诉求、化解矛盾的机制进一步健全。

2019年，吕梁市按照综治中心标准实施全科网格服务管理。四级综治中心标准化建设推进中，市综治中心上线运行，实行日巡查、周统计、月通报工作制度，对各县（市、区）每日上报信息进行分析研判。全市13个县（市、区）中，除孝义市、兴县、方山县3个县级综治中心改造升级外，其余10个县（市、区）均按照“三大系统六大功能”的标准建设完成，公共视频监控全部接入县级综治中心。全市166个乡镇（街道）、3109个行政村（社区），有135个乡镇（街道）、2032个行政村（社区）完成综治中心标准化建设。

全市四级综治中心指挥部功能和实战化平台局面初现。网格化服务管理全面实施，根据“地理布局、区域属性、人员相熟、便于管理”的原则，全市共划分6648个网格，将政治安全类、社会治安类、矛盾纠纷类、公共安全类、民生服务类事项纳入网格服务管理，扩宽了“网格+”功能。网格员发挥治安巡逻员、矛盾纠纷调解员、安全预警员、村情民意收集员、基础信息采集员、便民服务员、重点人员和特殊人群帮教员、法治宣传员等“八大员”作用，年内对网格内“人、事、地、物、情、组织”等信息全掌握，共上报5大类信息计176013件，其中处置152070件，处置率86.4%，初步实现“人在格中走，事在网中办”。全市从6662名网格员中选树100名优秀网格员，进一步提升基层社会治理水平。

【政法智能化建设】

2019年，吕梁市推广应用“206”辅助办案系统，提升办案质效。市委政法委制定出台《关于加快推进全市刑事案件智能辅助办案系统应用工作的通知》（简称“206系统”），重点推动公检法机关推广应用。7月，全市公安机关、检察机关、审判机关全部完成“206系统”的安装部署和系统对接。全市公安机关同步接入“206系统”案件8039件，向检察机关移送案件1814件，移送率为22.5%；检察机关接收案件1806件，批捕办理中案件57件，公诉办理中433件，移送法院案件1000件，移送率为55.4%；审判机关接收案件996件，办理中案件391件，批注案件348件，已结案案件718件，审结率为72.1%。初步实现刑事案件全流程网上办理和信息共享，达到案件网上移送办理智能化辅助，提升了执法办案质效。

打造便民服务平台，提升服务质量。2019年全市公安机关推进“一网通办”平台和“精准服务企业”平台的深度应用。“一网通一次办”平台实名注册180余万人，注册率45.77%，使用率85.4%。在254项审批服务项目中，95%以上项目可实现“一次办”，85%以上项目可实现“一网通”。“精准服务企业”平台注册企业数6.8万余户，企业注册率102.46%，使用率360.85%，其中设置11个栏目共95项涉企服务项目，为企业办事、办证、咨询、诉求、援助等方面提供便利，实现企业办事“统一入口、一网通办”。全市检察机关依托“12309”检察服务中心，开展在线接访、控告申诉、预约查询、法律咨询等一站式服务，进一步拓宽提交诉讼材料、证据交换、法律援助等渠道，为群众提供综合性、便利性、多元化的法律服务。全市审判机关建立数字法院办案系统、执行办案系统、远程视频提讯系统、远程视频接访系统、法官工作平台系统，累计公开各类裁判文书32201份，庭审直播5245场次，进一步兑现司法公开。全市司法行政机关依托“148”法律服务热线，提供免费法律服务、免费公证服务咨询，推动法律顾问在党政机关、企事业单位和农村（社区）全覆盖。

【政法机构改革】

2019年，吕梁市全面落实司法责任制，完成全市员额检察官、员额法官遴选。入额检察官全部到办案一线工作，采取计算机系统“随机分案”分配方式，并全部参与轮案。法院系统全面推进院庭长办案常态化，入额院庭长全部编入审执团队，带头承办重大敏感、疑难复杂和新类型案件。诉讼制度改革持续深化，进一步推进以审判为中心的刑事诉讼制度改革，健全和完善以证据为核心的刑事犯罪指控体系，全面落实刑事案件认罪认罚从宽制度。全市共适用认罪认罚制度办理案件894件1046人，取得良好的法律效果和社会效应。

政法机关推进机构改革。市法检两院按照扁平化管理、专业化建设要求，完成内设机构改革。全市公安机关完成辅警摸底工作，制定《吕梁市公安机关警务辅助人员消化过渡专项行动实施方案》，报省公安厅审核同意后实施。全市司法行政机关完成机构改革，实行机关干部和基层优秀司法所长下沉上挂双向交流。市委政法委推动各县（市、区）基本配齐配强乡镇（街道）政法委员，确保基层政法工作有人抓、有人做。

【从严管理政法队伍】

组织开展执法巡查。11月22日，市委政法委按照省委政法委“一次一授权”原则进驻临县公安局。按照既定工作程序、步骤和目标，开展为期一个月的执法巡查。通过巡查，共发现3方面16项问题，并提出整改要求和工作建议，督促限期整改。

强化“案件评查”。市委政法委发挥案件评查对执法司法规范化的推动作用，牵头组成专家组深入各县（市、区），选取涉黑涉恶主犯以往所涉刑事犯罪案件、常年反复进京非访的涉法涉诉信访案件和群众举报的涉及漠视侵害群众利益的案件展开评查。共评查案件84件，下发整改意见书85份，进一步规范执法司法行为。

纪律作风督查。市政法委制定出台《关于在全市政法机关开展整治漠视侵害群众利益专项整治行动的实施方案》，从10月下旬至12月上旬，组织市中院、市检察院、市公安局相关人员，不定期深入基层政法机关进行明察暗访。共发现46个基层执法单位存在接处警不规范、服务窗口工作不规范、漠视侵害群众利益等问题，均下发《整改通知书》，要求限期整改，推动基层政法干警改进纪律作风。

（市委政法委）

公 安

【“平安吕梁”严打整治行动】

2019年，吕梁市共打掉黑恶团伙35个，其中黑社会性质组织13个，恶势力犯罪集团4个，恶势力团伙18个，查扣冻结各类涉案资产22.8亿元。作为全国扫黑办重点督办案件，成功打掉以文水县李增虎为首的黑社会性质组织，在全省环保领域也成为打掉的唯一的黑社会性质组织。2019年全市八类危害严重的犯罪呈“低发高破”趋势，立案数同比下降16.77%，破案率同比上升9.39%。所发命案全部侦破，攻破命案积案3起，每10万人发案率0.49起，远低于中央政法委0.75起和全省0.62起的控制指数。

专班研判，区域联动。2019年吕梁市打掉盗抢骗团伙15个，侦破各类案件300余起，打击跨区域犯罪能力有效提升，群众安全感显著提升。抓获部督逃犯3名，追逃工作成效居全省前列，涉黑涉恶百日追逃目标逃犯全部清零。2019年，侦破文物案件81起，抓获A级逃犯2名，追缴文物1981件。其中，二级文物1件、三级文物22件，为全省文物追缴工作作出贡献。打击电诈犯罪，破获本地案件544起，同比提升6.6倍；抓获嫌疑人130人，同比提升5.9倍。其中侦破“9·28”专案，斩断一条由广东、广西非法贩卖银行卡至东南亚地区的黑灰产通道，受到省公安厅通令嘉奖。在“云剑行动”中，全市年内网上逃犯数下降65.67%，为8年中最低。打击毒品犯罪取得突出战绩，市公安局全年破获毒品刑事案件101起，侦破公安部毒品目标案件，摧毁涉及滇、川、晋三省的跨省贩毒网络，缴获毒品5.52公斤，受到省公安厅贺电表彰。打击整治枪爆违法犯罪，位列全省第一，5名部督涉爆逃犯全部缉捕归案。吕梁市侦破的部督“1·04”涉爆案件，被评选为2019年全国打击枪爆犯罪的十大典型案例，先后两次在全国推进会议上作经验介绍，并被央视专题报道。

【警务大数据】

2019年，吕梁市大力推进警务信息化建设应用，汇聚视频资源4836路，完成4G执法记录仪管理平台建设，并与省厅执法全流程智能管理平台对接。吕梁公安大数据应用中心完成建设验收并投入使用，共汇聚数据资源

12394.3亿条，总量位居全省第一。利用大数据抄底思路，成功侦办部督“3·13”特大网络赌博案和部督“9·28”诈骗案等一批有影响的案件。依托立体化信息化社会治安防控平台、晋治安APP、派出所智慧大脑平台和掌上派出所平台，延伸治安管控触角，有效提升精准防控能力；应用公安大数据综合研判，直接破获刑事案件2239起，抓获犯罪嫌疑人2519人，直接查处治安案件6257起，处罚违法人员7107人。强化刑侦专业化、基础信息化建设，刑事技术基础建设和应用水平得到有效提升。临县、方山县建成高标准刑事技术实验室；兴县、柳林县、中阳县、文水县、孝义市各县（市）分别投资购置先进的现场勘查设备。采用先进科技手段，男性家族排查系统家系标记完整率列全省第二。

【治安防控体系建设】

2019年，吕梁市紧扭矛盾不上交、平安不出事、服务不缺位目标，公共安全管理能力不断提高。创新发展新时代“枫桥经验”，选树2个省级和16个市级“枫桥式”示范派出所。其中，有孝义市崇文派出所创新警务模式、内设机构扁平化，临县城庄派出所新型移民村治安管理新模式，兴县蔡家崖派出所传承红色革命精神、着力创建富有吕梁特色的“枫桥经验”示范所，引领推动辖区“三零”目标创建。“百所示范、千所提升”初具成效，派出所基础建设、打击涉黄涉赌违法犯罪、治安防控体系建设、网络公共安全等均走在全省前列。

创建禁毒示范城市。临县、兴县率先建成高质量高标准的禁毒教育基地，得到省禁毒局充分肯定。

依托“互联网+”“云计算”技术，创新枪爆危险物品管理模式，严管严控枪爆危险物品，柳林县烟花爆竹实名购销工作经验被省公安厅推广。

整治重点领域和要害部位安全隐患，硬质隔离设施建设完成率位列全省第三，全市国计民生等重点部位安全防护得到优化。

【服务平台建设】

2019年，吕梁市公安局推进“一网通一次办”平台应用，服务群众平台累计注册应用183.5万人次，服务企业平台注册应用7万家次，服务群众平台注册率和交通违法学习教育平台参考消分率均位列全省第一。全市实行临时身份证异地办理、省内户口迁移“一站式”办理。依托“精准服务企业”平台升级打造“警企直通车”，赢得社会各界赞誉。

2019年吕梁交通安全管理进一步强化，全市重点整治酒驾、毒驾、涉牌涉证等违法行为，倡导和推动群众佩戴头盔骑车出行，交通秩序明显好转。侦破部督“7·09”买卖车辆行驶证、登记证专案，冻结涉案资金5000余万元，得到公安部、省公安厅充分肯定。

开展集中打击食药环节违法犯罪“昆仑”行动，先后破获“4·04”“8·27”等一批关系民生安全的大案要案，打掉犯罪团伙9个，捣毁制假黑窝点65个，维护群众“舌尖上的安全”。公安部领导对吕梁市打击食药环节违法犯罪成绩批示表扬，并赴吕梁市总结调研。市食药侦支队被评选为全国公安机关“昆仑”行动暨整治食品安全问题联合行动成绩突出集体。市公安局坚持高站位、零容忍打击污染环境犯罪，按照吕梁市委决策部署，开展“三河治理百日会战”，严查严处环境污染违法犯罪，成功侦破“3·08”“4·26”文水县非法采砂案。

2019年，吕梁市公安系统全面提升执法质量。紧盯行政案件“两统一”、刑事案件

"四统一"和平台规范应用，实现行政复议案件、一审行政诉讼案件、二审行政诉讼案件、刑事赔偿案件"四同降"，民警执法行为进一步规范，办案场所执法趋向"零违规"。推进"智慧监管"建设，智慧监管信息化安全管理水平得到质的提升，成为全省第二个完成智慧监所建设任务的地级市。

【"四铁"队伍建设】

2019年，吕梁市公安局突出政治建警，强化党管治警，推进素质强警，落实从优待警，在全省率先完成县级公安机关符合条件的常务副局长及班子成员交流工作。在吕梁市委组织部、政法委支持下，配齐配强市局机关中层干部，干部平均年龄由52岁下降为45岁，实现干部年轻化。开展全警专业化练兵比武活动，强化实战技能，国保、指挥中心、巡特警等警种实战比武在全省均获得较好名次。持续推进落实暖警惠警励警措施，落实市政府从优待警"十项措施"，从优待警工作全省排名第一。狠抓从严管党治警，落实"三书一考"，严肃监督执纪问责，将省公安厅部署的"五个专项整治"提升为"七个专项整治"，出台《吕梁市公安机关警务辅助人员十严禁规定》，配合政治巡察问题整改，消除一大批顽疾固瘤。强化执纪问责，使全警知敬畏、存戒惧、守底线成为行动自觉。在全省首家建立全市公安机关财务管理审计"双签字双负责制度"，实现事前事中审计全覆盖，得到省公安厅肯定。

2019年，吕梁市公安机关涌现出全国公安系统二级英模白杉、全国巾帼标兵滕芸，汾阳市太和桥派出所、临县白文镇派出所、交城县巡特警大队等一批先进典型，同全省优秀基层队所，成为10个集体荣记二等功、12个集体荣记三等功中一员，同时1名民警荣记一等功、12名民警荣记二等功、92名民警荣记三等功、134名民警获得嘉奖。

（市公安局）

交通管理

【公路交通秩序治理】

2019年，吕梁市公安局交警支队全警动员，强力推进公路安全，公路行车秩序得到有效改善。实行"大循环，大分流"交通组织形式。年初，提请市公安局批准，继续在313省道、218省道、209国道临县、兴县、岚县、方山县境内实行四轴（含）以上货运车辆"大循环，大分流"的交通组织，使作为陕煤、蒙煤外运主要通道的313省道、218省道、209国道日益增大的交通压力得以缓解，道路交通秩序趋好；在国道209、省道321、省道224中阳、交口、孝义路段实施"大循环"交通组织，减轻209国道中阳段交通压力，使交通事故和水源地污染程度得以降低。

实施货车靠右行交通整治。在全市17条国、省道继续固化和开展货车靠右行的常态化整治，完善重、中型货车靠右行驶标志标牌，施划标线。在双向四车道路段实施"货车专用通道"，在307国道交城段，340省道汾阳、孝义、中阳、离石段，243省道汾阳、孝义段，209国道方山段、柳林聚雅运煤专线其最右侧车道喷涂"货车专用通道"字样，并用黄实线分道设立标牌。

提高防控体系实战能力。吕梁市25个交通警察执法站从科技设备、执法装备、人员固定、经费保障等方面全面提升交通秩序管理水平。依托防控体系，开展视频巡逻，提高巡逻效率、巡逻密度和预警发现能力。对"两客一危”、农村面包车等重点车辆，要求逐车拦截检查和录入，特别对涉牌涉证等重点嫌疑车辆及时组织拦截检查。

开展涉牌涉证专项整治行动。健全完善打击假牌套牌假证违法犯罪行为的部门联动、警种协同、区域协作的长效化常态工作机制，强化网上网下严管严控。清除互联网平台售假信息，切断假牌假证寄递渠道，打击假牌假证制售窝点，假牌套牌假证违法犯罪行为明显减少。集成指挥平台部级、省级及本地重点车辆“黑名单”数据库中的假牌套牌嫌疑车辆，群众举报的假牌套牌案件数量明显下降。

【城市道路交通秩序治理】

2019年，吕梁市公安交警支队开展城市道路交通综合治理，加大城区道路交通秩序整治，严查机动车不礼让斑马线、非机动车闯红灯、行人闯红灯、行人和非机动车占用机动车道、机动车占用非机动车道停车、行人翻越护栏、行人不走人行横道、机动车实线变道加塞、非机动车逆行、酒驾、醉驾、毒驾、涉牌涉证等城市交通违法行为。第二届全国青年运动会在吕梁市区、孝义市区比赛点进行期间，推进交通路口信号灯配时智能化和交通标志标线标准化。加强校园周边交通秩序管理，设立“护学岗”，联合教育部门对校园周边非机动车管理整治，集中清理非机动车道内乱停乱放。在市区开展摩托车、电动车交通秩序整治，使摩托车佩戴安全头盔率达90%以上。利用科技手段对市区各路口、路段进行视频巡查，根据违法行为发生的规律、特点，有效指挥路面一线民警实施查扣。

【酒驾、醉驾、毒驾专项整治】

2019年，吕梁市公安交警支队严厉打击酒驾、醉驾、毒驾交通违法，并根据季节变化、道路交通流量和事故发生规律，结合辖区实际，适时开展有针对性降事故、保安全的专项整治。制订下发《开展“酒驾”“醉驾”“毒驾”违法行为专项整治工作方案》。紧抓重点时段、重点区域，推进全市交通秩序整治，全力预防因酒驾醉驾毒驾严重交通违法导致的道路交通事故，保障人民群众的生命财产安全。

【违法记满分驾驶人考试工作监管】

2019年，吕梁市公安交警支队为进一步规范机动车驾驶人驾驶行为，制订下发《吕梁市公安局交警支队机动车驾驶人违法记分满分教育工作规范（试行）》，监督、指导驾驶人满分教育、考试，并完善和做好受理、预约、清分和归档工作。2019年共预约4734人次，及格3869人次，不及格765人次。

【交通违法查处数据】

2019年，全市共查处各类交通违法行为174万余起，其中现场处罚103万余起，非现场处罚71万余起。查处货车不靠右行547509起，超员4039起，货车超载3728起，抛洒12498起，疲劳驾驶105起，逾期未检验报废9805起，酒后驾驶6773起，醉酒驾驶607起，毒驾24起，涉牌涉证21829起，不礼让斑马线4436起，非机动车闯红灯26954起，行人闯红灯17718起，机动车占用非机动车道270695起，非机动车占用机动车道7900起，行人翻越护栏267起，其他城市交通违法235857起。抄送重点车辆违法未处理、公交客运车辆221辆次，累计督办重点企业24家次；违法未处理旅游客运19辆次，累计督办重点企业3家次；违法未处理危化品运输车辆476辆次，累计督办重点企业39家次。约谈交通企业5家次。

【农村道路交通管理】

2019年，吕梁市公安交警支队开展农村道路交通安全管理专项整治。吕梁市道路交通安全领导小组办公室分析研判全市农村道路安全风险隐患，制订出台《关于进一步加强全市农村道路交通安全管理工作的通知》，补齐农村道路交通管理短板，预防农村道路交通安全事故。在专项治理行动中，严查农用三轮车、低速货车的严重交通违法行为，特别打击农用三轮车违法载人行为，起到教育警示作用。在全市范围内重点针对县乡道路的急弯、陡坡、临崖、临水等隐患路段，进行拉网式隐患排查，完善安全防护设施和交通安全警示标志，并限期消除安全隐患，不留死角盲区。市公安交警组织开展“畅行安全路、幸福奔小康”交通安全进村入户宣传，向群众普及农村安全文明出行常识，宣传交通事故危害，增强了广大群众的交通安全意识。

全市农村“两站两员”推广。在全市160个乡镇设交管站（办）254个，管理员388名，劝导站2028个，劝导员3406名。各辖区大队充分发挥“两站两员”职能作用，落实日常道路管理巡查、安全隐患排查、违法行为查处制止和劝导、交通安全宣传教育等规范要求，最大限度消除安全隐患。

在全市推广农村道路交通安全管理信息系统及APP应用。组织开展专题应用培训，从系统登录、信息采集、安全劝导工作台账建立、工作监督等方面作详细讲解，使各基层大队民警熟悉系统功能，知悉工作任务，发挥移动端方便、快捷、精准优势。

【交通隐患源头治理】

2019年，吕梁市公安交警支队强化重点车辆和驾驶人“三率”工作，落实源头隐患治理，实现源头隐患“清零”目标。以公安部提出的“三个不发生”为切入点，开展重点车辆和重点驾驶人源头管理行动，使全市“两客一危”检验率均达到100%，违法处理率达到99.04%；重型货车和挂车检验率达到96.36%，报废率达到91.91%，违法处理率达到98.68%；重点驾驶人审验率达到99.23%，换证率达到99.77%。其中农村面包车专项整治检验率达到95.98%，报废率达到98.95%，源头管控工作排名位列全省第四。

【机动车辆和驾驶证监管】

截至2019年底，吕梁市机动车业务量达350090辆，机动车登记服务站业务办结24131笔。机动车注册登记20731辆，其中：小型汽车5585辆，大型汽车8732辆，挂车4986辆，三小车辆1428辆，转移登记20569辆，变更登记1016辆，转入登记11102辆，抵押、解押登记48324辆，发放临牌39247副，补领号牌1106副，补领行驶证1345笔，注销登记1288笔。全市共组织机动车驾驶参加考试人数435071人，其中科目一考试87726人，及格率为74%；科目二考试95946人，及格率59%；科目三考试94723人，及格率61%；科目三安全文明考试58328人，及格率60%。2019年底，全市机动车保有量534847辆，共有驾驶人895204人。

【事故多发路段、危险路段排查治理】

2019年，吕梁市公安交警支队强化交通安全责任落实，推动市、县、乡三级党委政府建立健全道路交通安全机制，推动相关部门和企业落实交通安全主体责任和监管责任。5月起至年底，在全市进行道路交通事故多发点段及严重安全隐患排查，共排查事故多发点段2处，文水县G307国道635千米-637千米处和45千米+500米—48千米+500米处，均由当地政府挂牌督办。

市公安交警落实“四个全覆盖”管理措施，全力预防重特大道路交通事故。一是对事故黑点灯带全覆盖。对自2019年后出现的事故黑点进行深度排查，在流量较大、碰撞事故高发的无信号灯控制平交路口，建设“一灯一带”特别标识。通过增设信号灯和减速带等措施，使路段降速和路口警示标识明显，平交路口通行秩序规范，交通事故发生减少。二是对三轮车、低速载货车贴标全覆盖。结合本地实际，依托“两站两员”对辖区和过境三轮车、低速载货车车身张贴“违法载人、依法拘留”字样，对未张贴标语的三轮车、低速载货车驾驶人进行警示教育，强制张贴标语。三是对重点路段见警、管事、查处全覆盖。强化勤务安排，对“两客一危一货”等重点车辆逢车必查必问，做到白天有警察管事、晚上见警车巡逻；在G209、G307等11条交通事故多发路段，设立至少2个临时执勤点错时管控，白天临时执勤纠违，晚上警车巡逻管控；重点打击货车超速、超载、酒驾醉驾、毒驾等交通违法行为。四是交通安全教育和提示“全覆盖”。以宣传教育机制先行，围绕宣传、提示、曝光三个主题，扩大交通安全宣传规模效应。

【交通安全宣传教育】

2019年，吕梁市公安交警支队注重运用新媒体手段宣传交通法规。截至12月底，在国家级媒体《中国交通频道》报道5条，《法制日报》刊发7条，《人民公安报》刊发9条；在省级各类媒体刊发新闻信息193条，在市级各类媒体刊发新闻信息307条。通过“山西吕梁交警”新浪微博发布4180条、微信平台发布1380条。在重要节点及重点时段，组织新闻媒体开展随警宣传180次。5月起，在吕梁全市组织开展“五大曝光行动”，共召开新闻发布会或发布新闻通稿6次，曝光隐患路段13处，终身禁驾交通违法人员178次，曝光典型事故案例和重点交通违法行为260余次。

建立微信宣传群，加强重点群体互动和针对性宣传。2019年，建立吕梁市重点驾驶人微信宣传群，各县市公安交警大队建立大货车驾驶人等重点驾驶人微信宣传群，不间断推送路况、天气等提示和典型交通违法、事故案例，对重点驾驶人作互动、警示提示服务。截至12月底，通过12123手机短信平台对重点驾驶人点对点推送交通安全提示警示信息17次，接收人数达413.54万人次；印制发放交通安全宣传教育手册等宣传品9.96万份；全市公安交警深入企业宣讲交通安全152次，深入各中小学校宣传265次，并发放宣传资料3.66万余份。

注重农村地区交通安全宣传教育。2019年深入辖区农村开展交通安全宣传150余次，设立劝导站，由劝导员宣传交通安全，全市交通支队、大队分级建立农村交通安全微信群，针对农村交通出行特点开展交通安全提示宣传。

【道路交通事故】

2019年底，吕梁市共受理适用一般程序处理的道路交通事故4546起，造成死亡422人，受伤5163人，直接财产损失1737.73万元。同比事故起数上升526起，上升13.08%，死亡人数下降60人，下降12.45%，受伤人数上升696人，上升15.58%，直接财产损失上升130.08万元，上升8.09%。2019年全市共发生死亡3人以上的较大道路交通事故4起，县（市、区）为：孝义“4·10”事故，造成3人死亡，1人受伤；柳林“9·22”事故，造成4人死亡，1人受伤；兴县“10·2”事故，造成3人死亡，1人受伤；离石“11·02”事故，造成3人死亡，1人受伤。全市共发生交通逃逸事故145起，侦破135起，侦破率93.1%。

【交通应急救援】

2019年，吕梁市公安交警支队与上海金汇通用航空股份有限公司合作开展“空地一体化”救援，完善全市道路交通事故应急救援保障机制，提升道路交通事故应急救援服务水平。在应用中，孝义市成功实施一起“空地一体化”救援案例，打通生命救援快速通道，提高了因发生道路交通事故致残、致伤救治率。

【“放管服”便民服务】

公安部交管局2018年9月启动“放管服”20项便民利民改革服务措施后，吕梁市2019年成立机动车登记服务站13家，服务网点中有4家开办业务，方便群众办事。市公安交警支队全面梳理制度机制，结合业务流程、岗位设置、人员配备、设施配备、系统建设等进行分析研判，确保16项“放管服”便民措施全面推行。

“一网通一次办”便民服务平台应用推广常态化。通过窗口宣传讲解、交通广播电台、悬挂横幅标语、微信推广等多种宣传方式，向广大群众宣传推广使用平台。2019年，共办理业务333825笔，其中交管“12123”平台办理业务79243笔，“一网通一次办”申请业务254582笔。

交管“12123”互联网快处快赔。2019年，全市13个“快处快赔”中心全部建成，缩减了简易事故处理时间，取得良好社会效应。年内，全市快处快赔中心共受理交通事故8934起，占简易事故处理率93.39%。

【智慧交通建设】

2019年，吕梁市公安交警支队探索细化集成指挥平台应用，通过集成指挥平台中缉查布控模块对假套牌嫌疑车辆、红眼客车嫌疑车辆、逾期报废等重点违章车辆进行精确打击。通过非现场违法模块对非现场违法行为进行违法筛选、录入、审核，通过交通状况监控模块对全市视频监控进行巡逻。通过集成指挥平台统计，截至12月底全市预警总数为2821901个，有效预警总数为148871个，成功拦截数71070个，现场处罚数8066个，非现场违法现场拦截查处数2179个，非现场违法录入审核数940515个。

2019年，全市公安交警智能感知系统、高点视频监控系统建设大幅推进，实现公安视频监控共享。建设融合卡口，完成全市公安交警智能感知系统建设，交警系统41套任务、支队10套智能感知系统建设完成并通过验收，各县（市、区）大队31套智能感知系统建设加快推进。新建高点全景视频监控12套、云台全景监控3套覆盖全市交通络网；市区4个路口语音播报系统全部投入使用，并与离石区公安局实现视频资源共享，实现近400路视频监控及时对接。

指挥中心功能化应用发挥作用。

城市拥堵疏导：利用ET城市交通大脑的立体化地图，发现城市拥堵路段，根据高点视频监控对拥堵情况进行分析研判，通过350M对讲机通知附近民警前往疏通。

AR实景作战平台查处重点违法车辆：通过AR实景作战平台与集成指挥平台结合，实现高点监控与低点监控联动，对重点违法车辆实行实时跟踪，指导路面民警对重点违法车辆进行查处。2019年，指挥中心以全国“二青会”为契机，提升城市交通设施水平，启动吕梁市城区交通安全设施建设项目，投资1900多万元在吕梁市区主要城区道路安装交通护栏及标识标牌。

【执法规范化建设】

2019年，吕梁市公安交警支队深化执法全流程智能管理平台建设，多次召开平台建设推进会和视频调度会，推进平台建设。全市公安交警有平台自建任务大队共11个，完成平台建设并开展平台使用培训的9个大队分别为交城、文水、汾阳、柳林、石楼、中阳、岚县、临县、兴县大队；因协调落实建设经费致使平台建设进度缓慢的2个大队为方山、交口大队。

加强4G执法记录仪使用管理。2019年，吕梁市各县（市、区）公安交警大队采购4G执法记录仪共503台，其中汾阳市165台、孝义市100台、柳林县100台、石楼县40台、文水县20台、中阳县78台。建立健全交通执法管理台账和管理制度，要求各县（市、区）公安交警大队强化执法记录仪使用管理，确保秩序路面执勤执法民警、事故处理民警、车管所考试员查验员、窗口单位的民警普通执法记录仪的配备率和使用率均达到100%。

（市公安局交警支队）

消防救援

【思想政治建设】

坚持固本筑魂。市消防救援支队统筹推进学习贯彻习近平新时代中国特色社会主义思想、授旗训词精神及主题教育等活动，召开专题会议20次，理论授课22次、培训基层党支部书记20人次、撰写调研文章23篇、组织党日活动30余次、组织各类学习研讨50次、购置书籍1800余册，政工干部化身“采集员”挖掘拍摄红色故事微课堂视频13部；指战员化身“讲解员”讲述100余人次形成红色故事汇编1套，该做法被CCTV-12和学习强国山西平台刊播。

注重四心引领。支队用心打造“暖心、舒心、匠心、稳信”工程，协调教育、交通、医疗等部门解决指战员子女入园入学12人次、办理免费公交卡50余人次、发放慰问金、救济金40余万元，体检700余人次；组织主题教育演讲、迎春杯电子竞赛等15次，新建升级改造红门影院等活动场所18处，购置文化、健身等器材100余件；组建“政治工作、心理减压和文艺娱乐”3支队伍开展谈心谈话、心理疏导减压、慰问演出活动等40余场次1000余人次，激励全体指战员自觉以奉献和牺牲的精神践行初心和使命。

抓好廉政建设。支队出台《2019年反腐倡廉工作计划》；廉政授课2次、形势分析研判2次、警示教育活动34次，廉政咨询36期，下发廉政电子书40余本，签订承诺书50余份，征集廉政微语93条、集体廉政谈话105人次，发送廉政提示短信600余条。同时，发挥审计、督察等监督职能，开展执法领域腐败问题专项整治，明察暗访10余次，通报批评、督办整改，责令作出检查20余人次，提醒谈话2人次，通报批评1人次，营造了风清气正的良好氛围。

【应急救援建设】

坚持从严治队。支队主动对标“两严两准”要求，以正规化建设为抓手，持续深化百日安全创建活动，严控“人、车、酒、财、网、密”、小、远、散”等重点环节管理风险，全年累计开展督导检查137次，召开安全形势分析会571次，发送安全提示短信5000余条，借助GPS定位系统、指挥中心视频监控等技术手段对营区、车辆实行24小时动态监管，实现“管、防、控”一体化。

坚持实战牵引。支队树立“练为战”思想，出台冬春、夏季、全员岗位练兵工作方案、奖惩规定文件4份；制定建筑物坍塌、危化品泄露、应急通信、大型商业综合体、跨区域支队级预案5份；建强高层、地下、化工、地震、水域和通信保障6支专业处置队；开展战训大讲堂暨典型战例研讨7次、支队级跨区域演练8次、比武竞赛、月考普考13次；利用培训基地和真火模拟训练设施组织集中培训14次，邀请建筑、化工、蓝天救援队、森林灭火、医疗救护等专家授课22次；党委常委参训督训50余次；建立“一高一低一大一化工一文物”长效灭火演练机制，累计演练2658次，提升队伍综合救援处置能力。全年共接警出动404起，出动车辆780辆次，出动人员4338人次，抢救被困人员166人，疏散被困人员290人，抢救财产价值1018.5万元。

坚持科技驱动。支队投入570余万元购置城市重大事故应急救援通信系统及前突通信保障分队装备，完成公安网切割、业务系统迁移、舆情管控平台建设及营区监控系统、机房升级改造，开展跨区域、全要素、多部门应急通信拉动演练3次，直报直调应急通信拉动100余次，极大强化了应急通信保障能力。

【服务保障】

经费管理精细化。支队积极争取市委、政府对消防工作关注支持，支队本级当年项目经费新增1000万元；同时制定出台财经管理规定2项，单位内控制度3项，组织财务会审2次，凭证互查2次，集中开展资产清查和财务专项培训4次，提高经费的使用效益和资金的安全性。

基础设施建设纵深化。支队与市、县两级政府协调推进基础设施建设。在装备建设方面，投入2070.051万元购置消防车10辆、各类消防装备器材654件（套）、泡沫25吨。同时强化装备管理规范化建设，组织培训轮训49人次，巡查核对实物9613件（套），解决疑难问题89项，装备建设实力得到增强；在队站建设方面，市政府在新城划拨3.13公顷土地用于建设指挥中心、战勤保障站、一级消防站等项目；方山县一级消防站项目开工建设；柳林县小型消防站投入使用；完成岚县消防站改造、交城县消防站扩建工程，全市消防基础设施建设不断健全。

服务保障贴心化。全年投入548万元用于提高服务保障效能和指战员满意度，其中118.42万元用于对营区监控升级、机关电路升级改造和墙面整体粉刷；投入70.84万元购置办公设备21件、宣传设备40件、训练器械69件及空调2台；360万元用于落实消防员地方性高危补贴和为指战员体检600余人次，服务保障能力明显提高。

【监管治理】

专项整治。支队坚持党委政府统领、行业部门监管、单位责任落实，全年围绕春夏、冬春火灾防控，市县两级层面召开专题会议60余次、联合检查130次、集中培训5.6万余人次，推进“电、车、商、文、博、化、防保迎”等各类专项行动。全市各级消防机构检查单位达到15929家，督促整改火灾隐患17864处，临时查封96处，责令“三停”单位83家，罚款158.95万元，拘留76人，督促14家政府挂牌督办的重大火灾隐患单位完成整改。2019年同比去年火灾起数下降17.28%，直接财产损失下降58.72%。

执法改革。与住建部门配合，做好消防审验移交承接；与公安部门联合发文，明确派出所职责定位，做好无缝衔接；与市场监管部门联合行动，开展消防产品专项整治；以“双随机、一公开”工作为契机，完成对全市1219家消防安全重点单位、55名执法人员信息数据的核查与录入。

宣传教育。推广“氛围营造、媒体报道、全民培训、重点人群、重要区域、新兴媒体”六类消防宣传模式，全年累计开展消防宣传培训150余场，培训群众4.2万余人次；制作张贴各类海报5万份，发布安全提示6.1万余条；组织拍摄的消防主题微电影《守夜人》和音乐短片《红旗飘飘》被“学习强国”山西平台刊登；官方微信、微博、抖音平台累计发布信息2万余条，关注粉丝16.2万，公众消防安全意识明显提升。

（市消防救援支队）

检　察

【“扫黑除恶”专项斗争】

2019年，吕梁市检察机关统筹调配办案力量，实行“一案一团队”，捕诉一体，专案专办，快捕快诉，不在检察环节贻误战机。全年共批捕涉黑涉恶犯罪408人，起诉394人，起诉审结率动态保持在95%以上，位居全省前列。“百日攻坚战”中，22件积案全部清零，人民群众反映强烈的黑恶犯罪受到严厉打击。

吕梁市检察机关在法治轨道上严格把关、精准打击，对黑恶势力依法严惩。“扫黑除恶”专项斗争中监督立案4人，追捕12人，追诉漏犯22人、漏罪7件，不捕42人，不诉8人，抗诉22人。实行“一案一督导”，两级院领导靠前指挥、领办督办，市检察院对案件定性统一把关，对以涉黑涉恶移送审查起诉的，依法不予认定9件；对未以涉黑涉恶移送的，依法认定1件。实行“一案一总结”，汇编《案例指导手册》3册，在实际工作推进中总结提高。

吕梁市检察机关坚持“两个一律”，深挖根治，做到“三个不放过”。在“百日攻坚战”中，审查起诉涉黑涉恶腐败和“保护伞”案件5人；开展涉黑涉恶人员民事案件专项监督，发现“职业放贷”线索47件。实行“一案一深挖”，全面推行员额检察官签字背书制度，市检察院在全省首次通过刑事追诉，深挖出1起涉恶团伙案件。实行“一类问题一建议”，针对行业管理漏洞发出检察建议19件，推动突出问题综合治理。

【“平安吕梁”法治建设】

2019年，吕梁市检察机关全力维护社会稳定，牢固树立总体国家安全观，围绕建国70周年庆、“二青会”等重大活动，营造安全稳定的社会环境。全年共批准和决定逮捕1982人，提起公诉3662人。在反渗透、反邪教、反恐怖专门性工作中，批捕3人，起诉11人。在参与打击涉枪涉爆类犯罪专项行动中，批捕22人，起诉48人。针对刑暴犯罪，依法严惩故意杀人、绑架等严重犯罪人，年内批捕214人，起诉259人。起诉危险驾驶犯罪661人，临县检察院对郭某明知他人大量饮酒仍向其提供车辆的行为，以危险驾驶共同犯罪予以追诉。

2019年，吕梁市检察机关全面贯彻宽严相济刑事政策，依法不捕556人，不诉362人。

2019年，吕梁市检察机关深入银行系统开展法治宣传，防范金融风险。起诉非法吸收公众存款、集资诈骗、网络传销等破坏金融管理秩序犯罪49人，与“吕梁山护工”培训就业领导组建立双向联动工作机制，出台《服务保障“吕梁山护工”品牌实施意见》，组织法治培训3600余人，为“十万护工出吕梁”提供检察服务。配合吕梁市环保整治，在全省率先实现驻河长办检察室，在生态环境和资源保护领域公益诉讼立案388件，同比增长139%。

支持民营经济发展，助推“六最”营商环境建设，部署服务民营企业6个专项行动。2019年，吕梁市检察机关起诉制假售假、侵犯知识产权、合同诈骗等破坏市场经济秩序犯罪281人，起诉强揽工程、欺行霸市等破坏市场公平竞争犯罪185人。对涉案民营企业负责人依法慎用羁押性强制措施，不捕12人。举办“护航民企发展”检察开放日，组织“法律进民企”活动，为民企经营者提供精准服务。

【检察监督】

2019年，吕梁市检察院对刑事立案、侦查和审判活动实现监督全覆盖。全年监督立案53件、撤案38件，追捕61人，追诉漏犯116人、漏罪129件，纠正侦查活动违法197件、审判活动违法67件，对认为确有错误的刑事裁判提出抗诉59件。对刑事执行活动进行监督，纠正刑罚执行和监管活动违法769件，纠正减刑、假释、暂予监外执行提请不当245人，提出变更强制措施97人，审查报请特赦18人。落实“1+5”工作机制，对临汾监狱和曲沃监狱进行异地交叉巡回检察，纠正各类问题13个。

2019年在民事检察中，受理民事生效裁判、调解书监督案件211件，提出抗诉31件，被法院采纳率94%；受理民事审判活动监督案件372件，提出检察建议364件，被法院采纳率93%；受理民事执行活动监督案件252件，提出检察建议226件，被法院采纳率91%。吕梁市检察院在民事检察中注重民事调查核实权的行使，年内办理全省首例案外人控告申诉案件，抗诉后得到法院直接改判支持。

在行政检察中，受理行政生效裁判、调解书监督案件27件，同比增长125%，终结审查13件，不支持监督申请14件。依职权发现行政审判、执行活动监督案件205件，同比增长15%，提出检察建议204件，被法院采纳率98%。同时做好行政非诉执行监督，服务法治政府建设，提出检察建议152件，被法院采纳率100%，相关做法在全省进行推广。

2019年，吕梁检察在公益诉讼检察中共立案并发出诉前检察建议605件，位居全省前列。注重法律授权，坚持保护公益与促进发展并重，督促清理河道60.5公里、水域25.27公顷、固废垃圾7.3万吨，整治污染企业33家、校园周边摊贩109家。坚持积极索赔与修复治理并重，督促修复农田、林地22.4公顷，挽回国有财产损失308万元，保护国有文物21处。坚持诉前程序与提起诉讼并重，对诉前到期未整改的，依法提起公益诉讼3件。开通公益诉讼“随手拍”举报平台，拓展公益诉讼案件线索渠道。交城县检察院针对校园周边商店向学生售卖单根香烟、“三无”小食品等问题，发出诉前检察建议，并督促相关部门依法履职，维护青少年身心健康。

【司法服务】

2019年，吕梁市检察院维护民生民利，建立主动告知、精准识别、联合救助、综合帮扶工作机制。全年上门发放司法救助金204万元，同比上升157%。为弱势群体维权提供检察服务，支持起诉126件。临县检察院通过诉前调解，为陈某等105名农民工追回拖欠2年多工资163万元。市检察院坚持情理法相统一，调取关键证据，为已故环卫工人闫某追回保险理赔金18万元。

在未成年人犯罪检察中，吕梁市检察机关对犯罪情节轻微并有悔罪表现的未成年人，不捕6人，不诉26人，依法封存犯罪记录19人，并会同相关部门进行约束教育、严加矫治。对应当依法从严惩戒的，批捕25人、起诉39人。2019年，吕梁市检察机关两级院检察长和91名检察官，受聘担任所属地方法治副校长，共讲授法治课183场次。

2019年，吕梁市检察机关参与社会综合治理，办理息诉案件68件，市检察院化解1起长达十年之久的工程欠款纠纷案，被评为全省和解息诉典型案例。针对12309检察服务，聘请律师化解涉法涉诉案件，接待受理312件，化解240件。依法及时处理群众信访诉求，对留有联系方式的522件群众来信，全部做到七日内按程序回复。在社区矫正专项检察监督中，纠正执行不当853人。

【优化检察管理机制】

2019年，吕梁市检察机关推进制度认罪认罚从宽制度，共适用1330人，提出的确定刑量刑建议被法院采纳率89%，位居全省第二，被告人一审服判息诉率95%，同比提升11%。通过适用，不起诉和判处缓刑、拘役988人，占74%，建议适用速裁程序、简易程序498人，占37%，真诚认罪悔罪的被告人得到实体和程序从宽。

针对职务犯罪检察，建立高效顺畅的监检衔接机制。年内，共受理监察机关移送职务犯罪67人，经审查逮捕42人，取保候审25人，提起公诉60人，并向监察机关移送公职人员涉嫌职务犯罪线索52条。建立提前介入协作机制，提高职务犯罪案件办理质量和效率，退回补充调查率同比减少7%。同时查办司法工作人员相关职务犯罪，2019年立案侦查并起诉1人，由法院作出有罪判决。

2019年，在检察管理机制优化工作中，完成重塑性内设机构改革。担任检察官的院领导回归办案一线，办理各类案件2198件，占案件总数的20%，检察长依法列席同级法院审判委员会39次。市检察机关构建检察办案质效评价体系，对检察业务态势定期研判、分析、通报，“三延两退”现象明显减少，办案质效同比提升26%，位居全省前列。

【检察队伍建设】

2019年，吕梁市检察院狠抓党建引领，出台《党组会议事规则》和《检察长办公会议事规则》。贯彻民主集中制原则，畅通党员参与讨论党内事务的途径，深化意识形态工作，推进检察文化建设，凝聚和弘扬检察正能量。2019年，全市检察机关共有5个集体、16名个人荣获省级以上表彰奖励，被市级以上媒体报道592篇次。狠抓素能提升。举办“道德讲堂”4期、“新时代检察官讲吧”7讲、“微党课”24期，组织干警参加各类培训760余人次，运用“检答网”学习提高，有8名干警入选省级以上专业人才库。狠抓纪律作风，落实“三个规定”，建立过问或插手、干预司法办案等重大事项报告制度，记录报告148件。纠治形式主义、官僚主义作风，发文数量同比减少38%。

（市检察院）

法 院

【概 况】

2019年，吕梁市各级人民法院在受案数量持续攀升的情形下，审判质效呈重点突破和整体提升态势，审判队伍素质和司法公信力有了新提升。全年共受理各类案件42468件，审执结41036件，结案率96.63%。其中，市中院受理5464件，审执结5286件，结案率96.74%。

【审判职能加强】

2019年，吕梁市中级人民法院全力维护政治安全和社会稳定，深入推进“扫黑除恶”专项斗争。围绕“深挖根治”总目标，紧盯从严惩处、打财断血、打伞破网和综合治理。一审审结黑社会性质组织犯罪案件7件73人，恶势力犯罪案件140件580人，结案率96%；依法严厉惩处重大涉黑恶案头目，判处五年以上有期徒刑101人、无期徒刑1人，对10名被告人没收全部财产，对273名被告人判处罚金1287.6万元；从严惩处涉黑恶腐败及“保护伞”案件12件14人；针对审理中发现的行业和管理漏洞，提出司法建议76份，全市法院涉黑恶案件综合审判质效位居全省前列。

依法惩治各类刑事犯罪。2019年审结各类刑事案件4030件。从严惩处邪教犯罪3件3人；审结故意杀人、伤害、抢劫、绑架等犯罪827件961人；审结盗窃、诈骗、抢夺、敲诈勒索等多发性财产犯罪578件866人；审结生产销售有毒有害食品及伪劣商品犯罪25件30人；严厉打击网络电信诈骗、网络传销等犯罪14件31人，涉案金额7.5亿余元；严惩贪污贿赂等职务犯罪50件67人；审结涉枪涉爆、涉黄赌毒等犯罪139件221人，对涉毒品91公斤的宋毅等19人特大贩毒团伙给予严惩，依法保障人民群众的生命、自由、财产等权利。

坚持惩罚犯罪与保障人权并重。2019年，在离石区等7个县（市、区）开展律师辩护试点。一审案件律师辩护率49.81%，同比提高19%。坚持“证据裁判、罪刑法定、疑罪从无”的司法原则，全市试行最高院《三项规程》，对经审的150件案进行补查补正，通知29名证人和鉴定人出庭作证。

坚持宽严相济。2019年，依法裁定特赦服刑罪犯18人，对确有悔改表现的492名罪犯给予减刑，对初犯、偶犯、未成年犯等情节较轻的1414名被告人适用缓刑。充分发挥刑罚的教育感化和挽救功能，最大限度减少消极因素，促进社会和谐稳定。

【民商事审判】

2019年，吕梁市中级人民法院依法化解民事纠纷，强化民生权益司法保障。针对民生案件快立快审，审结婚姻、继承、抚养、赡养等家事案件4535件，依法保护妇女、儿童、老年人合法权益；审结农村土地承包合同纠纷、宅基地使用权纠纷106件，维护农民土地承包权、宅基地使用权和集体收益分配权；审结教育、医疗、劳动争议、消费者权益保护等涉民生案517件，缓减免诉讼费2340万余元，使经济确有困难的当事人感受到司法温暖。

公正审理商事案件，调节经济社会关系。2019年，审结股东出资、股权转让等与公司有关的纠纷62件，审结票据纠纷、保险合同纠纷857件。依法制裁虚假宣传、侵犯他人商业信用、商业秘密等不正当竞争行为。注重知识产权审判，落实知识产权审判“三合一”工作机制，建立与公安、检察、行政机关的信息沟通机制，审结侵犯著作权、商标权、专利权和制售假冒伪劣商品违法行为99件。

【行政审判】

2019年，吕梁市中级人民法院强化诉权保障，共审结一审行政案件478件，判决裁定行政机关胜诉264件，占比55.23%；撤销、变更、确认行政行为违法和责令履行法定职责104件，占比21.76%。

坚持合法性审查，对土地房屋征收补偿、社会保障、市场管理等案件，在维护社会公共利益的同时，监督行政机关依法行政。2019年，市中院行政庭审理石某诉太谷县人民政府责令限期拆除案入选“全省行政审判十大案例”。坚持依法裁判和协调化解并重，促进行政争议实质性化解，全年协调化解行政争议案66件。

深化“府院联动”机制，推进行政机关负责人出庭应诉，改变“告官不见官”的惯相。2019年，全市法定“四类案件”中行政机关负责人出庭应诉率达92.5%。注重健全完善法院与政府联席会议制度，向各级政府、行业发送司法建议20份，促进提高依法行政水平。落实国家工作人员旁听庭审活动常态化制度化要求，全年邀请行政机关负责人旁听案件审理66人次，助力法治政府建设。

国家赔偿职能得到加强。2019年，全市审结国家赔偿案件25件，向人身权、财产权受到不法侵害的受害人支付赔偿金120.3万元。全年办理司法救助案件31件，为陷入困境的涉诉群众发放司法救助金130.6万元，彰显司法扶危济困人文关怀。

【五个常态化】

2019年，吕梁市中级人民法院巩固“基本解决执行难”工作成果，按照执行工作“五个常态化”要求，加大执行力度，开展“跨年执行十项专项行动”。全年执结案件10547件，执行到位13.98亿元，持续保持执行“3+1”核心指标高位运行。构建综合治理执行难工作大格局，健全完善“党委领导、政法委协调、人大监督、政府支持、法院主办、部门联动、社会参与”的综合治理执行难工作大格局。市委政法委、市中院联合向辖区县委书记发出涉党政机关执行案件督办函11份，执结涉党政机关案件26件2600万元。

加强联合信用惩戒，与多部门建立社会诚信联络员制度，推送失信被执行人法人组织35家，纳入失信被执行人名单2927人次，限制高消费5419人次，限乘飞机火车18368人次；从严惩处拒不执行、妨碍执行等违法犯罪行为40件，罚款10.3万元，司法拘留411人，判处刑事犯罪10人。

【保障服务】

2019年，吕梁市中级人民法院坚持服务保障“三大攻坚战”，将防范化解各类风险贯穿全年工作主线。制定《防范化解重大风险攻坚战实施方案》，按照省委、市委“平稳重整、涅槃重生”目标要求，推进联盛集团破产重整方案执行，从严惩处涉众型经济犯罪、金融诈骗等案件174件，依法审理民间借贷等各类金融民事案6012件，妥善化解非法集资、信托纠纷，防范化解区域金融风险。从严惩处偷排污水、盗伐林木等破坏生态环境犯罪34件73人，审结环境资源类民事行政案329件，审结环境公益诉讼案5件。从严惩处扶贫领域贪污贿赂案15件22人，审结土地承包、流转、林权转让等涉农案204件，集中清理拖欠农民工工资案130件501万元。市中院在定点帮扶村原建醋厂、酒厂等四大产业并为建档立卡贫困户持续分红16万元的基础上，投资280万元新建粉条加工厂和鱼塘，协助易地移民搬迁53户143人。

保障经济转型发展。2019年，全市两级法院精准把握民众司法需求，妥善化解城乡一体化、重点工程和重点项目建设过程中引发的各类民商事、行政纠纷，公正审理涉民营企业和转型项目案62件；依法严惩重点项目建设过程中出现的强迫交易等不法行为18件173人，打击非法插手工程建设的黑恶势力2件37人；发挥破产审判的市场拯救和净化功能，妥善处置僵尸企业，对8件新收破产案件依法开展审理工作，促进生产要素优化组合。

保障优化营商环境。2019年，市中院制定出台《服务保障民营经济发展“42条”措施》，严格规范案件处置程序和强制措施运用，最大限度减少对正常经营活动的损害及影响。全市法院开展“民营企业开放日”“万名干部入企”活动。交城法院成立“驻企法律服务中心”，切实维护民营企业和企业家合法权益。加大产权保护力度，平等保护各类市场主体合法权益，全年化解各类合同纠纷12282件，解决涉企执行难题，为深化“供改”“综改”营造了良好法治环境。

【司法服务转型】

2019年，吕梁市中级人民法院积极构建诉讼前端多元纠纷大格局。牵头印发《加强人民调解和开展律师调解工作的实施意见》，搭建在线调解工作平台，引入调解员322名，对接调解组织95家。文水法院成立诉前人民调解委员会，孝义法院与司法局共建矛盾纠纷多元调解网络平台，汾阳法院运用人民调解、司法确认程序成功处置汾阳鼓楼东街棚户区改造烂尾工程。年内全市共司法确认1200余件，化解纠纷6000余起，取得良好社会效果。

构建立体化诉讼服务体系。2019年，全市各级法院深化“最多跑一次”改革，市属14家法院全部建成诉讼服务网，上线“移动微法院”，开辟微信、支付宝等网络交退费通道，推行掌上诉讼服务，初步形成“当场立、网上立、就近立、自助立”的便民立案模式。全年当场立案率达95%，跨域立案97件，网上立案421件，司法化解纠纷和服务群众的水平明显提升。

构建阳光司法机制。2019年，吕梁市各级法院以开放、动态、透明的改革观推进司法创新，充分利用中国审判流程信息网、诉讼服务网、“12368”诉讼服务热线和短信平台，及时公开审执流程节点信息，公开文书32210份，庭审直播5245场次，使正义看得见、感受到。全年多次举办“执行开放日”活动，召开新闻发布会，开展法律“六进”活动以及巡回审判、以案说法、送法下乡入企活动。吕梁市中院、文水法院被评为“2019年全国法院司法宣传先进单位”。

【审判体系现代化】

2019年，吕梁市中级人民法院深化司法责任制改革，推进法官员额制。完成员额法官遴选61名，向4名入额法官启动退出程序，为23名法官评定职务等级并按期晋升，如期完成基层法院内设机构改革。落实院庭长办案工作机制，将入额院庭长全部编入审执团队。全年审执结14316件，结案占比67.84%。

案件繁简分流机制。2019年完善速裁案件审限规则，制定要素式裁判文书模板，诉前调解1454件，适用简易程序审结14310件，诉中调解、撤诉8584件，占比66.09%，同比提高11.92个百分点。其中交口县、石楼县、岚县、方山县等法院简易程序适用率均超过80%。稳妥推进认罪认罚制度适用程序，对764件870人从宽处罚，提高诉讼效率，节约诉讼资源，减少社会对抗。

涉诉信访机制改革。2019年，全市法院系统建立健全信访登记办理等“5+2”工作机制，推广全国法院信访信息管理系统应用，设立“律师参与化解和代理刑事申诉案件工作室”“律师参与接访工作室”及法律援助站，实行工作日预约接待，圆满完成“二青会”、国庆等重大节点期间信访任务，涉诉信访工作信息化、规范化、法治化水平得到提升。

执行机制改革。2019年，全市法院系统健全完善“源头管控、动态监督、全程管理、案后评查”工作机制，安装执行指挥应急调度服务平台，实行到案到人、全流程精准监管与关键节点管控，构建以“执行指挥中心为中心、执行员额法官为主导、合理配置执行辅助人员”的集约化扁平化管理模式。全年执行办案周期同比缩短32.16天。

科技应用机制创新。2019年，全市法院系统建立信息化常态化智能化审判监管新机制，实施电子阅卷、电子签章、智能语音识别、类案推送、法律文书智能生成，推进刑事“206”系统与办案平台有机融合。开展电子卷宗随案同步生成及深度应用，全市法院电子卷宗随案同步生成率99.09%，其中文水县、岚县法院达到100%。全市案件平均审理天数同比减少3.4天。

【司法能力建设】

2019年，吕梁市中级人民法院加强法官教育培训，选派业务骨干参加最高院各类业务学习共109期1827人次，组织全市法院干警前往浙大、人大等高等学府开展干部综合能力提升培训。全市法院系统共有3名个人获得全国表彰，3个集体、7名个人荣获省级以上表彰。

强化人大监督意识。向市人大常委会专题报告民事执行工作和代表建议办理情况，并根据审议意见要求抓好贯彻落实。开展“代表开放日”活动，邀请人大代表视察法院、旁听庭审、见证执行。全年按期办结人大代表建议3件、政协委员提案3件，办复率100%。办理检察建议739件，审结各类抗诉案件77件，其中改判发回63件，有力维护司法公正。公开选任人民陪审员475名，陪审案件6917件，一审案件陪审率95.01%，使司法裁判汇聚更多人民智慧。2019年全市法院一审案件改判率、发回重审率全部达标，服判息诉率86.85%，同比提高1.64个百分点。

（市中级人民法院）

司法行政

【基层司法组织建设】

2019年，吕梁市政府印发《关于加强新时代七好司法所建设的意见》，吕梁市司法局召开全市司法所建设观摩推进会，组织力量下沉包点指导，推进基层司法工作开展。整顿清理占编不在岗人员41人次，配备充实专职调解员等工作人员186人；业务用房达标率由2018年的62.11%上升到2019年的98%，提升了36个百分点，建成标准化司法所111个。

吕梁市司法局印发《关于进一步加强人民调解工作的意见》，确立矛盾纠纷分析研判与纠纷多元化解机制，建立“互联网+共享矛盾调解”系统、手机APP等调解新模式；培训人民调解员5223人次，创建个人品牌和律师调解室52个；排查调处各类矛盾纠纷案件15406件，调解成功率、调解协议履行率达99%，两项指标进入全省第一方阵，涌现出一批优秀人民调解员。

【社区矫正管理】

建立推行社区矫正定期分析研判和刑罚执行一体化制度，落实完成社区矫正管理督察系统建设、国庆安保、特赦实施等重点任务。赴太原市鑫佳源安置帮教基地参观学习，开展国学感化、心理辅导等多形式帮教活动，累计接受社区服刑人员1306人，累计解除1321人，现在册人员2386人；接收刑释解教人员1831人，其中重点帮教对象100人，重点帮教对象接送率98%；安置总人数1831人，安置率为100%，无一脱管漏管。

持续推进“扫黑除恶”专项斗争向纵深发展。扎实开展社区矫正、刑满释放人员涉黑涉恶线索摸排及相关台账报送工作，推动涉黑涉恶案件辩护代理全覆盖。全年共接到律师报备代理涉黑涉恶案件171件，现场指导监督4次，电话指导89次。组建社矫人员法治宣传队，利用乡镇集会、城区中心广场等平台开展多种形式的“扫黑除恶”宣传，指导县（市、区）拍摄《“扫黑除恶”下硬手》《铁手腕》《硬仗》等警示教育微电影。

【公共法律服务】

落实吕梁市委出台的支持民营经济发展“20条”措施，创新开展“防控企业法律风险，护航民营经济发展”为主题的“百名律师进民企”三年行动，组建35个律师服务团队，为全市106家企业提供“五个一”贴身法律服务；大力实施省政府八项民生实事之一的法律咨询便民工程，提前两个月超额完成全年20000件任务，受到省司法厅充分肯定；组织实施国家法律职业资格考试，客观题参考率77.2%，较上年提升5个百分点，通过率25.8%，被司法部授予“表现突出单位”。全市法律服务机构围绕吕梁市司法局工作部署，担任党政机关事业单位法律顾问414家，代理刑辩、民事案件9612件；受理国内公证4629件，涉外公证1242件；办理司法鉴定事项1432件；深入开展根治拖欠农民工工资专项行动，持续加强“吕梁山护工法律援助律师库”建设，全年受理法律援助案件2199件，解答咨询18726人次，受援人数达2.2万人次。吕梁市援助中心受到省妇联表彰和充分肯定，吕梁市司法局被全国妇联授予“全国维护妇女儿童权益先进集体”称号。

【司法信息化建设】

认真落实司法部、司法厅信息化体系建设要求，建成网络和通信系统上下联通、业务运用系统齐备、信息数据掌握全面的指挥中心。全市先后投入800万元（市司法局投入180万元），建成应急值守指挥中心14个，三级社区矫正督察平台175个，在线运行业务平台13个，法律援助远程视频系统29个，“数字法治、智慧司法”一体化建设有序推进。

【司法队伍教育培训】

2019年，落实吕梁市司法行政队伍教育培训规划，以大培训为突破口，着力强化队伍业务能力建设。4月召开市政府法制工作对接交接座谈会；5月举办全市司法行政系统法治政府业务能力提升培训；6月举办司法所长、人民调解员履职能力提升培训，选派15名业务骨干参加全省举办的行政复议与应诉工作专题培训班；12月开展全市法治政府建设专题讲座、全市普法骨干宪法宣传培训活动，举办信息化建设专题辅导、选送技术人员外出培训。年内，全市累计举办各级各类培训62期，培训各类人员4800人次。

【公正司法】

积极推进司法体制综合配套改革，全面落实司法责任制。坚持扁平化管理和专业化建设相结合，将全市基层法院内设机构181个精简为80个。全面落实院庭长办案工作机制，推进院庭长办案常态化。全市院庭长共审结12417件，结案占比68.75%。在7个县（市）积极开展刑事案件律师辩护全覆盖试点，推进以审判为中心的刑事诉讼制度改革，规范庭前会议、非法证据排除、出庭作证机制，证人、鉴定人、侦查人员出庭作证25件，律师参与辩护1259件，辩护率33.56%。构建开放、动态、透明的阳光司法机制，深度应用“四大公开”平台，公开文书23443份，庭审直播4541件，直播率17.67%。

持续深化“捕诉一体化”体制改革，全面落实司法责任制，着力强化法律监督实效。监督公安机关立案52件59人、撤案38件56人，纠正侦查活动违法197件。监督刑事审判活动，提出抗诉59件，纠正审判违法68件。开展职务犯罪检察，受理监察机关移送的职务犯罪案件24件30人，决定逮捕24件26人，起诉52件68人。积极保障当事人诉讼权利，依法提出抗诉31件，采纳率100%。注重民事审判、执行程序监督，共监督纠正审判程序违法372件、执行活动违法252件。办理行政生效裁判监督案件27件，办理行政审判程序监督案件93件、执行监督案件112件。加强对生态环境和资源保护、食品药品安全、国有财产保护、国有土地使用权出让和英烈权益保护领域检察，立公益诉讼案605件，诉前程序发出检察建议605件，为全市高质量发展、高水平崛起、高标准保护、高品质生活提供检察服务。

【普法宣传教育】

认真落实“谁执法谁普法”责任制，落实领导干部学法用法制度。组织百名县处级领导“12·4”宪法集体宣誓，组织县处级领导干部任前法律知识考试113人次，组织市县两级政府负责人旁听庭审95次，组织800多名国家工作人员参加法治政府能力提升培训。深入开展法律进高校、进商会、进民企等“七进”活动，培训“法律明白人”3230人次，创建省级“民主法治示范村”50个，开展民企法治体检106家。积极组织参与“法治邮路进万家”及“我与宪法”微视频微动漫全国征集比赛活动。临县创制拍摄的“我与宪法”微视频《甘泉》荣获全国一等奖，离石区创作的两部微动漫获省级表彰。大力推动互联网、新媒体普法，“中国普法”微信公众号关注度在全国地市级城市排名第五、全省排名第一，全市法治建设群众基础不断夯实。

（市司法局）

军　事

吕梁军分区

【思想教育】

2019年初，吕梁军分区印发《2019年军分区部队理论学习安排意见》，坚持把学习习近平新时代中国特色社会主义思想和习近平强军思想作为重大政治任务，对师团两级党委中心组带机关、民兵分队两个层次的学习制度和方式方法作出规范，创新建立“六学”机制，即原原本本学、集中研讨学、追根溯源学、活动牵引学、典型激励学、带着问题学。2019年，开展两项主题教育，完成省军区赋予的深化“传承红色基因、担当强军重任”主题教育试点任务，并将试点经验向全省作介绍，在军委国防动员部要讯刊发。吕梁军分区机关党支部被军委国防动员部表彰为“先进基层党组织”，孝义市人民武装部党委、柳林县人民武装部党委被省军区表彰为“先进团级单位党委”。

【战备训练】

2019年，吕梁军分区推进战备方案体系建设，完成省军区赋予的试点任务，战备方案修订通过省军区会审。坚持规范师团两级值班秩序，研究制定值班工作规范，定期组织值班业务培训，每周组织指挥系统通联调试，每日组织检查抽查，在各种情况下均保持良好战备秩序。

队伍建设中按照“一队多用、一专多能”的要求，市县乡村分级组建民兵应急队伍，形成编组相对独立、任务各有侧重、行动相互支援的民兵应急力量体系。在组织训练中按纲施训，组织干部和文职人员、专武干部集训，规范民兵训练，参加全省参谋骨干比武获单位第四、个人综合第一与第九的好成绩。在组织课题训练中，全程实施问题导向，不发脚本，临机导调，注重发现并研究解决问题，主官带头进入情况研究训练课题，市县两级国防动员组织指挥能力进一步提升。组织民兵分队参与柳林县、岚县森林火灾扑救，离石区、石楼县地质灾害救援，共动用民兵1000余人次，还完成火箭残骸搜寻，备战成效在实战中提高。

【国防体系建设】

2019年，吕梁军分区贯彻落实山西省完善国防动员体系的实施意见，结合地方党政机构改革，调整重组市县两级国防动员委员会组织机构。在国防体系建设中，组织国防动员潜力调查，摸准通用行业装备和高技术人才，向高新行业组织延伸，全年完成12大类5万余条潜力数据的调查录入。深化民兵调整改革，依托吕梁云计算中心和华为大数据平台，全面掌握全市潜力信息数据，挖掘专业领域编兵潜力，拓展新质力量编兵渠道，高标准完成1万余名基干民兵和200多支队伍的整合重组和调整编建，使专业对口率、党团员比例、退役军人比例提升。在征兵工作中，市县两级落实征兵工作政府“一把手”工程，完善组织体检抽查复检程序，狠抓兵员质量，圆满完成1000余名兵员征集任务。

【军民共建】

2019年，吕梁军分区按照“六部”职能任务，对接市应急管理部门，研究建立军地应急联动机制。发挥协调军地职能，落实新时代军人军属、退役军人和其他优抚对象优待政策，研究出台省、市退役全日制大学生士兵定向招聘优惠政策实施方案。构建党政机关、学校、社会三层国防教育体系，开展爱我国防、军营开放日等系列活动，推进国防教育示范学校、示范村镇（社区）建设，组织国防教育专题讲座。

2019年，吕梁市首次被评为“省级双拥模范城”。

（吕梁军分区）

武警吕梁支队

【战备演练】

2019年，武警山西总队吕梁支队以打仗姿态抓执勤，铸就全员施训、全域练兵、全程备战的态势。紧盯“两会”、节日战备等重要敏感节点，固定勤务落实加强部署和反恐防袭措施，开展联合查监、隐患排查和震慑演练。开展“政治月、任务月、战备月、安全月”多项活动，纠治执勤“常见病、多发病”，查找治理执勤隐患54处，实现“中心任务零事故、执勤隐患零挂账、执勤管控零通报”目标。

2019年，以临战状态狠抓战备建设，落实“5+1”力量体系建设和“三种情况第一时间到现场”要求。紧盯“保卫大庆、平安青运”两条任务线，修订完善机关10类战备计划方案，谋划部署各县（市、区）巡逻勤务，先后8次组织首长机关带机动分队战备拉动演练。

年内，共出动兵力1万余人次，完成武装押解、“116”专项押运、出所就医、城市武装巡逻、中阳柏洼山山林灭火、柳林于家沟村山林灭火、“青运会”火炬传递、场馆安保等任务82次。2月3日，协同公安机关成功处置涉恐人员藏匿自制爆炸物事件。

【军事训练】

2019年，武警吕梁支队认真学习《军事训练监察条例》，组织实施演习，完成省总队第三季度“魔鬼周”极限训练承训任务。落实党委“议中心”制度，做实军事体育训练周测试、月考核制度，组织每月“射击日”活动，推动训练场地建设。强化军事训练“八落实”“六种组训模式”主导作用，开展“军事体育运动会”“冬季大练兵”“五大技术比武”“勤训轮换大排名”等活动。

2019年，支队教导队被武警部队评为一级教导队。

【法治建设】

武警山西总队吕梁支队按照习近平主席

“兵以治为先，治以严为要”思想指引，狠抓制度规矩，严格责任担当。

抓法治正导向。深入开展“条令年”“治违法、严纪律”和士官队伍集中治理活动，通过条令竞赛、季度干部讲评、开展警示教育、督导检查等形式，进一步强化各级法治意识；以安全“四大活动”为载体，扎实推进总队“严格落实条令、正规‘四个秩序’”试点任务；集中组织以警示法纪、心理健康、信息保密等为主要内容的安全警示教育4次，扎实开展“四清”活动，打好“事故录像警示、典型案例剖析、讨论体会交流、个人承诺践诺”等“组合拳”，让官兵在严格教育、严格管理、真实受益中提高尊法学法的积极性主动性。

抓重点保安全。针对季节性事故特点，及时开展卫生防病教育和抢险救援演练，大力开展“抓规范、治违法、遏事故”车辆交通安全专项整治行动，为708部手机安装管控平台，集中组织防范网贷赌博和预防自杀专题教育，深入开展法律心理服务到基层活动，全力整治“黄赌贷游群”等新隐患新问题，不断营造部队“抓安、建安、创安”氛围。

【基层建设年活动】

武警山西总队吕梁支队针对基层建设整体较平、两头冒尖的现状，着力在解难减负、增强能力上持续用力。

加强培训，增强基层自建能力。跟进组织调整、人员变动，集中组织业务培训，持续巩固深化《纲要》培训成果；2次集中组织基层党支部书记、党小组长进行业务培训，基层“造血功能”不断增强；活用“带新促老”“四知三责两到位”等载体，扎实开展“岗位大练兵、比武砺精兵”活动，建立官兵成长档案；大力开展“学先进、找差距、勇担当”和“向临县中队学习、向临县中队看齐”活动，严密组织第二届“忠诚使命、敬业担当”先进典型评选表彰，召开参加国庆70周年阅兵代表事迹报告会，及时挖掘选树身边典型。

紧盯短板，实施精准帮建指导。对连续5年以上未跨入先进的3个中队实施精准帮建，中阳中队有望“脱贫摘帽”；制定下发《支队精准帮建计划》和《按纲服务指导基层计划》，采取“谈、测、查、帮、带”的形式，现场指出问题，手把手教方法、改不足；组织3批80人次下基层蹲点帮建；抓好文水、方山中队试点工作，打造“吕梁品牌”；研究制定落实武警党委1号文件措施，抓实支队层面“十件实事”，持续解决好子女入学入托、特困官兵救济、随军家属就业、转业干部安置等问题；始终关注大龄单身官兵个人问题，严密组织“相约凤山之巅，你我心手相牵”联谊会。

科学决策，提升按纲抓建成效。注重统筹协调抓基层的力量、方向、时间和内容，研究制定支队解决“五多四过”措施；以《大队工作运行规范》为基本依据，注重减压放手还权，引导各级把心思和精力向备战打仗聚焦，向服务基层用力，催生基层建设新的增长极；进一步修订支队《季度按纲建队考评实施细则》，将大队党委意见纳入考评机制，营造“干在平时、比在平时、争在平时”良好氛围。

【效能保障】

紧紧围绕建设打仗型后装保障体系，加快推进转型发展，着力提升后装保障效能。练精队伍强能力。按照科学合理、贴近实战要求，修订完善处突维稳、反恐行动、抢险救灾等6类9项后勤保障方案预案，把车辆抢修、战地救护、野外保障、自行式炊事车的使用纳入专业兵培训范围，持续加强后装保障力量建设。

2019年年初以来，分批次、分层级组织“一组五队”200余人次进行初级培训和专业复训，积极开展后装群众性练兵比武活动。

精心服务提质量。严格落实“1126”“6211”组伙模式，不定时对基层伙食进行抽查普查，官兵伙食满意率不断提高；常态化开展卫生防病和心理健康教育，定期组织医疗巡诊，扎实做好疫情防控和疫苗接种，投入88万余元改善基层生活设施和购买药品器材，组织医疗巡诊5次，输送病号200余人次，为外诊病号借款110万元，为支队官兵及家属办理保障卡952张，为13名人员办理住房公积金贷款。

完善制度促正规。始终扭住制度这个管根本、管长远的抓手不放松，科学编制年度预算，进一步完善经费审批流程、经费结算报销、工程建设申报等内容，大力推行军网采购制度，提高采购效率。牢固树立“顶级安全意识”，狠抓枪弹管理制度落实，保障各类实弹射击48次，为基层维修武器，巡修兵器室门禁2次，确保枪弹管理绝对安全。强力推进“清仓归零”活动，发现整改装备和枪弹安全问题12个，确保权力规范运行、经费依法开支。

（武警吕梁支队）

人民防空

【组织指挥信息化建设】

2019年，吕梁市人民防空办公室制定出台《推进人民防空改革发展军政联席会议制度》，重新调整人防工作领导组成员，理顺指挥协同关系。

建成组织指挥平台，完善重要经济目标防护功能。组织人员对全市重要经济目标进行摸底调查，划定全市重要经济目标51处，调整并充实重要目标防护工作领导小组和防护专业队人员，完成城市重要经济目标和疏散干道高点监控一期工程，城市整体防护能力逐步提升。在8126综合工程（人防地下指挥所）人防机动指挥系统，建成卫星地面接收站、地下指挥所兼容联通，形成地下地面配套，固定与机动兼容的人防指挥通信体系。加强人防警报维护管理，对离石城区17台警报系统进行集中维护，全市防空警报每天三次整点报时，“9·18”警报统一试鸣建设完成，警报鸣响率100%。

【人防工程建设】

2019年，吕梁市人民防空办公室按照改革要求，梳理完成职责清单和“四级四同”（即省、市、县、乡“四级”，名称、依据、类别、编码“四同”）清单，明确吕梁市人防地下室建设流程、防空地下室建设事项准入清单及建设标准，公布企业投资项目承诺制改革试点防空地下室建设承诺书模版，制定防空地下室建设清单式告知管理办法、防空地下室施工图设计文件审查管理办法等6项规定，并下发各县（市、区）人防办参照执行。

加强行政执法和人防工程质量核查。对全市人防工程开展质量跟踪监督134次，按要求完成人防实力数据统计上报。同时做好已建人防工程开发利用和管理工作。全市完成人防工程验收，全部用于车库和仓储使用，利用率达到95.2%。2019年，对全市已建人防工程进行安全生产大排查，与各人防工程使用单位签订安全责任书，全年未发生安全责任事故。对查找存在的问题，建立排查工作台账，对能及时整改的项目，及时下达《整改通知书》限期整改。对工程建设中欠缴易地建设费的项目积极追缴。经排查，吕梁市2013年至2019年底共实施需进行人防审批工程项目791项，其中，人防部门审批553项，未经人防部门审批238项。排查出问题443个，年内完成整改357个，正在整改86个。市本级共排查出需进行人防审批项目139项，经市人防办审批工程项目115项，未经人防部门审批24项。

【人防融合发展】

2019年，吕梁市人防办围绕人防工作“战时防空、平时服务、应急支援”使命任务，把融合式发展作为推进重点。

推进地下空间开发利用。结合吕梁城市建设总体规划，经过考察论证，向市政府提出利用社会资金在吕梁地下空间建设人防平战结合工程的项目建议报告，得到市政府首肯和重视，2019年年内拟出初步建设方案，并作前期规划论证。

推进专业防护工程建设。对市政府院内地下人防车库、政务服务中心地下人防车库、泛华集团和中央公园地下人防物资库进行初步竣工验收。依托吕梁市医疗卫生园区项目同步建设的人防急救医院，完成主体工程建设。交城县、柳林县人防救护站工程完成前期工作。市人防办对市本级疏散基地进行选址和前期工作。

【人防演练】

2019年，吕梁市人防办加强人防专业队伍建设，编组抢险抢修、医疗救护、消防、治安、防化防疫、通信等由307人组成的7支人防专业队，进行集中训练。3月，在省人防办举办的2019年度全省人防系统演练开训暨准军事化集训中，市人防办组成的8人集训区队获“标兵集体”称号，并接受检阅。5月，与太原市人防办协同参加人民防空实战化跨区支援协同演习。9月，吕梁市人防办及各县市区业务骨干在山东省威海市国家人防信息科技应用研发协同考察学习。12月，市人防办在大同市人防办灵丘人防疏散地域参加全省人防系统第三期军事化集训。2019年，共完成4个大型演练活动安排课题，提高了全办工作人员的实战操作能力。

【人防法制宣传教育】

2019年，吕梁市人防办广泛开展人防宣传“五进”（进机关、进院校、进企业、进社区、进媒体）活动，市民兵训练基地和交城县英雄广场、兴县晋绥革命纪念馆、文水县刘胡兰纪念馆，被确定为市人防教育基地。组织大型人防宣传活动3次，制作宣传展板，解答群众咨询，发放宣传资料。市人防办结合秋季初中、高中开学军训活动，组织教官进行人防知识宣讲，组织城区2所小学师生开展人防自救技能和疏散演练活动，收到良好成效。

（市人防办）

经济管理和监督

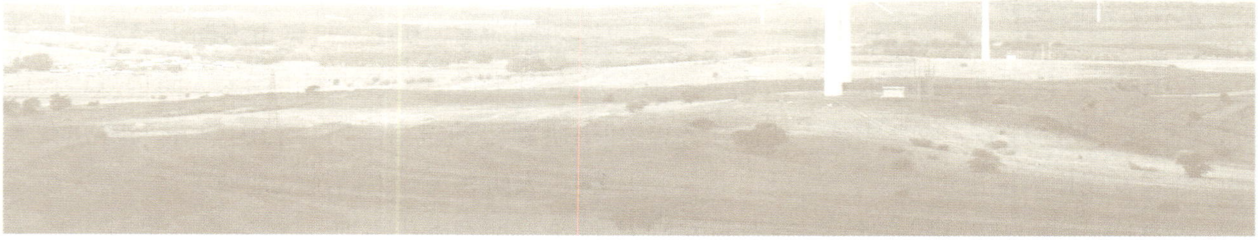

发展和改革

【概 况】

2019年，吕梁市地区生产总值完成1512.1亿元，一般公共预算收入完成192.6亿元，社会消费品零售总额完成536.8亿元，固定资产投资完成523.3亿元，城镇居民人均可支配收入为29181元，农村居民人均可支配收入为9963元。

【产业转型升级】

2019年，吕梁市煤炭工业增加值占工业增加值比重降低0.9个百分点；制造业增加值占工业增加值比重上升1.21个百分点，产业结构转型趋于稳定发展状态。煤电铝材一体化向纵深发展，市发改委制定《吕梁市煤电铝材一体化推进方案》，举办铝工业创新发展高峰论坛；省政府常务会议研究通过《支持吕梁铝镁新材料产业园区建设12条意见》，吕梁（兴县）铝镁新材料产业集聚区上升为全省战略；中铝华润合金铝项目运行产能提升至25万吨，可再投产12.5万吨；围绕“铝水不落地”，引进总投资140亿元的3个铝后加工项目；依托兴县铝镁新材料研究院科技创新和技术研发能力，引进上马铝材深加工项目。柳林县铝基新材料园区获批全省首批特色产业集聚区试点，园区“五通一平”完成投资8.7亿元。铝镁产业占工业经济比重达9.5%。1—12月，吕梁市白酒产量增长23.4%。

2019年，认定吕梁大万源商贸有限公司为山西省第三批省级大众创业万众创新示范基地。吕梁市省级“双创”示范基地达5个，在全省11个市数量排名第一。全市有国家级星创天地6个、省级科技孵化器3个、省级众创空间12个；省级创业孵化基地3个、市级创业孵化基地1个、县级创业孵化基地2个。市发改委会同市能源局、市工信局完成570万吨煤炭、211万吨焦炭、140万吨粗钢去产能任务。积极向上协调，将白酒产业调出限制类产业，为吕梁市工业经济转型升级，解决中汾酒城10万吨白酒产能问题争取政策机遇。

【能源综合改革】

2019年，吕梁市煤矿先进产能占比达70%；煤炭行业退出产能570万吨，释放先进产能1640万吨；推广无煤柱自成巷“110工法”煤炭科研技术试点，完成6个示范项目应用。新能源发电装机规模超过158万千瓦，占全市发电规模的17.8%；中阳华润5万千瓦、汾阳杨家庄10万千瓦风电项目并网发电，交口30万千瓦平价上网项目顺利推进。

【转型项目建设】

2019年1—11月，全市新入库项目667个，完成投资179.2亿元，占固定资产投资比重为37.4%。坚持把全年506亿元投资任务落到767个项目上，从项目谋划、前期论证、手续办理、开工建设，到竣工验收实行全流程监管。年初，召开全市深化转型项目建设年现场推进会暨项目集中开工仪式，55个项目集中开工。筛选64个重大项目分解落实到32位市四大班子领导和13个市直主要职能部门。开展“前期手续集中办理月”“项目集中开工月”“进工地到一线解难题”等专项活动，解决项目存在困难问题，及时跟踪并服务项目建设。每月在吕梁电视台、《吕梁日报》通报固定资产投资完成率、固定资产投资增速、重点工程完成投资占固投比重、重点工程投资完成率、固投建设项目开复工率5个主要指标排名情况，通过新闻媒体督促固投完成。全年累计争取上级资金5.81亿元（不含农业投资，中央投资5.34亿元，省级投资0.47亿元），同比增长3.5%；争取地方政府专项债券额度6.29亿元。开展PPP项目入库管理，新录入项目22个。

【重点领域改革】

2019年，吕梁市深化企业投资项目承诺制试点改革，推进实施统一清单告知、统一平台办理、统一流程再造、统一多图联审、统一收费管理的“五统一”事项办理。完成项目核准、选址意见书、用地预审、用地规划许可的审批流程、审批清单、办事指南，“一窗办通”模式和“最多跑一次”标准化建设迈出坚实步伐，行政审批效率和便捷化程度进一步提高。截至2019年，全市纳入试点项目105个。

社会信用体系建设。截至12月底，吕梁市综合信用指数在全国261个地级市中排名第163位，比2018年12月提升91位。在市委、市政府支持下，《吕梁市规范市级政府投资项目管理意见》经市政府常务会议审议通过，并启动2020年市级政府投资项目年度投资计划编制工作。明确所有市级政府投资项目均需申报年度投资计划，未列入年度投资计划的政府投资项目，一律不予安排年度建设资金。

【社会民生服务】

2019年，吕梁市加快采煤沉陷区搬迁安置，集中新建安置涉及16865户，竣工12787户、竣工率76%，入住8039户、入住率48%；货币安置9686户，签订搬迁协议7803户、签约率81%，支付完成6700户，资金发放率69%。争取中央、省以工代赈资金7546万元（其中中央资金5424万元，省级资金2122万元），占全省下达资金的33%，总额全省第一。组织召开全市供暖季天然气保供推进工作会2次，9月底，全市13个县（市、区）全部签订供气合同。

争取中央预算内资金9388万元，安排项目10个。其中，社会服务领域兜底项目1个，为石楼县残疾人康复及综合服务设施建设项目；社会事业领域文化旅游项目4个，分别为临县千年古柏群落风景区项目、兴县游客集散中心项目、岚县白龙山景区项目、仙人山景区项目；教育医疗领域项目5个，分别为交城县城东小学教学楼及附属设施建设项目、汾阳市贾家庄镇初级中学改扩建工程、临县北门小学综合楼建设项目、交口县城关第五小学教学楼建设项目、石楼县疾病预防控制中心业务用房建设项目。推进社会足球场地设施建设，省下达吕梁市社会足球场地建设任务69块，底限任务54块，计划年底前建成足球场地20块。

【物价调控】

2019年，吕梁市发改委加强价格监测预警，对350余个品种实施定期监测，对粮油肉蛋奶菜气等价格实行一周一监测。全年共采集、汇总、上报各类价格数据10万余条。市县两级发放价格临时补贴3400余万元，保障困难群众生活基本稳定。开展旅游门票价格整治工作。落实省发改委关于国有控股A级景区门票价格降价15%的精神，对吕梁市范围内的卦山、玄中寺景区门票价格进行专项督查，确保景区门票按规定降价。成本监审的规范化水平明显提高。2019年价格部门在制定价格过程中，列入定价目录项目全部按程序进行成本监审。全市价格认证中心共出具价格认定结论680份，其中：涉刑事案件认定650份、涉纪认定16份、涉行政5份、复核认定9份，认定金额约3500余万元；指导交口县、中阳县、孝义市、方山县在机构改革后展开价格认证工作。出租车运价由政府定改为政府指导价后，经营者可在法定节假日期间运价上浮20%。

（市发改委）

自然资源管理

【自然资源概况】

吕梁市发现的各类矿产40种，矿产地450个，其中大型矿产地83个，中型矿产地63个，小型矿产地30个，矿点及矿化点274个。吕梁市重要矿产资源主要有煤炭、煤层气、铝土矿、铁矿、耐火黏土、石灰岩、白云岩、石棉、硅石、铅矿和含钾岩石等；硫铁矿、石膏、大理石等非金属矿产无探明储量，一直被开采利用；膨润土、紫砂陶土、石墨、花岗岩等具有一定的勘查和开发潜力。

吕梁市有林地面积1321051.07公顷，森林覆盖率27.60%。按地类分：有林地面积241947.99公顷，未成林地面积71685.15公顷，苗圃地面积664.55公顷，无立木林地面积80925.08公顷，宜林地面积189617.02公顷，辅助林地用地面积178.74公顷，森林覆盖率32.81%，林木绿化率44.25%。按森林类型分：林地面积1321051.07公顷，其中公益林地面积1109452公顷，占林地面积的83.98%；商品林地面积211599公顷，占林地面积的16.01%。按林地保护等级划分：林地面积1321051.07公顷，其中Ⅰ级保护林地面积33783.25公顷，Ⅱ级保护林地面积488739.8公顷，Ⅲ级保护林地面积608308.72公顷，Ⅳ级保护林地面积190219.94公顷；吕梁市国家级公益林地面积164804公顷，其中Ⅰ级保护国家公益林面积28364公顷，Ⅱ级保护国家公益林面积136440公顷。

吕梁市森林水平分布，主要纵观吕梁山脉，南起石楼县石楼山，北至岚县芦芽山。以关帝山主峰为最高，海拔达2831米。主要树种顺序为：暖温带的栎类杨桦杂木林到中部、北部高寒山区的侧柏、白皮松、油松、华北落叶松、云杉；西部黄河残垣沟壑区以红枣林为主，分布区域北起兴县裴家川口，南至石楼西山；吕梁山东麓的边上区孝义、汾阳、交口黄土丘陵阶地以核桃经济林为主，方山、岚县冷凉区以仁用杏经济林为主。兴县、岚县、临县森林覆盖率不足20%。

【煤炭、煤层气开发规划】

吕梁市煤炭资源储量大，分布广，煤质优，煤层多且煤层厚，埋藏浅，易开采。含煤面积11460平方千米，分布在河东、霍西、西山、宁武四大煤田之中，占全市总面积的54.3%。预测资源储量1538亿吨，完成勘探面积3400平方千米，约占含煤面积的30%；累计查明资源储量451亿吨，占预测资源储量的29.32%，保有资源储量420.7亿吨。

煤类有气煤、肥煤、焦煤、1/3焦煤、瘦煤、贫煤、贫瘦煤、无烟煤8种。其中焦煤、气煤、瘦煤、1/3焦煤、肥煤的保有资源储量较大：焦煤121.96亿吨，气煤90.66亿吨，瘦煤45.19亿吨，1/3焦煤35.51亿吨，肥煤24.99亿吨，其他煤37.97亿吨。

2019年，吕梁市煤矿企业共135个，共占用井田面积2013.91平方千米，占用煤炭资源储量172.52亿吨，生产能力18679万吨/年。其中国有或国有控股办矿70个，占用面积1356.37平方千米，比例67.3%，生产能力11749万吨/年，比例62.9%，占用煤炭资源储量127.57亿吨，比例73.9%；民营企业办矿65个，占用面积657.54平方千米，比例32.7%，生产能力6930万吨/年，比例37.1%，占用煤炭资源储量44.95亿吨，比例26.1%。

吕梁市煤层气资源较为丰富，主要分布于河东、西山、宁武、霍西4个煤田。其中，河东煤田煤层气资源量最大，约为2.84万亿立方米，占全省煤层气资源总量的28.4%，是煤层气开发利用的一大战略重点。截至2019年底，吕梁市共登记煤层气矿业权16个，勘查面积10436.578平方千米。吕梁市煤层气资源分布集中、埋藏浅、可采性好、甲烷含量高（大于95%），具备大规模开发的资源优势，开发前景广阔。

离柳矿区规划建设矿井18个，建设规模9770万吨/年。其中邓家庄矿井、临县锦源煤矿、东义煤气化鑫岩煤矿、中吕碛口煤矿、晋煤太钢三交煤矿5户取得采矿权；兴县斜沟煤矿、肖家洼煤矿采矿权申报工作已报送国家自然资源部待办；华晋沙曲矿分设的沙曲一号矿井和沙曲二号矿井取得采矿权。

【铝土矿开采利用】

吕梁市区域内共有铝土矿采矿权（包括划界矿）27个，其中采矿权26个，划界矿1个，占有矿区面积101.41平方千米，占用资源储量2.22亿吨，生产能力942万吨/年。其中国有或国有控股办矿17个，占用面积92.13平方千米，比例90.8%，生产能力813万吨/年，比例88.3%，占用铝土矿资源储量1.96亿吨，比例88.2%；民营企业办矿10个，占用面积9.28平方千米，比例9.2%，生产能力129万吨/年，比例13.7%，占用铝土矿资源储量0.26亿吨，比例11.8%。

吕梁市区域内共有铝土矿探矿权5个，勘查总面积34.26平方千米，累计探明铝土矿资源储量1.2亿吨。其中交口县1个，勘查面积8.4平方千米，备案保有储量2140.65万吨；孝义市1个，勘查面积10.94平方千米，备案保有储量2184.9万吨；兴县3个，勘查面积14.92平方千米，备案保有储量7693.2万吨。

吕梁市铝土矿探矿权申报项目共20个，申报铝土矿勘查面积167平方千米。其中兴县申报3个，申报面积55.29平方千米；交口县5个，申报面积32.73平方千米；临县1个，申报面积5.18平方千米；孝义市11个，申报面积73.78平方千米。

【铁矿资源分布开采】

吕梁市铁矿资源分布较为广泛，除文水县、石楼县外，其他各县（市、区）均有分布。全市共有铁矿产地79个，其中大型矿床1个、中型矿床1个、小型矿床10个，矿点65个，矿化点2个。累计查明资源储量13.38亿吨，查明保有资源储量13.23亿吨。

吕梁市共设铁矿采矿权19个，占用矿区面积30.09平方千米，保有储量约13.05亿吨，生产能力2287万吨/年。其中国有或国有控股办矿1个，占用面积8.44平方千米，比例28%；生产能力2200万吨/年，比例96.2%；占用铁矿资源储量12.6亿吨，比例96.55%。民营企业办矿18个，占用面积21.65平方千米，比例72%；生产能力87万吨/年，比例3.8%；占用铁矿资源储量0.45亿吨，比例3.45%。

2019年底，吕梁市有铁矿企业19个。

【非煤矿山企业】

2019年底，吕梁市共有非煤矿山企业378个，其中省级发证铝、铁、硫铁矿等非煤矿产企业62个；市级发证陶瓷土、石灰岩、白云岩等非煤矿山企业229个；县级发证砖瓦黏土等非煤矿山企业87个。

吕梁市陶瓷土矿分布较为广泛，与铝土矿分布范围基本一致，与铝土矿属于共生矿产，需根据化验结果及用途来区分铝土矿和陶瓷土矿。吕梁市境内陶瓷土矿主要分布于交口县、孝义市，其质量优良；其次为离石、临县、中阳、柳林、方山、石楼、兴县等县（区）。陶瓷土矿作为铝土矿共生矿，在开采铝土矿时可综合开采。铝土矿工业指标要求为：边界品位要求铝硅比2.6，三氧化二铝的含量40%。陶瓷土的工业指标要求为：边界品位三氧化二铝的含量18%。截至2019年底，全市共有陶瓷土采矿权37个，分布在兴县、临县、离石、柳林、中阳、方山、交城、交口8个县（区），占有矿区面积22.67平方千米，合计保有资源储量约6581.3万吨，合计生产规模42.7万立方米/年（约合118万吨/年）。

吕梁市共有4家铝矾土矿山企业，其中交口县3个，中阳县1个。

【露天采石场集中整治】

2019年，吕梁市参与整治的露天采石场共226个，其中，符合保留条件的60个，符合暂时保留条件的22个，符合资源整合条件列入资源整合范围的79个，列入关闭范围的65个。吕梁市自然资源局对列入关闭名单和列入暂时保留的22户企业不再办理延续登记手续。对进入各类保护区的12户企业进行注销登记。

（市自然资源局）

市场监管

【机构人员整合调配】

2019年实行机构改革，组建吕梁市市场监督管理局。根据吕梁市编办编制人员定向分流转隶要求，向市医保局等10个单位转隶行政人员32名、转隶行政编制36名。同时接收市商务局编制1名，接收市发改局转隶行政人员、事业人员共计28名，接收市科技局所属的市知识产权办公室转隶事业人员5名，接收吕梁盐务分局全部事业人员10名，接收离石区食药监局事业人员19名、离石区质监局事业人员7名。

通过分别整合发改委价格检查职能、商务

局反垄断和反不正当竞争职能、科技局知识产权保护职能、盐务部门盐务监督检查职能，市场监管职能实现集中统一。

根据“三定方案”，市场监督管理局确定32名科级干部、8名副科级干部以及机关其他人员的工作岗位，组建成立内设机构29个，各项职能开始运转。4月中旬，原工商、质监、食药监局等7个办公地点工作人员统一搬迁到新办公地点工作。

【营商环境优化】

2019年，吕梁市市场监督管理局制定出台《优化营商环境22条措施》，削减审批权力，优化营商环境。将注册资本500万元以上的公司登记权限下放至各县（市、区）市场监督管理局；委托下放特种设备使用登记。将锅炉、压力容器（含工业气瓶、CNG及LNG车用气瓶）、电梯、起重机械、客运索道、大型游乐设施、场（厂）内专用机动车辆、压力管道在内的特种设备使用登记下放至各县（市、区）市场监督管理局；委托下放部分食品生产许可权限。将粮食加工品、淀粉及淀粉制品、水产制品、蛋制品、炒货食品及坚果制品、茶叶及相关制品6类低风险食品的生产许可下放至各县（市、区）市场监督管理局办理。压缩企业登记变更注销资料，将提交资料总数由241项压缩至160项；特种设备使用登记资料由9项压缩至6项；食品生产许可申请资料由15项压缩至14项；药品零售经营许可申请资料由29项压缩至13项；医疗器械经营许可和备案申请资料由22项压缩至13项。将药品经营许可由筹建、开办、GSP认证3项申请压缩成1项申请；取消酒类经营许可，将酒类经营许可整合到食品经营许可告知承诺中。遵循企业自主选择，市县两级均可以登记的原则，由企业自主选择辖市或县登记机关办理；取消名称核准，推行企业名称网上自主申报；放宽企业营业期限，推行企业营业期限由企业在章程中自主核定；将食品经营许可改为告知承诺，将新开办、变更、延续食品经营许可改为告知承诺，在保证食品安全前提下，逐步扩大告知承诺范围。全面推行“企业开办全程网上办”和注册大厅“企业开办服务专区”服务，实现线上、线下同时达到“一网通办”和“一窗办理”；以零见面全程网上审批为目标，不断提升服务水平，市场监督管理局通过全程电子化登记企业655户；提供营业执照邮寄服务；开展政银合作，将商事登记延伸到金融机构营业网点，一次办妥商事登记注册全部手续和银行开户手续，现场自助打印营业执照；全面推行人脸识别认证系统，防范“被股东”，购置3台人证识别身份终端，对企业进行人脸识别身份认证，遏制虚假注册、冒用身份信息登记等不法行为，补足线下申请办理企业登记注册时身份验证手段不足短板。推广企业注销一网通服务平台，推进部门间业务协同和信息共享，打通企业推出市场“堵”点；推进企业注销便利化改革，对未开业、无债权等企业推行简易注销程序。全市共办理注销登记16368件，其中办理简易注销1869件。

【“三大安全”保障】

2019年，吕梁市市场监督管理局明确“落实食品安全党政同责、质量兴农行动、企业诚信自律、突出问题综合治理、双安双创、产业升级监管、能力提升”7方面36项工作任务。全市共开展白酒、肉制品、学校食堂等各类食品安全专项检查20次，出动执法人员23754人次，检查食品生产、经营单位17295家次，无证酒类作坊541家次，学校食堂、托幼机构及学校周边餐饮单位931家次，下达责令整改通知书1543份，考核食品安全管理人员705人。全市162家白酒、肉制品、食醋等生产企业建立“四环一链”全周期信息化追溯系统。推进200家餐饮服务标准化规范建设，完成660家“明厨亮灶”创建任务，在孝义市召开全市餐饮服务标准化规范建设暨放心肉菜超市创建工作现场推进会。

2019年，吕梁市市场监督管理局开展中药饮片质量安全专项整治、药品零售企业执业药师“挂证”行为专项整治等行动。全市共出动执法人员7226人次，检查药品经营使用单位2862家次。其中药品经营单位1596家次，覆盖率100%；药品使用单位1725家次。责令整改975家，整改到位100%，收回药品GSP认证证书2张。开展无菌和植入性医疗器械监督检查及医疗器械“清网”等行动，检查医疗器械经营企业432家、使用单位550家，责令限期整改经营企业179家、使用单位223家、责令停业2家。开展化妆品“线上净网线下清源”“美容美发机构专项检查”等专项行动，共出动执法人员2650人次，检查化妆品品种1859种，检查化妆品经营企业651家，美容美发单位503家。其中美容机构160家，美发单位343家，限期整改253家。

2019年，吕梁市市场监督管理局组织开展危化品企业相关特种设备、气瓶等各类特种设备安全专项检查7次，出动执法人员1150人次，检查特种设备生产、使用单位448家次，检查特种设备3260台（套），检查发现特种设备安全隐患407条，下达特种设备安全监察指令书106份，对发现的隐患问题责令企业限期整改。对重点场所、重点企业和重点设备隐患进行排查治理，全市出动执法人员240人次，检查液化石油气充装单位24家，检查发现问题隐患42条，下达特种设备安全监察指令8份，立案查处4起，查扣液化石油气瓶18个。

【综合执法监管】

2019年，吕梁市市场监督管理局建立案件审理委员会，梳理公示执法事项874项，制定权力运行流程图。组织各类业务培训22次，培训基层市场监管人员1100人次，培训企业相关人员1200人次。

统筹整合原工商“12315”、原食药“12331”、原质检“12365”、原物价“12358”、原知识产权“12330”投诉举报热线，依托“12315”平台实现互联互通，形成市级市场监管局负责接听和转办，县（市、区）市场监管局、基层所负责处置和反馈的工作程序。截至2019年底，“12315”中心受理消费者申诉、举报、咨询共12470件，其中申诉2663件，举报874件，咨询8933件，咨询回复处理100%。通过“12315”渠道查办的3289件案件全部办结，为消费者挽回经济损失468.71万元。

2019年，吕梁市市场监管系统共查处办理各类违法案件808件，罚没款624.62万元，移送公安机关5起。其中，查办市场准入违法案件90起，食品违法案件502起，药品及医疗器械违法案件108起，产品质量违法案件34起，特种设备违法案件25起，侵犯知识产权违法案件21起，化妆品违法案件12起，计量违法案件7起，广告及虚假宣传案件4起，不正当竞争违法案件2起，价格违法案件3起，其他违法案件6起。

【企业信用体系建设】

2019年，吕梁市市场监督管理局建成“监管对象库和执法人员名录库”，市级层面共抽查各类市场主体538户，县级层面共抽查各类市场主体5874家。跨部门联合抽查企业4家，市公安、教育、农业农村、检察院联合开展食品安全检查。制定《企业异常名录和严重违法企业移入移出工作制度》和《企业锁定和解锁工作制度》。2019年，对3129户未进行年报的企业全部列入异常名录库，连续三年未进行年报的企业全部列入严重违法企业库。与法院、税务、人社、统计等部门建立常态化联合惩戒机制，对涉事企业全部列入异常名录和"黑名单"并予以公示。对1573户主动落实整改事项的企业依法移出异常名录库及"黑名单"库，解锁386户，营造市场主体自律、守信、互信的社会信用环境。

【安全风险防范】

2019年，山西省市场监督管理局下达市县两级任务5400批次，共完成抽样6184批次。完成检验4961批次，发现不合格样品108批次，全部进行立案核查。市级抽检完成抽样2132批次，完成检验1000批次，通过检测发现不合格样品32批次，全部立案核查。

完成药品安全抽检455批次抽样任务，所有样品均在规定时限内，完成数据上传和寄送任务。比省市场监督局所定任务超额完成55批次，超额完成率13.75%。

抽检散煤212个批次（包括在市能源局确定的全市90个清洁煤销售供应点全覆盖抽检），抽检发现22个批次不合格民用散煤，4个批次处罚没款8.74万元，办理17个批次，提出复检1个批次。抽检车用汽柴油1047个批次，其中检出527个批次，15个批次不合格，处罚没款41.65万元。抽检食品相关产品9个批次，完成检验4个批次，全部合格。抽检床上用品、校服、焦炭等产品共计9个批次，均合格。

【食品药品监管】

吕梁市非公企业总数共25541户，正常经营的企业数共3267户，非公企业职工总数共207195人。2019年，吕梁市市场监督管理局先后成立督查检查组20个，在食品药品领域组织大规模专项执法行动2次。食品生产环节共出动执法人员2864人次，检查食品生产企业437户、小作坊577户，发现食品生产企业具体问题567个，其中解决531个、整改36个；发现小作坊具体问题489个，其中解决449个、整改40个；排查出无证生产加工185户，其中依法取缔无证生产加工84户、引导办理许可101户；立案19起，结案10起，罚没款14万元，其中移送公安1起。食品流通环节共出动执法人员5201人次，检查农村小食品店2038家，发现问题585个，解决问题486个，整改问题99个，农村食品市场整治立案9起，罚没款3万元。食品餐饮环节共出动执法人员5009人次，检查学校食堂2022户次，抽检食品85件，约谈106户，责令整改639户，警告176户，查处食品安全等案件18件，罚没金额7.8万元，没收违法经营的食品和食品添加剂0.1千克。药品销售环节共出动执法人员3369人次，检查药品经营使用单位1006家，限期整改494家，立案18起，结案18起，罚款7.58万元。

（市市场监督管理局）

审计监督

【概 况】

2019年，吕梁市审计局完成审计和审计调查项目705个，对139名党政领导干部进行经济责任审计；出具审计报告、审计调查报告和综合报告705份，提出审计建议1008条。

【重大政策措施落实情况审计】

2019年，吕梁市市县两级审计机关对全市重大政策措施落实情况进行4个季度跟踪审计，整改各类资金7.65亿元。其中，追回体外循环财政资金2亿元，清理拖欠民营企业账款2.42亿元，促进资金拨付到位1.52亿元，筹集项目建设资金8927.24万元，盘活存量资金3077.02万元，促进新增项目投资2116万元，调整账务处理2010.34万元，督促追缴税费897.56万元。

【财政审计】

2019年，吕梁市审计局开展市、县两级预算执行审计，对163个预算执行单位2018年度预算执行情况进行审计。其中，市审计局对市本级财政、市新闻办、市房产局等11个单位2018年预算执行情况进行审计，同时对吕梁学院离石师范分校财务收支情况进行审计，对汾阳市、离石区等财政决算进行审计。

【重大民生资金与项目审计】

吕梁市审计局根据省审计厅安排，市、县两级审计机关上下联动，组成审计组赴忻州、临汾、运城，对偏关县、古县、浮山县2018年脱贫攻坚政策贯彻落实及扶贫资金分配管理使用效益情况、运城市2018年保障性安居工程实施情况等进行审计。

【固定资产投资审计】

2019年，吕梁市审计机关共完成政府投资建设项目竣工决算（结算）审计335项，送审金额16.67亿元，核减工程建设资金1.21亿元。对部分工程建设程序不合规、财务管理不严格、工程管理不规范等问题进行严肃查处，规范建设行为，节约建设资金。

【经济责任审计】

2019年，全市审计机关共对136名领导干部进行经济责任审计，包括县处级干部23名，乡科级干部108名，国企领导干部5名。

【案件移送】

2019年，吕梁市审计机关共移送各类案件线索108件，其中移送纪检监察机关61件，移送主管部门47件。

（市审计局）

统 计 管 理

【统计管理体制改革】

2019年，《吕梁市深化统计管理体制改革，提高统计数据真实性的实施方案》于4月10日、5月8日分别经市政府第77次常务会议、市委四届第126次常委会议暨市委深改委会议审议通过，并于5月31日正式印发。围绕改革重点工作，市统计局细化分解职责任务，印发《深化统计管理体制改革主要任务措施分工方案》。启动违规干预统计工作记录制度、市县两级统计系统和统计工作全面记录、全程留痕制度，统计信用体系纳入全市社会信用体系“信用吕梁”平台。3名县处级领导干部领题调研，就乡镇统计员派出制、首席统计员制等统计基层基础工作进行调研，掌握基层统计力量现状一手资料，为推进改革奠定基础。

【第四次全国经济普查】

2019年，吕梁市成立第四次全国经济普查领导小组及办公机构，市统计局多次组织专业人员分赴各县（市、区）了解普查现场登记进度。两次对全市经济普查数据质量开展核查，对县（市、区）人民政府进行专项督查，并联合市发改委、市场监管局下发《关于对不依法配合经济普查工作的单位实施联合惩戒的通知》。多次召集县（市、区）专业人员集中开展经济普查数据审核工作，遵循“进度服从质量”原则，采取边审核边整改方式，提高普查数据质量。6月下旬，通过国务院“四经普”抽查组对石楼县经济普查事后质量抽查，赢得国务院抽查组肯定。经全市6691名普查人员近6个月的辛苦努力，吕梁市共登记一套表单位1047家，非一套表单位42778家，个体经营户在清查100715家的基础上抽取14636家进行登记，完成普查的登记、上报工作。12月27日，吕梁市统计局被国务院第四次全国经济普查领导小组授予“第四次全国经济普查先进集体”称号。同时，吕梁市统计部门完成第三次全国农业普查1-5号公报的发布及主要数据公报解读；第三次全国农业普查数据全部导出、备份，及时下发农业普查数据乡村表基础数据。

【统计重点领域改革】

2019年，吕梁市统计局推进国民经济核算、绿色发展和生态文明建设年度评价、转型项目统计监测、“四上企业”培育和申报四个方面改革。

国民经济核算改革。吕梁市统计局贯彻山西省统计局《山西省生产总值统一核算改革方案》，为地区生产总值统一核算做准备。以经济普查数据为基础，对2018年度地区生产总值进行统一核算，形成核实数。利用经济普查年度地区生产总值统一核算结果，对2018年四个季度数据进行基准化调整，进一步提高核算数据质量，准确地反映了地区经济增长的规模、结构和速度。

绿色发展和生态文明建设年度评价改革。2017年度生态文明建设评价结果经市委、市政府审定，依照国家、省关于生态文明建设年度评价结果发布的做法，于2019年6月19日联合市发改委、市环保局将生态文明建设年度评价结果反馈各县（市、区）。积极推进2018年度生态文明建设评价，高质量完成生态文明建设评价指标体系核算工作，评价结果已经市政府常务会和市委常委会审议通过。

转型项目统计监测改革。吕梁市统计局围绕市委、市政府经济工作安排部署及全市主要经济指标预期目标，及时进行区域经济转型升级考核评价进度监测和转型项目统计监测、民营经济监测、两项收入监测等。全力做好县域社会经济基本情况调查、名录库更新维护、“四上企业”入库指导、研发统计制度改革，加强成本费用调查数据审核，提高工业增加值率准确性。

“四上”（规模以上工业企业、资质等级建筑业企业、限额以上批零住餐企业、国家重点服务业企业）企业培育和申报工作改革。吕梁市政府办公室印发《关于加强“四上”企业培育和申报工作的通知》，细化入库工作职责和奖励办法。在全省首家由政府对首次经国家统计局批准入库的“四上”企业一次性扶持奖励5万元，用于加强企业统计工作。研究制定“四上”企业统计人员考核办法，市政府对在库“四上”企业统计人员给予每月80元调查补贴。2019年，全市“四上”企业共入库275户，比2018年增加168户，增幅157%。

【统计普法】

2019年，吕梁市统计局出台《吕梁市统计数据质量评估管理办法》《统计执法检查

"双随机"抽查实施方案》，建立月抽查、季总结的统计数据质量抽查常态化工作机制，做到在库企业、在库项目数据质量核查全覆盖、无死角、零遗漏。全员签订《统计行风建设责任书》《统计依法行政承诺书》。2019年，吕梁市依法查办各类统计违法案件54起，罚款22.96万元，查处数量居全省第一。推进执法普法和培训普法，坚持"谁执法谁普法""谁培训谁普法"，向市民及一套表企业发放统计法律法规宣传单、《统计基本法律法规手册》、统计法律事务告知书等宣传资料5000余册，增强公众法制意识。

【统计服务】

2019年，吕梁市统计工作统计综合分析能力不断提升，150篇统计分析、213篇统计信息被省统计局采用，12篇统计分析信息被国家统计局采用。其中，《新中国成立70周年吕梁经济社会发展成绩斐然》《2018年吕梁市民营经济发展量质齐升》在《吕梁日报》、吕梁市政府网站、山西统计信息网、山西省政府网站以及国家统计局内部信息网全文刊登。《2018年吕梁市经济社会发展综述》被山西省统计局《2018年山西发展报告》收录，多篇进度分析报告引起市委、市政府重视。

统计产品服务体系经过发展完善，形成"月度有监测，季度有刊物，年度有公报、有年鉴"的统计产品体系。共编发《吕梁经济运行监测》《统计快报》《统计简报》《统计专报》《党政专报》61期，编撰印发约93万字的《吕梁统计年鉴》。2019年，在市"两会"召开前夕，组织人员编印《2018年吕梁经济运行监测——"两会特刊"》1100册，为人大代表、政协委员参政议政提供信息参考，受到与会代表、委员的一致好评。

【人员培训】

2019年，吕梁市统计局参加国家、省统计局举办的各类培训49次156人次，组织各专业培训16次623人次，对全市461名统计系统干部职工组织开展专业能力培训和测试测评，对218名部门统计专业人员进行能力培训。开展职级套转晋升，通过交流轮岗、扶贫驻村、入企服务、外派挂职等多种渠道培养锻炼干部。

（市统计局）

应急管理

【防范化解重大安全风险】

2019年，吕梁市应急管理局贯彻落实中办印发的《地方党政领导干部安全生产责任制规定》和省、市实施细则，严格落实"党政同责、一岗双责、失职追责"制度，牢固树立"管行业必须管安全、管业务必须管安全、管生产经营必须管安全"的思想，进一步督促压紧压实党政领导、行业主管部门、企业负责人责任；始终保持"打非治违"高压态势，严厉打击惩处各类违法违规和失职渎职行为。2019年，打击非法违法行为12819起，罚款处罚约2000万元。按照《山西省煤矿矿长安全生产考核记分办法》，共对9名矿长累计记24分，4名矿长责令调离矿长岗位。

2019年，吕梁市共发生各类生产安全事故93起，死亡113人，同比事故起数减少27起、下降22.5%，死亡人数减少14人、下降11.02%。亿元地区生产总值生产安全事故死亡率控制在0.085人/亿元之内。

【安全生产标准化建设】

吕梁市应急管理局坚持把企业开展标准化建设作为风险管控依据，全面掌握企业安全生产状况。2019年，全市非煤矿山创建三级标准化3户；危险化学品创建三级标准化3户；冶金工贸行业创建二级标准化企业4户，三级标准化企业50户，小微企业35户；煤矿创建一级标准化2户，二级标准化3户。开展专家体检服务企业工作。聘请专家安全会诊煤矿23座、非煤矿山企业26户、冶金行业企业14户、危化企业25户。

【安全管理双重预防机制】

2019年，吕梁市应急管理局成立安全风险分级管控和隐患排查治理双重预防机制工作领导组，制定印发《吕梁市应急管理局关于构建安全风险分级管控和隐患排查治理双重预防机制的实施方案》，在2018年推广试点经验基础上，各生产经营单位初步建立符合吕梁市安全生产实际，满足安全生产工作需求的安全风险分级管控和隐患排查治理双重预防性工作体系。根据国家和省关于安全领域改革发展意见，吕梁市在全省率先推行煤矿安全生产责任险制度，研究制定《吕梁市煤矿推行安全生产责任保险实施方案》，发挥保险公司参与风险评估管控和事故预防的功能，由保险机构购买第三方服务，高薪聘用各专业社会人才，为投保煤矿提供技术指导，有效提高煤矿事故预防能力，共服务煤矿644矿次，帮助煤矿发现问题隐患24597条，提出意见建议18936条，整改落实率达到99.9%，弥补全市煤矿安全监管力量不足的现状，提升全市煤矿安全管理水平。

【安全生产机制创新】

2019年，吕梁市应急安全管理局建立全员安全生产责任体系，在全市煤矿中选择4个企业作为试点，以推进岗位作业流程标准化建设为总抓手，构建以落实全员安全生产责任为核心，以煤矿风险管控、隐患查治、标准化运行“三位一体”为主要内容的安全生产管理体系和把各岗位安全生产履职情况与工资挂勾的考评机制。通过严格管理考核，确保各项制度措施不折不扣层层压实、级级传递到生产一线，使安全隐患在作业过程中及时消除，安全风险在作业过程中有效管控。安全管理实现“三个转变”，即安全管理方式由管理层的少数人管安全向全员管安全转变；安全管理内容由重事后追责向事前明责、事中履责转变；安全管理模式由粗放型向精细化管理转变。

【应急救援体制建设】

为适应新时代大应急、全灾种救援处置要求，做好与省应急救援体系的衔接，吕梁市应急局提请市政府成立市应急救援总指挥部和17个专项指挥部，由市长担任总指挥，各分管副市长分别担任专项指挥部指挥长。对全市范围自然灾害、事故灾难类应急救援队伍和综合性消防救援队伍情况进行调查摸底，做到底数清晰。制定组建综合应急救援队伍的方案上报市政府同意。加强应急值守，严格落实领导干部24小时在岗值班和信息报告制度，一旦发生紧急情况，科学有效应对处置。加强应急物资储备，完善应急预案，开展应急演练，强化救援队伍建设，提升各类灾害事故防范救援能力，确保关键时刻快速响应，高效处置。建立应急管理平台。采用集约化建设和云平台部署方式，建设全市安全生产综合监管信息系统项目。由吕梁市军民融合协同创新研究院云计算中心统一提供计算、存储资源以及软件基础信息平台，并对应用系统提供运行监测和系统维护服务，达到充分利用云计算中心已投资建设的信息化资源，最大程度降低建设成本。

（市应急管理局）

吕梁国投集团有限公司

【概 况】

2019年，吕梁国投集团公司实现经营收入1613万元；实现利税850万元。

2019年，集团公司实施创新转型，拓展发展空间。5月，与山西农数科技有限公司、山西森软科技股份有限公司合作成立吕梁农数科技有限公司，注册资金1000万元，公司持股51%，属控股公司。公司以农业大数据驱动精准扶贫，助力农业产业标准化、品牌化，推动大数据与农业产业融合发展，建立基于大数据的农业金融体系。

【城投公司】

项目贷款。截至2019年底，城投公司共使用国家开发银行贷款12.28亿元。其中：棚户区改造项目5.2亿元；国开发展基金2.2亿元；2016年吕梁市城市基础设施建设和社会公益事业建设项目——吕梁市新城北川河治理工程贷款4.88亿元。

项目贷款还本付息。归还国开行贷款本金及利息共计7380万元。其中：棚户区改造项目利息2396万元；国开发展基金吕梁市新区北川河治理工程投资收益134万元；国开发展基金下安村棚户区项目投资收益158万元；2016年吕梁市城市基础设施建设和社会公益事业建设项目（第一批）吕梁市新城北川河治理工程项目利息2492万元，归还本金2200万元。

工程款支付。共支付各类工程款5164万元，其中：吕梁市旧城区及城市次干道工程尾款2200万元，民营企业工程尾款3164万元。

项目审计。6月，配合市审计局开展“关于吕梁市人民政府2019年第二季度重大政策措施落实情况跟踪审计”；9月，配合省审计厅开展“关于2019年第三季度跟踪审计”，并对审计中出现的问题进行及时整改、上报，完成审计工作。

【国投保安服务有限公司】

2019年，公司保安业务收入完成108.78万元，汽车租赁业务收入完成826.89万元。其中吕梁市新区建设管理中心启动通勤车5辆，离石区机关事务管理服务中心新增别克商务车2辆，石楼县机关事务管理服务中心新增别克商务车1辆。先后与临县机关事务管理服务中心、市人大、市人民政府外事办公室、市能源局、市生态环境局、市归国华侨联合会、市新区建设管理中心、市水利局，交口县机关事务管理服务中心、市国土局、临县国土局、离石区机关事务服务中心12家单位建立长期合作意向。

【吕梁押运护卫有限公司】

2019年，农业银行服务费增加116万元；建设银行服务费增加97万元；工商银行服务费增加68万元；中国银行服务费增加48万元；中信银行服务费增加113万元；交通银行服务费增加35万元；晋商银行服务费增加90万元，以上合计绝对增长额超过500万元。通过招标采购方式斥资73余万元，对74辆运钞车安装押运车智能监控系统并建立智能监控平台，安排专人专职对押运车辆进行全方位无死角24小时监控，确保押运车及押运物品在途安全。

【信源拍卖行】

2019年，信源拍卖行分别受吕梁市直机关事务管理服务中心、吕梁市人民医院和吕梁市财政局委托，举办11场拍卖会，成交金额1388.50万元，实现收入71.43万元，上缴税金4.53万元。

【国投房地产开发有限公司】

2019年12月26日，国投房地产开发有限公司成功竞拍新城XC-72号宗地国有建设用地使用权。地块位于吕梁大道规划纬二十一路以北、新安大道以东。土地成交价为4400万元，代征道路和绿地费1258.11万元。

【国投基建项目管理公司】

2019年，国投基建项目管理公司协助吕梁德广城市建设基金中心（有限合伙）进行清算、注销。2019年度实地调查了解30余户企业，经过筛选和调研，共投放中小企业4户，总投资5000万元。其中政府出资1540万元，直接或投贷联动撬动社会资金3460万元。与山西省文化体育产业股权投资基金合伙企业（有限合伙）、山西文旅集团股权投资基金管理有限公司共同组建吕梁市文旅产业发展基金合伙企业（有限合伙），于2019年7月3日完成工商登记，9月17日完成账户设立。

【吕梁公交有限公司】

2019年，吕梁公交有限公司新开通城乡公交线路9条，镇村公交线路6条。10月29日，吕梁汽运车辆技术综合性能检测站有限公司筹建完成，并开始试营业。2019年收到财政补贴4015.69万元。开通乘车二维码扫描付款方式，吕梁公交APP正常运行。IC卡办理普通卡43014张、爱心卡18318张、优待卡3372张、学生卡11942张，合计办卡总量76646张，年检卡量9800张。

【信源小额贷款有限公司】

2019年，信源小额贷款有限公司累计实现利息收入752万元（含税），实现营业利润377万元，净利润284万元。累计上缴各项税费138万元（其中增值税40万元，附加税5万元，企业所得税93万元），产生各项费用330万元（其中晋商银行利息165万元，提取贷款损失准备金86万元），支付国投租赁费及水电费等48万元。

【国投君澜酒店项目】

2019年3月，吕梁国投君澜酒店项目取得“建设用地规划许可证”，5月取得“建设工程规划许可证”，并与惠新设计院正式签订《施工图设计合同》。

（市国投公司）

工业经济

信息产业

【经济运行调控】

2019年，吕梁市工信局着力加强经济运行调控，实现工业经济平稳增长。

目标导向和结果导向。向各县（市、区）分解下达全年工业增长任务指标，逐月通报完成进度。围绕年度目标开展督促检查，根据任务完成情况及日常工作实施综合考评，确保各项任务圆满完成。

运行监测调度。关注宏观经济形势变化，监测分析并研判走势，及早预判预警，引导市场预期。利用工业云平台将监测信息及时上报分析，保证调度的精准性、精细性、科学性。

工业企业复工复产。在洗煤、耐材、机械制造等重点行业企业加快节后开工复产，释放先进产能；推动焦炭、钢铁、铝工业等企业提档升级，稳定工业经济基本面。

【规模以上工业】

2019年，全市工业经济总量全省领先，规模以上工业增加值同比增长4.6%，增速全省排名第五。全市规上工业企业利税总额423.9亿元，同比下降11.5%；全市规上工业企业营业收入2432.4亿元，同比下降2.3%；全市规上企业利润总额225亿元，同比下降11.8%。

【重点项目建设】

2019年，吕梁市工信局发挥市县两级工信部门的职能，集中力量和资源，推进重点项目建设。全市工业固定资产投资完成523.3亿元，同比增长11.2%，总量排名全省第七，增速排名全省第二。工业技术改造投资完成119亿元，同比增长33.6%，占工业固定资产投资的48.4%。煤炭工业增加值占工业增加值比重降低0.9个百分点；制造业增加值占工业增加值比重上升1.21个百分点。

“转型项目年”活动。市工信局按照省、市深化转型项目建设年活动精神，印发《吕梁市转型项目建设年（2019）工业转型升级重点项目行动计划》《关于转发省工信厅〈关于开展前期手续集中办理活动的通知〉的通知》，转发省工信厅《关于开展项目集中开工月专题活动的通知》《关于深入开展“进工地、到一线、解难题”活动的通知》。组织开展“前期手续集中办理月”“项目集中开工月”和“进工地、到一线、解难题”等专题活动。

转型项目建设。市工信局根据《吕梁市转型项目建设年（2019）工业转型升级重点项目行动计划》，确定全市工业重点转型技改项目56个，总投资443.7亿元，落实分层分类推进机制，推进项目建设。截至11月底，全市56个重点项目中，26个项目投产和部分投产，9个项目设备购置并安装完毕，13个项目正在土建施工，8个项目未复工或前期准备中。

1—11月，全市累计完成投资43.2亿元。分行业完成投资情况是：新材料项目8个，完成投资1.01亿元；装备制造项目7个，完成投资3.16亿元；电子信息项目3个，完成投资2.59亿元；化工项目10个，完成投资4.93亿元；食品（轻工）项目10个，完成投资6.27亿元；建材项目6个，完成投资1.81亿元；资源综合利用项目5个，完成投资2.88亿元；节能环保项目4个，完成投资1.98亿元；焦炭项目3个，完成投资18.52亿元。

【产业集群建设】

2019年，吕梁市振兴制造业发展，打造五大产业集群。根据《吕梁市制造业振兴升级专项行动方案》部署要求，以新一代信息技术与制造业深度融合为主线，以提质增效为中心，以智能化、绿色化和服务化为导向，重点推动先进装备制造、新一代信息技术、新材料、现代医药等产业发展。

现代煤化工产业集群。推进孝义市、交城县、汾阳市和离柳矿区产能转移、产业整合、项目建设，促进焦化企业向园区集中聚焦，向现代煤化工产业高端化方向发展。重点推动孝义福孝化工90万吨煤焦油深加工综合利用等一批焦化转型和现代煤化工项目建设，前期土地已平整，部分设备预订。孝义金岩253万吨7.1米顶装焦化及40万吨乙二醇联产20万吨LNG项目正式备案，获环境排放评估批复，于8月开工奠基，部分设备订购。其余项目大部分完成前期准备并开工建设，其中个别项目部分投产。

铝系产业集群。中润一期43.2万吨合金铝项目投产，二期50万吨项目正在进行前期工作。柳林县森泽50万吨合金铝项目基础设施部分正在建设。

钢铁机械制造产业集群。太钢岚县矿业公司绿色升级资源综合利用项目和太钢晋煤公司（临县）矿井项目正在建设。山西晨远铸业公司年产10万吨铸件等项目部分投产。交城县古特金项目停建。山西新光华铸管有限公司高炉减量置换项目进行前期筹备。中钢年产200万吨球团及100万吨线材深加工项目正在前期筹备。文水县海威钢企因涉黑被依法查封，1780高炉及150万吨转炉项目停建。

白酒产业集群。酒都杏花乡一期技改项目建成试运行，二期启动。汾酒股份公司机械化酿酒项目进行设备安装，计划于2019年年底试产。支持汾阳王、宗酒、老传统等一批技改酒类企业发展壮大，宗酒白酒机械化生产项目建成并试运行。

战略性新兴产业集群。东泰新型特种电缆技改等13个项目全部建成，中磁尚善科技公司金属软磁粉芯项目建成投产，利虎玻璃年产150万套汽车安全玻璃生产线项目开始安装设备，东义镁业年产5万吨高品质镁合金及其制品项目进入前期准备阶段。

【企业节能与资源综合利用】

2019年，吕梁市工信局围绕技术创新、绿色发展主题，推动全市工业资源的节约和综合利用。

1—6月，大宗工业固体废物排放1140.64万吨，利用量783.34万吨，工业固废利用率达到68.68%。其中，煤矸石排放量647.9万吨，利用量451.85万吨，利用率达到69.74%；粉煤灰排放量277.5万吨，利用量173.14万吨，利用率达到62.39%；钢铁冶炼渣排放量161.82万吨，利用量121.8万吨，利用率达75.27%；脱硫石膏排放量37.27万吨，利用量23.62万吨，利用率达63.38%；化工废渣排放量25万吨，利用量18.25万吨，利用率达73%。

2019年，全市有2户企业申报国家技术创新试点示范企业，3户企业申报省级智能制造试点示范企业。重点推进孝义市盛世富源10万吨/年合成氨、中阳县桃园协同处置5万吨/年危险废物、交城县义望年产30万吨锰合金液态锰渣制矿棉、国峰煤电30万立方米加气砌块、磨细粉煤灰生产线项目等绿色制造推广工程项目投产达效。推进列入工信部绿色工厂名单的孝义市盛世富源继续完善工艺技术路线和布局，研发绿色产品。组织推荐孝义科尔峰、孝义金晖兆隆、鹏飞实业、晋能清洁能源4户企业申报绿色工厂，其中晋能清洁能源列入2019年绿色工厂名单。推荐孝义科尔峰申报国家工信部建筑垃圾资源化利用示范企业。

2019年，吕梁市开展工业节能技术装备及“能效之星”产品评价。根据《工业和信息化部办公厅关于开展2019年度国家工业节能技术装备推荐及“能效之星”产品评价工作的通知》，组织本辖区有关工业节能技术装备和产品的研发或生产单位，开展工业节能技术装备及“能效之星”产品评价。针对吕梁市工业企业能效提升和绿色发展，确定年综合能源消费量在5000吨标准煤以上的17户企业接受节能诊断服务，其中铸造4户、电力3户、焦化3户、有色2户、建材2户、化工1户、煤炭1户、机械1户。截至2019年底，交城义望、晋能大土河热电、交口旺庄、孝义鹏飞等6户企业签订工业节能诊断服务合同。对接受节能诊断服务并根据诊断建议实施节能改造的企业，在后续申报绿色工厂、技能技术改造项目等相关支持政策时予以倾斜。

2019年，全市节能环保产业项目建设中，工业经济结构调整和产业结构得到优化升级。市工信局鼓励用能企业申报技术改造专项资金，并重点支持一批节能环保产业项目。推进孝义市兴安化工1#、3#、4#熔出生产线节能改造项目、蒸发机组节能改造项目、烟气超低排放改造项目，山西盛达威生产系统烟气脱硫脱硝清洁生产技术改造等项目。同时推动传统行业清洁发展，结合大气、水、土壤污染防治要求，推进钢铁、焦化、铸造、建材、有色、化工等传统行业，加大以清洁生产为重点的提标改造力度，支持重点清洁化技术改造项目建设，提高能源原材料利用效率，减少污染物排放。

【供给侧结构性改革】

2019年，吕梁市推进焦化企业向现代煤化工产品高端化发展。市工信局专门起草《吕梁市焦化行业压减过剩产能打好污染防治攻坚战行动方案》，获市政府批准。对离石区大土河焦化三厂71万吨4.3米焦炉、方山县新星冶炼公司60万吨4.3米焦炉、中阳县山西耀龙40万吨热回收焦炉提出退出计划。6月底，31个焦化企业全部完成焦炉烟气脱硫脱硝特别排放限值改造。年内，推动并完成汾阳市金塔山136万吨6.25米捣固焦化项目筑炉、交城县华鑫180万吨7.65米顶装、交城县美锦180万吨7.65米顶装、孝义市金岩250万吨7.1米顶装、孝义市晋茂180万吨6.55米捣固项目备案。

焦化去产能。全市落实省政府《关于焦化行业压减过剩产能打好污染防治攻坚战行动方案》下达给吕梁市832万吨压减任务，结合实际制定吕梁市焦化行业压减过剩产能实施方案，于2019年10月14日上报省政府。根据省下达吕梁市2019年度任务的4户企业211万吨淘汰落后产能，9月12日，市工信局与市生态环境局联合向有关县（市、区）印发督办通知，要求列入关停淘汰的生产企业必须在9月底前停产，停产前延长结焦时间至72小时；列入关停淘汰的4户企业要求在10月底前完成焦炉主体设施拆除废毁，且不能恢复生产；11月完成全面验收，包括离石区大土河焦化三厂4.3米焦炉71万吨，中阳县耀龙焦铁热回收焦炉40万吨，方山县新星冶炼4.3米焦炉60万吨，孝义市楼东俊安已停产4.3米焦炉40万吨共4户。

钢铁去产能。吕梁市根据省政府办公厅《关于下达2019年度钢铁行业压减过剩产能目标计划的通知》要求，承担退出1座120万吨转炉、淘汰140万吨钢铁产能的任务。市工信局起草《关于下达2019年度钢铁行业压减过剩产能目标计划的通知》，以市政府办公室名义印发。制定《吕梁市钢铁办关于压减炼钢产能的实施方案》，配合中阳县政府组织企业拆除动力设备、封存相关设备，并通过省钢铁办组织的去产能验收。

水泥企业错峰生产。吕梁市根据《山西省工业和信息化厅、山西省生态环境厅关于2019年水泥熟料企业夏季错峰生产工作的指导意见》要求，规划水泥企业错峰生产。在秋冬季生产阶段，按照山西省工业和信息化厅、山西省生态环境厅《关于落实2019—2020年秋冬季大气综合治理工业企业错峰生产要求的通知》要求，结合吕梁市实际，联合市生态环境局于11月制定《吕梁市2019—2020年秋冬季重点行业错峰生产实施方案》，对钢铁、建材（砖瓦、耐火、石灰、玻璃、陶瓷、水泥熟料及粉磨站等）、焦化、铸造、有色、化工等重点行业533户涉气企业实施错峰生产。

电信普遍服务试点工程。2019年，吕梁市第四批电信普遍服务601个行政村4G基站建设项目全部完成并交付使用，为吕梁脱贫攻坚通互联网工作任务的完成提供了坚强保障。年内，吕梁市申报获批2020年第五批国家电信普遍服务265个行政村4G基站建设项目，该项目由市移动公司中标，正在开展勘测设计和立项等前期工作。市定289个未退出贫困村通互联网任务全部完成，市定3个拟摘帽贫困县行政村互联网覆盖率均为100%，全部达标。

2019年，吕梁市组织企业参加省工信厅组织的“工业转型成果展”，组织兴华科技、中磁尚善等10户企业参加展览。

市工信局履行安委会成员单位职责，组织开展“安全生产月”活动，强化安全生产督促检查。2019年全市安全生产无重特大事故发生。

【创优企业发展环境】

2019年，吕梁市工信局完善市县两级96302企业服务热线运行机制，全面畅通“线上、线下、热线”三位一体企业问题受理渠道，完善企业问题受理功能，及时更新信息内容。2019年，共收集到各类型问题12个，解决11个。其中行政层级包括：省级层面2个，县级层面10个。问题类别包括：资金2个，其他类10个。在吕梁市“万名干部入企服务”活动中，抽调干部1639名，成立321个服务小组，由市领导带队深入637个规模以上企业宣传政策，了解企业发展中存在的困难和问题，共梳理问题526个，并全部办结。

2019年，吕梁市积极争取省级技改资金支持，由市工信局牵头印发《关于组织开展2019年山西省技术改造专项资金项目申报工作的通知》。按照《山西省企业技术改造指导目录（2019年本）》，引导企业实施智能制造示范、绿色制造推广、工业转型强基、两化融合及信息化、服务制造创新、军民产业融合、技术创新提升、优势产业集群发展等8个技术改造专项工程。组织山西中铝华润有限公司吕梁轻合金循环产业基地一期43.2万吨合金铝项目电解铝部分、山西金岩能源科技有限公司254万吨/年炭化室高度6.25米捣固焦化项目等31个符合条件的项目申报省级资金。吕梁市中铝华润、孝义金岩等13个项目获得省级资金支持，金额共计1.7亿元。

市工信局搭建政银企服务平台，组织企业参加省工信厅召开的政银企对接会，有16户新材料企业在晋商银行融资共26.45亿元，较2018年融资增加1.92亿元。市工信局推动企业走入云平台，组织市级企业上云宣传培训2次，协调云服务商配合各县开展企业上云推广活动，年内全市规模以上企业上云工作全面完成。

【企业清欠】

2019年，吕梁市组织清理拖欠民营企业、中小企业账款，并成立清欠工作领导组。市工信局牵头全面摸排大型国有企业，市、县两级政府拖欠民营企业、中小企业的账款，全市共涉及清欠金额16.24亿元。市工信局制定清偿计划，逐月调度清欠工作进展情况，梳理清欠台账，并向省工信厅、市政府报送清欠进度。截至11月底，偿还9.2亿元，剩余欠款7.04亿元，总体进度为56.66%。其中，市本级欠款7006.97万元，偿还6436.33万元，清偿比例91.86%；涉及国有企业1户，欠款6582.34万元，偿还3638.35万元，清偿比例55.27%；政府平台欠款涉及2户企业，欠款6946.84万元，偿还2028.41万元，清偿比例29.2%；各县（市、区）欠款14.18亿元，偿还7.99亿元，清偿比例56.35%。在拖欠民营企业、中小企业账款中，涉及供气供暖等民生、安全方面的“优先清欠”账款2316.09万元，全部清偿。

【国企国资改革】

2019年5月，为推进离柳集团债转股工作，吕梁市政府成立吕梁市国有资本投资运营公司，代表国有股东履行出资人职责。12月4日，市政府党组会议通过债转股金额与双方持股比例，债转股改革迈出一大步。为解决平川四县“两河流域”畜禽养殖产生的污染问题，由市政府主导，离柳集团在汾阳市建设20万吨/年生物有机肥生产基地，加工生产有机肥料。离柳集团与北京格鲁公司共同建设固废利用项目，利用国家专利技术，建设年处理1万吨煤矸石、粉煤灰、铝土矿渣综合利用项目，年底投产试运行。

为有效利用中吕公司优质资产，5月16日，离柳集团正式托管中吕公司，对中吕公司所属沙炭湾煤矿进行依法处置，并计划启动中吕公司所属碛口煤矿开采。12月5日，市国有资本投资运营公司正式托管吕梁中药厂，对吕梁中药厂进行清产核资，完成企业改制。12月5日，市国资委成立山西省第四纺织机械厂改制工作组，对四纺机厂进行改制。

2019年，吕梁市政府出资2664.79万元，解决全市34户停产停业企业319名到龄退休职工社保问题，到龄职工退休问题全部解决。

（市工信局）

煤炭工业

【概 况】

2019年，吕梁市有生产煤矿90座，总产能12435万吨/年（含未公告煤矿1座，产能30万吨/年）；建设煤矿39座（40个项目），总产能8310万吨/年。建设煤矿中，进入联合试运转煤矿2座，总产能210万吨/年；在建煤矿13座，总产能2370万吨/年；停缓建煤矿12座（13个项目），总产能1230万吨/年；未开工煤矿12座，总产能4500万吨/年。按生产能力划分，1000万吨/年及以上2个，1000万吨以下至500万吨/年及以上4个，500万吨/年以下至300万吨/年及以上10个，300万吨/年以下至120万吨/年及以上煤矿55个，120万吨/年以下至90万吨/年及以上煤矿45个，90万吨/年以下煤矿13个。

全市煤炭洗选企业共467户，洗选能力7.12亿吨/年。按类型划分，矿井型洗煤厂50户，洗选能力1.18亿吨/年；社会独立型洗煤厂395户，洗选能力5.58亿吨/年；用户型洗煤厂22户，洗选能力0.36亿吨/年。

2019年，吕梁市共有山西汾西香源煤业有限责任公司、山西离柳焦煤集团有限公司宏岩煤矿、山西吕梁中阳坤龙煤业有限公司、山西金地煤焦有限公司赤峪煤矿、山西柳林联盛龙门塔煤业有限公司、山西柳林联盛哪哈沟煤业有限公司、山西煤运集团离石锦瑞煤业有限公司7座煤矿竣工投产，转为生产煤矿后释放产能840万吨/年。

【过剩产能化解】

2019年，吕梁市实施煤矿减量重组，推进山西华瑞煤业有限公司与山西吕梁交城黄草沟煤业有限公司、山西石楼华润联盛介板沟煤业有限公司等6座煤矿减量重组；推进山西柳林联盛龙门塔煤业有限公司与山西柳林庄上煤矿有限公司减量重组。针对省直相关部门对上述两个减量重组实施方案审查存在的问题，6月5日，以市政府名义报送《关于报送柳林县地方监管煤矿减量重组实施方案的函》，推进山西楼俊集团赵家庄煤业有限公司与山西柳林联盛陈家湾煤业有限公司减量重组。7月25日，以市政府名义报送《关于报送吕梁市煤矿减量重组实施方案处置意见的函》。

2019年11月8日，市政府组织能源、自然资源、生态环境、水利、文物等部门召开全市煤矿减量重组工作推进会，传达全省煤矿减量重组工作推进会精神，要求各相关部门按照省能源局会议要求，尽快补充完善处置意见、坐标范围等相关资料。

2019年，吕梁市范围部分煤矿关闭退出。省钢铁煤炭行业化解过剩产能实现脱困发展领导小组煤炭行业办公室下发《关于转送中央企业化解过剩产能煤矿的函》，确认2019年退出产能煤矿4座，即山西交口华润联盛孟家焉煤业有限公司、山西交口华润联盛蔡家沟煤业有限公司、山西交口华润联盛梁家沟煤业有限公司、山西石楼华润联盛赵家沟煤业有限公司，退出产能210万吨/年。

2019年8月20日，山西省人民政府办公厅下发《关于分解下达2019年煤炭行业化解过剩产能目标任务的通知》，明确吕梁市关闭退出霍州煤电集团吕临能化有限公司庞庞塔煤矿（300万吨/年）和山西柳林凌志王家焉煤业有限公司2座煤矿。11月28日，省钢铁煤炭行业化解过剩产能实现脱困发展领导小组煤炭行业办公室对庞庞塔和王家焉2座煤矿进行关闭验收，关闭退出产能360万吨/年。年底，吕梁市退出煤炭过剩产能570万吨。

【新核准煤矿】

2019年3月29日，国家发改委下发《关于山西离柳矿区庞庞塔煤矿项目核准的批复》，核准山西离柳矿区庞庞塔煤矿1000万吨/年项目。8月28日，国家能源局下发《关于山西离柳矿区吴家峁煤矿项目核准的批复》，核准山西离柳矿区吴家峁煤矿300万吨/年项目。

【煤炭新技术应用】

2019年，吕梁市委、市政府部署煤炭“减”“优”“绿”发展方案，在全市试点推行充填开采、智慧矿山、智能化综采工作面等煤矿绿色智能化开采和“110工法”等新技术应用。确定将山西神州煤业有限公司作为充填开采项目试点矿井，完成项目建议书和初步设计审查；山西柳林鑫飞下山峁煤业有限公司、霍州煤电集团有限责任公司方山店坪煤矿和山西中阳沈家峁煤业有限公司作为“110工法”技术应用试点矿井，取得阶段性成效；山西东江煤业集团有限公司和吕梁东义集团煤气化有限公司鑫岩煤矿试点开展智慧矿山建设，矿井运输、提升、监测监控等主要系统完成远程集中控制；山西柳林寨崖底煤业有限公司和山西焦煤集团岚县正利煤业有限公司作为智能化综采工作面试点矿井，成功完成首采工作面试采工作。

（市能源局）

城镇集体工业

【改组改制】

2002年机构改革中，原手工业管理局更名为“吕梁市城镇集体工业联合社”，并明确为经济组织；2008年，列入参照公务员管理的事业单位。城镇联社系统职能从20世纪90年代后期逐渐萎缩，单位性质不统一，部分县（市）更勉强维持，联社机构运行比较紧张。吕梁市城联社通过和各县（市、区）政府沟通、协调，将汾阳市、孝义市、中阳县、临县4个县（市）城镇联社纳入财政管理范围，兴县、交口县难以为继，石楼县联社后取消。

2019年，吕梁市城镇联社借鉴学习运城市、晋城市先进城联社经验，深入各县、市联社调研，指导系统企业改组、改制。截至年末，吕梁市城联社所属企业共100余户，其中：改制44户，未改制处于停产倒闭状态56户。吕梁市城镇联社协调市县政府解决落实未改制企业职工养老、最低生活保障金的发放，推进部分企业改组改制，指导少数有发展前途的企业进行生产经营。

【帮扶脱贫】

2019年，吕梁市城镇联社继续在石楼县南割毡村帮扶脱贫。2014年南割毡村建档立卡贫困户总规模为220户713人，当年脱贫37户82人，2015年脱贫59户157人，2018年脱贫4户18人，2019年脱贫119户454人，剩余1户2人未脱贫。市城镇联社本着扶贫扶志和治贫治愚的理念，激发贫困户内生动力；以改善基础设施建设为突破口，组建造林合作社，发展养殖业。利用专项资金12万元，新建垣上到西山河水泥道路0.6公里；协调争取专项资金100万元，建成小前山大桥1座，打通到永和县的出口；引进饮水项目，完成5个自然村自来水入户工程，实现贫困户饮水安全达标；争取专项扶持资金30万元，购买30头肉牛，以养牛专业合作社模式带动贫困户增收；鼓励个人圈养牛20头，羊240只，养蜂50箱，带动贫困户14户。2019年，实施易地搬迁户48户，危房改造165户；举办科技培训2期，其中养殖业、核桃树管护各1期。2019年，各项整村脱贫指标通过县乡初验合格。

（市城镇联社）

中小型工业企业

【概 况】

2019年，吕梁市企业总数44897户，个体工商户数178791户，正常生产的中小企业数24242户。工业企业数5587户，其中规模以上工业企业数527户，规模以下工业企业数5060户。工业企业中，大型企业46户、中型企业103户、小微企业5438户。全市中小企业营业收入完成约1632.67亿元。主要经济指标持续平稳增长，传统产业转型升级步伐加快，新兴产业不断发展壮大。

【发展环境优化】

2019年，吕梁市中小企业局认真贯彻落实国家、省、市扶持中小企业发展政策，组织相关职能部门深入企业调查。3月29日，牵头组织基金公司、担保公司，深入山西中包华磊米罗环保新型材料科技有限公司，了解企业生产经营状况。9月27日，会同山西中包凌云新型材料有限公司和山西新龙重工科技有限公司负责人，与孝义市鹏飞集团就煤炭行业与新型材料发展进行座谈，并就产业链条延伸、高效利用煤炭和矿机设备后期维护等初步达成合作意向。

在“6·27”中小微企业日，市中小企业局组织50家中小企业和11家服务机构参加第二届山西省中小企业服务对接活动，为中小企业提供优质高效服务。10月、11月，市中小企业局联合省小企业发展促进局和临县、兴县、石楼县中小企业局三级联动，邀请专家向130多户中小微企业解读“省支持民营企业30条”“市支持民营企业20条”“市优化营商环境10条”等惠企政策。各县（市、区）结合实际，具体制定扶持中小企业、民营企业发展的实施细则。方山县围绕财政支持、创新融资、政策落实、转型升级、强化服务、提升管理等6个方面，制定15条可行办法；中阳县专门出台《关于支持民营经济发展的若干措施》。

【培育创新】

2019年，吕梁市中小企业局在省下达吕梁市“小升规”企业培育目标71户，市政府下达目标73户的基础上，按照目标任务1.5倍的原则，建立“小升规”培育库，通过入企调研、帮扶指导、专题培训等举措进行重点扶持。9月，由吕梁市政府办公室印发《关于进一步强化“小升规”企业培育工作的意见》，加大财政支持，组织协调考核，有96户“小升规”企业通过省级审核并上报国家统计局。

2019年，吕梁市中小企业局实施“专精特新”企业培育工程，优化中小企业经济结构，提高中小企业发展质量和效益。全年共申报“专精特新”企业21户，着力培育“小巨人”企业，其中有3户企业被认定为2019年优秀专精特新“小巨人”企业。

2019年，吕梁市在构建“双创”发展生态、推动企业创业创新、推进小微企业创业创新基地建设中，文水“聚宏”企业被认定为省级“双创”基地。至此，吕梁市共有10个小微企业省级创业创新基地。在2019年“创客中国”吕梁区选拔赛中，共有17户企业参赛，9户企业参加全省创客大赛，最终1户企业进入全省“创客中国”大赛决赛；5户企业入围“创客中国”全省比赛前60名。

加快企业技术创新。吕梁市中小企业局指导帮助山西新龙重工，并联合孝义鹏飞集团、吕梁学院等7家企业、高校和科研机构，发起成立吕梁市煤机装备再制造产业技术创新战略联盟，解决煤机装备行业问题，促进产业间协同发展。

【融资推介】

2019年，吕梁市中小企业局深化政银企保合作，完善客户推介机制。向金融机构和担保机构推荐83户成长性好的中小微企业，为银行和企业贷款融资合作提供服务；联合工商银行，组织银企对接普惠金融产品推介会，帮助60户民营企业和工商银行对接，为企业解决资金困难问题。

推进产业基金投资运行，政府出资达到3000万元。基金采取投资及投贷联动方式支持企业5户，金额达5100万元。

强化人才素质提升，下拨资金180万元，培训企业管理人员1200人。专项补助资金100万元，由企业自主培训，通过企业报备培训方案，县中小企业局跟踪监督，指导服务，年内全市完成培训11000人次。

2019年，组织10户企业赴广州参加第十六届中国国际中小企业博览会，签约合同金额达到136.25万元。利用在沿江沿海地区组织高端培训契机，开展两地企业家交流座谈，促进两地企业家拓宽合作领域，签约合作项目。

完善中小微企业公共服务平台网络建设。吕梁市中小企业公共服务平台网站于2018年12月10日试运行，截至2019年有4家服务机构入驻，在信息服务、投融资、创业服务、管理咨询、人力资源、法律维权等方面为企业提供一站式服务，完成全市24000户的企业数据信息的收集、整改、核对、更新等工作。

（市中小企业局）

重点建设工程

【项目概况】

2019年，吕梁市重点工程项目共129个（其中前期项目9个，建设项目120个），总投资1938.32亿元。工程项目包括工业、战略性新兴产业、铁路公路等交通运输、城市基础建设，以及公共文化、教育、医疗卫生、生态环境治理等，涉及全市经济、社会发展和民生保障等多个领域。

截至12月底，吕梁市重点工程项目开复工103个，完成投资203.95亿元，占全年固定资产投资比重38.9%。其中，省级重点工程项目25个（前期项目8个、建设项目17个），年计划投资84.58亿元，建设项目开复工14个，完成投资90.12亿元。另有交城县粮油仓储物流产业园区、中阳县国道209省道340过境公路改线工程和孝义市茂成30万吨环己酮装置工程项目待开工，交城县东锦年产88万吨绿色新材料项目建成投产，柳林县明清街历史文化街区改造项目、临县晋煤太钢三交一号600万吨矿井及选煤厂项目、锦源600万吨矿井建设项目快速推进，离隰高速前期项目于12月5日正式开工。

2019年，市级重点工程完成投资113.83亿元，投资较大的一批产业转型、基础设施、社会民生等项目建设顺利，起到引领示范带动作用。静兴高速和祁离高速全面开工，年完成投资64亿元，黄河一号旅游公路开工277千米，完成路基92千米；8月，国道209线吕梁新城区段开工，完成投资近10亿元。全市建设工程进展快、投资完成较好的产业转型项目主要有：汾阳市中国汾酒城文旅融合、孝义市远尔州1000万吨低阶煤分质综合利用、中阳县中钢年产200万吨球团、柳林县铝循环工业园区、离石区华为云数据中心、离石区山西建投晋西北建筑产业园、岚县河口48兆瓦风电、临县三交北煤层气天然气勘探开发等项目。

【项目调度督查】

2019年，吕梁市委、市政府就重点工程项目与深化转型项目建设年工作多次召开专题会议进行研究，提出破解土地、融资、审批等方面问题的具体举措，举行重点工程项目集中开复工仪式，为重点工程建设创造良好环境和条件。

年初，吕梁市市县工程重点办开展“前期手续集中办理月”“项目集中开工月”和“进工地到一线解难题”专题活动，及时解决项目存在困难问题，全方位跟踪和服务项目建设，省市重点工程前期手续办理和项目开复工取得新进展。

5月24日和10月9日，吕梁市政府分别召开项目建设调度会，分析研究项目建设中存在的问题。5月26日至28日，市政府组织专人对13个县（市、区）项目建设情况进行督查调研。

（市重点办）

山西煤炭运销集团吕梁有限公司

【生产经营概况】

2019年，山西煤炭运销集团吕梁有限公司原煤产量完成271.9万吨，增幅40.1%；营业收入实现37亿元，增幅13%；利润总额实现1.87亿元，增幅2887%；生产进尺完成16438米；基建进尺4184米；吨煤完全成本为209元；贸易总量实现1008.7万吨；资产负债率82.09%，较年初降低9.1个百分点；期末净资产收益率3.5%，同比增加7.16个百分点。

【安全生产】

2019年，山西煤炭运销集团吕梁有限公司按照集团“136”安全管理模式、“333”安全举措、“8+7”安全工作思路、安全工作“十个常态化”要求，实现安全生产无事故目标。

启动“查大风险、除大隐患、防大事故”工作，确定公司所属煤矿54条重大风险清单，提升风险管控能力。开展一通三防、顶板管理、防治水三个专项整治，“雨季三防”和“冬季三防”安全大检查，省政府部署的“三个专项行动”和五个“十严禁”执行情况回头看专项检查，以及专家“会诊式”检查。对所属煤矿和地面单位实行全覆盖、无死角、无盲区全面排查，共查出各类隐患2513条，整改2503条，整改率为99.6%。执行“周四安全活动日”、挂牌检查制度，开展“走动式”安全管理。建立安全突查机制，利用节假日、中班、夜班对煤矿进行“四不两直”安全突查；坚持整改与问责并重，执行“三违”处罚34.5万元。

2019年，推进煤矿安全生产标准化建设，督促煤矿制定达标计划，实施标准化升级改造工程，提升煤矿安全保障能力。重点强化“一头一尾”管理，落实抓矿长12项内容和矿长抓11项具体工作；落实“管生产必须管安全、管行业必须管安全、管经营必须管安全”管理要求；开展“防风险、除隐患、遏事故”为主题的“安全生产月”活动，开展“三项岗位”人员培训、日常培训、委外培训，全年共培训1420人次。

【环境治理】

2019年，山西煤炭运销集团吕梁有限公司对基层单位进行环保标准化考核和环保目标责任制考核，吕梁公司及所属金达煤业被评为环保标准化示范等级单位。

建立健全基层单位环保制度，推进环保设施建设。对公司所属单位全部取缔燃煤锅炉，改用清洁能源供暖；提标改造金达煤业、锦瑞煤业污水处理站，保证处理后水质指标达标。

完善各项环保行政许可手续，金达煤业、锦瑞煤业、聚晟公司离石发运站、孝龙集运站、中阳公司等单位按要求换领新的排污许可证，做到持证排污。

【产业质效建设】

2019年，山西煤炭运销集团吕梁有限公司锦瑞、金达2座矿井实现利润5.4亿元，金达煤业通过孝义市及吕梁市应急管理局质量标准化一级审核；锦瑞煤业进入联合试运转阶段，竣工验收后取得安全生产许可证，并通过山西省应急管理厅组织的质量标准化二级考核验收。龙峰煤业、龙山煤业及新工煤业新的《投资合作协议》和《公司章程》经集团批准并签订，正式开工建设，2019年完成基建进尺4184米，基建投资完成3.35亿元。天宁煤业协调沟通民营股东达成协议，消除长期以来影响整合推进障碍。陈盛、益锦、华运等三个后备资源项目取得进展。

聚晟公司煤炭铁路发运和市场煤贸易业务稳步发展，全年发运48.8万吨。全市市场煤贸易在原有用户基础上，依托金达煤业、锦瑞煤业资源优势，采购原煤经孝龙园区代加工洗选后，销售精煤10万吨，实现销售收入8439万元，产生经营性利润807万元。在煤炭仓储业务板块，推进混改机制，孝龙集运站提升铁路发运业务，增强盈利能力，全年发运220.4万吨。

吕梁公司按照集团公司推进“煤电一体化”和“煤电联营”战略部署，明确孝义公司专营电煤业务。同时发挥孝龙园区煤炭洗选、储配优势，以及与国金、国峰合作基础，采取以购为主、以配为辅的分采集销模式，做实做优电煤贸易。

吕梁公司推动国有资本优化配置、提质增效和转型升级，提高国有企业的市场竞争力。2019年，集团公司处置僵尸企业20户，其中吕梁公司完成处置5户，占集团总数的25%，位列集团第一。

【生产经营与物流服务平台建设】

2019年，山西煤炭运销集团吕梁有限公司落实山西省人民政府办公厅《关于加快煤炭企业生产经营信息采集和物流服务平台建设的通知》精神，与吕梁市政府加强战略合作，并签订《战略合作框架协议》。省委改革办经济处及集团筹备组对生产经营与物流服务平台建设工作进行调研，分别在离石区、交口县和孝义市等地现场了解情况。吕梁公司作为集团双平台建设首批安装单位之一，获得集团公司批复优先进行平台建设。

【清收清欠】

吕梁公司根据债权总额大的实际情况，确定2019年度清欠目标8.5亿元。逐级、逐户对清欠任务进行分解，公司纪委、财务等部门协同配合，全年累计清收账款7.75亿元，完成集团下达年度清欠指标5亿元的155%；完成公司自定必保目标7.5亿元的104%。清欠工作在集团内排名清欠总额第一，完成率第二。

（山西煤炭运销集团吕梁公司）

山西离柳焦煤集团有限公司

【生产经营概况】

2019年，山西离柳焦煤集团生产原煤487.27万吨，比2018年增加23.58万吨。其中，兑镇煤矿129.96万吨，佳峰煤矿98.82万吨，朱家店煤矿64.39万吨，宏岩煤矿90.19万吨，鑫瑞煤业103.91万吨。精煤产量237.64万吨，比2018年增加6.46万吨。完成进尺12.801千米，完成年计划的110.4%。销售原煤220.11万吨，比2018年减少36.18万吨；销售精煤248.42万吨，比上年增加6.43万吨。实现销售收入26.11亿元，比2018年增加1.95亿元。其中，原煤销售收入8.52亿元，精煤销售收入17.06亿元，其他收入约0.53亿元。利润总额2154.93万元。上缴税费（含资源价款）7.17亿元，补缴历史欠税欠费1.27亿元，比2018年增加3.84亿元。

【安全管理体系建设】

2019年，山西离柳焦煤集团以“防风险、除隐患、遏事故”为主线，构建安全风险分级管控、事故隐患排查治理、安全生产标准化动态达标“三位一体”安全管理体系。投入2000余万元对各矿井的安全监控系统、工业环网建设、视频会议系统等进行升级改造。落实企业主体责任，深化安全生产检查、能源领域综合检查、安全生产百日行动、安全生产集中整治，全面排查和整治安全隐患，防范和化解安全风险。全年进行安全培训3256人次，“三项岗位人员”培训474人次，职业健康培训2811人次，专业技能培训215人次。按岗位需要，对166名煤校定向培养毕业生进行岗前培训。各矿井全部升级为二级安全生产标准化矿井，实现全年安全生产无事故目标。

【产业结构转型】

2019年，山西离柳焦煤集团加大产业结构调整力度，完成吕安二期项目建设。按照“由危化救援专业入手，逐步实现应急管理产业化”的发展思路，加强救援队伍专业技能培训。10月21日—23日，承办全省首届职工职业劳动保护技能竞赛。10月22日，吕农生物科技有限公司20万吨/年（一期10万吨/年）有机肥生产基地正式投产运营。按照“政府主导、企业承载、市场化运作”的工作思路，以及“1+N”（公司+养殖户）运作模式，为吕梁市文峪河、磁窑河水环境综合治理提供了“离柳方案”。固废处理示范项目完成基础设施建设和设备安装调试工作。

3月25日，选派30人组成经营管理团队，进驻晋柳公司全面负责生产经营管理。5月，托管中吕公司，8月对中吕沙炭湾煤矿87%股权公开拍卖，完成股权变更，职工安置依法推进。12月5日，启动碛口煤矿建设，派出7人组成的管理团队，负责国投公司对吕梁中药厂的托管。

【环境治理】

2019年，山西离柳焦煤集团提高环境管理综合水平，完成集团公司矿山生态环境恢复治理试点示范工程建设。为各矿区单位配置吸尘车、安装轮胎清洗装置、废水自动监测系统等环保设施；开展煤矸石、粉煤灰、炉渣等贮存处置规范化整治；开展“清河专项行动”，加大力度整治矿区河道。

（山西离柳焦煤集团有限公司）

山西中吕能源集团有限公司

【接受离柳集团托管】

2019年，山西离柳焦煤集团有限公司根据2019年4月2日市政府常务会议纪要及吕梁市人民政府国有资产监督管理委员会《关于山西离柳焦煤集团有限公司托管山西中吕能源（集团）有限公司授权书》《关于对山西离柳焦煤集团有限公司托管山西中吕能源（集团）有限公司方案的批复》，于5月16日进驻并全面托管中吕能源集团公司及其所属企业。托管工作组进驻后，分部门、分批次对职工做思想工作，阐明托管的目的和意义，讲清托管后对职工的益处，赢得职工对托管经营的支持和拥护。中吕公司被接管后，企业法定代表人仍未变更，因产权关系复杂，工商注册股东仍是接管前的股东。中吕集团、中吕铁煤焦运销公司、中吕焦化营业执照均被工商部门吊销。基于理顺难度大，托管工作组聘请专业律师事务所指导理顺产权的相关事项。沙炭湾煤矿股权拍卖后，依法依规对债权债务进行核实确认，优先支付职工工资、养老保险等费用，其他债务逐步清偿。

【沙炭湾煤矿股权处置】

根据2018年5月25日市政府常务会议纪要、市国资委报请经市政府领导批准同意的《市国资委〈关于整体转让沙炭湾煤矿87%股权的实施方案〉的请示》和2019年7月11日吕梁市人民政府常务会议精神，同意市国资委授权吕梁中院以不低于7.02亿元的价格拍卖沙炭湾煤矿87%的股权。2019年8月20日，吕梁市中级人民院通过阿里巴巴司法拍卖网，以11.025亿元的价格将沙炭湾煤矿87%的股权拍卖给陕西基泰煤业有限公司，拍卖所得由吕梁中院集中管理。在吕梁中院协调下，原股东中吕焦化与新股东陕西基泰煤业有限公司就职工安置达成一致意见，明确沙炭湾煤矿全部职工由老股东中吕焦化负责安置。

沙炭湾煤矿共有职工180人，本着自愿、协商一致的原则，145人与沙炭湾煤矿解除劳动关系；18人选择留用，并与中吕公司重新签订无固定期限劳动合同，其中部分员工由托管工作组安排岗前培训及工作岗位，其余未安置人员由托管工作组按照既定计划继续落实安置。

（山西中吕能源集团有限公司）

华晋焦煤有限责任公司

【生产经营概况】

2019年，华晋焦煤有限责任公司原煤产量：计划850万吨，实际完成859.39万吨，完成计划的101.1%；同比增加0.81万吨，增幅0.09%。精煤产量：计划470万吨，实际完成472.06万吨，完成计划的100.44%；同比增加16.5万吨，增幅3.38%。掘进总进尺：计划28900米，实际完成29319米，完成计划的101.45%；同比增加670米，增幅2.34%。瓦斯钻孔进尺：计划71.7万米，实际完成80.8万米，完成计划的112.23%；同比增加4.2万米，增幅4.94%。瓦斯抽采纯量：计划16100万立方米，实际完成19777万立方米，完成计划的122.84%；同比增加240万立方米，增幅1.2%。瓦斯利用量：计划8200万立方米，实际完成9511万立方米，完成计划的115.99%；同比增加659万立方米，增幅7.44%。发电量：计划2亿千瓦时，实际完成2.3亿千瓦时，完成计划的114.92%；同比增加0.1亿千瓦时，增幅4.67%。销售收入：计划63亿元，实际完成66.99亿元，完成计划的106.33%；同比增加8.15亿元，增幅13.85%。利润总额：计划12.5亿元，实际完成14.22亿元，完成计划的113.76%；同比增加1.21亿元，增幅9.28%。归母净利润：计划5.02亿元，实际完成5.3亿元，完成计划的105.6%；同比增加0.55亿元，增幅9.85%。工业增加值：计划43.3亿元，实际完成44.2亿元，完成计划的102.12%；同比增加0.26亿元，增幅0.6%。安全生产：全年未发生重伤及以上人身伤亡事故，百万吨死亡率为“零”。标准化建设：沙曲一号煤矿、沙曲二号煤矿通过二级标准化验收；明珠矿、吉宁矿保持一级标准化水平。证照手续办理：完成沙曲一号煤矿、沙曲二号煤矿安全生产许可证、采矿许可证办理；明珠矿取得三年期采矿许可证。

【安全管理】

2019年，华晋焦煤有限责任公司按照山西焦煤安全“16516”三年工作部署，启动百日安全生产集中整治，推进“双预控”体系建设和“三个清单”，实行干部“下基层、到现场、进班组”责任制度，构建“党政同责、一岗双责、齐抓共管、失职追责”责任体系，形成全体干部职工及家属共同维护安全的思想自觉和行动自觉。

围绕“管理、技术、操作”核心队伍，推进精准培训，累计培训27758人次，应知应会考核合格率达95.1%。实施全员安全账户制度，全年兑现976万元，增强了全员自主保安的积极性。推进班组自主安全管理，实现全员岗位操作流程化、制度化、标准化。以“三位一体”管理模式推进安全生产标准化动态达标，共兑现奖励540万元，用经济杠杆撬动安全标准化由结果达标向过程达标转变。2019年度，明珠矿、吉宁矿保持一级标准化水平；沙曲一号煤矿、沙曲二号煤矿建成二级标准化矿井，并申报一级标准化矿井。

2019年，华晋煤焦有限责任公司将瓦斯治理作为保障发展的第一要务，实施三区联动“瓦斯治理三年滚动计划”，推进“保护层开采定额”，采用脉冲压力、大功率大孔径长钻孔裂隙带抽采新技术，试用6套一钻一视频新装备，优化抽采系统，抽采率达到70%以上。推进防治水、顶板、机电运输、洗选、发电等专项整治，开展风险隐患“大排查、大起底、大治理”，防范化解重大安全风险。

2019年，公司所属矿井单班入井人数全部控制在700人以内，明珠矿、吉宁矿实现“一井一面”生产布局。围绕“机械化换人、自动化减人”，所属矿井5个机电硐室实现无人值守，沙曲二号矿建成地面乳化液自动配比集中供液系统，吉宁矿地面运煤通道运输系统实现机器人巡检，并向“少人则安、无人则安”的目标迈进。

【市场化改革】

2019年，华晋焦煤有限责任公司6名领导成员参加资产证券化工作组，并成立3个专项组，建立双周例会制度。沙曲一号煤矿、沙曲二号煤矿取得“两证一照”，国开行账销案存等历史问题得到妥善解决，取得房产证6处。

企业贸易公司引入市场化分配形式，试点构建工资分配激励机制，完成2户法人单位压减任务、全部消灭亏损单位；职工家属区“三供一业”按期完成移交，职工医疗保险与社会全面接轨。在以安全为保障、效益为基础、效率为导向的工资激励分配机制下，地面、辅助、一线人均工资比例达到1：1.9：2.78。

2019年，公司在山西焦煤率先上线财务共享信息平台，建立“公司+矿厂”的物资管理模式。合同在线签订、办公用品在线采购、现金定价全部上线“焦煤易购”运行。

2019年，公司修订完善26项规章制度，构建“分级管控+业务监管”模式，优化业务运作流程和管理权限。将审计整改纳入党委巡察，试行“内部审计风险提示、风险防控评价指标、审计管理建议书”三种模式，防范公司经营风险，审计问题整改率位居集团第一，风险提示卡制度得到中国内审协会认可，并在《中国内部审计》杂志刊登推介。

【科技创新转型】

2019年，华晋焦煤有限责任公司发挥工业大奖的荣誉感召力，实施创新绩效制度，全年兑现奖励1871.83万元。在“产、学、研”技术交流中，重大技术攻关项目完成率达到80%，科技成果转化项目1个，国家发明专利完成受理4个，实用新型专利完成2个。其中，切顶卸压沿空留巷技术引领行业方向，在沙曲一号煤矿、沙曲二号煤矿3个工作面运用，原煤生产效率提高30%以上。智能化工作面切顶卸压工艺、大功率大孔径长距离施钻抽采技术、智能化瓦斯抽采技术研发、超低浓瓦斯催化燃烧技术、瓦斯分源治理等技术研究进展显著，多分支水平井井下对接抽采技术、可控冲击波增透煤层技术等实现新突破。

2019年，公司确定发展并推进的华晋煤炭物流园项目、明珠矿选煤厂项目、采空区无线自组网温度监测系统、吕梁炼焦煤交易中心等项目得到落实。公司实施“走出去”战略，通过多次调研和深度交流，增加内蒙古、澳大利亚后备资源，打开了国内开放合作和国际化经营的窗口。

2019年，公司参照山西省委“三晋英才”和山西焦煤“青年领军”人才计划，开展优秀管理干部评比、“五小创新”表彰、技能比武竞赛、华晋工匠培育，并给予特殊津贴奖励。25名优秀职工入选“三晋英才”支持计划，公司在山西焦煤技能比武中创历史佳绩。

（华晋焦煤公司）

国家电网吕梁供电公司

【生产经营概况】

2019年，吕梁供电公司全区最大负荷317万千瓦，网供最大负荷309.8万千瓦，全省排名第四。售电量完成203.14亿千瓦时，同比增长13.34%，总量和增速全省排名第三，首次突破200亿元大关。

吕梁供电公司完成3个产业扶贫项目前期准备工作，推动定点扶贫村岚县郭家庄村粉条加工厂投产，完成48.6万元消费扶贫任务。

2019年，新能源并网装机达160.4万千瓦，累计发电15亿千瓦时，同比增长22.19%。协助地电公司进行石楼晟鼎（3.5万千瓦）、临县耀安（3.4万千瓦）分散式村级光伏电站的电量消纳及电费结算。批复投资8795万元，按期完成1.06万户“煤改电”任务。

【安全生产】

2019年，吕梁供电公司贯彻国家《安全生产法》，落实吕梁市安全生产工作各项部署，科学安排集中检修工作。处理缺陷3123项，综合供电电压合格率城市达到99.99%、农村达到99.98%；供电可靠率城网达到99.97%、农网达到99.86%，供电可靠性明显提升。

开展“三个专项”行动，防控山火隐患点132处，排查隐患290项，并深入治理隐患。依靠政府投入完成110千伏离青线3基杆塔迁改，另5处采空区隐患也列入治理计划。

【电力设施规划】

2019年，吕梁供电公司树立系统规划和全寿命周期理念，按照“轻重缓急”进行项目储备，实现电力设施的精准布点和电源分配。科学编制12个大型经济开发区专项规划，针对发展潜力较大的交城、孝义经济园区，及时储备王村和昌兴3号主变、夏家营3号主变、孝义220千伏新建项目。在摸清配网现状前提下，推行网格化项目化规划，共完成8个网格、24个供电单元的规划。电网投资中，完成主网投资8536万元、配网投资20783万元，电网基础设施得到完善。在重点工程项目中，按期投产35千伏及以上工程9项，新增输电线路123.56千米、变电容量15万千伏安。

【营商环境】

2019年，吕梁供电公司实施“三省”“三零”服务，企业平均办电时长压缩至42个工作日，打造10个业扩报装典型示范项目。延伸高压客户投资界面，降低企业办电成本1100万元。打通政务信息共享渠道，实现办电外线行政审批“一证办理”和“获得电力指数”全省第一。建设现代服务体系，报修、投诉分别下降15%、41%。推广“网上国网”应用，企业“电费网银”收费占比79.06%，全省排名第一。电e贷取得1710万元预授信额度，国网商城开通增值服务功能试点。充电设施网络建设中，新建充电桩10个。创建五星级供电所1个。配合吕梁局域电网并网和配电增量市场放开等电改试点，推进大用户直接交易，完成交易电量81.17亿千瓦时，同比增长41.98%，为企业节约生产成本5.07亿元。年内落实省发改委一般工商业再降价要求，减少用户支出3959.80万元，比调价前降低11.09%。

（国网吕梁供电公司）

地方电力吕梁分公司

【生产经营概况】

2019年，吕梁地方电力公司主动对接吕梁市山区8个县（区）分公司，落实“三减一提升”经营要求，推进“获得电力”优质服务专项行动。在每季度都参加地电公司经济分析会，分析影响供售电量、工业电量变化因素以及经济结构调控因素。全年供售电量稳中有升，全年供电量完成68.48亿千瓦时，同比增长2.41%；售电量完成64.36亿千瓦时，同比增长1.95%。

【安全生产】

2019年，吕梁地方电力公司按照省地电公司、吕梁市政府的部署要求，针对各重要时间节点的安全生产制定对应方案，并向吕梁市应急管理局和能源局报送安全生产情况。

加强应急值班和处置。执行24小时值班制和领导带班制，及时协调处置各类突发性安全生产异常情况，确保信息报送及时，事件处置妥当。

开展2019年“安全生产月”活动启动暨签名仪式和宣传咨询活动，组织全体员工观看安全警示教育片，举办安全生产大讲堂活动，使安全生产意识深入人心。

部署安排防汛、“过夏六防”“冬季三防”等生产防范工作，制定对应专项方案，严格落实责任。

做好保电工作。制定春节、“两会”“二青会”、国庆、中秋、招生考试等保电方案，协调相关分公司为吕梁市各类大型活动场所保障供电，完成吕梁市政府安排的多项保供电任务。

做好隐患排查治理。发现220千伏罗临I回87#倒塔停电的重大安全隐患后，立即上报地电公司、吕梁市应急管理局和能源局，与国网公司、东江煤业集团等单位协调，使存在隐患的线路和杆塔得到及时抢修，避免重大停电事故发生。

【用电营销】

2019年，吕梁地方电力公司配合市政府、能源局、发改委及各县区分公司完成各项工作。对临县锦源煤矿110千伏变电站接入系统方案进行技术审核，协助完成接入系统相关手续；配合市政府推动铝镁新材料用电事宜，全力保障兴县工业园区铝镁新材料用电，对接相关单位协调解决供电问题。

开展营商环境优化和评价工作，对第三方评估公司抽调的31户企业进行调查，确保优化营商环境工作顺利开展。协调“煤改电”户数核查，并向市政府汇报反映情况，促使省调研组对2019年清洁取暖任务重新安排，重新核定“煤改电”户数，大幅降低吕梁山区8县（区）分公司“煤改电”改造工作量。

【用电计量业务】

2019年，吕梁地方电力公司开展吕梁8县（区）分公司关口计量的安装与检定工作，对各分公司计量业务进行指导管理。按照年度关口表计轮检计划，对110千伏及以上关口表计进行轮检试验，对龙花垣220千伏变电站无法采集的12块电能表进行更换；处理兴县220千伏变电站无法采集数据的4趟110千伏线路问题；处理柳林县刘家山110千伏变电站、北山110千伏变电站计量问题。

2019年，协调山西省计量院电学室试验人员对8县（区）分公司计量标准器具及配套设备进行年度轮检，组织相关人员参加省地电公司、省计量院等单位组织的业务培训。

（地电吕梁分公司）

山西华光发电有限责任公司

【生产经营概况】

2019年，山西华光发电有限责任公司在燃煤价格持续高位、基础电量核减和电价降低的情况下，共完成发电量52.583亿千瓦时，比2018年增加1.35亿千瓦时，增长2.64%。供电标准煤耗340.51克/千瓦时；等效可用系数85.99%；综合厂用电率7.27%；发电单位成本267.16元/千瓦时；利润完成-5765.20万元。

【经营管控】

2019年，公司完善内部控制，优化燃煤管理流程，提升燃煤管理的运营效率。实施柳电、华光、宏光“三个公司一盘棋”战略，防止三家公司在燃煤采购上的不良内部竞争，形成优势互补局面。三家公司联合成立燃料采购委员会，制定燃料采购、监督制度和保障体系，明确分工，落实责任。

【科技创新】

在公司总经理、技术带头人李永茂带领下，发挥“李永茂职工创新工作室”科技创新引领作用，根据公司生产经营中出现的问题制定攻关项目，发现、研究、解决生产发展过程中问题。AGC优化项目在没有增加硬件设备情况下，通过优化凝结水节流控制、背压控制、汽机主控及反馈、锅炉主控和前馈等，最大限度利用锅炉、汽机蓄能，使机组协调性能大幅提升，AGC综合性能指标Kp值（K1*K2*K3）达到5.0以上，领先国内同类机组，并获得2019年度省总工会“五小竞赛”三等奖。汽轮机主汽阀专用工具改造、辅机冷却水泵电机冷却系统改造、空压机闭式循环冷却水改造、灰库湿式搅拌机叶轮及箱体改造、空气预热器旋转暖风器及疏水系统改造等，获得省电业工会“五小竞赛”奖励。

【安全生产和环保】

截至2019年11月30日，公司实现安全生产记录3989天，全年发生一类障碍1次，二类障碍2次，继续保持安全生产稳定较好态势，达到“六不发生”的安全目标。

环保工作持续推进。污水处理厂全年COD、氨氮、总磷三项污染物指标稳定达到地表五类水排放标准，未发生超标现象，为吕梁市运行最好的污水处理企业，受到吕梁市、柳林县环保部门好评，并获得政府奖励20万元。

公司完善各项安全管理制度，出台安全工作激励机制，下发《安全目标完成奖励办法》，激发员工的安全主动性和能动性；加强外委发包工程的管理，从源头上杜绝不安全的队伍和人员进入厂区施工，使每一项工程都成为安全的、高质量的、文明的工程；加强外委单位生产队伍的管理，公司相关部门和人员深入到每个外委队伍班组，查人员情况、查安全措施、查危险因素控制、查安全培训情况；加强隐患排查和加大反“三违”工作力度，并实现常态化，有力遏制不安全事件的发生；规范安全生产工作流程，制定一系列规范标准；加大安全违章处罚力度，对违章采取零容忍、强遏制的态势；加强安全教育和培训工作，组织生产人员观看事故警示片，利用安全活动日学习和汲取事故案例教训；加强事故应急演练，做到防患于未然，使每一位员工时刻都绷紧安全这根弦。

【设备管理维护】

2019年，完成空预器热端蓄热元件更换、暖风器改造；对DCS系统工程师站、历史站、SIS服务器和MIS系统进行网络加固，安装审计系统，实时监控网络状况；完成DEH系统升级改造，解决DEH系统老化问题；对3#机、4#机DCS系统进行全面维护保养，对4#机TSI系统卡件通道实施维保校验，验证系统安全性；完成3#机、4#机组及输煤10千伏开关维保预试、避雷器预试、PT预试、电缆预试；完成4#主变、主变套管、高厂变、高公变、励磁变、发电机出口电压互感器、发电机出口避雷器高压预试；完成500千伏电抗器、电抗器套管、电抗器避雷器高压预试，500千伏柳吕线PT、避雷器，500千伏宏柳线PT、避雷器预试；完成500千伏柳吕线线路保护改造等重点工程，保证机组安全正常运行。全年共完成检修项目400余项。

【财务管理】

2019年，公司配合集团公司推进ERP项目建设，准确清洗财务数据，确保集团ERP年底上线不拖后腿。加强推进技改项目和机组检修工作的完工结算工作，合理划分资本性支出和收益性支出界限，以科学计算各期损益。

实行预算管理制度，每月对经营指标完成情况跟踪分析，坚持费用管控，合理使用资金。与市能源局、能监办、省电力公司调度中心、交易中心协商，为公司挽回考核金额430万元。

深挖潜力，提高精细化管理水平。找准亏损症结，落实管理责任，层层分解费用，开源节流，争取较高电价的发电指标，通过交易平台优化电量指标成分，优先结算基础及高价电量，使电量结算比例结构实现平衡。研究探讨电力现货交易报价策略，现货交易过程中共交易回电量1703.401万度。

（山西华光发电有限责任公司）

山西杏花村汾酒集团有限责任公司

【生产经营】

2019年，山西杏花村汾酒集团有限责任公司（以下简称汾酒集团公司）营业收入完成121.17亿元。其中酒类收入完成118.52亿元，同比增长22.48%；实现利税62.19亿元，同比减少5.7%；酒类利润29.05亿元，同比增长25.26%；完成酒类出口878万美元，同比增长29.12%。企业资产总额达到185.32亿元，国有资产保值增值成效明显。

【整体上市统领】

2019年，汾酒集团公司推进“双百企业”各项任务，下发《2019年改革重点工作计划》《2019年汾酒集团改革八方面42项重点相关工作任务分解表》，以体制改革和机制创新为主线，整体统筹，改革落地成效显著。

体制改革。公司重新梳理、论证和完善整体上市方案，完成对义泉涌、宝泉涌等10家子公司相关酒类资产注入上市公司核清，公司资产证券化率超过92%，成为山西省第一家、全国白酒行业第一家整体上市公司。职工家属区物业管理和服务职能移交汾阳市公用事业管理局，完成“三供一业”分离移交和家属区维修改造。公司推进《中国汾酒城一体化运营方案》，理顺中国汾酒城与汾酒厂股份公司生产一体化运营流程。推进与华润战略合作协同，成立管理提升组和营销协同组，选派青年骨干人才赴华润大学交流学习。

机制创新。汾酒集团公司推进“五步棋”战略举措，制定下发《关于进一步深入推进契约化管理的指导意见》，在公司内部实行全面契约化管理。实行股权激励，对395名高管人员和核心骨干员工实行限制性股票激励。修改完善《股份公司市场化选聘模拟经理人管理办法》，为公司提升中高层管理人才能力水平奠定基础。完善“组阁式”聘用制度，试点单位扩大至竹叶青酒营销公司和汾酒国际贸易公司，给予3家单位干部自主权，激发营销系统动力。出台《汾酒集团2019年劳动人事分配三项制度改革推进计划》，三项制度改革稳步推进。

【产品市场化建设】

2019年，汾酒集团公司高级管理人员密集调研全国市场，成立深化营销改革领导组，整合布局营销资源，实现营销系统全面高效管理。制定《加快推进长江以南核心市场拓展方案》，提出“1357”三步走的省外市场拓展战略，省外省内销售收入占比达到56∶44，市场区域结构进一步优化。

推进“抓两头带中间”的产品策略，在产品布局、价格管控、渠道管理等方面，以青花汾酒为代表的中高端产品销售权重占比达到67%，产品布局成效显著。杏花村酒聚焦金标、金质两大系列产品，稳固杏花村酒根据地市场，全年增长50%以上。重新梳理竹叶青酒产品目录，首次对全国大型商场超市保健酒进店情况进行布局，全年销售收入实现较快增长。汾酒、杏花村、竹叶青三大品牌联动效应明显，实现营销资源运营效益最大化。

对全系列产品销售进行配额制管理，建立以区域市场和经销商档案管理、分级管理为依据的配额制管理体系。核心业务流程实现电子化管理，全国市场可控终端网点数量首次突破70万家，营销过程管理得到实质性强化。结合市场发展现状，进行经销商结构调整。汾酒电商频出亮点，全年全网粉丝累计达到302.79万人，较上年同期增长321.71%，全年销售收入突破3亿元，增长速度列行业第一。

成立规范品牌运营专项工作组和四个品牌整顿进驻小组，出台《个性化品牌管理办法》等管理制度，整顿清退产品规格2871个，使汾酒“开发产品”退出历史舞台。与省市各级政府部门联合成立市场检查工作组，开展系列专项检查行动，特别是对各种侵权行为和仿冒产品进行打击遏制，市场环境得到净化。

【品牌引领】

2019年，汾酒集团公司成立汾酒国际化品牌建设推进组，出台《海外市场发展三年规划（2019—2021）》。成功承办2019（山西·杏花村）比利时布鲁塞尔国际烈性酒大奖赛和第三届（汾阳·杏花村）世界酒文化博览会。参加2019山西品牌丝路行（西欧站）、韩国全罗南道“山西日”特色商品展示等活动。2019年，汾酒获得香港“一带一路”国际食品展“最佳中国白酒大奖”荣誉，青花汾酒中国装获第50届国际葡萄酒暨烈酒大赛金奖。坚持汾酒文化多措并举“引进来”与“走出去”，尽现汾酒开放的国际化新格局。拓展汾酒国际化市场，新增3个国家和地区免税店，实现亚洲主要机场全覆盖。成立山西万易达包装公司，推进包装彩印项目。

汾酒集团公司以“中国酒魂信仰理论体系”为指引，举办“行走的汾酒”系列火炬传递和汾酒封藏大典营销活动，深度融合汾酒“文化+品质”。筹划第四届中国白酒溯源之旅，编写《国宴汾酒》等文化书籍，丰富汾酒文化内涵。参加“中华老字号”等大型营销活动，实现汾酒由文化力向营销力、品牌力转化。全面整合媒体资源，与三晋文旅达成战略合作，开启酒旅融合新模式。接待中心全年共接待游客18.4万人次，同比增长31.2%。

（山西杏花村汾酒集团有限责任公司）

农 业

【概 况】

2019年，吕梁市克服干旱、病虫害等自然灾害和非洲猪瘟、环保等不利因素，除粮食生产外，农业农村经济保持平稳发展。粮食因干旱受灾减产。全年粮食产量92.6万吨，较上年减少30.1万吨，同比下降24.5%。农民人均可支配收入持续较快增长，全市农民人均可支配收入9963元，同比增长10.3%，增收全省排名第三。农林牧渔业增加值下降幅度明显收窄，全市农林牧渔业增加值完成70.8亿元，同比下降1.91%。一产固定资产投资止跌反增，全市累计完成投资20.4亿元，同比增长8.1%。

农产品加工业保持良好增长势头，全市累计培育国家级重点龙头企业6户、省级重点龙头企业54户、市级骨干龙头企业160户。全市农产品加工企业销售收入完成186亿元，同比增长10.7%，其中年销售收入500万元以上农业龙头企业销售收入178亿元，同比增长8%。

【农业示范园区建设】

2019年，吕梁市启动创建“一乡一特一园区、一村一品一基地”。市级先后出台《关于创建“一乡一特一园区、一村一品一基地”的指导意见》《关于创建“一乡一特一园区、一村一品一基地”考评与奖补办法（试行）》等指导、支持、鼓励政策，计划用两年时间，重点支持100个乡镇建设标准化示范园区，覆盖1000个村建设生产基地。全市共规划建设105个园区，32个园区启动建设工程。方山县宏康肉牛养殖园已实现种养加一体化布局，临县现代农业富民产业园形成“畜—肥—果（菜、草、粮）”种养结合的生态农业循环模式，11个循环经济园区基本成型，初步实现物质链、资金链、利益链、信息链、产业链“五链合一”。

【特色农业产业发展】

2019年，吕梁市发展无公害、绿色、有机杂粮13.49万公顷、脱毒优质马铃薯5.53万公顷，林下经济7.27万公顷，种植中药材2.26万公顷，食用菌7005万棒，超额完成年度目标任务。先后成立了肉牛、沙棘、中药材、核桃、杂粮、红枣、食用菌、马铃薯等八大产业联盟（联合体），初步形成了“一个联盟带动一个产业”的良好态势。汾阳核桃、临县红枣、兴县小杂粮、岚县马铃薯、石楼蜂蜜、方山中药材、孝义设施蔬菜、交口食用菌、文水牛肉和蛋鸡等10个“一县一业”基地县得到进一步巩固，全省特色产业扶贫现场会观摩学习吕梁市经验做法。积极推广产业扶贫贷款“吕梁模式”，累计为87户企业发放贷款10.1亿元，带动企业增收17亿元、实现利润5亿元，帮扶2.74万贫困群众人均增收5000元以上。同时，参照“吕梁模式”，与农业银行合作开发了“乡村振兴贷”，重点支持参与园区建设的村级集体经济组织及专业合作社，发放贷款4500万元。

【名特优产品会展】

吕梁市在2018年成功举办两届“吕梁名特优功能食品展销会”基础上，2019年先后举办第三届和第四届。同时，组织参加北京、上海、南昌、长沙、海口等地举办的各类农产品展示展销活动。在第六届山西特色农产品交易博览会期间，召开“吕梁名特优功能食品主题推介会”，吕梁市一批区域公共品牌得到广泛宣传。在此基础上，临县、柳林县、文水县、石楼县、交口县等地结合特色优势产业，先后举办丰富多彩的庆丰收活动。“壹品岚州”“塬谷石楼”等县级区域公共品牌相继发布，“吕粮山猪”成功直供港澳，交口香菇菌棒打入韩国市场，兴县中药材参加“中国品牌商品（中东欧）展”等。春节前，吕梁市利用每周六、日、一3天，在省展览馆持续举办11场“吕梁名特优功能食品展销暨文旅推介活动”。吕梁市特色农产品的市场影响力进一步提升。

【有机旱作农业】

2019年，吕梁市按照“典型示范引领、六大工程推进”思路，重点实施耕地质量提升、农水集约增效、旱作良种攻关、农技集成创新、农机配套融合、绿色循环发展“六大工程”。新启动实施6个省级示范片建设，全市累计创建8个省级示范片和1个省级示范县。全市推广渗水地膜、全膜多垄沟、水肥一体化、高标准农田、秸秆还田等旱作农业技术220万亩次。如石楼县推广的万亩渗水地膜谷子，单产达到300公斤，较常规种植增产150公斤，抗旱增产作用十分明显。同时，中央、省级先后三批次下达吕梁市高标准农田建设任务0.86万公顷（其中：高效节水灌溉0.12万公顷），涉及除交口县以外的12个县（市、区），目前正在有序推进。

【绿色农业】

2019年，吕梁市全面完成农业标准化示范市创建任务，收集整理技术标准、工作标准、管理标准和操作标准420余项，制定市级地方标准59个、县级地方标准52个，认证“三品一标”主体196个、产品380个、面积19.87万公顷，带动全市特色产业标准化面积覆盖率达到60%以上，国标委对吕梁市创建工作进行终期评估验收。启动畜禽养殖和屠宰污染专项整治，810户规模养殖场粪污整治任务全部完成（其中关停39户，配套建设粪污处理设施771户）；24个散养密集区整治任务。已完成18个，开工建设6个；市级财政投资4000万元，在文峪河、磁窑河流域建设100个粪污好氧发酵罐，已完成建设17个、正在建设34个；新（改、扩）建有机肥生产企业3个（文水县、孝义市、兴县各1个），通过堆肥发酵还田、生产沼气、生产有机肥等措施，全市畜禽养殖粪便综合利用率达到85%以上。同时，继续开展化肥、农药零增长行动，大力推广耕地质量监测、测土配方施肥、绿色防控、专业化统防统治等减量措施，年度控制目标圆满完成。积极推广使用厚度0.01毫米以上利于回收的农膜，鼓励用膜大县（市、区）建立回收站，采用人工和机械相结合的回收措施，全市农膜回收率达到70%以上。

【农村人居环境整治】

2019年，吕梁市组织开展了以“一拆三清一改”为主要内容的农村人居环境整治行动，结合植树节、清明节、劳动节、迎“二青会”等重要节点，掀起农村人居环境整治工作热潮。全市累计发动农民群众投工投劳近76万人次，发放宣传资料49.05万份，张贴宣传标语2.22万条，财政投入2.9亿元，带动社会资金6448.3万元，共清理生活垃圾、河渠沟塘垃圾和淤泥、农业生产废弃物、建筑垃圾等153.1万吨，取缔废品收购点98个、其他杂料堆2.3万个，规范整理废品收购站、杂料堆、农业生产废弃物、残垣断壁、坟场垃圾等2.53万处，整理修复绿化带、坑洼地面81.8万平方米。同时，深入学习浙江“千万工程”经验，启动建设95个美丽乡村示范村，并对216个美丽乡村开展提档升级行动，村容村貌进一步改善，群众幸福感、获得感、安全感得到有力提升。

【农畜产品质量安全县建设】

2019年，吕梁市扎实推进农产品质量安全县创建，加强追溯平台推广应用，170余户企业及产品纳入追溯平台。深入开展农产品质量安全整治，出动执法人员1400余人次，检查种植、养殖、屠宰企业及农资经营门市1200余户次，责令问题整改22个。开展部、省市场环节例行监测，先后采集送检水果蔬菜农药残留140批次、水产品21批次、畜产品287批次，合格率分别达到97.3%、100%和100%；累计检疫动物1.33亿头（只）、产品27.92万吨，保障人民群众“舌尖上的安全”。同时，进一步强化农作物病虫害防治和动物疫病防控，全市病虫草鼠害发生面积52.83万公顷次、防治43.10万公顷次，挽回粮食产量1.02亿公斤；不断深化疫情排查、加强检疫监管、打击违规饲喂、强化应急处置、完善检测体系等，持续加强非洲猪瘟等重大动物疫病防控，有效防止非洲猪瘟等重大动物疫情在吕梁市的发生和蔓延，保障全市畜牧业平稳快速发展。

【新型职业农民培训】

2019年，吕梁市努力提升“三农”队伍水平。深入开展新型职业农民培训，培训中药材、农村电商、农村财会、马铃薯、养殖和设施蔬菜等各类人员7043人。进一步强化市校合作，与中国科协、九三学社山西省委、山西农业大学、山西农科院、山西中医药大学签订战略合作协议，开展专项脱贫攻坚，打造产学研结合、校地共建新模式。在浙江大学举办吕梁市农业干部和龙头企业负责人专业化能力提升培训班；在第四届吕梁名特优功能食品展销会期间，邀请中国农业大学农业规划科学研究所所长、中农富通首席专家张天柱教授做“现代农业”专题讲座；采取校园招聘方式，录用农业院校专业人才170人（其中研究生76名）充实到“三农”战线，努力打造一支懂农业、爱农村、爱农民的“三农”干部队伍，为推动全市乡村振兴夯实人才支撑。晋城市来吕梁市考察学习产业联盟和人才招聘方面的经验做法。

（市农委）

农村经济

【产权制度改革】

2019年，吕梁市被列入全国整体推进产权制度改革地市。市、县两级农经部门多措并举，产权制度改革工作进展顺利完成，清产核资、成员身份认定，全市6497个集体经济组织全部完成清产核资任务。吕梁市经清产核资省级验收被评为优秀。

在产权制度改革中，市级切块经费安排500万元，其中安排每乡（镇）1万元，每县（市、区）12万元，市级经费143万元，保障了产权制度改革顺利推进。以典型示范为引领，先后推出孝义市留义、中阳县柳沟、临县前青塘、方山县后则沟等10个村典型经验，形成不同类型改革发展模式并在全市宣传推广。

【土地确权“回头看”】

2019年3月至10月，全市开展农村土地确权“回头看”，重点解决暂缓确权村和未完成确权村的扫尾完善工作，以及漏人漏地、信息不准和证书滞留乡（镇）、村、组集体经济组织发放不及时等问题。开展确权工作的行政村3042个，颁发土地承包经营权证书达95.2%，完成确权登记颁证归档率达91.9%。完善合同2993个（合同签订率98%），共排查出562个问题，解决526个，涉及承包方3261户，涉及承包地21022.86亩。

截至12月底，全市暂缓确权和未完成确权的村由年初的115个减少至66个。其中：暂缓确权的村由年初的89个减少到44个；未完成确权的村由26个减少到22个。通过解答法律政策、乡村调解、仲裁、诉讼等方式，土地纠纷得到有效解决。

【农村“三变”改革】

2019年，吕梁市紧密结合农村集体产权制度改革，全面落实《吕梁市深入推进资源变资产、资金变股金、农民变股东改革行动方案》，研究探索“三变”改革新举措。

4月8日，市农村集体产权制度改革领导小组办公室牵头，市县两级分管领导、相关业务人员赴浙江大学进行了农村“三变”改革专题培训与实地参观学习，借鉴当地好的经验和做法，为指导全市“三变”改革工作奠定了基础。5月22日，相关人员赴榆林市学习考察“三变”改革情况。

石楼县、临县、兴县3个深度贫困县率先开展“三变”改革试点工作。部分村成立股份经济合作社，进行股权认证、折股量化。年底，全市开展“三变”改革的行政村达到513个。

临县三交镇罗家山村采用“企业+合作社+农户”模式，带领村民脱贫致富；兴县蔚汾镇河儿上村采用“政府+合作社+社员”模式和“公司+合作社+社员”模式，走出“全民入股，组建合作总社”的新路子。

【农业生产托管】

2019年，吕梁市农经局根据晋农办《关于做好2019年度农业生产托管试点项目的通知》，采取业务培训、外出考察、深入调研等形式，争取上级补助资金5700万元，整市推进农业生产托管工作。其中孝义市、文水县、汾阳市、柳林县、岚县、方山县等县（市）进展较快。

7月4日，召集13个县（市、区）农经局（中心）局长（主任）、分管副局长（副主任）和各乡（镇、街道办）农经站站长200余人，邀请省农业农村厅合作经济指导处敖军对农业生产托管的有关政策和基本知识进行专题培训。

【新型经营主体培育】

2019年，全市农民专业合作社累计发展11947家，合作社成员11.8万个，占农户总数的11%；带动农户14.5万户，占农户总数的14%。贫困村建合作社的村1420个，占贫困村总数1439个的98.7%，基本实现全覆盖。年内新培育省级合作社示范社43家，完成市下达任务143%；市级示范社53家，完成市下达任务106%；县级示范社130家，完成市下达任务163%；培育省级示范家庭农场12个，完成市下达任务240%；市级示范家庭农场45个，完成市下达任务225%。

2019年，吕梁市农经局争取中央、省、市财政扶持资金1573万元，重点扶持11个国家级示范社、253个省市县三级示范社及运行规范的合作社。

【“三资”审计监督】

2019年，各县（市、区）完善农村会计、“三资”委托代理制度，在县级范围内统一会计凭证、票据和账簿，统一建立财务操作流程，保持集体资产所有权、使用权、审批权和收益权不变。建立“三资”台账，在全市165个乡镇街道办3124个行政村建立资金、资产、资源台账，设立会计档案柜，有效防止集体资产管理混乱、流失问题。建立“三资”管理云平台，通过资产监管和信息公开平台，实现资金收支、资产和资源家底与使用状况入网监管。

【涉农专项治理】

2019年，为严防农民负担反弹，由市县农民负担监督管理领导组办公室牵头，相关部门配合，在全市范围内重点开展以涉农乱收费为重点的专项治理工作。全年共抽查农民专业合作社116个，清查各类涉农收费单位80个，入户调查650人次。除报刊征订存在超限额外，未发现乱收费、乱摊派、乱罚款现象。

（市农经局）

农　机

【农机装备】

2019年，吕梁市共使用中央农机购置补贴资金2301.59万元，资金使用率占补贴总资金2301.59万元的100%；补贴机具完成5228台，占任务4400台的118.8%；受益农户4251户，占任务4000户的106.2%。出台《吕梁市农机局老旧农业机械报废更新试点工作方案》，积极推进农机报废更新试点工作，完成大中老旧农机报废更新53台，完成任务的106%。2019年，全市农机总动力达到125.7万千瓦。

【农作物综合机械化】

2019年，吕梁市完成主要农作物生产全程机械化作业面积11.63万公顷（其中玉米完成9.50万公顷，马铃薯完成2.13万公顷），完成任务10.07万公顷的115.5%。完成农机深松整地作业面积3.84万公顷，占全年深松任务3.67万公顷的104.72%；农作物秸秆还田面积完成7.41万公顷，占全年任务7.21万公顷的102%；农作物秸秆饲料化、基料化、燃料化、原料化23.8万吨。全市综合机械化率达到60.4%，小麦综合机械化率达到88%，玉米综合机械化率达到75.47%。

【农业机械化综合示范县建设】

2019年，吕梁市农业机械化综合示范县

建设为汾阳市、离石区。离石区总投资136.31万元建设完成“智慧农机”系统平台建设（含20套终端）、农机服务组织的机库建设400平方米、整修机耕道2000米等三项内容。汾阳市综合示范县项目总投资108.5万元，建立“智慧农机”作业平台，推进办公自动化，开展项目规划、新机具新技术展演活动、农机化信息宣传，引进3台玉米茎穗兼收联合收获机（含基地装备监测终端）。汾阳市、离石区的示范县建设项目完成情况良好，建设标准符合要求，通过项目实施提高了当地农机现代化水平和智慧农机作业水平，起到示范带动作用。

【农机社会化服务】

2019年，吕梁市新建省级示范农机合作社4个，完成计划任务的200%；创建省级示范机械化家庭农场1个，完成省计划任务的100%；创建省级示范农机大户1个，完成省计划任务的100%；积极开展农机资产收益扶贫试点工作。全年农机资产收益扶贫试点项目实际使用财政资金138万元，建设项目点8个，超额完成省下达任务。8月5日在“五征杯”第四届山西省农机操作手培训技能大赛中，吕梁市选手李振茂获得冠军，市农机局获得优秀组织奖称号。

【农机安全生产】

2019年，吕梁市新注册登记各类机车765台，超额完成省下达目标任务；新训新考驾驶员319人；年检各类机车2508台。全市共公告报废注销变型拖拉机2602台，累计公告报废注销达到8893台，且全部在全国变拖系统办理了报废注销手续，实现达到报废年限的变拖应报尽报。农机监理所组织开展农机安全生产集中检查、大排查、大起底、大整治、安全生产大检查和安全生产集中整治活动，组织人员深入基层，指导农机生产经营单位及时排查治理安全隐患，防范各类农机事故的发生。2019年，全市共出动检查人员830余人次，共排查治理或督促指导农机生产经营单位排查治理安全隐患621个，全市未发生一起农机事故。在全省农机监理知识大赛中，吕梁市获第二名，交城县选手王强获全国农机监理知识大赛优秀奖。

（市农机局）

林　业

【概　况】

2019年，全市认真贯彻落实习近平总书记视察山西重要讲话精神，全面落实市委、市政府决策部署，以开展“不忘初心、牢记使命”主题教育和“改革创新、奋发有为”大讨论为契机，以推动吕梁林业高质量发展为目标，以国家和省级林业重点工程为抓手，统筹推进“三个一百万亩工程”和“五大增收项目”，强化组织领导，广泛筹集资金，创新营林机制，强化森林资源管理，各项工作取得显著成效。

【目标任务完成】

实施造林绿化，完成退耕还林、荒山造林104.58万亩，占省下达任务41.28万亩的253%，占市下达任务100万亩的104%。实施经济林提质增效及森林质量精准提升，完成106万亩，占市下达任务100万亩的106%。发展林下经济109万亩，占市下达任务100万亩的109%。大力实施生态扶贫，实现3.9万贫困人口脱贫，带动50余万人增收。强化森林资源管理，全年未发生重特大森林火灾，未发生灾害性有害生物。完成育苗11.72万亩，其中新育苗2.15万亩。

【组织保障】

3月20日，市委、市政府在方山县召开全市春季造林绿化启动大会。会议就2019年林业工作进行全面安排，提出实施完成“三个一百万”，即：退耕还林及营造林100万亩、经济林提质增效及森林质量精准提升100万亩，发展以中药材为主的林下经济100万亩目标任务，并就做好春季造林绿化工作进行动员部署。

8月7日，市政府在中阳县召开全市林业重点工作推进会议，针对前半年全市造林任务完成进度缓慢、森林资源督查案件查处率低、在全省排名均靠后的被动局面，提出具体整改要求和落实措施，确保年度任务圆满完成。

9月24日，市委、市政府在中阳县召开全市全民义务植树暨秋季造林绿化现场推进会。省政协副主席、市委书记李正印出席并讲话，要求全市上下咬定目标，全面完成“三个一百万”目标任务，持续推进吕梁山绿化。全市各级党政主要负责人要通过会议部署、督导检查、宣传发动等举措，有力推动全市生态建设持续发展。同时，通过“财政筹资、项目支持、社会投入、金融扶持”等方式，不断加大财政投入力度，进一步拓宽投资渠道，增加生态建设投入。

全年投入林业建设资金11.23亿元，其中国家和省级5.26亿元，市级0.47亿元，县级5.5亿元，为全市林业建设提供保障。

【造林机制创新】

创新合作社造林机制。全市扶贫攻坚造林专业合作社总数达到1301个，基本实现造林重点区域村村都建有合作社。采取常规造林工程全部由“合作社+农户”承揽，重点区域由“公司+合作社+农户”、“专业队+合作社+农户”的生态造林模式，确保所有造林任务都有贫困户参与。积极推进“支部+造林合作社”机制，发挥党支部的组织保障和战斗堡垒作用。

创新购买式造林机制。创新造林绿化政府购买服务方式，由县级政府组织编制三年绿化总体规划，根据政府购买服务的有关规定落实承接主体。利用小额贷款，扶持林权权利人自主开展小片造林。支持资金实力雄厚的专业化造林企业承接规模造林。造林3-5年林木成活保存稳定后，经林业部门验收，一次性购买支付造林费用。

创新合作式造林机制。发挥省直3大国有林管理局资金、技术优势，推进公益林托管和合作式造林。坚持就近合作、全面参与、互利双赢的原则，3个省直林局与吕梁10个贫困县签订合作协议，已落实公益林托管4.64万亩。

【林业项目建设】

实施退耕奖补。落实任务38.2万亩，涉及全市44个乡镇、396个村、5.1万户、14.8万人，人均可增收1385元，其中贫困户1.9万户、4.3万人，涉及退耕还林面积15.6万亩，贫困人口可增收1814元。

实施造林务工。全市有436个合作社通过议标承担造林任务38.46万亩，参与造林的务工人数达到10295人，其中贫困群众6872人，人均可增收6000元左右。

实施管护就业。全市森林管护员已增加到8071人，其中贫困户管护员6619人，人均年工资7000多元。

实施经济林提质增效。落实面积106万亩，涉及62个乡镇、501个村、60235万户、158678人，其中贫困户34233户、80452人。

通过实施深翻、施肥、修剪、病虫害防治等标准化技术管理，亩可增产20%以上。

实施特色林产业。全市新发展以沙棘、连翘、花椒等为主的特色经济林10万亩，其中连翘8.8万亩。发展林下经济109万亩。新育苗2.15万亩，总面积达到11.72万亩，苗木产量5.97亿株，涉及4831户，户均收入达3000余元。

【森林草原执法行动】

根据国家和省林草局的统一部署，在全市开展“绿卫2019”森林草原执法专项行动，成立专项行动领导小组，出台行动方案，对全市非法占用林地、建设项目和工矿企业使用林地情况进行全面清查，严厉打击侵占林地违法犯罪行为。印发《2018年森林督查“回头看”暨2019年森林督查的工作方案》，着力推动森林督查整改工作。据统计，在全市3427个疑似图斑中，已确认擅自改变林地用途图斑数843个，已整改565起，其中行政处罚310起、罚款574万元，问责问纪31人，刑事立案55起、刑事处理8人，收回林地387.081公顷。

（市林业局）

水 利

【农村饮水安全工程】

2019年，吕梁市水利局以临县、兴县、石楼县3个摘帽县农村饮水安全达标为重点，持续改善全市农村群众饮水安全条件。全年全市共投入资金3.49亿元（其中下达中央、省、市投资2.81亿元，县级统筹资金6754万元），新建或改造农村饮水安全工程888处，改善提高931个自然村、53.5万人（其中包括586个贫困自然村、6.89万贫困人口）的饮水安全条件。其中，临县、兴县、石楼县3个摘帽县投入2.56亿元，新建或改造农村饮水安全工程709处，752个自然村、33.98万人（包括513个贫困自然村、5.22万贫困人口）已受益，农村饮水安全不达标问题得到有效解决，达到脱贫摘帽标准。

吕梁市投入资金2743万元，对649处农村饮水安全工程进行维修，消除700个自然村、52.35万农村群众存在的饮水安全隐患问题。在漠视侵害群众利益问题专项整治中，52个村庄因自然灾害引发的饮水安全问题全部解决，需要维修养护的262处工程全部完工。

【河道综合治理】

2019年，下达1.29亿元中央资金扎实推进汾河流域和3个深度贫困县7条总长123.7千米的河流生态修复治理。交城县白石南河、交口县段纯河两个治理项目完成主体工程建设；文水县三道川、岚河岚县段河道、虢义河汾阳段治理工程3个项目具备开工条件；方山县、兴县两个县的项目正在办理项目前期审批、招标等手续。

为贯彻落实习近平总书记提出汾河“水量丰起来、水质好起来、风光美起来”的指示精神，吕梁市启动《汾河流域生态景观规划》编制工作，市级规划和涉及汾河流域6县的规划全部编制完成，已报省水利厅审查。

【县域小水网工程】

2019年，吕梁市规划的25座调蓄水库中，除孝义市辛碧（东曹）调蓄水库外，孝义市仁坊、寺家庄，汾阳市花枝3座调蓄水库已开工建设，7座通过省水利厅技术审查，3座完成可研编制工作，11座正在可研编制。9个县

（市、区）开展管道及泵站总体可研编制工作；交口县的管线及泵站工程已立项；汾阳市域供水管线工程已通过可研技术审查。

【水保生态综合治理】

吕梁市水利局围绕实施乡村振兴战略，以深度贫困县为重点，下达中央投资6285万元、省级资金486.8万元，对48座淤地坝实施除险加固，开展小流域综合治理工程和坡耕地综合治理项目。全年共完成水土流失治理面积4.67万公顷，占全年任务的100%。

【农村水利建设】

2019年共完成农田实灌面积10.32万公顷，灌溉水利用系数达0.537。省级下达吕梁市农业水价改革实施面积0.6万公顷，全年实际完成0.79万公顷，占省定计划的133%。

为全面做好全年水利防汛工作，吕梁市水利局组织落实全市各类防洪重点区域的“三个责任人”责任。为强化全市防汛抗洪抢险技术支撑，组建市级水旱灾害防御专家库。为增强广大水利干部和人民群众防灾避险意识，与离石区人民政府联合举办2019年水旱灾害（淤地坝、河道）防御应急演练和培训。

【河流整治】

2019年，吕梁市河流环保突出问题排查整治行动中，组织力量集中开展清河专项行动。全市清理河道垃圾137.98万立方米，清理河道长度3182.37千米，封堵入河排污287处，河流水生态问题得到有效改善。省、市开展的漠视侵害群众利益问题专项整治行动以来，针对河流“清四乱”，采取“七步工作法”（会议安排、出台方案、联合督察、请示批办、组织约谈、通报推动、动态掌握），取得一定效果。河流环保列入省纪委督办的33处“四乱”问题已全部整改到位。市纪委督办的64处，已完成45处，剩余19处因属于县级重点项目、脱贫攻坚产业和民居设施，已上报文件申请保留。

【水资源管理与保护】

2019年全市用水总量控制年度目标为7.06亿立方米以内，年底全市用水总量6.0亿立方米，达到控制目标；由于第四季度全市地区生产总值和工业增加值统计部门未公布，根据前三季度吕梁市万元GDP用水量降幅3.6%运行情况测算，全年可完成省下达3.2%任务目标。

加大地下水保护工作。吕梁市政府办公室印发《关闭离石区公共供水管网覆盖范围自备水源井实施方案》，完成离石区公共供水管网覆盖范围内自备水源井摸底排查，建立名录工作，关闭9眼自备水源井并全部转换为横泉水库地表水。此外，开展汾阳市三泉工业园区地下水源置换工程，完成压采地下水量500万立方米。

【水环境案件查办】

2019年，为提升河湖治理与管护水平，实现水生态环境行政执法与刑事司法的衔接，吕梁市组建成立市检察院驻河长制办公室检察联络室。市公安局驻市河长办警务室，建立监督、执法、巡查制度，启动河流生态公益诉讼案督察案件查办。全年共移交违法线索35件，其中公安机关对文峪河、磁窑河流域水污染事件处罚4起14人。

【水利建设市场监管】

2019年，为规范吕梁市的水利建设市场，全市水利工程招投标平台建成运行，实现“应进全进”。年内7个水利工程项目招投标全部进入平台内交易。

【水库运行监管】

2019年，吕梁市水利局督促全市28座水库“三个责任人”履职尽责，狠抓通信措施、水库调度、抢险应急“三个重点环节”，下达508万元完成全市涉及11个县（市、区）20座水库、小型水库工程设施维修养护工作。2019年下达库区移民后期扶持资金3946万元，其中，直补资金发放1302万元，后期扶持项目资金2644万元；落实并备案27处项目，涉及资金1096万元。

【水土保持监管】

2019年，吕梁市水利局对全市生产建设项目开展遥感监测，并要求各县进行实地核查，按权限征收水土保持补偿费32万元。此外，开展方山县沙沟小流域水土流失动态监测，顺利通过黄河管理委员会的年度监测验收。

【安全生产监管】

2019年，吕梁市水利局强化安全生产责任体系，健全安全生产责任制，促进安全责任落实到位。大力推进水利安全生产标准化建设，严密防范各类水利生产安全事故发生。全年全行业未发生一起重大安全生产责任事故。

【“河长制”推行】

2019年，吕梁市委、市政府印发了《关于进一步贯彻落实深化河长制改革工作方案》，建立了“河长+河长助理+河流警长+巡河员”，推动市、县、乡、村四级河长体系全面运行。目前全市共有河长3187名、市级河长助理17名、河流警长402名、巡河员647名。全年全市各级河长巡河累计达4.5万人次，发现问题238个、解决236个，剩余问题正在逐步解决。河长制平台上线运行以来，上传巡河记录1.03万条。2019年，引进无人机参与市级河长巡河工作，重点对黄河、三川河、湫水河、蔚汾河、磁窑河、文峪河等部分人员无法到达现场的河流地段进行巡查，共发现疑似“四乱”问题494处，并向各河长和各县及时反馈和确认。

【水利体制改革】

2019年，吕梁市水投公司以政府出资代表身份与社会资本中核城建公司组建中梁水务投资公司，以PPP模式撬动社会资金7000多万元，全力推进黑臭水体治理项目建设。为借鉴先进经营理念，与省水投公司签订战略合作协议。为拓宽经营业务，实现国有资产保值增值，开展生产建设项目水土保持方案编制和监测工作，完成产值54.3万元。

市水利勘测设计院、水资源研究所顺应市场需求，采取“走出去、请进来”的办法，升级现有技术力量，壮大技术团队，同时全面推行项目承包制，建立“多劳多得、绩优酬优、奖惩分明”的利益分配模式。2019年，水利勘测设计年产值达到500万元，水资源研究所累计完成服务产值125万元。

（市水利局）

文峪河水库

【概　况】

2019年，文峪河水库全年来水12000万立方米，完成总供水11503.72万立方米。其中，农业供水4216.97万立方米，工业供水1796.93万立方米，生态供水5489.82万立方米，重复利用发电供水8111.93万立方米。农业灌溉面积1.67万公顷。完成财务总收入2685万元，其中农业供水收入383万元，工业供水收入790万元，生态供水收入507万元，发电收入112万元，财政补贴879万元，其他收入14万元。

完成文峪河灌区2018年中央水利发展资金维修养护项目，完成投资200万元。完成水费自筹建设项目投资593.28万元，其中完成灌区投资97.61万元，水库17.3万元，电站478.37万元。

【防 汛】

2019年，文峪河水利管理局落实防汛责任制，明确防汛行政责任人、管理单位责任人、技术责任人、巡坝责任人。细化水库防汛人员职责，将防汛责任分解到每一位职工，落实到人；制定《文峪河水库2019年汛期调度运用计划》《文峪河水库防汛抢险应急预案》《文峪河水库调度规程》等工作方案，严格按照批复进行调度；落实工程观测巡查制和防汛值班制，整合防汛物资、抢险机械和抢险队伍，建立与上游柏叶口水库和上下游水文站雨水情信息互通共享机制。加强汛前隐患排查和设备检修，组织水库汛前安全检查，自筹资金对存在的隐患进行处理，保持水库枢纽各部位始终处于良好运行状态。

2019年，文峪河水利管理局委托省水利设计院进行水库安全鉴定和水库划界设计编制，提升水库抵御水旱灾害能力。提高防汛抢险和应对突发情况能力，增强抢险实战本领。主汛前，组织开展“利用备用电源供电启闭溢洪道闸门、大坝防浪墙豁口封堵”2个科目的防汛抢险应急演练，检验《文峪河水库防汛抢险应急预案》可操作性，提高防汛队伍相互配合和协同作战能力，提高防灾减灾意识。

【农业灌溉】

2019年，文峪河水利管理局帮助受益村配套末级渠道，进行农田节水灌溉指导，协调建立用水户协会，提高输水能力，扩大渠系辐射范围。围绕灌区群众对农田水利建设的期望和对河灌的需求，推动灌溉向空白村延伸。配合文水县南武乡、孝义市大孝堡乡进行末级渠系水利配套建设，积极提供技术服务，开通土渠15千米，为0.05万公顷农田恢复灌溉奠定基础。协调解决来水问题，组织好夏浇和秋冬浇，支持下游群众抗旱，为保障农业增产、农民增收和社会稳定发挥重要作用。2019年共完成灌溉供水4216.97万立方米，灌溉面积1.67万公顷，其中远送扩浇0.08万公顷。

【沿线水环境改善】

2019年，按照市委、市政府“百日攻坚”工作部署，根据河流水环境整治“治污、调水、清淤、增湿、绿岸”原则，文峪河水利管理局积极配合交城县、文水县、汾阳市政府进行文峪河流域水污染防治工作。从5月开始，利用东、西干和永田渠为文水、汾阳境内磁窑河、文峪河提供生态环境补水共5489.82万立方米，其中实施磁窑河跨流域调水1090万立方米，文峪河、磁窑河水环境得到极大改善。根据吕梁市主要河流断面专项监测情况数据显示，两条河流水质大部分时间控制在Ⅱ至Ⅴ类，基本改变文峪河、磁窑河劣Ⅴ类水质状况，扭转文峪河、磁窑河水质在国家环境部公布的国家地表水考核断面水质变化情况排名和国家地表水考核断面水环境质量排名最后的被动局面，为沿河群众提供了健康的水生态。

【水利工程建设】

2019年，按照“水利工程补短板、水利行业强监管”总基调，全面铺开水利基础设施配套建设和维修养护工程。编制《文峪河灌区续建配套与节水改造工程1999—2015年度项目实施情况报告》，完成文峪河灌区2020年农田水利设施维修养护储备项目计划编报。完成文峪河灌区2018年中央水利发展资金维修养护项目，组织进行分部及单位验收，向吕梁市水利局提交竣工验收申请；完成维修养护工程建设21项，完成投资97.61万元。完成文峪河跃进闸、汾孝闸及磁窑河平汾公路桥节制闸除险加固工程和文峪河灌区续建配套与节水改造工程2015年度项目竣工验收。

推进绿色小水电建设。自筹资金478.37万元，完成新建800千瓦高电站并网发电，并对电站生态环境和安全隐患进行处理。新建高电站发电477万千瓦时，相较于火电，可节约标准煤500吨，减排二氧化碳1000吨。

【生态综合治理与水源水质保护】

2019年初，文峪河水利管理局委托北京景观园林设计有限公司对水库库区区域进行绿化规划，规划绿化面积224.93公顷，概算980余万元，争取纳入吕梁市“三个100万亩”中的退耕还林和造林100万亩项目。5月份与山西欣蓝田环保科技有限公司签订《文峪河水库库区清淤恢复兴利库容对淤积物进行生态环保综合利用合作协议》，并委托山西省水利水电勘测设计研究院有限公司编制《文峪河水库库区清淤实施方案》，设计清淤量2056万立方米，估算投资4.26亿元。项目实施后，相当于新建一座中型水库蓄水量。

加强水质保护。建立库区漂浮物治理和日常安全巡逻机制，保持水库Ⅱ类水质不降级。2019年5月，根据吕梁市委环境整治百日行动精神，结合文水县环境整治五十天攻坚行动，文峪河水利管理局下达《关于开展骨干渠道生态整治的通知》，打击和取缔在骨干渠道“乱排、乱采、乱建”现象；规范或取缔取水点10余处，封堵排污口10余个，拆除开栅、北张等地违建10余处，有效防止输水过程中水质污染，确保下游群众和供水企业用水安全。

【农业水价综合改革】

根据市政府2019年农业水价综合改革实施意见，文峪河水利管理局坚持把农业水价综合改革试点作为农业节水的样板来抓，着力破解大水漫灌旧习惯，有效节约水资源，提高用水效率。按照“结合实际、集中连片、以点带面、逐步推广”原则，在文水县北张乡试点面积达6村1354.67公顷；结合种植结构，按照省定标准确定相关作物的灌溉用水定额；按照定额和改革实施面积分配水量，颁发水权证；在试点村组建用水户协会6个；确定畦田规格，做好田面工程；组织完成渠道水利用系数测算，新建量水设施6座；积极协调受益乡镇和农田水利主管部门，推进末级渠道配套；积极探索科学合理的阶梯水价机制，改进计量设备，推广节水灌溉模式，降低灌溉成本，促进农民增收。

【水利风险防范化解】

2019年，文峪河水利管理局落实省、市关于水利安全生产工作部署，确保全年安全生产零事故。组织签订安全生产工作责任书；

开展培训教育和应急演练工作，在水利“安全生产月”开展双重预防工作机制专题培训，与驻地反恐大队联合进行反恐演练，增强安全知识，提高应对突发事件能力，构建水利安全风险分级管控和隐患排查治理双重预防工作机制；在干渠主要渠段设立责任碑，明确责任人、责任范围、责任事项，将安全工作细化量化，已初显成效；开展安全生产专项检查。3月31日，开展高陡边坡隐患排查、森林防火专项督查、安全生产大检查“三个专项行动”；12月18日、19日，采取听汇报、查资料、看现场的方式开展安全生产大检查，对排查出的安全隐患及时整改，坚决防范和杜绝各类安全生产事故发生，水利安全生产形势持续稳定向好。

（文峪河管理局）

横泉水库

【概 况】

2019年，吕梁市政府办公室印发《关闭离石区公共供水管网覆盖范围自备水源井实施方案》，完成离石区公共供水管网覆盖范围内自备水源井摸底排查，并建立名录，关闭9眼自备水源井。由此，离石城区供水全部转换为横泉水库地表水。6月10日，横泉水库完成2011年6月至2016年7月的出库水量及水费确认（其中出库水量636.27万吨、水费241.78万元）。8月30日，吕梁市横泉水库管理局更名为吕梁市横泉水库管理中心。横泉水库实施水库大坝下游马道及排水沟改造工程、水库右岸高边坡处理工程、水库左岸（0+221-0+751段）塌方治理工程完工。10月14日，市水利局组织各参建单位对横泉水库工程项目进行了竣工验收。

【水源地保护】

2019年4月，吕梁市人大常委会主任郝月生到横泉水库，就横泉水库饮用水水源地保护立法进行专题调研。7月11日，省环保厅总工李霖生与市环保局局长刘玉云亲自带队在水库调研。10月24日，《吕梁市横泉水库饮用水水源保护条例》经吕梁市第三届人民代表大会常务委员会第三十八次会议审议通过。11月29日，《吕梁市横泉水库饮用水水源保护条例》经山西省第十三届人民代表大会常务委员会第十四次会议批准，自2020年1月1日起施行。横泉水库管理中心加强组织领导，提升管护水平，确保横泉水库稳定运行，安全度汛。

2019年，横泉水库完成供水量2065万吨，占全年目标任务1300万吨的159%。

（横泉水库管理局）

柏叶口水库

【科学管理】

2019年，柏叶口水库供水中心贯彻落实“安全第一，预防为主”的方针，坚持“管生产必须管安全”的原则，将水机电气设备维护工作委托给专业队伍实施，对各管理站人员定期进行安全知识培训，实现龙门供水工程全年安全、稳定运行，完成全年安全生产无事故目标。

对标一流，健全供水运行机制，做好交城县龙门供水范围内农业供水及生态用水服务。进一步拓宽供水市场，完成龙门供水工程供水收益1200万元。

上汛前，严格按照市防办要求，编制上报

《度汛方案》，并通过专家组评审。汛期严格执行既定方案、防汛制度，不折不扣落实中央、省、市上级部门对防汛工作批示指示精神，加强汛期值守，圆满完成防汛任务，做到安全度汛。

对标省市兄弟单位，健全供水运行机制。通过考察学习长治市辛安泉供水工程、吕梁市新亚水务有限公司的供水制度、运行体系、供水经验，结合实际情况，完善管线巡查、设备维护、水量调度、设备定期试验切换、运行日志管理、交接班管理、巡回检查等方面制度，做到科学管理，创新发展。

【供水服务】

2019年，柏叶口水库供水中心为交城县龙门供水范围内农业供水及生态用水提供良好服务。依据交城县政府办公室《关于印发交城县龙门供水工程农业灌溉供水运行方案（试行）的通知》及相关会议纪要，年内为交城县农业灌溉管道试水提供水源，供水量约100余万立方米，未收取水费。同时，为交城县提供环保用水服务，全年共调取生态用水约150万立方米。

完成2019年度供水收益1200万元目标任务。在全单位通力协作、群策群力、互相配合下，扩大交城县供水市场，供水份额有所增长。共对13家企业实现工业试供水716.83万立方米，供水收益1421.7万元，占2019年度目标任务的118.5%，超额完成221.7万元。

（柏叶口水库供水建设管理局）

交通 运输

综 述

【概 况】

2019年，吕梁市公路通车里程17453千米，公路密度达82.6千米/百平方千米。国道6条，总长1284.8千米（包括国家高速公路375.4千米）；省道12条，总长839.1千米（包括省高速公路159.0千米）；县道2475.9千米；乡道4474.3千米；村道8378.9千米。按技术等级分：高速公路534.4千米，一级公路359.3千米，二级公路2144.3千米，三级公路2097.6千米，四级公路11677.0千米，等外路640.4千米。有铺装路面（高级）里程达13776千米，简易铺装路面（次高级路面）里程达1874千米。二级以上高等级公路3038千米，占总通车里程的17.4%；等级公路达16813千米，占通车里程的96.3%。全市共有66个乡、81个镇、17个街道办事处、3068个行政村全部通水泥路（油路），具备条件的建制村全部通客车（按2千米计）。

2019年吕梁市公路行政和技术等级情况表

单位：千米

	高速	一级	二级	三级	四级	等外	小计
国道	375.4	135.7	756.8	16.9	—	—	1284.8
省道	159.0	126.9	396.2	136.9	20.1	—	839.1
县道	—	33.9	651.8	942.8	847.4	—	2475.9
乡道	—	46.0	212.5	684.5	3496.3	35.0	4474.3
村道	—	16.7	127.0	316.5	7313.3	605.4	8378.9
合计	534.4	359.3	2144.3	2097.6	11677.0	640.4	17453

【交通运输改革】

2019年3月底，吕梁市委、市政府下发市交通运输局机构职能调整通知，交通局新增行政科室2个，调整行政科室职能3个，保留行政科室3个，科室负责人及人员安排全部到位；将事业科室承担的行政职能全部收归市交通运输局机关。3月25日，市交通运输综合行政执法队挂牌，明确副处级建制。

2019年，吕梁市交通局调整完善权责清单，并网上公示。调整后共有行政权力243项，其中行政许可9项，行政处罚196项，行政强制16项，行政确认3项，行政检查6项，其他权力13项。推进行政审批“两集中、两到位”，将所有服务类项目全部集中到行政审批大厅办理，所涉及相关科室全部派人进驻大厅，对派驻窗口行政审批首席代表充分授权，使行政审批流程环节全部在窗口行政审批科完成。同时，吕梁市交通局将县级能够完成的行政审批、监管事项全部下放县级实施。交通局的全部审批事项共50项划转审批局，并按省市要求做到统一审批流程、统一信息数据平台、统一管理体系、统一监管方式，实现工程建设项目“四统一”。

2019年，吕梁市交通局下属9户国有企业进行改革，吕梁市交通道路养护中心等8户企业的国有产权依法无偿划转至吕梁市交通基础设施建设投资开发有限公司，并由吕梁市交通基础设施建设投资开发有限公司与吕梁市国资委或吕梁市国资委指定的国有资产管理部门签订《企业国有产权无偿划转协议》，将产权划转至吕梁市国资委或吕梁市国资委指定的国有资产管理部门，并妥善安置企业职工。

2019年，吕梁公路分局转化用工管理模式，采取劳务派遣等社会购买服务方式解决用工问题，分局编外用工783人。

2019年，吕梁北高速公路分公司撤销养护中心机构，按照人岗相适原则，完成养护中心16名职工的分流安排工作，拟定关于省界收费站人员分流安置的方案。参照集团公司《劳动合同管理办法》，对人力资源部组织合同到期的270人新续订劳动合同；下发《关于规范工勤人员设置的通知》，采用劳务派遣的方式，以统一标准解决公司组建以来路段工资标准不统一、工种数量设置不平衡的问题，化解了基层工作的潜在矛盾，工勤劳动用工得到规范。

2019年，吕梁北高速公路分公司根据上级部门决策部署，吊装完成32座ETC门架及监控立柱；完成省界站顶棚拆除工作及正线取直范围内交安设施；改造完成ETC专用车道16条、ETC/MTC混合车道22条，推进联调联试设备安装升级和系统功能测试等，撤站工程各项任务顺利完成。

吕梁公路分局完成汾介和大交管理处撤站工作。汾介和大交两条收费一级公路分别于2019年3月30日和12月31日收费期限届满撤站。完成3个收费站237名非编合同人员补偿安置工作。按照省交通厅、省公路局要求，完成路政执法职能及已确定人员的移交划转工作。

【路政管理】

2019年，吕梁市集中开展“路政宣传月”活动，提升群众爱路护路意识，促使路政巡查不间断，治超检查不松劲。全年新增设公路标志（警示）牌5块，清理各类路障510余处，制止打场晒粮230余起，发现并查处涉路违法案件148起，收取路产赔补偿9万余元，罚款近1万元。整治公路沿线环境，依法拆除公路沿线及视野范围内影响市容市貌和安全隐患的残垣断壁、破旧房屋、临时建筑及未经审批设置的擎天柱、广告牌1750处。

2019年，吕梁北高速公路分公司对沿线擎天柱、广告牌摸底调查，要求设立者自行拆除。年内，辖区高速公路隔离栅内广告设施共有擎天柱广告牌7处，跨线桥广告43面，隧道洞顶广告设施1处，其他围挡1处，共计52处，全部拆除完毕。

2019年，吕梁公路分局共查处路政案件178起，发现率、查处率、结案率、恢复率均达100%；收取路产赔（补）偿费239.54万元。办理大件超限车辆许可4346份，涉路许可25起。超限检测车辆4926.11万辆，查处超限车辆360辆，卸货4510.81吨。

【治超管理】

2019年，吕梁市治超中心全面落实路警联合执法机制，全方位开展多部门联动综合治超。依托吕梁市华为云基地资源，在大土河下属企业进行治超信息化建设试点，并达到省治超办监控管理、执法处罚、指挥调度的目标要求。11月，吕梁市人民政府与晋能集团有限公司签订《煤炭企业生产经营信息采集和物流服务平台建设和运维战略合作》框架协议，吕梁市治超信息平台将平台信息共享、源头企业共建、站点和稽查联防等内容纳入其中。

交城县与文水县在文峪河水库坡、219省道三道川、320省道野则河路段建立联合治超点。通过联合治理，无缝隙、无死角地打击跨县（市、区）超限超载行为，非法超限超载车辆得到有效管控。

吕梁市通过进驻、巡查、视频监控等方式，对货运源头企业全面实施监督检查。督促源头企业履行治超义务，防止违法超限超载运输车辆出厂（站、矿）上路。对政府公示的1319家源头企业监管覆盖率100%，落实责任制和挂牌制度。查处擅自超限运输车辆70余辆，移送公路超限检测站点超载车80余辆，卸转货物877余吨，劝返柴油货车和散装物料运输车辆14500余辆，超限超载率控制在0.2%以内。

【交通环境治理】

2019年，吕梁市交通局持续开展柴油货车污染治理专项行动，对政府公示合法的1319家柴油货车和散装物料运输企业设置提示牌，做到监管全覆盖。柴油货车和散装物料运输车辆的路检路查常态化工作机制基本形成。全市共路检路查柴油货车7262辆，其中尾气排放超标1070辆，限期整改899辆，现场劝返68辆，处罚134辆，共处罚金额13400元。出台《全市县乡公路扬尘污染专项整治实施方案》《吕梁市城市建成区扬尘污染专项整治实施方案》《环保攻坚行动计划实施方案》《吕梁市城区及周边农村公路柴油货车和散装物料运输车污染治理联合执法专项行动实施方案》等一系列实施方案，成立环境整治工作领导组，与各县（市、区）交通运输局签订责任书，明确各县（市、区）交通运输局为公路扬尘污染防治直接责任单位。对公路施工作业场地及施工便道进行硬化，严禁未采取有效密闭措施的货车进出工地，督促采取车辆清洗等方式防止带泥带土上路。严管运输车辆抛洒扬尘，严查未采取有效密闭措施的散装物料运输车辆，并对源头装载企业实施责任倒查。加强农村公路养护和保洁，加大公路预防性养护、路面病害处治力度，减少扬尘污染。

【交通安全】

2019年，吕梁市交通局安委会召开安全例会8次，下发有关安全工作通知10个，先后开展全市交通安全生产大检查、春运道路运输安全生产大检查、“两会”期间安全生产大检查、水上交通及船舶安全专项检查、“二青会”消防安全专项检查、“两客一危”重点车辆安全专项治理等行动。在汛期、夏季高温、冬季防冻、五一、国庆等重点时段，检查企业221家，排查出一般隐患149项，其中及时整改138项，责令限期整改4项，持续整改6项。共完成“四好农村路”安全生命防护工程1809千米；对19艘船舶进行实船安全检验；对“两客一危”车辆和公交车辆全部安装视频监控系统，对市区228辆公交车驾驶区域和11个公交站台等人员密集场所安装硬隔离设施。

2019年，汾阳运业公司开展安全教育培训25次，累计培训1234人次；开展隐患大排查大整改，发现隐患118个，全部按时按要求完成整改；完成安装4G视频监控127台，6个汽车站安全标准化建设全部完成。

2019年11月7日上午，吕梁机场有限责任公司举办“驰救-2019”航空器应急救援综合演练。民航山西监管局、山西航空产业集团、吕梁市政府、方山县政府及有关单位人员现场观摩指导。此次演练以可能发生的应急救援事件为背景，模拟蓝天航1234航班机型A320，机上机组6人、旅客30人、无危险品，空中发动机火警紧急备降该机场，飞机着陆期间偏出跑道，发动机起火，部分旅客受伤。吕梁机场各保障单位、吕梁机场公安分局、中航油吕梁供应站、吕梁市卫生健康委员会、吕梁市人民医院、方山县消防救援大队等单位参加演练。整场演练历时70分钟，参演人员170余名，各类参演车辆25台。演练中，救援信息报送以及发布、集结待命、紧急出动、消防救援、旅客疏散、医疗救治、警戒取证、行李卸机、航油卸除、搬移设备现场演示、新闻发布等多个科目按预案完成。

【信　访】

2019年，吕梁市交通局成立纠纷矛盾化解小组，负责矛盾纠纷调处化解，召开专题会议研究5次。6月6日，召开离石—柳林城市公交客运一体化协调会，圆满解决该信访事件。年内，共化解积案2件，处理信访矛盾纠纷5件，未发生进京赴省信访事项。

【交通战备】

2019年，吕梁市交通局按照山西省战时交通保障方案计划体系要求，健全规范数据采集、更新和审查机制，编修交通战备基础资料库，达到数据常新、准确实用的要求。围绕省“十三五”期间部队进出口道路畅通且全覆盖目标，坚持国防公路、部队进出口道路与“四好农村路”建设管理相融合，推进国防公路项目建设。离石区、岚县、兴县3个国防工程，按照国家填报《国防交通信息管理系统》数据的要求，5月完成数据更新，10月完成档案资料录入，并将成果纳入全省数据库。按照省交战办紧贴实战、管用的要求，在全市交通战备系统开展“结合《国防交通法》践行验证，不同特点释义解读”为主题的交通战备理论研究活动，并撰写论文3篇，择优以专版形式在报刊、网络刊发。

（市交通局）

道路运输

【运输管理】

2019年，吕梁市有营运载客汽车1192辆29183客位。按等级划分，高级客车81辆3519客位，中级客车440辆14350客位，普通客车

671辆11314客位，安装GPS的车辆1192辆29183客位。按经营范围划分，班车客运客车906辆24803客位，旅游客车93辆3332客位，租赁客车193辆1048客位。有营运载货汽车44207辆652409吨位，其中普通货运汽车22848辆602556吨位，危险货运汽车1616辆44412吨位，大件运输车辆71辆2202吨位，专用货运汽车144辆3239吨位。

2019年，全市强化道路运输监管，依法对18家道路客运企业、56家危货企业、372家维修企业、12个汽车站、4家旅游企业进行质量信誉考核，对存在问题的企业责令其所在地运管所监督其限期整改。对县际以上633辆客运车辆、1709辆危险货物运输车辆完成审验，对车辆技术状况不达标和经营行为不规范的车辆责令限期整改。强化客运市场监督管理，重点整治公交车非站点停车上下客、不按规定间隔时间运行、车容车貌不整洁、驾驶员不统一着装等违规行为，整治出租车拒载、绕道、拼客、不使用计价器、车容车貌差、着装不统一等违规行为。整治期间共出动交通执法人员120人次，警示教育公交、出租车司机28人次，查扣处罚违章出租车13辆，运营秩序趋于规范。

【城市客运】

2019年底，吕梁市共有城市公交企业18户，城市公交车辆1098辆，其中吕梁市区共有城市公交企业2户，城市公交车辆268辆（新能源纯电动公交车203辆、燃油公交车45辆）。全市共有公交线路135条，线路总里程2200千米，其中吕梁市区共有公交线路16条，线路总里程298千米。全市共有巡游出租汽车企业37户，出租汽车2894辆，其中吕梁市区共有出租汽车企业6户，出租汽车453辆（全部为油气两用清洁能源出租车）。全市共有7户网约车平台获得经营许可，共投放网约车59辆（涉及交城、文水、汾阳、石楼4县市）。

2019年，全市新增新能源公交车辆26辆，新能源纯电动公交车达861辆，天然气公交车63辆，占公交车辆总数1097辆的84%。对吕梁市区的公交线路进行优化，增加公交线路3条，增加新公交车15辆，新增设便民招呼站85个，基本实现市民500米内到公交站点。全市13个县（市、区）1092辆公交全部安装全国交通卡终端系统设备，实现全市1区2市10县交通“一卡通”互联互通，与全国260余个城市实现交通“一卡通”互联互通，共计发卡130384张。年底，吕梁市区公交出行分担率达20%。对498名出租车客运驾驶员实施继续教育素质培训，严格考核，核准发证。强化驾驶员安全教育，配合交警部门对463名出租汽车驾驶员进行安全教育。规范发展网约车，对符合条件的1家网络预约出租经营企业发放许可证。

【驾驶员培训管理】

2019年，吕梁市共有驾校33所，其中一级驾校8所、二级驾校14所、三级驾校11所；具有营业性道路运输驾驶员从业资质培训的驾校9所。有教练车1602辆，其中大车313辆、小车1183辆，其他车型106辆。驾校管理人员共2480人。6月，全市启用《山西省驾驶培训监管服务平台》计时培训系统，做到驾校培训过程可溯源、可核查。全市有28所驾培机构录入教练员、教练车、训练场地等基本信息，市县两级进入监管平台实际操作过程，有1380辆教练车安装计时设备。

【吕梁客运总站】

2019年，吕梁客运站发送旅客人数151.07万人，客运收入6261.49万元，乘客意外伤害保险共发售16004张，逐月递增12张；团体购票12批、计651张。全年收到各类表扬81件，服务重点旅客650余人次。

2019年，吕梁客运站构筑安全基础，提升安全检查危防控能力。车站配合市公安局，开展反恐防爆应急演练，并及时更换禁止携带品名录，对旅客禁止携带品及时交接，定时存放，定时销毁。同时向该运段提报二次安检更新改进计划，满足重点时期旅客二次安检需要。车站制定二次安检走形进路图，配备隔离带，实现二次安检有序，无一漏查危险品。

【汾阳运业公司】

2019年，汾阳运业公司完成营业收入2173.16万元；利润总额-155.53万元；上缴服务费-137万元；增加值完成1572万元；换算周转量完成19227.8万吨千米；安全生产保持平稳有序。

客运转型。2019年，汾阳运业公司按照“转公交、转定制、转旅游”发展路径，坚持市场化导向，补短板增动能，推进“互联网+客运”经营模式，打造安全、便捷、舒适、环保的道路客运新体系，全力推动公司客运产业转型升级发展。

6月，汾阳运业公司新增5座北汽纯电动轿车5辆，定制客运车辆达22台。8月，汾阳运业公司完成原介休—孝义班车线回购，9月19日举办“山西中部盆地城市群一体化发展介休—孝义客运班线公交化改造项目”启动仪式；10月1日按公交线路运营，实现公司客运公交“零”的突破。10月21日，就汾阳—文水客运班线公交化改造项目，与文水县政府进行对接，初步达成一致意见；谋划孝义—太原班线客运公交化改造；加快推进柳林金马农村班线客运公交化改造；加快推进构建“汾平介孝灵”城际旅游公交一体化。10月25日，5辆汾阳—太原班线客车置换5台7座瑞风M4小型中级客车获得行政许可，签订购车合同，12月初正式上线运营。公司采取经营权入股，提高经营收益。10月，开通临县—神木班线客运，孝义—忻州班线客运获得行政许可。

2019年，汾阳运业公司将闲置班线客车转入旅游客运，实现运游融合发展。新增旅游客运车4辆，公司旅游客运车辆达32辆。

货运物流转型。2019年，汾阳运业公司新增公车自营货运车辆2台，总数达14台，经营收益稳定。推进公铁联运，与孝柳铁路对接，加快推进短途运输。以打造汾阳杏花村酒业专线物流配送为突破，推进云仓、商贸与干线物流融合发展。建立离石、柳林、孝义、汾阳、杏花村网点，为对接“网营物联（杏花村）智慧产业园”项目奠定坚实基础。

（市运管处）

公　路

【公路建设】

2019年，吕梁市静兴高速公路完成投资34.8亿元，完成全年投资任务的116%。祁离高速公路完成12项前期手续，未办结事项有土地预审、矿产压覆、土地审批3项。2019年完成投资29.9亿元，完成年度投资计划的100%。汾石高速项目选址报告和工程可行性研究报告编制完成，其余土地预审、环评报告和地质灾害危险性评估、文物勘探及防洪评价事项未办结。12月5日，离隰高速开工建设。吕梁北高速公路分公司推进岢临、临离段各项专项验收，临离段档案、环保、水保、消防专项验收、工程质量鉴定、质量专项验收、决算审计完成；

岢临段环保专项验收、决算审计工作完成，对未完成的项目制定详细完成计划。坪头互通及连接线工程建设，路基、桥梁、涵洞、路面工程至年底完工。因离石区政府筹措解决的4000万建设资金未到位，交安、绿化、机电工程、收费站部分设施未完工程处于停滞状态。

209国道改线项目。前期工作基本完成，2019年5月开工控制性工程，10月全线开工。全年完成投资10.2亿元，完成年度计划。

“黄河一号”旅游公路。10月20日，市政府在临县碛口召开“黄河一号”旅游公路建设推进会，推动吕梁市旅游公路建设。全年开工建设旅游公路252千米，完成132千米，路基完工87千米，均超额完成任务。完成投资7.2亿元，累计完成投资22亿元，占总投资的78%。

【“四好农村路”建设】

2019年5月9日，吕梁市召开全市“四好农村路”建设暨交通扶贫工作推进会，对全年“四好农村路”建设作动员部署。6月起，在全市范围开展两阶段的“进工地、到一线、解难题”活动，解决工程建设中存在的突出问题。9月29日，在交口县召开全市“四好农村路”建设现场推进会。全年共组织督导检查4次。

2019年，全市新建“四好农村路”2223千米，完成投资27.8亿元。实施安全生命防护工程1809千米，实施危桥改造15座，乡镇综合客运服务站6个。其中，完成窄路基路面拓宽改造325千米，交通扶贫资源路、旅游路产业路28千米，县乡道安全生命防护工程建设里程1146千米，村道安全生命防护工程建设里程662千米；县乡道危桥改造12座，村道危桥改造3座；建制村通硬化路“畅返不畅”整治971千米，养护提质改造工程819千米，林场林区道路建设34千米；乡镇综合客运站6个；撤并建制村通硬化路43千米。

【高速公路养护】

2019年，吕梁北高速公路分公司推进日常养护，加大隐患排查，对全线渗水隧道、沉陷段落、需完善的急流槽段落、中央分隔带填土工程等项目统计调查；定期对全线路段进行桥隧检测、路况评定，并实施灌缝、补坑槽养护；根据次差路段病害特点，分类别、分工艺、分段落，有针对性地制定处治方案。引进精细抗滑封层、就地热再生等先进工艺，对路面实施改造。2019年，完成太佳高速K94+878-K98+000段路面预防性养护工程、呼北高速岢岚至离石段K379+105-K445+755段路面预防性养护工程、太佳高速K98+000-K106+000段行车道路面病害处治工程及2019年度路面预防性养护（灌缝专项行动）工程。临离段姚家山大桥桥台处治工程（二期）、王家会连接线病害处治工程等5项工程，按照程序组织推进。

【农村公路养护】

2019年，吕梁市农村公路通车里程15329千米，占公路通车总里程的87.8%。其中，县道2476千米，乡道4474千米，村道8379千米。按技术等级划分：一级公路97千米，二级公路991千米，三级公路1944千米，四级公路11657千米，等外公路640千米。按路面等级分，有铺装路面11673千米，简易铺装路面1853千米，未铺装路面1803千米。晴雨通车里程14897.12千米，绿化里程2847.60千米，绿化率为21.4%。养护里程15329.04千米。

2019年创新农村公路日常养护模式，临县通过创办农村公路养护管理专业合作社，实现常态化日常养护，有效解决农村公路养护问题。创新养护资金筹措办法，全市统筹整合光伏扶贫村集体收入的10%投入到农村公路养护，缓解农村公路养护资金筹措难的困境。

【吕梁环城高速公路】

环境整治。2019年，吕梁环城高速公路管理有限责任公司开展“美丽高速”创建活动，进行路域环境整治。编制《2019年养护工作计划》，确定K0+000-K10+000和K30+000-K38+188为标准化示范路段，进行标准化养护。在日常养护中突出“以路面养护为中心”，强化预防性养护。合理安排专项工程，2019年共有19项专项工程全部完工，全面提高了吕梁环城高速公路路况通行能力、路况水平和交通综合服务水平。

服务区改造。2019年，离石东服务区积极向全省示范服务区学习，落实深化提档升级要求，修订《服务区突发事件专项应急预案》，完善卫生间灭蚊蝇器、场区绿化带草坪修剪、场区建筑物散水翻修灌缝、“服务区+地方特色+互联网”等建设。

【吕梁北高速公路】

标准化建设。2019年，吕梁北高速公路分公司按照集团公司要求，根据“人性化、精细化、科学化”经营管理理念，对照分公司定位，持续改进优化制度办法、职能职责、业务流程、工作流程等，实现部门职责、主要业务流程上墙。统筹汇编分公司各类规章制度，形成《管理制度汇编——收费机电篇、路产维护篇、安全应急篇、后勤保障篇》《廉政风险防控运行手册》《党建标准化管理手册》等11册165项制度的系列管理手册，构建现代化企业管理体系。

“三项制度”改革。2019年，吕梁北高速公路分公司撤销养护中心机构，按照人岗相适原则，完成养护中心16名职工的分流安排工作。拟定关于省界收费站人员分流安置的方案，为机构改革做好提前谋划。参照集团公司《劳动合同管理办法》，对人力资源部组织合同到期的270人新续订劳动合同；下发《关于规范工勤人员设置的通知》，采用劳务派遣的方式，以统一标准解决公司组建以来路段工资标准不统一、工种数量设置不平衡的问题，化解了基层工作的潜在矛盾，工勤劳动用工得到规范。

取消省界收费站。2019年，吕梁北高速公路分公司根据上级部门决策部署，吊装完成32座ETC门架及监控立柱；完成省界站顶棚拆除工作及正线取直范围内交安设施；改造完成ETC专用车道16条、ETC/MTC混合车道22条，推进联调联试设备安装升级和系统功能测试等，撤站工作各项任务顺利完成。

（吕梁公路分局）

水　运

【概　况】

2019年，吕梁市共有经县政府批准设置的渡口码头58处。其中，黄河渡口码头31处，兴县有8处，临县有11处，柳林县有5渡口1码头，石楼县有6处。有水库、湖泊、湿地公园码头18处。其中，方山县4处、文水县2处、交城县5处、孝义市7处，交城县水上漂流码头9处。

【水运管理】

吕梁市有注册水运企业6个，为临县4个，柳林县1个、石楼县1个。其中，正常运营的企业4个，为临县3个、柳林县1个。有营运船舶18艘，为黄河文化开发中心及其经营的船舶7艘，总吨位25吨，客位114个，总功率446.89千瓦；山西碛口黄河旅游有限公司船舶4艘，总吨位11吨，客位32个，总功率161.7千瓦；临县碛口镇水蚀浮雕旅游有限公司船舶3艘，总吨位8吨，客位25个，总功率117.6千瓦；临县黄河画廊旅游有限公司船舶4艘，总吨位8吨，客位36个，总功率176.4千瓦。因经营状况不佳暂时停业企业2个，为临县1个、石楼县1个。其中，石楼县辛关镇奇湾黄河渡运有限公司及所属的3艘船舶，总吨位4吨，客位24个，总功率102.9千瓦；临县碛口镇航运有限公司及所属的12艘船舶，总吨位12吨，客位61个，总功率355.8千瓦。

2019年，全市水路运输客运量8.606万人，旅客周转量24.824万人千米，货运量0.0148万吨、货物周转量0.0058万吨千米。

（市交通局）

孝柳铁路

【运输增量】

2019年，孝柳铁路完成货物运输总量2091万吨，较2018年增加276.7万吨。公司开展“我为货运做贡献、深化营销争货源”活动，强化兼职营销队伍，全面摸排挖掘管内货源，与28家主要客户签订运量互保协议共1205万吨。公司促使停止铁路发运七年之久的东辉专用线回归，10月—12月份共计发运16.3万吨；中阳钢厂发运至北京局到站的钢材30.5万吨全部转由铁路运输，中阳钢厂到重全部由公路转回铁路，全年共计343万吨；华晋焦煤、汇丰物流、大土河等企业运量均稳定增长，全年新增发运户42户，累计发运量完成205.6万吨。全年自管内运输完成120.7万吨，较2018年增加36万吨。管内最大的货运站—穆村站货物发送量累计完成550.19万吨，同比增加55.09万吨；到重累计完成85.28万吨，同比增加43.45万吨，装卸车合计完成635.47万吨，创历史最高纪录。

公司利用离石快装系统筒仓设备与环保棚之间的闲置空地，吸引发运户存放、发运焦炭。全年共装运焦炭3063车，发运22.4万吨。

公司优化提升快装系统装车能力，加强快装系统设备管理，吸引大土河等客户到快装系统长期稳定发运。全年快装系统共完成装车15884车，同比增加10696车；累计发送102.99万吨，同比增加68.33万吨。实施列车达速运行考核办法，全天候开行5000吨大列，运能运力得到有效释放。因地制宜，降本提效，组织坏车修复利用。设立7个坏车专业修复小组，全年累计修复利用坏车19538辆，有效降低运输成本，缓解入空不足。

公司全年共完成施工计划478项，同比增加252项，综合维修天窗累计245小时，同比增加49小时。在平均每日施工3.5小时的情况下，运输生产保持正常有序，做到“施工、运输两不误”。

公司于12月21日提前10天完成1650万吨年度发运任务，货物发送量、运输收入等主要任务指标均创造孝柳铁路公司四年中最高纪录。全年货物发送量完成1748万吨，较年计划1650万吨超98万吨；货物到重完成343万吨，较2018年计划220万吨超123万吨；综合收入完成21.4813亿元，较年计划18.0298亿元超3.4515亿元。

【安全生产】

2019年，公司全员牢固树立“运输是天、安全是命”理念，制订完善42项安全管理制度，集中排查整治施工组织、设备质量、安全防护、调车作业、人身安全、沿线治安环境等隐患，突出抓好防暑防汛、防寒防断等关键时段的季节性安全工作，推进9项安全专项整治和5项安全专项活动，各级干部现场检查9337人次，同比增加819人次。

截至2019年12月31日，公司实现安全生产2932天，实现连续第八个安全年。

【经营管理】

2019年，公司系统构建管理制度体系，修订、制订《经营业绩考核办法》《成本费用核算管理办法》等35项基础性经营管理办法。强化全面预算管理，按照利润最大化的经营核心，突出全面预算管理和经营计划作用发挥，采取卡源头、控过程、重分析、严考核等系列措施。加大向生产一线主要岗位收入倾斜力度，先后为车务段调车组人员调增岗位工资，人均调增190元/月。

公司力抓降本增效，落实节支降耗措施，采购合格石砟约2万立方米，较计划费用节约207.5万元；组织工务段利用11250根替换的废旧轨枕在各站建成作业通道，方便作业人员安全行走，节省废旧轨枕的清理抬运费用；将原计划委外的大机清筛捣固卸运石砟、拆装胶垫配件等工作改由工务段自行完成，累计节约工费218.7万元；东槽、石庄等9站站线换轨大修充分利用再用轨料，较利用新轨料节约费用143.5万元；自行焊补钢轨、夹板节支79.6万元；组织供电段自行为离石快装和枝柯、东槽、离石站信号大修接引电源，对小景站6道接触网进行整修，朱家店6道加装630米绝缘护套，对石庄—柳沟村间接触网大修进行监理，共计节省费用200余万元。

【设备维修改造】

2019年，公司在全年施工478项、施工累计286天、日均给点3.5小时的情况下，累计更换钢轨24.223千米，更换轨枕24438根，成组更换道岔103组；完成大机清筛24.306千米、大机捣固91.317千米；完成离石、朱家店、东槽等6站的信号大修，实施孝西—东槽间自动站间闭塞改造；对三角庄牵引变电所、石庄电分相至三角庄变电所段接触网、三角庄变电所至柳沟电分相段牵引供电设备进行全面大修改造；对三川河5#特大桥、四黄庄大桥、西小景大桥共3座大桥进行维修改造和梁体加固；完成王家会站4道东部接触网设备电气化改造。公司自行完成56项基建、大修等工程项目的设计，节省设计费用150万余元。

【职教培训】

2019年，公司与太原局集团公司职教中心组织车站值班员、调车人员、机车司机、接触网工等各工种开展49批次全面轮训。开展5项4896人次的全员培训考试，先后选派技术人员及管理干部31批参加技术业务专题培训。组织开展职业技能竞赛，7个主要生产单位20个主要工种的218名选手参加比赛，对52名竞赛优胜者给予表彰。

（山西孝柳铁路有限责任公司）

民运航空

【机场建设】

2019年，吕梁机场跑道病害区改造项目预算267万元，吕梁市财政局批复工程预算，项目于10月16日正式开工，完成化学注浆及灌封处治。

根据民航局“关于打赢蓝天保卫战”指示，吕梁机场开展国三以下车辆尾气改造，完成新能源车辆及相应充电设施建设项目可研报告的编制上报工作。

新建机场通用机坪工程建设主要包括：新建7-8个B类机位、新建垂直联络道、场务车库及办公用房、拆迁改建现有围场路、拆除、新建部分围界。

【航运航线】

2019年，吕梁机场共完成运输起降6160架次，旅客吞吐量458481人次，货邮吞吐量235.1吨；累计开通北京、上海、西安、广州、成都、大连、兰州、天津、重庆、海口、长沙、海拉尔、珠海、贵阳、沈阳、烟台、青岛、昆明共18个航点；通用航空运输航线1条，吕梁至太原尧城。“二青会”期间，完成运输起降165架次，旅客吞吐量18656人次。2019年全年航线航班总体情况为：

“吕梁—首都—北京”航班，每日一班。

“上海浦东—吕梁—兰州”每周周一、三、五、日有航班。

“吕梁—西安—广州”每周二、四、六有航班。

“成都—吕梁—大连”每周周三、五、日有航班。

“天津—吕梁—重庆”航线，由华夏航空每周二、四、六执飞变更为由天津航空每周一、三、五、日执飞。

“贵阳—吕梁—大连”航线调整为“贵阳—吕梁—烟台”航线。

新增“大兴—吕梁—昆明”航线。大兴机场投入使用后，中联航由南苑机场全部转场至大兴机场，南苑航点变更为大兴。

新增“青岛—吕梁—兰州”航线。在航班冬春换季时，开通青岛航点，并延伸至兰州。

新增“沈阳—吕梁—海口”航线。海南、沈阳冬季为热门航点，为旅游旺季，应市场需求新增海南、沈阳航点。

暑期增加“长沙—吕梁—海拉尔”航线。暑期增加热门旅游城市，为吕梁市民出游提供方便。

（吕梁机场有限责任公司）

邮 政

【概 况】

2019年，全市辖区内共有许可快递企业23家，备案分支机构241家。1—11月，全市邮政企业和快递服务企业业务收入（不包括邮政储蓄银行直接营业收入）累计完成5.19亿元，业务总量累计完成6.65亿元。全市快递服务企业业务量累计完成2005.93万件，业务收入累计完成2.45亿元。

【“三新”核实】

2019年，吕梁市邮政局配合全国第四次经济普查工作，将新业态企业依法纳入行业统计范畴。研究制定《吕梁市邮政业“三新”单位核实认定工作方案》，明确核定内容、方法步骤和时间节点，按时上报《吕梁市邮政业“三新”单位核实认定情况汇总表》。

【监督管理】

2019年，吕梁市邮政局根据省邮政局《关于加强全省邮政管理系统县级机构管理工作的指导意见》，研究制定《关于加强县级机构管理工作的实施办法》，创新管理模式，实现“标准统一、权责明确、流程科学、运转顺畅、管控有力、高效监管”的邮政管理体系。组织开展专题业务培训和协同检查活动，提升汾阳、孝义局工作人员业务能力，发挥县级邮政监管机构作用。

根据山西省邮政管理局、山西省税务局《关于做好邮政业落实减税降费政策相关工作的通知》，吕梁市邮政局联合吕梁市税务局出台《关于做好邮政业落实减税降费政策相关工作的通知》，实施“四个一”专项行动，即：召开一次减税降费政策宣传培训，安排税务方面的专家开展邮政业减税降费政策专题讲座，帮助企业明晰政策口径和适用标准，确保吕梁市邮政充分享受红利政策；印制一本《邮政业减税降费政策汇编》，免费发放给各邮政、快递企业，做到送政策入企业；建立一个微信群，不定期地发布涉及邮政业税费的最新政策，并对群内企业人员提出的问题进行答疑；开展一次问卷调查，通过问卷，了解企业需求，接受企业建议和意见，为服务企业提供信息。

吕梁市邮政局下发《关于做好全市邮政企业视频监控数据与市邮政管理局视频监控系统联网互通工作的通知》，启动吕梁市邮政企业视频监控数据与市邮政管理局视频监控系统联网互通工作。邮政企业自办经营的55处邮政普遍服务营业场所监控视频全部接入吕梁市邮政局远程监控系统。

2019年，吕梁市邮政局从营业场所的设置、收寄环节、出口进口环节、运输环节、投递环节、人员管理以及内部管理等方面进行机要通讯专项检查。第一轮专项检查中，共发现安全隐患30处，下达《邮政机要通信整改通知书》12份，全部整改完毕；第二轮机要专项检查，共检查邮政机要通信营业场所10处，下达《邮政机要通信整改通知书》7份。2019年对吕梁市12个县邮政机要室进行改造，安装手机存放柜、电子门禁、可视门铃、闭门器等安防设备，增加监控探头21个。2019年度机要通信质量指标全部完成，全年处理机要件9.19万件。

【纪特邮票】

截至2019年10月底，吕梁市邮政局共检查《己亥年》《拜年》《中国植树节》《马拉松》《中国古典文学名著——〈西游记〉(三)》《2019北京世界园艺博览会》《“五四”运动一百周年》《儿童游戏(二)》《中国2019世界集邮展览》《鄱阳湖》《第七届世界军人运动会》《川藏青藏公路建成通车六十五周年》《鲁班》《中国人民政治协商会议成立七十周年》《粤港澳大湾区》《中华人民共和国成立七十周年》等纪特邮票。在对《拜年》特种邮票检查中，发现市集邮公司未于发行日前公告新邮票销售服务信息问题，现场下达责令改正通知书，督促完成整改。

【建制村通邮】

2019年，吕梁市邮政局与市民政局沟通，掌握吕梁市建制村数据，指导邮政企业进行台账修改，将建制村通邮情况录入系统；开展建制村直接通邮函件测试工作，选取500个建制村为测试调查对象，以寄递测试件的方式展开调查。共收到测试回函204封，建制村通邮情况基本符合邮政普遍服务标准要求，邮件投递地点多以村委会为主。8月，开展建制村直接通邮信息化监管系统使用工作，全市3074个建制村补全信息录入，并全部完成定位采集工作。吕梁市邮政分公司结合工作实际，通过实时通报、及时解决反馈问题，提升建制村投递打卡率。2019年，全市建制村投递打卡率达94.17%。

【普服建设】

2019年，吕梁市邮政局投入140余万元，为全市普遍服务网点新配或更换局名牌、资费公告牌，增配监控探头、灭火器等设施，安装宽带电路，175个普服网点全部实现电子化运营，完善普遍服务网点功能。市邮政分公司为175个普服网点配备电子秤175台、终端30台、打印机40台、B类验钞机175台。按月发放普遍服务网点委代办费用，维持在点均1500元/月的水平。同时，普服网点的营业起始签到与营业终了签退的规范比率全年平均94.7%。吕梁市邮政局制定《吕梁市邮政管理局邮政普遍服务网点分级监督管理实施方案(试行)》，对网点分等分级管理。开展邮政普遍服务达标专项检查，将乡镇普遍服务营业场所、城市委代办和不提供金融服务的普遍服务营业场所作为检查重点区域，将业务开办情况及安全设施配置作为检查重点内容，严格考核邮政普遍服务网点等级。对在检查中发现问题并下达整改的网点，采取动态管理方式，降低网点等级，督促提升服务水平。7月，成立邮政业服务中心。

【寄递业务】

2019年，中国邮政集团有限公司吕梁市分公司加强对公安、交管、身份证收件人付费、法院文书、出入境证件、国税发票配送等存量项目的跟进营销和过程管控，发挥寄递整合优势，推动业务增收。推广方山县分公司提供增值服务的增收做法，实现法院专递增速20%以上，确保各类工商税务类、金融保险总部项目在各县落实。全市身份证转化率达50.56%，列全省第四，累计实现收入217.2万元。截至2019年底，寄递业务完成总收入2253.6万元，完成省公司下达全年收入目标的87.8%，全省排名第九。

吕梁市邮政局落实《快递暂行条例》《快递末端网点备案暂行规定》《快递业务经营许可优化方案》，简化办理手续，缩短审批时限。末端网点备案成果显著。2019年全市快递末端网点备案达395个，新增173个。企业可自行打印末端网点备案登记表，全流程实现网上办理备案，备案完成不需办理营业执照。148个乡镇实现“快递下乡”100%全覆盖；全市高校全部实现快递服务规范化；智能快件箱新增格口1000个，达到1324个；全市快递三轮车按照统一备案、统一标识、统一编号、统一外观的“四统一”标准，实现规范化通行；快递服务农业“一市一品”项目不断拓展，“寄递+电商+农产品+农户”脱贫模式初见成效。市邮政局与市人社局联合出台《关于印发〈2019年全市工程系列快递专业中、初级职称评审工作安排意见〉的通知》，并成立吕梁市快递工程专业中级工程师评审委员会。

吕梁顺丰入驻吕梁天源物流园区，孝义邮政、百世、韵达入驻孝义大地顺祥物流园。快递入驻快递物流园区成为趋势，形成产业集聚效应，区域辐射能力提高，仓储、运输、配送、信息等综合管理和服务水平得到提升。

吕梁市邮政行业共持有新能源车23辆，实现电子运单使用率98%以上，循环中转袋使用率为80%，80%以上电商快件不再进行二次包装。全市227个快递营业网点均设置包装回收设施，设置率达100%。

2019年，各项时限质量指标均达标，其中区内邮车准点率完成96.80%，内部处理及时率完成99.15%，进口邮件分拣准确率完成99.88%，标准快递省内次日递率完成93.03%，快递包裹省内次日递率完成91.20%，出口邮件分拣准确率完成100%。

2019年，吕梁市政府印发《吕梁市促进快递业健康发展实施方案》，市邮政局与市交警队联合出台《关于规范吕梁市邮政快递专用电动三轮车管理的实施方案》《吕梁市促进快递业健康发展的实施方案》。各寄递企业严格遵守禁止寄递物品管理等各项规定，客户实名寄递实现常态化，全市实名收寄率稳定在99%以上。全市安检机数量达23台，新增10台（其中交城县主要品牌企业均配备安检机），安检机持证上岗人数不断增加。

【代理金融业务】

2019年，吕梁市邮政代理金融业务完成总收入21090万元，完成省公司下达全年收入目标的98.10%，全省排名第四；累计净增价值余额76041万元，完成省公司目标计划的128.6%，列全省第三，分组排名第一；余额总规模突破138.86亿元。保险完成首卖日目标，8天时间完成首卖月目标。提前24天完成期交特训营保费目标，受到省公司表扬。同时，抢抓二、三季度保险业务发展契机，先后开展“代理金融提质效保收入”和“决战百日、冲刺达标”保险收入争先战等专项营销竞赛活动，9月提前完成全年目标计划，累计实现收入3401.43万元，完成山西省分计划进度106.13%，完成吕梁市分公司全年计划的102.92%，全省排名第四。

【文化传媒业务】

2019年，吕梁市邮政分公司累计实现文化传媒业务收入3481万元，完成全年目标的100.77%。其中，集邮业务累计实现收入911万元，完成计划进度，列全省第三。全市超额完成2020年报刊大收订流转额计划，流转额实现6765万元。实现图书销售收入126万元，销售规模列全省第二。“二青会”项目完成省邮政分公司下达的目标任务。

【项目营销】

2019年，吕梁市邮政分公司开展快捷支付绑卡营销活动，截至12月31日，全市累计绑卡52400户。年内，联系市县退役军人事务局和人社局，对双方合作模式进行沟通交流。截至12月31日，全市开办军人服务卡1483张、社保卡3240张、农民丰收卡707张。12月，市邮政分公司进驻吕梁市政务服务中心，设有独立窗口，为工商、税务、房产、质监、医疗、通信等40余家单位提供日常邮政寄递服务，鼓励和引导各县分公司利用当地举办的“健步行”“半程马拉松”“自行车挑战赛”等“二青会”预热活动，开展“二青会”特许产品宣传和地推活动。以火炬传递期间销售为重点，推动各县分公司与当地政府加强团购业务谈判。其中，中阳县分公司与县政府合作，一次性团购10万元，离石、柳林、交城、汾阳等县分别达成政府团购意向，全市团购业务达53万余元。“二青会”期间文化传媒销售额达155万元，完成省公司下达的目标任务。

【渠道平台】

2019年，吕梁市邮政分公司完成分销收入952万元，全省排名第三。7月，成立简易险“阿米巴”项目团队，并开展简易险产品种类、卖点、营销话术、销售人群、营销技巧等培训，动员各级人员利用窗口、厅堂、电访销售及投递平台进行业务推广。全市增加代收税款代办点23个。截至12月底，累计代办税款101838笔，代收税额达8757.61万元，实现收入364.3万元。

【机制创新】

2019年，吕梁市邮政分公司在离石区久安路营业所试点打造全业务视觉营销，在兴县新建西路、石楼县灵泉镇营业所等4个新装修的网点复制应用，全市共打造金融旗舰店12个。成立多支“阿米巴”营销团队，开展营销攻关，设立中邮消金、简易险业务营业专厅，中邮消金业务在9个月时间内，放款额达10583.96万元，完成省分公司全年目标计划的177.83%，连续5个月全省排名第一。充实“尖刀排”人员力量，打造“尖刀排”大宗业务揽收专门营业厅，成立后累计完成寄递收入440余万元。吕梁市共开办“警邮合作”网点23处，“政邮合作”网点1处，“税邮合作”网点68处。同时由吕梁市税务部门与吕梁市邮政分公司共同建设吕梁市税邮合作服务中心。

（市邮政局）

无 线 电

【概 况】

吕梁市无线电管理局配备有移动监测车2辆和各类监测、检测设备20余台（套），设置有2套固定监测站系统（其中一套为市区固定监测系统，含1个控制中心、3个B级站；另一套为全市小型无线电监测系统，含1个控制中心、18座小型无线电监测站）。

【无线电频率管理】

2019年7月—8月，吕梁市无线电管理局完成“二青会”吕梁站火炬传递、蹦床和艺术体操比赛项目无线电频率指配工作，受理频率设台申请表3份，审批各种无线电设备1122部（套）。11月，赴3家大型化工企业开展频率台站规范化管理工作，并根据实际需求，指配频率4组8个。

【业余无线电台管理】

2019年，吕梁市无线电管理局核发业余无线电台执照38个，换发业余无线电台执照12个。

2019年，吕梁市无线电管理局加入全省升级改造的频率台站管理系统，完成34家商户无线电发射设备销售备案审核工作。向14家用频设台单位收取频占费，年度收缴金额9.96万元。9月29日，对吕梁机场进行调研，并开展电磁环境专项排查，就划定电磁环境保护区交换意见。

2019年，吕梁市无线电管理局开展打击“黑广播”“伪基站”专项行动，累计处理“黑广播”案件3起，拆除“黑广播”设备2套。7月3日，市无线电管理局执法人员依法拆除汾阳市某小区1栋28层高楼顶上无人值守伪装式“黑广播”设备，现场开具《无主器材设备拆除、没收告知书》；7月10日，在孝义市、汾阳市等地排查“黑广播”，判定在介休市绵山方向，向晋中局通报情况；12月27日，在离石区某小区查获“黑广播”设备1套，现场开具《无主器材设备拆除、没收告知书》。

【无线电环境监测】

2019年，吕梁市无线电管理局在国家法定节假日、大型活动、重要会议期间，根据上级有关精神，对民航、铁路、广电、通信等重点业务频段、重点区域进行监测和数据采集分析，确保各时期、各区域无线电环境安全。全年收到中国移动、联通、电信关于无线电干扰投诉申请3次，分别于4月、11月、12月排查或者协助排查干扰7次，拆除手机信号放大器2个，排查信用社人员酒店会场私设手机信号屏蔽器案件1起，排查汽修厂私设信号干扰器案件1起，排查柳林县邮政储蓄银行视频干扰器案件1起。11月联合教育考试部门发文规范全市各中小学各类考试无序开启干扰器行为。通过前期申请、中期保障、后期汇报并提交资料档案，完成吕梁“二青会”火炬传递、蹦床、艺术体操比赛项目无线电安全保障工作。国庆70周年期间，明确重点区域，强化部门协调，检修技术设备，促进频率台站规范化管理。加大重点频段监测力度，强化违法设台查处，提高无线电安全保障能力。完成市国防动员潜力调查任务，参加市国防动员演练活动。经邀请参与人事考试中心、招办、财政局、卫健委等部门组织的各类考试无线电安全保障28次，出动人员484人次、车辆113车次，动用监测设备274套次、排查并压制作弊信号6

起，查获作弊设备2套，有效防范和打击利用无线电设备进行考试作弊行为。

【科普宣传】

2019年，吕梁市无线电管理局开展无线电管理宣传培训活动，发布信息63篇，其中中国无线电管理发布5篇。9月16日，第十个全国无线电管理宣传月期间，在吕梁学院阶梯教室开展科普宣讲活动，400余名师生参加。同时，在校园内发放宣传资料2000余份，切实提高学生对无线电的兴趣和对无线电管理工作的认识，起到良好宣传效果。

（市无线电管理局）

移动通信

【转型发展】

2019年，山西移动吕梁分公司采取关停低效厅店、大厅化小等手段，实现自营厅盈利目标；加强渠道转型调整，新建社会渠道，拓展广泛渠道，发展电子渠道；以街道布局、宽带端口、客户、收入、渠道为基准，组建城区网格化、乡镇片区化的网格化运营体系；重构“量化薪酬+津贴+积分挂钩年终奖”薪酬激励体系，激发一线人员工作积极性。

围绕4G、宽带、集团、营业厅4类服务触点，推进品质、口碑提升，为市场发展融入服务价值。满意度综合得分能力全省排名第四，其中4G、宽带客户满意度均保持行业领先；不知情定制得到有效控制，百万客户投诉率完成省移动公司目标任务。

【精细管理】

2019年，山西移动吕梁分公司制定《落实“13710”工作制度实施细则》，共计督办事项7项，跟踪问题解决246项；制定《零星维修项目流程》，解决县（市）公司日常维修时间长等问题；制定《分公司办公楼安全施工管理细则》，确保分公司办公楼内施工标准化、规范化；制定《公务及生产经营用车管理实施细则》及《印章管理办法》，确保日常用车、用印合规高效。

围绕公司发展战略，通过开展网络电费竞赛、拆除墙壁机柜与IP机房、ONT翻新、老旧设备退网、铁塔租赁信息核查、办公用品集中管理等措施，推进员工素质提升、数字化能力重塑。其中王锋珍获“山西省劳动模范”称号，成晓东获“山西省信息系统五一劳动奖章”，刘晋斌等员工获“山西移动百佳员工”称号，张圆圆等员工获“晋嬗之花优秀女员工”称号。制定《人才管理办法》《市级专家管理办法》《人力资源帮扶办法（试行）》等管理制度，提升员工个人素质，焕发员工活力，满足公司各专业、各区域工作需要。

（中国移动吕梁分公司）

电　信

【经营概况】

2019年，中国电信吕梁市分公司累计收入1836.2万元，全省排名第四。其中，移动业务净增加22831户，全省排名第三；宽带业务净增加6814户，全省排名第三；高清业务净增加1556户，全省排名第五；物联网业务净增加1093户。

【基础管理】

2019年，中国电信吕梁市分公司开展内

部培训及外聘培训55场，参加人数5000余人次。评选市级内训师13名，省级内训师1名。提拔干部9人，降职1人，调整干部岗位11人次。安委会组织对12个县分公司开展“四不两直”安全检查和整改，并开展火灾演练及消防安全知识培训。全年共签订合同1892份，发生诉讼安监4起，胜诉2起。通过引入二维码收款、下调自有厅过夜资金限额、加强个人借还款审批等措施，降低资金管理风险；开展“小金库”防治及“开前门”培训，树牢红线意识。

【网络提质增效】

2019年，中国电信吕梁市分公司无线网城区覆盖率提升2%，达到98%；高速铁路覆盖提升20%，达到95%。全年新建基站257个。接入网全年交付端口6.7万个，用户增长1.09万个。基础网新建成环光缆29.14千米，优化传输网元971个，成环率从60%提升到81%。新加天翼高清点播服务器2台，完成兴县、孝义市、交城县、离石区MSE上行扩容。

（中国电信吕梁分公司）

联　通

【经营概况】

2019年，中国联通吕梁市分公司移动业务收入完成38096万元，移动业务发展37.57万户，累计净增用户5.96万户；固网业务收入完成26621万元，宽带用户发展7.02万户，累计有效净增出账用户1.99万户；IPTV业务用户达21.7万户。2019年，投诉问题解决率、投诉满意率提升，移网NPS目标提升完成率达360.1%，宽带NPS目标提升完成率183%，综合打分满分。

【团队凝聚力提升】

2019年，中国联通吕梁市分公司市场线完成129个网格全承包，启动网络线划小改革破冰行动。55个网格获得毛利分享，占比42.63%。主营收入正增长的县市分公司由2018年的6个提升到2019年的11个，经营业绩分档前十，由2018年的2个提升到2019年的6个。其中，汾阳分公司由A档“吊车尾”提升到A档第二，中阳分公司跃升C档第二。合同制员工优化40人，非合同制员工优化77人，完成率100%；12名基层员工全部充实创新业务领域及划小改革一线；新入职大学生32名，充实到创新领域24名，占比75%。

【市场化网络运营】

2019年，中国联通吕梁市分公司移动网新建交付5G基站7个，4G基站新建+升级1777个，城区覆盖率达98.86%，农村覆盖率达91.35%，千人行政村覆盖率达94.20%。宽带网FTTH家庭总覆盖率91%，较年初增加1.4个百分点。FTTH实占率47.5%，较年初下降1.7个百分点。完成离石区及孝义分公司政务云平台、云联网网络部署、SD-WAN平台建设，具备云联网业务和联通智选专线业务支撑能力；完成大视频3.0平台部署，CDN点播能力扩容80G，实现视频极致体验。完善宽带线上交资功能，实现政企项目全流程管控，应急项目线上管控。宽带划小工单新建、扩容、改造、宽带简单扩容、政企接入新建项目交付时间均减少。2019年2G网络老旧设备“瘦身”818个，年节约能耗约212.4万元；4GBBU合并293个，利旧4G主控板、基带板293套，U900升级利旧GTMU板369块，节约投资

512.5万元。光衰整治达97.35%，全省排名第一；IPTV质差1.87%，全省排名第二；IPRAN成环达93.35%，全省排名第一；机房整治完成65个，全市整体告警比例下降32%；完成省定820个沃互联小区建设，"一户一码"完成率58%，全省进度第一。

（中国联通吕梁分公司）

吕梁市铁塔公司

【经营概况】

2019年，吕梁市铁塔公司累计完成经营收入21077.73万元（不含包干电费），累计实现利润1849.32万元，EBITDA率67.32%，年化资产报酬率3.55%，资产报酬改善率0.25%。

【市场化发展】

2019年，吕梁市人民政府办公室印发《吕梁市关于加快推进公用移动通信基站规划建设的意见》，明确市铁塔公司在5G规划建设中统筹牵头。公司与方山、临县县政府签订战略合作协议，开放公共资源，加快通信基础设施建设；市铁塔公司、兴县区域完成政务大厅入驻；国电区域实现110千伏以下高压杆塔资源开放。

2019年，吕梁市铁塔公司获取需求1057个，交付931个，其中5G完工交付210个。"转改直"累计完成42站，为客户降低成本逾200万元；共实施45个微站、39个隧道共享改造，覆盖里程156千米，为客户节约投资1100万元。与运营商开展联合攻坚，采取宏微结合的覆盖模式，解决吕梁学院、中阳县庞家会村等21个长期疑难站。收集分析影响产品服务费结算因素，明确各自责任部门及完成时限，按时跟踪督促，确保服务费按时确认。建立常态化对接机制，畅通渠道，积极响应客户需求。

围绕公司核心资源优势，聚焦公安、环保、交警、园林、交通等重点行业，推广高点监控、通信专网、智慧消防、环保监测等重要产品，落实公安350兆通信专网、医疗备电等项目，完成收入122.5万元。

【运营维护管理】

2019年，吕梁市铁塔公司发电费回款确认100%、回款99.6%，"1+5指标"按月和运营商确认，专业线条考核从上半年全省倒数第二提升到第四。针对运营商不同电费管理模式，分别梳理从电费代垫到确认回款各个环节、流程、要点，电费回款周期得到明显缩短。移动、电信、联通三家运营商回款比例分别提升至92.56%、96%、100%，整体排名跃升全省第一，受到省分公司通报表扬。

（市铁塔公司）

城乡建设

住房和城乡建设

【房地产市场】

2019年，全市房地产市场总体呈平稳健康发展态势。截至11月底，全市商品房累计销售面积83.53万平方米，同比增长19.38%，其中商品住房累计销售面积82.83万平方米，共7332套，同比增长22.49%。商品住房销售价格每平方米4133元，同比增长9.39%，房价略有波动，但总体平稳。累计可售商品房消化周期为13.28个月，非住宅商品房去化周期为54.11个月，去库存任务较为艰巨。

计划从2019年起，市规划区内新开工商品住房项目中至少配建20%的租赁住房，碧桂园项目已纳入规划设计。吕梁市已培育孝义市威乐家、柳林县东阳两户住房租赁企业，柳林县两栋6600平方米改建为83套租赁住房。中阳县中阳钢铁公司先后新建公租房4000套，建筑面积45万平方米，低租金供职工居住，10000余人受益。住房租赁综合服务平台系统建成投用，全市公租房房源信息全部录入系统，并进行其他房源信息的录入工作。

整顿住房租赁中介机构乱象。联合城管、网信、发改、市场、公安、银保监等部门印发《吕梁市住房租赁中介机构乱象专项整治实施方案》，对全市28家房地产经纪机构进行排查。其中“双随机”检查在建、在售房地产项目14个，房地产经纪机构5个，物业服务项目23个，发现先开工后办手续、未竣工验收交付使用、未登记备案、从业人员未取得职业资格、不按规定移交有关资料、未办理物业承接手续等问题。对其属地主管部门进行反馈，并督促整改。同时，建立新建商品房房源发布制度，使全市商品房预售资金监管实现全覆盖。

制定《吕梁市物业管理办法》，开展住宅专项维修资金集中清缴行动。2019年4月至10月，共追缴7355户，追缴金额4155.3万元；正在追缴4532户，涉及金额3650.47万元，累计收缴资金28518.2万元。

全市新开工全装修住宅10.24万平方米，全装修住宅覆盖率8.49%，同比增幅5.17%。起草并实施《吕梁市住宅全装修工作的实施意见》，逐步提高全装修住宅覆盖率。

落实国有土地房屋征收与补偿。印发《吕

梁市中心城区老旧小区改造房屋征收与补偿指导方案》，开展房地产领域矛盾纠纷排查化解专项行动和2019年度房地产市场秩序规范整治专项行动，成立房屋征地（拆迁）矛盾纠纷排查化解工作领导小组。2019年，临县拆迁26320.57平方米，汾阳市拆迁47474平方米。

【村镇建设】

2019年，吕梁市下达乡村环境治理补助资金4200万元，另有800万元视完成情况进行差别化补助。除石楼县、临县外，其余县（市、区）全部建立农村垃圾收运处理体系。全市排查出非正规垃圾堆放点共476处，已整治459处，整治率96.43%，销号446处，销号率93.7%。交城县、临县实行农村生活垃圾分类试点，交城县3个乡镇5个村、临县4个乡镇4个村不达20%要求。

2019年，中央、省级下达吕梁市农村危房改造资金31310.46万元，全年全市完成危房改造15507户。兴县、临县、石楼县3个拟脱贫摘帽县农村四类重点对象实现住房安全保障目标。

编制完成《全市农村住宅功能设计导则》和农房设计图集。在兴县和中阳县开展农村住房建设试点。编制《吕梁市乡村建设风貌整治技术导则》和《乡村建筑风貌整治指导图集》。在全市选取95个产业基础条件好、基层组织战斗力强的示范村开展美丽宜居乡村建设。在离石区任家沟村试点启动“美好环境与幸福生活共同缔造”行动。

2019年，吕梁市共上报历史建筑139处、历史文化街区4处，公布历史建筑132处、历史文化街区4处，公布省级历史文化名城1个（汾阳市）。同时，积极参与全国历史文化保护与传承优秀案例申报工作，申报柳林县明清街历史文化街区。完成传统村落保护规划编制26项（任务15项），传统建筑调查挂牌44个（任务30个）；传统村落保护项目启动8个，完工1个。在碛口开展历史文化名镇功能复兴和活化利用的探索，并协助有关部门在古镇碛口召开第四届中国古村镇大会。

【建筑市场管理】

截至2019年11月底，吕梁市建筑业完成产值63.7亿元，同比增长15.2%，完成年度计划的82.1%。至年底完成建筑业产值目标77.59亿元，三季度同比增长14.1%；全市房屋建筑与市政工程项目共计招标发包252项，总金额56.19亿元。房屋建筑和市政基础设施工程应招投标工程的公开招标率100%。

推广工程总承包模式，新建政府投资建筑工程项目中采用工程总承包模式完成8项，总中标价4.32亿元，占在建政府工程的21.62%（任务20%）。组织吕梁市全过程咨询企业遴选工作，推选晋源昌盛、腾跃两个项目管理有限公司上报省住建厅。印发《促进和扶持建筑业发展的实施意见》《关于开展2019年度吕梁市骨干和优秀骨干建筑业企业评选工作的通知》，指导筹建全市建筑企业协会，开展行业评优工作。起步新建建筑工程项目施工合同担保实施。

2019年，市建筑工程领域农民工工资拖欠案件和市场主体违法行为投诉举报案件办结率达到100%。

9月，对吕梁市22户建筑业企业进行双随机核查，核查完成企业数量的11.45%；1—11月联合惩戒14案，完成项目抽查总数比例的22.61%；打击建筑工程领域层层转包、违法分包行为，项目覆盖率和处罚上报率达到100%。对3家一级建筑企业、34家二级建筑企业进行信用评价。

【安全生产质量管理】

机构改革后，成立新的安全生产管理委员会，并调整工作职责，落实政府监管责任和企业主体责任，将新区安全监管工作纳入市建筑安全和消防检测中心。2019年，全市办理施工许可证的建筑工地未发生一起安全事故。

严格危大工程专项施工方案的编审，严抓交底、实施、验收等环节管控，推进建筑施工安全专项治理。检查项目42个，发现隐患142项，向建筑工地下达整改通知书85份，停工通知书33份。重点加强模架支撑、基坑（土方）开挖、起重机械安拆吊装等“危大工程”管控，严厉查处未编制专项方案或未按方案施工行为。2019年，全市32家应考评建筑施工企业全部开展建筑施工企业安全生产标准化考评，实现施工企业和项目全覆盖。

建筑工地施工扬尘专项治理。2019年全面落实扬尘治理“六个百分百”措施，全市104个建筑工地开展专项检查104次，处罚23个施工项目，约谈14家企业负责人，罚款73万元。81个建筑工地安装扬尘在线监测和视频监控设备，扬尘治理“六个百分之百”措施完成率100%，规模5000平方米及以上土石方工地安装在线监测和视频监控设备率100%。利用信息技术手段实现数字化监管，推进智慧工地建设，在全市范围内推广使用“山西省建设工程质量安全监管信息系统”平台。

2019年，新办理质量注册项目137项，质量监督总数277项，质量监督覆盖率100%；“两书一档”项目数208个，除临县完成75%外，其他县（市、区）均为100%；“一牌”执行率除临县完成50%外，其他县（市、区）均为100%；竣工验收项目数61项，竣工验收合格率100%；分户验收项目数25项，分户验收合格率100%。其中，市本级2019年新注册项目9项，质量监督总数16项，质量监督覆盖率100%；“两书一档”项目8个，“两书一牌一档”执行率100%；竣工验收项目数6项，竣工验收合格率100%；分户验收项目数2项，分户验收合格率100%。实行施工图技术审查和行政审批相分离，上半年共接收6项施工图审合格书备案申请，备案6项，备案率100%。7月1日起，取消施工图审查及审查合格书备案。

全市无超限高层建筑。2019年，吕梁市汾阳市杏花苑小学办公楼建设项目、专用教学楼建设项目、1#教学楼建设项目、2#教学楼建设项目、3#教学楼建设项目、幼儿园建设项目，汾阳市城区南熏小学扩轨教学楼项目，文水县第二实验小学新校区建设项目，孝义市湖滨路小学等10个项目，均使用了阻尼器抗震设防技术。

【建筑节能与建设科技】

2019年，全市新开工建筑面积81.84万平方米，全部执行65%节能标准，执行率100%。新开工绿色建筑面积38.93万平方米，执行率达47%（任务45%）。大型公共建筑及政府投资的公益性建筑全部按绿色建筑标准执行，绿色建筑集中示范区内新建建筑绿色标准执行率为100%。推广绿色建材10项（任务3项）。新建建筑中可再生能源应用比例达70%（任务50%）。城市绿色建筑集中示范区内绿色建筑标准执行率100%。

清洁取暖试点城市能效提升年度计划任务200万平方米，城镇部分完成19万平方米，继续施工5.5万平方米，农村既有建筑节能改造完成摸底调查。

装配式建筑统计报表上报率100%，装配式建筑面积5.2万平方米，占新建建筑面积比例6.35%。

科技成果申报5项，其中，山西奥铭科技有限公司绿色工业化螺栓装配式建筑项目已通过初评并组织专家评审。

【工程建设标准定额】

2019年，全市在交城县召开建筑抗震标准执行情况调研座谈会，并对建筑防火、防水、幕墙、无障碍设施、光纤到户、养老设施等执行强制性标准情况进行检查。省住建厅对吕梁市情况进行抽检，并充分肯定。孝义市作为无障碍环境试点市，2019年进行了“回头看”，编制《城市无障碍设施建设规划》，建设盲道56千米，道路、公共建筑设施、居民小区、公共交通设施和信息交流无障碍环境沿街门店的改造工作基本完成。

吕梁市按照省住建厅《关于开展2018年度工程造价咨询企业从业综合考核工作的通知》的要求，对全市10家工程造价咨询企业进行动态考核，考核结果全部合格。

2019年，组织全市造价咨询企业采集、报送建筑工程材料信息216项，督导造价咨询企业考核执行国家工程造价统计制度。

【审批服务和机构改革】

2019年，完成市级工程建设项目审批制度改革。覆盖市本级和6个县的工程建设项目审批管理系统上线运行。工程建设项目审批制度改革取消13项，合并7项，审批转为服务共29项，调整审批时序18项，同时开展了相应政策规定的“立改释废”工作。

2019年机构改革后，市住建局人员由1200余人减少为200余人，内设机构和下属单位由43个减少为22个，城市管理职能剥离，城市建设职能大为弱化，同时机构改革遗留问题未彻底解决。因依照机构改革后的“三定方案”规定，市住建局负责城市建设，市城市管理局负责市政基础设施建设，城市建设与市政基础设施建设的界限较为模糊。市房产服务中心行政职能划归住建局，由于事业单位改革未到位，职能、编制、人员均未划分到位，行政职能和服务职能界限较为模糊。消防职能划归市住建局，工作力量与重大消防审查验收工作量不匹配。

【大数据应用】

2019年，全市招投标实现完全电子化，数字城建档案馆建成投用，“数字房产”、吕梁市建筑市场信用管理系统、工程建设项目审批管理系统等信息平台不断完善。启用“钉钉”APP考勤，并对市政府OA系统进行优化升级。建立市住建局公文流转平台，局机关工作执行水准和工作效率明显提升。

【住房公积金管理】

3月29日，吕梁市住房公积金实现支付宝“刷脸”查询，提高全市缴存职工住房公积金信息查询的便捷性和安全性。4月9日，吕梁市住房公积金信息系统以“优秀”等级顺利通过部省“双贯标”联合验收，住房公积金基础数据信息和银行结算数据应用系统达到行业标准。6月13日，住房公积金信息顺利接入住建部全国住房公积金数据平台。11月28日，吕梁市成功接入山西省住房公积金数据互联共享平台，实现与省内其他多个城市住房公积金信息的互联共享。12月25日，吕梁市住房公积金综合服务平台上线试运行。

9月20日，吕梁市完成住房公积金缴存“多证合一”改革，办理流程由原来的先审核后办理，变更为前台一次办结。

（市住建局）

城市管理

【市政基础设施建设】

2019年，吕梁市城市市政基础设施建设完成投资50.37亿元。新建和改造城市道路83.66千米；新建和改造城市供水管网51.63千米，供气管网157.26千米，供热管网648.18千米；新建城市污水管网127.45千米，改造雨污合流制管网61.58千米；新增城市绿化面积136.8万平方米，建设城市绿道绿廊12.7千米。

【供气供热】

2019年，吕梁市新增集中供热面积991.96平方米。各供热单位和企业依照《吕梁市区2019—2020年采暖季供热应急方案（试行）的通知》，配套制定了安全生产应急抢险预案，且使应急预案处于启动状态，应急抢险队伍处于备战状态。9月24日，组织市区所有热源单位和供热运营企业召开2019—2020年度集中供热动员会，启动2019年“弹性供热”。

加强行业监管，确保城镇燃气安全。制订《吕梁市城镇燃气安全综合治理方案》，印发《关于加强城燃企业监管开展安全整治全面落实城燃企业运行前报备制度的通知》《关于转发省住建厅〈关于进一步规范瓶装液化气经营企业市场行为的通知〉的通知》《关于立即开展瓶装液化石油气安全专项治理有关工作的通知》《关于印发开展瓶装液化石油气安全专项治理工作实施方案的通知》，要求各县（市、区）开展城镇燃气行业安全专项整治工作，并组织检查，加强农村“煤改气”用户安全使用监管，消除燃气安全隐患，杜绝各类燃气事故的发生。组织全市燃气企业参加省住建厅举办的2019年全省“城镇燃气经营企业从业人员专业培训班”，两批累计组织培训461人，确保城镇燃气企业人员全员持证上岗，规范操作。

【园林城市创建】

2019年，吕梁市政府制定《吕梁市2019年创建国家园林城市迎检工作实施方案》，编制了《吕梁市城市绿地划定》和《吕梁市生物多样性规划》。规划编制单位开始按照吕梁市城市管理局修改意见进行修订完善，同时邀请国家园林城市专家齐桂萍对吕梁市园林城市建设进行实地指导，随后根据专家意见对部分实施方案进行突击整改。

【城市卫生环境整治】

2019年，吕梁市政府下发《吕梁市城市生活垃圾分类处理工作实施方案》，在市规划建成区孝义市、汾阳市、柳林县、中阳县4个试点县（市）率先实施城市生活垃圾分类，鼓励有条件的县同步开展生活垃圾分类处理工作。截至2019年底，离石区配套户分类投放垃圾桶7880套、240L塑料分类垃圾桶330个、240L铁制分类垃圾桶660个；孝义市市区主干街道分别配置600支分类垃圾桶，选定新义樊家庄、中阳楼尚家庄、崇文留义村、胜溪湖封家峪4个试点开展实施；中阳县试点5个小区，摆设分类垃圾桶，并进行垃圾分类宣传，发放宣传页2000份；兴县选定2个乡镇3个行政村为试点，配置210个分类垃圾桶；方山县确定积翠小区1个示范点为城市生活垃圾分类试点；文水县选定3个垃圾分类试点村，1个试点单位进行垃圾分类。

【黑臭水体整治】

截至2019年底，吕梁市区完成刘家庄和枣林沟黑臭水体资料汇编工作；完成黑臭水体整治专项督查数据上报；督促刘家湾沟、北川河（一号坝至交口大桥）黑臭水体治理工程进度，完成全年治污工程；推动落实“长制久清”制度，推动落实由市政处负责，基础设施公司具体实施七里滩沟、炭窑沟、兴南市场排洪渠、新建沟的日常维护工作。

【市容市貌整治】

2019年，吕梁市城市管理局推进市容市貌整治，对市区“两违”项目进行处置。市区国有土地上登记存量“两违”项目共72项，建设单位提出处置申请61项。市城管执法队分别向原市规划局、原市住建局（市城管执法局）提交规划、建设调查报告54项，规划、建设处理建议51项；对康安大厦、泰和新天地、益众永宁苑等9个建设项目下达《行政处罚决定书》，累计收缴罚款1961万元。

2019年，吕梁市政府制定《吕梁市“两下、两进、两拆”城市风貌专项整治方案》。截至年底，市区管线下地工作有序推进；9月29日—10月18日共清理各类违法广告2843处，累计清理各类违法广告（横幅、喷绘、拱门、墙体广告、立地灯箱、橱窗广告、小广告、户外广告等）44811处，拆除擎天柱广告牌18个，拆除巨型宣传位2处；9月29日—10月18日共拆除市区拆除违章建筑4间、面积约94平方米，累计拆除违章建筑1238间（处）、面积约78470平方米。拆除围挡（墙、栏）面积累计约16388平方米。规范占道经营37553处，累计清理乱堆乱放590处，清理地锁路障613处，清理对联2884处，清理僵尸车1辆，清理共享纸巾机23台。

【中心城区项目建设】

2019年，吕梁市城市管理局承载“四个一批”中心城区建设项目36个，其中，续建项目5个，拟开工项目16个，谋划启动项目6个，完善移交项目9个。

续建完善项目共5个，总投资3232.27万元，到位资金2098.67万元。“二青会”比赛场馆周边城市风貌整治、2018年城区旧管网及换热站维修维护工程、东川河人行步道项目等3个项目全部完工；吕梁火车站候车大厅提升改造项目完工，火车站站前广场北侧区域绿化项目完成清表。

2019年计划建设项目共16个，总投资24.64亿元。包括市区门头牌匾整治、体育馆周边道路提升改造、主城区雨污分流管网1+N工程完成雨污分流管道铺设、呈祥路南延（碧水路-交口商业街）项目、城南传统主题工业公园工程（二期）、北川河生态治理二期项目（7号、8号公园）、吕梁市民兵武器装备仓库应急修复工程、小游园小广场建设项目（晋绥路小游园）、主城区中心区域景观亮化提升项目、滨河两路绿化提档增绿工程等项目。

2019年验收移交项目共9个，项目总投资13.96亿元，到位资金11.51亿元。其中，城北供热站脱硫脱硝提标改造工程、西南供热气站脱硫脱硝提标改造工程、城北供热站脱硫脱硝超低排放改造工程、西南供热气站脱硫脱硝超低排放改造工程、西南供热站封闭式煤场改造工程等5个项目完成竣工并验收；2017年雨污分流改造工程完成竣工并验收；其余3个项目进入竣工验收和决算审计阶段。

2019年计划启动项目6个，其中，莲花池公园提升改造项目具备招标条件；吕梁大道二期项目正在办理土地预审；其余4个项目均进入前期调查和方案设计阶段。

【城市人居环境改善】

吕梁市城市管理局按照《山西省改善城市人居环境攻坚行动方案（2019—2022）》文件精神，制定印发了《关于印发吕梁市改善城市人居环境2019年各县（市、区）重点工作任务的通知》和《关于印发吕梁市改善城市人员环境2019年重点工作任务的通知》，明确各项工作任务，落实具体责任单位，充分发挥各级领导小组和工作机构的统筹协调作用，形成高效有力的工作体系和工作机制。建立双月报、重点工作分析报告制度，对任务进展慢的县（市、区）进行通报、督办。

【"二青会"城市风貌整治】

2019年，为确保全国第二届青年运动会胜利召开，吕梁市城市管理局完成市区建筑立面、第五立面风貌整治42.51万平方米；整治体育馆周边412家临街商铺门头牌匾；拆除违法巨型广告57个，总面积约5346平方米；整治城区主干道沿街建筑架空线缆；提升整治体育馆周边4.2千米道路路面及4.8万平方米人行道；完成市区绿化提档增绿4.3万平方米；亮化提升市区4个路段行道树和东川河河道8座跨河桥梁景观；更换市区9条主次干道2.2万米道路隔离栏；完成市区760根路灯杆、80余处围挡围墙"二青会"宣传标语的制作安装；督促市区4个在建建筑工地严格落实"六个百分百"；完成体育馆北侧和市公路分局深基坑整治；拆除青银高速高架桥下463间面积4.49万平方米违法建筑；取缔店外经营、流动摊点、早市夜市摊点等27处。

全力护航保障"二青会"服务。加强供水、供气管网设施设备巡查维护、驻点值守；加强绿化养护和公园、广场、绿地的保洁、养护、安保工作；强化体育场馆和驻地周边各类照明设施的巡查巡检及监控工作；积极开展重点路段、重点区域的市容市貌乱象、噪音污染问题整治；加大城市道路清扫保洁力度；加大市政基础设施安全隐患排查治理力度。全面创优城市对外形象。强化城市公共设施保洁清洁力度；加快推进机场周边、体育馆周边和城市主干道沿线风貌整治；扎实开展生活污水处理厂提标改造、雨污分流改造、城市美化亮化等城市人居环境综合整治；美化提升防护栏、广告牌、灯箱等商户外设置设施和书报亭、果皮箱、导向牌等"城市家具"；严厉打击城市道路、建筑工地扬尘污染违法违规行为，开展重型柴油货车整治专项行动。吕梁市城市管理局被市"二青会"执委会提名第二届全国青年运动会组织筹办工作先进集体。

【污水处理厂超标排放整治】

2019年，吕梁市生态环保领导组印发《吕梁市城市生活污水处理厂提标保温稳定排放专项行动方案》。吕梁市实施提标保（提）温扩容项目的污水处理厂15家，分别为交城县、文水县、汾阳市、孝义市（一厂、二厂）、交口县、中阳县、石楼县、临县、岚县、方山县各县（市）污水处理厂，以及吕梁市第一污水处理厂、第二污水处理厂。其中，7家已竣工投入运行，分别为：孝义市第一污水处理厂和第二污水处理厂、汾阳市污水处理厂、交城县污水处理厂、柳林县污水处理厂、方山县污水处理厂、兴县污水处理厂；其余8家正在加快建设。

市生态环保领导组与市生态环境局、市水利局和市公安局建立"人防、技防、联防"相结合的督查督办机制，实行每10天通报制度，同时组织有关县污水处理厂负责人赴太原市、晋中市所属污水处理厂参观考察学习。8月，邀请中国工程院院士任南琪到吕梁主持举办“吕梁市首届水污染防治高峰论坛”。经过一系列整治，全市15个城镇污水处理厂扭转了严重超标排放的被动局面，7月严重超标的污水处理厂减少至4家，8月、9月连续两个月全部达标排放，10月后保持稳定达标排放，取得污水处理整治阶段性目标。

【行政审批】

7月23日，吕梁市城市管理局行政审批事项进驻政务服务大厅，负责办理行政许可15项、行政确认1项、行政奖励3项和原公共服务事项3项，共计22项。按照“六权治本”要求，收集归纳涉及本单位的行政许可及审批事项、权责清单，具体制定每个审批事项的《行政职权运行流程图》和行政审批事项《廉政风险防控图》。先后制定《吕梁市城市管理局驻政务服务中心责任追究制度》《吕梁市城市管理局行政审批事项限时办结制度》《吕梁市城市管理局行政审批一次性告知制度》和《吕梁市城市管理局驻政务服务中心现场勘查管理制度》等规章制度。负责办理的19项行政政务服务事项，实现“四级四同”同步率和可网办率100%。初步完成“互联网+监管”监管事项梳理和“两清单”事项审核上报。同时，转变工程建设项目管理方式，督促供水、供气、供热、排水部门制定具体实施方案，明确服务环节、服务流程，全程提供技术服务指导，做到在工程建设许可阶段提前介入项目。

【城市防汛安全】

2019年，吕梁市城市管理局印发《吕梁市城市管理局2019年城市防汛工作实施方案》，开展“5·12”防灾减灾日宣传活动，发放防汛减灾知识宣传单2万余份。汛期实行24小时专人值班制度，做到汛期不过、排查不止。组织抢险队伍294余人、抢险车辆27辆，开展市区防汛隐患排查工作。对市区边山支沟、城市排水排涝设施、城市供水供气供热设施、桥梁隧道、城市公园广场、城市房屋安全和建筑工程施工工地等进行全面排查。按照“谁主管谁负责”“事权与事责”相统一的原则，及时消除安全隐患。按照“抗大灾、防大患”的要求，牢固树立“宁可备而无用，不可用而不备”的忧患意识，购置储备发电机、抽水泵、雨衣、雨具、铁锹、编织袋等必要防汛物资，为抢险防灾提供保障。

健全安全生产责任制，制定《吕梁市城市管理局城市管理领域安全生产隐患大排查方案》，建立“党政同责、一岗双责、齐抓共管”的安全生产管理责任体系。落实安全管理责任，健全并调整安全生产管理委员会组成人员及各成员单位安全生产工作职责，并制定《城市管理领域持续推进安全生产集中检查强化风险隐患排查治理工作方案》和《城市管理领域消防安全专项行动工作方案》。

【法治建设】

2019年，积极实施吕梁市住房城乡建设“七五”普法规划，建立法律顾问制度，实行工程项目合同订立、规范性文件审查、行政复议、行政诉讼等行政行为法律顾问咨询机制，出具各类审核意见书20余份。

建立健全法治建设机制。制定《2019年度法治建设工作实施方案》《吕梁市城市管理2019年法治工作要点》，成立吕梁市城市管理局推进法治建设领导组，全面负责组织、指导、协调全局法治建设工作。

结合形势任务要求，制定了《吕梁市城市管理局关于开展2019年扫黑除恶专项斗争的实施方案》，向省级上报问题线索2条。其中，信访举报1件，日常监管行业乱象1件；建筑市场领域共排查行业乱点数量2件，治理完成数量1件，治理完成率50%。

（市城管中心）

城市管理服务

【重点工程建设】

2019年，吕梁市城市管理服务中心承担6项市政工程建设，分别是：生活垃圾焚烧发电和餐厨垃圾处理、第一污水处理厂二期大修技改、第二污水处理厂二期工程建设、第一污水处理厂和第二污水处理厂保温提效工程、污水收集管网建设、新改造公厕。

生活垃圾焚烧发电和餐厨垃圾处理。完成建设项目选址意见书、土地勘界、选址研究报告、节能评价报告、可行性研究报告、土地预审等；上报审批环评报告、污染物削减方案和总量申请报告。同时，进行勘察设计招投标、编制矿产资源压覆报告、地质灾害报告。市财政批复《财政可承受能力论证》《物有所值评估报告》，市政府批复《实施方案》，并按PPP程序报批该项目入库和公开招投资主体。

第一污水处理厂二期大修技改。完成东西两座生物池、二沉池、絮凝沉淀池清淤41500余立方米，深度处理车间主体完工，进行试水堵漏连接管道。其他技改项目全部完成。10月开始陆续进水，出水达标排放，日增加污水量约1.5万吨，旧城区生活污水实现应收尽收。

第一污水处理厂和第二污水处理厂保温提效工程。共投资17201余万元，实施保温提效工程，12月完工。

第二污水处理厂二期工程。完成土方工程分别为：地基土方开挖97000立方米，深基坑支护4000余平方米，浆砌挡土墙1300立方米。砌改雨水管、污泥管、中水管、工艺管道3800米，一期改造管线和二期新铺设管线完成管线工程量的85%。主要构筑物二沉池设备安装完成40%，生物池堵漏工程完毕，可以安装设备，磁混凝澄清池设备安装完成90%。12月中旬，项目进入进水调试。

污水收集管网项目。铺设管网13.7千米，截流污水口18个，收集离石区交口街道办、柳林县李家湾乡、中阳县金罗镇片区生活污水约1.5万吨/日，项目竣工验收。

新改造公厕。新改建土建公厕6座，移动式公厕30座，并全部投入运行。改造后的公厕利用真空负压抽吸，为全密闭管道，用水量小，臭味浓度低，卫生保洁清理方便，便池堵塞情况减少，开关门电子屏提示，并可统计每天使用公厕的人数流量。

【生态环境治理】

城区污水处理厂。全年共处理生活污水量约533万吨，平均日处理约1.46万吨。处理污泥约13169.6吨，含水率为78%，全部运往生活垃圾处理场进行卫生填埋。

针对7月份总氮严重超标情况，通过变频控制提升泵的运行状态技术，使进水水量均衡稳定，尽量减少由于每日高低峰值水量变化而引起的生化系统负荷过重；控制一期好氧池末端溶解氧在2毫克/升左右，减小由于硝化液回流携带溶解氧过高而引起的缺氧段停留时间不足；提高污泥脱水车间效率，生物池内活性污泥浓度保持在4~6克/升；将一期现有厌氧池单点配水改为多点配水，原则上保证厌氧池进水

30%、缺氧池进水70%，提高一期生物池的总氮去除效果；在缺氧池首端加设乙酸钠投加装置，消除由进水碳源不足而引起反硝化能力不够的隐患。

第二污水处理厂。一期工程自2018年7月运行以来，出水水质各项指标均低于《城镇污水处理厂污染物排放标准》（GB18918-2002）中的一级A标准，满足环保要求。全年共处理水量约1007万吨，日平均处理污水量2.7万吨。处理污泥量约4600吨，日处理约12.8吨，经脱水及低温除湿干化后污泥含水率达到60%左右，运往生活垃圾场进行卫生填埋。

生活垃圾处理场。严格按照倾倒、铺摊、压实、喷药、覆盖的标准规范作业，加大药剂喷洒面和黄土覆盖面，减少对环境的影响。全年处理垃圾量1.7万余吨，处理垃圾渗滤液14700余吨，出水水质符合国家垃圾渗滤液排放标准。

公厕管理。市区主要街道两侧现有公厕83座，采取“六净四无一畅通”，即地面净、墙体净、便池净、洗手池净、门窗净、四周净，无臭味、无蝇蛆、无尿碱、无损坏、上下水畅通的管理办法，为市民营造文明舒适的如厕环境。更换供水管500余米，更换电缆3000余米，维修脚踏阀、水龙头、门锁等易损易耗件和上下水管道共4000余次。

（市城市管理服务中心）

吕梁市建筑勘察设计院

2019年，吕梁市建筑勘察设计院狠抓内部管理，出台了一系列务实管用的规章制度，完成设计项目100余个，实现业务收入1000余万元，比2018年同期下降30%。

2019年，市建筑勘察设计院主营业务下滑，各种刚性支出持续加大，共欠缴2018—2019年职工养老保险金360万元、欠缴职工职业年金33万元、欠缴职工全年住房公积金240万元，欠缴非事业单位职工后半年养老保险金60万元。欠缴2019职工医疗保险金61万元。累计欠缴“三险两金”970万元。

（市建筑勘察设计院）

吕梁市建筑安装总公司

【生产经营】

2019年，吕梁市建筑安装总公司参与投标工程项目195个，中标项目185个，在全省企业中标个数排名第36名，中标总价125131万元；全年合同签订416项，合同签订总额169693.86万元；较2018年同比增长78%。全年共计完成产值15.82亿元，超额完成年初生产目标计划任务。但受资质等级等因素影响，承揽的工程项目为一般建筑工程，市政工程数量较多，大型土木工程、安装工程、高层建筑、标志性项目相对较少。

2019年，吕梁市建筑安装总公司实行电子平台投标，从项目投标报名到项目中标，全程无纸化电子网络投标。先后在易招标平台、云买卖平台、伟拓招标平台、诚e招等平台进行注册，并成功完成48个项目的投标活动。

【安全生产】

2019年，吕梁市建筑安装总公司以强化安全发展观念，提升职工安全素质为主题，查隐患、严治理、防事故、保生产。通过开展内部培训、宣传教育、现场检查，提高了全体员工安全质量意识，全年未出现一起施工安全事故。主要措施为：层层签订安全责任状，即总公司与各基层经理负责人签订《安全生产责任状》，把安全目标层层细化、量化，落实到每一个人，签订率100%，形成领导总负责和层层抓落实的安全生产责任模式。强化安全培训教育，即公司组织工人进行“三级”安全教育，组织安全专项培训。其中，企业负责人培训A类1人，项目经理B类20人，专职安全员C类12人，培训特种作业人员34人，新增一级建造师3人，做到全员培训，人人持证上岗。加强源头管理，把安全隐患消除在萌芽状态，保障施工现场的安全生产。全年组织各类检查10余次，下发整改通知书46份，停工通知书2份，排查隐患86处，整改率达100%。

【质量管理】

2019年，吕梁市建筑安装总公司提出“质量是政治、是生命、是效益”的口号，强化全员质量意识，建设精品工程。强化落实质量责任制，完善质量网络建设，开展质量月活动。坚持“质量第一”的方针，把工程质量作为评价工程的首要因素，各工程处、各项目部一把手亲自抓质量，落实质量责任，保证ISO9001质量保证体系的有效运行。

严格质量管理标准和质量检查制度。在施工中，实施质量管理目标从高、过程从细、标准从严的内部管理监督检查措施。质检部门加强施工过程中的质量预控、监控，共组织质量检查10余次，形成了班组、质检员、项目部三级质量保证体系，全年未发生工程质量事故。

（市建筑安装总公司）

环境保护

【概 况】

2019年1—10月，吕梁市区大气环境质量综合指数5.3，全省排名第三；优良天数228天，占比75%，全省排名第二，达到省考核72%的进度要求；PM2.5平均浓度38微克/立方米，全省排名第三，同比下降11.6%，降幅全省排名第一，在国家考核的汾渭平原11个城市中平均浓度和同比降幅均排名第一，达到省考核PM2.5年均浓度下降1.9%以上的要求。PM2.5浓度下降达到“十三五”末大气环境质量改善44.8ug/立方米目标要求，优良天数比例接近“十三五”末大气环境质量改善达到75.4%目标要求。

1—10月，全市9条重点河流12个国考断面中，5个断面水质同比实现好转，由1—4月7个劣Ⅴ类断面，到10月减少为3个，全市河流国考断面水质指数1—10月与1—3月相比，由37.72降至19.08，降幅49.42%。地表水国家省监测断面17个，实际监测16个（东董屯断流未监测），Ⅰ～Ⅲ类水质优良断面6个，占比37.5%，达到省考核水质优良比例33.33%的进度要求；劣于Ⅴ类的水体水质断面8个，占比50.0%，未达到省考核劣于Ⅴ类的水体断面比例下降到23.53%的进度要求。

企业稳定达标排放水平提升。全市115户重点监控企业超标排放率大幅下降。1—10月，主要污染物氮氧化物、二氧化硫、氨氮超标率同比下降分别为16.55%、53.53%、46.80%；截至10月，115户企业和15户城市生活污水处理厂污染物基本做到稳定达标排放。

【环境保护执法】

环境执法监管。2019年1—11月，全市环境行政处罚单位813户，罚款8694.22万元，停产整治企业194户，实施查封扣押企业79户，取缔散乱污企业68户。涉嫌环境违法案件移送公安机关35件，行政拘留48人，采取刑事强制措施3人。严厉打击涉水企业非法倾倒偷排污染物行为，制作警示教育片开展警示宣传教育，营造舆论攻势和震慑效应，有效保障河流水质安全。1—10月，生态环保“12369”举报热线受理669件，比2018年同期减少79件。特别是从8月份59件，到9月份下降为56件，10月份下降为15件。

环保督察问题整改。2019年，中央、省

环保督察反馈吕梁市整改任务34项75个，完成整改44个，其余31个属中长期任务按时序要求推进；全市“百日清零”专项督察发现问题386个，整改完成379个，整改清零率98.2%。

【大气污染防治】

2019年，吕梁市以禁煤区燃煤炉灶和散煤贮存“双清零”为目标，排查清理燃煤锅炉7182台、燃煤炉灶9735台、散煤7162吨。其中，吕梁市城区及周边排查清理锅炉6781台、炉灶8349台、散煤6137吨。

燃煤污染控制。吕梁市完成农村地区清洁供暖改造12.3万户，2018年至2019年9月底累计完成城乡村清洁供暖改造34.5万户。建成农村地区民用清洁煤供应场所90个，排查取缔非法储煤场220户，供应洁净煤8.2万吨。

工业污染治理。34户焦化生产企业完成特别排放限值改造，中阳钢铁建成投运焦化干熄焦；22台燃煤锅炉完成超低排放改造，513台燃煤锅炉实施淘汰，79户涉挥发性有机物排放企业完成VOCs收集治理，779座工业炉窑完成环保设施升级治理，580户工业企业1619个无组织排放节点完成综合治理。

扬尘油烟污染整治。依法依规关停严重破坏生态环境的企业，整治期间对平川4县74户企业停产限产，查封扣押17户，关停取缔散乱污、土小企业115户。吕梁市各县对建筑工地下达扬尘整改通知112份，107个项目工地、74个土石方建筑场所安装扬尘在线监测和视频监控；市区道路机械化清扫率达90%，其它道路达66%以上；检查散装物料源头企业5443人/次，查处路面抛洒34起；对市区209国道三轴以上货车实行绕行管制，查处尾气不合格车辆225辆；134个在建工地实施“六个百分百”扬尘治理；取缔烧烤摊点168户，燃气炉和电炉改造226户，安装餐饮油烟净化装置925户。

【水污染防治】

2019年，吕梁市依法保护城镇集中式饮用水源地，完成168个饮用水源地划定和调查评估；15个城市集中式饮用水水源地环境问题得到清理整治，横泉水库污染防治项目完成建设11项。

河流水环境质量综合整治。开展河流“清四乱”专项行动，累计清理河道长度3487.75千米，清理河道垃圾213万立方米；排查排污口1411处、封堵546处，办理审批手续81处、规范整治38个；文峪河、磁窑河、汾河干流与支流沿线先后完成河道整治，可疑地点安装投运视频监控摄像头780个，监控终端6个。

农村污水治理。孝义市建成沿河农村生活污水处理设施14套，中阳县、临县、柳林县的10个乡镇生活污水处理设施开工建设；石楼县畜禽养殖粪污处理工程和汾阳市2×10万吨有机肥生产项目建成试运行，临县畜禽养殖及食品加工废水处理工程建成；对文峪河、磁窑河流域畜禽粪污采用“1+N”运作模式进行科学治理，建成运行8个好氧发酵罐；全市458户规模以上畜禽养殖场配套建设粪污处理设施，16户畜禽屠宰企业完成污染治理工程建设。

地下水保护。对29个地下水点位开展水质监测，无极差点位；完成加油站油罐防渗改造431户1959个。

整治污废水。完成重点涉水企业提标改造14户，新建城市生活污水收集管网61.6千米，改造合流制管网46.47千米；全市城镇生活污水处理厂15个，完成提标改造5个，正在改造

10个。交城县经济开发区集中污水处理厂提标改造、汾阳市污水处理厂、汾阳市杏花村生活污水处理厂扩容工程完成，吕梁市市区及周边金罗镇、李家湾乡、交口镇污水收集管网工程建成投运。市区第二污水处理厂二期、孝义市经济开发区集中污水处理建设工程，文水县污水处理厂扩容工程、岚县污水处理厂三期扩容工程等正在建设。聘用122名河道环保监管人员，实施24小时严密监管，对1006辆各类油罐车全部造册登记并安装GPS定位仪进行跟踪监督。

【土壤、固体废物污染防治】

2019年，吕梁市生态环境局配合省级部门进行全市农用地土壤污染状况详查，其中，完成414户重点行业企业用地调查，全面启动重点地块的初步采样调查。

建设用地准入管控。为确保用地安全，配合国土部门，建立建设用地土壤污染风险管控和修复名录库，强化建设用地再开发利用准入管理，将建设用地土壤环境管理要求纳入城市规划和供地管理。

土壤重点行业企业污染源监管。全市确定土壤重点监管企业40户，实行动态更新，督促列入土壤环境重点监管名单的企业根据国家相关规范自行制定监测计划，推进重点企业开展土壤自行监测。

工业固体废物堆存场所环境整治。依据《吕梁市工业固废排放整治专项行动方案》，对121座煤矸石、粉煤灰、赤泥等工业固体废物堆存场所完成规范化整治；对离石中铝焦化、东义焦化两个地块进行土壤污染风险调查。

农村环境综合整治。列入农村环境综合整治的130个村庄中，7个村完成整治，78个村完成整治方案编制。列入生活污水治理工程的47个行政村中，纳入城镇管网的村22个，建设集中式污水处理设施的村25个；已完工的村13个，正在建设的村18个，未开工的村16个。

【生态示范项目建设】

2019年，吕梁市汾西矿业（集团）有限责任公司柳湾煤矿、水峪煤业有限责任公司、离柳焦煤集团有限公司、金地煤焦有限公司赤峪煤矿等5个矿山生态环境修复治理项目全面竣工，兴县金地煤业有限公司、东江煤业集团有限公司等4个项目正常施工。

持续开展自然保护区“绿盾”专项行动，依据《吕梁创建省级环保模范城市实施方案》《吕梁市创建省级环保模范城市2019年行动计划》，吕梁市范围内启动省级环保模范城市创建工作。吕梁市编制矿山生态环境恢复治理方案180户；建立吕梁市矿山生态环境数据管理库，基本形成以总报告为主的数据集、图集生态信息库，实现全市矿山生态信息数据的动态管理。

【生态环保领域改革】

2019年，吕梁市结合生态环境监测监察执法垂直管理体制改革，按照吕梁市委安排部署，全面深化生态环境体制机制改革。

建立完善全面打赢蓝天保卫战、净土保卫战、碧水保卫战的制度体系。制定印发《吕梁市2019年污染防治攻坚实施方案》《吕梁市区及周边大气污染防治攻坚方案》《汾文交孝大气污染防治攻坚方案》《吕梁市磁窑河水环境整治攻坚行动方案》《吕梁市文峪河水环境整治攻坚行动方案》《吕梁市三川河水环境整治攻坚行动方案》，为开展大气、水污染防治攻坚行动，打赢蓝天保卫战和碧水保卫战提供制度保障。

深化生态环保监管执法机制体制改革。制定《吕梁市生态环境机构监测监察执法垂直管理制度改革实施方案》《中共吕梁市委办公厅关于深化生态环境保护综合行政执法改革的实施方案（草案）》《吕梁市生态环境保护综合行政执法队职能设置、内设机构和人员编制规定（草案）》，吕梁市生态环境局、各县（市、区）生态环境分局、吕梁市环境保护综合行政执法队均组建挂牌，吕梁市环境监测站调整为省生态环境厅驻吕梁市生态环境监测机构，筹建吕梁市生态环境保护综合行政执法平川支队。生态环境综合执法体制改革后，构建大气、水、地上地下一体的生态环境执法机制。

坚持环保执法与刑事司法相衔接，市环保局与市公安局建立联合执法机制，其中，依法快侦快办并公开通报生态环境违法刑事案件和行政案件50起。同时，加强环境公益诉讼，持续保持严厉打击环境污染违法犯罪行为的高压态势。

推进生态环境损害赔偿制度等改革。吕梁市生态环境损害赔偿制度改革领导小组成立后，印发《吕梁市生态环境损害赔偿制度改革实施方案》。为落实生态环境损害补偿机制，制定《吕梁市地表水跨界断面生态补偿考核方案（试行）》《吕梁市城市环境空气质量改善奖惩方案（试行）》，对吕梁市19个跨界断面进行生态补偿金考核，对各县（市、区）及城区2019年6月以来环境空气质量改善进行奖惩。进一步完善跨县（区）饮用水水源生态环境补偿机制，落实《吕梁市横泉水库生态环境保护方案》。编制完成《吕梁市横泉水库集中式饮用水水源地保护划定技术报告》，印发《吕梁市横泉水库生态环境保护方案》，明确了投资11亿元33项整治任务，相关责任主体按照方案要求积极开展项目建设和问题整治。

【科技治污】

2019年，吕梁市建立健全综合监督治理机制。充分运用“人防、技防、联防”综合监管手段，形成以政府主导、部门联动的生态环保综合监督治理新机制。市政府聘请环保院士和专家把脉问诊，与高校、科研院所合作，制定《吕梁市工业企业内部堆场扬尘治理》《吕梁市露天非煤矿山开采行业大气污染治理》等8个技术导则，科学指导重点行业污染防治。其中，一些县市聘请专家团队对污染企业制定“一企一策”污染整治方案，实施限期精准治污，选聘污染治理先进技术企业建设治污项目。

加强“技防”监管。建设智慧环保大数据平台，充分应用“大数据+环保”，在市区周边、汾阳市和孝义市城区设置368套空气质量微观监测和激光雷达监控系统，以线上监控指导靶向污染防治；建立沿河倾倒污染物违法行为监控体系，对重点河流沿线安装的780余套视频监控设施和中心监控平台联网，实施24小时动态监控，防范河道偷排偷倒行为；建设跨界断面水质自动站16座，对河流水质6项污染物进行自动监测；对重点涉水企业安装水污染在线监控设施的基础上，新安装360度全景视频监控设施，进行全方位监控。

强化“联防”联动。市环境保护领导小组牵头组织相关县统一错峰生产标准，开展区域环保联合执法，统筹流域生态调水补水，有效实现跨县区域环境质量改善。

建立健全环保信用评价、信息强制披露制度，对恶意或严重环境违法的经济主体列入诚信“黑名单”，并及时向社会公布。对日常的环境行政处罚案件、“双随机”抽查问题企业在政府门户网站进行公开，接受群众监督。

（市生态环境局）

财政 税务

财 政

【财政收入】

2019年，吕梁市一般公共预算收入完成1926635万元，同比增长10.22%。税收收入完成1461358万元，同比增长5.75%。其中，增值税完成659379万元，同比下降0.28%；企业所得税完成245002万元，同比增长35.80%；个人所得税完成17929万元，同比下降30.77%；资源税完成263363万元，同比增长14.30%。非税收入完成465277万元，同比增长27.06%。其中，专项收入完成101921万元，同比下降9.49%；行政事业性收费收入完成29266万元，同比增长2.39%；罚没收入完成89998万元，同比增长95.79%；国有资源（资产）有偿使用收入完成227450万元，同比增长42.27%；其他收入完成16488万元，同比增长2%。

市本级一般公共预算收入完成382609万元，同比增长37.04%。税收收入完成271928万元，同比增长8.20%。其中，增值税完成114924万元，同比下降3.18%；企业所得税完成48101万元，同比增长40.72%；个人所得税完成3497万元，同比下降27.46%；资源税完成102785万元，同比增长12.73%；环保税完成2621万元，同比增长8.71%。非税收入完成110681万元，同比增长297.08%。其中，专项收入完成1344万元，同比下降19.62%；行政事业性收费收入完成2733万元，同比下降39.95%；罚没收入完成18987元，同比增长382.76%；国有资源（资产）有偿使用收入完成85136万元，同比增长415.76%；其他收入完成2327万元，同比增长92.16%。

【财政支出】

2019年，吕梁市一般公共预算支出执行4306614万元，同比增长5.39%。公共安全支出执行175666万元，同比增长11.14%；教育支出执行729461万元，同比下降0.34%；卫生健康支出执行414278万元，同比增长1.56%；社会保障和就业支出执行475685万元，同比增长4.13%；交通运输支出执行149616万元，同比增长102.92%；农林水支出执行796953万元，同比增长3.70%；文化旅游体育与传媒支出执行99058万元，同比增长38.82%；城乡社区支出执行410445万元，同比增长38.39%；科学技术支出执行21344万元，同比增长20.99%；节能环保支出执行255663万元，同比下降5.83%。

市本级支出预算717244万元，一般公共预算支出执行685492万元，同比增长9.06%。公共安全支出执行30512万元，同比增长37.48%；教育支出执行59679万元，同比下降0.24%；卫生健康支出执行177434万元，同比增长4.08%；社会保障和就业支出执行27667万元，同比下降25.43%；文化旅游体育与传媒支出执行33510万元，同比增长54.53%；节能环保支出执行21426万元，同比下降56.75%；农林水支出执行41171万元，同比增长6.43%；交通运输支出执行48462万元，为调整预算的100%，同比增长89.90%。

【中央和省转移支付】

2019年，中央和山西省对吕梁市转移支付2174586万元，同比增长3.95%。其中，一般性转移支付1827137万元，同比增长40.97%；专项转移支付332149万元，同比下降57.45%，下降原因主要是转移支付结构调整因素。中央和山西省对吕梁市的转移支付中分配市级211842万元（含中央和山西省对全市城乡居民医疗保险补助139939万元），分配县（市、区）1962744万元。

2019年，市级财力对县（市、区）转移支付99713万元，同比增长1.04%，其中，一般性转移支付34268万元，专项转移支付65445万元。

【市本级预备费】

2019年，吕梁市本级一般公共预算安排预备费10000万元。年度预算执行中未予动用，年终全部补充稳定调节基金。2019年，吕梁市政府性基金收入完成271056万元，同比增长22.03%；政府性基金支出执行625203万元，同比增长64.70%。

2019年，吕梁市本级政府性基金收入完成113097万元，同比增长156.30%；政府性基金支出执行158233万元，同比增长187.81%。

2019年，吕梁市国有资本经营预算收入为零，上级补助收入26474万元（省财政“三供一业”移交补助），国有资本经营预算支出21864万元，年终结余4610万元。2019年，吕梁市本级国有资本经营预算收入为零，上级补助收入313万元，国有资本经营预算支出313万元。

【社会保险基金预算】

2019年，全市社会保险基金预算收入完成1165843万元，同比增长3.05%；全市社会保障基金预算支出1020812万元，同比增长4.51%，年末收支结余145031万元。

2019年，吕梁市本级社会保险基金预算收入完成511268万元，同比增长12.90%；社会保险基金预算支出460281万元，同比增长5.56%，年末收支结余50987万元。

【债　务】

2019年，山西省财政厅转贷吕梁市地方政府债券648654万元，其中，新增债券502474万元，吕梁市本级留用110000万元，转贷县（市、区）392474万元。新增债券主要用于精准脱贫、农村公路、污染防治、市政设施等重点民生领域基础性、公益性项目建设；再融资债券146180万元，吕梁市本级留用43506万元，转贷县（市、区）102674万元。再融资债券主要用于置换到期政府债务，优化政府债务期限，防范化解财政金融风险。

2019年，全市政府债务限额2779000万元，其中，市本级908500万元，各县（市、区）1870500万元。截至年底，全市政府直接偿还责任债务2605896万元，其中，市本级893848万元，各县（市、区）1712048万元。市、县两级政府债务均未突破政府债务限额。

【预算落实】

2019年，全市一般公共预算收入完成192.66亿元，超收3.72亿元，同比增长10.22%，收入总量再创历史新高，居全省第二位，增速列全省第三。全市税收收入完成146.14亿元，同比增长5.75%，占财政收入的比重达75.85%，收入来源稳定，结构合理。

2019年，全市争取上级财政支持，全年支出规模达到430.66亿元，同比增长5.39%，增支22.04亿元，总量居全省第二，重点支出需求得到保障。

2019年，全市累计下达财政专项扶贫资金24.93亿元，市、县两级分别同比增长3.32%、13.11%，投入总量居全省前列。全市推进财政涉农资金整合，完善资金操作规范，制定资金支持精准扶贫意见。全年实际整合资金33.01亿元，为计划整合数的95.01%，完成支出30.93亿元，支出进度89%。

2019年，创新财政扶贫方式，为农业产业扶贫贷款风险补偿基金注资5000万元，为62户企业投放贷款4.4亿元，推动全市核桃、红枣等八大农业产业快速发展。加强中小微企业转贷资金管理，使用转贷资金2.1亿元，为13户中小微企业转贷续贷提供资金保障。落实美丽乡村建设、扶持村集体经济发展试点等强农惠农富农政策，安排下达资金1.53亿元，助推乡村振兴。为健康扶贫、教育扶贫、兜底扶贫等落实到位下达资金9.96亿元，保证“两不愁三保障”基本标准实现。

2019年，落实减税降费政策，建立月报统计和督查检查制度，全年可为企业减负49亿元，9882户企业享受税收优惠政策，44.9万名工薪所得无需再缴纳个人所得税。推进国企国资改革，市级安排“国企改革和解困”专项资金0.27亿元，支持市属国有企业解决历史遗留问题。下达财政补助资金0.6亿元，推进12户国有企业“三供一业”分离移交改造。加大科技研发支持力度，市级安排科技研发和人才引进专项经费0.81亿元，投入技改和转型发展资金1.93亿元，大力支持高科技重点项目、“百千万人才工程”“数谷吕梁”建设以及企业技术改造、上规升级。推广PPP模式，全市纳入财政部综合信息平台项目达55个，项目投资总额365.48亿元，涉集中供热、社会事业和交通道路等方面。

2019年，全市财政用于民生方面的支出达352.91亿元，占一般公共预算支出的81.95%。支持学前幼儿资助、“两免一补”、公立医院取消药品加成、县乡医疗卫生一体化改革等民生事业。安排专项资金1.43亿元，支持市区公办学校改革和农村基础教育事业发展。城乡居民养老保险补助由人均每月85元提高到最低108元，基本公共卫生服务补助标准由每人每月55元提高到69元，基本医疗保险财政补助标准由年人均490元提高到520元。

2019年，全市“三基建设”累计投入10.42亿元，保障了36项重点任务顺利推进。设立市级污染防治专项资金1亿元，争取中央、省污染防治专项资金3.9亿元，重点用于蓝天、碧水、净土项目治理和大气、污染源普查、环境监测能力建设等，吕梁市区PM2.5平均浓度、改善幅度、优良天数三项主要考核指标再次位居汾渭平原11个城市第一。

【财政改革】

2019年，《吕梁市基本公共服务领域市与县共同财政事权和支出责任划分改革方案》，将8个方面28项涉及人民群众基本生活和发展需要的公共服务事项，确定为共同财政事权。推进预决算公开，市本级和市直100个部门全部在规定时间内公开政府预决算、本部门预决算及“三公”经费预决算，实现应公开单位全覆盖。全年压减一般性项目支出3.43亿元，达到中央压减幅度10%的总体要求。制定《吕梁市贯彻落实省委、省政府防范化解政府隐性债务风险有关政策措施分工方案》，防范化解重大风险。全年争取债券资金50.25亿元，同比增长51.63%；将市本级6.96亿元隐性债务纳入财政年度预算，全年实际共化解债务8.06亿元，落实隐性债务化解目标任务。推进国库集中支付电子化改革，市级10户预算单位试点运行。创新政府采购模式，建立吕梁市政府采购网上商城管理平台，对采购限额标准以下的通用类商品实现政府采购全流程电子化操作、全过程在线监管，政府采购更加阳光、高效、透明。

（市财政局）

税 务

【概 况】

2019年，吕梁市各级税务部门突出目标管理、调研分析、精细管理、堵漏增收四个重点，加强全局统筹性、征管精准性、考核严肃性，定期做好收入研判分析，抓重点税源管理，强化欠税征缴。全年累计完成各项税费收入459.88亿元，其中，税收收入完成409.19亿元，同比增长9.59%，增收35.8亿元，其他收入完成50.69亿元。

【减税降费改革】

2019年，吕梁市税务局成立实施减税降费工作领导小组及工作办公室，制定《吕梁市税务局实施减税降费工作落实方案》《工作任务分解表》《吕梁市税务局减免税数据审核填报、会审、纠错、抽查机制》等方案。先后召开13次党委会、27次专题会议研究“减税降费”，并多次向吕梁市委、市政府、市纪委，以及市委改革办、市财政局、市发改委汇报工作。协调19个部门建立联席会议，形成市委重视、市政府牵头、税务部门主攻、各部门联合发力、社会各界积极参与的税收征管格局。

2019年，市税务局领导包县，延伸一个所（分局）；县级领导包所（分局），延伸到辖区内所有户，层层分解压实责任。组织专家团队开发“减税降费分析监控系统”，利用电子信息系统，确保对应享受减税降费政策的68119户纳税人精准服务全覆盖。市税务局在做好核算的基础上，开展减税降费成效测算和法人知税测算，让纳税人直观地看到自己得到的减税“红包”，确保减税降费政策精准实施。同时，成立“吕梁市涉税服务团体减税降费志愿者服务队”，在市办税大厅开通减税降费“绿色通道”和“业务专窗”，设置“减税降费政策落实咨询服务岗”，确保纳税人咨询、办税快捷方便。

吕梁市税务局重点解决税收政策中存在诸多“堵点”“难点”问题，向执行政策中的不作为、乱作为“亮剑”，集中整治“吃、拿、卡、要”等不正当行为。以主流传统媒体和新媒体为主阵地，以各大网站和手机客户端为拓展，采用“报、网、微、端、屏”等多种形式，进行减税降费宣传解读。以问卷调查表、成效测算表、问题反馈表、政策汇编辅导手册“三表一册”为途径，多次进行“开好票”“申报好”“算准红利”的“一对一”“面对面”辅导。全年共计向纳税人发放《小微企业普惠性税收政策》15000余份，《减税降费政策汇编手册》42000余册，《个体双定户告知书》30000份；举办减税降费“总裁培训班”“小微企业政策宣讲”“邮政快递行业宣讲专场”等各类专题培训班38期，累计培训纳税人、缴费人63000余人次；组织“税企青年减税降费知识竞赛”“代表委员体验日”“县长税课”等各类宣传活动，营造减税降费浓厚的宣传氛围。

2019年，全市累计新增减税38.2亿元，其中，深化增值税改革新增减税26.13亿元，小微企业普惠性政策新增减税1.86亿元，另有因2018年实施和2019年翘尾减税政策导致新增减税9.43亿元。

【法治税务建设】

2019年，吕梁市税务局依法行政、依法决策，最大程度便利纳税人、最大限度规范税务人的行为。在做好新机构组织建设的基础上，完善各类制度，制定《吕梁市税务系统优化逾期申报行政处罚工作办法（试行）》《全市税务系统优化税务执法方式全面推行“三项制度”工作方案》，落实《税收政策执行情况反馈报告制度实施办法》。完善公职律师工作机制，发挥14名公职律师作用，处理法律相关事务共56次，全年共结转和受理重大税务案件54件，审理54件。健全税务人员法治培训长效机制，规范税收执法行为，开展执法督察3次、专项督察1次。调整内控工作领导小组成员，规范岗位职责，编写《税收执法过错与责任追究操作手册（2.0版）》；同时，充分利用现行内控指标，排查疑点数据7919条，完成问题整改3193条，涉及税款512.1万元。

【税收风险防控】

2019年，吕梁市完成税收遵从类风险应对任务38批2575户，查补税款6263.36万元、入库滞纳金539.86万元、入库罚款25.1万元，调增企业所得税应税所得额3529.75万元；完成减税降费应享未享和违规享受风险任务28批5945户，办理退税抵税105.14万元，补缴违规享受税款51.35万元。建立“公安、工商、人行”联动防控机制，重点开展打虚打骗、发票违法虚开整治、区域重点税源随机抽查等各类专项治理。

【社保及非税收入】

2019年，吕梁市税务局为缴费人提供“实体、网上、掌上、自助”等多元化缴费渠道，开通办税大厅、银行柜面、银行APP、微信等四种社保费征收方式，解决集中缴费期人员密集、工作量大的问题。吕梁市全年共征收机关事业单位基本养老保险费197667万元、企业职工基本养老保险费15万元、基本医疗保险费62888万元、生育保险费3611万元、工伤保险费1344万元、失业保险费542万元、城乡居民基本养老保险费27259万元。全年共征收行政单位、参公管理事业单位出租、出借收入1309万元，市政公共资源有偿使用收入81万元。

【税收营商环境】

2019年，吕梁市税务局持续优化办税服务，除保留的7项行政许可审批事项外，其余所有非行政许可审批事项全部清理完毕。全面推行“集中受理、内部流转、限时办结、窗口出件”模式，“一窗式受理”模式成为常态，并实现业务一窗办理“内动外不动”。推进县城24小时自助办税服务厅建设，开设“24小时自助办税中心”5个，并在车管所、驾校等试点投放车购税自助办税机。对首次办税的纳税人实现“零门槛”办税，提供“套餐式”服务，业务办理时间压缩70%以上，人均工作量减少40%以上。

优化办理企业税务注销程序，各办税服务厅、政务大厅等办税服务场所均设置注销清税窗口，实现市场主体退出便利化。推出“量化逾期申报违章处理”新模式，使每笔逾期申报违章业务办理时间由之前的25分钟缩短至10分钟以内。先后取消26种涉税文书报表，对符合规定的增值税纳税人年申报增值税次数由12次简并为4次，并取消纸质申报资料的日常报送。

市税务局推进市场监管部门和税务部门实时数据共享，在开展“改革创新、奋发有为”大讨论期间，向省税务局提出推行“电子清税证明”建议，实现市场监管和税务“一站式”注销。启动“智慧税务”建设，按照“对标一流、查找差距、狠抓落实”的思路，借鉴深圳蛇口税务局经验，选择服务对象数量最多的离石区、税费收入全市最高的柳林县作为试点。拨付专用经费800万元，投资建设智慧办税大厅，借助触摸屏、语音识别、VR虚拟体验等进行智能咨询辅导，运用人脸识别技术和税收大数据进行智能提醒体验，设置智能导税、智能受理、智能取号、智能窗口、智能存取等版块实现智能流转办税，达到让纳税人、缴费人“零等待、即时办”的目标。

建成并启用发票邮寄配送中心，实现“纳税人登录电子税务局提交申请—税务机关通过系统自动审核并传递—自动处理终端自动发出发票—邮政速递部门24小时送达”的网上发票领用模式，让纳税人足不出户领取或取得发票。2019年共邮寄代开发票52份49户次，邮寄发售发票74002份783户次。

【减税降费志愿者服务队】

2019年，吕梁市税务局积极响应国家税务总局号召，发挥涉税专业服务力量的作用，在全市范围内成立由社会力量参与的20余个涉税服务团体减税降费志愿者服务队，共计246名涉税专业服务人员参加活动。志愿者服务队全面参与全市23个办税服务厅导税咨询、自助办税和办税体验区咨询辅导，现场服务纳税人累计1380人次；组织纳税人讲堂专家辅导讲座14场，培训纳税人1200余人次；参与制定税务机关对纳税人、扣缴义务人宣传辅导方案，从纳税人、扣缴义务人需求以及专业服务的角度，向税务机关提出意见建议74条。

【干部入企服务】

2019年，吕梁市税务系统共派出460名税务干部，分321个小组，入企服务634户，着重向纳税人宣讲山西省支持民营经济发展“30条”措施、减税降费政策、简政便民政策、技改资金申报政策、云平台建设政策等重点工作内容。共接收81户企业各类涉税问题108条，办结108条，解决了一批税收征管和纳税服务中存在的难点、堵点问题。

【银税合作】

2019年，吕梁市税务系统与银监部门联动，全市银行业机构“银税合作”累计授信627户，投放贷款579户（A类纳税人202户，B类纳税人377户），共计638笔15.35亿元。其中，小微企业累计投放623笔，贷款金额13.54亿元；纯信用贷款累计投放457笔，贷款金额1.99亿元。

（市税务局）

金　融

中国人民银行吕梁市中心支行

【货币政策调控】

2019年，中国人民银行吕梁市中心支行组织召开货币信贷工作会、民营经济和小微企业座谈会等会议，传达货币信贷政策，用足用活货币政策工具；与人行太原中心支行和省、市、县三级联社沟通，制定三方协议，在山西省率先利用省联社金融资产质押为地方法人金融机构发放再贷款。截至年底，全市支农、支小再贷款余额均为5亿元，使用率均达100%；扶贫再贷款余额12.62亿元，使用率94.89%；再贴现余额4.73亿元，使用率94.6%。落实差别存款准备金政策，对新增资金用于支持地方经济发展考核达标的10个地方法人金融机构、5家县级三农事业部，分别执行优惠1个和2个百分点的存款准备金政策。推动贷款市场报价利率（LPR）改革，指导地方法人金融机构提高贷款利率自主定价能力。推动合格审慎评估工作。全市23家地方法人金融机构中，2家被评为基础成员、16家被评为观察成员。鼓励县级农村信用社加入全国银行间金融市场。截至年底，全市13家机构中已有8家加入，其中5家已开办相关业务。加大对小微企业、民营经济的信贷支持力度，制定《关于切实加强民营企业金融服务的实施意见》《货币信贷政策执行情况建议书》等相关文件，对贷款出现下降趋势的金融机构负责人进行约谈，引导银行信贷资金脱虚向实，回归本源。

截至2019年末，吕梁市金融机构各项存款余额2536.05亿元，比年初增加250.06亿元，增长10.94%；各项贷款余额1199.41亿元，比年初增加49.82亿元，增长4.33%。存贷比47.29%，比年初降低2.99%。搭建政银企合作平台，召开2019年全市转型项目政银企对接会，促成13家市级银行与66个企业达成贷款意向354.05亿元。截至2019年底，实际落实项目47个，占比71.21%；授信193.67亿元，占比54.7%；投放贷款76.77亿元，占授信额度的38.04%。同时，推动辖区兴县、交口县、柳林县等支行召开政银企对接会，签约贷款108.69亿元。

【金融扶贫“吕梁模式”】

中国人民银行吕梁市中心支行制定《吕梁

市2019年金融助推脱贫攻坚工作方案》，明确全年工作目标和采取的措施。落实《吕梁市加强政银企协作攻坚深度贫困工作方案》，召开金融扶贫“吕梁模式”推进会、产业扶贫座谈会。印发《关于做好吕梁市2019年—2020年金融精准扶贫工作的实施意见》《推广金融扶贫“吕梁模式”助推脱贫攻坚与乡村振兴工作方案》，修订完善《吕梁市产业扶贫贷款风险补偿基金实施方案》，助力金融扶贫“吕梁模式”、扶贫保险“一保通”推广运用。截至11月末，全市共筹集农业产业发展风险补偿基金2.09亿元，“吕梁模式”贷款余额3.96亿元，惠及贫困人口4572人。交口县、交城县、岚县、石楼县四县开办扶贫“一保通”综合保险业务，纳入险种118个，保费收入4032.66万元，参保贫困人口16.86万人，保险赔付资金1057.53万元。

【金融风险防控化解】

2019年，中国人民银行吕梁市中心支行切实维护区域金融秩序的稳定局面，加强对金融机构风险的监测预警，提高风险监测系统的覆盖面。全市银、证、保金融机构达到100%，小贷公司、担保公司、典当行覆盖面达90%以上。

建立金融风险监测责任体系，对地方法人金融机构负责人逐一进行约谈，层层签订风险防范责任书，形成地方法人金融机构一把手向市、县两级人民银行负责，市联社、人民银行各县（市、区）支行一把手向人行吕梁中支负责的风险监测责任落实机制。完成对5家法人机构的压力测试。先后23次下发风险警示书，对法人机构贯彻落实金融风险防控化解工作进行“一对一”提示，对发现的问题制定“一行（社）一策”化解方案。印发《吕梁市集中取款现金直供应急预案》，提高应急处置能力和水平。

推进“两管理、两综合”工作，召开全市金融管理与服务工作会议，安排部署相关工作。2019年，加强对新设金融机构的管理，共有7家新设机构加入人民银行金融管理与服务体系。强化重大事项管理，重新修订《吕梁市金融机构重大事项报告管理实施细则》《金融机构综合评价办法》，累计受理重大事项报告120项。组织对邮储银行、工商银行、建设银行吕梁分行及其辖内支行开展综合执法检查，针对存在问题对邮政储蓄银行吕梁分行罚款12.5万元。完成辖内48家市级金融机构的综合评价工作，其中，银行业13家、证券业4家、保险业31家。

开展存款保险工作，23家地方法人金融机构开展央行评级，完成真实性现场核查、数据采集和监测分析等相关工作；开展存款保险知识宣传，核定地方法人金融机构存款保险费率，收缴2018年下半年保费1385.23万元、2019年上半年保费1417.94万元。处置交城县太行村镇银行非正常集中取款事件，及时上报相关情况，建立支付清算、资金调拨、现金供应等绿色通道，快速平息事件，得到天津分行肯定。

加强地方法人金融机构流动性风险监测预警，按月监测流动性情况，重点加强对市农村信用联社金融市场业务、部分县级联社票据市场业务的监测管理。通过下达《流动性风险提示书》、采取约见谈话等措施，引导地方法人金融机构建立流动性风险控制预案，防范化解金融市场风险。制定流动性风险处置预案，明确流动性风险处置相关科室的职责和风险处置程序、要求等内容，提高风险处置能力和水平。

【外汇管理】

2019年，中国人民银行吕梁市中心支行落实外汇管理改革措施，不断提升外汇服务地方实体经济的能力。持续关注重点监测企业外汇收支变化情况，防范无真实贸易背景的资金交易现象发生，引导企业合法、合规经营。加强服务能力建设，为工行、中行、民生银行开通跨境金融区块链服务平台，加入全国跨境金融区块链服务试点。优化营商环境，取消境内资产变现账户结汇限制、资本项目外汇开户数量限制和非银行债务人办理外债注销登记等事项。编写《外汇局应用系统操作指南》，为3家符合条件的金融机构办理结售汇业务准入备案，为企业就近办理外汇业务提供便利。推广使用政务服务网上办理系统，网上办理比例达100%。全面解读外汇形势与政策，通过举办“金葵花杯”外汇业务知识竞赛、组织专题业务培训、开展专项调研等方式，对银行、企业进行政策指导。加大对违规企业和银行的处理力度，对6户企业进行分类降级，对1家银行给予行政处罚。

【征信市场规范】

2019年，中国人民银行吕梁市中心支行加强企业、个人信用报告管理，为市政务大厅增配征信报告查询机1台。强化央行评级工作，培训央行内评企业402户，全省排名第一。加大应收账款融资平台推广力度，全年累计达成融资交易94笔，金额129.97亿元。与市发改委联合印发《关于在行政管理事项中使用信用记录和信用报告的实施方案》《吕梁市守信联合激励和失信联合惩戒名单管理暂行办法》，加强联合惩戒案例归集和信息共享。指导人行交口支行打造多元化农村信用体系建设试点，建立“十户一体”评级授信模式。强化征信合规监管，完成对12个县支行征信合规和信息安全巡查，对交通银行、晋商银行、市联社及其13个分支机构进行现场检查，清理封查违规设立的“柳林锐金征信修复中心”。举办“征信助力小微与民营企业融资发展”启动仪式，与吕梁市会计学校签订“诚信文化宣传示范教育基地合作备忘录”，召开“征信助推小微民营企业融资发展”片区成果展示会，取得良好社会效应。

【服务与管理】

2019年，中国人民银行吕梁市中心支行推进金融业综合统计工作，实现银、证、保全覆盖；深入金融机构对扶贫贷款真实性等情况进行检查，对大学生消费中使用金融工具进行监测，被太原中心支行认定为2019年度创新工作。提高经济金融形势分析水平，上报重点调研报告4篇，其中，《农商行改制中存在的问题及对策》在全省专项调研汇报会上作了现场交流，并荣获一等奖；行领导2篇调研文章分别荣获天津分行一等奖、三等奖。开发银行家问卷前置校验模板，在全省推广并作为太原中支创新项目上报总行。推进国库标准化建设，吕梁中心支库成为全省三家“达标库”之一。推进国库直接支付电子化业务，在孝义市、文水县、兴县支库试点运行的基础上，2019年中阳县、临县、石楼县、柳林县支库成功上线，上线率54%。推动实行国库非现场对账模式，有效提升工作效率。配合国家财税改革，落实社保征缴入库和小微企业减税降费政策。加大国债宣传力度，提高国债知晓率和购买力。强化科技服务，加强信息化基础设施建设，投入90万元对全辖区路由器、楼层交换机、UPS进行更换，对4个支行机房进行模块化改造。及时处理各种软硬件技术故障，确保全行应用系统正常、稳定运行。协助太原中支，推进辖区地方法人机构金融标准化工作。加强网络安全保障，对全辖区283台业务网、72台互联网客户端安全性进行抽查，组织召开信息系统安全风险防控会议，开展网络系统应急演练，防控信息风险。加强发行基金调拨管理，保障社会现金供应。2019年全辖区共投放货币115.4亿元，回笼货币48.02亿元，净投放67.38亿元。与市场监督、公安等部门联合开展违规使用人民币图样行为专项整治工作，切实维护人民币形象；加强纪念币管理，规范纪念币预约、兑换行为。统筹部署重点工作，确保2019年新版人民币顺利发行和第二代反假币系统正常运行。加大残损币回收和假币打击力度，2019年共回收残损币券2228袋，金额19.5亿元；收缴假币9067张，金额73.71万元，辖区货币流通环境进一步净化。强化内部审计监督，组织召开全市人民银行屡查屡犯问题专项整治工作会议；对临县、石楼县支行行长进行履职审计，对孝义市、岚县支行行长开展经济责任审计，对汾阳市支行和吕梁中支分别开展货币发行、信息化外包服务及机关合同管理专项审计，出台《吕梁中支民事合同管理实施细则》，进一步规范合同管理；配合太原中心支行完成对吕梁中支的预算管理审计。

【支付体系建设】

2019年，中国人民银行吕梁市中心支行优化营商环境，取消企业银行账户许可。深化移动支付工作，印发《关于深入推进吕梁市移动支付便民工程建设的通知》，组织召开全市移动支付工作推进会；指导汾阳医院建成全市首家“移动支付+便民诊疗”门诊，孝义市人民医院建成山西首家“智慧医院”，实现全程网上诊疗；吕梁学院、山西医科大学汾阳学院、太原理工大学现代科技学院3所高校实现线上缴费场景移动支付，大土河煤电公司、冶炼公司等11个企事业单位食堂开通移动支付，泰和商城、吕梁市人民医院、吕梁学院等5个单位停车场实现无感支付；吕梁市13个县（市、区）中有12个实现公交刷卡支付。

【金融消费权益保护】

2019年，中国人民银行吕梁市中心支行深化金融广告治理，联合市市场监督管理局，成功取缔非法征信修复机构1家。开展金融消费权益保护综合执法检查，持续推动金融知识宣传教育。在“3・15”消费者权益保护日、6月“守住钱袋子”及9月“金融知识普及月”等宣传活动的基础上，启动吕梁市“金融知识大宣教”活动，策划组织吕梁市金融知识宣传微视频展播。开展“金融与诚信”知识主题教育效果评估，涵盖学生及家长1.19万名。组织参加全国金融纠纷多元化解机制会议，加强投诉处理，全年共处理金融消费者投诉案件24起。全面推进普惠金融工作，与吕梁市金融办联合印发《吕梁市普惠金融量化考核实施办法》，就辖区各县（市、区）和市级各金融机构普惠金融推进情况进行考核。

【反洗钱监管】

2019年，中国人民银行吕梁市中心支行对辖区59家金融机构进行现场分类评级，开展反洗钱现场检查。对出现违规行为的岚县慧融村镇银行罚款24万元，并对其主要负责人处罚1.2万元；对孝义市、柳林县2家村镇银行开展反洗钱风险评估。组织辖内金融机构在770余个网点开展反洗钱宣传、培训，发放宣传资料60000余份。甄别、上报重点可疑交易线索4条。指导金融机构积极配合司法部门开展账户查、冻、扣等工作，加大涉黑线索甄别、报送力度。截至2019年底，累计向吕梁市扫黑办移送线索102条，被认可99条。

（中国人民银行吕梁市中心支行）

吕梁市政府金融工作办公室

【概 况】

2019年，吕梁市人民政府金融工作办公室成立。市金融办聚焦解决地方金融领域存在的存贷比低、政银企项目履约率低、不良贷款率高等“两低一高”问题，金融支持转型发展成效明显，金融助推脱贫攻坚不断加强，地方金融体制改革实现新突破，金融发展环境得到新提升。

【政银企合作发展】

2019年，吕梁市金融办贯彻落实市政府“深化转型项目建设年”工作要求，强化资金保障和政银企项目对接。组织13家银行机构与72个项目进行签约对接，达成综合授信意向268亿元；成立市政银企对接推进领导组，先后2次召开推进会，对项目履约情况进行通报5次，激励金融机构加大信贷投放力度。组织金融机构对未落地项目逐一分析研究，对部分项目调整优化，最终确定政银企项目66个，金额354.05亿元。截至年底，66个签约项目授信落地47个，项目落地率71.21%，较2018年同期提高15.8个百分点；累计授信额度193.67亿元，占签约总额的54.7%，较2018年同期提高2.7个百分点。

【金融助推脱贫攻坚】

2019年，吕梁市金融办推广企业资金链应急周转金保障业务，解决企业转贷问题。自转贷资金设立后，累计转贷68笔，企业使用还贷周转金达3.07亿元，化解企业贷款逾期风险8.55亿元。2019年，共为6户企业办理转贷业务，转贷金额2720万元。推进普惠金融发展，与杭州蚂蚁金服集团对接，共同推进“县域普惠金融”项目建设。组织市直相关部门负责人赴河南兰考、浙江杭州实地考察，形成《普惠金融项目考察报告》。印发《吕梁市“县域普惠金融”建设实施方案》，助力全市脱贫攻坚和乡村振兴。发挥金融助推脱贫攻坚作用，联合人行、银保监等部门加大金融扶贫政策落实力度，共发放扶贫小额信贷17563户，涉及金额8.73亿元。截至2019年底，全市扶贫小额信贷户数42230户、余额19.28亿元；全市累计发放精准扶贫贷款239.32亿元，惠及贫困人口263.31万人次。

【企业上市挂牌】

2019年，吕梁市金融办出台《关于加快推进企业上市挂牌工作的意见》，确定交城县、离石区作为资本市场县域工程试点县。建立企业上市后备资源库，入库企业60户。为牧标牛业、星宇化工、百家兴农牧申请挂牌奖励资金210万元，对企业上市进行补助。离石区、交城县、文水县、汾阳市4个县（市、区）企业挂牌上市“破零”，新三板企业上市3户，山西股权交易中心“晋兴板”挂牌7户，“培养版”挂牌7户，“展示板”挂牌142户。

【不良贷款清收】

2019年，吕梁市金融办在全市范围组织开展清收公职人员拖欠农信社不良贷款活动。至年底，累计清收公职人员不良贷款529笔3912万元，签订还款协议234笔，金额9862

万元，带动社会清收45441万元。同时，实施土地确权办理、落实税收返还、财政资金存放和社保代理，市政府以2.8亿元资金入股离石区农信社，在全省形成示范效应。

【地方金融监管】

2019年，吕梁市金融办推动融资担保公司做大做强。汾阳市担保公司注册资本由1200万元增加到2000万元，山西正轩融资担保公司增资9亿元，推动设立注册资本为5亿元的山西智范融资担保公司；受理4户小额贷款公司设立申请。运用分类评级结果和公信办，取消3户公司的小额贷款试点经营资格；组织各县（市、区）对全市33户典当公司进行年审，规范典当行经营行为。

针对吕梁市基金业发展存在的“小、散、弱”、市场化程度低、作用发挥不充分等问题，市金融办赴杭州考察培育私募基金做法，借鉴先进地区发展经验，起草印发《关于规范政府投资基金发展的意见》，明确吕梁市基金业发展方向和目标。提交市政府常务会议审议通过《吕梁市绿色发展基金设立工作方案》和《吕梁市政府投资基金管理公司组建方案》，基金建设运营工作有序推进。

【金融风险化解】

2019年，吕梁市金融办发挥市处非办组织协调作用，制定2019年度处非平安建设考评实施细则，及时下发“晋商贷”、江苏“钱宝系”、广东“团贷网”“轻易贷”等非法集资案件答复口径，指导各县（市、区）做好政策解释工作，有力维护社会稳定。组织开展风险隐患排查、陈案化解、涉嫌非法集资广告咨询清理等工作，非法集资存量风险得到有序处置，增量风险得到有效遏制，彻底扭转非法集资、非法金融活动高发势头。加强地方金融领域“扫黑除恶”工作，按照省、市安排，组织召开全市地方金融领域“扫黑除恶”专项斗争工作会议，建立健全地方金融领域治理、涉黑涉恶违法犯罪线索处理、腐败线索处理3本工作台账，有效维护地方金融安全。

（市政府金融办）

吕梁市银保监分局

【实体经济服务】

2019年，吕梁银保监分局紧密对接地方发展需求，督促引导银行保险机构回归本源、专注主业，服务地方经济发展。助推金融精准扶贫，召开金融扶贫工作推进会议，先后3次约谈有关机构32人次，下发督导函3份，多次深入县（市）和机构进行调研。全年共投放扶贫小额信贷8.73亿元，完成全年任务的136%，投放量全省第一。积极防控扶贫小额信贷风险，召开风险化解推进会和“户贷企用”整改会，不良率和逾期率实现“双降”。大力推广“两减四推一倾斜”和脱（返）贫责任险。

服务小微民营企业发展，督促银行业机构在单列信贷计划、授信尽职免责、内部考核等方面实施差异化激励。组织法人机构申请小微企业风险补偿金，开展小微企业融资收费自查抽查，稳步推进“百行进万企”工作。2019年，辖内24家法人机构均建立小微企业授信尽职免责认定标准和实施细则，法人机构普惠型小微贷款完成“两增”目标。民营经济贷款余额542.19亿元，占各项贷款的45.18%。

推进减费让利降成本。引导银行业机构严格执行“七不准”“四公开”规定，综合运用降低利率、减免收费等措施，推动降低企业融资成本。2019年，取消或降低收费项目数86项，为1682户企业减费让利2670.17万元，为1830户企业转贷续贷165.96亿元。

支持产业转型升级，鼓励银行业机构主动对接国家和地区重大发展战略，加大对产业转型升级、战略性新兴产业等领域的信贷支持。2019年，支持全省重点工程项目70个、金额127.44亿元；支持转型综改企业110家、金额112.42亿元，支持和推动新能源、铁路、科技创新等产业转型发展。

提升民生服务保障水平，加大“三农”信贷投入。全年银行业机构发放涉农贷款535.85亿元，占贷款余额的44.65%；提升农业保险保障水平，稳定生猪生产、做好玉米保险旱灾理赔，政策性农险提供风险保障金75.14亿元。开展大病保险及补充医疗保险现场检查，指导承办公司提高服务水平。完善安责险体系建设，吕梁在全省率先实施煤矿企业安责险制度，共承保矿井95座，已赔款214.23万元。

【金融风险防范化解】

2019年，吕梁银保监分局大力整治银行业乱象，深化整治重点领域风险，研究制定《吕梁银行业保险业防范化解金融风险攻坚战三年实施方案》《吕梁银行业区域性风险缓释化解方案》。督促银行保险机构开展乱象整治“回头看”和乱象整治自查工作。开展车险市场乱象整治和4S店保险兼业代理机构捆绑销售保险专项自查整改工作，督促保险机构全面开展员工行为、重要单证风险排查，推动人身保险业做好风险防控应急演练。开展非法集资、非法金融活动排查整治。推进“扫黑除恶”专项斗争、“护航2019”反保险欺诈专项行动。有效化解区域信用风险，建立农合机构大额风险监测制度，督促机构制定整改达标规划。推进隐性不良贷款入账，辖内23家农村银行机构和2家城商行逾期90天以上贷款全部计入不良。加大不良贷款处置力度，坚持“五个一批”分类处置不良贷款。监测房地产企业债务集中到期情况和投放资金集中度情况，对资金投放集中度较高的机构进行风险提示。推动化解案件风险，印发《关于进一步加强保险机构案件风险防控工作的通知》，组织开展案防工作评估。加快案件处置进程，主要领导亲自督办，明确分类分批处置思路，与省银保监局交流沟通，统一处置尺度，及时约谈机构，加大督促力度。

【金融监管】

2019年，吕梁银保监分局指导法人机构将党的领导贯穿到公司治理各环节，10家村镇银行完成《章程》修订。加强对股东的穿透监管和持续监管，推动股权集中托管、实施股权动态监测、建立股东信息数据库。加快农信社改制进程，落实高风险机构三年处置规划，对拟改制的农信社，提前介入，加强政策辅导；对符合验收条件的农信社，倒排时间表，加大监管力度，加快验收进程。2019年，岚县农商银行正式开业，吕梁农商银行获准筹建并顺利召开创立大会。推动“多县一行”制试点，强化监管联动和政策辅导，严格股东资质、股金来源、关联关系审查。7月8日，山西省首家“多县一行”制村镇银行交口融都村镇银行石楼支行开业。

保护消费者合法权益。开展侵害消费者权益乱象整治，成立工作领导小组，督促银行保险机构做好自查，对10家机构进行抽查，确保整治工作取得实效。2019年，共受理消费者信访投诉104起，处置率97.12%。

（市政府金融办）

中国工商银行吕梁分行

【经营概况】

2019年，工行吕梁分行实现拨备前利润50338万元，同比增加7457万元。全部存款时点余额377亿元，较年初增加48亿元。各项贷款余额148亿元，较年初增加2.1亿元。

【信贷客户规模】

2019年，工行吕梁分行把“增客户”作为全行首要目标。全量个人客户较年初增加20.5万户，任务完成率173.2%，系统排名第二。新增代发工资单位133户，新增社保卡10.3万张。新增信用卡有效客户26345户，系统排名第四。新增ETC客户94401户，比建行净增2万余户，牢牢锁定同业第一。私人银行客户净增6户，管理资产净增11.7亿元。在个人客户增势良好的同时，对公拓户取得新突破。公司亿元以上大户由年初的2户增加到8户，千万元以上客户由年初的22户增加到86户。净增有效对公结算账户1253户，任务完成率180.55%，系统排名第四。新增机构客户144户。

“三大存款”齐创新高。全部存款时点净增48.17亿元，系统排名第二，同业排名第一；日均净增57.4亿元，系统排名第一，同业排名第一。其中，储蓄存款时点净增32.16亿元，系统排名第三，重夺阔别四年的同业第一；日均净增24.9亿元，系统排名第三，同业排名第二。公司存款余额50.79亿元，日均余额达到53亿元，较2018年增加15亿元，稳居全省第一，同业第一。机构存款以“国务院机构改革”、法院“一案一账号”项目为重点，实现存款逐月递增的发展态势，创近年来最高水平。2019年全年时点净增13.3亿元，系统排名第三，同业排名第一；日均净增17.3亿元，系统排名第一。

【服务实体经济】

2019年围绕“贷大、贷小、贷新、贷低”思路，开展28户贷款和项目营销。累计为11户企业新增项目贷款及流动资金贷款34.16亿元，其中，为已审批的7个新能源发电及环保项目持续提款7.17亿元；支持晋能清洁、华兴铝业流动资金贷款3.9亿元，发放交控、中央汇金银团贷款23.1亿元。创新优化融资产品体系，为新能源风电项目新增融资租赁2亿元，为汾酒股份公司成功办理供应链保理2笔，实现中企云链业务全省首个突破。提升服务民营、小微企业能力，全年累计放款2.13亿元，并发放扶贫小额贷款1200万元。个贷业务发展成效显著，全年累计发放贷款6.44亿元，赢利能力大幅提高，利息收入稳步增长。

【转型发展】

2019年，工行吕梁分行树立“大票据”发展理念，利用业务优势，紧盯市场动态，密切客户关系，累计实现直贴总量89.09亿元，完成全年任务的148.48%，实现票据业务收入6868万元。资产托管业务拓展，全年开办教育保证金、旅游保证金、二手房交易保证金、农民工工资保证金、土地复垦保证金等各类安心账户托管业务300余户，实现资产托管规模1.37亿元，并在全省进行经验交流。工行吕梁分行作为唯一一家合作银行，参与了“吕梁通”智慧政务平台上线运营，致力于搭建出行类“吕梁智慧公交”项目与民生类“孝义市互联网人民医院”项目，拓宽获客渠道。

国际业务实现突破。成功挖转重点客户晋

能清洁的国际单证结算业务，累计办理交单11笔合计1892万美元。成功营销辖内重点FDI客户山西福山资源集团有限公司落地工行吕梁分行，注入资本金1000万元。成功营销柳林县兴无、寨崖底煤矿2.8亿元将汾酒集团跨境人民币6700万元红利汇出落地工行吕梁分行，提升了我行跨境人民币市场位次。

【风险管控】

2019年，工行吕梁分行持续推进从严治贷，累计压降潜在风险贷款15690万元。进一步推进风险压降，累计清收处置不良贷款20636.49万元。其中，累计现金清收账销案存资产454.6万元，占全省清收总额的25%，任务完成率系统第一。完成立信化工、光华铸管2户企业1.01亿元不良贷款批量转让。稳步推进个人不良资产压降管理工作，累计清收转化9466.49万元。

内控案防工作持续加强。认真开展“压实责任年”主题活动，举办合规文化大讲堂，组织全行管理人员前往晋中市纪委监委警示教育中心接受案件警示现场教育。积极落实反洗钱工作要求，连续两年反洗钱监管评级为A类，且零处罚；夯实案件防范管理基础，连续两年监管机构案防评价结果为绿牌，全年实现“三无”目标。开展检查项目18个，共发现问题164个，全部予以整改，处理相关问题责任人133人次，违规积分119人次合计101.5分。

业务运营质量明显提升。远程授权全年通过率99.27%，连续四个季度全省第一。业务集中处理全年退回率0.66%，较2018年压降23.2%。业务直通率94.23%，较2018年提升2.8个百分点。内部风险事件较上年下降35%，风险暴露水平下降37%，其中二季度全省最优。高风险网点治理工作成效明显。全年有两个季度高风险网点退出率为100%。A、B类优质网点数量增加到11个，较上年增加6个，占比提升18.07%。C类网点有5个提升为A、B类。高风险网点由4个减少为2个，网点分级打分整体提升。

（工行吕梁分行）

中国农业银行吕梁分行

【经营概况】

截至2019年12月底，农行吕梁分行各项存款达到330亿元，较年初净增40亿元，超额完成年初既定30亿元的增量目标，同比多增8.5亿元，存款增量在4个国有银行排第二。其中，个人存款较年初净增28亿元，同比多增8.1亿元；对公存款较年初净增12亿元，同比多增0.4亿元。

截至2019年12月底，农行吕梁分行各项贷款达到98.9亿元，较年初增加8.3亿元，贷款增量四行第一。与年初目标相差5亿元。其中公司贷款71.4亿元，增量3.3亿元；个人贷款27.3亿元，增量6亿元；票据贴现0.2亿元，较年初下降1.1亿元。不良贷款余额5287万元，较年初减少1956万元，不良占比0.53%，较年初下降0.27个百分点，4大行排名最低。

经营效益距离预期有较大差距。全行综合绩效考核三季度排名第八。全年实现净利润2.25亿元，同比减少913万元，完成省行计划的92%；实现中间业务收入7152万元，同比减少251万元；全行成本收入比45.58%，同比增加1.58个百分点。

【产业扶持】

2019年，农行吕梁分行围绕吕梁市重点

工程建设，调整信贷结构，中电投新能源风力发电等项目贷款占到全年新增贷款的12.1%，行业占比提升2.6个百分点。加大对小微企业扶持力度，普惠小微企业贷款较年初增加1亿元，增幅155%，在贷款分布中增幅最大。

4月，农行吕梁市分行与吕梁市政府签订乡村振兴战略合作协议，梳理出七大实施路径，储备了兴县中药材产业、中阳县木耳产业等4亿元的信贷投放项目。全年发放扶贫小额贷款2178万元，余额达2.4亿元；发放精准扶贫贷款2.34亿元，余额达6.25亿元。其中，6个国定贫困县共放贷4.78亿元，占比为73%，带动建档立卡贫困人口1.2万户。加大产业助力脱贫攻坚，发放惠农e贷556笔1.1亿元，惠农e商有效户较年初增加371个，惠农e付有效户完成30个。农村惠农服务点达4000个，惠农卡发卡量达91.4万张，为1400个服务点上线智能转账电话，6个国定贫困县新增电子机具949台，覆盖1419个行政村，覆盖率达到80%以上。

【智慧建设】

2019年，农行吕梁分行完成9个智慧网点微改造。在兴县蔡家崖乡和临县三交镇新设2个乡镇网点，延伸深度贫困地区服务网络。开展以金融科技为驱动的国税代收、地方代收电费、乡村振兴、社保卡、代收学费、县（区）国库集中支付等六大场景建设，成立量子实验室。截至11月，全行共上线供水、供气、供热、有限电视四类代缴公用事业费项目5户，物业准入8户。成功取得社保卡代理资格，共发放社保卡13757张。

【网络金融】

截止12月底，农行吕梁分行“掌上银行”个人客户增量15.94万户，4大行增量份额达45.37%，排名第一，存量份额提升到22.66%；“掌上银行”活跃客户数30.7万户，较年初增加11.9万户，超额完成省行计划；消息服务客户净增7.2万户；“微信银行”活跃客户快速攀升，净增客户6.3万户，完成全年计划的139.11%。

【基础管理】

2019年，农行吕梁分行推进“三线一网络”管理模式，建立案防长效机制。立足“治理案件、防控风险”目标，做实做活“三线一网格”管理。行领导成员发挥分管主抓作用，针对条线案件风险防控和员工行为管理薄弱环节，严格管人管事管思想。树立“信贷质量立行”理念，夯实信贷基础管理。截至12月末，全行到期贷款偿还率达99.86%。推进信贷放款中心建设，强化流程规范、C3应用管理、在线监测，坚持从严治贷原则，管理基础不断夯实。全行确定28名风险联系人，全面风险管理体系不断完善，形成以风险管理委员会统领，支行和业务部门主控，风险部门总管的格局。强化运营风险点管理。通过严格现金和金库管理监督、规范对公账户开户管理核实，对账率100%，全省排名第一；采取合理匡算凭证需求强化重空管理、率先上线抵押品管理系统规范抵押物管理、全量完成运营档案治理工作、严格网点专夹保管资料管理、严禁违规代客保管、代客办理业务以及对438台自助设备集中监控等有力措施，确保全行安全运营。

加强履职管理，筑牢安全防线。按照《安全保卫工作履职清单与流程管理》要求，细化支行行长、分管行长、五类人员履职要点，将每项安保工作分解落实到每个层级、每个岗位。统一下发“两书一册”，对各个岗位的履职每日、每月、每季、每年均进行详细要求。实行按月考核，对履职不达要求的通报督促，加强安全保卫日常管理，在第六轮安全评估中位列4大行第一。加强员工行为排查，通过“三线一网格”系统对1169名员工进行常态化员工行为排查，未发现员工异常行为。通过定期查询网络公开裁判文书信息、实地走访当地法院等手段，对全行961名员工进行涉诉情况排查，掌握员工涉诉具体情况，按照情节提出处理建议。通过走访人行、银保监分局、人民法院，对市行员工及副科级以上干部涉诉违规情况进行实地走访调查，全面掌握员工基本情况。

（农行吕梁分行）

中国银行吕梁分行

【经营概况】

截至2019年12月末，中国银行吕梁分行实现营业收入2.33亿元，其中，非利息收入0.54亿元，同比增加0.06亿元，同比增幅13.37%（全省平均增幅9.4%）。实现拨备前利润1.37亿元，实现净利润0.73亿元。人民币两项存款日均余额118.30亿元，较年初日均新增12.69亿元，增幅12%，增幅排名全辖区第五。日均余额辖内贡献度4.3%，较年初上升0.22个百分点，贡献度变动排名第四。人民币各项贷款余额66.15亿元，较年初增加5.36亿元，其中，公司贷款（含贴现、贸易融资）余额60.77亿元，较年初增加4.8亿元；个人贷款5.38亿元，较年初增加5559万元。12月末，全辖公司基础客户3871户，较年初新增533户，增速15.97%；公司有效客户632户，较年初新增65户，增速11.46%；个人中高端客户共27127户，较年初新增2359户，增速9.52%。国际结算量3.76亿美元，全省排名第三，增速1626.18%，全省排名第一；跨境人民币结算量5.61亿元，全省排名第二，较同期增加4.74亿元，增幅543%，全省排名第二；结售汇业务量2.67亿美元，全省排名第二，同比增加1.98亿美元，增幅285%，全省排名第一。不良贷款余额合计6993.63万元，较年初减少7218.67万元，不良率为1.06%，较年初下降1.28个百分点。

【重点业务】

2019年，中国银行吕梁分行制定《关于贯彻落实〈山西省分行党委关于加快推进战略重点业务发展的若干意见〉的具体措施》，明确6项战略业务目标，强化激励约束考核机制，推进吕梁分行战略业务发展。通过兴安化工银承开立业务、中钢集团开证业务，实现资金沉淀日均1.74亿元；一季度市分行营业部深入挖掘客户行外资金，成功营销泰丰铝业办理大额存单6.5亿元，为公司日均存款提升奠定坚实基础；发挥个人存款优势，依托代发薪业务和对重点客户群体的维护、综合化产品绑定，多措并举持续提升储蓄存款日均规模。

继续破除资源依赖、突破区域经济限制，强化优势业务，继续将“福费廷、票据贴现”作为两大增收利器，广泛调动基层营销力量，提高与省行的上下联动效率。截止12月末，累计办理“福费廷”业务94.42亿元，新拓展19户代理行客户，地市行排名第二，较去年同期增加44.04亿元，增幅180%；累计办理票据贴现业务22.67亿元，其中，转贴现业务3.62亿元，营销拓展14户票E贴客户，累计办理票E贴业务5225万元；紧盯山西中阳钢铁和福山能源跨境业务机会，不断提升外汇业务市场份额和综合竞争力。截至12月末，累计为中钢办理跨境人民币1.6亿元，跨境汇款

1.21亿美元，开立国际信用证8082万美元，对外承兑付款8613万美元，为山西柳林县寨崖底煤矿办理跨境人民币2.85亿元。通过优势业务带动中行交易银行条线，实现中间业务收入1845万元。

【风险管控】

2019年，中国银行吕梁分行建立良好的上下交流沟通机制，对全辖不良资产实施科学化、专业化、差别化处置化解。持续做好潜在不良资产防控工作，累计完成3户共12650万元潜在不良化解。坚持现金清收主线，累计实现公司类表内外现金清收1186.49万元。积极争取和利用省行政策，打包处置2户1.04亿元不良资产，全行不良贷款实现“双降”。

按照省分行要求，推进机关部门职能调整，成立问责委员会，把规矩、制度、纪律挺在前面。2019年，开展风险与内控有效性检查、内控案防季检查、现金风险排查、总行全面审计前自查自纠工作、消费者权益市场乱象自查、基层网点50条等各类检查、自查，制定并落实检查计划46项，整改问题库问题69个。加大问责力度，着力培养员工合规意识。全年全辖共处理责任人16人次，辞退1人次、诫勉谈话2人次、行政警告4人次、通报批评9人次；约谈55人次，其中，工作约谈20人次、警示约谈4人次、任前廉洁谈话31人次。

【网点转型发展】

2019年，根据总行部署，中国银行吕梁分行推进智能运营、集约运营、精益运营，通过优化劳动组合，进一步推动网点从交易操作型向价值创造型转型升级。全行15家网点已经全部实现劳动组合优化，累计压降柜口18个，释放网点人员51人，全辖服务营销人员占比达69.16%（这一组数据目前仅仅表现在系统中，还需要进一步的细化、深化）。ATM清机加钞及国际收支申报业务已实现全辖县域集中上收，增值税发票开立、银行卡分期账务处理等业务已上收至分行营业部。通过对网点人员的岗位资源整合、权限融合打通，打破系统权限壁垒，实现网点一人多权、一人多能、一人多用，将人员充实到网点一线的营销岗位上。

（中行吕梁分行）

中国建设银行吕梁分行

【经营概况】

2019年，建行吕梁分行存款基础明显增强。截至12月31日，全行全口径存款日均余额288.41亿元，较年初日均新增32.67亿元，为系统第三。对公存款日均余额123.05亿元，较年初日均新增13.39亿元，为系统第二。红利15.20亿元，其中，机构存款较年初日均新增7.34亿元，系统第三。个人存款日均余额165.36亿元，为4大银行第三，占比22.90%，较年初提高0.27个百分点；较年初日均新增19.28亿元，为4大银行第三，占比24.32%，系统第五。全行贷款余额91.10亿元，较年初新增-9.69亿元。其中，零售信贷余额57.76亿元，较年初新增7.61亿元，增幅15.17%，高于系统平均水平6.13个百分点，系统第四；余额占比较年初提高10.56个百分点至63.40%，保持4大行第一。个人住房贷款较年初新增5.73亿元，系统排名第五；余额、投放保持4大行第一。信用卡透支较年初新增1.84亿元，系统第二；消费交易额、分期交易额4大行占比保持在40%以上，受到总行高度肯定。5户省行级重点储备项目投放取得显著进展，汾阳市政基础设施建设工程PPP项目、汾阳市汾河流域生态修复与保护工程PPP项目、柳林县国道307线改线工程建设项目3户22.16亿元进入授信申报环节，祁离高速公路项目20亿元进入总行评估阶段。

盈利能力符合预期。全行全年预计实现中间业务净收入1.27亿元，同比增速14.20%。截至9月底，全行实现拨备前利润2.71亿元，市场占比较年初提高14.34个百分点，位列系统第一。实现经济增加值1.11亿元，同比大幅增加4.67亿元。员工年平均收入同比增长11.50%，高于系统平均水平3.5个百分点。

客户、账户基础加强。个人加权有效客户总量119.56万户，本年新增12.41万户，增幅11.58%；对公加权有效客户15574户，本年新增1599户，增幅11.44%。"手机银行"活跃客户总数系统第六，6家支行跻身手机银行活跃三星级网点。信用卡客户总量4行占比41.72%，发卡总量4大行占比35.43%，保持4大行第一。对公结算户全行账户总量14879户，4大行占比36.74%，保持4大行第一；账户较年初新增1654户，新增占比38.89%，保持4大行第一。

资产质量有效控制。2019年度累计处置不良贷款19.14亿元（其中，公司类共处置29户、金额18.59亿元），年末不良率3.61%，较年初19.32%下降15.71个百分点。

【服务地方经济】

2019年，吕梁市建行对接吕梁市"3331"项目大会战，坚持大中小微、国有民营一视同仁，加快信贷资产质量提升。择优选择省市重点优质项目，推进祁离高速、307国道改线、汾阳市政基础设施建设工程PPP项目、汾阳市汾河流域生态修复与保护工程PPP项目等重点基础设施项目，确保早投放、早受益。加大力度拓展新兴产业、装备制造业、新能源、绿色信贷领域优质客户；加大对民营经济支持力度，重点关注主业突出、经营稳健，且符合行业与产业发展政策、股权结构清晰、发展潜力较好的民营企业。

执行稳贷、转贷、续贷政策，为柳林县森泽煤铝、汇丰兴业同德焦煤、东义煤电铝集团等5户企业办理转贷16笔，金额95349万元；办理期限调整8笔，金额64750万元。

降低资金成本。大中型企业贷款利率普遍下降5-10个百分点；小微民营企业加权平均利率5.00%，较上年度下降1.64个百分点。免收5户企业提前归还贷款违约金共43.2万元；为517户企业开通电子票系统，按每户每年200-2000元收取（原价2万元），减收系统服务费约1002.15万元；为18户贷款企业支付抵押评估费、登记费90.07万元。以信贷投放为切入点，深度挖掘客户需求，带动投行、结算、国际、个人等产品综合覆盖，提升综合贡献度。

社保卡裕农通服务点于12月2日实现2723个行政村全覆盖，服务点总数4897个，制卡364.76万张。2019年新增19.93万张，居民覆盖率达到94.42%；已激活268.42万张，激活率73.60%。充分利用社保卡代发养老金的有利政策，社保卡个人存款余额从2015年末的3.41亿元增加到23.90亿元，新增20.49亿元，2019年新增10.27亿元；社保卡有资产客户从2015年末的80万个增加到205.81万个，新增125.81万个，当年新增14.49万个；社保卡使用率由2015年末的36.57%提高到59.35%；卡均存款达1161.08元，较2015年末新增961.00元。

【业务拓展】

2019年，吕梁市建行扩展"普惠金融、

住房租赁、金融科技”三大战略。截至12月31日，共办理753户小微快贷授信业务，授信金额26984.87万元，贷款客户数631户，余额达19931.42万元；普惠金融贷款余额达10.63亿元，比年初新增15966万元。以新零售做线上业务，紧盯“云税贷”“云电贷”“个体工商户经营贷”名单落地，提高转化率及支用率。本年共为753户客户办理线上小微快贷业务，授信金额26985万元，贷款余额19931万元。以新流程全面推开线下业务，充分将网点前端营销模式打开，小企业中心发挥信贷加工厂的作用，打牢客户基础和网点信贷能力基础，积极营销辖区内“专精特新”中小企业名单、市级龙头企业和扶贫农民专业合作社等优质客源。抓好汾酒e贷、供应链、票据贴现、“民工惠”、商用房贷款等重点产品，汾酒e贷年内已投放240笔16046万元，助力个人普惠贷款稳居系统第一。

住房租赁方面，与市住建局达成智慧房产协议，并在离石城区、孝义市等重点区域推广。加快平台建设和系统运行，配合住建局进行公租房系统贯标，实现公租房系统和监管系统数据共享。筛选扩大优质住房租赁中介，优中选优，重点培育，快速拓展“存房”，活跃离石区、孝义市租房需求旺盛区域交易，扩大交易规模。

金融科技签约平台840户，同比增长114.83%；获客56477户，同比增长72.25%。机构类平台上线166户，总数系统第一，累计获客138161户；ERP平台年净增活跃客户数1063户，系统第七；中石化“智慧加油”项目初步上线，预约加油站数破百。

【风险防控】

吕梁市建行贯彻总行“充分暴露风险、加大处置力度”总基调，多举措狠抓风险防控。运用边界思维，坚持真实风险判断，从严准确分类。加强资产质量预期管理，坚持“一户一策”名单制管理，由行分管领导牵头，经营部门负责，有效提升资产质量与经营效益。对于已暴露的贷款，由“一把手”挂帅，行分管领导亲自指挥，风险部、保全中心、经营部门全力以赴落实催收和处置进度。严控增量，运用全新理念规范流程，增强贷前、贷中、贷后全流程防控，强化主动控险能力，抓好新增业务的发展质量。向不良资产要效益，用好、用足、用活现有政策，加大表内现金回收力度，加大已核销资产回收力度，做到应收尽收，提升处置效益。

持续推进信贷文化建设，把风控挺在前面，树立审慎经营意识，遵循经济发展规律，确定业务发展方向。加强体制机制建设，梳理细化更完善、更严格的激励约束机制，包括但不限于信贷结构持续优化、重点环节管控、风险管控精细化等。加强信贷队伍建设，将优秀人员充实到对公信贷、风险管理队伍中，贯彻“六集中、三统一”，上移经营重心。加强营销储备，大力拓展优质客户；并持续跟进尽早投放，在发展中解决问题。

以“严管重罚”倒逼规范经营，紧盯基础管理水平契机，尊重监管机构，积极做好乱象整治、客户信息完善、理财产品双录、反洗钱、征信、外汇合规等管理工作，做到立查立改，将问题消灭在萌芽状态。

【金融改革创新】

2019年，吕梁市建行深化零售优先，把零售理念贯穿到拓展业务的各个方面。以“龙支付”为统一品牌拓展商户，扩大个贷领先优势。持续营销优质大型新开盘项目；加强与优质中介机构的合作，为客户提供“房产交易+金融一站式”全流程综合服务，推动二手房贷款上量。信用卡分期瞄准年轻客户群，坚持“一日一点一卡一分期”，大力外拓发展购车、装修分期，持续提升中收贡献度。开展“校园早餐随机减”“龙支付扫码购鸡蛋”等创新活动，带动手机银行活跃度提升。私人银行加大从产品匹配到家族信托、财富管理、大类资产的引导，客户数量与资产总量持续做大做强。

提升“融资+融智”，融合结算、投行、金融市场、跨境人民币和贸易金融，为山西杏花村汾酒销售有限责任公司办理1.2亿元人民币单位结构性存款业务，在全省率先突破。

推进“民工惠”“普惠金融”代发。在祁离高速、中船重工、大型煤矿取得突破，有效吸纳县域客户和资金，提升县域竞争力。

对公结算账户与个人有效账户“双提升”。清理长期不动户，在新开户、社保卡激活、代工、个贷、ETC及商户回访等各个环节同步做好电子渠道产品、资产配置类产品、个人信贷类产品及理财类产品的推荐和签约。以“手机银行活跃年”为契机，开展个人产品覆盖率提升专项活动，快速提升产品覆盖率。

（建行吕梁分行）

邮储银行吕梁市分行

【经营概况】

2019年，邮政储蓄银行吕梁市分行实现收入2.01亿元，排全省第九，同比增加1385万元，增幅7.4%，完成计划的103.5%。实现利润5706万元，排全省第十，同比增加3367万元，增幅143.9%，完成计划的167.8%，取得近6年来最好成绩。人均创收30.8万元，同比增加2.77万元；人均创利8.75万元，同比增加5.24万元。

自营储蓄存款余额51.8亿元，市场占有率较同期下降0.41%。公司存款余额23.68亿元，较年初净增4.66亿元，市场占有率较年初增长0.14%。各项贷款余额36亿元，较年初增加1.75亿元，同期增长5.12%。不良贷款余额4083.39万元，较年初减少827.36万元，不良贷款率1.04%，较年初下降0.29%。拨备覆盖率217.4%，比年初增长35.4%。

扶贫贷款余额达到4.7亿元，较年初净增6706万元。其中，个人精准扶贫贷款净增1954万元，完成计划的150%；产业精准扶贫贷款净增2300万元，完成计划的128%；项目精准扶贫贷款净增2452万元，完成计划的49%。邮储银行吕梁分行荣获“吕梁市2019年度金融扶贫突出贡献企业”称号。

加大绿色信贷投放，支持吕梁循环、低碳、绿色经济发展。绿色信贷余额达到8.47亿元，增速95.8%。普惠涉农贷款净增5737万元，完成计划117%，排名全省第二；普惠小微企业贷款净增481笔，合计8090万元，利率保持合理水平，不良率下降0.29%，“两增两控”目标完成较好。

【业务转型】

2019年，邮政储蓄银行吕梁市分行坚持以政策为引导，加强协同联动，抢抓资金源头，综合产能显著提升。调整储蓄业务结构，稳步发展，日均余额净增1.93亿元，完成计划的104.5%，活期占比37.4%，保持全省较高水平。第三代“社保卡”取得发卡资格，发卡3404张。“腾讯卡”发卡4012张，完成目标计划，排名全省第一。中间业务发展迅猛，收入占比不断提高。销售保险1.78亿元，基金1.55

亿元，均排名全省第一。国债、理财、贵金属销量均位全省前列，中间收入占比20.11%，排名全省第三。信用卡业务发挥团队优势，外拓营销，现场帮扶，发卡19861张，创收1320万元，增幅20.2%。网络金融业务抓联动，拓规模。手机银行新增注册客户43018户，完成计划的99.61%，排名全省第七。快捷支付绑卡新增3.7万张，排名全省第六。条码收单业务新增1315户，录入率97%，排名全省第一，联动余额2578万元。

零售信贷业务快速发展。三农金融业务，投放扶贫贷款7045万元，完成计划的138.1%，投放量在全市金融机构排名第二，全省排名第三；临县投放2632万元，列全市第一。发挥“线上+线下”作业模式，以极速贷、信用贷产品为依托，重点支持红枣、肉牛、梨果、核桃、菌类等特色产业，文水县支行余额突破2亿元，列全省一级支行第二。建立“三个一”工作机制，创新培训模式，提高综合能力。全年共建信用村34个，累计发放贷款6.83亿元，新增1.56亿元，完成计划的130%，排名全省第三，同比增幅31.3%。小微企业贷款因地制宜，实施差异化帮扶，制定“四季”（自我加压季、补齐短板季、驻点帮扶季、未雨绸缪季）发展思路，针对“无业务、无放款”支行，发扬“9+9+6”的工作模式，下沉一线，取得显著成效。吕梁市分行营业部和柳林支行成功破“零”，全年小企业贷款累计发放2.51亿元，新增6700万元，完成计划的133%，连续两年提前9个月完成全年净增目标。孝义市、文水县首笔担保公司担保贷和燃气贷，填补产品结构空白。消费贷款方面，坚持开发新市场，挖掘新客户发展思路，面对房贷政策不利因素，以二手房贷款为突破，累计投放6792.7万元，全年新增2043万元，余额达到1.71亿元，完成全年计划的103%。交城县支行二手房贷款投放2134万元，净增2050万元，在全市率先领跑。

公司存款方面，孝义市、汾阳市、临县3家支行先后破亿，亿元支行达到7个，低效网点从年初的5个降至2个。全行存款规模达到23.68亿元，日均余额17.88亿元，净增2.19亿元，完成计划的258%。新增机构存款账户14个，土地复垦资金监管账户10个，累计资金进账7966万元。归集非税资金6.34亿元，收缴烟草资金12.93亿元。公司贷款方面，坚持项目带动，跟踪营销，静兴高速项目获得总行授信25亿元。票据业务规模稳步提高，累计办理直贴24.4亿元，结余17.37亿元，较年初净增3660万元。办理票据承兑6225万元，转贴5.59亿元，联动发放低风险承兑4800万元。办理再贴现7000万元，金融市场业务实现零突破。

【风险管控】

2019年，邮政储蓄银行吕梁分行增强“全员、全流程、全业务”风险管理理念，按月召开风险与内控委员会，加强邮银协同，全力推进风险管理。加大不良清收和移交力度，资产质量明显好转。2019年底，不良贷款余额4083万元，不良率1.04%，较年初下降0.29个百分点，累计移交1040万元，移交率45.6%；累计清收1626.8万元，完成计划的94%，其中，核销后的贷款收回519.99万元；累计核销1231.7万元，完成计划的102.6%。开展制度梳理，内控制度体系建设持续完善，合规管理系统推广使用，工作效率不断提升。组织全行供稿并汇编《合规——我们在行动》，法律事务管理得到加强，合同线上送审，合同审查、基本授权、诉讼管理等工作规范化。深入开展银行业市场乱象整治和“巩固治乱象成果，促进合规建设”工作，落实营业主管“全日制”派驻，紧盯员工“八小时外”行为，严防支行长、理财经理、信贷客户经理等关键岗位道德风险。压实案防责任，强化案防工作评估。

【质效管理】

2019年，邮政储蓄银行吕梁分行坚持向管理要效益，推行零基预算，实施标杆管理，节流效果明显。截至年底，成本收入比71.11%，同比下降4.18个百分点，机构运行费同比下降786万元，降幅达27.52%。二支发展能力有效提升，点均收入717万元，点均利润204万元。持续传导经济效益理念，以RAROC（风险调整资本回报率）为导向，以EVA（经济增加值）最大化为目标，积极进行业务结构调整和发展转型。经济资本占用平均值2.55亿元，资本成本2553万元，EVA（经济增加值）1726万元，人均EVA（经济增加值）2.65万元，年化RAROC（风险调整资本回报率）16.76%，全省排名第五，较上年末提高3.57个百分点。加强利率管理，不折不扣落实监管要求，加大对普惠金融的支持，各项贷款利差收益率4.47%，较上年下降54个基点。

业务集中处理质量稳步提升，备付率同比下降0.07个百分点，连续3年实现下降。公司账户银企对账率达到96%，个人业务集中授权拒绝率同比下降1.21个百分点，授权准备时长同比缩短13秒。持续推动营业主管派驻和柜员综合化推广，实现自营网点柜员双持证率76%，离柜率达到85%。

授信管理体系逐步完善。细化押品、征信管理操作流程，启动绿色银行建设和征信合规管理工作例会制度。加大押品及抵押担保管理和真实性排查力度，现场盘点实物888份，检查覆盖率100%。按季开展授信业务专项检查及排查，共检查发现问题115条，全部销号整改，提升风险监测的针对性、有效性。全年监测客户194户，发起预警20笔，化解问题17个。

（邮储银行吕梁分行）

交通银行吕梁分行

【经营概况】

截至2019年12月末，交行吕梁分行人民币各项存款余额32.45亿元，较年初增加10.19亿元。其中，对公存款余额18.58亿元，较年初增加5.85亿元；储蓄存款余额13.87亿元，较年初增加4.34亿元。人民币各项贷款余额12.67亿元，较年初增加4.03亿元。

【经营管理】

交行吕梁分行坚持金融优势与转型发展相结合，深挖项目储备。2019年共获批授信额度33.3亿元。截至11月末，投放交通类贷款3亿元；扶贫贷款投放225户，金额1125万元；关注小微企业和民营企业的发展，协同线上线下业务，提升服务实体经济能力。

强化风险排查，严格临期管理，加强逾期管控。除几次临时性逾期外，年度内无新增对公逾期贷款。推进诉讼及执行进度，跟进诉讼进展及抵押物处置。对已核销贷款取得良好清收成效，核销贷款的全部清收。

推进精细化管理措施，制定《交通银行吕梁分行2019年绩效考核办法》，落实财务规章制度，加大财务培训力度，深化五大领域专项治理工作，提升全员合规意识。推动营业部争创星级网点，获得省银协颁发的“五星网点”荣誉称号。制定《交通银行吕梁分行合规与内控考核评价实施细则（2019年）》，强化内控管理考核。按季度组织召开全面风险管理委员会会议、内控委员会会议、反洗钱领导组会议、征信例会，以各类会议为平台，推进工作部署和落实，并开展案防“5+N”专项治理活动。

（交通银行吕梁分行）

中国农业发展银行吕梁市分行

【经营概况】

2019年，中国农业发展银行吕梁市分行累计发放各类贷款20.53亿元；年末全行贷款余额79.27亿元，比年初净增加17.57亿元，增幅26.18%；扶贫贷款余额41.4亿元，占总贷款的52.43%；各项存款余额52.1亿元，日均存款余额54.72亿元；全年实现账面利润2.11亿元，同比增盈1900万元，增幅9.89%。共投放中长期贷款11.54亿元，其中，扶贫贷款3.87亿元，扶贫贷款余额41.56亿元，占总贷款的52.43%。存量扶贫贷款中，项目精准扶贫贷款余额37.22亿元，占比89.56%，主要投向棚户区改造、城乡一体化建设、农村路网、水利建设以及贫困村提升领域，服务贫困人口46万余人。2019年，共上报省分行17个贷款项目，金额74.92亿元。其中，PPP及自营预审项目15个，金额66.53亿元；上报扶贫过桥贷款项目2个，金额8.39亿元。省分行审批项目4个，金额13.34亿元；省分行审批通过山西省城镇建设投资有限责任公司统贷的临县3个棚改事项变更项目共计10.06亿元。

【精准扶贫】

2019年，中国农业发展银行吕梁市分行拓展“吕梁模式”，先后审批87户，累计审批投放贷款8.98亿元，配套投放扶贫周转金9293万元，共计9.9亿元。全年共召开贷审会32次，审议企业84户、金额48464万元，“吕梁模式”所有企业基本完成审批。支持的87户企业，县域涉及吕梁13个县（市、区），包括柳林县28户、临县10户、石楼县2户、兴县3户、汾阳市5户、文水县10户、交口县3户、离石区8户、交城县2户、方山县5户、孝义市7户，岚县2户、中阳县2户，涵盖红枣、小米、油脂、核桃、野生沙棘、奶牛和生猪养殖等吕梁特色农业产业；企业直接吸纳3748名建档立卡贫困人口就业，与29882名建档立卡贫困人口签订帮扶协议，人均年收入25000元以上，增收5000元以上，带动企业增收22.5亿元、实现利润6亿元。

完善补偿基金机制。对2017年制定的《吕梁市农业产业扶贫贷款风险补偿基金实施方案》进行修订完善，从9个方面进行针对性调整，扩大客户支持范围，提高贷款额度控制标准。明确“吕梁模式”贷款额度同企业吸纳建档立卡贫困人口就业数量挂钩政策，出台《落实“吕梁模式”贷款扶贫成效优惠政策实施方案》，确立“三优先”原则，即优先选择临县、兴县、石楼县3个深度贫困县企业，优先支持带动建档立卡贫困人口就业的贷款主体，优先扶持当地特色农业产业；明确具体贷款额度与承贷主体扶贫成效挂钩，按照带动帮扶建档立卡贫困人口数量，分别享受200万元（含）至3000万元（含）贷款额度，根据扶贫成效不同享受不同利率优惠。总行、省分行单独制定差异化信贷支持政策，在降低准入门槛、实行利率优惠、下放评级授信权限、批量调查评审、保障资金供应等方面给予政策倾斜，授权吕梁分行1000万元以内贷款审批权限，从制度上解决“吕梁模式”办贷瓶颈问题。明确标准和重点，下发《关于合理引导“吕梁模式”贷款企业收购本地农副产品的通知》，引导企业立足吕梁脱贫攻坚大局，立足吕梁农副产品收购实际，正确履行社会责任；办理贷款时，将建档立卡贫困人口就业、与群众签订帮扶协议、有效解决当地特色农产品卖难及产业效应等问题，作为贷款资金介入的前提条件；考察企业负责人信誉、各银行历年贷款、企业账表、账证、账实等关键情况；选择客户坚持不求大、不拒小，优中选优。配套投放扶贫周转金，吕梁市农发行通过与扶贫部门紧密合作，有效将扶贫周转金模式与吕梁模式结合，以“吕梁模式”撬动扶贫周转金投放，涉及金额9293万元。

优化办贷流程，建立“吕梁模式”办贷绿色通道，极大缩短办贷时间，提高办贷效率，大部分贷款办贷时间缩短50%以上。

【风险管控】

2019年，吕梁市农业发展银行成立“吕梁模式”贷后管理办公室，及时研究解决贷款回笼不达比例、贷后检查不能按时完成、企业资产应抵尽抵等问题。明确制度要求，先后制定下发《关于进一步规范放款监督有关事项的通知》《中国农业发展银行吕梁市分行“吕梁模式”贷款贷后评价实施细则》等。结合企业行业特点和自身经营实际情况，制定“一企一策”贷后监管方案，有针对性地开展贷后监管。开展“吕梁模式”贷后管理年活动，制定下发方案，对全部“吕梁模式”企业进行全方位检查，包括准入、贷前落实、发放和支付、贷后管理、扶贫成效等环节，建立整改台账，对检查发现的问题立行立改。加强企业分析监测，按月对“吕梁模式”贷款企业进行分析，高度关注企业经营变化情况、企业法人及主要股东的工作生活动态等风险隐患情况。利用会计综合业务系统、CM2006系统、客户风险系统等，对发现的风险隐患信息进行专项报告和风险提示，并作为贷后例会主要内容，随时了解掌握企业经营情况，为后期续贷提供参考依据。加强行组之间帮扶，着力管控风险敞口。针对“吕梁模式”贷款20%风险敞口及应抵尽抵事项，召开风控会专题研究，明确借款人自有房产、车辆等资产的抵押要求。政银携手管控风险，明确办贷“五不准”。市政府牵头成立八大企业联盟，发挥行业互助和协同管理作用，进行贷前审查、贷后监管。风险发生之后与政府一同承担80%的风险。启动风险补偿机制，向市政府请示用风险补偿基金代偿风险贷款事宜。

（农发行吕梁分行）

招商银行吕梁分行

【经营概况】

2019年，招商银行吕梁分行各项存款24.43亿元，比年初增加6.36亿元，增幅35.2%。其中，个人存款10.9亿元，比年初增加3.35亿元，增幅44.4%；公司存款13.46亿元，比年初增加3.01亿元，增幅28.8%；非存机构存款0.074亿元，比年初减少0.003亿元，降幅4.1%。

各项贷款42.52亿元，比年初增加24.31亿元，增幅133.3%。其中，公司贷款40.32亿元，比年初增加24.38亿元，增幅153%；零售贷款0.75亿元，比年初减少0.07亿元，降幅8.2%；票据融资1.45亿元，比年初减少0.01亿元，降幅0.98%。

资产客户群稳步增长。零售管理客户月日均AUM 21.55亿元，较2018年10月底基数新增月日均AUM 4.05亿元，增幅23.8%，完成全年任务的92.3%。零售存款月日均10.01亿元，较2018年10月底基数新增2.8亿元，增幅44.8%，完成全年任务的150%。零售客群总数89496户，较2018年10月底基数新增21969户，增幅32.6%，其中，金卡客户3797户，较2018年10月底基数净增496户，增幅15.1%，全年任务完成率55.2%；金葵花客户908户，较2018年10月底基数净增235户，增幅35%，全年任务完成率156.7%；钻石客户29户，净增10户，增幅52.7%，全年任务完成率200%；私人银行客户9户，超高端2户；中间业务收入413.6万元，完成全年任务的142.7%。对公客户共计1372户，年内新开317户；机构户62户，年内新开7户；达标基础有效户379户，年净增94户；对公达标高价值客户62户，年净增6户。

信用卡业务排名居前。2019年信用卡新户核发32569户，全年达成率为104.72%。在招商银行86家内置式卡部中新户总数排名第七，在44家多组卡部中排名第四，排名提高了4个名次。截至11月底，平衡计分卡得分为90.22分，在18家同类卡部排名第一。全年掌上生活绑定户为36150户，达成率90.3%；掌上生活绑定率为75.81%。掌上生活两票消费客户数12128户，其中，餐饮10494户、电影2201户；验证金额305.03万元，年度指标达成率174%。

风险资产压退。压退东江煤业10000万元、楼桥新型建材780万元、汇丰兴业100万元，关注贷款全年压退任务3579万元，11月末实际完成10880万元，完成率达304%；对公新生不良贷款为零。零售不良贷款755.20万元，剔除扶贫小额信贷230万元，存量新生不良贷款525.2万元；年存量零售不良清收56万元。

支持民营企业、小微企业、涉农企业发展。招商银行吕梁分行投放民营企业贷款12.84亿元，支持民营企业19户，占贷款总额的30.19%；投放小微企业贷款0.76亿元，支持小微企业14户；投放涉农贷款0.41万元。

【服务质效】

2019年，招商银行吕梁分行提出“3个概念”引领和促进工作与业务发展：直面“7年之痒”陷阱，树立头部理念，全面确立“仪式感”意识。2019年1月，招商银行吕梁分行全面掀起服务提升活动，持续抓好“扶油瓶”工作。如针对厅堂快递堆积较多现象，每天分3次对小型快递安排专人送至工位，大型物件放至水吧木柜内；针对使用文明用语及手势等不规范现象，成立两两互查小组，每日互查，及时纠正；主管每天上下午现场检查督导服务规范，对服务细节不规范的予以现场纠正；针对库房管理不到位现象，设立采购、费用、出入库管理员等3个岗位，建立出入库电子登记台账，重新梳理入库流程。5月，开展五星级网点达标创建活动，提升整体服务水平，促进各项业务持续快速发展。

【客户营销】

2019年，招商银行吕梁分行做好存量客户经营的同时，做好产品到期对接防流失、挖潜它行资产提升吸金率、借力MGM促成客群和AUM等多项指标的同步提升。针对客户日常产品到期，做好日常过程管理100%覆盖对接客户，防止资产流失；做好复杂产品的销售转化提资配增中收。对于客户它行资金，运用总分行提供强大的数据库在电访和面访过程中做好精准营销；借助丰富多样的资产提升活动，吸引客户转入资金并配置产品。新开客户经营，进行蜜月期维护和复杂产品转化。提升客户资产、激发客户MGM兴趣，并为产品到期之后转化复杂产品稳定客户资产、提升资配、创造中收做好铺垫。针对临界客户经营，执行专项临界提升数据库并制定配套的提升活动方案。根据总分行下发的临界数据库，督促理财经理按计划落实执行，并定期检验执行效果，对执行效果不理想的理财经理进行专项辅导。引导购买招商银行财富类产品巩固提升成果；及时邀约客户参加活动，增加客户满意度，为后续继续提升奠定基础。针对日常活动经营，在给客户创造财富的同时做好增值服务，提升客户的归属感和体验度。邀约客户参加“首次体验财富体检有奖”“生日礼”“1分钱抢购好礼”“9.9元/0.99元特惠好礼”等活动。线下活动方面，通过开展“财富在招行，生活在招行”系列财富沙龙活动，按每两周1次的频率组织开展题材丰富多样的投资者教育活动。截至12月18日，共举办活动26场，全方位提升客户体验度。

【公私联动管理】

2019年，招商银行吕梁分行通过日常与客户的接触和交流，对客户情况进行深度KYC。在W+系统中逐步完善客户基本资料，根据实际客户特性和需求进行精准营销，提高销售成功率，达到双赢效果。公私合作从联动到融合，对华润联盛投资管理有限公司及下属煤矿、山西吕梁实验中学、山西廷亮教育集团等重点客户进行开卡激活。积极落实“深耕计划”，薪资代发新增5013户，力争实现重点代发企业和白名单闪电贷企业的全覆盖。

（招商银行吕梁分行）

中国民生银行吕梁分行

【小微综合开发】

2019年，中国民生银行吕梁分行进一步完善财富管理模式，邀请吴煊、沈志云、陆斐等国家级专家开展讲座，讲授内容包括基金投资、保险、法商、贵金属等领域。在打造零售财富银行品牌形象的同时，财富中收再创新高。主办全国首场《盛世华夏》签售会，单周突破百万销售额。

【资产质量管控】

2019年，全行积极开展自主清收、司法清收、客户结构调整、贷后风险监测，并建立长效信贷人员激励约束机制。通过全行努力，零售资产质量管控成效逐步显现。截至11月30日，全行逾期贷款余额1900万元，较年初减少1227万元；逾期率1.67%，较年初下降1.53%；不良贷款余额1596万元，较年初减少319万元；不良率1.4%，较年初下降0.58%。2019年，全行实现零案件、零重大风险事件。

（民生银行吕梁分行）

中信银行吕梁支行

【经营概况】

截止2019年12月末，中信银行吕梁支行管理资产余额90.34亿元，较年初增加10.06亿元；各项存款余额56.01亿元，较年初增加

5.31亿元；各项贷款余额30.61亿元，较年初减少0.55亿元；表外业务余额4.76亿元，较年初增加1.2亿元，全部为银行承兑汇票。

问题贷款（关注类及以下）余额合计15.56亿元，比年初减少2.67亿元，其中不良贷款余额为3.31亿元，比年初减少0.27亿元。

2019年，中信银行吕梁支行中间业务收入3373.82万元，轻资本业务收入3031.31万元，其中，公司业务中收453.65万元，公司轻资本业务收入111.14万元，零售轻资本业务收入2920.17万元。

2019年，4户企业由不良类提为关注类；7户对公授信客户以借新还旧方式办理重组业务，合计重组金额13.33亿元，压缩贷款金额1.05亿元；不良贷款清收本息合计5026.46万元。其中，对公不良类贷款客户清收贷款本息金额合计3995.76万元，零售不良贷款本息清收金额合计1030.22万元。

【合规经营】

2019年，中信银行吕梁支行主动做好各项内外部查改工作。在重大节假日前对各支行进行突击检查；6月，开展员工行为全面排查工作；8月，开展辖属机构业务风险排查整改。通过各项风险排查、自查，对发现的相关问题进行深入分析，并结合实际制定相关整改措施，有效防范风险隐患。

（中信银行吕梁支行）

晋商银行吕梁分行

【经营概况】

2019年，晋商银行吕梁分行完成各项存款余额50.59亿元，较年初新增2.78亿元。其中，个人存款时点余额达到20.55亿元，较年初新增2.76亿元；对公存款时点余额达到30.04亿元，当年新增0.02亿元。个人贷款余额3.07亿元，中间业务收入实现1859.45万元，票据累计贴现16.44亿元。信用卡有效发卡量达到17956张，当年新增有效卡11178张。新增机构类有效户16户，实现风险调整后利润2556.90万元。

【营收渠道】

2019年，晋商银行吕梁分行确立“抓重点、出亮点、做特色”的工作思路，坚持以零售业务为突破口，千方百计开展外拓营销。储蓄存款从3月底下降的2.2亿元到年末净增3.01亿元，信用卡全年累计进件26167张。对公业务因地制宜，重点抓好政府机构业务和票据两项指标。2019年，实现机构客户开户16户，新增机构存款2.2亿元，其中社保资金竞争性存放1.03亿元。对公存款在完成“6、8、9”存款攻坚任务的基础上，圆满完成总行年末下达的30.02亿元目标。存款结构不断优化，临县城投、吕梁学院、医院等政府机构类客户进款1.2亿元，柳林县财政社保资金竞争性存放落地1.03亿元，打破吕梁分行长期以来政府机构业务发展困局。吕梁市财政局开户和非税系统上线、孝义市国库集中支付系统上线正在积极对接。推进资产业务结构调整，不断改善存量业务客户关系，提高收益水平。小企业简押快贷、个贷的一手房按揭业务也在持续推进。

晋商银行吕梁分行通过拓展贸融、投行、票据、信用卡和代理业务等，拓宽收入渠道，逐步提高中间业务收入占比，积极储备投行业务，实现票据专项营销；拓宽信用卡增长渠道，号召全员行动，提升全员营销意识；通过系统加载，线上线下充分扩大客户规模，挖掘客户潜能，业务和客户结构不断优化，人均创利水平逐步提高。2019年，公司中间业务收入实现1249万元，票据直贴业务实现利润197万元，信用卡中间业务收入实现429万元。

（晋商银行吕梁分行）

吕梁市农村信用社

【经营概况】

2019年，吕梁市农村信用社各项存款余额771.7亿元，较年初净增76.7亿元，完成省联社48亿元目标任务的159.79%。其中，储蓄存款余额642.7亿元，较年初净增71.2亿元，完成省联社36亿元目标任务的197.8%。各项贷款余额474.5亿元，较年初净增14亿元。其中，实体贷款净增0.1亿元，涉农贷款（不含贴现）净增-1.27亿元，小微企业贷款（不含贴现）净增4.2亿元（考虑改制因素），重点企业、重点项目贷款累计发放16.1亿元；扶贫贷款余额33.8亿元，其中，个人精准扶贫贷款26089户、金额15.9亿元，支持建档立卡贫困人口2.47万户、12.36亿元，全年新支持12687户、6.39亿元；支持产业扶贫186户、金额17.77亿元，带动7741人。全市自然人授信15.93万户，用信8.59万户，授信户数占全市人口总户数的11%；小微企业授信并用信1715户，占工商登记户数的11%。

2019年12月末，全市农信社不良贷款余额58.19亿元，较年初减少8.16亿元，不良贷款率12.26%，较年初下降2.15个百分点。截至12月末，全市农信社累计清收处置不良贷款32.41亿元，其中，现金清收3.72亿元，占比11.54%；盘活6.19亿元，占比19.10%；以物抵债2.92亿元，占比9.01%；核销3.61亿元，占比11.14%；股东购买15.96亿元，占比49.24%。全年实现各项收入39.6亿元，经营利润7.8亿元。

【服务地方经济】

2019年，吕梁市农村信用社积极配合省联社及监管部门开展“百行进万企”活动，组织业务部门负责人进行培训，对接吕梁市1914户（纳税信用B级以上）企业，解决融资难、融资贵问题。共签约企业（项目）14户、签约金额12330万元，涉及兴县农商行、汾阳联社、方山联社、交口联社、孝义农商行、交城农商行、柳林农商行、中阳联社等8家县级行社。针对对接会上签约的14个企业，实行名单制管理，落实专人对接服务。市联社按旬通报工作进度，多次实地督促，确保涉及行社如期履约，做好投放。已授信落地项目13个，项目落地率92.86%；累计授信额度12480万元，占全部签约金额的101.22%；实际到位资金12480万元，占全部授信额度的100%。

【流程建设】

2019年，吕梁市农村信用联社组织全辖高管到泰隆、大丰、安吉、海安、晋城等地学习取经，明确建设流程银行的目标规划，并于4月份对吕梁市三年目标规划进行集中评审，明晰未来三年战略方向、市场定位、目标任务、工作措施和完成时限。对制度框架进行重新整合与调整，制定并完善工作流程图、风险点梳理表和岗责表，将制度合规映射嵌入各项工作流程环节，开展操作规范化及标准化建设，夯实合规经营基础。初步形成市、县两级内控制度汇编目录及对应“一图两表”，共涉及22个条线，其中市联社制度数量208个，

“一图两表”134个；县级行社制度数量393项，“一图两表”291个，通过系统管控业务管理中的风险点。清晰界定管理职能，理顺职能接口，建立岗责体系，确保办事有章、人尽其责。市联社对15个内设科室（中心、大队）撤并整合为10个内设部室，13名在编人员进行转岗分流，22名借调人员返回原工作单位，择优推荐17名员工调入市联社工作。出台《关于规范县级行社部门设置与管理岗位职数配备指导意见》，对13家县级行社按照资产规模进行部门与管理岗位职数优化，推动机关人员向基层转、柜面人员向客户经理转。邀请银行职业文化、流程银行建设、全面风险管理以及小微信贷管理等方面专家来社授课，吕梁市高管参训覆盖面达到83.5%，参训人次达到1260人次；中层管理干部参训人次达到1408人次，包括省级组织的110人次、市级组织的408人次、县级组织的895人次，中层管理人员培训覆盖面达到93%；其他岗位员工培训覆盖面达到95%以上。

【化险改制】

2019年，吕梁市农村信用社确定的改制目标是：岚县挂牌开业，离石区、汾阳市、方山县、交口县、临县5家机构不良出表。市联社将不良清收作为贯彻全年的重点工作，以现金清收表内外不良和清收公职人员不良贷款为突破口，协调市县政府开展“清公”行动。建立高管包户激励考核机制，在每个县选树一名清收带头人，研发清收认领系统，将清收动力和压力传导到基层一线。定期对资金、财票业务风险和古冶、立信等社团贷款风险进行监测，积极采取法律手段保全资产。在不良贷款持续压降基础上，建立“政府领导、监管指导、省社督导、机构主导、多方参与”的“五位一体”工作机制。市联社成立改制办，抽调专人指导辖内机构规范改制，组织人员前往北京、太原、长治、晋城、晋中等地积极帮助辖内改制机构募集股东。截至12月末，岚县联社于9月24日挂牌开业；离石区联社已通过省银保监局筹建审核，股本金募集全部到位，12月召开创立大会；汾阳市联社确定意向股东达总股本的110.5%，购买不良资金已进账5.2亿元；方山县联社确定意向股东达总股本的75%，购买不良资金进账8000万元；交口县联社确定意向股东达总股本的111%，购买不良资金已进账3300万元，3家机构12月底全部实现不良出表。

【数字化转型】

2019年，吕梁市农村信用联社组建科技中心，完成中心机房托管，加快推进网络扁平化改造、云平台申请和建设互联网金融实验室，有效降低运营风控成本，为业务经营管理提供有力支撑。依托科技支撑，市联社大力发展普惠金融，明确严禁发放单户1000万元以上贷款，积极引进泰隆银行小微信贷模式。通过对接市县政府、华为吕梁数据中心、中国移动等批量获取三农、小微客户数据，全面扩建客户经理队伍。全市获得信贷从业资格人数达到2793人，占职工总人数的68.9%，年末计划信贷从业人数达到辖内职工总人数的30%，客户经理从业人数达到辖内职工总人数的25%，较年初上升5个百分点。成立信贷审查中心，通过数据整理和模型分析，对客户信息进行贷前盲审和统一风控，客户自助线上申贷、系统随机派单、限时办结。客户经理通过移动终端办公，办贷过程使用标准流程和系统控制，有效防控人为操作风险，提高了办贷效率和贷款质量。

（市农信社）

晋城银行吕梁市分行

【业务指标】

截至2019年11月末，分行各项存款时点余额7.52亿元，较年初净增0.75亿元，完成年度存款任务的12.5%。其中，储蓄存款余额5.34亿元，较年初净增0.99亿元；对公存款时点余额2.18亿元，较年初减0.16少亿。

【业务营销】

2019年初，分行围绕四周年行庆、春节回馈、元宵节猜灯谜和"三八节"女性主题的美容化妆、插花艺术、心理咨询等活动，主推手机银行绑定、惠存款、大额存单和代发工资业务。新增个人客户1140户，新增网络银行客户1023户，新增存款5600户，新增代发工资客户5户、代发252人，新增机构客户1户。

推行全员营销，助力存款余额稳步增长。以积累定期储蓄存款为主，优化结构，带动员工充分利用大额存单、惠存钱、惠农存、立得利等特色产品优势进行深入营销。年内，新服务企业有16家，新增代发业务共计代发金额2200余万元；代发人数超1000人。

2019年，分行综合各种力量，按照总行关于资产业务属地化放款的管理要求，与总行相关部门积极对接，筛选目标客户，拓展吕梁市图书馆、城乡建设管理局、晋西北工业园区等业务。具体有：城建局非税收入专项资金，凤凰山庄小区税款落地存款260万元，苏家崖经济适用房、卧龙山庄、状元城壹号等非税收入专项资金。新开立对公户共计129户；离石区退役军人事务局发放军人补助400万元。

（晋城银行吕梁分行）

吕梁市保险行业协会

【组织建设】

2019年，吕梁市保险行业协会按照《中华人民共和国社会团体登记管理条例》及《吕梁市保险行业协会章程》，完成协会换届工作。自9月初开始，按照监管部门和民政部门的换届要求和程序进行换届准备工作；邀请民政部门委托的会计师事务所进行法人审计，接受协会经费审查委员会对上一届协会经费进行审查；参照中国保险行业协会、山西省保险行业协会和其他外省协会《章程》，征求吕梁银保监分局、市民政部门的意见，将党建工作要求纳入章程规范，修订新一届协会章程草案。

12月26日，协会召开会员代表大会，圆满完成换届工作，并组成新一届理事会、常务理事会、监事会，产生第二届理事会的会长、副会长、秘书长和副秘书长。

吕梁市保险行业协会设综合部、业务部和快处中心三个部门，共有会员公司31家。其中，产险公司17家、寿险公司14家。全市共有保险机构165家，保险从业人员12000人。

截至12月底，吕梁市保费收入68.18亿元，同比增长10.04%。其中，财产险保费收入16.49亿元，同比增长13.80%；人身险保费收入51.69亿元，同比增长8.89%。

【服务实体经济】

2019年，协会认真贯彻落实《全省银行业和保险业监督管理工作会》会议精神，深入贯彻服务实体经济、防控金融风险部署要求，切实保护好保险消费者合法权益。做好医疗救助与城乡居民大病保险有效衔接。协会与市民政局、财政局、人社局、扶贫办等6个部门联合出台《医疗救助与城乡居民大病保险有效衔接的实施方案》，推进大病保险工作，指导督促保险机构做好与相关保障制度的衔接。2019年，大病保险起付线由10000元降为5000元；合规报销比例由75%提高到80%，封顶线由40万元提高为不设封顶线；收到医疗机构合规结算资料10个工作日内，完成费用审核结算，特殊情况时间不超过1个月，并对建档立卡贫困户实行先行支付。“一站式”结算服务，明显减轻贫困人口就医负担，有效解决因病致贫返贫问题。

全行业启动执行针对建档立卡贫困人口的农业保险、涉农保险等产品的费率优惠、贫困人口参加政策性农业保险的自缴保费减免政策。2019年，国家政策性农业保险工作实施方案中新增加育肥猪1项，实现中央、省、市、县四级补贴；奶牛比例农户自交下降5个点，省级财政增加5个点。

【行业自律监督】

2019年，吕梁市保险行业协会开展车险理赔服务质量检查。根据《山西省机动车辆保险理赔服务质量评价办法》，加强和改进车险理赔服务工作，提升车险理赔服务质量和水平。对所辖财险公司开展历时一周的车险理赔服务质量检查评价，评价报告部分指标面向社会公布，接受消费者监督。

开展人身险业务自律检查。2019年9月9日—20日，协会分4组对全市14家公司开展人身险业务自律检查。检查内容包括销售乱象问题、《山西省银行邮政代理业务自律公约》《保险销售行为可回溯管理暂行办法》及《山西省人身意外伤害保险业务自律公约》执行情况，共4大项26个小项，形成《吕梁市人身险业务2019年自律检查情况通报》。

有效应对群体性纠纷事件和做好负面舆情处置工作，保障行业稳定健康发展。吕梁市保险行业协会根据省银保监局《关于进一步加强人身保险业风险防控的通知》要求，以及吕梁银保监分局的部署安排，选择太平洋人寿吕梁中支、新华人寿吕梁中支、中国人寿吕梁分公司，分别于2019年11月、12月在公司内部组织开展人身保险风险防控应急演练活动，其余各寿险公司负责人受邀参与观摩。

2月20日，协会组织召开第一届一次财产险专业委员会会议，17家财产险专委会单位表决通过《关于规范吕梁市车险业务的自律承诺》《关于建立机动车保险条款、费率违法违规举报制度的通知》和《关于对产险公司严格执行报行合一规定进行日常巡查检查制度的通知》等文件。同时，签署《关于规范吕梁市车险业务的自律承诺书》，明确各保险机构在承保过程中的各项规定。3月11日，协会再次组织会议，贯彻执行车险“报行合一”政策，研究市场存在的问题。针对手续费返还不够彻底、商业车险折扣不严格、车险市场受异地干扰、代理公司问题不规范等4项问题，向各保险机构发出《关于规范车险业务管控自律的函》，要求各机构向省级公司申请在3月15日前系统内管控其他地市机构跨区承保吕梁车险业务。8月30日，组织吕梁市14家寿险公司针对销售乱象等行为召开座谈会，同时对《2019年吕梁市人身保险业务自律检查实施方案》进行讲解培训。

【风险防范】

2019年，吕梁市保险行业协会开展打击保险欺诈工作。协会建立与市公安局联合打击工作机制，并开展了一系列反欺诈活动。2019

年，共受理欺诈案件3起，涉及金额20余万元。开展非法集资风险排查整治工作。3月，协会根据《山西保险业风险定期排查报告制度》文件要求，组织辖内各保险机构开展一季度各类风险防控及排查工作。4月，根据《中国银保监会山西监管局转发开展银行保险机构非法集资风险排查整治活动的通知》《吕梁银保监分局关于转发开展银行保险机构非法集资风险排查整治活动的通知》文件要求，组织实施本系统非法集资风险排查整治活动。6月，根据《山西银保监局关于转发开展2019年防范非法集资宣传月活动的通知》《吕梁银保监分局关于转发开展2019年防范非法集资宣传月活动的通知》文件要求，协会组织辖内各机构围绕“携手筑网同防共治”活动主题，全覆盖、大范围、多样化、多频次的进行宣传学习，提高广大人民群众防范非法集资意识，以及识假防骗能力，增强从业人员防范非法集资的警惕性。10月9日—11日，协会成立“护航2019”反保险欺诈专项行动小组，对8家市场份额靠前的产、寿险公司开展业务督导工作。

提升“快处中心”服务水平。“快处中心”自成立后，2019年度共受理案件1750起，协议1110起，简易事故认定462起，自行协商178起。

开展“巩固治乱象成果促进合规建设”工作。根据《中国银保监会关于开展“巩固治乱象成果促进合规建设”工作的通知》《山西银保监局关于转发开展“巩固治乱象成果促进合规建设”工作的通知》《吕梁银保监局关于转发开展“巩固治乱象成果促进合规建设”工作的通知》等文件要求，协会各会员公司全面组织排查巩固治理乱象工作，6月中旬完成阶段性工作，即巩固整改2018年度乱象遗留问题及2019年上半年乱象排查整治工作。11月完成2019年年度工作并形成整治报告，报送监管单位。

开展“涉黑涉恶”专项排查工作。5月，协会根据《山西银保监局关于开展2019年涉黑涉恶排查工作的通知》，结合山西省保险业2019年“扫黑除恶”专项斗争（电视电话）会议精神，各会员公司各职能部门围绕重点业务、重点人员、重点领域，加强涉黑涉恶信息的调查与采集，并上报每月相关排查情况。

【对外宣传】

2019年，开展“3·15”国际消费者权益日宣传活动，组织31家保险公司在世纪广场，对保险扶贫、保险纠纷人民调解委员会、反保险欺诈工作进行宣传，向公众普及保险知识。参与“5·15”全国打击和防范经济犯罪宣传日活动。组织开展“7·8”全国保险公众宣传日活动，协会建立吕梁市保险行业协会微信公众平台，及时更新业内动态，为政府和社会公众了解吕梁保险业、普及保险知识起到促进作用。

【保险调解】

吕梁市保险行业协会做好受理保险调解和投诉处理工作。2019年，各保险机构主动申请参与调解，共受理投诉案件122件，涉及金额515.45万元，调解成功102件，成功率83.6%。调解委员会受理案件65件，涉及金额366.17万元，成功化解65件，成功率100%。开展诉调对接工作。2019年，协会加强与市中院相关部门沟通，诉调对接工作取得一定成效。截止12月，诉调对接工作共接受委托调解案件5件，调解成功5件，调解成功率100%，调解金额188.33万元。

（市保险行业协会）

商贸服务业

国内贸易

【开发区建设】

2019年，根据吕梁市委、市政府对全市开发区改革创新发展要求，吕梁市开发区改革领导组办公室制定印发《吕梁市2019年开发区改革创新发展行动计划》和《吕梁市开发区工作问题清单及整改措施》，明确全年主要任务。全市规划的8个省级经济技术开发区全部批复，批复面积236.14平方千米，起步区105.8平方千米，开发区空间布局不断优化。启动交城开发区扩区实施，并通过省商务厅实地考察和可研性评审。方山县生态文化旅游示范区获批设立。

“三化三制”改革（领导班子任期制、全员岗位聘任制和绩效工资制；专业化、市场化、国际化的管理团队）。全市8个省级开发区中，交城县、文水县、汾阳市杏花村、孝义市、兴县5个开发区全部实行“三制”改革，并于4月底兑现2018年绩效工资。6月10日，吕梁市、岚县、交口县3个新批设开发区，经省委编委批复机构编制方案，核定机构编制职数，管委会组织机构基本配齐，部分人员到位工作，全员聘任快速推进。开发区四至范围核定、总体规划和规划环评审批有序推进。交城县、汾阳市杏花村2个开发区完成四至核定，吕梁市、文水县、兴县、岚县4个开发区通过省自然资源厅评审。吕梁市、交城县2个开发区总体规划已批复，汾阳市杏花村开发区通过评审，孝义市开发区上报待批，兴县、岚县2个开发区完成编制。交城县开发区规划环评正式批复，汾阳市杏花村、孝义市2个开发区报省生态环境厅待评审，吕梁开发区完成编制。

开发区“三化”改革。孝义市经济开发区与深圳无界投资控股集团就开发区高新园区整体实施管运分离合作达成一致意见；汾阳市杏花村经济技术开发区将中国汾酒城整体租赁汾酒集团，由汾酒集团负责生产管理运营和销售，实行管运分离改革试点。汾阳市杏花村经济技术开发区承办比利时布鲁塞尔国际烈性酒大奖赛、世界酒文化博览会，国际化探索效果初显。交城县、汾阳市杏花村、兴县3个开发区结合实际，实施市场化选聘高级管理人员。

工业投资和重大转型建设项目。全市开发

区工业投资项目86个，总投资692.47亿元，完成工业投资116.3亿元。其中，吕梁经济开发区7个，总投资22.01亿元；孝义经济开发区18个，总投资341.55亿元；文水经济开发区13个，总投资36.29亿元；交城经济开发区16个，总投资86.4亿元；总投资额237.12亿元。重大转型建设项目：孝义经济开发区5个，汾阳杏花村、兴县2个经济开发区各3个，吕梁、交城、岚县3个经济开发区各2个，文水、交口2个经济开发区各1个。

营商环境持续改善。全市各经济技术开发区起步区基本达到“九通一平”要求，复制推广山西省转型综改示范区经验做法，已搭建开发区线上、线下审批平台，施行“一网通办”“一窗通办”审批服务。开发区内企业投资类项目全部实行承诺制审批。1—12月全市开发区招商引资签约项目53个，总投资363.92亿元，已开工34个，签约并开工项目投资额150.48亿元，实际到位资金31.63亿元，开工率64.15%。

2019年，吕梁市区域经济转型升级考核评价共设开发区指标3项，投资强度320万元/亩，产出强度130万元/亩，税收强度9万元/亩。1—12月，全市开发区投资强度完成320万元/亩，完成率100%；产出强度完成169.2万元/亩，完成率130%；税收强度完成14.99万元/亩，完成率167%。全市开发区完成工业投资116.3亿元，工业增加值435.16亿元；非煤产业产值991.04亿元。入区企业数1084户，高新技术企业37户；实际利用外资39946.78万元。

【消费和流通升级】

2019年，吕梁市商务部门按照《2019年促进消费升级行动计划》，推进实施“5060”工程，扶持培育现代商贸物流企业、特色商业街或步行街、家政服务龙头企业，巩固流通业基础。针对热点消费和品牌消费，抓住传统消费旺季和节庆消费热点，以服务、信息、时尚、品质、绿色等作为消费重点，在举办“吕梁首届迎春年货节”促销活动中，组织商家180户，现场销售500多万元。全年组织约190户次企业参加各类展览展销活动12次。其中，组织24户企业参加第九届中国国际酒类博览会、第三届中华老字号（山东）博览会、第十六届中华老字号精品博览会、中国国际食品餐饮博览会、山西品牌中华行（厦门站）、海峡两岸高雄食品展等国内大型促销活动。

扩大本土品牌影响力。2019年，杏花村汾酒集团有限公司参加在北京故宫举办的“中华老字号故宫过大年展”；160余户餐饮、电商企业参加第三、第四届功能食品展；指导“汾阳王”“沟门前”认定为山西省首批“三晋老字号”。

打造提升特色商业街区。指导汾阳市贾家庄三晋民俗文化体验地——贾街、孝义市天福文化广场商业街进行形式多样的促销活动；两条商业街门店总数达295个，共组织专题营销活动28次，营业额总计4872万元。组织指导吕梁临县碛口古镇明清街、吕梁交城东方世纪商业街申报“山西省特色商业街”。2019年，全市有省级以上特色商业街4条。

2019年，吕梁市社会消费品零售总额完成536.86亿元，同比增长7.7%，超过目标增速（7.5%）0.2个百分点，与全省增速（7.8%）相差0.1个百分点。全市线上社会消费品零售总额完成80.05亿元，同比增长1.0%。

【家政服务基地建设】

2019年，吕梁市家政服务企业达到253户，其中法人企业107户，个体工商户146户。

8月，择优确定其中10户为吕梁市家政服务示范企业。经前期培育申报，吕梁市卫生学校被商务部确定为“家政劳务输出基地”。指导基地规范培训标准和提升硬件设施，与40余家行业企业建立合作关系，推送就业人才。启动对外劳务输出，指导成立吕梁市泰达劳务派遣有限公司，承担家政服务人员对外输出服务，有13名首期赴日学员接受岗前培训。组织3户家政示范企业参与商务部“百城万村”家政扶贫，共培训就业建档立卡贫困人口665人。依托商务部家政服务信用信息平台，指导吕梁市23户家政企业和家政劳务输出基地建立家政企业信用记录和家政服务员信用记录。全市共建立服务业信用记录13043条，全省排名第二。

【电商扶贫体系建设】

吕梁市在2018年实现全国电子商务进农村综合示范项目6个国定贫困县全覆盖基础上，2019年着力提升示范县“农村电子商务公共服务体系、农村电子商务物流体系、农村产品电子商务供应链体系、农村电子商务培训体系”四大体系。临县实施商务部2019年度电商进农村示范县升级版建设项目。

扩大贫困村电商服务覆盖面。全市贫困县全部建成县级电商公共服务中心，建成1056个村级电商服务站，行政村、贫困村电商服务站点覆盖率均达到70%以上。组织92户电商企业参加吕梁市第四届名特优功能食品展销会暨2019农民丰收节，在“吕梁山珍”电商体验、网络直播区，通过网络直播、电商线上销售等方式推介销售全市农特产品。

电商扶贫人才培训成为全市新型职业农民培训重要内容。全年专题培训7期，培训650人。

【商务领域行业监管】

2019年，吕梁市针对商务领域各行业新的变化，对商务部门监管的成品油、拍卖、报废汽车回收拆解、再生资源回收、美容美发等37个行业进行监管梳理。根据相关法律、法规，明确市县部门职责划分和监管要求，对成品油、单用途商业预付卡、二手车交易、报废汽车回收、家政服务等行业进行全面整治，促进行业规范发展。

（市商务局）

对外贸易

【外贸市场拓展】

2019年，吕梁市委、市政府在全力推进外向型经济发展基础上，召开第二次全市进出口贸易工作推进会，提出持续提升外贸质量，优化产品结构，扩大高新技术产品、化工产品以及优质农产品出口，推进与“一带一路”沿线国家的贸易往来。制定《2019年对外贸易主体培育行动计划》，实施“1110”工程，通过培育外贸主体、打造龙头企业、推动“破零”，全方位积蓄发展潜力。

空白县“破零”成果扩大。吕梁市进出口主要集中在平川4县（市），山区9县（区）除中阳县外，长期为外贸空白。继柳林县、岚县、方山县2018年“破零”后，兴县、临县、离石区、石楼县、交口县2019年全部实现“破零”。兴县出口玻璃制品至牙买加，临县出口红枣至日本，离石区出口壁纸至沙特阿拉伯，并销往中国香港。石楼县出口红枣至马来西亚，交口县出口香菇菌棒至韩国。

外贸主体培育。6月底，吕梁市邀请太原

海关、晋阳海关负责人和业务权威开展调研，并进行海关政策宣讲，全市84户重点外贸企业及开发区管委会（筹委会）参加。组织晋能清洁能源、南山食安农牧、百菌元农业等7户企业参加国家2019年第十五届进出口贸易说明会。全年培育重点外贸企业100户，亿元以上外贸企业6户，外贸实绩企业74户。指导帮助“吕粮山猪”实现生猪供港，为相关企业争取活大猪供港资质。

参加国际会展。2019年，吕梁市组织企业参加各类展会，拓展国际市场。市直单位、县（市、区）、开发区和企事业单位参加第二届中国（上海）国际进口博览会，吕梁市交易分团总成交额达1.92亿美元，成交额全省排名第一，比首届成交额增长50%。全年组织33户企业参加境外境内涉外重点展会16场，其中：10户参加第125届、126届广交会。举办吕梁市交城县新型肥料国家级转型升级基地平台活动，组织临县克虎红枣参加第三期贫困地区特色食品专场推介活动；5户企业参加中国品牌商品（中东欧、非洲）展，2户企业参加东盟（曼谷）中国进出口商品博览会，3户企业参加山西品牌丝路行（澳洲站），4户企业参加意大利米兰国际食品展，2户企业参加第22届日本国际外食产业展览会，1户企业参加2019年中国（北京）国际服务贸易交易会；组织盛达威科技、晋能清洁能源2户企业参加第十六届巴基斯坦塑料包装展览会、韩国国际太阳能博览展、德国慕尼黑太阳能博览会等塑料和光状行业国际性专业展会。

2019年，全市外贸进出口总额完成450852万元，同比增长3%，总量排全省第五，增幅排名全省第七。其中：出口完成217219万元，同比下降11.5%，总量排名全省第四，增幅排名全省第十；进口完成233633万元，同比增长21.4%，总量排名全省第四，增幅排名全省第六。

【招商引资】

2019年，吕梁市全方位推动招商引资。市招商引资领导组办公室牵头抓总，健全招商引资机制，制定出台《吕梁市招商引资考核办法》《吕梁市2019年招商引资行动计划》，制作2019年吕梁招商引资宣传片，编印《投资吕梁》宣传册和《吕梁市重点招商引资项目册》。吕梁市委、市政府高度重视招商引资工作，多次召开招商引资工作推进会。组织代表团到深圳学习考察并招商引资，走访华为、华强方特、中国燃气等企业；到中石油煤层气公司、清华启迪军民融合研究院进行考察对接；中博会期间，深入南昌市国家级高新区及诺思维系统有限公司、晶能光电公司等地考察交流，进行项目洽谈；厦洽会期间，前往普罗特集团、纵横集团考察对接，与相关企业高管深入交流，筹备招商引资；赴内蒙古、天津等地考察对接项目，参加泛珠三角地区山西商会第一届第四次联席会议，并作招商引资主旨推介。各县（市、区）、各开发区以小分队组织形式参加招商，与目标企业精准对接招商计156次。

围绕产业发展搭建招商平台。市级举办集中招商活动6场，共签约投资及贸易类项目161个，投资及贸易额244.29亿元，涉新型煤化工、新材料、新能源、高端装备制造产业、现代服务业、文旅及功能食品贸易等领域。其中，第三届吕梁名特优功能食品展销会共签约投资及贸易类项目101个，总金额23.07亿元；第二届“一带一路”煤焦化工产业绿色发展研讨会签约项目16个，总投资208.3亿元；吕梁市第三届“数谷吕梁·智赢未来”大数据产业发展推进会签约项目19个，总投资3.78亿元；第四届吕梁名特优功能食品展销会暨2019农民丰收节签约项目25个，总金额9.14亿元。各县（区）结合自身实际，或在外举办专场推荐活动，或在本地举办恳谈会、承办全国性产业交流活动和论坛。

借助国内重点展销平台推介吕梁。组织4户企业参加第十一届中国中部投资贸易博览会。离石区无机纤维包装系列产品生产线项目成功签约，总投资额达到1.3亿元。参加2019厦门国际投资贸易洽谈会暨丝路投资大会，借助山西主宾省优势，吕梁经济技术开发区成功签约1亿元智能洗肺机项目。此外，组织20余户企业参加中国・天津投资贸易洽谈会暨PECC博览会、第四届丝绸之路国际博览会暨中国东西部合作与投资贸易洽谈会、第二十届中国・青海绿色发展投资贸易洽谈会，参展的红枣、核桃、小杂粮、陈醋、特色饮品、白酒等吕梁名特优功能食品得到与会客商青睐，提升了吕梁市特色农产品的认可度、知名度。

加快推动项目落地开工进程。起底签约项目，核实项目审批、开工、入统计局固投库情况，分门别类建立管理台账；按季度组织目标任务完成情况专项督查，了解落地过程中存在的困难和问题，查找分析原因，研究解决办法；协调发改、住建、生态环境、自然资源等部门加快签约项目审批手续办理，及时完成统计部门统计入库，使签约项目应入尽入、应统尽统。

2019年，吕梁市共签约招商引资项目128个，项目总投资846.28亿元，完成年度目标任务752亿元的112.5%。开工项目79个，计划投资总额283.6亿元，完成年度目标任务266亿元的106.6%。其中，当年签约并当年开工项目71个，开工率55.5%。全市招商引资形成固定资产投资项目到位资金61.2亿元，完成年度目标任务70亿元的87.4%。非固定资产投资项目到位资金12.4亿元，完成年度目标任务7亿元的176.6%。

【外资利用】

2019年，吕梁市共新设9户外商投资企业，实际利用外资5714.6万美元，全市利用外资总数达到49户。投资领域主要涉及炼焦、铝冶炼、金属制口制造、发电等行业。年内，全市新增1户境外投资企业，总数达到9户，总投资17954.4万美元，投资目的地为美国、日本、格鲁吉亚、塔吉克斯坦、蒙古等。

（市商务局）

粮食流通

【交易储备】

2019年，根据省有关精神，立足“服务三农”，积极安排部署粮食收购工作。突出问题导向，提前制定工作方案，细化应对预案，杜绝农民“卖粮难”问题。组织市县21个单位、40余人参加第二届中国粮食交易大会，线上完成交易0.5亿公斤，线下完成交易134万公斤，展馆现场交易1750公斤。离石国家粮食储备库和河南皇甫粮食储备库成功签约购销合同1000万公斤。组织29个单位、60余人参加2019年山西粮食产销衔接会，离石储备库、文水储备库、市粮油批发市场成功签约小麦等购销合同9750万公斤。建立27个粮油信息监测点，实时对粮油市场信息进行无盲区监测，每月按时报送和发布粮食市场价格信息和价格分析报告。

【安全管理】

组织开展市级储备粮轮换。玉米基本完成轮换；谋划小麦轮换，公开、公平、公正将0.5亿公斤市储小麦于12月5日和13日在市粮油批发市场竞价销售成功，总成交额为11061万元。组织选报粮食领域“十四五”重大工程项目11个，项目总投资4.59亿元；申报山西粮油集团粮油仓储物流园区项目1个，预计建设工期3年，总投资7亿元。全年冻猪肉储备和投放900吨。

【粮食库存清查普查】

吕梁市根据全国政策性粮食库存数量质量大清查安排，举办专题培训和动员会，成立工作领导小组，设立3个普查小组。按照“统一抽调、混合编组、综合交叉、本地回避”的原则，择优安排检查人员，从粮油库存检查专业人才库中随机抽调8人，另有2名中储粮人员。5月17日—5月30日，检查组赴各县（市、区）实施检查，按照“双随机”原则，对纳入清查范围内的17个粮食仓储企业库点库存粮食进行逐仓（货位）扦样，由省质检中心统一负责质量检验。

利用“安全生产月”“世界粮食日”，开展安全生产和食品安全知识及法律法规宣传。组织开展春秋两季安全生产大检查，下发整改意见书33份，整改意见127条。

【市场监管】

2019年，组织开展全市秋粮收购专项监督检查，检查收购主体75个，检查次数37次，出动执法人员208人次，有力维护了粮食市场流通秩序。

【“优质粮食工程”建设】

2019年，吕梁市高度重视粮食产后服务体系建设，安排3个建设单位实施总投资747万元的产后服务体系建设。截至年末，争取到600万元资金用于市质检中心的粮食安全检验监测体系建设。争取到4个“中国好粮油”项目，争取资金1836万元；申报汾阳皇米业加入“山西小米”产业联盟和“汾都香”优质小米品牌；申报汾阳“好粮油”行动示范县。组织参加全国第二届粮食交易大会和第六届中国（山西）特色农产品交易博览会，宣传推广吕梁优秀企业和吕梁“优质”“特色”粮油品牌和产品。

（市发改委）

供销合作

【省级试点县综合改革】

2019年，兴县、临县、石楼县、方山县4个省级重点推进综合改革试点县按照“3+N”改革构想，重点在加强基层组织体系建设、构建农业社会化服务体系、加快发展以电子商务为统领的农村现代流通体系方面创新发展，其他综合改革内容结合实际选择确定。1—12月，吕梁市省级综改试点4县完成提升惠农服务中心8个，新建或提升惠农服务站24个，新增土地托管、服务面积0.83万公顷。市供销社将交城县、孝义市、岚县、柳林县、中阳县、交口县、离石区7个县（市、区）确定为综合改革市级试点县，实现综合改革试点县全覆盖。

【农业社会化服务惠农工程建设】

2019年，吕梁市各县（市、区）供销社

坚持把惠农服务中心、服务站和庄稼医院作为惠农工程建设的核心内容，按照建设要求，因地制宜，依托农资配送中心、基层社、专业合作社，规范化、标准化建设惠农服务中心（站）和庄稼医院，提升增强为农服务能力。全系统采取土地托管、土地流转、代耕代种、股份合作、以销定产等多种形式，围绕“谁来种地”“地怎么种”的问题，为农业生产“耕、种、管、收、加、贮、销”等产前、产中、产后环节推出“保姆式”“菜单式”服务。为农民提供农资直供、测土配肥、病虫防治、农机作业等一系列服务，推动农业适度规模经营。截至2019年12月底，吕梁市新建惠农服务中心13个，提升惠农服务中心5个，新建惠农服务站31个，提升惠农服务站11个，新建、改造庄稼医院13个，新增土地托管面积0.94万公顷，新增土地服务面积1.02万公顷，服务农户52670户，助农增收842.5万元，惠农服务工程建设取得明显成效。

【基层供销社组织建设】

2019年，吕梁市供销社按照省供销社部署，强化责任落实，加大基层组织建设力度。出台《吕梁市供销合作社关于对2019年度目标任务分解的通知》，对各项目标任务进行细化分解，将各项任务全部分解落实到县级社。

农村综合服务社星级社申报。根据省社要求，结合吕梁市供销社实际情况，2019年在“四社”创建申报中，将农村综合服务社星级社作为重点内容组织申报。

清理专业合作社。配合清理农民专业合作社“空壳社”。2月，农业农村部牵头11部委联合出台清理专业合作社“空壳社”的方案，将清理“空壳社”作为重要工作任务。吕梁市供销社积极配合市农经局等部门，联合下发《关于做好全市专业合作社“空壳社”专项清理工作的通知》，并对本系统清理整顿安排部署。

2019年，全市供销社共建成农民专业合作社17个，专业合作社联合社13个，综合服务社75个，入股入社农户2.44万户，入股入社人数达7.36万人，以上五项指标均超额完成省供销社下达任务。

【仓储物流体系建设】

2019年，吕梁市供销社坚持把打造仓储物流体系作为重大突破性工作任务，向省供销社争取市级物流配送基地建设资金300万元，由市供销社牵头，依托吕梁盐业分公司，建设仓储面积2700余平方米的市级物流配送基地，并投入使用。配送基地购置新能源电动配送车10辆，配备充电桩等设备6台，达到日配送4000件商品的配送能力。结合全市供销社现有网络，以吕梁供销物流分拨中心为基础，打造农村物流配送基地，形成以离石区、孝义市为中心，辐射吕梁13个县（市、区）的仓储物流配送体系。各县（市、区）供销社挖掘自身优势，推动物流建设。汾阳市新合作经济发展有限公司在汾阳市商贸物流经济开发区投资新建占地4.4公顷的“商贸物流仓储配送中心”，形成以电子商务和现代物流为主要特征，集运输、仓储、保管、包装、流通、加工和物流信息处理为一体的综合性物流配送中心。公司统一对汾阳市便民店开展连锁配送服务，形成集仓储物流、商贸物流、电子商务为一体的线下服务新格局。商品配送覆盖率达到100%，对各便民店的商品配送率平均达60%以上，带动农村富余劳动力就业1680余人，基本形成以电商物流配送中心为龙头、农村电商体验店和便民店为终端、覆盖城乡、方便快捷的现代流通网络体系。4月，兴县供销社成立兴县供销社惠农供应链有限公司，通过参股、控股等方式，与县优秀电商企业、物流企业合作，建设专业运营团队及1000平方米物流仓库，拥有2辆大型厢式货车、3辆小型厢式货车及若干电动小型配送车，覆盖城区及周边社区，开通2条农村物流专线，通过日用消费品下乡带动农产品上行。

吕梁市供销社整合社会资源，引进新能源电动车和充电桩项目，发展农村物流体系。12月，组织市供销社及仓储企业赴西安市全通实业集团进行考察学习，并协商有关项目的合作引进。项目总投资2.61亿元，其中物联项目投资1亿元，充电站项目投资5100万元，吕梁供销物流分拨中心投资1000万元，智能仓储项目投资1亿元。项目由吕梁市政府主导、市供销合作社承办，全通集团甲马物联公司与吕梁供销社所属畅达物流公司协商并签订合作协议。

【农村电商体系建设】

2019年，吕梁市供销社推动全系统农村电商体系建设，全系统成立电子商务公司11个，其中市供销社持股35%以上，为第一大股东的电商公司6个。共新建电商网点132个，其中贫困村电商网点97个，非贫困村电商网点35个，提升电子商务运营中心3个。

加快基层经营服务网点信息化改造，构建农村电子商务终端市场和前沿阵地。对130个电商网点进行升级改造，形成统一规范的网点形象和服务标准，建成村级便民服务网点。2019年，全市供销系统电子商务销售额完成1392.4万元。

【“印象吕梁”农产品区域品牌建设】

2019年，吕梁市供销社实施农产品“走出去”战略。7月21日，由市供销社主管的吕梁市农产品流通协会向国家知识产权局申请注册吕梁市区域性公共品牌“印象吕梁”，并正式注册；与省内著名企业山西天骄生物集团就“印象吕梁”农产品区域公共品牌打造达成战略合作意向，并就品牌的宣传、运营及产品的层级开发等提出一揽子规划，着力推动“印象吕梁”品牌价值的提升，提高吕梁优质农产品知名度，扩大吕梁农产品的销售。8月，“印象吕梁”形象体验馆正式启动。体验馆选址于太原市晋阳街159号山西天骄生物集团天骄科技园主楼6层，建筑面积1200平方米，按吕梁市13个县（市、区）设立分馆。体验馆设立办公接待区，为展馆提供公关、营销配套及服务，着力将展馆打造成“印象吕梁”特产旗舰店、餐饮体验馆，同时与楼宇内餐饮单位合作，推出以“印象吕梁”农产品为食材的特色餐饮，丰富客户体验。

2019年，经市“九吕合作”办公室牵头，吕梁市供销社与京东集团对接沟通，双方坚持优势互补、服务“三农”原则，推动京东金融小站、城市管家等业务在吕梁市汾阳市、兴县、临县、孝义市先行铺开；市供销社与京东合作建成金融小站22个，城市管家2个；京东山西扶贫馆于7月17日在孝义市开馆。截至11月，山西扶贫馆在京东商城平台累计销售额达到1.67亿元，京东山西扶贫馆线下体验店累计销售额为460万元，扶贫馆公众号累计关注人数超过3万人，走进社区销售活动累计达到786万元，捐助社区困难户12户。

【历史债务化解】

2019年，吕梁市供销社根据省供销社关于化解历史债务的部署安排，组织进行全系统历史挂账核查。经查，全市供销社系统在农业银行有62户贷款企业，贷款本金6366.25万元，其中市本级988.99万元，县级5377.26万元，涉及12个县和3个直属企业。市供销社与农业银行吕梁分行协调沟通，筹措全部资金445.64万元，顺利完成市供销社系统历史债务化解。

（市供销社）

烟 草

【经营概况】

2019年，吕梁市卷烟销量13.49万箱，同比增长1.02%；卷烟销售收入36.51亿元，同比增长3.68%，单箱批发销售额2.71万元，同比增加655元；条均价108.28元，同比增加2.62元；实现税利9亿元，同比增长7.28%，剔除房产处置收入和“三供一业”（供水、供电、供热和物业管理）补贴1270万元，实际增长为5.77%，位列全市纳税贡献突出企业20强；实现商业增加值10.36亿元，同比增长3.6%；上缴财政总额6.64亿元，同比增长3.27%。

2019年，吕梁市共查获真烟案件536起，假烟案件150起。其中，查获2万元以上5万元以下重大案件38起，5万元以上重大案件9起，移送公安机关刑事案件5起，破获临县“9·21”、岚县“12·6”两起符合国家烟草专卖局标准的网络案件，为卷烟市场营造良好经营秩序。

【卷烟销售】

2019年，吕梁市烟草局依照“规范为本、状态为要、结构为先、育品为责、服务为魂”调控经营思路，定期通报情况，并制定措施，确保卷烟销售稳中有进。全年重点品牌数量占比85%，同比提高2.42个百分点；重点品牌销量11.28万箱，同比增长12.69%，占总销量比重83.65%，同比提高11.16个百分点；重点品牌销售收入33.15亿元，同比增长7.17%，占总销售收入比重90.81%，同比提高3.09个百分点。销售结构梯次上移，其中一类卷烟销售21483箱，同比增长4.74%；二类销售17003箱，同比增长15.95%；三类销售75712箱，同比增长1.81%；四类销售20276箱，同比下降14.5%。

年底社会库存总量3203箱，卷烟条零售价格指数98.53。新型卷烟快速增长，细支烟同比增长21.75%，中支烟同比增长224.17%，短支烟同比增长9.68%，爆珠烟同比增长24.43%，市场状态持续向好。

现代终端示范店基本形成“全渠道订货、全店铺管理、全商品扫码、多渠道支付”的新零售模式。推进卷烟零售客户互助小组建设，如学习借鉴内蒙古烟草经验，贯彻朔州、大同推进会精神，明确小组“12356”建设思路。全市共建成互助小组917组，覆盖零售客户12218户，小组成员占比达到86.79%。整条零售价到位率90%以上；零售客户毛利率12.15%，同比提高1.85个百分点，客户经营信心进一步提振。

2019年12月底，全市全年规格总数控制在166个（含3个进口烟、3个手工雪茄），品牌集中度进一步提高。建立工商协同库存管理机制，卷烟存货周转率20.3次，同比增加1.4次，增长7.4%。工商协同深入推进，工商互评名列前茅。优化营销工作机制，在“天价烟”检查整改的基础上，制定和完善《卷烟零售客户分类分档管理办法》《卷烟货源投放实施细则》《高价位卷烟货源投放实施细则》《高价位卷烟监督管理制度》，确保卷烟营销规范运行。加强营销队伍建设，理顺客户经理工作流程，编制客户经理《应知应会》手册，开展“卷烟营销在基层”活动，优化品规布局，完善引退规则，促进队伍素质提升。

【专卖管理】

2019年，吕梁烟草专卖局制定全新的烟草制品零售点布局规划，营造公平合理的卷烟销售环境。与市公安局网安支队建立联合打击互联网涉烟违法犯罪工作机制。同时，开展打击互联网涉烟违法犯罪专项行动，市、县两级上下联动，相继展开“冬猎”“中秋国庆”期间清理整顿卷烟市场专项行动。

举办“互联网+监管”系统专题培训，推广“互联网+监管”信息系统应用，开展卷烟真伪鉴别技能培训及竞赛、市场监管信息系统专题培训，将“双随机、一公开”与APCD工作法深度融合，提升市场监管效率。

按季度开展卷烟市场秩序督查，全市卷烟市场净化率保持在98%以上。采取明察暗访等方式对侵害零售户利益问题进行整治，共发现3个方面6项问题，对相关责任单位进行整改，有力维护零售客户利益。强化对加热不燃烧卷烟和电子烟产品的监管打击力度，向市民及零售户发放《关于进一步保护未成年人免受电子烟侵害的通告》1.5万余份，使电子烟对未成年人的侵害行为得到有效遏制。做好日常预警信息处理，开展“天价烟”问题专项检查，清理整顿“一户多证、一证多户”等问题，加大真烟非法流通监控力度，严查违规经营行为，切实维护卷烟经营秩序。

【营销管理考评】

2019年，吕梁市烟草局围绕山西省烟草专卖局“5586”责任体系，构建“一压三防四强化”绩效考核体系，落实廉政、规范、安全三大领域的风险防控责任，强化发展责任、管理责任、组织责任、岗位责任落实。

完善考评内容，调整考核权重，优化指标体系。出台《县级局（营销部）月度绩效考核办法》《县级局（营销部）绩效考核办法》，修订《县级局（营销部）薪酬管理办法》，做到奖惩有度、赏罚分明；发挥绩效管理、薪酬管理的激励约束和导向牵引作用。

统筹绩效考评管理，对职能科室的考核内容均纳入月度、年度考核范畴。年终考核由职能科室专业考评人员集中力量，统一流程，统一标准，实地考核，有效避免多头考核、重复考核。

【企业质量管理】

2019年，吕梁市烟草局全面强化企业管理，建立新机制，提高企业管理运行水平。发布96个标准化文件，将72项工作制度纳入新版体系，开展内部审核和评价2次，做到内审全程覆盖。坚持“一线工作法”，组织基层调研活动，形成高质量调研报告26篇。聚焦问题导向，坚持以制度建设为根本，全年共牵头修订完善《货款回收管理制度》等5项制度，新制定《资金管理重大风险应对预案》等3项制度。顺利通过国家烟草专卖局资金风险控制飞检，财务管理水平明显得到提升；合理统筹存量资金，2019年利息净收益达到2508万元，同比增长26.6%；狠抓重点费用控制，全年“三项费用率”同比下降0.59个百分点。全年共完成各类审计项目85项，出具审计报告或意见书31份，提出审计意见或建议38条，下达整改通知书7份，获得直接经济收益12.89万元。围绕“3·15”“6·29”等重要时间节点进行普法宣传，举办法律知识讲座。对审核的63份合同，均出具合同审核法律意见书，确保合同签订的合法合规；完成“三供一业”分离移交维修改造项目21个。规范物流采购，修订《采购管理实施细则》，组织集中培训，严密采购操作流程，全年执行采购项目46项，金额894万元。其中公开招标占比73.9%，金额占比66.2%。重点可控费用实现同比下降，物流综合管理运行效能实现同比提高，单箱人工费119.15元/箱，同比下降5.15%；人均卷烟配送效率870.13箱，同比提高1.01%；单箱可控费用33.54元，同比下降3.73%。

（市烟草专卖局）

石　油

【经营概况】

2019年，吕梁石油分公司销售成品油27.45万吨，同比减少6.45万吨，完成年计划的83.9%，总量排名全省第九。其中，零售完成19.8万吨，同比减少6.45万吨，减幅24.6%，完成年计划的82.5%，全省排名第八；直销完成7.65万吨，同比增加2934吨，增幅4%，全省排名第六。LNG销售1.14万吨，增幅604%，全年计划完成量、完成总量全省第一。

非油品全口径营业额1.7亿元，完成省公司年初任务的93%，基础品类营业额5796.3万元，同比增加727.3万元，增幅14%。

新发展加油（气）点2座，完成全部双层罐改造任务。

【油品经营市场】

2019年，吕梁石油分公司维护能源市场主体地位，围绕汽油增量、高标号汽油占比提高目标，市、县两级分区块、分措施对症下药，对销售连续末位的县（区）公司进行针对性调研，帮助解决困难问题。创新思路开展精准营销，坚持价格优惠和油非互促相结合，通过机出小额配送等手段，持续打造“偏、小、低”站点的零售增长力，进一步扭转“20%强撑、80%萎缩”的零售营销困局。

开展站长业务素质培训，利用3座“站长站”举办培训班5期，培训站长25人，促进站长队伍整体素质提高。逐步提高加油站服务水平，围绕7个方面开展加油站“双差”专项集中整治，不断提高加油站服务质量，提升客户体验度。

跨界合作共同发展，与银联商务、中国移动开展合作，充分利用第三方优惠返利，最大程度开发加油卡客户。全年新发卡7.64万张（其中柴油联名卡发卡2079张），同比增幅11.38%。

围绕平台拓展客户群体，以“加油山西APP”为立足点，阶段性出台优惠措施，提升优质客户占比。全年注册APP用户8.28万户，其中绑卡6.7万户，绑卡率81%，在全省系统名列前茅；持卡消费比例不断上升，突破46.08%（其中汽油33.07%、柴油78.38%）。

数量质量管理水平提高，重新修订《加油站损溢管理办法》，按月进行预赔付。全年加油站累计体现溢余27.76万升。

【油品销售】

加强直分销措施。树立“市场第一，客户至上”经营理念，根据外部竞争情况及原油价格走势，提前下发经营指导意见，市县联动做好售中、售后服务，为各县（市、区）公司销售提供全方位保障。细分客户针对性营销，分类整理、个别跟进、抓大不放小，全员营销找空档。全年开发新客户123户，增加销量8174吨。

稳固现有客户。按照“分级走访，分层维护，全方位走访维系”原则，实施“一户一策”。全年开单客户388户，中小客户增加21户；7月，与离石大土河公司签订长期供油合同。

油非多元合作。与义龙耐火材料、离柳焦煤企业等直销客户进行非油商品深度合作。积极参与政府部门“打非治违”活动，共参与政府联合执法10余次，查获伪劣柴油40余吨，取缔社会侵权站3座。全市油品市场环境得到净化。

【非油综合服务】

吕梁石油分公司树立“做实基础品类，做大核心商品”服务理念，通过“狠抓基础管理、强化现场管理、提升服务管理”三大管理，门店管理水平和便利店员服务水平稳步提高。提升易捷品牌的发展影响力。充分利用节日时点，组织“易捷年货节”“中秋国庆”双节暨门店“易捷易享节”“狂欢内购家电节”“华为电子产品展销会”“大昌汽车”内购会等主题活动，丰富易捷品牌内涵，提高知名度，扩大销售额。

开拓服务板块。坚持抓县（区）上传下达、抓门店日常管理、抓员工培训三大抓手，完善制度建设，发挥标杆站和销售标兵模范引领作用，提升营销人员业务水平，推进向综合服务商转变。先后涌现出交口一站、离石滨河、孝义振兴、临县东关等一批典型便利店，带动全域非油品工作多点开花，全面发展。增强客户体验，5座洗车房开始正常运营，3座汽服站稳妥推进；广告收入突破763万元，快餐服务开始招商，保险合作业务持续推进，升级综合服务商工作蹄疾步稳。

【经营站点网络优化提升】

2019年，吕梁石油分公司双改计划基本完成，保证零售量稳固。全年完成双罐双线改造项目25个，双线改造项目10个，“双改”完成率99%，停业期未超过29天。续签5座油站土地租赁合同，零售站点网络稳定。

配合环评检测机构，完成21座站的环评验收、32座站的环境影响评价报告编制。对市商务局年审不予通过的19座加油站，由专人负责跟踪协调，所有双改站均顺利通过零售证年审。完成孝义市新兴、离石区南关的商务规划上报并实现网上公示、规划确认；完成孝义市贤者、新兴，中阳县昌隆项目立项上报；完成汾阳市城关加油站的土地招拍挂阶段性核准；推动兴县魏家滩站证照办理。完成交城县夏家营、兴县城东、汾阳市通达3个站应急管理专项整治，交城县西冶、临县万发站隐患治理项目开工建设。

【三项制度改革】

2019年，吕梁石油分公司调整市、县两级机构职能架构，合并1万吨以下县（区）公司2个，整合实物资产科、发展规划部、业务部，管理架构更趋扁平。全面推进“三项制度”（劳动、人事、分配制度）改革。通过综合素质测试、岗位双向选择、竞争上岗工作领导组审定等程序，完成机关专业技术序列及基层专业岗位、油库班组员工竞争上岗；经过两轮加油站员工岗位胜任力考核选聘，依法依规解除合同158人。通过报名、审核、公示、签订业务外包合同等程序，完成吕梁油库餐饮业务外包；将原有的32座自营和委托加油站，实施家庭驻站式管理；稳妥完成存量改革阶段性任务。

【精细化管理】

2019年，吕梁石油分公司从预算管理做起，规范开支内容，优化报销流程。对预算外事项“一事一批”“先批后办”采取事前控制。集成费用报销与合同管理系统，完善大额费用审批程序，费用同比减少1275万元，降幅19%；公司电费由1.6万元/月降为0.7万元/月，水费减少近60%，食堂燃料费节省10万余元；精简文件会议，“三公”（公款吃喝、公车消费、公费出国）开支持续下降。

多渠道挖潜增效，资产运营水平显著提高。全年源头创效1276.6万元。新增盘活资产11项，增加收入82.9万元，其中新增出租收入50.2万元、增幅153.4%。依法减税效果明显，协调相关部门争取到4宗土地减免政策，其中，2宗土地3年内每年可免土地使用税57.8万元，3年后每年可免税77.1万元。

完成土地权属变更12个，房产变更5个，房地合一6个；完成市公司全部6宗土地（包括孝义公司2宗）的权证变更。注销31个企业名下名存实无单位。39座加油站完成危险化学品的延期换证，完成全部在营站的危险化学品经营许可证名称变更。

配合政府有关部门完成175个油样的外部抽检、256个油样的内部抽检，确保“每一滴油都是承诺”的呈现。

全市石油系统在营加油站“四率”均超过97%，居全省系统前三名。依法稳妥推进5个劳动纠纷案件，配合上级公司做好高速、石楼等法律纠纷案，妥善解决遗留问题。

【安全环保】

2019年，吕梁石油分公司以“防风险、除隐患、遏事故”和“抓执行、反三违、强基础”为安全和环保主题，组织市公司机关、吕梁油库、县（区）公司及各加油站，开展安全发展主题宣讲、安全宣传咨询日活动、安全警示教育活动、应急演练活动等安全宣传教育活动。

开展安全隐患排查治理，完成吕梁油库罐组增设围堰和危废暂存间达标改造。执行省市两级督查队联动，实行销号管理。全年共督查加油站152座次、油库10座次，查出问题2071项，完成整改1852项，整改率89.4%。对25座施工站检查33次，发现问题306条，全部整改到位。

建立健全环保制度，执行日常环保监管。及时承接销售公司、省公司的各类环境保护类管理制度，确保节能、节水、环保、低碳四类管理制度无遗漏。制定环境监测工作计划，对库站油气回收系统及油库外排污水进行检测，依法合规处置危废物。

（中石化吕梁分公司）

教　育

综　述

【基础教育】

普惠性幼儿园建设。2019年，吕梁市教育局继续落实《吕梁市第三期学前教育行动计划实施方案（2017—2020）》，建成45所普惠性幼儿园。其中，公办幼儿园22所，孝义市、交城县、石楼县、中阳县、岚县各1所，文水县、汾阳市、方山县、兴县、临县、离石区各2所，柳林县5所；民办幼儿园26所，交城县、交口县、石楼县、中阳县、柳林县、方山县、岚县各1所，孝义市、兴县各2所，临县3所，汾阳市4所，离石区6所。公办园改扩建全部完工，普惠性民办园认定26所。全市普惠性幼儿园覆盖率达到77.3%。

2019年，全市组织208名园长、教研员和骨干教师参加省级培训。组织评选吕梁市第八届幼儿园保教能手，评选市级保教能手78名，推荐15名参加省级保教能手评选。举办以科学做好入学准备为主题的“2019年学前教育宣传月吕梁市启动仪式”，向全市发出倡议书，号召社会各方面共同努力，形成家园共育、促进幼儿身心全面和谐发展的良好氛围。开展城镇小区配套幼儿园专项治理，稳步扩大普惠性学前教育资源；持续加强幼儿园准入管理，整治无证办园，规范民办幼儿园收费等行为。

市中心城区幼儿园和大中小学建设。2019年，吕梁市教育局加强中心城区幼儿园、大中小学校建设。规划从2018年到2020年，在市区新建和改扩建幼儿园、中小学校29所，其中幼儿园12所、小学9所、初中4所、高中1所、中职1所、高职1所、大专1所。建设总规模81.89万平方米，总投资38.26亿元。具体由离石区、方山县、市新区建管中心负责建设。截至2019年底，竣工投入使用项目为离石区城镇中学小学部；完成主体建设的为高家沟幼儿园、上安小学、西属巴中学、盛地幼儿园、大武小学共5个；开工在建的有吕梁师范高等专科学校、吕梁一中、贺龙中学、大武棚户区改造项目八区幼儿园共4个。

义务教育发展。2019年，吕梁市“全面改薄”总投资15.92亿元，其中：中央专项资金10.11亿元，省级资金1.98亿元，县级资金3.83亿元。规划校舍建设面积49.93万平方米，设备购置6.22亿元，年内校舍建设类项目全部完工，设备购置类项目采购完成。

义务教育办学模式改革覆盖全市所有县（市、区），惠及所有义务教育阶段公办学校。文水县、交口县、石楼县、离石区、柳林县、方山县、岚县共7个县消除56人以上大班额。全市落实《义务教育学校管理标准实施细则》，改善学校办学条件，深化中小学校招生入学改革，执行教育部“十不准”规定，落实省厅《关于开展中小学生课后服务工作的指导意见》和减负“30条”，解决“放学早、接送难、无人管”的矛盾，减轻中小学生过重课外负担。

2019年，吕梁市在特殊教育各级学校落实“一人一案”措施，推进融合教育。以普通学校随班就读为主体、以特殊教育学校为骨干、以送教上门和远程教育为补充；对适龄残疾儿童少年入学“零拒绝、全覆盖”，保证“三残儿童”入学率达90%以上。柳林县特教学校年内正式招生，兴县全面启动新建特殊教育学校。落实特殊教育学生（含随班就读学生）生均公用经费达每生每年6000元。

2019年，全市建设57所乡镇寄宿制学校，其中交城县3所、文水县5所、汾阳市5所、孝义市3所、石楼县2所、交口县3所、中阳县3所、柳林县5所、离石区7所、临县10所、兴县4所、岚县4所、方山县3所。开展校外培训机构专项治理，全市校外培训机构总数为1008所，其中证照齐全364所，取缔校外培训机构341所，停业整改303所。

普通高中教育标准化建设。2019年，吕梁市教育局针对普通高中学校标准化建设，推进普通高中考试招生制度改革，深化普通高中课程改革，完善学业水平考试和综合素质评价制度，深化课堂教学改革，推行选课走班和学生发展指导。根据省教育厅精神，按照初中毕业生总数的60%下达各县普通高中学校招生计划，并将省级示范高中和部分市级示范高中招生计划的65%定向分配下达到薄弱初中学校。根据各高中学校的办学特色及参加国家、省级体育艺术比赛情况，制定出台《吕梁市普通高中学校特长生招生办法》，下达各高中学校的特长生招生计划，保证普通高中学校规范招生。

【职业教育】

2019年，吕梁市县级职教中心建设按计划推进。柳林县职教中心完成建设；开工建设的有汾阳市、文水县、方山县。汾阳市职教中心因建设过程中发现文物，故工期延长；文水县职教中心一期综合楼建设完成，实训楼开工建设；方山县职教中心主楼正在建设；兴县职教中心完成图纸设计和征地项目。临县在白文职业技校现址基础上，整合临县高级职业中学、临县第二高级职业中学等3所职业学校资源，新改扩建临县职教中心。

2019年赴运城考察职业教育，学习先进地市。统筹将吕梁市高职学校和部分市直中职（幼儿园）学校归教育口管理，得到市政府常务会议研究通过。在举办的吕梁市首届职业技能大赛中，有12所中职学校208名学生和33名教师参与；市中职学校24件作品参加省级教学能力大赛，有13件作品获奖。其中，孝义市职教中心的《照相馆故事之证件照处理》被选送参加全国教学能力大赛。全市申报12个高水平实训基地和重点专业。

【教师队伍建设】

教师招聘。2019年，吕梁市招聘24名教育部直属6所师范大学的一流建设高校、一流建设学科的硕士及以上学历研究生，充实到贺昌中学、吕梁高级实验中学、吕梁实验中学。完成85名公费师范生就业分配，其中部属院校公费师范生6人、省属院校免费师范生79人。

2019年，全市招聘特岗教师485名。全市聘任学科带头人和骨干教师，拟新聘省学科带头人37名、省骨干教师41名，市基础教育段中小学学科带头人95名、市骨干教师183名，中职教育学科带头人、骨干教师60余名。对2017年之前市级所有学科带头人、骨干教师进行续聘。

教师表彰。吕梁市2019年向省推荐的65名晋绥儿女优秀奖教师受到表彰；教师节推荐表彰全国模范教师1名、全国优秀教师2名、全国先进集体1个、市级优秀教师和优秀教育工作者100名；在全市教育大会上，表彰“最美乡村校长”20名和“最美乡村教师”50名。

义务教育学校校长教师交流轮岗。2019年，全市符合条件的校级领导598人，交流167人，占总数的28%；全市符合条件的教师9187人，交流1544人，占总数的17%。其中优秀骨干教师2111人，交流355人，占优秀骨干教师总数的17%。全市各县（市、区）均完成交流任务。

管理人员和教师业务水平提高。2019年，全市培训普通高中校长、教师和市区综改初中专任教师共计6640人，中央体彩公益金义务教育学校校长培训共计957人。2019年继续实施市级顶岗支教计划，接收支教学生400人；培训乡村教师400人、“环境保护”主题地方教材专任教师、教研员900人；组织市直局属幼儿园春苗幼儿园、八一街幼儿园、离石师范附属幼儿园等教师参加培训200人。2019年，吕梁市根据省教育厅计划对列入国培项目的临县、交城县、兴县、离石区、交口县、石楼县6个县（区），开展乡村教师培训14127人；对列入吕梁市信息技术应用能力提升项目的方山县、中阳县4400余人教师参训，并进行前期摸底。2019年全员培训参加人数35500人。

【名师队伍建设工程】

2019年，吕梁市启动名师队伍建设工程。在全市遴选培养省级学科带头人、骨干教师800名，遴选培养市级学科带头人1000名、市级骨干教师3000名，遴选培训市级名校长100名、市级名教师500名。遵循专业发展和名师、名校（园）长成长规律，围绕培养目标，按照“整体规划、个性指导、训用一体”的原则，对名师和学科教学带头人培养人选进行个性化、针对性地培养，并落实省级学科带头人政府特殊津贴。

2019年，全市推崇以名优学科教师引领开展学科研究，改进“名师工作室”培训内容，丰富课程资源，使教师静心钻研教学，提升教学水平。推行“名师工作室”自主选学，实行教师培训学分制管理，鼓励教师外出研修访学和在职学习提高。

完成2018年度中职学校教师职称评审评定，在县（市、区）教育局和市中职学校推荐的基础上，上报高级讲师119人，讲师84人。同时安排全市中小学中、高级教师职称评审。

2019年，吕梁市教研室继续开展“互联网+教研”的新型教研模式，在全市各县、乡、村范围内实时教研直播。开展第一届市级教科研成果奖评比，确定一等奖8个、二等奖14个、三等奖18个、部优课奖47个和最佳组织奖4个。推进省市两级课题的立项与结题，申报省级“十三五规划”课题198项，其中成功立项62项。启动市十四届教学能手评选活动，完成“一师一优课，一课一名师”活动的评比选送。

【教学质量提升】

2019年，吕梁市做好高考复习备考工作，组织全市1700余名高三教师进行高考备考培训，共进行高三模拟考试4次，为各校高考备考方案实施和调整提供有效支撑。首次组织全市120名高三优生在孝义中学进行集中培训学习。2019年吕梁市高考被清华、北大录取人数16人，达线总人数突破1.5万人。举办“中国诗词大会走进吕梁英雄故里”教学研讨活动，邀请12位全国顶尖诗词教学专家同中小学教师、学生2600多名进行面对面座谈交流。

2019年，举办中小学心理健康状况调研业务培训，确定对象为文水县、孝义市、柳林县、石楼县、临县、兴县、离石区7个县（市、区）的城区、乡镇、农村各类和各个学段24所学校。

2019年，全市推荐省级“文明校园”小学8所，中学6所；创建省级“文明校园”先进学校小学8所，中学8所。确定250所农村寄宿制学校放映优秀影片。组织全市中小学校开展“学习新思想，做好接班人”主题阅读活动，参加全国中小学“我爱祖国，同唱国歌”活动，5所学校视频被推送至央视网站。

【中小学校体育艺术卫生教育】

2019年8月，吕梁市中小学生田径、篮球比赛在交口县举行。参加田径运动会队伍有18支中学代表队、13支小学代表队；篮球比赛队伍48支，达到历史最多。高中女子组和初中男子组、女子组，参与人数比历届最多。与市体育局联合举办小学生U9、U10、U11、U12年龄段的足球比赛，选出的4支队伍参加全省比赛成绩喜人，获得冠军2个、亚军2个。

2019年，吕梁市举办高中男子和女子、初中男子和女子校园足球联赛，组织10支代表队参加山西省中学生校园足球联赛所有组别的比赛。孝义中学男队获得高中男子组第一名，孝义中学女子队获得高中女子组第三名。

督促各中小学继续配备体育教师，开足课时、开全课程，落实学生每天一小时体育活动，提高“两课”“两操”质量。加大对学生体质健康测试力度，将测试的真实数据进行上报。推广“一校一品”和“一校一专业训练队伍”的办学方式，推选申报11所校园足球特色幼儿园、4所校园足球特色学校、1个“满天星”训练营。

2019年，吕梁市举办中小学生合唱比赛和百人现场书法比赛。吕梁市各学校以“五一”为节点，举办校园文化艺术节；选送4所学校参加全国中小学中华优秀传统文化传承学校遴选。在参加全国第六届中小学生艺术展演活动中，吕梁市获得山西省内集体一等奖4个、二等奖4个、三等奖6个；个人一等奖2个、二等奖5个、三等奖13个。

开展学校健康教育宣传，加大对中学生艾滋病防控知识的宣传教育，使中小学生从小养成良好的卫生习惯。落实省教育厅要求的学校配置专业的校医和保健人员。推广综合防控儿童青少年近视措施，以市政府名义出台《吕梁市综合防控儿童青少年近视实施方案》。

【学校语言文字达标工作】

2019年，吕梁市教育局在推进学校语言文字达标中，离石区通过二类城市语言文字评估验收，汾阳市、孝义市、柳林县、中阳县4县（市）完成全市三类城市语言文字评估验收；在计算机辅助普通话水平测试中，离石区、离石师范、汾阳师范、吕梁体校共2100

余人参加。组织中华经典诵写讲系列大赛，选送经典诵读、诗词讲解等作品30余件。经省教育厅遴选，经典诵读作品6件、诗词讲解作品8件上报教育部。

【教育信息化建设】

2019年，在山西省机器人大赛上，吕梁市获得全省总分第二的好成绩。其中，吕梁市离石区龙凤小学的杜依桐和离石区廷亮小学的杜丰宇获得“WER能力挑战赛”小学组冠军；汾阳市禹门河小学的李耀毅与王文景、张渊宇与王嘉远分别获得小学组亚军和季军；吕梁泰化初中的陈鑫键与冯浩凯获得“WER能力挑战赛”初中组亚军。

全省中小学电脑制作活动创客项目中，孝义中学获得中学组冠军。第三届“童创未来”全国青少年人工智能创新挑战赛上，孝义中学、汾阳中学、孝义九中取得一金、两银、一铜的佳绩。

吕梁市组织开展中小学实验教学说课活动，选送10名小学科学、中学理化生教师参加省教育厅举办的实验教学说课活动。吕梁市参加的实验说课活动获得特等奖案例，并代表山西省参加教育部组织的说课活动。

【教育领域综合改革】

2019年，吕梁市教育局推进县管校聘和校长职级制改革，在孝义市、离石区、方山县3县（市、区）县管校聘改革为试点基础上，实施县管校聘为主的中小学人事制度改革，同时深化中小学教师职称制度改革，确定柳林县、孝义市为吕梁市校长职级制改革试点县。

2019年，吕梁市实施普通高中招生制度改革，根除普高抢夺生源的恶性竞争，使中考高分学生外流现象得到遏制，中职学校生源得到保证。建立市区义务教育阶段招生入学管理信息平台，全面规范义务教育阶段招生秩序。

在吕梁市区铺开8所改革实验示范校工作，借助优质教学资源，提升本土学校办学水平。吕梁贺昌中学与清华大学附属中学签订合作协议，开设“清华附中创新实验班”；吕梁市高级实验中学依托北京师范大学教学资源，开设“北师大实验班”；离石区江阴高级中学与江苏省南菁高级中学合作办学，开设“菁华班”。

【招生考试管理】

招生报考。2019年，吕梁市加强各类招生、考试管理。其中，全市普通高校招生报名人数为35180人，全市共设13个考区、29个考点和1190个考场。全市共有40654人参加中考报名，共设考点36个、考场1361个。全市共有8898人报名参加成人高考，其中，专升本5599人，高起本417人，高起专2882人。共设考点9个、考场290个。上半年全市自考报考人数为1164人，3026科次；下半年报考人数为1180人，3172科次。全市对口升学报名人数为3204人。设考点3个、考场108个；全市普通高校专升本报名人数为1314人。设考点1个、考场58个。全市教师资格证考试笔试报名人数为14508人，30408科次，设考区2个、考点11个、考场434个；参加面试人数为4721人，共设考点3个。全市研究生考试报名人数为11189人，同比增加3444人，设考点9个、考场391个。全市学业水平考试共有24614人报名，共设考点25个、考场835个。

考务管理。2019年，吕梁市招生考试管理中心加强考务队伍建设，严格人员选聘与培训。各县（市、区）招委、教育行政部门严格选聘符合条件、在编在岗、政治过硬、认真负责、坚持原则、秉公执法、身体健康的人员，特别是党员担任考试工作。落实回避制度，加强对涉考人员的教育管理。在业务培训中，进一步强化对现实问题的针对性，预防工作的可操作性。2019年，市招考中心与13个县（市、区）共选聘考务人员7914名，在市县两级组织培训30场。同时，重视考务人员待遇，对考务人员补助每人每天100元，监考人员每节课100元，保证足额到位。

2019年，强化保密措施，严格执行安全保密工作规定。市、县两级严格保密管理程序，保密室实行24小时值班巡查制度。对保密人员进行岗前保密业务培训和保密法规、保密纪律教育。落实试题（答题卡）管理从试题（答题卡）运输、保管到施考等全过程各个环节，全程录像监控和GPS定位。

提高防范考试作弊风险能力，全力做好考试期间服务考生工作。2019年全市13个考区、29个考点、1190个考场，全部配备入口安检门系统和人脸识别、指纹识别、身份证验证三位一体的身份验证设备。视频监控系统全部更新为数字高清系统、无线电信号屏蔽仪更新为集无线侦测、屏蔽终端为一体的全方位屏蔽阻断系统，并对金属探测仪及时进行维护更新。

【教育扶贫】

2019年，吕梁市落实教育扶贫政策，各县（市、区）将各级各类教育扶贫资金列入年度财政预算，各类资助资金共计2.49亿元。其中：学前幼儿资助政策资助金额总计1953.43万元，6个国家级贫困县农村学前幼儿营养膳食补助资助金额总计1198.12万元；义务教育贫困寄宿生生活费补助资助金额总计3146.52万元，农村义务教育学生营养改善计划资助金额总计5079万元；普通高中免除学杂费政策金额总计1240.07万元，国家助学金资助金额总计2913.8万元，贫困县普通高中家庭经济困难学生生活费补助资助金额总计734.64万元；中职免学费资助金额总计5422.35万元，中职国家助学金资助金额总计1227.4万元，中等职业学校贫困学生生活费补助资助金额总计402.7万元；高职院校家庭经济困难学生资助市级财政资助金额总计37.5万元；农村寄宿制学校寄宿生免费就餐补助550万元，特殊教育学校寄宿制学校寄宿生免费就餐补助207万元，农村学校寄宿制学生77%的“一补”资金784万元。

2019年，继续在10个贫困县留守儿童较多的寄宿制学校建设20个“留守儿童之家”。市级采取以奖代补形式，每个奖励5万元，主要用于为“留守儿童之家”配备必要的仪器设备、文体器材等。支持临县、兴县、石楼县3个深度贫困县职教中心实训基地建设，每个县拨付资金200万元，共计600万元。

吕梁市发挥交城县、汾阳市、孝义市、文水县、离石区的示范引领、辐射带动作用，帮助兴县、临县、岚县、石楼县、方山县，在学校布局、办学理念、校园文化、人才培养、教学研究、队伍建设和学校管理等方面迈上新台阶。有12所省级示范高中对口帮扶吕梁市9所贫困县普通高中，全部签订帮扶协议，开展结对帮扶。争取省内外高校对吕梁扶贫攻坚的支持，北京航空航天大学在中阳县、北京理工大学在方山县定点扶贫，两校出台政策，降低30分照顾两县参加高考的学生，参与学校自主招生；中央音乐学院的吕梁市200名中小学音乐教师进行集中培训。

（市教育局）

吕梁学院

【概 况】

2019年，吕梁学院设有教学系（部）15个，建有综合实习实训基地1个（交口分院）。有本科专业44个，涵盖文学、理学、工学、法学、农学、管理学、教育学、历史学、艺术学等9大学科门类。全日制本科在校学生18817人。建有山西省“1331工程”优势特色学科1个、省级“服务产业创新学科群建设计划”项目1个、省级重点实验室培育基地1个、省“1331工程”重点研究中心1个、省“1331工程”重点创新团队1个、省级优势特色专业4个、省级精品课程5门、省级精品共享课程（培育）2门、省级实验教学示范实验室（中心）3个、吕梁市重点实验室3个。

吕梁学院有教职工1124人，专任教师852人，其中具有高级职称教师206人、硕士及以上学位教师683人。有全国优秀教师1人、国家杰出青年基金获得者与“万人计划”入选者1人、省级“五一劳动奖章”获得者3人、“三晋英才”6人、省级教学名师6人、省级优秀教师1人、“1331工程”立德树人“好老师”课程建设计划支持人选1人、省级师德标兵1人、省级师德楷模2人、省级职业道德建设先进个人1人。学院聘请中国科学院院士1人、中国工程院院士1人及清华大学、北京大学、英国诺丁汉大学等知名高校专家26人为兼职、客座教授。

吕梁学院与交口县合作共建有体系完备、设施先进的实习实训基地，与山西智能大数据产业技术创新研究院及相关企业合作共建有吕梁智能大数据产业技术创新研究院。与山西大学、中北大学签订联合培养专业学位硕士研究生协议，其中与中北大学联合培养硕士研究生开始招生，2019年有硕士研究生导师16名。

2019年，吕梁学院经山西省学位委员会批准成为硕士学位授予立项培育建设单位。

【教师队伍建设】

2019年，吕梁学院实施百名博士引育、百名学术骨干培育“双百工程”，系统完善博士、引进青年教师读博、绩效工资改革、科研成果奖励、职称评审等人才工作制度，在住房、安家、科研启动费、家属安置、子女上学等方面为优秀人才全方位落实待遇。落实引培并举措施，引进博士9人，教师博士后研究结束返校1人，专项招聘“辅导员15人，招聘聘用制教师26人、实验技术人员14人，安置博士家属6人。

2019年，新入职硕士学位教师教辅人员57人，在职攻读博士学位66人。组织青年教师培养和各类进修27人；岗前培训教师102名，获得高校教师资格证54人。青年教师参加“一对一”传帮带133人次，获得“山西省高校师德楷模”称号教师2名，获得“山西省高校教学名师”称号教师2名，入选山西省“1331工程”立德树人“好老师”课程建设计划支持人选教师1名，荣获山西省教科文卫体系统“五一劳动奖章”教师1名，荣获山西省教科文卫体系统“工人先锋号”学术团队1个。

【应用型人才培养】

2019年，吕梁学院制定开放实验室管理办法，开放实验室37个，为大学生创新创业训练立项92个。5000余名学生参与各类学科竞赛70余项，获得国家级、省级奖励345项，在机器人大赛、建筑结构大赛、数学建模大赛等各类学科竞赛中连获优异成绩。交口分院实现工程训练项目跨专业融合与实习实训全覆盖，对4538名学生进行机械加工、电子工艺、计算机技术、人文艺术的实习实训；与交口县5家大型企业签署合作框架协议，在挂牌互认、产教融合、人才培养、产学研合作等领域达成合作意向。

3月29日至31日，学院数学系信息与计算科学专业四年级学生陈颖洁在第十届全国大学生数学竞赛决赛中，获得高年级专业组决赛全国三等奖。4月28日，经管系代表队在北京邮电大学参加的第二届全国高校企业价值创造实战竞赛华北赛区区域赛中，获得一等奖并晋级全国总决赛。

5月17日，吕梁学院学生代表队在第二届中国高校智能机器人创意大赛中获得佳绩。7月10日，吕梁学院机器人团队在上海海事大学举办的2019年“临港杯”国际水中机器人大赛上，荣获自主视觉组港口侦查项目冠军，石油管道巡检（浅水）项目一等奖，水中竞速（仿生组）一等奖，石油管道巡检（深水）二等奖以及水路协同项目三等奖。10月19日，学院共派出11支队伍35人参加华北五省（市、区）大学生机器人大赛（山西赛区），获一等奖4项、三等奖2项，6支队伍同时被推选参加北京总决赛。11月15日至17日，学院机器人团队7支队伍参加华北五省（市、区）大学生机器人大赛总决赛，最终夺得冠军2个、亚军2个及季军1个在内的一等奖5个、二等奖2个。

6月13日，吕梁学院学生代表队参加无线电测向锦标赛。学院代表队在“世界定向日”“中国定向周”山西定向大赛暨2019年山西省学生电子制作无线电测向定向越野锦标赛上获得优异成绩。7月21日至27日，学院无线电测向代表队参加全国青少年无线电测向锦标赛，在144兆赫个人赛、3.5兆赫个人赛、144兆赫接力赛、3.5兆赫接力赛、短距离定向猎狐5个项目的比赛中，取得优异成绩，并获得体育道德风尚奖。10月26日至27日，在“绿色沁源杯”山西省无线电测向定向锦标赛地长治市沁源县灵空山镇，学院选派的16名队员参加比赛，取得优异成绩。

【教学管理】

2019年，吕梁学院顺利通过2019年学士学位授权专业评审，35个本科专业获得学士学位授权。共授予普通本科毕业生学士学位5139人。

录取新生5164人，配备学长辅导员149人。现有专职辅导员90人，对辅导员进行专题培训，辅导员职称单列评审。推进勤工助学、公寓文明创建，开展以“青春心向党，建功新时代”为主题的大学生暑期“三下乡”社会实践活动。全年举办大型洽谈会2次，各类专场招聘90余场；落实求职创业补贴230.1万元；毕业生初次签约率达15.56%，超过全省平均水平。

【科研攻关】

2019年，吕梁学院申报国家级人文社科项目5项，立项2项；申报省部级项目192项，立项84项；申报吕梁市科研项目81项，立项44项。横向项目立项2项，获得企业资助经费13万元。全年获得科研经费资助549.4万元。发表SCI论文33篇，申请发明专利12项，授权8项。申报吕梁市重点实验室4项，获批2项；申报吕梁市科技平台1项并立项。

1月23日，省“1331工程”专家组实地考察吕梁学院“山西省特色植物功能成分工程研究中心”项目。3月15日，省教育厅研究生教育与学位处和省重点学科验收专家组对学院材料科学与工程学科及金属材料失效分析及检测方法研究项目进行评审。8月18日至19日，学院数学系承办2019年第三届山西省应用型本科院校大学数学精品共享课程建设研讨会。

【对外联系与合作办学】

合作办学。2019年，吕梁学院合作办学领域层次得到拓展。山西省特色植物功能成分工程研究中心、煤矿机械装备故障诊断与健康管理技术重点创新团队，被列为省“1331工程”建设项目。矿业工程系产业技术创新战略联盟和工程技术研究中心，获得吕梁市科技局立项支持。出台《吕梁学院联合培养硕士研究生管理办法（试行）》，组织开展中北大学和山西大学硕士生导师遴选工作。

社会服务能力提升。4月18日，召开吕梁市与吕梁学院市校合作座谈会，学院与市政府签订合作共建吕梁市图书馆城北分馆协议；配合交口县公共实训基地申报“国家级基地”“省级基地”“大师工作室”“双创基地”“孵化基地”等政府项目。组织师范类专业198名学生在吕梁市6个县80所学校顶岗实习。开展吕梁市中青年干部红色文化教育培训3期，顶岗支教项目教师培训和吕梁市937名教师地方教材教法培训。承担新型职业农民培训任务，完成“林业管护员”498人培训任务。交口分院开展电焊工培训，为山西高科华烨电子集团公司职工进行电子工艺技能培训。

国际交流合作。吕梁学院2019年邀请接待韩国全州大学、泰国格乐大学等6所国外大学和俄罗斯、英国等5国驻华代表来访。派人出访韩国全州大学，与全州大学、密苏里大学等4所大学签订国际交流合作备忘录。菲律宾碧瑶大学国际交流处处长MelanieRullaSaro，校园规划处处长BernardZ. Z. Abaya和购买处处长MilagrosT.Flores一行6人到学院访问。学院派出6名教师赴韩国全州大学、英国切斯特大学攻读博士学位和访学，3名学生赴西澳大学游学。

【校园基础设施建设】

2019年，吕梁学院完成校园19.73公顷土地的划拨手续办理，建成工科楼、报告厅、风雨操场，完成校园地下管网改造、道路扩建、文体馆西侧篮球场改造、健康步道、艺术楼顶覆盖和校园网络线路改造工程，实现校园绿化美化亮化全覆盖。

2019年，吕梁学院图书馆生均年进书量达4.78册。搜集和整理吕梁地方特色文献1000余册，设立“吕梁文库”。确定学校各信息系统的保护等级，制定整改方案和步骤。

【校园文化建设】

2019年，吕梁学院建成校史馆、大学生创新创业馆、晋陕沿黄手工艺展览馆，拍摄学院宣传片《咬定青山》与“我和我的祖国”大型拉歌视频，编印学校宣传册与《我与吕梁学院的情缘》《吕梁学院部分校友事迹汇编》，举办“青春中国”——吕梁学院庆祝中华人民共和国成立70周年文艺晚会、第12届“圆梦文学奖”颁奖活动、导演贾樟柯“穿越乡村的时间”报告会等各类晚会和报告会。完成校园文化石设计制作。在《吕梁学院学报》开辟“红色文化研究”专栏。

11月21日至25日，吕梁学院健美操队首次参加由国家体育总局体操运动管理中心、中国健美操协会在深圳市体育运动学校举办的第八届全国全民健身操舞大赛总决赛，获得特等奖1项、一等奖3项。

（吕梁学院）

山西医科大学汾阳学院

【教学管理】

2019年，山西医科大学汾阳学院推进精品在线开放课程建设，其中立项校级精品在线开放课程4门、校级在线开放培育课程7门，加入山西省高校精品课程资源共享联盟；修订2019版本科专业人才培养方案，启动2019年教学团队、特色专业等教学质量工程建设工作；推进课程考核评价体系建设，执行“三阶段”综合考核方法。继续加强课程整合，健全校系（部）两级教学质量保障体系，推进实验教学模式的改革创新，促进实验室优质资源的开放共享。

严格教学常规管理，加强教学质量监控制度建设。组织开展中青年教师教学基本功竞赛暨示范教学活动；召开师生教学座谈及毕业生座谈反馈会。全年共召开学生座谈会6次，教师座谈会3次，毕业生座谈会4次。实行在校生考试制度改革，严格考试管理，抓考风、促学风，提高全面育人质量。

加强实践教学及管理，完善监督评价机制。对实践教学基地进行进一步考察、遴选及开拓。2019年，新开辟广州爱尔眼科、西安交通大学第一附属医院、浙江大学第一附属医院、中国人民解放军三〇七医院等7所国内一流实践教学基地；召开2019年度教学基地工作会议，并与教学基地签订新一轮合作协议，全面启动在各教学基地聘任兼职教师工作，夯实教学基地“集约化、契约化、制度化、品牌化、同质化”建设基础。

【一流专业建设】

2019年，山西医科大学汾阳学院出台《山西医科大学汾阳学院优势特色专业项目建设与管理办法》《1331实施行动方案》等制度，打造学院“一系一品、一系一特”的专业布局。护理学专业成为山西省一流本科专业建设点，报送4个省级一流专业（临床医学、医学影像学、护理学、医学检验技术）与1个省级特色专业群（医学类专业群）；护理学、医学检验技术2个本科专业与校本部共同申报国家级一流本科专业建设点。完成医学实验技术本科专业学士学位授予的评审，增设助产学本科专业并完成首届本科招生，成功申报健康服务与管理本科专业，医学影像学首次纳入本科第一批次B类招生计划。

【师资队伍建设】

2019年，山西医科大学汾阳学院继续实施“人才强校”工程，坚持以提升素质为目标，以优秀教学团队建设和专业带头人、骨干教师培养为主线，以青年教师的培训提高为重点，打造优秀教师队伍。2019年共引进博士2人，硕士研究生21人，选送5人为国内访问学者、7人外出攻读博士硕士学位、2人参加国培项目；完成10名教师的岗前培训及教师资格认定工作；组织申报师德个人有关事项，签订师德承诺书，完成职称评审工作。

【教学科研】

2019年，山西医科大学汾阳学院以学科建设为抓手，整体提升科研水平。申报2个二级学科研究生指导教师4名，获批导师9名（含2018年），硕士指导教师数量达到38名，招收硕士研究生的学科数量达到15个，提前实现“十三五”规划确定的硕士招生专业建设目标。

重点学科建设经费支持。2019年，学院共投入学科建设经费200万元，其中重点学科建设经费180万元。邀请国内外一流专家开展学术报告16次，承办第二届山西省生理学会年会。推进科研项目申报，全年共获批省重点研发计划项目1项，省应用基础研究计划项目1项，省高等学校科技创新项目3项，省高校哲学社会科学研究项目1项，省研究生教育创新计划项目1项；纵向科研项目的数量、质量、经费均实现稳定增长。

教育教学改革项目立项。2019年，组织向省教育厅推荐参评省级教改项目5项，立项5项；组织推荐上报省级大创项目21项，并全部立项，其中重点（国家级）项目10项、一般项目（省级）11项；组织向省规划院推荐10个项目申报“十三五”省教育科学规划课题，获批并立项7个；组织向省教育厅推荐山西省社会科学哲学课题3项，获批并立项2个；组织向省教育厅规划办申报教学成果奖1项，并获批立项。

【招生与就业】

2019年，山西医科大学汾阳学院结合市场需求，有针对性地调整招生计划和专业结构。在山西省内临床医学、医学影像学按照第一批次B类招生；口腔医学、医学检验技术、护理学、医学实验技术、眼视光学、助产学等6个专业按照第二批次A类招生。招生计划涵盖全国26个省、市、自治区。2019年录取新生2631人，专科投档线居全省高职院校首位。连续23年获得新加坡护理专科文凭全额奖学金留学生项目，2019年输送留学生18人。

学院以毕业生服务为方向，拓展就业市场，实施精准推送，多渠道、多角度、多形式为毕业生提供就业指导和服务，提高毕业生就业创业能力。2019年，组织校园招聘会11场，132家省内外医疗卫生机构提供5000余个就业岗位，帮助1000余名毕业生达成就业意向。2019年学院本专科毕业生就业率达84.89%，同时帮助979名家庭经济困难毕业生申请就业补贴97.9万元。

【学生教育管理】

2019年，山西医科大学汾阳学院强化育人协同机制，出台《山西医科大学汾阳学院本科教学“三全育人”实施工作规范》和《山西医科大学汾阳学院课程思政教育教学改革实施方案》。加强思政理论课教师队伍和辅导员队伍建设，组织班主任、辅导员赴中国人民大学参加辅导员能力提升培训。加强学生管理制度建设，做好“助困保学”工作，保障贫困学生顺利完成学业；加强学生安全教育，制定出台《学生安全教育与管理规定》，营造良好校园环境氛围；以学生“天使”系列、“三成”系列、“转型”教育为载体，提高学生的审美修养和人文素养，丰富校园文化生活。开展大学生心理卫生与健康教育，通过专题讲座、心理咨询、组织讨论等形式，加强对大学生的心理健康教育，完善心理健康工作体系，为学生的健康成长保驾护航。

【服务管理规范化】

财务制度改革。2019年，山西医科大学汾阳学院按照政府会计制度改革的要求，推进完成财务会计制度改革，健全完善个人所得税专项扣除制度。推进财务信息化建设，完成收费票据电子化改革。加强预算管理，合理安排收支预算，建立预算执行全过程监控机制。严格财务纪律，严格控制行政经费、三公经费等支出，提高资金使用效益。2019年，争取省教育厅政府债券1000万元，争取省教育厅拨付的高校基础能力建设经费400万元，争取安全隐患排查治理和维修资金112万元。

后勤服务质量。2019年，学院根据改革发展总体部署，后勤部门以提供优良服务和优质教学、科研环境为重点，以“服务育人”为宗旨，采用“BOT”模式，强化后勤工作内部管理，构建与学院建设发展相适应的“机构精干、管理高效、成本可控、保障有力”的后勤保障体系，为学院开展各项工作提供保障。

资源管理使用。学院制定《学院固定资产出租出借管理办法》《学院办公用房标准》《学院单身公寓管理办法》等制度，升级资产管理信息系统，推进资产分级管理。完成实验“三废”规范化、制度化管理和处置，制定出台《山西医科大学汾阳学院危险化学品管理办法》，实现实验室—库房—资产处的三级管理模式，建立健全领用回收等台账记录制度。

图书馆管理和智慧校园建设。2019年，学院强化图书馆管理，坚持“读者第一、服务至上”宗旨，提高各种文献采购质量，推进图书馆科学化、规范化、公开化、制度化建设，提高教育教学和师生服务水平。

加强校园信息化建设，推动OA协同办公系统全面部署，推广校园“一卡通”使用，“校园新站群”系统上线运行，学校网络与信息安全防护体系进一步健全完善，学院现代化管理能力和管理水平得到提高。

2019年，学院基础设施建设顺利推进，图书馆项目基本完工，初步具备竣工验收条件，同时完成临床护理楼、教学楼项目勘察、设计招标工作。

（山西医科大学汾阳学院）

吕梁教育学院

【教育学术研究】

2019年，学院订阅各类学术期刊、杂志共430余种，为教师教学和学术研究查阅资料提供良好条件。学院制定《吕梁教育学院教师开展多点教学实施办法》，鼓励教师从事多点教学。学院4名硕士研究生到基层学校支教；4项省级课题结题并通过省社科院评审验收；教师在省级以上学术期刊发表论文46篇，其中核心期刊发表2篇；出版学术论著2部。学院有8名教师被市政府教育督导室聘为兼职教育督导员。加强教学管理和业务培训，学院组织在陕西师范大学进行为期一周的教师教学理论学习，并对孝义市、石楼县等县进行教育督导，提交督导报告。

【教育帮扶】

2019年10月，吕梁市委领导来学院调研，肯定学院帮扶交口县基础教育的成绩，同时要求拓宽帮扶县（市），继续在临县、兴县、石楼县各选择1所学校开展帮扶。学院随后确定帮扶团队及负责人，与临县、兴县、石楼县帮扶学校迅速对接，全面开展教育帮扶。

（吕梁教育学院）

吕梁职业技术学院

【教学办公条件改善】

2019年，吕梁职业技术学院结合学院“十三五”发展规划，按照学院《基本办学条件达标实施方案》要求有序推进。制定《学院图书馆借阅制度》及有关提高借阅率措施，引导学生养成在课余时间、晚自习、周末走进图书馆的良好习惯。同时推进电子图书馆建设，增加图书馆现有功能。

引进相关企业共建汽车检测与维修、建筑室内设计等专业校内实验实训室。规范现有实验实训室管理，延长校内实验实训室开放时间，实现实验实训室对师生全天开放。同时，扩大建设校外实训基地，满足实训课时需求。加强对实验实训室、多媒体设备、公共阶梯教室设施设备的检查和维护。

2019年，在全院倡导推行“无纸化”办公，要求除必要的文件上报和纸质资料存档外，鼓励采用电子屏幕代替纸质资料，减少资源浪费。

2019年，学院扩大信息化教学覆盖面，建设校内网络教学平台和数字资源库。鼓励教师上传优质教学课件、授课微视频到“校园网”，实现师生资源共享。丰富学院官网内容功能，保证学院党建园地、行政管理、教学管理、成绩管理、学籍管理、学生服务等信息和资源及时上传、随时下载，提高办公效率。

【办学创新】

2019年，学院深化与北航教育集团、腾讯云在大数据学院专业建设、专家授课、教师培训等方面合作，利用北航大数据人才资源，开办大数据产业发展专家论坛。同离柳集团合作，建立大数据应用产学研用机构。由企业、生源地、学院三方组成的专业招生团队，有针对性地深入偏远县乡、企业聚集地招生，争取合作企业的订单培养计划。积极拓宽就业渠道，组织举办多种形式的就业招聘活动，确保初次就业率达85%以上。

（吕梁职业技术学院）

吕梁广播电视大学

【学历教育和非学历教育】

2019年，吕梁电大按照中央电大、省电大系统办学部署规划，完成远程开放教育专科、本科学历教育和非学历教育任务。同时，向社会在职人员岗位培训和继续教育。与省电大签订协议，联合开办“国开教师资格证在线教育”。

拓展办学专业，新增农村经济管理、农村区域发展专业。2019年农村干部学历提升工程招生覆盖吕梁市13个县（市、区），学员注册人数达到1500多人，全年共招生2005名。截至年底，有在校学生3279人，其中本科生846人、专科生2408人，办学规模保持稳定。

【现代远程教育】

2019年，吕梁电大推进现代信息技术与远程开放教育的深度融合，为各类高等院校开展远程教育公共提供服务平台，现代化教育技术水平明显提升，远程教育公共服务功能得到增强。教学资源共享向下延伸到12个县级工作站，整体办学合力充分发挥，同时为合作办学的东北大学等学校提供良好远程教育服务。

【教职工队伍建设】

2019年，吕梁电大创新现代教育理论和教育技能培训，教职工整体素质显著提升。组织直属部、县级电大管理人员和教学人员，分类别、分层次进行现代教育理论和教育技能培训。开展职工个人能力提升培训，经组织测试全部合格，优秀率达30%。巩固和发展兼职教师队伍建设，完善兼职教师队伍建设管理制度。学校长期聘用一批全市各大中专院校知名兼职教师。

（吕梁广播电视大学）

吕梁学院汾阳师范分校

【教职工队伍建设】

2019年，吕梁学院汾阳师范分校调整管理机构，整合优化全校管理干部和科室，将原17个科室合并为9个，并成立学校学术委员会。

2019年学校选派60多名干部教师赴华东师大参加暑期培训，选派教师7人次参加中央音乐学院培训，选派40余名教师参加护工师资提升培训，选派30余名教师参加吕梁学院教师定期岗位交流。全年，学校聘任副高级教师7人、中级讲师2人、初级17人，续聘教师140人，新申报评审通过副高级教师13人，中级教师3人，并起草完成《教师职称评聘资格管理办法》。

2019年，吕梁学院汾阳师范分校承担“吕梁山护工”培训任务，全校经过培训的护工代课教师达30多人。全年共培训“吕梁山护工”月嫂及育儿嫂6期共930人，比上级下达的培训计划超额完成48人。

【教学改革】

2019年，吕梁学院汾阳师范分校组织全校教学干部到运城幼专考察学习，并从专业设置、教学计划、课程研发、教研教改、考试评价、科研工作到学生教育、班级管理、师德师风，进行改革创新和规范化制度管理。建立完善师德档案，组织开展教师教学比赛，共有100多名青年教师参加赛讲。

组织优秀教师和学生参加山西省第十三届职业院校技能大赛师范教育专业教育技能竞赛，8名教师在教师组课堂教学比赛中获奖；教师成红颖、梁晓娟等获得优秀指导教师奖；学生王维涛、陈砚春等在书画作品比赛中获奖。

2019年，吕梁学院汾阳师范分校招收新生120名，与汾阳市南门小学等5所小学幼儿园达成学生见习协议，将南门小学作为学生固定见习实习基地之一。12月30日，邀请近40家用人单位到学校参加就业推介会，为有就业意向的学生和有用人需求的单位搭建双向选择平台。2019届幼专学生中有30%学生择优安排就业。

【后勤保障】

2019年，吕梁学院汾阳师范分校投入9万余元，完成全校家属区电表及电路改造，堵塞用电漏洞，规范用电管理。卫生管理实现物业化，餐厅管理执行食品安全相关要求，全年学校未发生食品卫生安全事故。

学校购买新图书3万元，征订报刊杂志5万元。同时，采购教学电脑10台、打印机4台，共计金额4万余元。

实行安全工作“一岗双责制”，在全校开展综合安全教育实践，形成全方位、多层次安全防护网络。完善安全设施设备，采购安装60路监控设备，充实消防及反恐器材。全年校园未发生违法犯罪行为及安全责任事故。

（吕梁学院汾阳师范分校）

吕梁学院离石师范分校

【教学改革】

2019年，吕梁学院离石师范分校强化教研教学。学校小教部组织全体教师开展“在教学中如何培养学生听课兴趣”课题研究；科研处先后组织2批12名师生参加全省职业院校技能大赛和学前教育专业技能大赛，其中5人获奖。同时，组织教师外出学习培训，共有50名教师赴北京师范大学进行为期一周的“充电”学习，拓展教学思维，提升教学水平。

2019年，学校将原学生分散实习改为集中实习，组织78名小教毕业生在城区小学跟班授课，结对拜师，有23名教师全程跟踪指导，学生的教学实践能力得到提升。138名幼教毕业生在北京市34所幼儿园开展顶岗教学，其中15名毕业生留京工作，5名学生受到书面表扬。对标全市一流幼儿园，打造吕梁幼教专业品牌，附属幼儿园9个班级共有309名幼儿，成为吕梁市城区一流的公办幼儿园。幼教专业学生的实践教学技能得到提高，其中11名优秀毕业生留校聘用。

【特色教学】

2019年，吕梁学院离石师范分校加强特色教学，提升学生多元技能。继续开设合唱、书法、美术等特色课程，面向学生开办教师资格证专项辅导。2019届毕业生共有219名毕业生取得教师资格证，其中幼师专业学生通过率达到73.4%；2020届毕业生共有68名学生通过教师资格证笔试考核，其中高中起点学生通过率38.8%，超过全省平均水平。同时，共有28名学生顺利升入本科，占对口升学率的90%。

（吕梁学院离石师范分校）

吕梁市卫生学校

【教学任务】

2019年，吕梁卫生学校依托教学诊改，推进日常教学工作。全年完成23个班级近20000个学时的教学任务，护师资格对口升学考试辅导2650个学时，家政护工培训8112个学时。完成455名新生军训和入学体检。共组织考试任务7次271场。完成10个毕业班考前辅导及毕业考试。安排326名学生全部到8所二甲以上医院进行临床实习，445人通过考试办理技能证。全年有27名教师参加教材编写，共有23人次撰写并发表论文。

【“一主两翼”培训体系】

2019年，吕梁卫生学校着力构建“一主两翼”培训体系。以全员培训为主流，累计完成3批次（2018年2批次）约220人第一轮全员岗位能力提升培训，提升教师队伍水平；以校本培训、外出培训为两翼，邀请有关专家就教学诊改、示范校建设进行专题培训，选派示范校重点专业建设组教师赴宁波卫生职业技术学院、金华职业技术学院学习调研。全年组织教师校本培训3次，外出培训67人次，培养“双师型”教师、青年教师。6月，参加全国护理技能大赛荣获一等奖；11月，参加全省护理技能大赛荣获教师组一等奖，学生组一等奖3个、二等奖2个，其中教师组连续5届获得一等奖。年内，护理教师团队荣获山西省职业教育教学成果二等奖。

【省级示范校创建】

2019年，吕梁卫生学校以校企合作办学模式为体制基础，以工学结合人才及培养模式为平台，以专业建设为龙头，以课程改革为根本，以提升学校管理水平为保障，全力推进省级示范校建设。

学校围绕预期目标及验收要点，修订完善护理、助产、康复3个专业人才培养方案；开发课程体系，编制完成62门课程标准，其中核心课程标准20门，编写校本教材5种。

建立校企合作深度融合机制，与8所医院、3家企业建立长期合作关系。设立校企合作专家指导委员会，定时召开研讨会，就示范校项目专业建设、课程开发、教材开发、课程标准等内容，共同制定管理制度和评价体系。

提高教师队伍专业建设水平，重点专业建设组6名教师外出学习调研2次，选派专业教师16人参观4所同类院校，学习借鉴一流经验。

2019年，学校投资约52万元新建模拟护理站、治疗室、ICU病房，康复专业建设完成实训室2间，建成理实一体化“教学型”实验实训基地1处。

【信息化建设】

2019年，吕梁卫生学校投资160万元建设数字化校园管理平台，从数据层面整合学校系统，建设以教学、办公、管理、生活、教研、实习、就业为一体的数字化办学环境，实现全校范围内信息共享，并将学校平台数据移入云平台，保障数字化管理平台安全运行。同时新接入专线宽带2条，提升校园网络运行速度；重新布置校园行政区网络线路，保障日常办公环境的安全性。

【“吕梁山护工”培训】

吕梁卫生学校在总结2018年护理护工培训经验的基础上，探索“吕梁山护工”培训新方式。2019年初，学校召开“吕梁山护工”培训就业研讨会，完成“吕梁山护工”培训费用发放标准修订稿，起草“吕梁山护工”班主任管理办法等；优化课程设置，增设适应市场需求的保健按摩课。创建“家政劳务输出基地”，启动赴日老年护理人才交流计划，14名学员在沈阳接受岗前培训，8人通过日语N4等级标准，达到赴日条件，迈出“吕梁山护工”走出国门第一步。全年完成培训6期2152人次，其中母婴护理369人，病患陪护1762人，养老陪护21人；共有2087人取得资格证，合格率97%；培训实训就业上岗人数达1334人，实训就业率提升到62%。

【附属医院】

2019年，吕梁卫校附属医院门诊587人次，住院116人次，护工体检2472人次，学生体检455人次，收入175万元，较2018年增长50%。组织开展传染病防治、心肺复苏、导诊礼仪等培训。对外新开设疼痛康复诊疗，年内举办“康复一人·幸福一家”主题义诊活动，承办吕梁市悬吊运动治疗Neurac技术培训会。康复医学科共诊疗703人次，住院116人次，营收119万元。

（吕梁市卫生学校）

吕梁市会计学校

【省级示范校建设】

2019年，吕梁会计学校重点专业建设完成620万元，占总投资额的98%。建成标准省级实训基地8个，ERP沙盘对抗模拟操作室4个，综合仿真模拟室10个，校企合作实训基地1个；建成云课堂教室、财税一体化实训室，安装完成税务赛训平台；建立基础会计实训平台、会计综合实习平台、中小企业实训平台、ERP沙盘模拟实训等实训基地。

学校大力开发理论实践一体化实训资源，制作完成《中小企业会计》《煤焦企业会计实务》立体化教材。对标山西省财税专科学校，赴江苏省昆山市淳华科技有限公司、彩晶光电有限公司调研考察，开辟学生实习基地，开展订单式培养。与吕梁恒威科贸有限公司共同探讨“校企共建、三位一体”的人才培养方案，构建“以职业活动为主线，以能力结构为核心”的模块化课程体系建设及“理论实践一体化”教学模式。11月初，毕业生全部进入校企合作实训基地“吕梁三发会计事务所”进行实账实操，学生职业实操能力得到提高，为实现零距离就业奠定扎实基础。

2019年，投资72万元建成校园数字化信息平台系统，包括行政、后勤、教师、学生管理系统，实现校园网络信息全覆盖。校园外网实现平稳切换、正常运行。

学校组织教师编写30门课程标准，其中核心课程有《基础会计》《财务会计岗位实务》《成本会计》《国家税收》等9门，使课堂教学逐步规范化和标准化。完成《会计电算化》等6门校本教材的编写和修改，配合实训课程有效开展；多名教师参与财政部组织的《成本会计实务》《财务会计岗位实训与练习》《会计综合实训》《出纳岗位实训》《理财基础知识》等全国统编教材的编写，提升学校的社会声誉。

【课程体系改革】

2019年，吕梁会计学校深化课程体系改革，注重课程内容的实用性与针对性。在理论教学中，通过项目教学、案例教学、情景（境）教学、模拟仿真教学等理实一体化教学模式，采用“启发式”“互动式”“自主式”等教学方式，促使学生对知识的掌握更灵活、更透彻。推进校企共建实训基地、实习工厂、就业基地，把企业搬进校园，让师生定期不定期进行实训实践。5月，组织全校性的会计技能大赛；7月，吕梁市首届会计技能大赛在会计学校举行，教师和学生包揽前三名；10月，组织参加第十三届山西省职业院校（中职）技能大赛，获得优异成绩。

【校园文化建设】

2019年，吕梁会校利用图书馆、教职工活动室等文化服务场所开展各种文体活动，精选优秀影视作品走进校园，传播科学文化知识；邀请各行业能工巧匠、优秀毕业生进校园进课堂。与中国人民银行吕梁市中心支行共同启动“诚信文化校园行”主题教育活动，树立师生诚信意识。摘编《职业教育动态》43期，为学校教育提供理论依据。编印《吕会教苑》2期，为师生提供智慧展示平台。编撰印发《会校四十年志》，记载学校发展大事，为学校今后发展提供科学和历史依据。建成校史陈列馆，打造学校发展史宣传教育基地。

【农村财会人员培训】

2019年，吕梁会校根据《吕梁市新型职业农民培训方案（试行）》要求，从8月开始，经与市财政局、农经局、商务局沟通，承担农村会计、电子商务两个专业的培训任务。通过精选培训教材，聘请6名农村工作经验丰富的专家和本校19名具有中级以上职称的教师组成教学团队。结合学员特点，有针对性地采取课堂教学、专题讲座、廉政警示、实地考察相结合的教学手段进行教学培训。截至年底，共完成培训9期计1730人，其中农村会计1287人，电子商务443人。

（吕梁市会计学校）

吕梁市农业学校

【实验实训教学】

2019年，吕梁农校针对不同专业的特点，探究专业实验实训课教学方式。组织果蔬专业学生到柳林县大庄农业园区进行果树修剪实践，提升学生动手能力。组织农艺班学生进行黑籽南瓜嫁接黄瓜技术实训，组织优秀学生参加全省职业技能大赛，并获三等奖。为畜牧兽医班学生开设制做酸奶实训等畜产品加工课。针对畜牧兽医专业实践性强的特点，邀请山西农业大学赵慧婷、杜亚丽两位博士为蜂学班授课，邀请山西大象农牧集团专家为师生作生猪解剖示范。与北京瑞海宠物商贸有限公司合作，公司派李阳、刘佳敏、梁庆叶3名畜牧兽医美容师来校为畜牧专业师生进行为期一周的免费培训。

【校企合作办学】

2019年，吕梁农校实行多渠道、多形式联合招生和合作办学。先后与汾阳市委组织部、方山县委组织部、柳林县孟门镇和吕梁市档案局合作办班，定单定向培养所需技能技术型人才，共完成的中专学历教育招生137人。

联系合作培养单位和企业，安排学生实习就业。提前对学生进行就业指导，教育学生树立正确的就业观、择业观；邀请新大象集团、柳林沟门前、方山大武权兴花园、吕梁大数据产业等企业负责人到校进行就业指导和人才需求推介。

“走出去”考察就业市场。2019年，除与县（市）合作培养的学生安排回县（市）实习外，其余学生分别安排到北京国家会议中心、北京右利安宠物医院、大武高速收费站、太原欧尚鲜花店、艺苑鲜花点、山西大象农牧集团等企业实习就业。

开办成人学历教育，与汾阳市委组织部和汾阳市委党校，在汾阳市开设“农村后备干部学历提升班”。截至2019年秋季，新注册继续教育学员250人。全年招生人数达到286人，成人教育现在册学员本科67人，专科365人。

【创新培训模式】

2019年，吕梁农校作为省农业厅确定的现代农业培训基地、省扶贫办确定的省级贫困村创业致富带头人培训基地，以及吕梁市委、市政府确定的全市新型职业农民培训基地，围绕服务乡村振兴战略目标，开展新型职业农民培训。整合涉农专业师资力量，充实“经济林”“小杂粮”“中草药”“养殖”四个涉农科技服务小分队，深入“三农”一线，助力脱贫攻坚。

农校深入柳林县、石楼县、交口县、兴县等县进行调研，精准对接农民需求。根据各类职业农民不同的能力素质要求，分类型、分产业开展精细培训，并探索“分模块、重实践、参与式”培育模式。面向农民开展“3个+”（即“授课+答疑，理论+实践，观摩+指导”）培训实践，赴兴县、岢岚县、晋中县、方山县、长治市农业种植园区、养殖基地、产业园区观摩学习。

农校根据省农业厅、省扶贫办和吕梁市委、市政府下达的任务要求，2019年共完成培训任务1377人。其中，完成省农业厅下达的现代青年农场主培训任务50人，完成省扶贫办下达的贫困创业致富带头人培训任务74人，完成市政府下达新型职业农民培训任务1253人（其中中药材1期242人，小杂粮4期

595人，新型经营主体4期416人）。

围绕创新新型职业农民培训模式，学校采取“两管理、三结合、四统一”措施，即“军事化管理和人脸识别签到管理；理论教学与实践观摩教学相结合，技能技术教育与职业道德教育相结合，政治思想教育与红色革命教育相结合；探索乡村振兴战略中的“人才振兴”新模式，全力服务吕梁市乡村振兴战略实施工作。

（吕梁市农业学校）

吕梁市职业中专学校

【教育教学管理】

2019年，吕梁市职业中专根据教学实际，制定学校日常管理80条，规范办学行为。对教学工作考核进行全程监督，对教师的教学计划、备课、上课、作业批改、自习辅导以及期中、期末考试等各个环节提出明确要求和检查方法。全年共开展综合评价2次，综合评比出优秀教案15人次，良好27人次，优秀作业批改17人次，良好25人次。开展听评课活动，由分管校长带头听评课，参与听课教师1533人次，评课52次。

创造实习实训条件，将无偿引进的实习车辆全部用于教学操作，汽修班全体学生熟练掌握机动车驾驶技术；教师自发联系实习企业，带领机电班学生到柳林煤矿实习；计算机专业教师钻研教学方法，学生打字、排版、制图等各项技能均取得明显进步。

【招生升学】

2019年，学校招生241名。年内共有89名在校学生参加普通高考，专业对口高考31人，顺利升入高等学校103人，升学率达到86%。

【教师培训】

2019年，吕梁职业中专分批组织班主任12名、各科专任教师60余名，分赴青岛、深圳、上海、太原，以及汾阳市、孝义市、临县参加培训。全体授课教师签订《吕梁职业中专师德师魂承诺书》和《吕梁职业中专教师安全责任书》。3月，组织开展全体教师硬笔书法和板书比赛，共有68人参加比赛，其中10名比赛优胜者获得表彰奖励。

【校企合作】

吕梁职业中专利用教学资源，开展校企合作办学。2019年与晋西职业技术学校达成合作协议，共计招收铁路、航空专业班学生28人，全部实行订单培养，拓宽学生升学就业途径；与吕梁富康职业培训学校、吕梁三新职业培训学校等社会办学机构合作，实施“吕梁山护工”培训1392人，其中包括农艺工、家政服务人员、美容师等，培训电子商务500余人。

（吕梁市职业中专学校）

吕梁高级技工学校

【省级示范校创建】

2019年，吕梁高级技工学校推进“中等职业教育改革发展示范校”建设，成立产教融合工作组、计算机专业工作组、电气专业工作组、信息化建设工作组、师资建设工作组和德育与核心素养工作组，明确各组分工职责。9月26日，学校组织全体教职工参加省级中等职业教育改革发展示范校建设动员大会。

【教育教学改革】

吕梁高级技工学校深化职业教育教学改革，建立“学生像工人，老师像师傅、学校像工厂”的教学模式。10月，有15名学生参加首届全省职业技能大赛，且全部获奖。其中参加电气装置赛项的马亚泓，参加工业控制赛项的任家兴，参加机电一体化赛项的王杰和赵智，4名学生获得“一等奖”，分别获得奖金3万元、3万元、1万元、1万元；同时获得二等奖5名，三等奖5名，优秀奖1名。

2019年，学校成功引进晋中师范高等专科学校、山西机电职业技术学院、山西工程技术学院“3+2”办学模式，提升办学层次。校企合作模式从“校企合作”“校企结合”转为“校企融合”，并持续向纵深发展。2019年，学校与本土企业大土河集团、鹏飞集团、晋茂集团举行校企合作签约仪式，形成双方共同招工招生和培养模式。

【职业培训】

2019年，吕梁高级技工学校共举办“吕梁山护工”培训6期，培训学员1689人，就业率达60%，形成“一条主线、两项举措、三个创新”的培训模式。为实现吕梁市委、市政府提出的“就业一人、脱贫一户”目标，举办新型职业农民培训5期，培训667人，其中乡村旅游102人、马铃薯234人、水利管护员128人、剪纸46人、果蔬花卉167人。

【招生就业】

2019年，吕梁高级技工学校举行“产教融合育工匠，尚德重技铸未来”教学开放日活动。来自吕梁市的22名企业家、19名中学校长及200多名家长代表参加，并实地参观校园和各专业实训室，观摩技能大赛。同时学校创新招生方式，注重学生实习就业，与青岛海尔集团、山西新龙重工集团、山西美锦能源集团合作，共安置顶岗实习学生400人，学生就业率达95%。

（吕梁高级技工学校）

吕梁市经济管理学校

【教学管理】

2019年，吕梁经济管理学校不断深化课堂教学改革，创新课程设置，优化专业设置和课程标准。在教学中先后开设《现代礼仪》《职业生涯规划》《经济政治与社会》《哲学与人生》等德育课程，提高学生职业素养；学校新购一批实训设备，增加实训课时，选拔学生参加全省职业院校技能大赛，取得良好成绩。共有8名学生获得二等奖，2名教师获得二等奖，1名教师获得三等奖。根据教学管理建立查课制度，发挥教学指导委员会评价职能，重点对教师讲课、教案和学生作业等情况进行检查，检查结果与教师绩效工资、职称评聘挂钩。

【培训与就业】

吕梁经济管理学校联合市政府有关部门，利用学校师资力量、实训场地设施、教学管理经验等资源优势，开展就地培训，推进就地就业。2019年，学校共完成各类社会培训共2023人；举办“吕梁山护工”培训6期，培训学员1586人，其中有500多人实现外出就业。针对护工学员学历较低、与外地人交流能力低的问题，增设心理学、职业道德、礼节礼仪、普通话和就业指导等特色课程，并编写适合学员知识层次的校本教材，全面提升学员个人素养。

【师德师风建设】

吕梁经济管理学校发挥优秀教师的典型示范作用，在教师节来临之际表彰“优秀教师”“先进教育工作者”“优秀班主任”“优秀党员”共计36人。2019年，共举办“道德讲堂”6期，通过推荐、评议方式评选“孝老爱亲”“爱岗敬业”“见义勇为”道德模范5名。

【升学就业】

吕梁经济管理学校与大同煤炭职业技术学院、山西经贸学院签订“3+2”办学协议，即学生前三年在校本部取得中专毕业证，后两年直接升入大同煤炭职业技术学院和山西经贸学院学习，毕业后取得大专文凭。创新校企合作机制，与大土河能源科技集团、东泰集团、天网安保电梯销售公司和晋岳科技有限公司等本地大型企业签订订单培养协议，学生毕业后直接到企业工作。采取“多条腿走路”升学办法，拓宽社会培训就业渠道。启动“1+X”证书工作，根据社会发展和家长、学生意愿，开办对口升学班和综合高中班。2019年对口升学考试中有2名学生达到本科录取线。

（吕梁市经济管理学校）

吕梁市艺术学校

【招生模式改革】

2019年，吕梁市艺术学校针对招生中出现的困难局面，推进招生模式改革。坚持把招生着眼点由以往面向城市调整转向农村，招生对象主要转向农民工子弟和农村留守儿童；招生方式由过去的招办发简章、利用报纸电视广告宣传，转变为有偿委托戏迷协会和演出院团等中介机构推荐、学校专业考核把关方式。招生模式改革后，招生数量由以往每年不足30人扩展至200人以上。2019年招生数量195人，在校生人数为706人，学生就业率达到100%。

【教学资源扩展】

2019年，吕梁艺校把握精准扶贫机遇，促成中央音乐学院与吕梁市人民政府签订战略合作协议。中央音乐学院在吕梁艺校配合下，落实协议精神，以每两月一次的高频率先后派出12批次近300名音乐艺术教学专家到吕梁开展帮扶活动，在吕梁市举办高水平音乐会18场，培训中小学音乐教师530名；利用“吕梁大讲坛”“幸福大讲坛”等平台举办学术报告会3场，为吕梁艺校及离石城区音乐工作者辅导80余场次，提升吕梁艺校教学水准。7月7日至13日，中央音乐学院举办吕梁市第二期中小学音乐教师能力提升培训班，全市149所中小学200名音乐教师参加，教育部体育卫生与艺术教育司、吕梁市委、中央音乐学院等相关部门领导出席开班仪式。

【繁荣艺术教育】

2019年，吕梁艺术学校调整办学思路，以服务农民的晋剧专业、民乐专业为重点，促使艺术教育走上服务农村、服务农家子弟、服务脱贫攻坚战略的道路。7月16日，《打神告庙》《三岔口》两个折子戏参加2019年全国第23届少儿戏曲“小梅花”评选活动，吕梁艺校三年级学生苗军军、刘子扬，二年级学生严思莹分别荣获“全国十佳”第二、第三、第六名。继2018年在该比赛中获得全国“十佳小梅花”金奖和“最佳集体节目”金奖后，再度取得佳绩。晋剧《双挂画》入选中国艺术职业教育学会主办的“百戏百校——艺术职业教育戏曲教学成果展演”，并于11月14日在北京长安大戏院舞台首次亮相。9月11日，吕梁艺校唢呐专业的50名学生受邀参加中央广播电视总台举办的中国器乐电视大赛颁奖晚会节目《龙的传人》录制。9月17日，吕梁艺校参演的舞剧《我想飞》受邀参加新华社“七彩华夏·声在中国”音乐汇演，并成为庆祝中华人民共和国成立七十周年系列活动中唯一一场文艺活动。

【繁荣社会文化生活】

2019年，吕梁艺校主动承担社会责任，奋力打造文化高地。元旦期间，举办新年音乐会和新年戏曲晚会，并进行电视网络直播；引进中央音乐学院室内民族乐团、笛埙乐团分别举办专场音乐会，连续4场演出共有观众近4000人，网络点击量达26.67万人。

6月20日至7月20日，学校联合中央音乐学院开展“传承红色基因·助力乡村振兴”高雅艺术进基层全市义务巡演活动，现场观众近2万人，直播观众40余万人。8月16日至18日，与中国民族管弦乐学会联合举办2019全国唢呐年会，来自中央音乐学院、上海音乐学院等全国各大著名音乐学院及中央民族乐团、澳门中乐团等多家知名演出乐团的50名唢呐艺术家齐聚吕梁，围绕“助力脱贫攻坚、服务乡村振兴”主题，展开为期3天的走基层双实践、名家示范音乐会等系列活动。

9月23日至25日，承办“碰撞与交汇——全球视野下的中国音乐当代研究暨第22届‘磬’国际学术研讨会”观摩活动，与会专家学者在吕梁艺校实地观摩了山西宫家吹打、孝义碗碗腔、皮影戏表演、吕梁民歌演唱会和晋剧折子戏等。12月24日至26日，举办新年音乐会、新年戏曲晚会和新年歌舞晚会，同时进行电视网络直播。连续演出3场，现场观众近2500余人，网络点击量达22万人。

吕梁艺校改革创新先进事迹受到新华社、山西新闻网、黄河新闻网等多家媒体关注。5月20日，湖南卫视《我的纪录片》播出由金鹰纪实卫视原创制作的《青春中国》第二季之《当音乐遇上AI》，吕梁艺校联手阿云嘎共同演绎音乐与人工智能的神奇，开播当晚收视率位列同时段全国第一。5月8日至10日，新华社国庆纪录片摄制组专程来吕梁艺校，就文化扶贫、农民工子弟留守儿童的教育成长进行为期4天的深入采访，以吕梁艺校为主体摄制纪录片，并于国庆前在新华社全网播出。

（吕梁市艺术学校）

贺昌中学

【教师专业化发展】

2019年，贺昌中学注重提高教师的师德素养，在校园网站、微信公众平台设置“教师风采”栏目，宣传优秀教师模范事迹。9月10日教师节之际，大力表彰优秀教学团队和先进个人。先后开展“四有好教师”评选、“杜绝有偿补课”签名承诺、师徒结对等活动，发挥优秀教师的示范引领作用，激励全体教师当好“四个引路人”，争做“四有好教师”。

教师业务素质培养。印发《普通高中课程方案和课程标准》《山西省中小学教师水平评价标准条件》《2019年考纲》等指导性文件，使教师第一时间学习领会精神，掌握标准。先后邀请清华附中、北师大亚太国际教育培训中心、新师者研究院专家作专题指导；组织网络班教师公开课，共有65位老师授课，348人次参与说课、评课。与清华附中各学科教师开展同课异构教研活动，参加市教育局组织的同课异构教学观摩活动和市教研室组织的教学研讨会。在2018—2019教学年度，先后派出骨干教师、班主任分赴北京、上海、西安、太原、长沙、成都等地学习培训，提升业务水平。

教学改革。构建开放探究的课堂模式。在“一师一优课，一课一名师”活动中，有11位教师成功上传授课视频。学校出台教科研奖励方案，每年拨出一定资金作为科研论文奖励经费，激励教师积极探索教育规律，总结教学经验。教师高永亮、杜艳艳、孟凡明等20人次先后在《山西教育》《陕西教育》《学校管理》等教育专刊上发表论文25篇。

课题研究。贺昌中学承担“十三五”省、市级课题3项，在2019年课题研究中鼓励教师拓宽学习范畴，提升学习的精准度。教师李东华申报的课题《高中语文“非指示性”教学实践探究》被省教科院立项。同时，积极申报市级课题，教师陈娟平申报《核心素养下的高中数字“教学评一体化”课堂教学实践研究》，教师高永亮申报《问题学生的成因分析及转化策略探究》，教师任志强申报《基于核心素养下的初高中物理衔接的分析和突破》，教师张晓红申报《基于学生提问式预习案促进学生读写能力的研究》。

在省市学科带头人和骨干教师的评选活动中，教师王晶被评为省“骨干教师”；教师田慧被评为市“学科带头人”；教师任志强、杜俊生被评为市“骨干教师”。在吕梁市第十四届中小学教学能手评选工作中，教师李旭珍、杜艳艳、高姝林、晋海仙被评为市“教学能手”。

【文化育人环境营造】

2019年，贺昌中学利用传统文化教育资源，借助贺昌纪念馆、校史陈列馆、文庙、学校老照片、吕梁风光彩画以及汉文字的演变历程图画、历代名家书法作品等，发挥环境育人的功能。开设《论语》课，让国学走进学校课堂。创办《新杏坛》《贺昌中学校报》和“校园之声”广播站、校园电视台，成立学生礼仪队，促进班级文化、餐厅文化、寝室文化丰富多彩。

2019年，贺昌中学与清华大学附属中学签订合作协议，在初一、高一、高二分别开设2个“创新实验班”。清华附中从学校管理、师资建设、教学研究等方面对贺昌中学进行全面帮扶指导。实施导师培养计划，引进“清华附中空中学堂”和“未来学堂”系统，实现教学资源共享；与北京师范大学亚太国际教育培训中心、新师者研究院开启多维度合作。

【第六教学环节创设】

针对优质生源分流和招生质量下降情况，贺昌中学探索公立高中新的教学模式。在抓好常规教学五环节的基础上，完善第六教学环节，从“边缘生”帮扶入手探索新高考背景下的高三导师制，在“培优促尖保边补弱”方面下功夫。各年级每月组织一次考试，每次月考后以班为单位组织教师对学情进行分析，教师既分析自己所代科目成绩在年级中的走向和在班级中的比重，又要对边缘生和科目弱势生逐渐逐个分析；对照试卷帮助学生查找不足，并提出下一阶段努力方向。教师针对学情中找出的问题制定近期帮教措施，通过学情分析发现教学中的薄弱环节，快速调整教学策略，使学生及时查缺补漏，增强教学有效性。校领导亲自参与高三年级每班每次每学科的学情分析，最大程度做到“一把钥匙开一把锁”。

2019年，贺昌中学高考二本B类以上达线人数382人，实现学校应届达线人数新突破。其中，国际班431班、432班二本B类以上达线率100%，一本B类以上达线率80%。本届学生2016年统招录取450人，录取分数线为537分，定向生录取400人，实现“低进高出、高进优出”的培养目标。

【学生素质教育】

2019年，贺昌中学校深入挖掘历史文化底蕴，对高一新生进行理想信念教育。组织学生参观贺昌纪念馆，激发学生对国家和民族复兴的责任感和使命感。建立严密的自主管理体系，培养学生的社团组织能力，规范社团活动内容；校团委以丰富团员青年文体生活，增强团组织凝聚力和吸引力为目的，与新课改对接并组织开展一系列富有特色的学生社团活动。先后举办了英语演讲大赛、学生乒乓球联赛、毽球大赛、羽毛球大赛、师生篮球对抗赛、拔河赛、社团嘉年华文化展演等活动。开展“阳光体育”活动，组建田径队、足球队、教工篮球队、学生篮球队和乒乓球队，促进学生身体素质提高和全面发展。组织学生参加第七届山西省中学生现场作文展示活动，第十二届全国中学生数理化综合实践活动。参加吕梁市中小学生艺术作品展演，由教师李红指导、学生尹玎创作的作品获得一等奖。

重视志愿者队伍建设，组织学生志愿者进南关社区服务，促进学校志愿服务常态化和品牌化发展，“星火”志愿服务队全年坚持开展活动。2019年“五四”前夕，团中央授予贺昌中学校团委“全国五四红旗团委”称号。

【基础设施建设】

2019年，贺昌中学新建综合教学实验楼，建筑面积为9345平方米。吕梁市财政局拨付改革发展专项资金2100万元，用于示范校标准化建设设备购置、教学质量提升、校园维修等项目，学校办学条件得到改善。

（贺昌中学）

吕梁实验中学

【教师队伍建设】

2019年，吕梁实验中学加强师德师风建设，按照“四有教师”和“四个引路人”要求，引导教师弘扬高尚师德。注重教师专业知识学习培训，外出及校级培训22场次980余人次。先后举办骨干教师示范课、青年教师汇报课、外出培训教师技能展示课、2019届智慧黑板技能大赛、“青蓝工程”及“三备两改”“磨课”活动，与北京师范大学亚太国际教育培训中心、新师者教育研究院多维度合作，进行语数外学科提升教学教研指导。

组织教师参加教学比赛和课题研究。在2019年度“一师一优课”评选中，教师3人获部级优课，1人获省级优课，4人获市级优课；在山西省教育科学研究院举办的第二届中小学教师教学技能展示活动中，教师张晶晶喜获初中数学二等奖；教师薛波、陈瑜等在省级以上刊物发表教科研论文10余篇；在读博士李保勤申请获批河北省博士研究生创新资助项目和山西省教育科学“十三五”规划课题。

【学生全面发展】

2019年，吕梁实验学校中考、高考成绩

均取得较大突破。中考最高分高炜峰657分，全校600分以上31人，550分以上102人；高考二本达线80人，其中文理达线13人，艺体生达线67人。

围绕学生全面发展，学校初中部成立特色社团26个，高中部成立特色社团25个。以学生社团为载体，通过举办特长班，引领校本课程开发，打造特色办学品牌。在2019年山西省健美操、啦啦操锦标赛中，获得有氧舞蹈冠军；在吕梁市中学生合唱比赛中获得二等奖；在吕梁市中学生校园足球联赛中，获男子组亚军。2019年学校建成高标准心理咨询室2个，指导学生健康和全面成长。

【教学设施改善】

2019年，吕梁实验中学进行校园标准化建设。初中部全部教室、教研活动场所和高中部部分教室配备智慧黑板新建塑胶操场。同时，为教师办公室添置电脑、打印机，新建微机室2个，满足学生信息课程学习、考试和教师电子备课需要。

（吕梁实验中学）

吕梁市聋哑职业学校

【特教体系完善】

2019年，吕梁市聋哑职业学校针对特殊教育普遍存在的听障和视障生源萎缩、智障生源增加的现实情况，创新办学理念，拓宽办学思路。按照国家《特殊教育二期提升计划》中有关完善特殊教育办学体系的要求，深入偏僻山村调查，进门入户招生，组织人员到兄弟学校考察取经，选拔教师外出培训，从人力、物力、财力开展筹划准备。购买必备的教具和感统训练器材，开设培智班，招收8名学生入学，开创了培智教育新领域。

2019年，吕梁市聋哑职业学校向劳动人社部门争取，组织首届高中职业教育毕业学生参加国家职业技能考试，有19名学生全部拿到职业资格证书，其中13名学生在学校推荐下赴内蒙古鄂尔多斯就业。

2019年11月，组织教师参加由山西省特殊教育委员会组织的“全省特殊教育学校教师专业技能大赛”。学校录制的盲、聋两个专业6节课，聋专业有4名教师分别获得一等奖、二等奖、三等奖、优秀奖。11月，学校牵头组织举办吕梁、忻州、朔州、阳泉、长治、晋城特教学校标准化建设及提升计划交流研讨活动，通过校际间的交流研讨，实现同兄弟学校间优质资源的共享互惠。

学校负责组稿编辑并印制山西省教育学会特殊教育专业委员会会刊《山西特教》第4期；接受省教科所组织的手语特色学校创建验收，对与省内兄弟学校教育教学、教科研的学习交流起到很好的促进作用。各职业技术教育专业强化动手能力训练，编织专业组完成作品4件，手工专业组完成作品180件，实用美术专业组完成作品312幅，美发专业组剪理发1912人次，缝纫组缝制作品339件，剪纸组完成习作作品300余幅，书法兴趣小组完成作品205件，各专业完成作品共计3252件。5月，组织围棋技能训练学员参加在天津举办的全国残疾人第十届及第七届特殊奥林匹克运动会围棋比赛，学生武慧君、赵小艺、高璇佳分别获得第四名、第五名和第六名的好成绩。

开展“家校共育”行动，制定“家校共育”行动方案。建立“家校共育”中包括掌握学生基本情况，开辟教育途径（电话询访、远程视频教育、送教上门），以及教育内容、教育效果、处室审核等的工作运行机制。通过调查摸底，亲自上门核实，确定14名学生为服务对象。9月开学时有5名学生入学，并对其余9名学生进行了持续跟踪教育。

【人文环境建设】

2019年，吕梁市聋哑职业学校强化教师职业倦怠休整和专业素质的提升，并给予人文关怀。利用暑期，先后由教务处、文体处组织代课教师参加在杭州举办的《全国中小学深度变革与创新型教师培养高级研修班》学习；学生处、保卫处人员参加在哈尔滨举办的《第七期全国医教结合、康教一体教学实操高级研修班》培训；政教处组织全体班主任参加在昆明举办的《全国中小学心理健康与班主任工作艺术高级研修班》培训学习；文体处组织教师参加在北京和杭州举办的专业技能提升培训。2019年学校共组织参加各类培训52人次。

（吕梁市聋哑职业学校）

吕梁市体育运动学校

【思想政治建设】

一是抓思想建设。坚持把建设一支政治强、作风硬、业务精的干部队伍作为思想建设的重要任务来抓。强化理论学习，先后制定"改革创新 奋发有为"大讨论与"不忘初心 牢记使命"主题教育学习方案，印制吕梁市体校党支部思想学习专用笔记本，发放各类学习资料，组织全体教职工集中学习十九大精神，做到每周最少一次政治理论课，使每位教职工受到教育与启发。坚持将党员民主生活会作为重点工作来抓，通过学习教育、对照查摆、整改促进，提高精神境界、激发干事热情、提升作风效能。二是抓制度建设。先后完善财务管理制度、学生的助学金管理制度、文化教学的常规管理制度、竞训管理制度、后勤保障管理制度、学生宿舍的安全管理制度等各项规章制度，做到一切按制度办事。一些关系全局的重大问题、重大决策、重要建设项目等，坚持集体研究，并建立管理机制和监督制度。三是抓党建引领。高举中国特色社会主义伟大旗帜，自觉用习近平新时代中国特色社会主义思想武装头脑，借助信息平台，在教职工工作群中转发党史知识。通过引导教育，使全体教职工受到洗礼。坚持开会前面向国旗奏唱国歌、宣读入党誓词；坚持每周一升旗仪式后进行感恩教育，进一步完善"党员一带二职工、职工一带五学生"制度，确保基层党支部先锋堡垒作用充分发挥。

【体育事业发展】

一是健全训练规章制度。市体校认真落实国家体育总局提出的中等职业学校的"三化"（特色化、专业化、社会化）发展要求，高度重视运动员的选材和招生。2019年度选材招生123人，创历史新高。同时，市体校秉承为学生服务、为社会服务，助推吕梁竞技体育事业发展的宗旨，进一步完善教练员训练计划与运动员科学管理等制度，做到训练任务及时下达、训练效果当场点评、训练实施情况定期检查。二是严格抓好基地建设。市体校围绕"一年组队，二年成型，三年见效，四年突破，五年上台阶，六年攀升，七年大变样，八年上奥运"的战略思维，大力发展田径大项中的竞走项目，加大经费投入，为选材、训练和教学提供支持和保障。坚持"引进来和走出去"战略，年内聘请蒋秋艳、王浩2名国家级高水平竞走项目教练及专家来校指导训练；选派优秀的教练员外出培训学习，了解和掌握世界上先进的训练理念和先进的竞走技术动作。三是扎实旱地滑雪项目。响应习近平总书记“三亿人上冰雪”精神号召，坚持“公益性、大众性、普惠性”的原则，结合第二届全国青年运动会，利用假期及其他时间，以旱地滑雪项目技能培训为主要内容，承办“阳光少年、助力青运、心往北京、滑向冬奥”2019全国青少年体育冬夏令营（山西吕梁站）旱地滑雪夏令营。四是增设蹦床项目。10月24日，市体校举行山西省蹦床青年队挂牌仪式，山西蹦床青年队正式落户市体校。至此，吕梁体校打造了竞走、越野滑雪滑轮、橄榄球、地掷球、冰壶及蹦床5个体育项目。

【文化教学管理】

一是加强文化教学常规管理。结合体校学生特点，深化教改，探索创新教学模式方式，抓实教学流程管理，加强对教学工作的督查指导。先后召开三大职能科室会议，及时了解教师备课和学生作业情况，调整策略，强化教学过程管理，同时对教师备课、上课、批改作业、辅导等情况提出明确要求，保证每堂课学生都学有所获。根据体校培养目标及中职学校教学大纲安排，结合学校实际以及体校学生特点，创建各类特色课程，为学生综合发展奠定基础。二是提升教师和班主任队伍素质。注重教师教练业务水平提升，选派输送教师教练外出参加全国、省、市级各类业务培训，提高教师教练教学能力和班主任管理能力。三是完善班级量化管理办法。根据各班学生量化成绩，因材施教，采取有针对性教学，发挥学生长处，弥补学生不足，激发学习兴趣，树立学习信心，促进学生全面发展。此外，进一步完善学校财务管理制度、学生助学金管理制度以及后勤保障管理制度、学生宿舍安全管理制度等，为学生校园生活和校园安全奠定基础。

【竞技体育活动】

在2019年全国第二届青年运动会中，市体校组织学生运动员积极参赛，获得优异成绩。其中田径径赛项目：任鹏获体校男子甲组800m第7名，张瑞琦获体校女子甲组跳高第3名，邢家梁获体校男子甲组铅球第1名，黎婷获体校女子乙组标枪第1名，何其琪获体校男子乙组标枪第4名。冰壶与地掷球项目：分别获男子乙组第1名与女子甲组第2名，获男子甲组冰壶和地掷球全能项目第5名。越野滑雪项目：芦嵘获甲组男子双追逐“7.5km传统技术+7.5km自由技术”第8名，与卢峥共同获甲组男子团体短距离双人接力第4名。橄榄球项目：获体校男子乙组第7名。同时，市体校分别在田径、冰壶与地掷球项目中获体育道德风尚奖。

同时，积极参加省外组织的竞走类比赛项目，并获多项奖项。其中：运动员王榛浩在2019苏州吴中环太湖国际竞走多日赛中获男子少年组总冠军，在2019全国竞走大奖赛男子青年组30公里竞走赛中获第3名；运动员温永杰在2019全国竞走大奖赛男子成年组20公里竞走中获第5名；运动员张兴东在2019苏州吴中环太湖国际竞走多日赛中获男子少年组亚军，在2019年全国竞走锦标赛中获男子青年组30公里第6名；运动员殷腊梅在2019苏州吴中环太湖国际竞走多日赛中获女子少年组第3名，在2019年全国竞走锦标赛中获女子基地组5公里第1名；运动员薛鹏飞在2019国际田联竞走挑战赛中获男子基地组10公里第8名。

（吕梁市体育运动学校）

科学技术

科技创新

【高层次人才引进】

2019年，吕梁市科技局组织市相关单位及部分外籍人才需求单位赴深圳参加第十七届中国国际人才交流大会，以及上海、成都外籍人才招聘会。引进外国专家达成意向7人，其中4人到吕梁市企业和学校工作。

2019年，吕梁市科技局进行引进高层次科技人才计划专项申报，共组织28项人才专项进行专家评审。对市级科技类7名“三晋英才”予以人才津贴，并将经费发放到位。市科技局党组对每一位“三晋英才”进行回访和慰问，对于符合科技项目申报条件的“三晋英才”裴向东、杨理容、张海静、任乃栋给予符合自身特点的各级各类科技项目支持。

【科技成果转移转化】

2019年，吕梁市科技局以产学研合作为纽带，精准调研，摸清需求，促进科技成果落地。组织人员开展企业调研，了解企业需求，收集和筛选信息，对接科技成果，跟踪企业对接进展情况。市科技局梳理和深研科技成果转移转化相关政策性文件，邀请山西省科技发展战略研究所长、研究员张放陶，研究员安萍，副研究员张岩开展全市科技成果转移转化专题培训会，从宏观层面对国家、省科技成果转化相关政策进行详细解读。

产学研相结合，促进成果转移转化。组织开展共性技术的攻关和成果引进，引进北京格鲁资源环境科技有限公司技术成果，在离柳集团建设1万吨核心技术示范装置项目；支持吕梁德智微波设备公司与中国矿业大学合作开展高硫煤在燃烧前脱出有机硫新技术开发；支持柳林能源与环境院士工作站何满潮承担的山西柳林矿区110工法技术推广研究；支持南方科技大学刘科院士微矿分离新型炼煤技术推广研究；支持吕梁大土河煤层气开发利用公司低浓度矿井瓦斯气提浓技术推广利用；支持吕梁学院教授熊继军煤矿机械装备状态无线监测技术开发；支持山西新龙重工高分子科技有限公司与中国机械总院、吕梁学院合作开展煤机装备维修与再制造；支持山西大土河能源科技有限公司与华中理工大学、吕梁学院共建能源产业技术研究院。

【科技创新平台建设】

6月，市科技局联合山西省高新技术创业中心、山西火炬创业服务中心，举办高新技术企业培训会，针对吕梁市高新技术企业和科技型企业进行知识产权战略、研发费用归集核算和高新技术企业申报等培训辅导。10月中旬，分三批召集共30户高企和准备申报高企的企业，召开高企发展座谈会，研究企业发展。

2019年，共有34户企业申报高新技术企。年内，对2018年创建的重点实验室奖励100万元，截至10月兑付20万元。对2018年认定的省级科技孵化器省市两级共奖励350万元；2018年认定的2户省级众创空间获省科技厅奖励各50万元。

2019年，组织8家众创空间申请认定省级众创空间。9月11日，在吕梁市举行第八届中国创新创业大赛山西赛区决赛暨颁奖典礼，大赛安排创业培训、项目展示、高峰论坛、融资对接等活动，全市有60户科技型企业全程参与，开阔了企业视野，增强了科技创新的信心。

【科技计划管理改革】

2019年，在科技项目申报中，将以往9类科技计划整合为5类计划，解决了科技计划界限不清和交叉重复的问题。在5类计划中又细分为一般项目和重点支持项目。

2019年，在项目评审改革中，制定出台科技计划项目申报流程、评审办法。评审专家组成采取市人才库随机抽取，确保专家选取使用科学、公正，发挥专家评审结果在项目立项中的作用。

【“三区科技人才”扶贫】

2019年，市科技局为10个贫困县争取省级“三区”人才示范项目24项，争取资金268万元，选派三区科技人才134人。为石楼、临县、兴县3个深度贫困县每个乡镇选派3名特派员，申报省级深度贫困县科技精准扶贫专项计划8个，争取经费820万元。

推广轻简实用技术和积极引进适宜品种。山西省农科院经作所史根生团队在服务点柳林垣银农产品销售合作社西坦村进行老核桃树品种改良示范，重点推广晋龙2号、礼品2号、清香等优质抗旱核桃新品500亩，推广旱作核桃园水肥高效利用技术；省农科院食用菌研究所张红刚团队、张勇团队在交口县韦禾农业发展有限公司和临县山圪崂农业专业合作社承担反季节香菇栽培技术示范，通过引进和培育高产抗病优良品种和工厂化示范制棒、接种、恒温发菌技术，科学解决香菇生产技术瓶颈；省农科院高寒所刘支平团队以山西康农薯业有限公司为示范点，对岚县13村的1万亩马铃薯种植区域进行马铃薯优良品种推广、脱毒种薯、切薯催芽晒种、平衡施肥、高垄密植、中耕培土等脱毒马铃薯丰产栽培技术推广。

乡土人才培训。2019年，市科技局根据贫困地区实际需求，选派三区科技人才不定时组织农村党员干部和有致富能力和技术需求的农民举办讲座，现场答疑解惑，深入田间地头进行示范指导，积极培养带头人。2019年，组织40名农村乡土人才赴山西农业大学，进行为期半年的种植、养殖、林业、电商等方面的技术培训，为当地培养了留得住的乡土人才。

（市科技局）

水文水资源勘测

【水文调度预报一体化】

2019年，吕梁市水文部门在汛前对雨量站、水位站、水情交换系统、遥测平台等各种仪器设备和计算机网络系统、备用电源等设备进行监测和维护，保证汛期正常运转。汛前完成水文、水位的大断面、水位流量关系曲线、预警阀值等数据的收集入库工作，并根据2019年实际降雨过程进行检验，调整预报模型的各类参数，提高预报方案的精度等级。

根据全省水旱灾害防御工作视频会议“关于不断完善雨水情监测站网、水文情报预报和调度决策系统，推进预报调度一体化，提升监测预报预警能力”的要求，联合柏叶口水库建设管理局共同开展水文预报调度一体化试点，并对预报调度中使用到的计算模型进行分析验证，对模型参数进行初步率定。开展吕梁市水文巡测、应急监测工作，对新仪器、新设备进行比测，完成吕梁市水文资料测编工作 。

【水文测报预警】

2019年汛期，吕梁防讯抗旱部门收集全市的水、雨情信息，每日推送8时水雨情日报，根据需求随时增发降雨及洪水情报。推送雨、水情信息3300余条，确保重要水雨情和水文预报及时报送到有关防汛指挥部门，充分发挥水文情报预报在吕梁市防汛工作中的参谋作用。2019年汛期，吕梁市降雨量和暴雨过程比历史同期偏少，降雨呈强度大、持续时间短、笼罩面积小、局部突出等特点。全年平均降水量285.1毫米，其中汛期平均降水量265.2毫米，比上年（334.8毫米）减少20.8%，比多年平均（379.8毫米）减少30.2%。全年降雨量大于300毫米的测站为109处。

【水资源监测】

2019年，吕梁市水文水资源监测系统有长观井32眼、统测井120眼、国家工程井35眼、指标监测井67眼。按照有关要求，每日完成动态分析并上报。完成黄委会委托11眼监测井的水质采样工作。4月接受水利部“千眼井”大检查，集中对国家井进行检查维护。完成30眼国家工程井的地下水采样任务，以及地下水67眼指标井水位监测及计算汇总工作。完成全国重要江河湖泊水功能区8处，重点站1处，辅助站、专用站6处，调查点4处，大气降水1处，年监测7次的常规监测任务。完成2次45处排污口调查监测工作。完成黄河流域水环境监测中心委托的4处省界断面12次的监测任务。完成1处水源水10次监测任务。完成19处市水功能区和2个渗漏断面6次的监测任务。完成8处柳林泉地下水2次监测任务，以及监测项目34项。对外出具检测报告149份。完成76处清泉水水质监测任务。编制完成《2018年度吕梁市水资源公报》。

（市水利局）

气　象

【气候概况】

2019年，吕梁市平均降水量为453.5毫米，比常年平均值（466.7毫米）偏少13.2毫米，比2018年降水量（549.9毫米）偏少96.4毫米。年平均气温为10.5℃，较常年平均值（9.4℃）偏高1.1℃。全市年平均日照时数为2429小时，同比偏少4%。全市无霜期为

147～250天。主要气象灾害有暴雨、干旱、高温、连阴雨、冻害、寒潮、大风、雾、霾等，其中暴雨、干旱造成的灾害影响较重。

【气象服务】

2019年，吕梁市气象局与市住建局、吕梁机场、环城高速、晋能大土河热电有限公司等单位签订专业气象服务合同；与市规划和自然资源局会商，进行地质灾害气象风险预警，为吕梁市国土空间规划编制工作提供气候服务；为农业局植保站和技术推广站开展以生态农业为主题的专业气象服务；与吕梁机场签订战略合作协议，完成Micaps4升级、信息共享、联合协调、技术交流、重大事项保障等专业合作；与吕梁电视台、吕梁交通广播台联合开展交通气象服务。汾阳市地质灾害气象预警服务系统、汾阳市地质灾害及森林防火气象服务系统、交城县森林防火气象服务系统相继投入使用，并在全市推广。

2019年，吕梁市气象局与市生态环境局联合会商，研究制定吕梁重污染天气气象标准，并开发设立“吕梁市空气污染气象服务平台”。

4月23日至24日，市气象局举办吕梁市人工影响天气培训班。12月14日，组织开展人工影响天气装备物联网系统建设培训。年内在交城县布设烟炉1部、火箭1门。全市人影作业13次，发射高炮76发、火箭弹141枚、焰条63根。

【气象科研】

2019年，吕梁市气象局开展《气象台站供电远程监控系统研究》《吕梁市旅游气候舒适度研究与评价》和《新时代高素质专业化干部队伍建设的研究》等应用项目研究，发表科技论文10篇，参加全省气象科研论文交流38篇。其中《退耕还林15年来吕梁市植被变化及其与气候的关系》被评为2018年度全省优秀气象决策服务材料二等奖。在“3·23”“5·12”“6·16”“12·4”等特殊节日，以及全国科普日、全国扶贫日、“科技活动周”期间，开展气象科普宣传进学校、进企业、进社区、进田间地头活动，共发放宣传资料1万余册，接受现场咨询80余次，科普馆参观5000余人次。

（市气象局）

防震减灾

【防震减灾体制】

2019年6月，吕梁市编委下发《关于将吕梁市地震局更名的通知》，决定将吕梁市地震局更名为吕梁市防震减灾中心，隶属于市应急管理局，接受省地震局业务指导，机构规格和领导职数等暂不变。6月25日，举行吕梁市防震减灾中心挂牌仪式。8月29日，吕梁市编办下发《关于剥离市直事业单位行政职能回归行政机关的通知》，规定吕梁市地震局原有职能“市级政府抗震救灾指挥机构的日常工作、地震应急工作监督管理、编制防震减灾规划、地震监测预报监督管理、地震应急预案的编制与备案、相关行政执法检查”，由市应急管理局承接；“抗震设防要求的审核、建设工程抗震设防要求和地震安全性评价工作的监督管理”，由市住房和城乡建设局承接。按照以上规定，吕梁市地震局行政审批窗口于4月26日从市政务大厅撤出。

【地震观测台站建设】

2019年，吕梁市加强地震前兆监测预报。推进“一县一台”建设。汾阳市投资40万元建成四分量钻孔应变观测点，钻孔工程于8月底完成，场址符合要求；经仪器安装单位和专家组验收符合安装条件，9月仪器安装完成，四分量钻孔应变仪开始试运行。交城县、孝义市、交口县等县（市）针对地震观测站设备存在的故障，及时更换配件进行维护，确保仪器正常运转和资料准确完整。

为提高地震观测质量，保障观测台站及监测仪器的正常运行，吕梁市防震减灾中心通过完善制度、日常巡监和突击检查等手段，强化台站管理。先后制定完善《吕梁市地震局震情会商制度改革实施方案》《台站管理实施细则》《中华人民共和国成立70周年庆祝活动地震安全保障服务实施方案》，下发《地震监测技术性标准手册》，有效提高地震观测质量，使全市前兆监测设备运行率达到98%，地震信息节点运行率达99.98%，地震观测资料均符合技术性规范要求。宏观测报点实行“日记录、月上报”，有异常情况即时上报。继续坚持24小时震情值班制和零报告制度，确保地震信息处置“三及时”（及时记录、及时上报、及时落实）。

【地震监测预报网建设】

2019年，吕梁市地震局强化地震监视和短临跟踪工作，制定《吕梁市2019年度震情监视跟踪工作方案》，充分利用高科技通讯工具，及时掌握地震活动图像的细微变化，发现、收集和分析各类地震前兆信息，坚持周、月、年度会商和有异常及时会商制度；积极与兄弟市地震部门沟通联系，共同分析研究吕梁市及周边邻近地区的地震活动趋势。全年编写周会商信息52期、月会商纪要12期、年度会商分析报告1份。做好震情跟踪监视、宏微观异常收接落实工作，做到有异常一起核实一起，决不遗漏任何一点有预报价值的地震前兆信息。2019年“晋9—1号井”数字化水位在全国地震监测预报单项评比中获得优秀奖。

2019年，为确保地震信息畅通，先后建立地震信息短信平台、地震应急信息交换平台、吕梁市地震微信群；建设无线短波电台网。中心加强地震应急值守，实行24小时值班制，在做到“三及时”同时，实现“三个一样”，即：有震无震一个样、震大震小一个样、平时节假日一个样。

推进活动断层探测交城断裂室内外研究，在完成交城断裂探槽探测、浅层地震探测与综合解释、电阻率层析成像勘探、钻孔联合剖面探测及断层活动性初步鉴定等项目的分验基础上，1月12日完成交城断裂探测（交城段）总验收。为黄河板块吕梁市交城县磁窑古村落～玄中寺旅游公路工程项目、交城县国土规划（2020—2035）的编制提供了可靠的地震地质相关资料数据。

推进地震预警工程和地震速报点建设，协助省地震局完成地震预警工程15个基本站和13个基准站的土地征用、使用协议签订工作。配合省地震局专家完成《国家地震烈度速报与预警工程》28个速报点的环境复核。

加强群测群防工作，完善“三网一员”体系，发挥群测群防在防震减灾工作中的作用。在交口县、汾阳市等县（市）继续实行“三网一员”补助政策，调整、补充“三网一员”队伍，制定责任考核办法，并根据日常防震减灾工作完成情况和防震减灾知识掌握程度适当予以奖励。

【防震减灾宣传】

2019年，开展“5・12”“7・28”防震减灾宣传普及工作，将传统宣传媒体和现代宣传媒介相结合，利用电视、报纸、手机微信公众号、广告屏幕等平台开展宣传教育活动。宣传活动期间，共悬挂防震减灾宣传标语100余条，制作防震减灾宣传板面80余块，张贴宣传画500余张；《吕梁日报》开辟防震减灾知识小专栏6期，电视台黄金时段播放地震科普知识30多小时，滚动播放宣传字幕25次，播放地震宣传系列片30余次；发放宣传资料8万余份，散发《防震减灾知识顺口溜》《防震减灾宣传手册》《地震灾害知识手册》图书1.5万余册，发放宣传产品3千余件；袁家庄中学代表吕梁市参加省举办的“山西省防震减灾知识竞赛”。

2019年，吕梁市防震减灾科普教育基地继续对外开放，发挥防震减灾科普馆防震减灾知识宣传主阵地作用，每周六、日全部对外免费开放，在“5·12”“7·28”等重要时段集中安排机关干部、社区群众、学校学生集体参加学习。全年共接待干部群众、中小学生5千余人次。

（市防震减灾中心）

农业科技

【科研项目】

2019年，山西省农业科学院经济作物研究所共承担国家、省、院等各级科研项目73项（延续项目55项，新增项目18项），包括国家级自然科学基金2项，省部级以上课题33项，院级项目34项，成果转化与技术服务5项。全年到位经费1743.65万元，新增科研经费995.4万元，成果转化、技术服务经费276万元；结转科研经费472.25万元。

2019年新增项目18项，其中，国家自然基金面上项目1项：花生耐寒性特异种质遗传特性分析及其QTL定位；科技部国家科技重大专项子课题1项：耐除草剂转基因大豆SHZD32-01新品种培育；中国科协科普惠民服务专项2项：临县优质肾形大豆提质增效技术示范、岚县林下中药材产业决策咨询；省科技攻关1项：食用向日葵抗旱耐菌核病杂交种选育及配套栽培技术研究；院创新2项：山西党参黄芪种质资源库建设及功能产品开发研究、优质谷子新品种选育；院推广3项：经济林下套种杂豆高效栽培技术示范推广、耐旱耐盐碱特色油料作物提质增效模式示范、吕梁优势新品种新技术集中示范；院基金培育项目2项：花生耐寒性分子标记及QTL检测与验证、蓖麻单雌性状关联SNP标记的开发；院引领项目1项：核桃标准化生产技术示范；成果转化、横向课题5项：晋谷21号提纯复壮、晋麻3号、晋麻4号工业大麻新品系转化，以及汉麻关联群体种植试验、多用途工业大麻种质资源创新、新品种选育、灵丘县远志新品种“晋远2号”及种植标准集成应用推广。

【科研成果】

2019年，山西省农业科学院经济作物研究所获得山西省科技进步二等奖1项，审定品种2个，授权发明专利3项，发表论文46篇，其中核心期刊15篇（包括一级学报2篇）。

【学术交流】

2019年，山西省农业科学院经济作物研究所先后邀请山西省现代农业产业技术体系蔬菜首席专家、博士生导师邢国明教授，吉林省农科院李继红研究员，中国农科院吴存祥研究员，吉林农业大学于寒松教授等，围绕《“山西农谷”的战略思考和建设实践》《早熟区高粱产业现状及未来发展思路》等课题作学术交流23次。同时，选派科技人员参加全国性学术交流69人次。

【科技示范推广】

2019年，山西省农业科学院经济作物研究所在吕梁、运城、临汾、朔州等9个示范区进行15种农作物153个新品种示范种植推广，18项高产高效种养殖管理技术示范推广。示范面积8602.67公顷，培训人数9670人次，推广辐射面积202882公顷。其中养殖鹅30万只，辐射100万只；蜂1000群，辐射3万群；猪1500头，辐射4万头。以汾阳市经济作物科技创新引领示范基地为中心，以各农业服务站为依托，搞好专家服务平台。在全国科技工作者日、科技活动周期间，举办系列培训和观摩活动，对当地种粮大户、合作社成员进行全覆盖分期轮训。接待省、地、县等各级领导，农技人员、农民专业合作社、种植大户视察观摩示范基地7次，结合当地生产实际，开展科技下乡农民技术培训128次。组织种植示范推广团队，涉及大豆、黑豆、谷子、高粱、中药材、核桃、黑豆、食葵、花生、小杂粮、产后加工等相关课题专家，以及推广部门负责人共计30余人。

【科研成果转化】

2019年，山西省农业科学院经济作物研究所成果转化实收转让费、技术服务费到账222万元。其中：籽用工业大麻新品系“晋麻3号”、多用途工业大麻新品系“晋麻4号”，2019年转让给河南金博士种业有限公司，转让费600万元，当年到账200万元。山西汾都香种业科技有限公司由经作所以提供技术服务与汾阳皇米业有限公司合作，主要经营大豆、高粱、谷子、杂粮、蓖麻、中药材等经作所培育的作物种子。2019年度晋谷21号优质谷子良种由经作所谷子课题组进行原种提纯复壮技术，并提供原种和制种技术服务。

【科研管理】

2019年，山西省农业科学院经济作物研究所先后完善了《山西省农业科学院经济作物研究所固定资产折旧规定》《山西省农业科学院经济作物研究所关于完善财务报销手续的补充规定》《山西省农业科学院经济作物研究所横向科研项目管理办法》《山西省农业科学院经济作物研究所对外技术服务管理办法》《山西省农业科学院经济作物研究所重大事（件）故应急工作预案》《山西省农业科学院经济作物研究所重大自然灾害应急救援预案》等科研推广管理规章制度。同时，添置科研仪器设备全波长酶标仪、高灵敏度化学发光成像分析系统、日光温室（768平方米）等仪器设备238件（项、座、套、台等），价值419.18万元。投资85.68万元对办公楼和生物技术实验楼、综合实验室（太原）进行维修改造。

【科技人员结构】

2019年，山西省农业科学院经济作物研究所通过公开招聘新进11人，其中硕士7人、本科生4人。截至12月底，现有在职职工166人，其中干部133人，工人33人。133名干部中有119人为专技岗位，其中研究员11人、副研究员38人、助理研究员52人。助理研究员中有5人取得副高资格未聘，研究实习员11人。管理人员14名，技术师26人；高级工5人、中级工1人、初级工1人。

（山西省农业科学院经济作物研究所）

卫生健康

【医药卫生体制改革】

2019年，吕梁市不断深化县乡医疗卫生机构一体化改革。市县两级累计投入15.76亿元，新建了包括市医疗卫生园区在内的一批市、县、乡、村四级医疗卫生机构。申请中央总投资2.42亿元资助的5个健康扶贫工程项目、1个妇幼健康保健工程全部开工。

医疗服务体系进一步完善。全市13个县（市、区）全部成立医疗集团，县乡医疗卫生机构实现"一体化"管理。13个县（市、区）医疗集团为基层卫生院引进新技术、新项目20项；资助紧缺医疗检验设备563台、救护车15辆，安排维修改造等金额达7143余万元；巡回医疗下派专家2612人次，服务群众6.52万人次，县级医院派驻2076人次帮扶基层卫生院，培训基层医务人员1.2万人次。全市县域就诊率提升29.4%；县域门急诊总人次增长11.6%，住院总人次增长16.3%；乡镇卫生院门急诊人次增长13.4%，住院人次增长22.9%。推进基层运行新机制。全市大部分县（市、区）基层医疗卫生机构实行"一类公益保障、二类绩效分配"运行机制，财政部门全额核拨编制人员经费，医疗服务收入盈余扣除成本，按规定提取各项基金后用于人员奖励。

全科医师培养和人才招聘。2019年，全市186人通过全科医生转岗培训，每万人全科医生数提高到2.1人；为9个县（市、区）招聘49名特岗全科医生，为8个县级医疗集团招聘医疗卫生人才78人，为市直医疗机构招聘同工同酬医技人员155人；并落实为市直医疗卫生机构招聘180余名医技人员。

实施现代医院管理制度试点，巩固公立医院综合改革。省级试点孝义市，市级试点市人民医院、汾阳医院和交城县、交口县、岚县3县人民医院均出台医院章程，建立健全公立医院全面预算管理、成本管理、财务报告、信息公开以及内部和第三方审计机制。

推进信息互联互通和资源共享。2019年，国家卫健委授予吕梁市卫健委"国家医疗健康区域信息互联互通标准化成熟度等级四级甲等"（地级市）牌匾。吕梁市完成"全员人口、健康档案、电子病历"三大数据库建设，实现

25家二级以上医院与市级、省级平台的双向互联互通。

【健康扶贫工程】

截至2019年底，全市建档立卡贫困人口220806户594371人，已脱贫184958户511970人，未脱贫35848户82401人，因病致贫10167户21086人。全市核准率达到100.00%。

家庭医生签约服务稳步推进。全市共有家庭医生签约团队人数7984人，签约服务率达到100%。明确将家庭医生签约工作列入对各县（市、区）目标责任制考核，同时纳入基本公共卫生绩效考核，将基本公共卫生服务经费按人均10元、门诊统筹人均20元的标准用于签约服务。依托家庭医生团队，组织开展6种慢性病健康教育处方开具的培训、指导及发放工作。

市域内“一站式”结算服务。2019年，推进2个市级医院和13个县（市、区）全面完成吕梁市贫困人口县域内住院患者先诊疗后付费“一站式”结算信息系统建设。年内有5个县完成县域外一站式结算信息系统建设。

村卫生室达标建设。全市共建成村卫生室3360个，达标3351个，达标率为99.70%。其中贫困村卫生室达标率为100%，村医和必备的药品、器械全部配备到位。

【医联体建设】

2019年，吕梁市县域医疗集团全部和省内三甲医院签订医联体协议。吕梁市人民医院与四川大学华西医院组建联盟型医联体。吕梁市人民医院和汾阳医院作为核心医院，分别挂牌成立城市医疗联合体。

医疗服务“1+2+2”计划。各医疗机构建立预约诊疗制度、远程医疗制度、临床路径管理制度、检查检验结果互认制度、医务社工和志愿者制度。

创新十个方面医疗服务模式。2019年，吕梁市人民医院、汾阳医院和13个县级医院全部开通“山西挂号”APP，吕梁市患者在网上即可预约挂号。

三甲医院院士工作站建设。2019年，吕梁市人民医院与李兆申院士团队合作建设吕梁市消化道癌早诊早治院士工作站；汾阳医院与顾东风院士建成心血管疾病院士工作站。

远程诊疗体系建设。2019年，在天津医科大学肿瘤医院、湘雅医院的帮助下，吕梁市人民医院、汾阳医院初步建成肿瘤诊疗中心；建立与北京医院、中日友好医院、华西医院在远程会诊、远程教学、实习培训等方面建立合作关系。市级三甲医院、部分县医院与乡镇卫生院建立了远程诊疗系统。

【医疗卫生人才引进和培养】

2019年，吕梁市县级医疗集团通过校园招聘，共计招聘医疗卫生人才62人。完成吕梁市49名特岗全科医师的招聘工作。为市直医疗机构招聘同工同酬用工人员150余名，组织选派9名紧缺人才和6名骨干人才进修学习。

2019年，招录农村订单定向医学生48名，35名2014届定向医学生全部予以安置。继续开展全科医生转岗培训，选派36名基层医疗机构人员参加全省全科医生转岗培训；选派94名参加吕梁市自主培养全科医生项目（第二批）。194名学员参加转岗培训临床实践技能考试，其中186名取得全科医生资格证书。

【医疗环境创优】

2019年，吕梁市严厉打击涉医违法犯罪，进一步加强医疗纠纷“三调解一保险”机制建设，拓展基层医疗机构参加医疗责任保险范围。开展中医医疗机构传染病防治和感染防控监督执法检查，创建“平安医院”取得明显成效。全面加强医德医风专项整治，聘请44名市级医德医风社会监督员开展常态化社会监督。

【卫健职能履行】

2019年，吕梁市加强免疫规划实施，对全市120家预防接种单位进行问题排查，规范疫苗出入库登记和温度记录。全市以乡为单位免疫规划率达到95%以上，传染病患病报告率为4.05‰，均在法定控制线以下。

重大传染病防治。吕梁市艾滋病抗病毒治疗全部平稳转移至吕梁市人民医院和汾阳医院，市疾控中心艾滋病确诊实验室通过国家验收。开展形式多样的艾滋病、结核病宣传活动，全市艾滋病检测完成32.48万人，报告肺结核患者和疑似肺结核患者总体到位率为93.5%，并全部得到有效治疗。

慢性病防治综合防控。全市实现“三减三健”县级全覆盖，中央补助儿童口腔疾病综合干预项目、脑卒中筛查干预、死因监测等项目顺利开展。汾阳市开展国家慢性病防控示范区创建。

职业卫生监督。2019年，全市职业卫生监督职能移交至卫生健康委员会，完成放射卫生监测项目，组织开展重点职业病调查和工作场所职业病危害因素监测。全市开展职业病危害项目申报，年内通过215家。填报尘毒危害专项执法企业253家，监督检查用人单位142家，下达文书42份、立案12起。

【综合监管】

“双随机”监督抽检。2019年，吕梁市“双随机”监督抽检工作有序推进。全市国抽监督完结率达100%，共查办案件37起，处罚3.54万元；省抽监督完结率达100%，其中查办案件44件，给予罚款4.71万元。开展消毒产品生产企业、消毒产品经营使用单位、住宿类公共场所卫生为重点的专项整治行动，共检查各级各类单位1737户；检查疾控机构、妇幼机构、接种门诊和医疗机构共346家，发现存在违法行为机构12家，对其中11家给予警告，立案1起。全市共办结各类案件385件，罚款78.555万元。

卫生应急能力提升。2019年，组织卫生应急培训2次，卫生应急演练3次，其中桌面推演2次、实兵演练1次。举办全市疾控系统卫生应急工作培训班和全市“迎国庆、守初心、保平安”2019卫生应急演练竞赛活动。组织300余名医务人员参加全国“二青会”医疗保障，确保“二青会”在吕梁市项目活动顺利举行。

【“健康吕梁”建设】

2019年4月29日，吕梁市在国家卫生健康委员会例行新闻发布会上，市政府领导介绍吕梁市卫生健康工作和脱贫攻坚情况。年内，组织市、县卫生健康部门相关人员，结合重大节假日，开展健康教育“六进”活动，并对汾阳市、文水县创建健康促进县开展评估。2019年，吕梁市成立健康教育专家库，举办全市健康教育巡讲评选活动，共有117名健康巡讲专家参加评选。市卫健委对12名巡讲效果反响突出的专家给予表彰。

大力推进医养结合，年内开通老年人就诊绿色通道，满足老年人日常医疗救治需求。统一印刷老年健康宣传手册，深入机关、企业、学校、社区、养老机构、乡村、老年大学、基层老年协会等场所进行宣讲。在217个医疗机构设置老年人医养结合绿色通道，绿色通道率为95%。2019年，吕梁市50%的三甲医院开设有老年病科，65%的二级综合医院开设老年病科，93%的医疗机构可以为养老机构提供签约、家庭医生、中医药等医疗服务。

【人口增长】

2019年，吕梁市继续坚持人口计生目标责任制考核制度。在考核兑现2018年人口计生目标责任书的基础上，市卫健委与13个县（市、区）和市直165个单位签订2019年度人口和计划生育目标管理责任书。

计划生育家庭奖励扶助政策落实。2019年，国家、省规定的奖扶政策全部落实。全市确认国家两项奖扶人数8170人，省四项奖扶人数合计45020人。落实市直机关退休一次性奖励资金170万元。

妇幼卫生服务。2019年，开展适龄妇女宫颈癌筛查，完成23005人，完成率为100.02%；开展适龄妇女乳腺癌筛查，完成8053人，完成率为100.6%。免费孕前健康检查12403对，完成率为82%。农村叶酸发放任务数发放26540人，完成率95.12%；城市叶酸发放任务数发放4354人，完成率113.09%。吕梁市贫困地区妇女宫颈癌筛查完成率为100.12%；贫困地区乳腺癌筛查完成率为101.8%。吕梁市0–6岁儿童残疾筛查诊断项目完成率为184.9%。

年内，全市完成免费产前筛查32374例，完成率为109.74%。高风险孕妇转诊率为94.58%，高风险孕妇诊断率为71.25%。

【国家卫生城镇创建】

2019年，吕梁市积极推进卫生城镇创建，出台行动计划和行动方案，对岚县国家卫生县城复审整改、贾家庄镇创建国家卫生乡镇进行督导检查。卫生乡村建设顺利推进。7月，在原申报基础上，进一步扩大卫生乡村建设成果，新申报省级卫生乡镇20个、省级卫生村458个。推进农村“厕所革命”，年内吕梁市共完成改建无害化卫生厕所56601座，全市有80个村确定为省级整村推进村，涉及厕所17641座，获得省级奖补资金772万元，奖补资金额位居全省第二。

（市卫健委）

医疗保障

【概　况】

2019年，吕梁市医保基金运行平稳可控。全年共有“两定”医药机构4650家，其中定点医疗机构3503家、定点零售药店1147家。全市城镇职工参保354147人，较2018年增长1.8%，城乡居民参保3041869人，参保率达95%，其中建档立卡贫困人口605146人，占比19.89%；全市城镇职工基本医疗保险收入140327.52万元，支出117950.97万元，累计结余201306.9万元；全市城乡居民医疗保险收入254604.50万元，支出265115.96万元，累计结余139240.21万元。

【医保脱贫服务】

2019年，吕梁市医保局印发《2019年医疗保障脱贫攻坚行动方案》《吕梁市医疗保障扶贫三年行动计划（2018—2020年）》，全市建档立卡贫困人口中共有169915人享受“三保险、三救助”健康扶贫政策，住院总费用12.72亿元，报销10.73亿元，报销比例达到84.40%；医疗救助185176人次，支付救助基金1.48亿元；建档立卡贫困人口省内住院综合报销比例达90%以上。组织专家开展以“医疗救助强保障，健康扶贫惠农家”为主题的送医送药活动，捐赠常用药品价值4万元。

【打击欺诈骗保专项治理行动】

2019年，吕梁市医保局开展“打击欺诈骗保、维护基金安全”集中宣传月活动，共散发资料8万余份，电视播放宣传片21期次，微信平台推送信息40余条，接受群众咨询8000余人次。联合市财政局出台《吕梁市欺诈骗取医疗保障基金行为举报奖励实施细则》，建立举报奖励长效机制。集中时间精力，采取“双随机”“飞行”检查手段，开展专项检查。全市累计处理违约违规医疗机构373个、零售药店529个，处理参保人员骗保套保2人，移交公安机关处理1人，累计追回医保基金（含扣款）1571.2万元，通过媒体公开曝光典型案例26起。

【医疗保障政策完善】

2019年，吕梁市医保局针对群众反映强烈的特病不能直报的问题，制定下发《关于加快慢性病门诊、特药报销速度　切实减轻患者负担的通知》《关于做好特殊药品供应保障工作的通知》，约谈6家特药定点医药机构无条件采购、储存、供应特药品种，满足大病患者需求。

完善城乡居民“两病”门诊用药保障机制，惠及符合高血压、糖尿病门诊用药保障政策的患者217140人，其中12月份累计补偿“两病”患者1332人次，总费用38558.36元，基金支出19819.67元。

健全完善城乡医疗救助机制，印发《关于进一步健全完善制度　扎实做好城乡医疗救助工作的通知》，对参加城乡居民基本医疗保险的城乡低保对象、特困供养人员、在乡重点优抚对象等困难群众执行新的救助政策。

2019年，推进全市医保支付方式改革，落实县级医疗集团医保打包付费措施。各县（市、区）医保经办机构与县级医疗集团签订总额预算打包付费协议，全年打包预算总额73494万元，按月预付金额7427万元。截至年底，共拨付57690万元。推进医保按病种付费支付方式改革，印发《关于将医保定点医院日间手术治疗费用纳入医保按病种付费管理的实施方案》，市定点三级医院按省级定点医院298种日间手术目录医保支付标准，日间手术治疗费用纳入按病种付费管理范围；全市二级定点医院陆续将日间手术治疗费用纳入按病种付费管理。

【医保服务】

2019年，吕梁市医保局加强医保定点服务协议管理。联合市卫健委等部门整治各种医疗乱象，对小病大治、门诊转住院、“套餐式”化验、串换药品、住院挂床等问题重点查处，维护基金安全平稳运行。

药品耗材集中带量采购。坚持“带量采购，以量换价”原则，组织公立医疗机构参与国家组织的集中带量采购，从12月1日起在全市30所公立医疗机构上架销售，医保基金按药品采购金额的50%提前预付货款，共计预付79.82万元；已约定采购金额159万元，采购入库金额111.57万元，完成率达69.88%。

深化“放管服效”改革。简化工作流程，缩短工作时间，提升服务质量。为慢性病人开通微信自助年审功能；简化住院登记手续，对统筹区内住院患者取消住院备案审批手续，患者可在医院直接办理医保登记；完善跨省异地就医住院费用直接结算，50%以上二级定点医院、10%以上其他定点医院成功接入国家异地就医结算系统。

“村医通”研发应用。利用手机APP系统，在全市3360个村卫生室中，积极响应“村医通”应用平台需求2939个，开通2865个，覆盖率达97%，实现“两病”门诊购药可直接结算报销。

优化“互联网+”医保经办便民服务。对转市外和省外的患者，通过“健康吕梁”微信公众号网上“医保服务大厅”，实现异地就医微信自助备案。依托吕梁市政府“吕梁通”APP打造“掌上医保大厅”。在“健康吕梁”微信公众号原有功能迁移的基础上，升级开发医保脱卡支付、慢性病人脸识别年检、机器人客服等诸多实用功能，实现参保群众医保业务办理一“机”通。

医保协议管理“负面清单”制度。全市推广中阳县建立“两定”医药机构综合考评“双百分制考评办法”“负面清单及处理办法”，建立《基本医疗保险医保医师管理（暂行）办法》及医保医师“负面清单”管理制度。

【医疗救助】

2019年，吕梁市“三保险、三救助”医疗总费用共计247336.4元，合计报销236381.08元。其中，基本医疗报销150549.93元，大病救助10676.52元，“136”政策兜底47301.52元，补充医疗报销3772.86元，民政救助24011.23元，财政兜底68.9元；个人自付10955.35元。42种慢性病证办理13人，慢性病门诊报销总金额15284.12元，报销14414.06元；18种慢性病送药合计金额5275.19元。健康“双签约”服务共签约24人，组织扶贫义诊3次，“两癌”筛查13人。

医疗保险政府救助127人，合计金额31750元。养老保险缴费164人，享受养老金59人。参加护理护工就业培训6人，其中2人为建档立卡贫困户；致富带头人培训1人。

（市医保局）

疾病预防控制

【“二青会”公共卫生保障】

2019年，吕梁市疾控中心承担“二青会”吕梁市赛区场地和宾馆水质监测、传染病报告、空调噪音和湿度等的监测工作。按照有关要求，吕梁市疾控中心进一步完善卫生应急机制，成立风险评估专家组，开展传染病和突发事件公共卫生的专题风险评估2期，开展日风险评估8期次。制定传染病防控工作方案，“二青会”吕梁赛区突发公共卫生事件应急预案，及时补充完善应急物资储备，并对基层工作人员进行培训指导，保证完成任务。

【传染病防控】

2019年1月，吕梁市疾控中心组织各县（市、区）对传染病信息管理系统中2018年报告的卡片全部进行检查、查重、订正，确保传染病信息系统2018年统计报告数据的准确性。4月，对县级系统管理员、业务管理员，以及本级用户、业务管理员备案审核。根据山西省卫健委《关于开展2019年全省法定传染病报告质量和管理现状调查工作的通知》要求，9月对全市传染病报告质量和管理现状进行自查，采用现场调查和培训指导方式，对吕梁市人民医院、交口县和石楼县28个医疗防控机构进行调查。11月，完成第一阶段标准编码维护工作，对辖区地区编码、医疗机构进行核对，对新增、修改和删除的地区编码和机构编码按统一要求进行标注后上报省疾控中心。12月，将维护完成的行政区划同步上传全民健康保障疾控信息系统。

1月至11月，吕梁市共收到传染病预警信息1057条，覆盖全市13个县（市、区），涉及传染病病种21种。其中时间序列预警541次，单病例预警516次（肺结核占比为97.87%）；响应率为100%，及时响应率为100%（肺结核除外）。判断为疑似事件数为123件，其中排除63件，持续关注20件，暴发疫情0件，未做出处置40件（均为肺结核预警），规范处置率为67.48%。

【地方病防治】

2019年，依据市卫健委地病办相关文件精神，吕梁市疾控中心及时制定下发《地方病防治专项攻坚行动（2018—2020）工作指南》。7月，组织召开地方病专项攻坚行动暨监测全覆盖技术培训会，参会人员覆盖全市所有病区乡镇地方病防治人员。在专项行动中，吕梁市重点防控的地方病变化明显，达到持续消除状态或消除标准。经市级复核，共计排除氟骨症患者536名，大骨节病患者9人，克山病患者慢克7人、潜克254人。

2019年，完成吕梁市5个碘缺乏病监测项目县8-10岁儿童甲状腺B超检查共计1009名，完成汾阳市、交城县、文水县、孝义市4个县（市）79个村154份水样水碘检测，完成高碘地区8-10岁儿童甲状腺B超检查共计2152名。

2019年，市疾控中心对照地方病控制和消除办法指标，对兴县、柳林县、临县、交口县、石楼县进行重点地方病市级考评、系统录入指导、现症病人和儿童氟斑牙复核。其中，复核氟骨症现症病人96人，已全部排出；检查11个乡14所小学1608名8-12周岁儿童氟斑牙，查出患氟斑牙病儿童301名。

【艾滋病防治】

截至2019年11月底，吕梁市应完成流调99人，实际完成98人，完成流调比例为99%。2019年前半年，吕梁市应随访艾滋病病毒感染者人数为404人，实际完成随访366人，随访完成率为90.6%。9月至11月，吕梁市应随访艾滋病病人252人，实际完成随访241人，完成随访率95.6%。全市13个县（市、区）接受治疗的成年艾滋病病人和感染者573例，占存活治疗成年病人数的87%。

截至2019年底，完成高危人群（暗娼）干预，月均干预人数1201人，月均干预覆盖率达99%；成人艾滋病抗病毒治疗比例达87%：应做CD4检测658人，实做CD4检测559人，检测比例达到85%。

截至11月底，完成3722人的咨询检测任务；完成2340名监管场所被监管人员艾滋病筛查任务；完成2555人暗娼干预任务；设有暗娼、性病门诊和孕产妇三个艾滋病监测哨点，年度监测工作问卷录入全部完成；11月底共完成扩大检测任务324783人次。

【结核病防治】

2019年，吕梁市疾控中心每季度对全市各县（市、区）疾控中心及定点医院进行督导，提高病人病原学阳性检出率和规范治疗率；开展结核病规范化管理，参加全省结核病防治工作会及培训2次，举办结核病培训1次。对发现并登记的病人全面落实国家免费检查治疗政策，做到发现一例、登记一例，管理一例、治疗一例。

2019年，初诊查痰3523人次，痰检率89.4%。非结防机构报告1046例，报告率

100%，需结防机构追踪的可疑肺结核病人1047例，追踪到位896例，追踪到位率为85.7%。2018年登记新涂阳患者207例，治愈155例，治愈率为74.9%。2019年结核病患者密切接触者登记331例，筛查331例，筛查率为100%。

【免疫管理】

2019年，吕梁市疾控中心完成省级计划乙脑蚊媒监测。全市共报告疑似预防接种异常反应个案252例，及时报告249例，离石区、交城县各有1例未能及时报告。全年常规运转疫苗4次，因省级部分疫苗供应不及时临时运转3次。市疾控中心根据省级分配疫苗数量，按照下级上报疫苗需求计划、合理调配、领导逐级审批的方式，全年共下拨疫苗66万余支，注射器87.6万支，用时50天。

完善疫苗领发登记、运输记录，坚持每日2次做好温度记录，确保账目清晰、账物相符、温度监测到位。推进各县（市、区）免疫规划信息管理系统的使用，根据省级安排对各县管理员进行备案登记，强化网络安全意识。市疾控中心从2月13日至2月28日，对13个县（市、区）的120家接种单位进行抽查检查，对发现的问题现场指导并提出具体整改措施。

【检验检测】

2019年，市疾控中心检验科实验室共完成哨点医院流感病例样本的病毒核酸检测641份，甲型阳性188份，其中H1N1 58份、H3 130份，乙型阳性50份、BV50份；完成手足口样本核酸检测206份，其中阳性EV通用96份，CAV16 73份；完成环境禽流感样本核酸检测120份，其中阳性H9 8份，并送省疾控中心复核；完成麻疹风疹疑似病例样本核酸检测4份；复检各县（市）艾滋病初筛实验室送检的HIV抗体，有反应的样本137份，经复检有反应的样本70份送至太原市疾控中心进行确证，其中确证57人，不确定1人，阴性6人。完成CD4+细胞检测541人次，病载分浆432份。自愿咨询检测488份，全部为阴性。完成食品中化学污染物和有害因素检测6份，食源性致病菌检测18份；检测乙脑疑似病例的血清学和脑脊液各5份。

2019年，市疾控中心加大对实验室改造和人才培养力度，艾滋病确证实验室顺利通过省级评审验收，同时启动实验室资质认定工作。参加全省组织的流感、手足口、麻疹、风疹、乙脑、食源性致病菌、食源性疾病相关细菌的质控考核，成绩均合格。

【卫生应急预案】

2019年，吕梁市病控中心优化内部组织结构及人员配置，对原应急处置队伍人员进行调整充实。提前完成2019年春季公务员考试期间传染病及突发公共卫生事件防控应急预案、2019年全国青少年游泳U系列比赛期间传染病及突发公共卫生事件防控应急预案、2019年吕梁市普通高等学校招生考试突发公共卫生事件应急预案、吕梁市疾病预防控制中心2019年春夏季传染病防控应急预案、第二届全国青年运动会吕梁赛区传染病防控工作方案、第二届全国青年运动会吕梁赛区突发公共卫生事件应急预案等的编制；完成吕梁市疾控系统“迎国庆、守初心、保平安”2019卫生应急竞赛演练。

【公共卫生监测】

2019年，吕梁市14所A类哨点医院1—11月任务量为1610例，实际采集并报告食源性疾病病例信息1903例，任务完成率为118.2%；21所C类哨点医院中有13所开展工作，共报告病例86例，开展率为61.9%；201个县乡村一体化试点机构中有148个试点机构报告病例330例，报告率为73.63%；1—11月，全市通过食源性疾病病例信息采集系统发现可疑聚集事件36起，报告23起，报告率63.9%。

全年生活饮用水水质卫生监测任务量为1198份，实际完成水样1206份，任务完成率100.67%；枯、丰水期任务量各599份，实际枯、丰水期各完成603份，数据网报任务完成率两期均为100.67%；农村饮用水全年监测网报监测水样任务数954份，实际完成962份，枯、丰水期均为481份，全年完成率为100.83%；城区饮用水全年监测水样任务数244份，全年实际完成244份，枯、丰水期任务数各122份，实际完成各122份，完成率100%，各县（市、区）均100%完成数据网报任务。

【慢病综合防控】

2019年，吕梁市疾控中心通过协调各县市区卫体局对全市13个县（市、区），建立健全慢病死因监测机制，明确死亡病例监测网络直报部门和专（兼）职工作人员，配定相应的物资设备，确保死亡病例上报及监测工作质量。根据《2019年山西省全人群死亡病例报告工作计划》要求，制订《2019年吕梁市全人群死亡病例报告工作计划》，对临县、离石区、中阳县、岚县的死亡病例报告工作进行督导，并回访整改情况，对2019年死亡病例进行查漏补报。

按照省卫健委和省疾控中心“关于进一步将65岁及以上老年人健康管理、高血压、II型糖尿病患者健康管理工作做细、做实”的要求，对全市13个县（市、区）进行指导，对发现的问题分析研究原因，帮助各基层单位制定切实可行的整改措施。

【消毒及病媒生物控制】

2019年，吕梁市13个县（市、区）的县级综合医院全部开展不明原因发热病人血检工作。1—11月，共血检1781例，完成全年任务数的90.96%。各县（市、区）共复核274例，复核率为15.38%，超额完成省要求10%的任务。市疾控中心共对25例进行复核，符合数25例，符合率100%。

市疾控中心起草并经市卫健委审定下发《2019年吕梁市病媒生物监测实施方案》及《吕梁市农村病媒生物监测实施方案》，全市13个县（市、区）均作为监测点推进实施。市疾控中心在6月、7月对病媒生物开展督导检查。

【职业病防控】

2019年，吕梁市疾控中心对全市体检机构网报的18285名劳动职工的健康体检情况进行网上审核和上报；对2006年至2019年网报的624名和2005年以前未在网上上报的300多名尘肺病人的追踪随访进行质量控制；对吕梁市涉及职业有害因素的200多家生产企业进行监测调查网报的质量控制，并完成《2019年吕梁市工作场所职业病危害因素监测设施方案》要求的监测控制任务。

（市疾控中心）

吕梁市人民医院

【概　况】

2019年，吕梁市人民医院患者入院23025人次，同比增长4.87%；出院23134人次，同比增长5.59%；门急诊354243人次，同比增长3.23%；健康体检20943人次，同比增长1.9%；床位使用率84.17%，同比上升1.18%；平均住院日10.32天，同比减少3.46%；手术11737例次，同比增长8.2%；危重病人抢救成功率87.47%，同比上升0.4%；出入院诊断符合率99.52%，同比上升0.15%；出院平均医疗费12643.06元，同比增长3.96%；药占比28.47%，同比下降0.31%；业务收入4.38亿元，同比增长8.25%。公立医院各项综合改革指标完成年度目标任务。

【医疗制度改革】

2019年，吕梁市人民医院重新修订医院管理制度，建立健全科主任护士长例会、职能科室和业务科室每日晨交班例会、行政查房、周六上午“三甲”复审督查等医疗核心制度，形成门诊总值班、行政总值班、护理总值班、临床科主任夜查房的长效工作机制。

建立以公益性医疗服务为导向的考核评价机制，将公立医院改革的目标、任务列入综合绩效考核。重点加强医疗费用控制主要指标的监测，严格落实国家药品集中带量采购和使用的规定，将19个品种22个品规药品大幅降价，减轻群众医药费用支出负担；取消医用耗材加成，降低大型设备检查和检验价格，并确定从2020年1月1日起全面实施，理顺医疗服务项目比价关系，逐步形成合理的动态调整机制。

完善绩效考核方案，突出关键性绩效指标、核心制度的贯彻以及职能管理重点的落实。推进学科建设，注重医疗分组管理考核，打破不合理专业技术垄断。坚持成本核算和二级分配制度，提出临床科室医疗、护理兑现分开核算办法，体现多劳多得、效率优先、优绩优酬分配原则。

【医疗质量管理】

2019年，吕梁市人民医院加强医疗质量管理，加大18项核心制度的执行落实力度，参与科室交班、三级查房、分组查房。加大危重症患者的管理，要求科室及时上报相关信息，安排全院或科室内会诊，提高科室救治危重患者的成功率，降低致残率和病死率。建立业务查房制度，对各项医疗制度执行情况、病历规范书写与合理检查、治疗等内容进行专项检查，并定期以医务简报形式下发各科室。推进临床路径管理，根据科室收治病种排序，增设新病种，完善病种表单，确保临床路径开展的实效性。规范病历管理，提高病历书写质量，每月定期抽查运行病历，在全院范围内进行年度病历质量评审，通过以评促建，规范临床病历书写行为。完善院前急救系统，启动空中“120”，与上海金汇通航空有限公司签订航空医疗救援合作协议，健全空地急救对接制度，构建空中救援与周边医院救治衔接流程，最大限度缩短患者抢救黄金时间。

【护理服务管理】

2019年，吕梁市人民医院加强护士长管理，签定《工作目标管理责任书》，对护士长每日工作“五件事”进行考核评价，并追踪质量指标完成情况。应用先进的管理方式，在16个护理单元开展品管圈活动，定期组织汇报，加强对品管圈运行跟踪评价。开展“护理制度落实月”活动，对新修订的16项护理核心制度进行全员培训，举办护理核心制度知识竞赛，对全院护士进行理论知识考核。加强护理质量管理，每月开展1次科室质量查房、每季度开展1次二级质控活动，对压疮管理、糖尿病管理、静脉留置针管理等单项护理进行质量控制。加强专科护士培训，举办急诊、重症医学、儿科专科护士培训班，有效提升专科护士服务能力。开展新入职护士规范化培训，对18名新入职护士开展岗前培训及考核，实行一对一导师制，组织导师和新入职护士座谈会，提高新入职护士的培养质量。

【医疗安全管理】

2019年，吕梁市人民医院加强对重点患者、危重患者的管理，及时对医疗环节中的风险隐患进行有效干预，稳妥化解医患矛盾和医疗纠纷。参加医疗责任保险，为221名医师、405名护士、99名医技人员办理医疗责任保险，防范医疗损害责任赔偿。邀请省级专家对《医疗纠纷预防和处理条例》进行解读，通过举办全院职工法律法规知识培训、医疗规章制度学习、医护诊疗行为规范培训，提升全员质量安全意识。加强出院回访工作，对空错号及无电话号码的纳入科室及个人考核，将每月的回访内容反馈到相关职能科室，持续改善医疗服务质量。常态化开展医学人文教育，加强医患沟通技巧，先后邀请樊代明院士、原国家卫生部副部长殷大奎教授、长治医学院院长郑建中等国内知名专家来院授课，提升了全院医务人员的人文素养。

【医疗用药】

2019年，吕梁市人民医院在医疗用药过程中组织临床医师定期进行处方点评，每月随机抽取1000份门诊处方，进行重点监控药品点评，对点评结果进行汇总、分析，反馈临床进行改进。提高临床药学质量，临床药师通过用药咨询、临床科室讲座、行政查房、参与病历讨论、审核药物医嘱、ADR通报、《吕医药讯》等形式，为临床医师提供药学专业技术支持。同时，对药品不良反应报告进行监测管理追踪，将上报药品不良反应情况纳入科室重点考核内容。加强临床合理用药培训，邀请省级专家围绕全院合理用药、抗菌药物及麻精药品合理使用作专题培训。组织参加省级药物临床试验管理规范培训，并申请国家药物临床试验机构GCP证书。

【医院感染和预防保健】

2019年，吕梁市人民医院成立医院感染管理防控委员会，多部门联合排查感染隐患，堵塞感染漏洞，对发现的隐患实行限期整改，坚决守护医疗质量安全底线；每月考核手术信息管理填报情况及临床医疗存在的感控问题，预防和控制感染性疾病传播；通过组织全员培训，明确责任人，加强医疗废物暂存处的消毒登记，规范医疗废物管理；承办国家卫健委“感动中国”暨“医卫双优”基层医院感染质量管理培训班，促进基层医院感染质量管理控制队伍建设。

严格执行《传染病防治法》，每日收集传染病报告卡，及时审核登记并网络报告，做到传染病早监测、早发现、早报告，有效控制传染病的传播；通过结核病日、爱国卫生月、无烟日、艾滋病日等时间节点进行相关疾病科普宣传，提升群众的健康知识素养；加强对食源性疾病管理，为急诊科、儿科、肾内科等重点科室人员进行食源性疾病相关知识培训；全面加强对结核病定点医院管理、艾滋病哨点监测、环境卫生管理和职业放射等健康检查。

【学科人才建设】

2019年，吕梁市人民医院加强学科建设，提升服务能力。先后承办山西省第十二届骨科学术年会和吕梁市骨科、产科、男科、重症、儿科、超声、心电、急诊、麻醉等学术会议；经国家胸痛中心总部认证，胸痛中心通过国家标准版认证；建设高级卒中中心，成立樊代明院士吕梁整合医学中心；天津医科大学肿瘤医院对口帮扶吕梁市人民医院，续签医疗服务合作协议；成立手足显微外科组、全科医疗科和精神科门诊和独立核算的疼痛病区。全年共开展医疗新技术、新项目76项。

引进山西医科大学两位博士担任副院长；借助“九吕合作”平台，与九三学社在学科建设、科研立项、医疗技术等方面达成初步共识；继续聘请国内著名心血管、心脏介入专家李振魁教授、神经外科专家王社军教授为学科带头人、首席专家；选派7名省市重点学科带头人赴台湾长庚医院短期学习，选送13名骨干医生参加北京大学访问学者和西部人才学习计划；选派200余人次医务人员赴国内知名医院进修学习和学术交流。

优化岗位设置，对2018年取得相关技术职称的157人办理外聘、内聘手续；为缓解用人压力，与15名退休专家签订返聘协议；储备39名高学历人才，启动招聘55名同工同酬聘用制人员；完善人事管理制度，规范71名非占编人员的待遇管理；起草《外来短期工作人员管理制度》《专业技术职务任职资格评审及聘任工作的管理办法（征求意见稿）》等，完善规范医院人事运行机制。

【医学科研教学】

2019年，吕梁市人民医院实施“科技兴院”战略，举办院级科研立项暨基金评审会，对申报的32项科研项目进行立项评审；组织国家自然基金申报专题培训2次，共申请国家自然基金项目5项；申报省科技厅项目7项，中标2项，省卫健委项目3项，山西医科大学项目3项，吕梁市卫健委科研项目24项；发表论文107篇，专著5部。其中荣获市科技一等奖2项、二等奖2项，有2项科研项目入选山西省科学技术厅2019年度社发领域重点研发计划。

2019年，首次自主举办硕士招录考试面试，录取研究生3名；组织符合条件的4名医务人员申报硕士和博士研究生导师；组织选派9名教学骨干参加临床教师能力提升培训班；邀请山西医科大学第二人民医院4名专家来院举办讲座2场，进行教学查房3场。在日常教学工作中，组织临床、医技本科生小讲课比赛各1次；组织教学查房10次；接收45名基层医疗机构进修生；对196名全科医生进行实践技能结业考核；圆满完成501名实习生临床教学任务，接收600名大中专医学院校学生来院实习；承担吕梁卫校检验理论教学任务。

【远程医学共享优质医疗资源】

2019年，吕梁市人民医院成为四川大学华西医院网络联盟医院；与解放军总医院开展临床会诊4例，影像会诊6例，视频讲课7次；与北京的医院病理会诊72例；与山西省远程医学中心病例会诊5例，视频讲课26次；分别向石楼县人民医院、离石区人民医院进行远程视频讲座各1次。

【医院信息化建设】

2019年，吕梁市人民医院优化HRP医院综合运营管理系统，推广应用成本管理系统和预算管理系统。为确保医院网络及数据安全，升级瑞星杀毒软件，EMC存储扩容至16T，新增服务器2台，更新交换机7台，数据备份监测累计668次，HQMS数据上传监测累计334次。

按照智慧医疗建设要求，通过市卫健委互联互通等级评审，开展腾讯“觅影”项目，影像数据已接入杭州联众的“全球影像网”平台，感染疾病管理上报、吕梁县域外“一站式”结算系统、医疗机构与药械采购平台等数据接口均已开展。

强化病案及档案管理，全年共回收、整理、录入、上架出院病历23134份；复印出院病案18560人次。全年新接收文书档案4000卷，录入案卷级目录1349条，文件级目录2620条。

【胸痛中心建设】

2019年10月31日，胸痛中心总部发布2019年度第三批认证单位名单。吕梁市人民医院院经过前期的资格预审、认证材料审查、专家微服私访、现场审核、专家投票等环节，顺利通过认证，成为中国胸痛中心认证的国家标准版胸痛中心。2019年，院胸痛中心共完成PCI（冠心病介入治疗手术）615台，其中急诊手术109台。

【住院医师规范化培训】

2019年，吕梁市人民医院按照国家、省卫健委安排，共招收住院医师规范化培训学员36名。实行住院医师规范化培训师资再评价考核，新增培训师资44名。每周对轮转科室进行考核，对教学基地进行督导，定期开展院级督导；每月组织开展以英语口语、专题讲座、临床病例讨论、技能培训为主要内容的教学活动。组织全体住培学员进行核心制度情景剧和小讲课比赛；年度考核工作与国家住院医师规范化培训考核全面接轨。

【医疗公益服务】

2019年，吕梁市人民医院选派200余人次医务人员赴吕梁市贫困县开展大型义诊15次，义诊2000余人次。在“中华健康快车”的支持下，为600名糖尿病患者免费筛查眼底病变。关注老弱贫困群体，为162位贫困患者行白内障免费手术。完成政府指令性医疗保障任务15次；选派高级职称专家圆满完成对口援疆等工作。

（市人民医院）

山西省汾阳医院

【概 况】

2019年，汾阳医院业务总收入6.91亿元，同比增长21%；门急诊474225人次，同比增长6.34%；出院37993人次，同比增长16.12%，其中重症监护病人2272人，占出院患者比为5.9%，同比增长2.3%，疑难重症患者7912人，占出院患者比为16.75%；完成特级护理247799小时，同比增长36%；完成手术与操作35664例，麻醉手术13233例，急诊14351人次，抢救成功率93.52%；住院抢救成功率82.34%；平均住院日9.13天；病床使用率92.84%；病案甲级率99.53%；入院与出院诊断符合率98.85%；治愈好转率97.42%；临床与病理诊断符合率98.14%；无菌手术切口甲级愈合率99.53%；门诊人均医疗费362.86元，出院患者人均医疗费13522.33元；健康体检19703人次，同比增长19.84%；血液透析16420人次，同比增长22.64%；输血量2238685毫升，开展成分输血比例100%；药占比为31.07%，卫生材料占比27.92%，医疗服务占比25.1%。

2019年，汾阳医院被国家卫健委评为“2017—2018年度全国医疗服务价格和成本监测先进单位”；呼吸与危重症医学科获得“宋庆龄基金会呼吸疾病临床研究专项先进集体”，血液科获得“五省淋巴瘤MDT病例大赛太原站团队二等奖”，检验科获得“山西省检验技能竞赛团体二等奖”，护理部被山西省卫健委授予“在县级医疗集团推广优质护理服务工作中成绩突出集体”；手术室开展的品管圈获得“全省品管圈大赛三等奖”，神经内科、检验科开展的品管圈获得“全国品管圈大赛优秀奖”“全省二等奖”。

【医疗学科建设】

2019年，汾阳医院拥有省级重点学科(专科)心血管内科、呼吸与危重症医学科、消化内科、耳鼻喉科、产科，感染性疾病科成为山西医科大学重点培育学科。年内开展医疗新技术127项、护理新技术12项，并应用于临床。5月心血管病顾东风院士工作站成立，聘任北京阜外医院6名专家为汾阳医院特聘专家。病理科聘任北京大学肿瘤医院薛卫成教授为名誉主任。

2019年，汾阳医院发表科研论文169篇，其中SCI论文2篇，中华医学会国家级论文34篇，出版论著27部。申报省科技厅课题1项，省卫健委课题5项，市科技局课题11项，汾阳医院院级课题16项。申请专利8项，其中授权实用新型专利6项，外观设计专利2项。新增硕士研究生导师2名，招录硕士研究生19名，在院研究生45名。完成20多所医学院校550名实习生实习任务，2200名见习生见习任务。招收住培学员34名，执业医师通过率68.42%；规培结业理论通过率94.23%，技能通过率100%。

【学科人才建设】

2019年，经吕梁市政府批准，汾阳医院录用31名专业技术人员，2次补充招聘卫技人员10人，聘用25名护理志愿者，返聘29名退休专家继续从事卫生医疗工作。5月底，在吕梁市“九吕合作”办公室的支持下，山西省汾阳医院心血管疾病顾东风院士工作站挂牌成立，引进北京阜外医院专家团队5人。

2019年，汾阳医院注重强化医学人才继续教育，依托挂靠汾阳医院的各级医学专业委员会，举办省级继续教育项目2项、市级继续教育项目32项、院内学术会议（其中青年医师论坛10次）26次。组织50人次外出短期学习，11人次赴中南大学湘雅医院、北京大学医院等医院进修，并返院带动学科新技术发展。10月，选派呼吸与危重症医学科主任王耀勇赴日研修；13名骨干护士赴北京协和医院、北京大学人民医院、浙江大学医学院附属邵逸夫医院进修；1名在职人员攻读博士研究生，6名在职人员攻读硕士研究生。全院共有6名医生入选“三晋英才拔尖骨干人才”，5名医生入选“三晋英才青年优秀人才”，10名科主任成为国家卫健委高层次人才评审专家。

【医疗新技术开展】

2019年，汾阳医院巩固国家级标准版胸痛中心建设成果，提升疑难、危重病症诊疗能力。全年开展冠脉造影1570例、PCI 707例、IABP 7例、冠脉内超声11例、冠脉斑块旋磨术3例、起搏器置入17例、心脏射频消融11例。“高级卒中中心”成为建设单位，在静脉溶栓、动静脉桥接治疗、血管内介入治疗、动脉瘤介入治疗方面取得突破，部分技术已独立开展。完成脑卒中高危人群筛查6000余例，急性脑卒中静脉溶栓110例，脑血管造影125例，脑血管内介入治疗17例。扩大多学科诊疗（MDT）病种，在总结“胃肠肿瘤MDT”成功经验的基础上，进一步规范“乳腺癌MDT、眩晕MDT”诊疗流程，逐步建立“肺癌、食管癌、卵巢癌”等病种的MDT。2019

年共开展胃肠肿瘤MDT 71期93例、乳腺肿瘤MDT 2期、肺癌MDT 2期、眩晕MDT 2期、妇科肿瘤MDT 3期、血液淋巴瘤MDT 4期、抗菌药物临床应用MDT 1期。

2019年，汾阳医院共有127项新技术通过准入论证并应用于临床。呼吸与危重症医学科开展新技术3项；消化内科内镜下手术2690例，肾内科CRRT 213例、腹膜透析60例，介入血管科手术基本涵盖介入技术中95%以上。肿瘤科以放化疗治疗为依托，联合毫米波及热灌注规范化治疗肿瘤。普外一病区开展新技术4项。骨科一病区开展新技术12项，2019年独立开展膝关节单髁置换手术；骨科二病区开展强直性脊柱关节炎双髋僵直治疗等新技术9项。开展新技术5项，其中耳鼻喉科开展新技术3项。核医学科开展了唾液腺显像和双下肢淋巴管显像新技术。

【医疗护理】

2019年，汾阳医院制定2019年护理质量控制工作计划，优化21项护理质量查检表，建立7个护理质量敏感指标和22个护理质量一般指标，推进PDCA、QCC等质量管理工具的应用，组织完成27个QCC项目、55个PDCA项目的评审工作。

建立应急演练管理常态机制，组织各科室开展应急演练2次，对35个病区144次应急演练进行了全程督导与评价，并对演练组织完成优秀的7个科室给予绩效奖励。

修订完善护理优良事件管理制度，全年共上报护理优良事件80余例，同比增长10.15%。定期召开静脉治疗委员会工作会议2次，季度质控活动、总结4次，开展静脉治疗横断面调查1次。

护理教育培训体系。2019年，举办省级继续教育项目1项，市级继续教育项目7项，累计完成省、市各级各类护理人员培训1209人次。其中6月13日至16日，在汾阳市举办山西省临床护理管理与实践能力提升培训班，来自全省48个医院的256名护理人员参加培训。累计选派科室护理管理人员、护理骨干参加各专科国家级、省级学术会议84人次，选派7名科室骨干护士赴上级医院进修学习。开展护理岗位技能比武，强化护士临床实践能力。累计完成各类护理业务培训60余项，培训护理人员5424人次，完成护理管理人员、N3、N2等各层级护理人员理论考核2284人次。

护理重点学科建设。2019年，汾阳医院特邀西安交通大学医学部顾炜教授等专家到院完成科研专题培训5次，累计参加人数300余人次。完成院级讲座4项，开展实践训练4次；累计申报立项省级科研项目1项、市级2项、院级4项；发表国家级、省级护理专业论文76篇，完成各类论著编写18部。共完成护理新技术准入认证、中期验收、年终成果评审12项。组织并指导完成护理新技术、新项目推广7个，全年申请国家实用新型专利3项。

【医疗教学科研】

2019年，汾阳医院完成山西医科大学汾阳学院课堂教学任务6000余学时，新签订实习院校山西晋祠学院和山西老区医学院2所，接受和完成山西医科大学、山西医科大学汾阳学院、长治医学院等20余个院校的临床医学、医学影像学、医学检验、口腔医学等12个专业550人临床实习任务，招聘硕士研究生19名，在院研究生达到45名。2019年招收住院医师学员34名，助理全科医生8名，并轨研究生17名；在培201名，其中助理全科共计21名，并轨研究生共计39名。

2019年，医院科研办组织完成省科技厅课题申报2项，马明峰立项课题1项，组织完成2019年省卫健委课题申报5项；组织并完成吕梁市科技局2019年课题申报立项11项；依托院士工作站立项吕梁市引进高层次科技人才专业科技创新平台建设项目1项，获得经费资助50万元；组织申报汾阳医院院级课题17项；组织2019届硕士研究生论文答辩，组织2018级临床专业硕士研究生学位论文开题暨2017级临床专业硕士研究生学位论文中期汇报。

2019年，药物与医疗器械临床试验选派人员外出培训，共有8人获得GCP证书，新开展药物临床试验6项；5月，挂牌成立汾阳医院心血管疾病顾东风院士专家工作站。

【医疗服务平台建设】

2019年，汾阳医院开通门诊费用在线支付、检验报告及住院每日清单在线查看服务，建立汾阳医院远程医学中心，搭建一级随访平台，全年随访13756人次。门诊部借助信息化建设，接入“健康山西”山西省统一预约挂号平台，开展分时段预约诊疗工作，预约挂号59124人次，预约挂号率12.52%。全年共为医联体医院预约诊疗患者提供优先就诊服务2010人次；医保科优化经办流程，缩短报销结算办理时间。开通居民意外伤害直报、居民生育直报、未使用本人姓名的新生儿患者直报，以及跨省异地患者直报。年内为近2.8万名参保患者办理报销结算，同比增长30%；报销金额达2.4亿余元，同比增长42%。

病人服务管理科下设临床支持中心、中心库房、洗涤中心、回访中心。临床支持中心年内完成运送标本475333量次，血液运送9088趟，静配运送18676箱。回访中心年内进行回访18042人次，病人满意度99.3%。

【脑卒中防控】

2019年，完成静脉溶栓59例、取栓3例、动脉瘤3例、CAS 4例、脑出血24例。在2019年全国高级卒中中心静脉溶栓技术工作量排名第281名，全国高级卒中中心综合排名第309名。2019年，完成院外流行病学调查617例，预计脑卒中院外筛查4500余例，其中西河街道社区卫生服务中心2500例、中阳县宁乡卫生院2000余例，为脑卒中筛查人员建立健康档案4500余份；门诊脑卒中已筛查675例；院内住院人群筛查753例，院内回访并录入397例。

【医疗信息化建设】

2019年，汾阳医院配合内科医技楼搬迁，完成核心机房搬迁和网络升级切换工程。按照电子病历四级评审标准，完善门诊电子病历、护理评估、护理计划、患者360、手术信息回传、手术适应症提醒、合理用药提醒、全院云影像、浏览程序升级等47项功能，并通过省卫健委评审。新增体检智能导诊、检验报告在线查看、分时段预约诊疗、出院病人回访系统、微信支付宝诊间支付；开通远程医疗、远程会诊，提高工作效率和管理水平。

2019年，远程医疗会诊疑难病例200余例次，远程心电诊断会诊病例2700余例。6月，建立远程会诊中心，可与国内300余家知名三甲医院、15000余名医学专家进行远程医学服务，可进行远程会诊、远程门诊、远程查房、远程疑难病历讨论、参与远程专家讲座等远程医疗相关活动。2019年，开展远程讲座83次，服务923人次；开展远程会诊5次，服务疑难危重病人6人。

（汾阳医院）

体　育

【全民健身活动】

2019年，吕梁市体育局先后牵头主办“泰化杯”2019“薪火传承·中国健康跑”暨吕梁红色马拉松赛、“2019北武当山半程马拉松赛暨吕梁市健步大会”“体彩杯白马仙洞自行车挑战赛暨千人健步活动”“2019年第三届庞泉沟水上乐园自行车挑战赛”，以及市领导干部乒乓球比赛、职工乒乓球比赛、儿童平衡车大赛、全民健身大拜年等一系列群众体育活动20余场。其中，“2019北武当山半程马拉松赛暨吕梁市健步大会”作为吕梁市精心打造且具有影响力的品牌赛事，吸引了4个国家和全国13个省40多个城市的3100余人参加比赛，提升了吕梁的知名度和影响力，促进了文化体育和旅游产业融合发展。“泰化杯”2019“薪火传承·中国健康跑”以“红色吕梁城、奔跑新时代”为主题，新增的轮滑马拉松运动，属省内首办，使赛事参与人数高达5000人，不仅展现了“英雄吕梁”的美好形象，更将吕梁红色文化传承推广至全国。

与此同时，全市各县（市、区）体育部门牵头举办、承办赛事活动达近百余场，辐射并带动近百万人次，全民健身活动氛围日趋浓厚，形成“天天有健身，月月有活动，季季有赛事”的全民健身活动模式。2019年，全市经常参加体育锻炼的人数比例达到20%以上。

【社会体育公共服务体系】

2019年，吕梁市体育局为满足基层群众日益高涨的健身需求，结合乡村振兴战略、助力脱贫攻坚，为涉及市属移民的30个新农村实施全民健身普及工程。安装体育健身器材，增加基层群众体育设施建设。2019年，市体育局根据省体育局下发文件部署要求，推进山西省行政村农民体育健身工程项目器材安装，涉及全市13个县（市、区）的15个行政村，年内全部安装完成。市体育局利用和发挥场馆有限设施资源，为群众健身提供服务。吕梁市体育馆、吕梁市游泳馆、孝义市体育馆均免费或低收费开放；实施体育惠民一系列措施，逐步形成崇尚健身、参与健身、追求健康文明生活方式的良好环境和氛围。

2019年，市体育局相继举办吕梁市2019年健身气功二级社会体育指导员、健身气功二级裁判员培训，吕梁市2019年太极拳二级社会体育指导员、太极拳二级裁判员培训，吕梁市2019年乒乓球二级裁判员培训、吕梁市2019年信鸽二级裁判员培训，吕梁市广场舞、跆拳道二级社会指导员培训，培育社会体育指导员300余人，裁判100余人。各县（市、区）卫生健康和体育局进行三级社会指导员培训，培训对象突出以农村为重点方向，各协会举办进社区下基层活动，累计培育三级社会指导员300余人，进一步补齐补足乡镇体育人才缺乏工作短板。

【体育社团】

2019年，吕梁市新成立体育社团有4个，分别是吕梁市武术协会、吕梁市秧歌健身协会、吕梁市平衡车运动协会、吕梁市轮滑运动协会，吕梁市健身气功协会正在筹备。2019年全市各级体育社团举办全民健身活动近百场，除带动上百万人直接参与体育锻炼，还推动各类体育组织活动向学校、机关、社区延伸。

【“二青会”竞技体育】

2019年，为圆满完成“二青会”吕梁赛

区承办任务，吕梁市体育局与上级部门协调，承办大型赛事。其间，举办2019年全国青少年U系列游泳比赛（吕梁站）、2019年全国艺术体操冠军赛暨第二届全国青年运动会艺术体操测试赛、2019年山西省蹦床冠军赛和2019年全国U系列游泳锦标赛（山西站）共4项大赛。

“二青会”火炬传递从7月20日至27日，在全市13个县（市、区）进行传递，共计有400名火炬手参加；艺术体操从8月7日至11日在孝义体育馆举行，共有35支队伍151名运动员角逐23个项目的金牌；蹦床比赛从8月9日至14日在吕梁体育馆举行，共有36支队伍385名运动员角逐56个项目的金牌。

【“二青会”后勤保障】

在“二青会”比赛中，吕梁市代表队荣获19金、9银、5铜最好成绩，进入全省前三方阵。

在“二青会”场馆建设中，吕梁体育馆和孝义体育馆作为主赛场，前期改造维修受到市委、市政府高度重视，多次召开专题会议研究解决场馆改造事宜。在各方保障方面，市公安部门共出动警力4992人次，交警部门共出动警力2400人次、警车500辆次、摩托车130余辆次，武警共出动警力2830余人次，车辆242余次，消防共出动警力100余人次；后勤接待部门共预备大、中、小型保障车辆28辆，提供接站96批次，共接待运动员、教练员、裁判员、各级官员、来宾635人、媒体记者33人，志愿者、工作人员800余人；气象部门共发布天气专报39期；卫生、疾控、市场等部门为保障赛会食品、卫生安全，出动专人检查、检测、专检共计300余人次；电力、通信、无线等部门也为赛会提供了专业保障。此外，招募火炬志愿者400人，赛事志愿者238人，孝义赛场志愿者200余人。

【体育后备潜力】

2019年，吕梁市向省队输送具有发展潜力的优秀运动员3-5名；培训发展二级裁判员200余人。市体育局联合市教育局举办全市中小学生田径运动会和中学生篮球比赛；全国青年蹦床运动队挂牌吕梁体校，蹦床训练基地挂牌吕梁体育馆。

【“体育+”产业】

2019年，吕梁市通过“体育+旅游”“体育+文化”等模式，打造精品体育旅游线路、精品体育赛事活动。组织开展的国家体育产业示范单位申报有：交城县隆美水上乐园项目、孝义市丽锦山庄和曹溪河欢乐城，隆美水上乐园还申报国家运动休闲特色小镇。圆满完成“泰化杯”2019“薪火传承·中国健康跑”暨吕梁红色马拉松赛、“2019北武当山半程马拉松赛暨吕梁市健步大会”、体彩杯白马仙洞自行车挑战赛暨千人健步活动、“2019年第三届庞泉沟水上乐园自行车挑战赛”等自主品牌赛事的举办。

吕梁市倡导体育融合发展理念，鼓励社会力量办体育，发挥协会和企业办体育的积极性。市区城南主题公园建设，足球、篮球等协会赛事活动，推动全民健身活动和体育产业发展。

2019年，市体育局通过体育场地统计普查，了解公共体育普及水平，为“十四五”体育规划提供依据。普查覆盖吕梁市各县（市、区）167个街道、乡镇，涉及场地普查单位共计3526个，普查体育场地7233个；核查“六普”场地4306个，注销1640个，核用2662个；新增体育场地2927个。2019年，吕梁市体育场地总数5589个，面积503.76万平方米，全市人均体育场地面积约1.5平方米。

（市体育局）

文化和旅游局

【精品艺术创作】

2019年，吕梁市主题文艺创作取得突破性成果，红色经典舞剧《吕梁英雄传》获得第十五届中央宣传部精神文明建设“五个一工程奖”。市文化艺术发展以基金资助项目为重点，促进优秀传统文化创造性转化。在庆祝新中国成立70周年之际，推出多个国家艺术基金资助项目，由优秀传统经典晋剧改编的民族舞剧《打金枝》，在山西大剧院上演。临县道情戏《碛口雁来》入选2019年国家艺术基金大型舞台剧资助项目。

【演艺平台创新】

2019年，吕梁市主动对接国家级文艺院团，将中国煤矿文工团、国家京剧院引进吕梁，并促成与吕梁市人民政府达成结对帮扶战略合作。举办进基层交流演出8场，有近50人次的国家一流艺术专家、名家亲临吕梁进行实地指导；吕梁市前往国家京剧院观摩学习人员2批次。全额资助并组织市艺术创作中心特聘创作员和管理人员赴上海观摩第十二届中国艺术节。

组织推荐吕梁市重点创作员成功入选2019年戏曲艺术人才培养项目（导演班）高级研修班，并进行为期半年的国家级艺术院校的学习；有两个民营文艺团体负责人入选参加全国基层民营院团长培训。先后组织举办“吕梁市庆祝新中国成立70周年暨全市第十届戏剧剧本、小戏小品、曲艺、歌词征文评奖活动”，推举文化扶贫优秀剧目临县道情戏《吕梁护工》在全省巡演。连续组织吕梁市创排剧目参加文旅部2019年戏曲百戏（昆山）盛典展演、2019年山西省庆祝中华人民共和国成立70周年优秀舞台剧展演、第二届山西艺术节、山西省基层院团调演、山西省稀有剧种展演和第三届晋冀鲁豫四省传统戏剧展演等演出活动。

【文化惠民活动】

2019年，山西省“免费送戏下乡一万场”计划下达吕梁市任务为1045场，吕梁市实际完成演出1758场，覆盖全市148个乡镇近700

个行政村。除中央和省级财政专项补助资金382.74万元外，市县另投入专项资金420余万元用于惠民演出。其中，孝义市创新工作方式，通过“联村戏曲大舞台”，有效解决部分山区乡村居住人口少、交通不便、留守老人看戏难问题，得到省文旅厅重点关注和省级媒体重点报道。按照省市开展“深入生活，扎根人民”主题实践活动要求，吕梁市建立市直院团与基层文化队伍帮扶机制，通过创作指导、创作采风、演出互动等形式，既服务了基层，又汲取了艺术营养，收效显著。

【文化旅游产业化发展】

吕梁市有国家A级景区11处，国家级风景名胜区2处，正在全力打造的AAAAA级旅游景区4处。有国家级景区9处，省级景区59处，其中汾阳市贾家庄被文旅部和国家发改委评为全国乡村旅游重点村。全市6个村入选全省首批100个AAA级乡村旅游示范村。吕梁市共有国家级非遗项目15项，省级非遗项目53个，市级非遗项目81个。2019年1至11月，吕梁市累计接待入境旅游者6267人次，同比增长2.37%；实现海外创汇237.66万美元，同比增长2.11%；累计接待国内游客6485.8万人次，同比增长18.99%；实现国内旅游收入568.36亿元，同比增长19.85%；旅游总收入568.52亿元，同比增长19.84%。

全域旅游推进。吕梁市借助交城县和岚县创建国家级全域旅游示范区的有利时机，推进各县（市、区）全域旅游发展。要求各县（市、区）充分发挥文化旅游部门牵头的部门联席会议制度，实施“文化+”“旅游+”融合发展策略，加快农业观光、文化遗址研学、体育健身、休闲度假、生态康养、民俗民宿等新兴旅游发展。2019年4月，交城县顺利通过国家全域旅游示范区初验，启动旅游业改革先行区创建程序。方山县完成《全域旅游总体规划》，岚县全域旅游规划进入评审阶段。

文旅产业市场主体培育。2019年，市政府办公室印发《吕梁市文化旅游产业基金设立方案》。吕梁市成立文旅产业基金理事会，建立吕梁市文化旅游产业基金项目库，征集范围以演艺业、娱乐业、动漫业、游戏业、文化旅游业、艺术品业、工艺美术业、文化会展业、创意设计业、网络文化业、数字文化服务业等领域项目为重点，入库项目将进行严格审核，已有候选入库项目37个。吕梁市文化旅游产业6个重点项目，累计完成投资2.0955亿元，占年度计划投资的72.5%。市文化和旅游局主动对接省内大型文化旅游企业，积极引进文化旅游产业发展战略投资人。吕梁市文旅局与北京巅峰智业旅游文化创意有限公司合作，为吕梁市文旅产业决策咨询提供服务，加快吕梁文旅产业高效融合发展。

【乡村旅游活动】

2019年，吕梁市乡村旅游点发展到63个，其中6个村入围省级AAA级乡村旅游示范村，37个村成为山西省旅游扶贫示范村。汾阳市贾家庄被文化和旅游部、国家发改委评为全国乡村旅游重点村。全市有乡村旅游景区62个、乡村旅游客栈109家，乡村旅游发展规模初现成效。

吕梁市先后成功举办第四届吕梁名特优功能食品展销会暨2019农民丰收节乡村旅游推介会、交城县“山水交城康养一夏”推介会、汾阳市“醉美杏花村”旅游推介会及吕梁文学季、第四届中国古村镇大会等大型活动20余场次，推进康养、农业、体育等业态与旅游相融合的“旅游+”模式，呈现多元创新、融合发展趋势，逐步将文旅资源优势转化为市场的竞争优势。5月举办的“吕梁文学季”和“第四届中国古村镇大会”，展示了吕梁乡村文学和乡村旅游的特色风貌，对全市文化和旅游深度融合起到引领和推动作用。

【旅游基础设施建设】

2019年，吕梁市以全省开发“三大旅游板块”为契机，打造吕梁黄河旅游“新品牌”。结合吕梁脱贫攻坚实际，持续推进沿黄4县扶贫公路建设，全面启动“黄河一号”旅游公路建设，加快“城景通、景景通”旅游公路网络构建。以碛口古镇为重点的百里黄河旅游带，配套做好碛口环境整治工程，优化服务环境。开工建设黄河旅游公路5条230千米，完成路基65千米、路面41千米，完成投资11亿元。被誉为“黄河第一弯”旅游公路，投资2791万余元，全程3.8千米，起点位于前山乡郝家山村，终点位于马家畔村，已建成通车。离石区千年景区、文水县苍儿会景区等修建完善。

【文物保护项目申报和修缮】

2019年，吕梁市组织有关县（市、区）上报2020年度全国文物保护单位保护项目计划5个，分别是：柳林县香严寺边坡险情，交城县玄中寺危岩保护项目，天宁寺石佛堂修缮和千佛阁危岩保护项目，离石区安国寺危岩保护项目，东龙观墓群宋金古墓保护项目。申请省级文物保护单位文物保护项目立项2个，分别是：交城县竖石佛摩崖造像保护工程，汾阳市铭义中学修缮工程项目。组织上报2020年全市国保单位安防、消防、防雷工程项目立项报告40个，包括卦山天宁寺、玄中寺“三防工程”等；督促各县（市、区）文物局和市属有关文物单位，组织上报2020年文物保护专项补助资金项目48个，包括申请国家重点文物保护专项补助资金项目19个。吕梁市申请省文物保护专项补助资金项目29个，申请文物资金总额为14377.5万元。

【文物保护认领认养】

2019年，吕梁市加大文物保护力度，为全市省级以上文物保护单位配备79名文物保护员，明晰了全市5750处不可移动文物单位和8家市县级博物馆产权所有人，并确定落实安全责任人。根据《山西省社会力量参与文物保护利用办法》（省政府令第261号），推进社会力量参与文物保护利用。经法律顾问审核，全市有33处文物被企事业机构和个人认领认养。其中，柳林县组织9户煤矿和1名有识之士签订10处文物的认养协议；汾阳市组织1户事业单位和4名有识之士签订5处文物认养协议；孝义有4户煤矿和1名有识之士认养了5处文物。

【文物保护单位“两权”分离改革】

2019年，吕梁市政府分别于1月7日和3月22日两次召开全市涉旅文保单位两权分离改革推进工作会议。4月3日，市政府办公室向离石区、汾阳市等7个县（市、区）政府下发《关于尽快落实涉旅文物保护单位两权分离改革工作的通知》。市文物局及时下发《关于尽快全力做好全市涉旅文物保护单位两权分离改革工作的通知》，同时编制两权分离改革督导方案。经过市县改革推进，2019年吕梁市涉旅文物保护单位两权分离改革任务全部完成。

【广播电视新闻作品推优】

2019年，吕梁市深入实施“舆论引导能力提升工程”和“节目质量提升计划”，不断提升广播电视新闻节目质量和水平，提高广播电视新闻节目舆论引导能力。开展全市广播电视新闻作品季度推优活动。第二季度，市广电部门推送汾阳电视台在《汾阳新闻》首播的《90岁老党员孙焕子：岁月无悔、初心不改》《政企扶贫齐努力，解决滞销暖民心》，推送文水电视台制作的《托付》。

【广电宣传管理】

2019年，针对吕梁新闻综合频道-1停播国歌事故，对吕梁电视台进行紧急严肃处理，督促整改暴露出来的问题，并将责任人处理情况和整改措施及时上报省广播电视局。

吕梁市组织各县（市、区）文化和旅游局及广电系统，利用广电媒体向儿童青少年进行近视综合防控和禁毒扶贫宣传。

强化新闻舆论导向。2019年，上报省广播电视局有关吕梁市广播电视新闻舆论宣传问卷调研情况。组织全市各县（市、区）电视台认真填写《山西省广播电视新闻宣传从业人员相关情况调查表》《山西省广播电视新闻宣传相关情况调查表》《山西省广播电视新闻宣传获奖情况调查表》。同时，对全市广电存量剧目和即将播出剧目进行隐患排查。

强化传媒机构监管。持续开展非法地面卫星接收设施清理整顿工作；规范离石区广播电视站管理，落实离石区政府主体责任，确保广播电视播出安全；对辖区内各播出机构进行年检换证；庆祝新中国成立70周年期间，对播出广告进行监管，监管期间未出现违法违规广告；加强互联网视听节目管理，组织制定《总编辑负责制制度》《安全运行管理制度》和《应急处置预案》，对备案网站重新进行审核登记。

强化公益电影放映。按照“一村一月一场”公益电影和县级以下寄宿制学校“一月一场”公益电影要求，2019年在全市3111个行政村放映电影37332场，在250所学校放映电影2250场。

（市文旅局）

吕梁市新闻中心

【新闻宣传创新】

2019年，市新闻中心深入宣传党的方针政策和决策部署，在“吕梁网”“吕梁发布”设“新时代、新作为、新篇章”“关注”“速递”“图解”等专栏，及时转载主流媒体关于中央重要会议精神、重大决策部署的新闻报道和政策解读文章500余篇，刊发省委、市委贯彻中央大政方针、推动改革发展的系列新闻报道2500余条，同时协调中央和省级媒体及时反映吕梁落实践行中央、省委决策部署的创新举措和工作亮点。

2019年，市新闻中心宣传落实意识形态工作责任制，常态化关注媒体动态、网上舆情。针对社会负面舆论倾向和网上不实言论，在新媒体平台以“权威发布”“辟谣”等栏目，给予澄清和回击。刊发《2019就业那些事儿，政府工作报告这么说》《中考要考游泳？教育部回应了》等一批社会关注度较高的稿件，彰显了新闻部门的担当和责任。

围绕对外宣传活动，市新闻中心紧抓“壮丽70年、奋斗新时代”主题采访契机，创新外宣工作机制，多渠道对外宣传，引导媒体持续关注吕梁脱贫攻坚、转型发展、生态建设等一系列重点发展话题，千方百计讲活吕梁精彩故事、展示吕梁良好形象。配合新华社、《人民日报》《经济日报》《光明日报》、中央人民广播电台、《求是》杂志等10多家媒体完成纪念新中国成立70周年蹲点采访，在中央主流媒体刊发《治黄70年：吕梁山区筑起“绿色长城”》《“蔡家崖”专列带你去吃拉呱呱，“小延安”如何成为红色旅游“爆款”?》《脱贫故事：村里挪穷窝，有人犯嘀咕搬不搬，怎么搬，搬完咋干，搬迁户打消了三个顾虑》《又见我们村里的年轻人》《山西汾阳贾家庄70年坚定走共同富裕之路——我们村里有群永远年轻的人》等一批富有生动、质感的文章，突出以基层群众鲜活事例的“小切口”反映吕梁70年巨变的“大成就”。在积极对接中央省级媒体到吕梁日常采访的同时，加强与新华网、中新社、人民网、山西新闻网等媒体的合作；在吕梁市第三、四届名特优功能食品展销会，第四届中国碛口古村镇大会，“弘扬吕梁精神、聚力改革创新”展播活动，第三届“数谷吕梁、智赢未来”大数据产业推进会等多次大型会议和活动中，邀请中央、省级媒体采访团队现场报道；在各大媒体刊发宣传吕梁稿件2000余篇，其中一批富有现场感和传播力的新闻报道，占据中央媒体重要位置。按照市委宣传部安排，策划组织新闻媒体走进汾阳调研采风活动，邀请18家中央和省级媒体负责人、记者走进贾家庄、汾酒集团，进行深度调研和座谈交流，各大媒体共刊发宣传汾酒集团稿件600余篇。以延时摄影形式，摄制4分钟融媒体产品《韵动吕梁之二——星辰吕梁》，以星空下的景致这一独特视角，展现吕梁近年来生态建设成果。

【新闻发布】

2019年，吕梁市新闻中心持续推进新闻发布工作规范化和新闻发言人队伍管理建设。结合全市党政机构改革和人员调整实际，协调各县（市、区）和市直各单位重新选任新闻发言人164名，其中市委、市政府新闻发言人各1人，市直单位新闻发言人136人，县级新闻发言人26人。

实施新闻发言人素质提升工程。与市委宣传部联合在中国人民大学举办为期一周的“吕梁市新闻宣传暨舆论引导培训班”，组织重点舆情单位新闻发言人30余人参加培训，进一步提升新闻发言人的政治理论素养和业务能力。根据《吕梁市新闻发布会操作指南》，对各县（市、区）和市直单位政务信息发布、新闻发布会督促指导；支持临县、交口县、岚县、离石区等6个县（市、区）和10多家市直单位，召开规模较大的新闻发布会和新闻通气会，推动政务信息公开。

围绕吕梁法院执行攻坚，吕梁名特优功能食品展销会，“乘蔡家崖号列车·赏吕梁山风光”2019吕梁旅游再出发暨“红色兴县”旅游季活动，“二青会”火炬传递，大数据产业推进会等，在太原、吕梁等地组织召开新闻发布会20场，比2018年增加近四分之一。通过新闻发布会邀请媒体40余家，发稿50余篇，相关稿件被新浪、搜狐、网易等门户网站转载数百次。

【“吕梁发布”新媒体】

2019年，市新闻中心从内容、版面等入手，做强“吕梁发布”旗下4个新媒体品牌。其中，新浪官方微博发布微博8031条，粉丝数20万，全年阅读量达到320万；微信公众平台日均发布信息10余条，粉丝数33万，传播力超过全国近90%的公众号，长期位列山西政务微信影响力排行榜中首位；“今日头条号”全年推送信息1.2万条，累计阅读量突破1828万，相关指数超过全国93%的头条号，先后3次入围全国地市头条号影响力排行榜前十，也是山西省唯一一家上榜的地市宣传头条号；

“澎湃政务号”共发布信息2574条，点击量达到5219万，在2019年全国澎湃政务号地市宣传周、月排行榜中，7次入围全国前十，其中4次位列全国第四。“吕梁发布”新媒体群呈现暴发式增长，推动全市媒体融合发展。

【“二青会”宣传策划】

2019年，市新闻中心抢抓“二青会”蹦床、艺术体操两个比赛项目在吕梁举办的外宣机遇，从媒体服务和外宣组织入手，精心策划组织“二青会”新闻宣传。围绕实体火炬传递召开新闻发布会，组织200余名媒体记者报道火炬传递盛事，发稿130余篇；指派专人全程对接、跟拍13县（市、区）传递活动。制发具有吕梁形象标识的媒体证和记者背心，借助直播渠道展示吕梁形象。做好组织赛事期间的媒体服务，印制媒体服务手册，协调完成媒体服务中心、采访区设置和媒体食宿、车辆接送安排等事宜，向直播团队提供有关比赛场馆等航拍视频资料，并派专人全程跟踪服务。组织专题采访，面向省组委会新闻宣传部报送5条采访专线；利用吕梁比赛间隙，组织参加蹦床比赛的媒体记者分批参观临县碛口古镇、离石高级军事会议旧址和安国寺等。在山西公共·青运频道《约会“青春”》栏目，全省首家推出市长专访，以市长当导游形式，讲述“红色吕梁”与“绿色青运”的精彩故事。

【“弘扬吕梁精神、决胜脱贫攻坚”图片展】

根据吕梁市关于庆祝中华人民共和国成立70周年总体安排，市新闻中心承办“弘扬吕梁精神、决胜脱贫攻坚”图片展。从3000多张图片中精选400余幅，并配有5000余字的文字介绍，以图文并茂形式，分“党旗飘扬、感恩奋进”“三大品牌、趟出新路”“两大重点、安居乐业”“两基提升、村美民乐”“四个帮扶、扶志扶智”“吕梁精神、永续传承”六大板块，全方位、多角度展现全市勇攻贫困“硬堡垒”、力啃扶贫“硬骨头”的艰辛探索、生动纪实和巨大成效。展出期间，现场参观达数千人。

（市新闻中心）

吕梁日报社

【主题宣传】

2019年，吕梁日报社以主题宣传为重点，围绕贯彻落实习近平新时代中国特色社会主义思想、市委提出的“十大举措”“庆祝新中国成立70周年”、习近平总书记视察山西2周年、“二青会”等主题，共刊发稿件480余篇；围绕脱贫攻坚、转型发展主题推出专刊180期；围绕市委中心工作和重大活动刊发新闻评论51篇，完成“改革创新、奋发有为”大讨论和“不忘初心、牢记使命”主题教育活动的宣传报道。

【融媒体建设】

2019年，吕梁日报社从硬件、传播平台、自主报道推进《吕梁日报》融媒体建设。定期巡查吕梁新闻网安全技术问题，配置直播一体机等新媒体设备；先后加入“吕梁日报·人民号”“吕梁日报·今日头条号”，部分新闻作品单条阅读量达到10万+；吕梁新闻网推出“吕梁图志”栏目，共刊发图片61组；“一指吕梁”客户端进行现场直播，播发第二届全国青年运动会吕梁市火炬传递等重大活动，全方位、立体式宣传吕梁，展现吕梁良好形象。

（吕梁日报社）

吕梁广播电视台

【主题宣传】

学习宣传贯彻党的十九届四中全会精神系列报道。吕梁广播电视台组织报道力量，注重基层采访，开设“深入学习贯彻党的十九届四中全会精神”“党的十九届四中全会精神在基层”等专栏，阐释解读十九届四中全会关于坚持和完善中国特色社会主义制度、推进国家治理体系和治理能力现代化若干重大问题的决定，及时报道全市上下学习贯彻十九届四中全会的新思路、新举措以及在脱贫攻坚进程中取得的新成效。

新中国成立70周年系列报道。吕梁电视台、广播电台在新闻栏目中开设“壮丽70年、奋斗新时代”“新中国建设者”“向祖国表白”“我和我的祖国”等专题，通过多种方式，全方位、多层次开展宣传报道，每周播出稿件12条以上。7月至10月，吕梁电视台开设爱国主义电视剧展播，共播出电视剧22部计584集。录制并播出主持人诵读经典之《吕梁英雄传》80集，为新中国成立70华诞营造浓厚氛围。

“不忘初心、牢记使命”系列报道。围绕“不忘初心、牢记使命”主题教育，开设“主题教育进行时”“主题教育专项整治”和“三服务”等点播专栏，且线上线下同步宣传。其中，传统媒体发稿323条，新媒体发稿563条。举办“忆初心、读家书”诵读活动，诵读活动由全市广电系统播音主持人参与，以《山西革命历史家书》为内容，对24封家书进行诵读。

“二青会”系列报道。为全面做好“二青会”宣传报道工作，制定《“二青会”火炬传递及相关活动宣传报道方案》，开设“聚焦二青会”“我们的二青会”等专栏，对火炬传递活动、离石区蹦床比赛和孝义市艺术体操比赛进行全面报道。吕梁电视台被市直有关部门表彰为“吕梁赛区组织筹办工作先进集体”。

弘扬“吕梁精神”系列报道。吕梁电视台、广播电台陆续开设“弘扬吕梁精神　建功伟大时代”“弘扬吕梁精神　决胜脱贫攻坚”“聚力改革创新　先进典型事迹展播”等栏目，集中宣传报道吕梁市在推动产业转型、发展文旅产业、决战决胜脱贫攻坚过程中的新举措、新思路和新业绩。在习近平总书记视察吕梁两周年之际，特别制作专题片《春风化雨又一年》。开设弘扬“吕梁精神”先进事迹展演展播，进一步激发全市干部群众以昂扬的姿态积极投身决胜脱贫攻坚的伟大战役。

围绕全市中心工作进行重点报道。2019年，吕梁电视台、电台新闻栏目，连续推出“深入学习贯彻党的十九届四中全会精神”“脱贫攻坚尽锐出战夺取全胜”“爱国情奋斗者”“吕梁山护工”“全民动员、扫黑除恶”“聚焦问题扎实整改、切实保护生态环境”“聚焦第四届功能食品展销会”“聚焦文学季”“聚焦第四届古村镇大会”“护林防火在行动”“绿水青山就是金山银山”“万民干部入企进村进行时”“弘扬吕梁精神”“走基层、访百村、话脱贫”“记者看两会”“两会夜归人”“惩治老赖　打造诚信”等主题宣传和战役性报道，共开设主题宣传专栏56个，为全市经济社会发展营造浓厚舆论氛围。

【对外宣传】

2019年，吕梁广播电视台从“展示吕梁良好形象，创优吕梁发展软环境”的角度出发，围绕脱贫攻坚、项目建设、生态脱贫等中心工作，精心策划了一批有深度、有影响力的稿件并在省广播电视台播发。在央视新闻频道《新闻联播》《朝闻天下》栏目发稿25条，在央视财经频道《生财有道》栏目播出《文旅经济看中国——书记说文旅》第3个深度专题报道。在《山西新闻联播》发稿256.4条，位居全省市级台第三，截至11月在山西电视台《晚间新闻》发稿70.5条，《新闻午报》发稿297.25条，位居全省市级台第一。市广播电台在央广网发稿44条，在《山西新闻》和《全省各地联播》中发稿316条，居全省排名第二。其中有17件作品荣获山西新闻奖和山西广播影视奖。

根据建国70周年全国区县级融媒体调研结果发布，吕梁广播电视台获得2019中国市县级融媒体创新发展优秀城市广播电视台TOP10；《第一民生》栏目获2019中国市县级融媒体创新发展综合创新力城市广播电视栏目；《健康吕梁》栏目获全国城市台创新力电视栏目TOP20；"感动吕梁"脱贫攻坚年度人物事迹展演，获2019中国市县级融媒体中心融合创新发展综合影响力大型活动奖。"掌上吕梁"APP获得2019中国市县级融媒体创新发展优秀融媒奖。

【民生栏目创办】

2019年，吕梁电视台《第一民生》栏目围绕全市社会民生热点，设置话题进行街头海采，共采访百姓2500余人，话题涉及百姓热点和观众关注的民生话题。推出的8331890帮办热线，完善了问题登记台账。栏目工作者坚持执行"日报告、周汇总、月简报"制度，全年共接听观众诉求电话4000余个，记录问题2549个，解决问题1723个，解决率67.6%，播出730条，反馈率达100%。《民生8331890直播间》实行常态化直播，共直播62次，其中5次为户外直播，单次直播收看量31.94万人次。广播电台《听众热线》全年播出398期，受理问题1980个，解决1920个，落实率95%，反馈率达100%。以实际行动把帮办热线办成群众的连心线、党和政府的放心线，使栏目成为矛盾问题的消声器、社会问题的化解器。

【重大活动报道】

2019年，吕梁广播电视台成功举办"感动吕梁——2018脱贫攻坚年度人物事迹展演"活动。通过社会广泛推介、实地走访考察、网络公开投票、评委班子评选等环节，对10名"脱贫攻坚年度人物"以及20名"提名人物"事迹进行表彰报道。现场观看人数达1800多人，网络现场直播观看人数达40余万人。

在全市各县（市、区）开展"吕梁山护工"先进事迹巡演14场，发送宣传单6000份，现场观看达1.2万人，"第一民生"微信直播平台全程网络直播观看人数达200万人次。

举办"中国好声音——唱响吕梁"暨吕梁市首届原创歌曲创作评选活动。活动以"歌唱新时代，赞美新吕梁"为创作重点，在全市掀起"为梦想而战，为家乡而歌"的热潮。来自全市县（市、区）的300余名优秀选手倾情献唱，经过初赛、复赛、半决赛、决赛近10场激烈角逐，20位选手成功晋级省级赛事。吕梁广播电视网同步直播，在线观看人数累计超过30余万人次。

现场报道第三届、第四届吕梁名特优功能食品展销会。抽调50余名采编播技术人员进行现场报道。新闻综合频道、吕梁广播电视网、"掌上吕梁"手机台、"第一民生"微信平台进行同步网络直播。

举办弘扬吕梁精神先进事迹展播活动。经过基层党组织推荐、群众投票和组织研究等严格程序，对全市10个先进个人、10个先进集体和10个提名奖获得者进行表彰和展播，并于6月21日在山西电视台公共频道、吕梁电视台新闻综合频道播出《牢记嘱托　追梦前行——弘扬“吕梁精神”先进事迹展播》实况录像。

【融合传播】

2019年4月，吕梁广播电视台在《人民日报》客户端认证开通官方“人民号”，后又相继认证开通“吕梁广播电视台头条号”“吕梁广播电视台抖音号”“吕梁广播电视台快手号”，融合传播形成“一网两微一端两窗口三号”新媒体架构。11月底，吕梁广播电视台进驻“央视频”平台，全媒融合体传播格局再度拓展。

提升推送数量和质量。全台12大微信公众平台共推送新闻16312条，粉丝数量增长4.2万余人，共拥有粉丝42.5万人；全台4个微博共发布内容10396余条，共拥有粉丝21.1万余人；“掌上吕梁”APP作为全省市级台首家上线的客户端，累计访问量1068.87万人次，下载量10万个。央视新闻移动网吕梁广播电视台矩阵号作为全省市级台首家上线央网矩阵号，推送新闻6961条。

打造丰富立体的直播平台。吕梁市广播电视台各新媒体平台，立足自身传播优势，围绕吕梁市委、市政府中心工作，先后对“我们都是追梦人——2019年吕梁山护工走出大山脱贫致富事迹巡演”“感动吕梁——2018年脱贫攻坚年度人物事迹展演”、2019年度吕梁市迎新春系列晚会、吕梁名特优功能食品展销会、首届吕梁文学季、第四届古村镇大会、弘扬“吕梁精神”先进事迹展播等进行新媒体现场直播390场次。

探索主流媒体内容传播新业态。吕梁市广播电视台各新媒体平台调整宣传报道形式和内容，精准定位受众对象，制定个性化传播策略，推出拜年、“改革创新、奋发有为”大讨论、第三届吕梁名特优功能食品展销会、《遇见碛口》等系列原创短视频。其中，央视新闻移动网吕梁广播电视台矩阵号首发短视频作品《祖孙守墓77年，烈士今日终于“回家”》，点击量突破10万。

（吕梁广播电视台）

北武当山风景名胜区管理中心

【基础设施建设】

2019年，北武当山景区基础设施建设开工项目有3个。

北武当山景区环线公路北线公路工程。起点位于方山县北武当镇下昔村，途经下昔、占古、武当村、松泉村，终点位于方山界，全长20.022千米。按照公路三级设计，路基宽为8.5米，行车道宽为7.0米，总投资7987.4万元。工程的立项、林地、选址等审批均完成。5月进行公开施工招标，6月通过公路建设影响森林公园的环境报告专家评审，工程已开工建设。

北武当山客运架空索道工程。全长1640米，总投资3358万元，由北武当山旅游公司负责投资建设。项目确立后，由于林地手续未得到及时批复，一度影响工程进展，经管理中心多次与省林草局及省市相关部门协调，10月初完成林地手续批复，同时立项、可研、环评和林地手续全部完成。客运架空索道项目规划装吊箱数90个，运量420人/小时，索道形式为单线循环固定抱索器四人吊箱索道。规划建设基础桩共13个，开工9个，完工7个，累计完成项目投资1088万元。

北武当山后山游步道延伸工程。采用生态木架空修建，已办理11千米选址手续，2019年完成7千米路面清理工作。8月，北武当山管理中心被中国风景名胜区协会栈道游步道专业委员会邀请为协会成员单位。

【文物旅游合作发展】

2019年，方山县政府与山西文旅集团达成合作意向，计划对景区进行整合重组。1月24日，方山县政府与省文旅集团初步对接，与景区出资股东委派代表、联合世信评估、祝融律师、天正会计、华诚评估等中介机构成立工作小组。3月1日，省文旅集团董事会研究确定本项目承载主体由黄河公司转为晋旅公司，3月10日正式启动审计评估程序。5月17日，晋旅公司提出整合重组北武当山景区项目初步方案，双方意向性认同原公司以净资产和整合并购方现金投入成立新公司的合作模式。方山县政府与山西文旅集团晋旅公司、北武当山旅游公司就北武当山景区整合重组、旅游公司股东股权问题进行充分沟通和协商。9月16日，在山西晋旅公司召开北武当山改革推进会，就北武当山与晋旅公司合作事宜达成一致意见。10月12日，召开整合重组会议，研究解决北武当山景区整合重组推进过程中的问题，促进整合重组工作实质性进展。

【国家AAAAA级旅游景区创建】

2019年8月6日，《北武当山风景名胜区成世番旅游服务区详细规划》获得国家林业和草原局正式批复。规划编制内容主要涉及武当村至成世番游览大道、北武当山索道及上下站等项目。规划于2017年6月委托山西省城乡规划设计研究院编制，2018年通过评审并向国家建设部报备。

2019年，北武当山管理中心按照国家5A级景区评定标准，启动北武当山国家AAAAA级景区创建。成立以旅游公司、景区执法队相关负责人为成员的AAAAA景区创建领导组，制定《北武当山风景名胜区争创国家5A旅游景区工作方案》，加强景区硬件建设和软环境整治。

【景区安全管理】

2019年，北武当山景区管理中心与北武当山旅游开发有限公司负责人签订《北武当山景区安全生产责任状》，旅游公司负责人与景区各部门签订《安全生产责任书》，管理中心和旅游公司分别制定《旅游安全应急救援预案》，定期组织景区从业人员开展安全防火应急救援培训和演练，定期组织旅游安全检查组深入景区进行安全隐患排查。通过层层签订责任状，景区安全机制进一步健全完善，形成由一把手负总责，层层压实安全责任的安全管理机制。

【北武当山文化系列丛书出版】

北武当山自然景观优美，道教文化底蕴深厚，景区传说、典故众多。管理中心为深入挖掘、研究、规范、整理北武当山旅游文化和道教文化，组织成立了方山县北武当山文化研究会，编辑出版北武当山文化系列丛书《三晋名山北武当》1万册。系列丛书的出版，进一步丰富北武当山道教文化内涵，提高北武当山文化产业附加值，带动旅游产业及经济发展。

【旅游活动】

2019年，北武当山景区成功举办三月三首届旅游美食节。4月4日至4月8日，在往年举办春游庙会、桃花节活动的基础上，首次举办旅游美食节和“中国好声音——唱响吕梁”方山北武当专场活动。其间，景区共接待游客达10万人次，旅游综合收入800万元，比去年同期增长20.8%。活动期间，北武当山管理中心会同方山县公安、交通、质监等21个职能部门共同参与维护景区秩序良好运作，确保实现“无森林火灾、无交通事故、无治安案件、无食品问题”的“四无”预期效果。

2019年，北武当山半程马拉松赛暨吕梁市健步大会在景区举办。6月9日，景区管理中心与吕梁市体育局、吕梁市文化和旅游局、方山县人民政府共同主办的“一方粮川”杯2019北武当山半程马拉松赛暨吕梁市健步大会在北武当山风景名胜区圆满落幕。赛事以“健步北武当·共享青运会”为主题，有来自肯尼亚、埃塞俄比亚、俄罗斯、中国4个国家13个省40多个城市的3100余名运动员参加。

10月7日，成功举办2019北武当山首届小车神三晋王平衡车联赛。

（北武当山风景名胜区管理中心）

晋绥边区革命纪念馆

【红色旅游品牌创建】

2019年，晋绥边区革命纪念馆创建红色旅游品牌，强化解说员培训，并邀请晋绥革命历史研究学者和兄弟单位优秀讲解员来馆进行为期2周的业务培训；组织参加由省委宣传部主办的山西省红色故事讲解员大赛和省内外开展的红色旅游讲解员业务培训。坚持将晋绥老一辈革命家艰苦奋斗的红色小故事和习近平总书记视察山西重要讲话精神贯穿到讲解词中，使讲解内容更具生动性和感染力。结合学校“清明节”“国庆节”缅怀革命先烈、主题班会等活动，开展红色旅游进校园活动，组织优秀讲解员走进校园宣讲红色故事，开展红色历史知识竞赛等丰富的宣传教育活动。配合省委宣传部制作晋绥边区革命纪念馆网上展馆，让参观游客只需扫码关注即可网上全方位浏览晋绥边区革命纪念馆展馆。

【景区基础设施建设】

2019年，晋绥边区革命纪念馆对周边和展览厅进行绿化，打造错落有致的景观效果。新增旧址展区监控摄像头，新旧址共安装54套监控摄像头，实现总控制室整体调度与调控，实现景区24小时监控全覆盖。

（晋绥边区革命纪念馆）

碛口风景名胜区管理中心

【古建筑保护与改造】

2019年，碛口风景名胜区管理中心对景区古建筑、不协调建筑进行修缮保护与改造建设。完成碛口古建筑群黑龙庙、永顺店、天聚隆3处国保院落施工修缮，完成西云寺、永生瑞2处县保院落修缮设计。碛口古建筑群16处国保院落除香亭院产权人主动放弃外，其余院落全部完成修缮保护和日常维护。

为积极筹办2019年5月召开的吕梁文学季碛口分会场和第四届古村镇大会，临县政府投资800余万元，整治碛口黑龙庙视线范围内集中连片的12处院落，对不协调建筑进行拆除改造；修复西头村入口广场历史院落，修缮改造黄河公路沿线5处历史建筑；改造中市街拐角上塌毁建筑和西湾村、李家山村部分建筑，并对部分民居建筑作补助改造。

2019年，临县政府投资150余万元，持续对碛口和其周边17处重点民居院落及建筑进行补助性修缮改造。对贫困户陈俊万、楚斌、陈双全、陈士有的4户院落历史建筑进行修复改造。同时，利用已修复的岁进士院开设景区藏书屋，收藏各类名家字画、书籍4000余册。

加强景区视觉环境综合整治。对碛口古街古巷路灯、监控进行维护；由碛口镇政府和景区执法队对古镇及周边西湾、李家山、寨子坪等村的异形广告牌匾、乱堆乱放、乱搭乱建等问题进行集中整治，景观效果得到明显提升。

【景区配套设施建设】

2019年，碛口景区安装完善各种引导标识牌匾，在主街道沿街店铺安装牌匾180余块，由省、市、县书法家题字，用实木仿古雕刻制作；对拐角上不协调地段约80米使用砖木文化墙遮挡；对重点院落腐旧的介绍牌、引导牌、标识牌、广告牌进行更换，共计更换100余块。

亮化碛口镇区民居店铺建筑，在麒麟桥至西头入口公路沿线安装仿古路灯。对麒麟桥凉亭周边停车场征地、麒麟停车场和中市街停车场东段剩余场地进行石板硬化；在西湾村内步行道铺墁石板；清理黄河河道陈年垃圾；修复一段长80米高8米的黄河河道挡墙，并配套路面硬化；将沿黄公路散落的浮雕巨石移至中市街广场，并篆刻著名书法家沈鹏题字和简介。

【旅游形象宣传】

碛口风景名胜区管理中心在营造碛口旅游氛围的同时，强化外出宣传推介，不断拓展碛口在全国的目标旅游市场影响力。

举办旅游宣传活动。2019年春节期间，在中市街广场举办“首届碛口年俗文化美食节”，展示地方小吃，丰富旅游活动，吸引十余万名游客体验。5月12日，举办吕梁文学季碛口分会场活动，邀请40余位文学大咖齐聚碛口，让文学与古老厚重的碛口碰撞艺术火花。5月23日—25日，举办第四届古村镇大会，发布的碛口新宣言成为古村镇保护发展的纲领性文件。7月23日，举行第二届全国青年运动会“山西燃气杯”临县站实体火炬传递。9月28日—30日，举办中国·碛口第四届“枣儿红了”红枣旅游文化节，精心组织布置了14项活动内容；同时举办碛口专场旅游推介会，邀请省内外旅游专家、旅游公司、旅行社等业界人士120余人参加，进一步扩大碛口影响力。

开展外出宣传推介。制作旅游宣传片、宣传书籍资料，开展对外推介碛口。8月，赴广州、深圳参加省旅游局组织的“人说山西好风光”旅游推介会；9月，赴天津参加第十届中国旅游博览会；10月，赴江苏南通参加首届中国森林旅游节；12月，在太原参加临县特色农产品（太原）展销暨文旅推介会。碛口景区先后获得一系列荣誉称号：在2019中国黄河旅游大会上获得首届中国黄河旅游文化奖“景区之星”；碛口古镇明清街被省商务厅命名为省级特色商业街；碛口古镇锦绣生态人家、碛口客栈、祥元隆客栈、福顺德客栈、麒麟山庄等5家服务单位被省文化和旅游厅命名为首批“黄河人家”。

提升导游解说员素质。11月4日—13日，碛口景区举办为期10天的碛口景区解说员培训班，组织碛口当地农民解说员110余人参加，提升导游解说员业务水平，提高碛口景区旅游服务能力。

2019年，景区游客接待量突破70万人次，旅游综合收入7000余万元，比2018年同期增长16%，各项指标数据连续稳定增长。

【旅游市场开发建设】

2018年11月，山西碛口通泰运文化旅游有限公司成立，为与临县人民政府合作组建的碛口旅游开发运营主体。2019年，碛口风景名胜区管理中心督促指导该公司实施旅游规划、项目征地及策划建设等三方面工作，完成投资约3000万元。编制碛口旅游总体规划，由北京江山多娇规划设计院负责编制，于2019年7月通过省文旅厅组织的专家评审。经修改完善，履行正式报批手续。碛口景区铺开东、南、北停车场，杏林庄游客中心和麒麟滩非遗展示园区前期设计策划工作。铺开项目征地，完成侯台村拟征用耕地2.67余公顷丈量工作；完成克虎镇杏林庄3.6公顷耕地丈量工作，与李家山村13户签署协议，达成8院20余孔窑洞的“三变”试点合作。

投资130余万元改造整治明清街立面的旧碛口国税所；投资30余万元装修运营碛口古镇首家咖啡馆；投资30余万元整治中市街广场的60余个临时小吃摊点；投资400余万元整治高家塔东渡黄河纪念广场，修补碑体、硬化广场、铺设草坪，绿化美化共1.2万平方米。投资1200万元启动碛口记忆工程，11月启动施工，预计2020年国庆节前投入运营，拟通过声光电音影等高科技手段，打造碛口文化品牌。

（碛口风景名胜区管理中心）

人力资源和社会保障

【脱贫攻坚】

2019年，吕梁市人社局推动促进贫困地区劳动就业、社会保障、人才事业的发展。通过实施“吕梁山护工”培训、全民技能提升工程、劳务输出，有19102名贫困人口实现转移就业。在就业培训、资金分配、岗位开发、劳务协作等方面向深度贫困县倾斜，“吕梁山护工”培训就业、全民技能提升工程分别倾斜4950人、2.46万人，分别占总任务的39%、31%。全民技能提升工程资金优先倾斜956.5万元，较2018年增加560.8万元。利用就业补助资金，优先开发深度贫困县公益性岗位800个，安排贫困劳动力就业。继续落实贫困人口参保费全额代缴政策和养老金正常调整机制，为65周岁以上人员统一加发5元基础养老金，提标后达均121元/月/人。

吕梁市自2019年起，落实国家调高失业保险金标准、稳岗补贴标准和放宽技能提升补贴申领条件三项政策，在提高失业保险金标准方面，超前谋划实施。临县、石楼县执行离石区（1280元/月/人）标准；兴县执行当地标准（1350元/月/人），高于全市标准70元。落实事业单位招聘人员优惠政策，贫困县招募“三支一扶”人员79名；事业单位公开招聘人员436名，其中兴县200名、石楼县46名、临县10名。落实县级医疗集团引进人才政策，为9个贫困县招聘医疗类人员250人。加强农业系统专业技术人才队伍建设，为市、县、乡三级农业系统招聘专业技术人才211名。会同市教育局，为3个深度贫困县招聘特岗教师256名，其中兴县56名、石楼县14名、临县186名。

【劳动力就业培训】

2019年，吕梁市人社局施行主动就业政策，促进城乡劳动者更充分更高质量就业。全市城镇新增就业人员41856人，完成年度计划104.64%；农村劳动力转移就业人员40955人，完成年度计划的102.39%；同时，登记失业率控制在1.69%。实施全民技能提升工程，采取“点单、订单、定向”等方式，打好培训监管、实名制管理和技能鉴定系列“组合拳”，构建“一县一品牌、县县有特色”人人持证的社会就业良好环境。截至12月底，共培训75952人，完成年度计划的94.94%。

2019年，吕梁市第三次在北京举办劳动力推介交流大会，组织人员赴重庆考察学习，与山东省山西商会就“吕梁山护工”外出就业达成初步协议。8月2日，在全省“人人持证、技能社会”推进会上，“吕梁山护工”就业成果得到展示。2019年，开办“吕梁山护工”培训6期，共培训12898人，其中贫困人口4392人；实现就业7095人，其中贫困人口2468人。截至2019年底，全市累计培训27期共49274人，其中贫困人口25301人；实现就业26050人，其中贫困人口10145人。就业人员人均月收入达到4000元以上，带动近2.7万人贫困人口脱贫，就业区域辐射至北京、天津等20多个大中城市。

8月，首批通过选拔推荐赴日本的“吕梁山护工”一行13人在沈阳参加培训，培训学员中8人通过全国日语等级（N4）考试，并与日方用人单位达成就业意向。央视《朝闻天下》对“吕梁山护工”作8集联播，“吕梁山护工培训就业”入选全国人社领域精准扶贫20个典型案例。国家领导人在吕梁调研时，对“吕梁山护工”培训就业工作给予充分肯定。

【社保事业】

2019年，吕梁市进一步扩大社保参保面，全市城镇职工基本养老保险、城乡居民基本养老保险、工伤保险、失业保险参保人数分别达46.39万人、212.95万人、38.06万人、32.75万人，分别完成年度任务的104.48%、110.91%、100.03%、100%。推进养老保险制度改革，落实国家、省社会保险降费政策，特别是为民营企业发展降低成本、减轻负担，全年可为企业减负达4亿元以上。落实省政府办公厅《关于对被征地农民实行基本养老保险补贴的意见》，严格程序和把关，切实保障被征地农民权益。落实社会保险基金行政监督办法，完善风险防控体系，动态跟踪监管，严防运行风险，提升监管效能。大力实施数据应用、信息提质金保工程，制发社会保障卡369.16万张，完成年度任务的103.12%；签发电子社保卡110万张，位列全省排名第一。

【城镇居民收入】

2019年，吕梁市人社局多层面加大力度，提高城镇居民收入。机关事业单位工作人员工资按月足额发放；开展职工福利发放专项整治，解决无视职工利益和因怕担责而取消职工正常福利问题。严格执行最低工资标准，及时发布2019年企业工资指导线信息，基准线为8%。完善企业工资宏观调控体系，及时发布2019年部分劳动力市场工资指导价位。从2019年1月1日起，对2018年12月31日前企业和机关事业单位已按规定办理退休（职）手续并按月领取基本养老金的退休人员调整基本养老金，人均月增加基本养老金174元，增幅5%左右。2019年第三季度，全市城镇居民人均可支配收入21345元，同比增长6.8%。

【人事人才体系】

2019年，吕梁市人社局深化人事体制改革，消除人员流动障碍，落实《吕梁市事业单位公开招聘人员实施办法》，落实用人单位自主招聘权。2019年，全市公开招聘工作人员1002人，其中市直单位招聘108人。健全完善人事考试联席会议制度，严格环节程序，严肃考风考纪，人事考试平稳有序、风清气正。经与省人社厅争取，组织开展了2019年人社部高层次专家助力临县脱贫攻坚暨山西省农业专家服务团临县行活动。首都医科大学附属医院、国家卫健委等12个单位的23位专家组成的专家团队，赴临县医疗集团人民医院、临县中医院及部分乡镇农村、企业进行对接服务。

【劳动仲裁调解】

2019年，吕梁市人社局推进治欠保支工作，保障农民工工资支付。全年累计检查用人单位665户，涉及劳动者4.6万人，清理拖欠农民工工资781万元，督促缴纳社会保险费4870万元，并对拖欠农民工工资的6户企业和10个自然人进行曝光，形成“一处违法、处处受限”的局面。深入实施劳动合同制度，配合市人大开展《中华人民共和国劳动合同法》执法检查，全市企业劳动合同签订率达到90%，规模以上企业工资集体协商制度实现全覆盖。开展信访问题化解、社保领域信访突出问题专项治理工作，全市劳动人事争议仲裁机构共受理劳动争议案772件，涉及劳动者934人，涉及金额7300.57万元，调解成功率62.3%，仲裁结案率90.8%。

（市人社局）

退役军人事务

【机构概况】

2019年1月18日，吕梁市退役军人事务局成立。原市民政局优抚安置、拥军优属职责，市人力资源和社会保障局军队转业干部安置、管理服务职责等，整合进入市退役军人事务局，作为市政府直属部门。吕梁市退役军人事务局核定行政编制18人，局长1名，副局长2名，科级领导职数6正2副。内设办公室、政策法规和权益维护科、安置科、拥军优抚科、就业创业科、军休服务和褒扬纪念科6个科室。下属参公单位市自主择业军转干部管理服务中心，为正科级建制；下辖公益一类事业单位5个，其中荣军医院、退役军人服务中心为副县级建制，光荣院、军队离休退休干部休养所、拥军优属拥政爱民工作中心为正科级建制。

【工作职能】

吕梁市退役军人事务局工作职能为：（1）组织实施退役军人思想政治、管理保障和安置优抚等工作的政策法规，拟订吕梁市相关政策、工作意见并组织实施；褒扬彰显退役军人为党、国家和人民牺牲奉献的精神风范和价值导向；组织起草退役军人管理的相关政策。（2）负责军队转业干部、复员干部、离休退休干部、退役士兵和无军籍退休退职职工的接收安置工作和自主择业、就业退役军人服务管理工作。（3）组织指导退役军人教育培训工作，协调扶持退役军人和随军随调家属就业创业。（4）组织实施国家、省关于退役军人特殊保障的相关政策，会同有关部门制定吕梁市退役军人特殊保障的政策并组织实施。（5）组织协调落实移交地方的离休退休军人、符合条件的其他退役军人和无军籍退休退职职工的住房保障工作，以及退役军人医疗保障、社会保险等待遇保障工作。（6）组织开展伤病残退役军人服务管理和抚恤工作，组织落实有关退役军人医疗、疗养、养老等机构的规划政策；承担不适宜继续服役的伤病残军人相关工作；组织开展军供服务保障工作。（7）组织开展吕梁市拥军优属工作；负责现役军人、退役军人、军队文职人员和军属优待、抚恤等工作，指导实施国民党抗战老兵等有关人员优待政策。（8）负责烈士及退役军人荣誉奖励、军人公墓管理维护、纪念活动等工作；依法承担英雄烈士保护相关工作，申报拟列入全国、全省重点保护单位的烈士纪念建筑物名录，审核拟列入全市重点保护单位的烈士纪念建筑物名录；总结表彰和宣扬退役军人、退役军人工作单位和个人先进典型事迹。（9）指导并监督检查退役军人相关法律法规和政策措施的落实；协调督促有关单位、部门解决退役军人相关事宜；组织开展退役军人权益维护和有关人员的帮扶援助工作。（10）将所属事业单位承担的行政职能全部划归市退役军人事务局。（11）承担法律法规规定的其他职责；完成市委、市政府交办的其他任务；配合部队完成退役军人其他相关工作。

【服务保障体系建设】

2019年，吕梁市退役军人事务局针对退役军人密切关注的社保、再就业等问题，出台《关于加强退役军人服务保障体系建设的实施意见》《吕梁市委退役军人事务工作领导小组和办公室规则职责》《吕梁市退役军人服务中心（站）建设与工作规范》《会议纪要》《信访应急工作预案》《重点信访事项转（交）督办制度》《信访工作若干制度》《关于成立老兵工作调解室实施方案》等文件、通知、方案25个；提出《关于加强新时代困难退役军人帮扶援助工作实施意见》，用心用力解决实际问题。年初，启动市县两级对重点难点问题联合研判机制，主抓三个“突出解决”（即突出历史遗留问题的解决、突出切身利益问题的解决、突出合理诉求部分的解决）；实现“三个到位”（即符合政策的落实到位、政策之外的解释到位、生活困难的帮扶到位）。全市各级中心（站）定期梳理出各类风险点748个，有效化解重点矛盾169件；在中央统一出台文件之前，为1624名退役军人补缴养老、医疗保险费1607万元；以政府购买服务方式投入7000余万元，解决1744名退役军人失业下岗人员的再就业。以创新组织形式和提升队伍素质为着力点，推进服务退役军人老兵调解工作室和老兵调解员队伍建设。

5月18日，吕梁市退役军人事务局成立市县、乡、村四级服务中心（站）3433个，专职上岗人员4154名。按照标准化、规范化、制度化、信息化要求，落实机构设置、人员编制、工作经费、办公场所、牌匾标识、工作制度、服务标准“七统一”，制定出台中心（站）建设与工作规范，实现有机构、有编制、有人员、有经费、有保障的“五有”目标，构建了横向到边、纵向到底全覆盖的退役军人服务保障体系和具有吕梁特色的“退役军人之家”。乡（镇、街道）服务站由人武部部长（副科级）兼任站长，配备2–3名全额事业专职人员，村（社区）服务站由村（社区）党支部书记兼任站长，退役军人和优抚对象在20人以上的，配备1名专职人员或由支部委员担任，并优先选用优秀退役军人和烈属、军属等优抚对象。中心（站）人员均为财政性资金基本保障单位，工作经费列入财政预算并足额保障，设置独立办公场所和服务接待大厅，乡村服务站设置接待室和服务窗口。

【优抚安置】

2019年，吕梁市退役军人事务局完善退役军人信息数据核查比对，进行信息采集。年内，成立吕梁市退役军人就业创业协会和吕梁市退役军人就业创业基地，有832名退役军人进入协会会长、副会长创办的企业工作。部分退役士兵社保接续网上受理。接收军队计划分配转业干部5名，随军家属1名，符合政府安排工作条件的退役士兵99人，全部安置到位。通过公开招标，投入资金107万元，委托文水县萨能驾驶员培训学校和临县星海驾驶员培训学校对181名退役士兵进行驾驶员免费培训。全年筹集预拨付各类优抚资金15533.74万元（包括市本级配套584.53万元），其中优抚补助资金14676.7万元、优抚医疗补助资金704.55万元、老党员补助资金152.49万元，审核认定新增优抚对象670人。接收2019年自主就业退役士兵777人，并全部完成适应性培训。审核5570名退役军人报考高职资格，入学报到492人。举行光荣牌悬挂启动仪式，先后8次向各县（市、区）发文安排部署和督办。向中华人民共和国成立前老军人、立功退役军人发放“庆祝中华人民共和国成立70周年”纪念章778枚。组织开展“9·30烈士纪念日”公祭活动，13个县（市、区）均在烈士纪念所在地举行公祭日活动。

【管理运行体系建设】

2019年，吕梁市退役军人事务局根据《中共吕梁市委全面深化改革委员会2019年重大改革安排及责任分工》要求，建立健全退役军人政策体系和困难退役军人帮扶援助机制。年内，通过“四大体系”构建，创新帮扶援助机制，完成退役军人走访慰问、社保接续、就业创业、优待抚恤等工作，保障全市8万余名退役军人的合法权益。依照《退役军人保障法》《退役军人安置条例》《军人抚恤优待条例》《烈士褒扬条例》等行政法规，研究制定《吕梁市退役军人就业创业工作的意见》《关于成立老兵调解工作室为退役军人服务的实施方案》等政策措施。依托专业培训机构、众创空间、网络平台、退役军人就业创业协会等，对失业退役军人开展就业创业培训。采取以岗代训、集中培训等形式，组织优抚、安置、社会保险接续等各类业务培训班9次，累计培训3500人次，有效提升了各级各部门干部职工的素质和能力。

（市退役军人事务局）

民　政

【民政兜底脱贫】

农村低保衔接扶贫政策。2019年，吕梁市15.4万名农村低保对象中建档立卡贫困人口达到14万人，占到总数的90%。在全市范围实行城乡低保最低补差救助制度，凡人均月补差低于70元的，按最低70元给予救助。将家庭困难的一、二级成年重度残疾人、重病患者和三级智力、精神残疾人纳入单独申请低保范畴，共有1.518万人获得救助保障。

深化农村低保专项治理，开展低保对象全面复核，累计复核低保对象19万人，动态新增1.47万人，正常退出4.2万人。

临时救助改进。2019年，市民政局联合市财政部门将符合条件的返贫人口给予每户不少于2000元的临时救助，全年共为3.86万名困难群众发放临时救助金8583.4万元，救助平均水平为2224.3元/人次。启动城乡低保和特困供养对象临时价格补贴机制，共补贴各类对象131.2万人次，发放补贴资金2759万元。

社会力量参与。2019年，市民政局联合市委宣传部、团市委等部门发出《凝聚社会力量，助力脱贫攻坚》倡议，组织社会组织、志愿团体开展助力脱贫攻坚集中宣传展示活动，动员引导社会力量参与脱贫攻坚，全年各类社会力量共投入款物4000余万元，受益贫困对象达到5万余人。年内组织实施“山区计划”“牵手计划”等项目8个，打造可复制、可推广的社工专业人才参与脱贫模式。筹集福彩资金15万元，在3个深度贫困县试点建立12个福彩爱心超市，通过积分兑换实物形式，持续激发脱贫致富的内生动力。

【基本社会服务】

特殊群体关爱。2019年，吕梁市统筹提高城乡低保保障标准，人均分别提高1200元、600元，分别达到6396元、4368元，提标幅度居历年最高。调整提高经济困难的高龄与失能老年人及百岁以上老年人、困难残疾人生活护理补贴标准，全市共计发放各类补贴5567万元。提高孤儿基本生活保障标准，散居孤儿、集中供养孤儿养育标准分别提高到每人每月1000元、1500元，并将无人抚养儿童纳入儿童保障体系，有效保障基本生活权益。

养老服务业发展。市政府出台《关于支持社会力量发展养老服务业的意见》，从政策、税收等方面大力支持引导社会力量参与养老服务业发展。建设农村老年人日间照料中心，在完成省级下达的60个农村老年人日间照料中心建设任务的基础上，市级财政筹资1000万元，在临县、兴县、石楼县等3个深度贫困县的千人以上村及移民搬迁村新建农村老年人日间照料中心100个，解决农村留守、空巢及孤寡老人的养老问题。探索开展居家和社区养老服务试点，引入第三方专业团队开展政策咨询、现场指导，组织申报“全国第五批居家和社区养老服务试点”。

民政基础设施建设。2019年，市儿童福利院进入室内装修阶段，市社会福利院基本具备招标条件；临县、石楼县等敬老院加快建设中；交城县、孝义市等县（市）的综合福利服务中心和岚县殡仪馆项目进展顺利，民政基础设施滞后的局面逐步改善。

【基层社会治理】

社区服务。2019年，市政府出台《吕梁市提升社区治理服务能力试点工作方案》，着力打造具有吕梁特色的可复制、可推广的社区治理经验。试点将每年30万元“三社联动”经费纳入市级财政预算，引导社会力量参与社区治理。协调离石区投入资金2000余万元建设社区服务场所，使所有社区活动面积达到500平方米以上。

推进行政村合并。市政府成立由市长任组长的领导小组，出台行政村合并实施方案，市委、市政府联合召开动员会，市委副书记、市政府市长王立伟亲自部署，市委常委、市政府常务副市长李建国带队赴6个县（市、区）进行调研指导。各县（市、区）均成立党委、政府主要负责人为双组长的领导机构，出台合并方案，明确合并名单。年内全市合并行政村182个，占拟合并总数的21%。

社会组织管理。全年市级新增社会团体18个，民办非企业单位8个；103家行业协会商会全部实现脱钩。个别软弱涣散社会组织党组织得到集中整治，全市社会组织“两个覆盖”水平和质量得到提升。

行政区划调整。柳林县撤县设区方案经省委常委会议、省政府常务会议研究同意，报国务院审批，使“一市一区”滞后局面有望改变。同时，撤销石楼县前山乡设立辛关镇、撤销孝义市大孝堡乡设立大孝堡镇完成相关要件编制，并向省政府报批，乡镇行政区划迈出了实质性步伐。

（市民政局）

扶贫开发

2019年是吕梁市脱贫攻坚的决战决胜之年。市委、市政府贯彻习近平总书记视察山西重要讲话精神，落实省委、省政府决策部署，始终坚持以脱贫攻坚统揽经济社会发展全局，把脱贫攻坚作为头等大事和第一民生工程。截至年末，全市7.76万贫困人口减贫，贫困发生率降至0.2%以下。

【责任体系建设】

2019年，吕梁市完善“市县抓落实”工作机制和“党政一把手负总责”责任制，形成以县为主体、以乡为战区、以村为阵地、以村民组为堡垒的严密作战指挥调度体系。

扛牢主体责任。坚持一把手负总责、不履责即问责，用最严格的责任制推动脱贫攻坚任务完成。开展四级书记遍访行动，省政协副主席、市委书记李正印以上率下，2019年遍访41个贫困乡镇，解决实际问题46个；33位市级领导深入包联县、帮扶村，与基层干部、贫困户座谈交流，面对面解决实际问题，推动各级干部履职尽责。2019年，各县（市、区）委书记走访1045个村，解决问题886个；乡镇党委书记和农村党支部书记遍访农户30.6万户，实现贫困户全覆盖。

压实行业监管责任。重点围绕“两不愁三保障”，强化指标约束，强化标准质量，推动职能部门履行监管责任。市住建部门加强对危房改造监管，扶贫部门加强对易地扶贫搬迁、光伏扶贫监管，卫生部门加强对“三个一批”和“双签约”监管，教育部门加强控辍保学和资助资金监管，水利部门加强对饮水安全监管，全方位形成脱贫攻坚工作合力。

履行监督责任。市级部门组建3个脱贫攻坚工作指导组，对全市13个县（市、区）全覆盖巡回指导；组建3个专项工作组，进驻攻坚任务艰巨的兴县、石楼县、临县开展专项督导和技术指导，督促政策落实、项目落地。加大扶贫领域监督执纪问责力度，市委组织6轮巡察，覆盖10个贫困县。2019年第一轮开展扶贫领域项目资金专项巡察，发现问题238条，向市纪委移交线索26条；年内全市共查处扶贫领域腐败和作风问题281件，处理557人。

【谋划部署】

以上率下。市委常委会坚持每月定期研究脱贫攻坚工作，市政府常务会召开专题推进会议11次，市脱贫攻坚领导小组11次专门研究，15个专项扶贫“双组长”工作组分工负责并定期调度。各级党委和政府主要领导、分管领导组织市、县、乡、村层层签订责任状3216份，形成四级书记抓扶贫、全党动员促攻坚的局面。

周密部署。2019年初，在2017年组织“四场战役”、2018年“3545”行动的基础上，市委第三次在春节后上班第一天召开全市脱贫攻坚大会，部署实施2019年脱贫攻坚“4336”行动计划。3月20日，召开全市春季造林绿化启动大会；6月21日，召开全市易地扶贫搬迁兴县现场推进会；8月7日，召开全市脱贫攻坚“一码清”交口现场推进会；9月6日，召开攻坚深度贫困推进会；9月12日，召开全市脱贫攻坚专项巡视整改工作会；10月14日，召开全市干部大会，持续推动责任、政策、工作“三落实”。

【大格局扶贫】

2019年，吕梁市广泛动员各级机关企事业单位、社会团体、民营企业和个人参与全市脱贫攻坚，弘扬“吕梁精神”，聚力攻坚克难，全面推进政府、市场、社会互动和行业扶贫、专项扶贫、社会扶贫联动。

定点扶贫。加强与团中央、对外友协、北航、北理工、中国科协等5个中直单位的深度合作，帮扶成果不断扩大。

驻村帮扶。及时完成24个帮扶单位撤并调整和332名第一书记轮换工作，全市2097支扶贫工作队、6511名工作队员、1788名第一书记驻村帮扶，5.2万名干部参与帮扶。同时对帮扶不力的干部进行“回炉”教育，举办学习班3期，现场交流培训3期；建立评优评先“黑名单”库，完善驻村帮扶《工作手册》，制作驻村帮扶《告知书》，有效提升帮扶实效。

县际帮扶。孝义市每年财政拨付5000万元帮扶临县，组织20户龙头企业帮扶临县140个贫困村，并落实产业帮扶资金3000余万元；汾阳市每年财政拨付2000万元帮扶石楼县，建立绿色谷子和酿酒高粱生产基地，带动1200户贫困户亩增收1500元；文水县在岚县建成存栏5000头商品猪场和300余头肉牛育肥基地，带动7个乡镇3200余户农户增收；柳林县每年财政拨付3000万元帮扶兴县，组织16户企业帮扶兴县24个贫困村，落地资金600万元；中阳县组织20户企业帮扶石楼县20个贫困村，完成落地项目15个。

企业帮扶。全市351家民营企业帮扶540个贫困村，通过打造特色产业、吸纳就业、促进商贸等共建方式，惠及贫困人口6.8万人，探索形成“以企带村、以村促企、村企共赢”的精准扶贫模式。

社会扶贫。吕梁市出台《开展“1+3”社会扶贫工作的实施方案》，推进“一网三超”工作。全市社会扶贫网累计注册48.6万人，其中贫困户注册19万人，爱心人士注册26万人，驻村工作队注册2680人，发布需求71条，对接成功47条，成功率66.2%。开设扶贫爱心超市301个，物资折价7617万元，受益群众达36万人次。

技术帮扶。吕梁市与九三学社、山西农大、山西中医药大学签订战略合作协议，打造产学研结合、校地共建新模式。围绕特色优势产业建立院士、博士工作站5个，聘请全国全省知名专家20名担任“吕梁现代农业专家（顾问）”。

【营造攻坚氛围】

2019年，吕梁市大力营造脱贫攻坚深厚氛围，通过“扶贫大喇叭”、农民夜校等方式，发挥驻村工作队、第一书记、农村宣传员的作用。年内共举办十九大精神宣讲2.1万场次，开展脱贫攻坚道德讲堂1000余场次，受众群体达20万人次。开展“吕梁山护工”先进典型、脱贫攻坚年度先进人物评选表彰和巡回演讲，指导制订村规民约，开展移风易俗，弘扬传统美德，倡导赡养扶贫，其中临县“扶贫孝心基金”在“学习强国”刊发。开展建筑、中药材、电商、农村财会、马铃薯种植等专业培训，打造吕梁“乡村工匠”新品牌，共培训3500余人。参加吕梁名特优功能食品展销会，签约项目126个，金额达32.2亿元。年内，全市累计销售农产品6.4亿元，其中：对接承销330万元，龙头企业带销8000万元，宣传推介展销6750万元，商场超市直销1000万元，电子商务营销4.18亿元，基地认领订销2000万元，旅游带动促销3000万元，帮扶单位助销800万元，劳动就业推销1200万元。销售共带动贫困户8万余户，户均增收700元。

【“一县一策”】

2019年，吕梁市政府召开专题会议研究“一县一策”扶贫落实，市直牵头部门加强沟通指导，积极与省直部门对接，帮助项目县开通绿色审批通道。年内，市级建立转贷债券资金扶持转贷资金39.6亿元，同比增长60.32％，其中：兴县4.6亿元、临县7.08亿元、石楼县2.3亿元，占总额的35.3%。兴县结合“三变改革”，组建381个农村经济发展合作总社，承建农村小型基础设施项目85项；易地交易59.67公顷，先期拨付1.9425亿元；8户养殖企业涉及12.88公顷土地项目边建边批，获批贷款8.093亿元。临县累计获批扶贫过桥贷款4.95亿元；土地增减挂钩跨省交易46.93公顷，到位资金1.52亿元；新增补充耕地指标45.5公顷；组建水利水保专业队32支，吸纳建档立卡贫困人口332人，参与农村饮水工程建设。石楼县充分利用融资平台撬动各类资金7.56亿元，投入产业发展和基础设施建设。

3个深度贫困县中，兴县统筹整合企业帮扶项目和资金，用于人居环境改善、公共基础设施建设和产业发展，各帮扶企业出资3.6亿元，实施项目全部完成。临县与山西青年职业技术学院签署合作协议，成功申报电子商务专业，2019年招收学生52名；与太原卫健职院合作办学，开设养老护理专业，建成模拟病房等实训设施；与吕梁戏曲学校合作实行“3+2”办学模式，招收贫困家庭子女学生26名；招聘特岗教师186名，其中临县户籍112名，比2018年增长19.6%。石楼县引进省内外大型农业龙头企业，实施“金鸡计划”，蛋鸡规模达80万只；引进“银狐计划”，发展水貂2.5万只；山西水塔醋业与树德枣业签订合作协议，收购红枣浓缩汁80吨60万元；与汾阳王酒业公司签定酿酒高粱的种植回购协议，与山西中资实业合作的灵芝全自动智能化产业链项目成功落地。

同时，对3个深度贫困县第一轮退耕还林补助到期的3万公顷，市级每亩补助70元，决定再延长5年，并重点发展林下经济；市级建立1000万元奖补资金，支持深度贫困县“一乡一特一园区、一村一品一基地”建设；市财政拨付2200万元补助深度贫困县行政村，村“两委”主干月平均报酬提高到2000元。2019年，市级新增财力70%，退耕还林51%、荒山造林55%、光伏扶贫67%、易地搬迁49%、贫困村提升工程71%以及70%以上的驻村干部、科技人才、金融贷款、土地政策等资源向深度贫困县倾斜，确保3个深度贫困县高质量脱贫摘帽。

【易地扶贫搬迁】

2019年，吕梁市围绕破解产业就业配套和拆除复垦难题，分别出台扶贫车间建设意见、后续扶持工作方案、拆除复垦指导意见。全市87个安置点全部竣工，搬迁入住11.36万人，年底前剩余人口全部入住；76个安置点配套后续扶持产业，其中扶贫车间在建8个，建成运行29个，产业就业已保障5.9万人；完成基础设施配套87个、公共服务设施配套81个，69个安置点社区管理机构基本健全。年内计划拆除整自然村536个，截至年底已拆除完成700个，复垦土地490.93公顷。

【"三保障"问题解决】

2019年，吕梁市出台解决“两不愁三保障”突出问题28条措施，市、县、乡、村四级联动发力，切实解决事关群众切身利益突出问题。

义务教育保障。出台教育扶贫“5+5”资助政策，围绕控辍保学目标，逐村逐户过筛，对148名疑似辍学适龄儿童劝返入学，使全市无一因学致贫学生。投入15.4亿元实施“全面改薄”工程，全部完成任务。

基本医疗保障。全市核准因病致贫贫困人口10155户21027人，核准率96.71%；开展“三个一批”行动，累计救治120412人，救治率99.97%，贫困患者自付平均比例9.58%；全市3385个村卫生室全部达标；全市县域内“一站式”结算服务平台全部建成，年底前县域外“一站式”结算服务平台建成运行。全市核准农村低保人口15.4万人，其中低保贫困户13.9万人。2019年低保标准提高到每人每年4188~4764元，贫困人口全部纳入基本医保、大病保险和医疗救助保障范围；建成日间照料中心、幸福小院等养老场所，老年人、残疾人幸福感明显提升。

住房安全保障。2019年，全市改造危房14661户，含8406户四类重点对象（贫困户6337户、低保户1273户、分散供养特困户370户、贫困残疾人家庭426户）和6255户非贫困人口，并全部竣工。

饮水安全保障。2019年，全市建设改造农村饮水安全工程862处，涉及931个自然村、49.84万人（其中贫困自然村586个、贫困人口6.87万人），完成投资3.2亿元。截至年底，完工率100%。

【扶贫资金投入管理】

2019年，全市财政专项扶贫资金计划投入24.79亿元，其中中央、省级13.07亿元，市级3.95亿元，同比增长3.32%，县级7.86亿元，增幅12.36%；年内拨付24.42亿元，拨付率98.5%，实施项目报账21.23亿元，报账率85.6%。10个贫困县计划整合资金36.33亿元，实际整合33.66亿元，完成支出28.75亿元，支出进度85.43%。加快扶贫项目库建设，完成2014年以来资金项目信息补录工作，累计实施项目17122个，其中2019年实施项目3615个。加大扶贫周转金投入，2019年省级安排10个贫困县9129万元，贫困县按1:1配套，撬动金融机构1:2放大，年内为21家企业发放扶贫贷款1.38亿元。

2019年，吕梁市严格执行扶贫资金项目“三公示一公告”制度，各县（市、区）对实施扶贫资金项目全部进行公示公告，确保扶贫项目资金在阳光下运行。开展扶贫资金项目管理使用情况专项检查和脱贫攻坚工程项目风险隐患排查整治，共发现问题154个，整改完成121个，并于11月全部整改完成。

加强扶贫资产管理使用，组织各县扎实开展资产的登记、确权、管护、盘活和处置工作，确保扶贫资产一次确权到位。

【党建促脱贫攻坚】

2019年，吕梁市聚焦脱贫攻坚，选优配强县、乡领导班子，保持贫困县、乡党政正职稳定，其中有2名国定贫困县县委书记提拔到副厅级岗位后继续兼任县委书记，7名贫困县乡镇党委书记提拔到副县级领导干部岗位后继续兼任乡镇党委书记。开展四级书记谈心谈话全覆盖，建立基层党建问题清单制度，层层传导压力、落实责任；持续强化“三基建设”，市县两级共投入26余亿元，乡镇平均运转经费从31万元提高到69.7万元，村级平均运转经费从8万元提高到11.7万元，村“两委”主干平均报酬从1.12万元提高到2.4万元，均超省定标准；全面完成512个软弱涣散基层党组织的整顿工作，调整撤换58名不胜任、不尽职村党组织书记并补齐配强，严肃整治村干部“走读”问题，对群众反映强烈的长不在村的8名村干部果断予以调整。在中央和省财政补助的基础上，市财政累计投入3400万元扶持9个县203个村，推广石楼县“党支部+”经验做法，因地制宜、多种模式发展壮大村集体经济。年内，全市行政村集体经济收益全部“破零”，年收益5万元以上的村达67.5%。实施“农村干部学历提升工程”和“一村一名大学生计划”，选好培养基层党支部带头人，带动1959人回乡创业，建立农村后备人才库储备7541人。树立脱贫一线选人用人的鲜明导向，2019年市县两级在脱贫攻坚一线提拔使用表现突出的129名驻村帮扶干部，其中第一书记52名、工作队员77名；强化资金保障，市级投入帮扶资金3874万元，市直单位农村第一书记每人每年工作经费达8.5万元，每个驻村工作队工作经费达17万元，确保扶贫干部沉下身子驻村帮扶。

【产业扶贫】

2019年，吕梁市围绕破解产业基地散乱小、组织化程度低的难题，制定出台《关于加快推进一乡一特一园区、一村一品一基地建设的方案》，组建8个产业联盟，创建产业园区115个、基地1000个，整合土地资金技术等关键要素，重点打造精品产业园区37个。“吕梁红枣”“吕梁核桃”“吕梁沙棘”“吕梁杂粮”等一批区域公共品牌在全国产生影响力，产业扶贫累计带动20.5万贫困人口实现脱贫增收。临县确立“3N35”产业发展思路，即整合资金户均投入3000元，统筹实施经济林、小杂粮、中药材、乡村旅游等多个产业，扶持壮大1000个合作社、100个产业基地、10个龙头企业，带动人均收入达到5000元以上。2019年底，临县农民人均可支配收入6300元，增幅12%。兴县确立“222+N”产业发展战略，初步形成全县小杂粮、中药材、食用菌、经济林等多元产业发展格局。2019年兴县农民人均可支配收入5700元，增幅13%。石楼县确定“25137”增收计划，即人均2亩特色田、5亩经济林、户均1个养殖项目、3种以上产业收益，户均增收7000元。2019年石楼县农民人均可支配收入4300元，增幅15%。

生态扶贫。2019年，吕梁市完成营造林5.5万公顷，经济林提质增效7.07万公顷，林下经济7.27万公顷。组建造林专业合作社1301个，2.05万名贫困社员参与，占入社社员的73%，人均增收6000元左右。吸纳贫困人口担任林业管护员6619人，人均年工资性收入7000元以上。全面推广“党支部+合作社”创新模式，合作社机制实现由单纯组织造林到从事造林、管护、林下经济发展、小型基础设施建设等，促使国土绿化、脱贫攻坚、贫困村提升、集体经济发展和乡村治理能力提升有机结合，累计带动11.5万贫困人口实现增收脱贫。2019年，全市森林覆盖率达到33.2%，位居全省第二。吕梁市荣获“2019中国最具生态竞争力城市”。交口县启动“森林质量精准提升与食用菌产业发展助力精准脱贫”试点，促进食用菌产业绿色发展，得到国家林草局充分肯定，被评为“全国林业产业发展突出贡献奖”。

光伏扶贫。2019年，吕梁市累计建成708座55万千瓦光伏扶贫电站，年内在建的6座2.1万千瓦的电站于11月底全容量并网发电。在全国率先形成“村级电站联村建设”模式，联村电站覆盖958个贫困村。截至2019年底，累计结算收益1.7亿元，1100余个贫困村和4万多名贫困户受益。发展“光伏+”模式，全市具备实施“光伏+”项目的土地约600公顷，年内实施309.27公顷，增加收益150余万元，形成农光互补、林光互补、牧光互补等多种开发模式。

金融扶贫。2019年，全市发放精准扶贫贷款41.23亿元，扶贫再贷款12.22亿元。发放扶贫小额贷款6.76亿元，完成年度计划的105%，带动贫困户13895户。全市金融扶贫贷款投放量位列全省第一，形成了“小额信贷+造林合作社”“企业+合作社+贫困户”等模式。全市建立农村金融综合服务站2467家，覆盖行政村2390个，确保将金融综合服务延伸至“最后一公里”。市政府与农发行合作，采用“政府增信、联盟保障、专家评审、企业增效、农民增收”机制，支持农业企业带贫发展，形成产业扶贫风险补偿贷款“吕梁模式”。全年共为79户企业发放贷款6.29亿元，带动企业增收7.8亿元、实现利润2亿元，帮扶2.74万贫困群众人均增收5000元以上。

转移就业扶贫。2019年，全市“吕梁山护工”累计培训27期49274人，其中贫困人口21156人；实现就业26056人，其中贫困人口10414人，人均月收入超过4000元，就业辐射全国8个省20多个城市。2019年，在优先培训建档立卡贫困户的基础上，更加注重吸纳边缘户参加培训，共培训6期12898人，实现就业7095人，培训人数、就业人数、就业城市均为近年中最多，实现了教材本土化、教师专职化、服务市场化。年内首批通过选拔推荐的赴日“吕梁山护工”15人前往沈阳参加集中培训，培训合格后赴日本就业。

（市扶贫办）

交城县

【概 况】

交城县位于山西省中部，吕梁山东麓，晋中盆地西缘，距省城太原51公里，是吕梁的东大门。全县总面积1822.11平方公里，其中山区占92.8%，平川占7.2%，县内耕地面积24.6万亩。全县辖6镇4乡140个行政村（6个居委会），总人口21.6万人，其中农业人口16.1万人，城镇人口5.5万人。

2019年，交城县地区生产总值97亿元，同比增长3%；一般公共预算收入7.07亿元，完成市下达任务；规模以上工业增加值完成68亿元，同比增长5.5%；社会消费品零售总额22.3亿元，同比增长7.7%；城乡居民人均可支配收入分别为24127元、11304元，分别同比增长7.2%、9%，保持稳中有进的态势。

【转型发展】

2019年，交城县开展“深化转型项目建设年”活动，全力推进总投资119亿元的20个转型项目建设，固定资产投资28.5亿元。紧抓山西能源革命综合试点机遇，培育以“一大三新”为主攻方向的战略性新兴产业。山西交城大数据产业园中西部数据中心项目一期主体封顶，义望铁合金年产30万吨锰合金液态废渣制取微晶石材项目中试生产线建成，三喜化工有限公司年产10万吨稀硝酸和3万吨精细硝酸盐项目投产达效。煤炭工业占工业经济比重降低1个百分点，制造业占工业经济比重提高1个百分点，新培育高新技术企业6户。

招商引资。2019年共签约项目15个，签约金额70.7亿元。搭建招商引资平台，设立珠三角地区、京津冀地区、粤港澳大湾区招商联络处。全县外贸自营出口总额8.9亿元，同比增长10%。组团参加第二届中国国际进口博览会、厦洽会、广交会等展会，多元化开拓国际国内市场。开发区在全市第一家实现引进外资“零突破”。举办特色产品（太原）展销推介会，提升对外知名度。筹备成立中国氮肥工业协会硝基钙镁肥分会，与省化二院合作建立硝基复合肥研究中心，持续提升“中国钙都”影响力。

深化放管服效改革，优化营商环境。2019年，加快推进深化相对集中行政许可权改革，首批划转的20个部门226项审批事项，在全市首家实现“一枚印章管审批”。推行企业投资项目承诺制改革试点，开展前期手续集中办理月活动。落实县级领导联系民营企业和包联重点项目“双八工作法”，帮助企业解决发展中的困难问题。出台支持民营经济发展“20条”措施，制定《落实省市意见 推动构建新型政商关系暂行办法》，进一步创优民营经济发展环境。

【脱贫攻坚】

2019年，交城县加强对脱贫攻坚工作的系统谋划和总体布局，先后制定出台《坚持农业农村优先发展 做好“三农”工作的实施意见》《坚决打赢脱贫攻坚战三年行动计划》等19个政策文件，推动中央和省委、市委重大决策部署落地落实。层层双签责任书，强化14个行业扶贫“双组长”领导责任，促进相关部门行业扶贫主体责任和监管责任的落实，形成工作合力。

着力解决“两不愁三保障”突出问题。健康扶贫方面，开展扩大病种问题自查自纠，将63名新增因病致贫对象纳入救助范围。教育扶贫方面，移民小区配套小学完成基础施工，74名移民搬迁子女全部就近入学；完善“一证一卡一档”，全年资助学生3429人，资助金额559万元。危房改造方面，采取可行措施，引导3071户房屋鉴定为B级的农户进行局部修缮，确保达到安全标准。投资1514万元，完成农村饮水安全工程23个，对4个非贫困村老化管网进行维修改造。

巩固提升脱贫成果。县四大班子结对帮扶4个未脱贫村，370户732人减贫，4个贫困村全部退出，全县贫困发生率下降至0.037%。创新边缘户政策，全市首家制定《关于加强边缘户帮扶工作的意见》，提出11项具体帮扶措施，为解决边缘户问题提供“交城方案”。开展“脱贫人口回头看”，新识别贫困户26户63人，清退25户87人。整合各类扶贫资金1.98亿元，发放金融小额信贷5278.5万元，健全组织、考核、申报、管理“四项机制”，扶贫周转金办法被省财政厅、省扶贫办作为典型经验在全省推广。加强易地搬迁后续扶持，设立梁家庄移民小区党群服务中心，为党员群众提供“一站式”服务。全面推广“一码清”经验做法，做到一码清、底子清。狠抓问题整改，脱贫成效考核、督导检查、专项巡察等反馈的48条问题全部整改，提升脱贫成色。

脱贫攻坚与乡村振兴有机衔接。发展壮大畜牧、设施蔬菜、食用菌、中药材、旅游等特色产业，引进湖北襄大农牧实施1万头能繁母猪养殖项目，一期工程于2019年4月建成。启动16个乡级园区、100个村级基地建设，带贫能力强的分别给予奖励50万-200万元、10万-30万元。推进乡村人才振兴，全市率先招聘职业化村干部28人，打造一支“不走的工作队”。持续开展“传承好家风、争当文明户”活动，激发贫困户内生动力，引领农村新风尚。持续推进贫困村基础设施建设和公共服务提升，投资3500万元，实施连村路、连组路工程20个，打造美丽乡村示范村5个。发挥党建引领作用，举办基层党组织书记培训班5期，建强脱贫攻坚的战斗堡垒。

【改革创新】

2019年，交城县聚焦全面深化改革，推进32大项103小项重点改革任务。推深做实“三个三”工作法，压实县级领导分工负责制。旅游体制改革取得重大突破，玄中寺宗教活动与景区管理实现分离，先后举办“山水交城康养一夏”——2019康养交城旅游推介、“大美交城·古韵磁窑”磁窑村乡村文化旅游节、“二青会”火炬传递等一系列旅游推介活动，国家全域旅游示范县创建通过省级验收。完成党政机构改革，党的领导体系、政府治理体系得到健全完善。开发区改革创新纵深推进，“三化三制”改革取得实质性进展。其中，高级管理人员实行公开市场化选聘，扩区调规进入报批环节，成功入选“三市两园”综合能源服务系统试点。河长制改革稳步推进，建立“河长+河长助理+河流警长+巡河员”工作机制，健全河长制会议、河长巡查等工作制度。县乡医疗卫生机构一体化改革持续深化，山区农村中心卫生室实行连片管理，公共卫生“1+N”服务机制初步建立。投融资体制改革稳步推进，金兰化工、磊鑫化工在山西股权交易中心“企业创新板”正式挂牌。此外，农村“三变”改革、创新型县城建设等改革事项持续深化。

【文化融媒体事业】

2019年，交城县融媒体中心正式揭牌运行，其中“庞泉融媒”入驻“央视新闻+”矩阵号，“交城融媒”登陆《人民日报》客户端。持续加大外宣力度，新华社山西分社推出《山水之变看交城》，新华每日电讯、半月谈、凤凰社等境内外媒体采用107次，阅读量达55万次。新华社中国经济信息社政务智库就交城县新型化肥产业发展进行专题报道，刊发《积极补齐短板“钙都”欲做产业标杆——山西交城县新型化肥产业发展调研》，在业界引起强烈反响。中青网推出的《三位一体促进乡村振兴——山西交城试水基层干部职业化初显成效》，受到社会各界广泛好评。

文化建设和文化事业发展。县体育馆、图书馆、文化馆主体完工，美术馆进入主体施工阶段。组织参加第四届山西文博会，全省唯一单独设馆参展。城头村、磁窑村、大营村村史馆开馆，乡土文化焕发生机活力。组织开展“放歌新时代、文化进万家”系列活动，免费送戏下乡100场，群众文化生活日益丰富。

【生态环境保护】

2019年，交城县实施总投资13.64亿元的15项环保重点工程项目，全方位、全地域、全过程开展生态环境保护。成立环境突出问题整改指挥部，下设5个分指挥部和6个工作小组，全力攻坚省生态环境厅突击检查反馈的20个问题。聘请环保技术顾问，对大气、水、固废处置等环保问题提供技术指导。提出“1+2+4+76”水污染治理总体思路，全力推进“五水同治”，为全省汾河流域水环境治理提供可复制、可借鉴模式。建立领导干部领办重点环保工程项目、环保重点项目容错纠错等长效机制，激励干部担当作为。

大气污染防治方面，持续推进焦化、铸造、化工等行业企业提升改造，严控采暖季燃煤污染，完成集中供热2090户、煤改气7000余户；深入推进“散乱污”企业整治，取缔177户、搬迁75户、升级改造236户。水污染防治方面，实施磁窑河水质提升和生态修复工程，4个污水处理厂完成提标改造和保温提效改造；76户涉水企业全部落实“水六条”措施。

土壤污染防治方面，玖珑腾固废处置工程一期基本完工，具备入场条件；完成水峪贯镇岭上村生态植被恢复工程，分类处置工业固体废物违法堆放点62处。严厉打击生态环境违法行为。综合运用“五个一批”手段，下达责令改正违法决定书498份，实施停产整治97户，查封扣押101户，行政处罚168户，罚款1368.25万元，查处环境违法犯罪案件14起，行政拘留21人。

【社会保障和民生改善】

2019年，交城县持续推进大县城建设。沙河东街棚户区改造工程启动实施，城区最后一条“断头路”将全线贯通。奈林村搬迁完成规划选址，进入资产评估。开展农村生活垃圾治理试点，编制完成城乡环卫一体化PPP项目方案。

教育事业发展。县职中技能培训楼、城西小学投入使用。全县高考一本达线364人，教育教学质量稳步提升。医疗卫生事业发展，与省眼科医院合作成立专科眼科医院，山医大一院交城分院加快建设，妇幼保健中心和中医院合并新建项目主体完工。扩大就业，城镇新增就业人员3310人，农村转移劳动力3100人，“吕梁山护工”培训完成6期608人，就业率达60%以上。

防范化解重大风险，开展护林防火、安全生产、地质灾害防治“三个专项行动”，稳妥有序处置太行村镇银行客户非正常取款、金汇通非法吸储案件。开展安全生产大排查大整治，年内排查隐患2718条，完成整改2647条。扎实推进信访工作“规范化提升年”活动，开展重信重访专项整治，化解省市交办信访案件29件。

【“法治交城”建设】

2019年，交城县推进民主政治建设。县人大及其常委会依法行使职权，推进人大预算联网监督系统建设，加强人大代表联络站（点）建设和管理。县政协围绕脱贫攻坚、生态环保等重点议题开展协商议政，提出一批有价值的意见建议。开展创建禁毒示范城市百日攻坚专项行动，严厉打击毒品违法犯罪。推进“扫黑除恶”专项斗争，配合省公安厅“7·11”专案组侦办王见刚黑社会性质组织案，配合市公安局侦办成村原党委副书记韩进财涉黑案。全县共打掉黑社会性质组织1个、恶势力集团1个和恶势力团伙7个，破获刑事案件53起，逮捕56人，抓获逃犯13人，查处黑恶势力“保护伞”27人，得到中央“扫黑除恶”专项斗争督导组的高度肯定。

（交城县委史志研究室）

文水县

【概　况】

文水县位于山西省中部，太原盆地西缘，西依吕梁山，东临汾河水。地理坐标介于北纬37°15′~37°35′9″，东经111°29′46″~112°19′15″之间。东隔汾河与晋中市祁县、平遥县相望，南与汾阳市接壤，西与离石区交界，北与交城县、太原市清徐县相邻。文水县东西长72公里，南北宽30公里，面积1068.57平方公里。辖7镇5乡，199个行政村，11个社区。

2019年，文水县一般公共预算收入3.5亿元，同比增长12.6%；固定资产投资33亿元，同比增长16.6%；社会消费品零售总额25.2亿元，同比增长7.4%；城镇常住居民可支配收入23701元，同比增长6.6%；农村常住居民可支配收入11387元，同比增长9.9%。

【工业产业】

2019年，文水县规模以上工业增加值同比下降15.7%。新培育规模以上企业20户，总数达到58户。赤峪煤矿正式投入使用，国金固废综合利用项目竣工。益鑫泰被评定为国家高新技术企业，康欣药业、金源煤化被认定为省级专精特新“小巨人”企业，鑫源昌钢结构、鑫海化工、象丰饲料、盛达威科技4户企业成功入选省级“专精特新”企业。其中鑫海化工在山西省股权交易中心专精特新板挂牌。

【农业产业】

2019年，文水县完成乡村振兴战略总体规划和6个分项规划编制。新建高标准农田0.09万公顷，完成2.39万公顷粮食生产功能区划定，全年粮食总产量达21.51万吨。诚信种业晋升为国家农业产业化重点龙头企业，年内新增省级龙头企业8户，全县国家级龙头企业5户、省级19户，农业销售收入142亿元。大象农牧成为全省唯一百亿级农业龙头企业，跻身全国养猪巨头20强。南安镇梨果产业园、胡兰镇肉牛产业园纳入市级示范产业园建设项目。吕梁野山坡被评为国家林业重点龙头企业，保贤村成为全国“一村一品”示范村。推进农村土地制度改革，流转土地0.8万公顷，完成农村集体经济组织清产核资、数据系统录入和成员身份界定。新注册农民专业合作社70家、家庭农场31家，孝义镇农机合作社土地托管模式成功入选全国典型备选案例。

【企业申办】

2019年，文水县开展企业投资承诺制改革，项目在线审批平台投入运行，办结时限由5天压缩为3天；工程建设项目审批时限压减四分之三。出台支持民营经济发展“12条”措施，全年减免税费1.2亿元，清理拖欠民营企业、中小企业账款5000余万元。推进“多证合一”“证照分离”改革，企业开办时间缩短为1个工作日，新注册市场主体3671户，同比增长22.3%。开发区“一区四园”产业发展和招商规划编制完成。举办第三届“迎老乡、回故乡、建家乡”活动。民间投资占固定资产投资总额的74.5%。金融服务县域实体经济能力增强，累计发放贷款11.39亿元。

【城乡建设】

2019年，文水县城乡基础设施建设总投资81.6亿元，共有13个项目纳入全省中部盆地城市群一体化发展规划。县城集中供热新增面积127万平方米、煤改电2058户，城区基本实现清洁能源全覆盖。启动胡兰大街棚户区第三地块改造，县城则天大街东延拓宽通车，县城北环路雨污分流工程开工；改造县城小街小巷29条，新建城区公厕10座。祁离高速完成清表，307国道文峪河大桥完成拓宽改造。启动总投资1.1亿元的241国道改建，实施320省道城区段改线7.5公里。推进农村“四好农村路”建设项目，完成建制村通硬化路135公里，改造危桥14座，拓宽改造柳杜—西城公路4公里。建成农村垃圾转运站12个，完成农村改厕2000户。成功申报国家级传统村落6个，美丽宜居示范村建设8个。

【生态环境】

2019年，文水县争取专项债券3.6亿元，投资16余亿元实施生态环保项目13个。县城、胡兰污水处理厂提标改造和杭城污水处理厂新建工程主体完工。启动总投资9.9亿元、涉及6个乡镇62个村5.9万户农村集中供热工程。全面落实河长制，强化人防技防群防，3条河流布设监控点位514个，河道“清四乱”22处。取缔“散乱污”企业438户，“禁煤区”由建城区9个村扩大到51个村，完成清洁煤置换6万余吨。集中整治畜禽养殖污染，规模养殖场配套建成堆粪场632户，安装发酵罐38台。开展国土绿化行动，栽植各类苗木36.82万株。引进太原康培园林绿化公司，实施开栅砂坑生态修复治理工程。空气质量改善幅度连续8个月排名全省前10位，6个月退出全省后

10位。主要河流断面化学需氧量、氨氮平均浓度同比下降超过两位数，生态补偿金较上年减少扣缴3350万元。

【社会民生】

2019年，文水县民生领域支出18.43亿元，占一般公共预算支出比重77%。完成“四类人员”危房改造1580户，17个村实现饮水提标改造；农村低保标准提高到4344元/人，新增脱贫保障综合保险，实现贫困人口全覆盖。新增小额信贷225万元，产业扶贫分红860万元。实施“全民技能提升工程”，培训各类劳动力4295人，实现就业1467人。新建老年人日间照料中心6个，全年社保降费1.3亿元。新建职教中心一期工程主体完工，文水二中学生餐厅和体育场建成投运，改扩建农村幼儿园18所，整合农村小学教学点22个，优化调整县城中小学布局6所。门诊住院医保整体打包付费、家庭医生“双签约”等政策惠及广大群众，实施县域内城镇职工和城乡居民基本医疗保险慢性病直接结算制度。围绕完成第四次全国经济普查。推进信用联社改制，工行、建行核销剥离贷款7.17亿元。

（文水县委史志研究室）

汾 阳 市

【概 况】

汾阳市位于北纬37°08′~37°29′，东经111°20′~112°00′之间，面积1178.91平方公里。下辖9镇2乡5个街道，262个行政村和37个社区。

2019年，全市地区生产总值204.79亿元，同比增长19.9%，增速在全省排位由“十三五”初期的39位跃升到2019年的27位，连续4年位列吕梁市第一。规模以上工业增加值131.7亿元，同比增长27.8%。2019年，一般公共财政预算收入16.23亿元，同比增长22%，总量为“十三五”初期的2.25倍，在全省排名第17位，吕梁市第4位。固定资产投资45.92亿元，同比增长19.9%。社会消费品零售总额75.22亿元，同比增长7.6%。城镇居民人均可支配收入26151元，同比增长7.6%；农村居民人均可支配收入15484元，同比增长9.1%。

2019年，汾阳市相继举办第20届比利时布鲁塞尔国际烈性酒大奖赛和第三届山西（汾阳·杏花村）世界酒文化博览会，获得“世界美酒特色产区”荣誉；举办首届全国网架结构产业发展大会，被授予“中国焊接空心钢球网架生产加工基地”；举办第八届烹饪服务技能竞赛，完成省级食品安全示范市创建，申报“中国厨师之乡”。首家“中国·杏花村酒家”在太原、吕梁同时开业运营。杏花村镇、东堡村分别被授予“中国淘宝镇”和“中国淘宝村”。市智慧城管平台成为省内“数字城管”标杆。

【农业农村发展】

2019年，汾阳市发展谷子、高粱等特色农业基地0.6万公顷，完成核桃经济林提质增效0.33万公顷，发展林下养鹅13.3万只，新建大象4000万只肉鸡养殖等一批龙头项目，全年农业增加值6.5亿元。实施12项贫困村提升工程，完成322个农村组织土地确权和集体资产清产核算。整治农村人居环境，打造贾家庄等10个美丽宜居示范村，农村改厕13011座。全年对1584名慢性病贫困人口实行“双签约”。对口支持石楼县扶贫资金900万元，向石楼县、兴县派出第一书记77名，助力脱贫。

【城乡建设】

2019年，汾阳市城乡建设取得新成果。编制完成《杏花村酒文旅融合开发项目规划》等6项规划。28宗“大棚房”问题全部整改到位，恢复农业生产功能11.31公顷。市政基础设施PPP项目总投资7.8亿元。完成红旗街、幸福街棚改工程。汾屯线改线竣工通车，307国道改线、文峰西段打通工程基本完工。改造城区城市广场等12个游园广场，实施城市绿化、美化，栽植各类苗木2.2万株。

2019年，汾阳市新增居民供热面积125万平方米，城区供热总面积超过944万平方米。实施煤改电9896户，发放清洁煤4.56万吨，城区清洁取暖实现全覆盖。清理散乱污企业546户，全年二级优良天数达到197天，同比增加45天。完成董寺河、禹门河截污工程。城区污水处理厂、杏花村污水处理厂完成一期提标改造和二期扩容，新建污水管网5.26千米，改造雨污合流管网3.09千米，基本实现污水应收尽收。推进汾河流域生态修复与保护PPP项目建设，总投资达13.5亿元。

【社会项目建设】

2019年，汾阳市项目建设库动态保持项目83个，其中转型项目占比超65%。杏花村经济技术开发区内转型项目14个，总投资46亿元，其中5亿元以上大项目2个。杏花村经济技术开发区财政、土地等改革和管运分离深入推进，实现企业投资项目承诺制审批“四统一”，并设立酒类发展服务中心。山西（中国）白酒交易中心、山西省白酒产品质量监督检测中心及10万吨白酒资源整合等项目有序推进，山西杏花村学院（山西酿造产业研究院）挂牌成立，院士工作站推进建设。启动杏花村酒文旅融合项目建设，总投资40万元。年产100万吨氧化铝项目、金塔山136万吨焦化等项目落地开建。汾酒集团机械化技改等6个产业提质技改项目全面完成，山西华电汾阳杨家庄100兆瓦风电50台机组全部并网发电。星宇化工在新三板正式挂牌，实现上市民营企业从无到有的历史性突破。

【民生事业】

2019年，汾阳市加大教育投入力度，补齐补足农村义务阶段在校生人均公用经费，落实班主任津贴。启动北门小学、吕梁现代双语高级中学等教育工程。组织开展“就业援助月”等6项活动，城镇新增就业6634人，转移农村劳动力3625人。全市高考二本达线1554人，达线率49.2%。创建“国家级慢性病综合防控示范区”和“省级食品安全示范市”。全市家庭医生签约服务24.4万人，开通“村医通”338人。退役军人安置成效显著，在乡镇（街道）、村（社区）成立退役军人服务站，279名退役军人通过公开选岗实现再就业。

（汾阳市委史志研究室）

孝义市

【概　况】

2019年，孝义市辖7镇5乡，5个街道，379个行政村，51个社区。辖区总面积945.8平方公里；总户数184757户，总人口490319人。

2019年，孝义市地区生产总值319.8亿元，同比增长4.2%；固定资产投资114.2亿元，同比增长9.5%；社会消费品零售总额160.5亿元，同比增长8.4%；规模以上工业增加值212.1亿元，同比增长3.3%；一般公共预算收入28.9亿元，同比增长2.3%，位列全省第一；城镇和农村居民人均可支配收入分别达到36532元、8673元，同比分别增长6.2%、9.3%。连续15年跻身全国百强，并入选“全国投资潜力百强县”和“全国科技创新百强县”。

【多元产业体系】

2019年，孝义市共有18个项目建成投产。其中煤焦化工产业方面，鹏飞企业10万吨合成氨建成投产，金州企业10万吨针状焦恢复生产，金岩企业二期254万吨顶装焦等开工建设。铝系产业方面，信发企业120万吨、田园40万吨氧化铝技改项目建成投产。农业产业方面，一果3000吨亚麻籽加工项目建成投产，春塔30万只肉鸡养殖场项目试运营。新兴产业方面，华庆企业20万吨赤泥综合利用高效净水剂项目部分投产。现代商业服务业方面，全省第六家万达广场入驻运营，居然之家成功签约，马佩勋事迹展馆等文旅项目投入运营。

【环境创优】

2019年，孝义市深化投资项目承诺制、相对集中行政许可权等营商环境改革，启动运行“一枚印章管审批”，服务事项网办率达到87%，审批效率整体提速55%。同时研究制定《鼓励投资加速经济转型优惠办法（试行）》，实行支持民营经济发展“15条”措施。落实减税降费政策。鹏飞集团入选全国民营企业500强，位列第429位。

【重点领域改革】

2019年，孝义市完成党政机构改革，引深营商环境、农村集体产权制度改革，教育、医疗等领域改革成效显著。强化经济开发区转型发展主引擎作用，举办2019中日氢能产业专家孝义论证会，推动鹏飞集团与美国GCES公司签约氢能源项目。

2019年，经济开发区GDP、工业增加值分别完成149亿元、141亿元，分别占全市的46.5%、66.5%；投资、产出、税收强度分别完成100.3%、140.2%、121.1%。

承办第二届“一带一路”煤焦化工产业绿色发展研讨会、2019生物降解材料技术国际研讨会。组织企业参加第四届丝绸之路国际博览会、第二届上海进口博览会、第三届吕梁名特优功能食品展销会等重大活功。推动金晖集团建立山西生物降解塑料技术研发与工程化共享平台，东义镁业成立山西镁及镁合金制备加工中试基地。

【城市建设管理】

2019年，孝义市深化城乡环卫一体化市场化改革，城区主干街道机扫率、生活垃圾收集清运率分别达到80%、100%；推动图书馆、文化馆、美术馆“1630”总分馆制运行。

推进棚户区、城中村改造，开展14项拆迁工程调查和测量工作，面积约22万平方米，共计落实补偿资金2013万元；中心城区棚户区改造项目合计开工701套，完成年度投资任务。

投资11.6亿元，完成20个基础设施和公共服务工程。其中，永安路改造工程完工通车，阳泉曲循环线开工建设，金龙山旅游公路加快建设，完成孝义—介休客运班线公交化改造。

【乡村振兴】

2019年，孝义市编制完成乡村振兴总体规划，深化“四大工程”，加快“一乡一特一园区、一村一品一基地”建设，创建特色农业产业园12个，农林牧循环种养生产基地80个。创建第二批“国家农产品质量安全市”，胜溪新村现代农业园区被评为“全国农业标准化优秀示范区”。

完成农村集体产权制度改革，探索实施农村“两权”抵押贷款。开展农业生产托管服务，启动以新型农业经营主体为服务对象的“新农贷”试点，入选“全国农民合作社质量提升整县推进试点”。创建吕梁市美丽宜居示范村11个。

【生态环境改善】

2019年，孝义市落实环境保护“党政同责、一岗双责”，市级领导牵头领办生态环保重点任务51件。完成25项中央环保督察“回头看”反馈问题整改。深化城乡环境卫生综合整治，落实严企、治污、控煤、禁烧、管车、降尘、绿化“6+1”举措，推进“煤改气”“煤改电”和集中供暖工程。开展清河专项行动，规范化整治入河排污口141个，全市新增雨水管网7000余米、污水管网5000余米，城区污水收集处理率达95%以上。推行工业固废规范化管理，完工矸石山生态恢复治理工程4个。推进煤炭“减优绿”发展，完成环保改造焦化企业11户，26个在建工程均达到“六个百分百”治理标准。探索“能源管家”等绿色发展模式，提高污染治理效率和专业化水平。加强生态保护修复，建成区绿化覆盖面积达11.6平方公里，公园绿地面积达3.2平方公里，绿地率达到37.3%，绿化覆盖率达41.2%；全市林地面积达到4.47万公顷，森林覆盖率提升到33.2%，超过全省平均值4.9个百分点。孝河国家湿地公园试点通过国家林草局评估验收。

【民生发展】

2019年，孝义市推进义务教育教师“县管校聘”改革，实现城乡义务教育一体化。新增公立幼儿园3所，改造维修农村学校、幼儿园23所。优化教育资源，稳妥整合农村小规模学校。中考所有学科均分、及格率、优生率全部位居吕梁市第一；高考二本B类以上达线3327人。市乡医疗卫生一体化改革试点走在全省前列，医疗综合能力提升，三医联动、分级诊疗、慢性病管理取得新进展，市域内就诊率达90.2%，个人医疗费用占比降至33.8%，受到国务院医改领导小组的通报表扬。

2019年，举办首届孝义非遗文化艺术节，创作《风雨核桃情》《天女散花》等原创文艺精品，并在中央电视台播出。承办第二届全国青年运动会艺术体操比赛等大型体育赛事，丰富群众精神文化生活。农村“五保户”全部实现集中供养，城镇“三无”人员全部纳入特困供养人员范围。在产业扶贫、就业扶贫等攻坚点，调整优化驻村工作队10支，帮扶工作队增加至123支。以脱贫攻坚为主题创作的碗碗腔剧《枣花》被列入2019年全国重点创作剧目、山西省2019年文化旅游重点扶持剧目。全市贫困人口人均可支配收入达到9693元。

实施全民技能提升培训工程，举办各类就业招聘会15场，提供就业岗位1.8万个，6000余人达成就业意向。城镇登记失业率控制在3.1%。全面构建市、乡、村三级退役军人服务保障体系。

【社会治理】

2019年，孝义市加强建设综治中心，推进城乡“雪亮工程”。落实信访工作责任制。深化安全生产专项整治。打击各类犯罪行为，全年严重暴力犯罪同比下降19.6%，“两抢一盗”案件破案率同比上升60%。健全市、乡、村三级矛盾纠纷化解机制，推行法律顾问制度，实现“一村（社区）一法律顾问”。

（孝义市委史志研究室）

交口县

【概 况】

交口县地处吕梁山脉中段。辖4镇3乡、95个行政村、381个自然村，面积1259.92平方公里，人口12.43万。全县森林覆盖率42.41%，林木绿化率65.43%；境内日照充足，平均日照时数为7.65小时，年平均气温为7.3℃；无霜期长，平均无霜期为167天，平均降水量为618毫米。地下矿产资源丰富，主要有煤、铁、铝、白云岩、耐火粘土等14种，含矿面积达67.1%。其中，煤炭可采储量约10亿吨、铝土矿3亿吨、铁矿9200万吨，白云岩地质储量达100亿吨。2019年，交口县全年地区生产总值55.4亿元，规模以上工业增加值41.9亿元，一般公共预算收入6.8亿元。

【“三基建设”】

2019年，交口县全面提升基层党建工作的质量和水平。整顿软弱涣散机关事业单位党组织3个、非公经济组织党组织1个，农村党组织12个，实现整顿清零。定期开展基层党组织书记集中轮训、农村“领头雁”培训33场次3074人次，224名村组干部和后备干部完成学历提升，95个行政村全部实现“一村一名大学生”的目标。投入1230万元，完成村级组织活动场所25个、社区活动场所2个、乡镇周转房6个、乡镇办公用房填平补齐项目7个。村级组织运转经费达到村均22.99万元，村“两委”主干岗位报酬人均提高到2.6万元，社区“两委”主干岗位报酬提高到3.2万元。发展壮大集体经济，全县所有贫困村集体经济收入均突破10万元。

【巩固脱贫成果】

2019年，交口县委、县政府树立“2020年交总账”意识，以巩固提升脱贫成效为重点，全年退出贫困村2个、脱贫297户659人，贫困发生率降至0.1%。产业扶贫、“一保通”保险、“一码清”管理等工作先后在省、市有关会议作经验交流并推广运用。

落实脱贫攻坚工作责任。每月定期召开县委常委会、脱贫攻坚领导小组会议，研究推动脱贫攻坚工作。持续实行县级领导包乡镇包村担任“指挥长”和每周两天驻村帮扶制度。落实“三级书记”抓脱贫责任。

聚焦重点目标任务，全力抓好对标提升。2019年，全县食用菌生产规模达到3200万棒，生猪出栏30万头，香菇和菌棒出口韩国、日本，“吕粮山猪”直供香港。贫困村九年义务教育阶段无因贫辍学学生，适龄幼儿入园率达98.2%。为所有建档立卡贫困人口缴纳城乡居民基本医疗保险，对35种慢性病实行100%报销。全县农村低保应保尽保，危房改造实现静态“清零”目标。实施22个自然村饮水安全巩固提升工程，饮水安全达标率100%。

落实精准要求，提升脱贫成效。严格按照“两评议、两公示，一对比、一公告”程序要求，确保应纳尽纳、应退尽退、识别精准、退出精准。完善“一保通”脱贫保险，巩固拓展“一码清”管理。探索推出“十户一体”发展模式，促进资源整合，增强内生动力。

针对国考、省考、省委巡视督查、市委巡察督查以及审计反馈问题，及时进行整改。整合投入各类涉农资金1.7亿元，优先保障驻村干部经费。注重脱贫攻坚干部队伍培养激励，从脱贫一线选用干部19人，表彰优秀工作队长、第一书记、挂职干部、农村干部95人。

【经济转型】

2019年，交口县固定资产投资15亿元，社会消费品零售总额9.729亿元，同比增长8.1%，城镇人均可支配收入和农村人均可支配收入分别为22199元和8851元，同比分别增长6.6%和8.2%。

2019年，交口县以“转型项目建设年”为契机，推进经济转型。将改造提升传统产业和培育壮大新型产业作为“两手抓”，全年实施重点工程项目33个，其中建设风电、光伏等转型项目11个，阳光电源100兆瓦竞价上网、特变电工300兆瓦平价上网项目落地开工。特色农业方面，巩固拓展以食用菌为主的“3+N”特色产业，新增无公害农产品认证4个，绿色农产品认证4个。举办“吕粮山猪”直供港澳品牌发布会和直供香港首发仪式、全国森林质量提升暨交口夏菇推介会，“吕粮山猪”先后2次供港生猪1000余头，韦禾公司50万棒食用菌菌棒、天麟公司12万斤香菇出口韩国，外贸出口实现“破零”。

优化营商环境，深化“放管服效”改革，推进行政审批“两集中、两到位”。成立“一站式”服务中心，开展投资项目“一网通办”，实现申报项目赋码后审批事项全流程“一次性告知、一站式全程服务”。全面落实减税降费政策，完成减税降费1.78亿元。加大招商引资力度，共签约项目4个，签约额31.76亿元。

【生态环境保护】

2019年，交口县践行“绿水青山就是金山银山”发展理念，打好“蓝天、碧水、净土”三大环保攻坚战。第一污水处理厂提标改造工程全部完成，第二污水处理厂建设项目投入运营，出境断面水质达到地表水V类标准。工业企业污染治理任务全面完成，全县PM2.5年平均浓度29微克/立方米，空气质量综合指数4.02，优良天数303天，综合排名位列吕梁第一。推进生态修复治理，2019年交口县获“第四届中国林业产业突出贡献奖”。

【社会事业】

2019年，交口县完成城区拆迁1300余户30万平方米，水头、龙泉棚户区改造相继交付使用，迎宾、河东棚户区全面开工建设。惠民苑、英才苑公租房项目全部竣工，南山生态综合治理和人民广场项目主体工程完工。国道209线绕城改造项目开工建设，离隰高速公路启动建设，汾石高速取得实质进展，完成“四好农村路”建设42条，总长150公里。

落实振兴教育“20条”意见，推进义务教育一体化改革。全县学前教育幼儿入园率达98.2%，义务教育向优质均衡方向迈进，中、高考达线率连续3年创历史新高。提升医疗服务水平，药品全部实行零差率销售，村级卫生室建设达标率100%，超过全省平均水平10个百分点。推进社保扩面提质，稳步提高城乡低保、失能补贴、高龄补贴、孤儿基本生活保障补助标准。扎实做好退役军人服务工作，安置符合政策的退役士兵90余名。

【法治建设】

2019年，交口县加强党对法治建设的领导。有32个行政执法主体开展普法宣传活动，创建法治宣传教育示范单位10个。开展“法律进校园”活动，提高青少年法律意识。95个村委全部建成法治文化阵地，创建示范村阵地3个。开展行政执法主体和行政执法（监督）人员清理和审核确认工作，严格落实行政执法主体责任，促进规范公正文明执法。做好重点领域风险防范，深化“扫黑除恶”专项斗争，打击涉恶团伙6个。推广新时代“枫桥经验”，完善社会治理网格化服务。落实党政安全生产责任制规定，开展各领域专项检查，整改各类安全隐患。开展信访“四个重点”攻坚活动，交办案件办结率位列全市积案化解第一方阵。

（交口县委史志研究室）

石 楼 县

【概 况】

石楼县位于吕梁山西麓，黄河东岸。东以黄云山、石楼山为界与交口县相邻，南与隰县、永和县接壤；北与中阳县、柳林县毗连；西隔黄河与陕西省清涧县相望。石楼县总面积1742平方公里，现辖4镇10乡，人口9.91万。

2019年，石楼县地区生产总值11.7亿元，同比增长11.2%；规模以上工业企业增加值3700万元，同比增长40%；固定资产投资11.5亿元，同比增长8.5%；社会消费品零售总额3.78亿元，同比增长8%；一般公共预算收入5169万元，同比增长2.48%；城镇居民人均可支配收入1.59万元，同比增长9%；农村居民人均可支配收入4300元，同比增长14.1%。

【脱贫攻坚】

2019年，石楼县创新林业生产机制，全县9800余名贫困人口参加137个造林合作社，人均增收3090元；1261名贫困户被聘用为护林员，人均增收6000元，被誉为“吕梁生态脱贫的升级版”。建设总规模达80万只养鸡场，一期存栏60万只，二期规模20万只养鸡场开工建设，实现资产收益570万元。建成村级光伏电站56.3兆瓦，集中式光伏电站30兆瓦，惠及全县113个贫困村9600户贫困户；贫困村光伏电站分配规模平均数达到500千瓦，村集体光伏收益平均达到50万元以上，关联贫困户的户均光伏收益达到6000元以上。

2019年，石楼县按照“两不愁三保障”实施“3+6+X”产业增收计划，形成“25137”长效增收机制，实现贫困人口人均2亩保收田，人均5亩经济林，户均1种养殖产业，加快推进贫困户户均3种以上产业，户均增收7000元。易地移民搬迁中，建成集中安置点3个，4654户15473人全部入住；危房改造完成4999户，农村危房全部“清零”。行政村安全饮水实现全覆盖，根除氟超标问题，并限定最低水价，解决279个自然村20644户64473人的安全饮水问题。完善“农村四好公路”建设，全县113个贫困村95条村通硬化路全面建成。贫困户基本医疗保险个人部分均由县财政代缴，参保率达到100%；贫困户入院救治自付比例控制在10%以内；各行政村均配置标准化卫生室，慢性病贫困人口实行“双签约”服务。全面落实学前幼儿资助、“两免一补”、普通高中学生资助等12项教育扶贫政策，有7500余户贫困户家庭和子女享受教育扶贫政策；贫困家庭学生上学资助政策达到全覆盖。农村低保实现应纳尽纳、应保尽保，提标达到4188元/（人·年）。

【就业增收】

2019年，石楼县连续3年通过“转移就业增岗、公益岗位增岗、扶贫车间增岗，创优培训、创新服务、创业帮扶”举措，打造三个劳务品牌，农村劳动力就业累计增加8099人。“吕梁山护工”累计实现培训3608人，就业1984人，就业率达到55%；“黄河岸边的青岛村”通过“传帮带”，累计实现3000多人转移到青岛就业，“福海厨工”带动800多人就业；打造“一碗粥道”“甜蜜网事”等青年创业品牌。

推广旱作农业技术，渗水地膜面积稳定增加，全县达到0.67万公顷，耕地亩产有效提高。加快农业生产托管，推动农业种植产前、产中、产后生产托管、半托管面积达0.15万公顷，推广新品种面积0.1万公顷，改变了农业耕种方式粗放、农村劳动力短缺的现状。

【转型发展】

2019年，石楼县以项目建设为主线，以转型发展为重点，实施一批涉及产业发展、基础设施、社会民生类等重点项目。在实施总投资90.16亿元的26个重点项目的基础上，将清洁能源作为转型发展的突破口，推进“一气双电”项目建设。年产5亿立方米的天然气开发项目具备可生产条件。100兆瓦风电项目和86.3兆瓦光伏发电项目全部投产达效，实现石楼工业经济的零突破。

【城乡环境】

2019年，石楼县贯彻落实黄河流域生态保护和高质量发展座谈会精神，坚持以造林绿化长期巩固生态建设，全县累计实施退耕还林6余万公顷，成为全省退耕还林第一大县。红枣、核桃干果经济林达到3.53万公顷，农民人均0.33公顷，成为全省人均干果经济林面积最大县。实施乡村振兴战略和县城品质提升建设，开展城乡人居环境大整治。改善农村人居环境，累计发动群众投工9300余人次，清理农村生活垃圾7650吨，残垣断壁120处，畜禽养殖粪污297吨，沟道淤泥垃圾7.9万吨，村内沟渠422.51公里。推进市政建设，扩大县城框架，实施鼓楼街和西岭山棚户区改造、污水处理厂保温提质改造、垃圾无害化处理厂等项目，新建石楼小镇和龙山水岸安置工程。加大市场交通秩序和环境卫生整治，新增20名城区综合执法大队协管人员，投资730余万元安装河道管理监控装置34个；完善城区交通标志、隔离栏和违章停车抓拍系统等设施，建设城区河道景观工程，县城环境持续改善。

【基础设施】

2019年，石楼县累计整合资金2700万元，实施农村饮水工程建设，实现全县119个行政村安全饮水全覆盖，解决58个自然村氟超标问题。发挥交通先行作用，完成小蒜至曹家垣乡、马村至龙交乡等县级道路升级改造；创新“四好农村路”PPP项目融资模式，投资5.6亿元完成96条全长503公里通村道路硬化和窄路拓宽工程，行政村道路全部硬化。全县119个行政村495个自然村，实现村村通动力电；实施农网改造升级工程，完成5个乡镇56个村6541户改造任务，增强农村供电保障能力。全县所有行政村接入通信互联网和光纤宽带，118个行政村已通4G网，覆盖率达88%，全县农村网络覆盖达95%以上。

【廉政建设】

2019年，石楼县委先后召开反腐败领导小组会议3次，专题研究党风廉政建设。全年共受理举报案件268件，累计处置问题线索268件，立案137件，给予党纪政务处分128人，移送司法机关4人。通报各类违法典型案例5批32人次。依托红军东征纪念馆、龙交廉政文化园等廉政教育示范基地，开展党风党纪、廉洁自律和警示教育8次。编印《石楼县基层党员干部违纪违法典型案例剖析选编》，选取16个典型案例，发挥查处警示的效果。“零容忍”查处扶贫领域腐败和作风问题，全年共查处26件，处理51人，移送司法机关3人；处分科级干部15人，村干部28人。

（石楼县委史志研究室）

中 阳 县

【概 况】

中阳县位于吕梁市西南部，面积1438.61平方公里，下辖5镇2乡，100个行政村（居）委员会。2019年末，全县常住人口147130人。县城区全年空气环境质量二级以上天数256天，空气质量优良率70.3%。城区绿化面积240万平方米，绿化覆盖率38%，人均公共绿地面积9.66平方米，绿地率33%。

2019年，全县生产总值107.5亿元，同比增长14.3%；规模以上工业企业35家，规模以上工业增加值增长15.2%；固定资产投资23.2亿元，同比增长1.4%；社会消费品零售总额16.16亿元，同比增长7.2%；财政总收入34.7亿元，同比增长27.17%；一般公共预算收入完成11.7亿元，同比增长12.4%；城镇居民人均可支配收入24569元，同比增长7%；农村居民人均可支配收入8053元，同比增长10.2%。

【农 业】

2019年，中阳县农林牧渔业总产值43109.9万元。农作物播种面积0.97万公顷，粮食产量17321.5吨。造林5203.2公顷。猪牛羊禽肉类总产量12587.2吨。全县黑木耳产量达到14.5万公斤，新希望肉鸡养殖项目招商落地，蔬菜大棚建成45个并试种成功。

【产业建设】

2019年，中阳县协同推进传统产业和新兴产业，煤炭资源重组后，全县整合保留矿井17对（含市营2对）。推动煤炭生产链条式发展，钢铁产业提档升级。招商引资签约项目11个，共投资41.15亿元，开工项目9个。探索经济转型和多元发展路径，中阳剪纸、布艺刺绣等非遗精品荣登央视，亮相省市各类推介平台；柏洼山4A级景区项目签约落地；电商公共服务中心及69个乡村电商服务站点建成投运，电子商务交易额突破2000万元。

【交通电力】

2019年，中阳县公路总里程924.5千米。其中，国道55.5千米、省道4.4千米，县级公路191.5千米、乡级公路228.1千米、村通公路445千米。87个行政村通村公路硬化率100%，具备条件的行政村开通客运班车率100%。拥有纯电动公交车30辆，出租车120辆，营运客车25辆。12个新能源发电项目建成并网6个，形成304.3兆瓦的新能源发电能力。全年完成供电量6.96亿千瓦时，售电量6.55亿千瓦时。

【金融邮政】

2019年末，中阳县金融机构本外币各项存款金额115.2亿元，比年初增加15.4亿元，同比增长15.5%。各项贷款余额47亿元，比年初减少1.9亿元，同比下降3.8%。邮政业务收入累计完成1102万元，同比增幅4.65%，其中金融业务收入完成755.22万元，寄递业务收入49万元，报刊收订流转额185万元。新增农村便民服务点6个，累计发展48个。

【科教文卫】

2019年，中阳县共有各级各类学校57所。其中，普通高中1所、职业高中1所、初中5所、小学29所（含2个教学点）、九年一贯制学校4所、单办幼儿园17所、附设幼儿班16个。在校（园）生共计25290人，其中，普通高中2764人，职业高中1144人，初中5345人，小学10965人，幼儿5072人。全县各类学校共有教职工2396人，其中高中336人、职业高中52人、初中633人、小学1002人、幼儿373人；专任教师2219人，其中高中327人、职业高中52人、初中578人、小学942人、幼儿320人。升辉全民健身中心正式开馆，项目总投资700万元。创作完成70米剪纸庆祝中华人民共和国成立70周年艺术长卷。全县7个乡镇文化站全部挂牌成立。全县有各级各类医疗卫生机构（医院、卫生院）167个，医师453人，其中执业医师317人，执业助理医师136人。医疗卫生床位数486张，其中县医院177张，乡镇医院129张。

【民生事业】

2019年，中阳县民生类支出15.51亿元，占一般公共预算支出的80%。城镇新增就业人数2285人，城镇登记失业率控制在4.2%以内；就业困难人员实现就业102人，转移农村劳动力2385人。累计投资4.6亿元，陆续建成50千米“四好农村路”8条、县乡道安防工程180千米，新增公共停车位1100个。累计投入32.8亿元，建成采煤沉陷区安置房2659套、棚改安置房4576套，易地扶贫搬迁安置房1959套，惠及群众3.1万余人。城乡低保全年分别提标1200元、600元，城乡特困人员基本生活全年分别提标1600元、800元。全县剩余贫困户22户66人，贫困发生率降至0.06%。“产业+就业”覆盖面扩大，累计投入各类扶贫资金12.3亿元，实施项目522个，覆盖所有贫困群众。

（中阳县委史志研究室）

柳 林 县

【概 况】

柳林县地处山西省中西部，吕梁山西麓，黄河东岸，隔黄河与陕西省吴堡县相望，是山西的西大门。地处华北地区通往大西北的交通要隘，素称“华北门户”“秦晋通衢”。有太中银高速铁路、中南出海通道、孝柳铁路煤炭专线、307国道、青银高速公路、沿黄干线公路、沿黄旅游公路等七条国、省级干线路途经我县。全县面积1288平方公里，辖8镇7乡257个行政村，耕地面积56万亩（其中基本农田47万亩），森林覆盖率35.3%。

2019年，已基本建成孟门战略装车点、王家会货物集运站，正在推进柳林南集运站和汾西留誉铁路专线建设，投运后年运输能力可达3600万吨。

【人文历史】

柳林县紧靠中华民族的母亲河——黄河，属于中华文明的发源地之一。柳林境内出土的黄河锯齿龙化石距今有2.5亿年的历史。已发掘的高红、杨家坪两处新石器时代文化遗址，距今有5000多年的历史。地处黄河岸边的孟门镇为大禹治水第一门。新发掘的柳林高红商代方国都城遗址被列入“2006年度全国十大考古新发现”。柳林县城所在地柳林镇，始兴于明，鼎盛于清，是晋商通往陕、甘、蒙的交通必经之地和西北与中原商贸往来的重要集散地，清乾隆时期已发展成为手工业兴盛、商贾云集的秦晋码头。民国年间拥有商号800余家，当时在全国排名前列的万顺成、庆云长、万和堂等商号都在柳林设有商铺，柳林也因此享有“小北京”美誉。据统计，全县范围内有香严寺、双塔寺、明代石塔、舍利塔、锄沟唐窑、贺昌故居等县级以上文物保护单位178处，县境内还有大量的传统古村落和历史建筑遗存。独具地方特色的柳林盘子、柳林弹唱、柳林剪纸、水船秧歌、桑皮纸制作等非物质文化遗产代表了柳林古老而丰富的民俗文化。

【人 口】

2019年经人口抽样调查，全县常住人口为332535人，同比增加166人。全年全县出生人口2804人，人口出生率为8.43‰；死亡人口2355人，死亡率为7.08‰；自然增长率为1.35‰，城镇化率为45.97%，比上年提高1.23%。

【物产资源】

柳林是全国优质主焦煤生产基地，煤炭资源质优量大，全县煤炭资源远景储量100亿吨、探明储量54亿吨，4#优质主焦煤被誉为“国宝”。县境内铝土矿石总储量超过4亿吨，其中独立铝矿石储量约2.2亿吨，煤下铝矿石储量约1.8亿吨。煤层气预测储量2000亿立方米，探明储量490亿立方米。石灰岩预测储量203亿吨，裸露面积50—60平方公里。县境内硫铁矿、石膏、紫砂陶土、大理石等矿产资源也很丰富。

柳林也是全国著名的红枣大县，2019年全县有红枣林28万亩，规模以上红枣加工企业25户。柳林核桃、碗团、芝麻饼、小杂粮等特色农产品闻名省内外。

【工 业】

2019年，柳林县有煤矿30座，年生产能力4500万吨，煤矿数量和产能占吕梁全市的三分之一。柳林煤矿建设标准高，已完成技改扩建24座，年产能在60万吨以上，其中国家一级安全质量标准化矿井和安全高效型矿井7座，上报先进产能矿井8座。全县有洗煤企业59个，年生产能力8360万吨；焦化企业2个，年生产能力178万吨；发电企业3个，发电装机容量200万千瓦，占吕梁市运行及在建装机容量（900万千瓦）的22%；氧化铝企业1个，年生产能力130万吨；水泥企业1个，年生产能力360万吨；建材企业1个，年生产能力135万吨。

2019年全县实现地区生产总值204.6亿元，按不变价格计算，同比增长-4.2%。其中，第一产业增加值3.7亿元，同比增长6.5%，占地区生产总值的比重为1.8%；第二产业增加值143.1亿元，同比增长-8.1%，占地区生产总值的比重为69.9%；第三产业增加值57.8亿元，同比增长3.0%，占地区生产总值的比重为28.3%。

全县人均地区生产总值61543元，按2019年平均汇率计算为8709美元。全年全县一般公共预算收入28.8亿元，同比增长-5.7%。税收收入20.7亿元，同比增长-15.9%；非税收入8.0亿元，同比增长36.9%。分税种看，主体税种增值税9.4亿元，同比增长-25.6%；企业所得税3.5亿元，同比增长-16.6%；资源税3.5亿元，同比增长-8.1%。

【农 业】

2019年，柳林县农作物种植面积23199.1公顷，比上年增加954.5公顷。其中，粮食种植面积19806.3公顷，比上年减少117.2公顷；油料种植面积633公顷，比上年少100公顷；棉花种植面积34.3公顷。在粮食种植面积中，玉米种植面积6689.6公顷，比上年增加577.4公顷；小麦种植面积12公顷，比上年减少2.8

公顷。全年粮食产量39558吨，比上年减少14263.5吨，同比下降26.5%。其中，秋粮39546.1吨，同比下降26.5%。

2019年全县猪牛羊肉总产量5983.2吨，同比增长12.8%。其中，猪肉产量5327吨，同比增长14.66%；牛肉产量114.5吨，同比下降21.03%；羊肉产量541.7吨，同比增长5.64%。

2019年生猪存栏51907头，比上年增长15.84%；生猪出栏63397头，比上年增长9.13%。羊存栏59694头，比上年增长35.98%；羊出栏36185头，比上年增长6.93%；牛奶产量1524吨，同比增长11.65%。禽蛋产量2793吨，同比增长-22.95%。

全年完成造林2.25万亩，全县森林覆盖率36.15%。

2019年全县农业机械总动力7.81万千瓦，同比增长4.17%。机械耕地面积12320公顷，同比下降20%；机械播种面积12020公顷，同比增长-3%；机械收获面积7980公顷。

【能 源】

2019年全县全社会综合能源消费量217.85万吨标准煤，万元GDP能耗比上年下降4.32%；规模以上工业企业综合能源消费量322.9万吨标准煤，万元工业增加值能耗比上年下降1.43%；万元GDP电耗比上年上升25.1%。

全县全社会总用电总量17.55亿千瓦时。其中，第一产业用电量0.21亿千瓦时，占全社会用电量的比重为1.2%；第二产业用电量14.60亿千瓦时，占全社会用电量的比重为83.2%，第二产业中工业用电量14.53亿千瓦时；第三产业用电量1.13亿千瓦时，占全社会用电量的比重为6.4%；城乡居民生活用电量1.62亿千瓦时，占全社会用电量的比重为9.2%。

【交通 邮电 旅游】

2019年柳林县公路线路里程1575.96公里，其中高速公路11.7公里。全县大型汽车保有量14170辆；小型汽车保有量75905辆，挂车2423辆；摩托车、低速货车17633辆。旅客运输量75.43万人，同比增长-13.7%，货物运输量2930.04万吨。

2019年全县邮政业务总量1498.17万元，其中邮政业务完成838.98万元，快递服务企业业务收入累计完成659.19万元。

年内全县接待入境旅游者703人次，接待国内旅游者1224.7万人次，同比分别增长-3.03%和14.14%；旅游外汇收入20.33万美元；国内旅游收入84.86亿元，同比增长19.47%；旅游总收入86.82亿元，同比增长22.22%。

【教育 科学技术】

2019年，柳林县共有幼儿园72所，小学118所，普通初中26所，普通高中3所，中等职业学校1所。全县有气象台站1个，电话天气自动答询的台站1个，开展人工影响天气业务的单位1个，卫星云图接收站1个。全县有专业综合地震台站2个，县级地震台网中心1个。全年M3.0-M3.9级地震0次，M4.0-M4.9级地震0次，最大震级M2.8级。

【文化 卫生 体育】

2019年，柳林县共有群众艺术馆1个，文化馆1个，文化站15个（其中：乡镇综合文化站15个），农村文化活动场所212个，专业艺术表演团体1个，公共图书馆1个，体育场1个，广播电台1座，电视台1座，调频转播发射台1座，一百瓦以上电视转播发射台4座。广播人口覆盖率95.14%，电视人口覆盖率

98.99%，有线电视用户4.9万户。

2019年全县共有医疗卫生机构（含诊所、村卫生室）330个，床位1270张，其中：公立医疗卫生机构28个，卫生防疫、防治机构1个，妇幼计生服务中心1个。全县公立医疗卫生机构共有卫生专业技术人员879人，其中：卫生院卫生专业技术员267人；防疫、防治卫生专业技术员30人，妇幼计生服务中心卫生专业技术人员61人。全县15个乡（镇）开展了新型农村合作医疗工作。

【人民生活和社会保障】

2019年，柳林县居民人均可支配收入20892元，同比增长8.9%。按常住地分，城镇居民人均可支配收入3368元，同比增长6.0%，城镇居民人均消费支出18241元，同比增长13.1%；农村居民人均可支配收入13317元，同比增长9.4%；农村居民人均消费支出9968元，同比增长6.5%。城镇占20%的低收入家庭人均可支配收入9968元，同比增长8.2%；农村占20%的低收入家庭人均可支配收入4471元，同比增长14.6%。

2019年柳林县在岗职工平均工资75323元，同比增长3.03%。其中，企业在岗职工平均工资为85612元，同比增长11.04%；事业单位在岗职工平均工资为53604元，同比增长-13.8%；机关在岗职工平均工资为59979元，同比增长-13.2%。

截至2019年底，柳林县参加城镇职工基本养老保险2.71万人，同比增加1.36万人；参加城乡居民社会养老保险17.97万人，同比增加0.18万人；参加城镇职工基本医疗保险3.66万人，同比增加0.32万人；参加失业保险2.41万人，同比增加0.31万人；参加工伤保险5.41万人；参加生育保险3.6万人。

2019年，柳林县得到城市最低生活保障救济人数1857人，共发放城市最低保障资金956.2万元；农村最低生活保障救济人数18167人，共发放农村最低保障资金6136.6万元，其中898人纳入农村特困，共发放农村特困金760.13万元。39人纳入城市特困，共发放城市特困金44.37万元。

2019年末，柳林县城镇有各种社区服务设施6个，其中综合性社区服务中心6个，各类收养性单位床位数202张，国家抚恤、补助各类优抚对象1487人。

【脱贫攻坚】

2019年，柳林县43户126人实现脱贫，剩余未脱贫人口63户184人，贫困发生率降至0.064%。

（柳林县委史志研究室）

离 石 区

【概 况】

离石区地处山西西部、吕梁山腹地。介于北纬37°21′~37°42′，东经110°55′~111°35′之间，东西长44公里，南北宽30公里，面积1324平方公里。2019年，辖2镇3乡7个街道，194个行政村、43个居委会。总人口32.5万人。

2019年，离石区地区生产总值137.3亿元，同比增长12.6%；规模以上工业增加值43.68亿元，同比增长24.2%；三次产业比重调整为1.5：43.3：55.2，三产服务业对GDP的贡献率达到52.6%。全年固定资产投资59.2亿元；社会消费品零售总额81.69亿元，同比增长6.4%；一般公共预算收入14.61亿元，同比增长17.1%；城乡居民人均可支配收入达到

31648元和7315元，分别同比增长6.8%和12.9%。其中，地区生产总值、规模以上工业增加值、一般公共预算收入和农村居民人均可支配收入四项指标均达到两位数增长，跻身吕梁市经济发展第一方阵。

【脱贫攻坚】

2019年，离石区委、区政府坚持以脱贫攻坚统揽经济社会发展全局，聚焦“两不愁三保障”，落实“四个不摘”要求，实施“七大增收”工程，落实“四大保障”政策，建立“四项预警”机制，补齐“九项基础”短板。全年共投入专项扶贫资金2亿元，实施扶贫项目176个，减贫221户403人，贫困发生率降至0.06%。

在“五大专项行动”中，全区120个涉贫村全部实现亮化、美化、净化、绿化，推进31个美丽宜居乡村建设。排查“四类人员”2070户，运用大数据、“一码清”平台，重点排查“两类人”。

提档升级14个贫困村55千米村通道路，统筹推进“五位一体”扶贫工作机制。全区共有127支扶贫驻村工作队、68个帮扶企业投身脱贫攻坚主战场。实施以“吕梁山护工”为龙头的全民技能培训，推动扶贫车间建设运行，1622人稳定就业；围绕“二青会”系列文旅推介会，带动1500名贫困群众增收；实施生态造林和经济林管护1.9万公顷，4127名群众实现增收；15个电商扶贫平台销售农副产品11.2万公斤，切实拓宽贫困群众增收渠道。

完善贫困群众生活保障网。发放教育补助资金7571万元，实现义务教育阶段无因贫困辍学目标；财政投入资金4970万元，实施健康扶贫项目11个，贫困人口医疗报销比例达到90%以上；投资3.26亿元建成移民安置点13个，实施危房改造2987处；投资2888万元建成安全饮水工程105处，农村安全饮水率达到100%。

【经济转型发展】

2019年，离石区落实高质量发展要求，推进转型发展。淘汰落后焦化产能71万吨，新增先进煤炭产能60万吨。

发展大数据、新材料产业，实现工业增加值3.6亿元，同比增长50.17%，占全区规模以上工业增加值的8.25%。围绕“转型项目建设年”总体部署，华为山西（吕梁）大数据中心建成运营，水煤浆清洁能源利用、中包凌云无机壁纸、中磁尚善软磁粉芯智能化，以及薛公岭、于家背风力发电等项目顺利推进。

新龙重工液压支架、离石电缆技改、山西建投晋西北建筑产业园等项目推进建设。

打造“美丽乡村离石游”品牌。交口村和杜家山村分别被评为“全国文明村”“全国传统村落”，彩家庄村入选“中国历史文化名村”，归化村、永红村和任家沟村入选全省首批3A乡村旅游示范村。2019年全区乡村游接待游客875.5万人次，增幅17.45%。

招商引资和“双创”取得新成效。完成签约额34.92亿元，碧桂园房地产等一批项目引进落户。市军民融合研究院云计算公司和中磁尚善公司获得国家高科技技术企业证书，天河工业云等项目获得国家级奖项，中磁尚善公司入选全省上市公司后备项目库和山西省科创版后备企业库。

【城乡建设发展】

2019年，离石区助力发展“三农”建设，全年粮食种植面积1.1万公顷、总产量2.84万吨；肉类总产量5308.9吨、禽蛋总产量4325.4吨。“一乡一特一园区、一村一品一基地”建设稳步推进，培育农业产业化联合体2个、农业产业园区3个、村级种养生产基地24个，建设高级示范区3个、百亩绿色攻关片1个，完成“三品一标”无公害认证3个。大幅提高基层干部薪酬标准，农村、社区“两委”主干年均薪酬分别达到3.12万元和4.44万元，全区187个行政村集体经济收入全部达到2万元以上。滴瓦线、西茂线、小吴线、小西线、千西线、枣林循环线公路路基工程，沙会则大桥至吉家村主干道路和苏家村安置小区配套道路工程年内全部完工。

【重点领域改革】

2019年，离石区推动煤炭产业“减、优、绿”发展，全区煤矿先进产能占比达到38.2%。

深化金融体制改革，实现政银企对接，为吕梁环城高速等5户龙头企业达成融资意向29.58亿元。珍味谱、鑫东大公司成功登陆“晋兴板”；完成农村信用联社股本筹集，农商行改制稳步推进。

落实减税降费政策，全年减降各类税费39055万元，减轻企业负担，激发市场主体活力。

年内，引进张光华博士科技团队和韩国技术研发团队，为高技术产业发展注入新活力。

深化农村产权制度改革，完成行政村（组）清点核资和成员身份界定。全区成立股份经济合作社193个，10个试点村率先进行“三变”改革，全面铺开农业生产托管工作，完成率居全市、全省前列。推进各个领域“放管服”改革，实行审批与监管分离。

【生态环境建设】

2019年，离石区发展生态保护修复，环境质量明显改善。森林公园园林景观提升工程竣工。荒山绿化、退耕还林、核桃林提质增效0.97万公顷。城区可视山体绿化、三川河生态修复综合整治工程有序推进，龙山二期绿化工程完成前期准备。

完成秋冬季大气污染综合治理攻坚目标任务，城区优良天数达208天，在被列治理城市区域中全省排名第二，PM2.5平均浓度最低、改善幅度最大、优良天数最多，位列汾渭平原11个城市首位。

实施清洁能源替代工程，完成“煤改气”6343户，集中供热785户，城市建设区基本实现清洁取暖全覆盖。完成枣林沟、刘家湾黑臭水体整治，实施城区周边村雨污分流工程，总投资1.09亿元，铺设管网60.9千米，安装检查井2708个。

【民生事业】

2019年，离石区累计民生支出18亿元，同比增长5.6%，占一般公共预算支出的65.4%。

通过实施就业岗位开发、职业技能培训、青年创业孵化园建设等举措，新增城镇就业4569人，全民技能培训5200人，城镇登记失业率为1.04%。

新建、改扩建东关小学等中小学、幼儿园7所，学校布局持续优化；深化办学模式改革，引进北京新学道教育集团，推动离石一中、城镇中学、袁家庄中学等公办初中全面振兴；推进招生制度、区管校聘等系列改革；招聘教师129名，缓解教师短缺压力；健全教师激励机制，落实新招聘教师公租房待遇，加大优秀教师表彰奖励力度。2019年，全区中考670分以上学生占全市考生的53.3%，高考二本B类以上进线率达到96.69%，位居吕梁市前列。

以离石区人民医院、中医院为薪酬制度改革试点，统筹推进“三医联动”。强化药品管理“五统一”，区乡医疗机构一体化改革迈出新步伐。基本公共卫生服务扎实开展，居民健康档案建档率达到98%以上。国家重大公共卫生服务民生项目完成率达100%。

提高农村低保标准。每人年均达到4344元，特困供养标准提高到低保标准的1.3倍，对符合农村低保条件的贫困户“以护施保、补差救助、应保尽保”；65周岁以上人员基础养老金提标到134元/（月·人），机关事业单位2018年度目标责任考核奖金全部兑现。推进省级食品安全示范区、禁毒示范城和双拥模范城创建。全年安全生产事故起数和死亡人数达到“双下降”。“扫黑除恶”专项斗争中，打掉涉黑涉恶犯罪团伙20个。

（离石区委史志研究室）

方 山 县

【概 况】

方山县位于吕梁市西北部，面积1434.1平方公里，下辖5镇2乡，169个行政村。

2019年，全县地区生产总值50.6亿元，同比增长11.7%；规模以上工业增加值38.5亿元，同比增长18.9%；一般公共预算收入5.1亿元，同比增长3.7%；固定资产投资13.7亿元，同比增长4.9%；社会消费品零售总额11.2亿元，同比增长6.5%；城乡居民人均可支配收入分别达到23012元、5579元，分别同比增长7.4%、13.8%。

【脱贫攻坚】

2019年，方山县按照“五项整改、十大巩固提升”思路，退出贫困村7个，减贫341户703人，贫困发生率降至0.21%，脱贫攻坚综合考核进入全省第一方阵。扶贫资金投入力度持续加大，整合资金和专项资金累计投入3.8亿元。拓展“3X+522”模式，壮大肉牛、中药材、光伏三大主导产业，肉牛循环产业典型模式得到省、市充分肯定，中药材产业成为县产业“名片”，光伏扶贫电站成效评估位居全省前列。贫困村村均分配光伏收益达到14.4万元。完成住房安全提升77户、贫困村提升工程433个；发放扶贫小额贴息贷款1778户8705万元；“吕梁山护工”培训6期802人，就业320人。完成整改上级督导反馈问题70条。

【农业产业】

2019年，方山县推动“一乡一特一园区、一村一品一基地”建设和农业供给侧结构性改革，全县粮食总产量达到4.86万吨，中药材种植、肉牛养殖规模分别达到0.39万公顷、3.5万头；完成无公害产品认证5个、绿色产品认证5个、有机产品认证8个；农民专业合作社、家庭农场分别达到426个、36个。

【工业转型】

2019年，国电马坊风电二期项目顺利推进，吕梁山矿产品有限公司年产20万吨电熔改性料生产线基本完工；庞泉重型机械技改扩建项目建成投运。

【文化旅游】

2019年，方山生态文化旅游示范区经省政府批准设立为省级开发区。方山县先后承办北武当山半程马拉松、“二青会”吕梁方山火炬传递等旅游季系列活动；实施完成于成龙茔园广场及配套基础设施项目；“圪张线”旅游公路完工85%；北武当山景区环线公路北线工程开工建设；建成美丽宜居示范村6个。方山县获得“中国最佳康养休闲旅游名县”和

“2019中国最美县域”荣誉称号。

【电子商务】

2019年，方山县电子商务公共服务中心孵化功能明显凸显，电商物流配送体系逐步形成。累计建成电商服务站点110个、孵化电商企业16户，全年电子商务网络交易额达到7765万元。

【基础建设】

2019年，县城棚户区改造东一区、东二区安置房和商铺分配完成520套，东三区项目全面启动。县城改造完成拆迁340户4.8万平方米。城区雨污分流及道路改造工程开工建设。方正花园一期项目完工，二期项目完成75%。城北热源厂主体工程基本完工，新建换热站2座，新增供热面积40万平方米。大武安置区累计拆迁4586户59万平方米；开工建设安置区9个、安置楼46幢，其中25幢安置楼主楼及楼内水暖电三级管网工程全部完成，安置房分配完成2140套。大武小学、大武医院加快建设。城区13万平方米商铺启动建设。

【社会事业】

2019年，方山县农村低保、城市低保标准分别提高到4344元/（年·人）、6240元/（年·人）；新建农村老年人日间照料中心4所，社会福利院养护楼项目基本建成。启动实施教育系统绩效工资考核，提高义务教育阶段教师工资水平，发放表彰奖励资金278万元；高中新校区一期项目建成投运，高中新校区二期、职教中心项目分别完工80%、85%。医卫体制综合改革进展顺利，县医疗集团实现行政、人员、资金、业务、绩效、药械管理“六统一”；“一站式”结算服务在全县定点医疗机构全覆盖。社保“136”兜底保障、“三保险三救助”报销比例达到90%以上。县城影剧院建成投运，图书馆功能进一步完善。全年未发生较大以上安全生产事故。开展“扫黑除恶”专项斗争，打掉恶势力团伙1个，深挖问题线索2件。

【生态环境】

2019年，方山县在“人防、技防、联防”综合施策，开展“七个一批”“六大专项行动”。年内，淘汰10蒸吨以下锅炉37台，改造加油站双层罐或防渗池27户，完成“煤改气”任务700户，县城空气质量全市排名第二。城区污水处理厂冬季保温提标改造和中水外排工程竣工投运，城镇污水收集处理率大幅提升。以横泉水库水源地保护为重点，整改各类环保问题277个。造林绿化力度加大，完成生态造林绿化和经济林提质增效面积0.45万公顷，“方山蓝”“方山绿”成为方山县新的鲜明底色。

【综合改革】

2019年，方山县出台国有（集体）企业改革实施方案，结合县城改造提升，统筹推进粮食、商贸、物资、供销等系统国有（集体）企业改制。县财政统一解决到龄职工养老金42人391万元，按照每年10%的比例，解决个人垫交集体部分养老金及滞纳金531人165万元，职工权益得到有效保障。县信用联社改制募集股本金2亿元，不良资产2亿元完成出表。完成县政府机构改革，实施相对集中行政许可权改革。落实减税降费政策，全年共减免各类税费1.37亿元。

（方山县委史志研究室）

岚　县

【概　况】

岚县位于山西省吕梁市北部，汾河上游，北靠岢岚，西接兴县，东邻静乐，南连娄烦、方山。最高海拔2275米，最低海拔1154米。辖4镇8乡，1个城区居民管理委员会，167个行政村，334个自然村，总人口17.3万人。

2019年，岚县经济生产总值49.25亿元，同比增长5.7%；规模以上工业增加值32.9亿元，同比增长1.4%；三次产业比重调整为7.3∶61.4∶31.3；固定资产投资16.12亿元，同比增长0.6%；社会消费品零售总额13.28亿元，同比增长6.8%；减税降费1.14亿元的基础上，公共财政收入5.53亿元，同比增长3.1%。金融机构存贷款余额分别达到73.3亿元、36.5亿元，分别同比增长8.7%、12.9%；城乡居民人均可支配收入分别为21833元、6206元，分别增长6.5%、11.2%；单位GDP能耗下降14.5%，降幅全市第一。全年招商引资完成27.74亿元，完成率111%，排名全市第六。

【产业结构】

2019年，岚县精密铸造、新能源、新材料等新兴产业项目建设快速推进。国电投河口二期50兆瓦风力发电和岚县“十三五”第二批8兆瓦村级光伏扶贫电站项目并网发电。虎悦通大蛇头一期风力发电项目主体建成，国电投河口三期风力发电项目开工建设。晨远10万吨精密铸件加工生产线项目投产运行，继亨20万吨短流程球磨铸造项目建设推进中。全县规模以上工业企业达15户，新兴产业占工业经济比重同比增长40%。省级经济技术开发区“三化三制”建立成为岚县经济社会建设和项目转型发展新标杆。

三产融合深化，初步形成土豆全产业链布局，土豆种植基地扩大，岚县土豆宴全国推广总部基地及中央厨房项目建成使用；“岚县土豆宴”走向省城市场，“可展示、可体验、可直销、可示范、可推广”的土豆宴美食文化太原旗舰店正式运营。土豆花文旅品牌亮相面世，成功举办中国·岚县第五届“土豆花开了”旅游文化月和第十三届面塑文化艺术节、第十九届白龙山旅游文化节。全年接待游客80万人次，拉动全县经济增长5亿元。

【生态环境】

2019年，岚县在全省率先实行“林长制”，推动林业生态产业“绿化、彩化、财化”高质量发展。岚县污水处理厂二期稳定运行，三期在建中，普明、岚城生活污水处理站建成使用。施行“河长制”，岚河出境断面水质再度改善。取缔燃煤锅炉84台，整治散乱污企业20户。全年空气质量优良天数达到242天，同比增长17%，排名全市第三。全年投入环境建设资金3500余万元，城乡环卫一体化机制初现，城乡环境面貌进一步改善。

2019年，岚县成功创建吕梁山上第一家“国家级园林县城”，并创建“省级食品安全示范县”和“山西省特色花海基地”（土豆花）。岚县在全国首届绿水青山论坛大会上，获得“生态文明建设贡献奖”；在国家旅游联合会举办的第四届旅游年会上，被评为“中国最美文化旅游县”；在2019年中国国际生态文化旅游品牌推介大会上，被评为“中国最美生态文旅小城”“中国避暑养生休闲旅游最佳目的地”；在《半月谈》2019文旅产业资源链接会上，被评为“2019中国文旅产业最具开发(投资)

价值县”。

【民生保障】

2019年，岚县民生领域发展支出15亿元，占一般公共预算支出的79%。全年共招聘各类事业单位工作人员143名、公务员24名，安排见习生55人，开发公益性岗位245个。落实机关事业单位职工工资政策，恢复执行四项保留津贴每人每月98元，为义务教育阶段和职教中心班主任教师每人每月发放500元班主任津贴。配售经济适用房513套，分配公（廉）租房911套，新建保障性住房200套，新增集中供热4120户45万余平方米，完成煤改气5168户。社保覆盖范围进一步扩大，基础养老金标准提高10元，达到134元/（人·月）。

【教育文化】

2019年，岚县教育质量不断提升，中考考生600分以上达到187人，同比增长359%；高考达线总人数251人，同比增长10%；职中高考录取率达到86.5%。

2019年，完成送戏下乡122场，公益电影放映2229场。建成面塑文化大院6个，面塑纸艺专业合作社4个。岚县创建省级文明县城通过复评验收。

【脱贫攻坚】

2019年，岚县统筹整合使用资金3.03亿元，推进“十二大”脱贫巩固提升工程，县级配套8000万元，扶贫资金投入呈现“双增长”。年内，剩余2个贫困村退出，421户850人脱贫，贫困发生率下降到0.32%。

2019年，岚县马铃薯种植覆盖全县95%以上的贫困人口，农民年人均纯收入2350元。累计发放个人精准扶贫贷款1934笔9240.85万元，完成年度任务的132%。全县56兆瓦光伏扶贫项目实现收益3000万元，带动112个贫困村和55个非贫困村，惠及贫困户1万余户。实施全民技能提升工程，在打造的具有岚县地方特色的“岚县土豆宴厨师”“岚县面塑制作”市级劳务品牌下，完成全民技能培训4920人。全年外出稳定务工就业5000余人次，人均年收入达到3万元以上。同时，发放外出务工人员技能提升奖补资金1554.15万元，全县3.3万人提升技能实现就业，务工总收入达3.5亿元。

2019年，岚县在扶贫管理中共梳理汇总整改评估反馈问题、历年来审计、巡视巡察、省市督导检查、扶贫领域涉访涉纪、资金绩效评价等问题共10类194条，完成整改184条，其余10条问题完成阶段性整改。年内，加大对扶贫领域违规违纪处分力度，共处置扶贫领域问题线索43件，处理处分42人。

（岚县县委史志研究室）

兴　县

【概　况】

兴县位于山西省西北部，吕梁市北端。全县土地面积3168平方公里，下辖7镇10乡、376个行政村，人口约30万人。

2019年，全县地区生产总值完成113亿元，一般公共预算收入17.7亿元，城镇居民和农村居民人均可支配收入分别达到23218元、5785元。

【农业产业】

2019年，兴县建成乡级农业产业园区3个、村级基地142个，绿色杂粮种植基地1.47万公顷、有机旱作谷子种植基地0.13万公顷、绿色优质马铃薯基地0.34万公顷，发展食用菌181万棒，经济林、中药材种植面积分别达到3.87万公顷和1.33万公顷。举办第一届兴县特色农产品（太原）展销暨文旅推介会，兴县特色农产品影响力进一步提升。

【脱贫攻坚】

2019年，兴县建成扶贫车间3个，完成全民技能培训12172人，实现就业5521人。建成易地搬迁安置点19个，搬迁建档立卡贫困人口10572人，同步搬迁一般农户4247人。光伏扶贫101.8兆瓦电站全部并网发电。农村“两免一补”等教育扶贫政策落实到位。贫困人口新农合参保费用由政府全额负担，省内住院个人自付费用比例严格控制在10%以内。农村路、水、电、网等基础设施和村级卫生室、文化室、文化广场建设任务全部完成并达标，贫困群众“两不愁三保障”问题基本解决。全年退出贫困村102个、减贫17487人，贫困发生率降至0.56%。2019年，美国非政府组织卡特彼勒基金会在兴县考察扶贫项目，并就兴县潜在的扶贫项目达成合作意向。

【重点项目建设】

2019年，中润公司一期50万吨电解铝项目25万吨产能投产，局域电网二期输变电线路加快建设，嘉德亿谱装备制造项目开工建设，铝镁产业占工业经济比重达到10.8%。华盛燃气兴县东门站、瓦塘应急调峰站、康宁加注站建成投用。中联煤层气、中澳煤层气非常规油气勘探开发顺利进展，全县煤层气日产达到130万立方米。赵家塔铁路集运站及其配套的晋陕蒙公铁海联运物流园项目开工建设，“五站一园”的大物流格局初具雏形。八路军358旅旅部旧址修复布展全部完成；蔡家崖游客集散中心开工建设；举办第三届“红色兴县”旅游文化季活动，旅游人数和旅游收入增幅均保持18%以上，红色文化旅游产业逐步成为全县经济新的增长点。

【改革创新】

2019年，兴县经济开发区完成“三制”改革。农村“三变”改革探索出6种股份制6种模式，形成6种机制。“放管服效”改革稳步推进，市场主体更具活力。全年新增企业510户（包括规模以上企业12户），新增农民专业合作社75户、个体工商户689户。外贸进出口实现“零”的突破。6月下旬，省医药集团兴县中药材发展有限公司参加由中国商务部在匈牙利首都布达佩斯主办的中国品牌商品（中东欧）展，种植的板蓝根、荆芥、透骨草、柴胡、苦参、知母等多个品种的中药材在展会上颇受青睐，收到良好市场效果。

【生态环境建设】

2019年，兴县深入开展违法排污大整治“百日清零”专项行动，实施清洁取暖改造工程。全年新增集中供热面积112万平方米，清洁取暖改造21984户，城区空气优良率达到64.7%，PM2.5平均浓度降幅达到16.9%，位居全市第二。推进水污染防治，岚漪河裴家川口和蔚汾河碧村断面均达到水质标准要求。全年完成地质地表生态修复1万公顷。

【城乡建设】

2019年，兴县棚改一期工程基本完成，二期工程开展建设。城区南北两山可视山体绿化有序推进。工业大道全面竣工验收，瓦裴线具备通行条件，静兴高速、北山公路、“黄河一号”旅游公路项目建设加快推进。客运西站开工建设。新建“四好农村路”157千米。启动创建美丽宜居示范村6个。完成忻黑线、岢大线沿线周边人居环境综合治理工程。农村生活垃圾治理示范项目建设效果明显。

【社会民生】

2019年，兴县阳光小学、公共实训基地、老年大学相继投入使用，千城明德小学等4所农村寄宿制学校完成改造，阳光幼儿园、魏家滩幼儿园、枣峁梁幼儿园改扩建全部完成，友兰中学图书艺术综合楼主体竣工，城南小学和县级职教中心开工建设。全县高考二本B类以上达线人数610人，创历史新高。新区医院建成投入使用，改建乡镇卫生院3所，完成村级卫生室标准化建设332个。建成乡村文化室360个、文化广场361个；建成老年公寓楼1座，新建农村老年人日间照料中心27个，农村低保和城市低保分别提标600元和1200元。开展“扫黑除恶”专项斗争和安全生产隐患大排查大整治。拍摄完成电视剧《第一书记》和电影《谷子地》。

（兴县档案史志馆）

临　县

【概　况】

临县地处黄河中游晋西黄土高原吕梁山西侧，县境南北长85公里，东西宽80公里，总面积2979平方公里，临县辖13镇10乡，631个行政村和14个社区居民委员会。户籍总户数24.7559万户，总人口66.0668万人。

2019年，全县地区生产总值88.97亿元，同比增长2.7%，人均地区生产总值14844元；固定资产投资36.55亿元，同比增长10.4%；财政总收入22.6808亿元，同比增长24.92%；一般公共预算收入7.8896亿元，同比增长14.48%；税收6.0849亿元，同比增长19.99%；非税收1.8047亿元，同比增长−0.86%；规模以上工业增加值，同比增长5.23%；社会消费品零售总额52.61亿元，同比增长8.3%；各项存款余额159.8亿元，同比增长9.2%；各项贷款余额71.47亿元，同比增长0.39%。全县居民人均可支配收入9777元，同比增长9.9%；城镇居民人均可支配收入19771元，同比增长7.2%；农村居民人均可支配收入6263元，同比增长11.8%。全年城镇新增就业4210人，转移农村劳动力4500人，城镇登记失业率为2.7%。

2019年，临县县域经济平稳发展。旅游资源有国家级风景名胜区碛口古镇，紫金山、大度山、汉高山风景区，中央后委驻临县历史陈列室、中共中央西北局旧址纪念馆、陕甘宁晋绥联防军旧址等。

2019年1月27日，中共中央政治局委员、国务院扶贫开发领导小组组长胡春华在临县调研脱贫攻坚工作、看望贫困群众和基层扶贫干部时强调，要切实拿出更多时间精力，采取超常规举措，集中力量解决好“两不愁三保障”面临的突出问题，确保按时保质完成脱贫攻坚目标任务。

【城乡建设】

2019年，临县开展美丽宜居示范村建设，铺开上城庄村、西湾村、李家山村、寨则坪村、前青塘村、孙家沟村、枣圪垯村、南圪垛8个村的美丽乡村建设。新建卫生填埋场7座、垃圾转运站22处。完成301间乡镇干部周转房建设，乡镇“五小”建设、乡镇党校、便民服务中心全部投入使用。全县20个社区活动场所均达到200平方米以上；新建村级活动场所

45个、改扩建216个，全县631个行政村活动场所基本实现“六个一”目标。整顿软弱涣散基层党组织95个，推荐评选市级“五个好”村党组织32个，评选县级“五个好”村党组织31个。新成立党组织5个，更名7个，撤并18个，同时规范党员日常管理，加强和推进党的各项建设。

【重点项目】

2019年，临县共实施重点项目87个，总投资699.81亿元，完成投资36.55亿元。其中11个省市重点项目，立项办结11个，土地办结10个，环评办结7个，选址办结9个，开复工10个，入统计库9个。截至11月，省市重点项目完成投资14亿元，投资完成率112%，占固定资产投资比重为41.17%。

【农业产业】

2019年，临县大力实施“3N35”产业扶贫计划，积极发展杂粮产业、马铃薯产业、食用菌产业、蔬菜产业、中药材产业、农产品加工业等。年内，发展食用菌1500万棒，绿色马铃薯、肾型大豆、小杂粮等特色种植1.07万公顷，培育发展种养加专业合作社1060个、种养加基地160个，建成农业产业园区9个，带动1.34万户贫困人口户均增收5000元左右。

【精准脱贫】

2019年，临县全面落实教育扶贫、健康扶贫、兜底保障等各项政策，统筹推进电商扶贫、金融扶贫、消费扶贫，开展“百企帮百村”、县际结对帮扶。年内退出贫困村136个，脱贫21114户45308人，剩余贫困人口1187户2282人，贫困发生率为0.39%。年内建成光伏扶贫电站197.02兆瓦，占全省的1/7，全部并网发电。实施经济林提质增效0.8万公顷，完成退耕还林0.35万公顷，补植补造完善工程1.33万公顷，绿化旅游乡村26个。兑现历年退耕还林补助资金16230万元，涉及农户74635户，其中贫困户29045户。完成“吕梁山护工”培训3405人，输出就业1662人，其中贫困劳动力培训1429人、就业687人。全年新增小额扶贫贷款2.28亿元，全县累计发放小额信贷8.18亿元，共带动16695户46746人贫困人口。统筹实施2018—2019年易地扶贫搬迁项目，完成易地扶贫搬迁安置2.77万人，配套建成扶贫车间4个、电商扶贫创业园1个、农业园区5个，新入驻企业42户。启动云仓电商建设项目。完成农村危房改造任务4747户，完成旧村拆除82个，土地跨省交易46.93公顷，实现收益1.5亿元。实施农村饮水安全工程285处，解决315个自然村饮水问题，涉及贫困户6450户14868人。完成村级卫生室改建274个；完成“四好农村路”331千米，全面实现631个建制村客车通达率100%目标。

【文化旅游】

2019年，临县图书馆正式对外开放运营，由成人阅览室、少儿阅览室和期刊室组成，藏书8万余册，实现“一卡通”和异地借还。建成村级文化活动广场202个、活动室416个，272个村建设有图书阅览室，并配备相应的乐器、秧歌服装、图书、阅览桌椅、文件柜、办公桌、书架等设施设备。

2019年，临县成功申报“新时代文明实践全国试点县”，先后举办首届吕梁文学季碛口分会、第五届青塘“粽叶香”民俗文化节、第四届中国碛口“枣儿红了”红枣旅游文化节。舞剧《吕梁英雄传》荣获全国“五个一工程”奖。推进建成旅游厕所11处，投资1500

余万元，建设千年古柏群落风景区基础设施。全年接待海外游客857人次，接待国内游客575.21万人次，分别同比增长17.1%和30.1%；旅游外汇收入达135.1万元，国内旅游收入45.79亿元，旅游总收入达45.81亿元，分别同比增长11.7%和38.3%。

【碛口第四届古村镇大会】

2019年5月23日—25日，第四届古村镇大会在碛口古镇举行。来自德国、意大利、荷兰、斯洛文尼亚等多个国家及22个省市的嘉宾汇聚临县碛口古镇，共商古村镇发展大计，共享古村镇保护与活化共赢机遇。大会同时发布《中国古村镇保护与发展碛口新宣言》。

【社会事业】

2019年，临县落实“7+5+4”教育扶贫政策，全年累计投入8600多万元，惠及全县建档立卡家庭经济困难学生16102人、农村义务教育学生23587人和农村幼儿7547人，并实现全覆盖。落实医疗卫生“三保险、三救助”“一站式”结算、“双签约”服务、“先诊疗后付费”等政策措施。制定《家庭医生签约服务考核办法》，全年累计开展基本医疗服务151.3万人次，基本公共卫生服务145.2万人次。同时，将农村低保标准由3588元提高到4188元，将扶贫孝心基金工程由70周岁以上拓展到65周岁以上，共惠及贫困老年人口2.1万名。

2019年，临县参加城镇职工基本养老保险36836人，参加城乡居民基本养老保险448000人，参加基本医疗保险576190人，参加失业保险19523人，参加工伤保险23450人，参加生育保险21000人。全年，共有城市低保对象1430人，农村低保对象31659人，农村特困供养人员4177人，所有参保人员均全部发放最低生活保障金。

（临县县委史志研究室）

吕梁市人民代表大会常务委员会工作报告

——在吕梁市第三届人民代表大会第七次会议上

吕梁市人大常委会主任 郝月生

（2020年4月22日）

2019年主要工作

过去的一年，在中共吕梁市委坚强领导下，市人大常委会高举习近平新时代中国特色社会主义思想伟大旗帜，深入学习贯彻党的十九大和十九届二中、三中、四中全会精神，聚焦党委决策部署，回应群众期盼关切，推进全面依法治市，传承四十年光荣传统，彰显新时代人大担当，圆满完成了市三届人大六次会议确定的各项任务，为我市在“两转”基础上全面拓展各项事业新局面做出了积极贡献。

一、提高政治站位，坚定正确方向

不断强化理论武装。将学习贯彻习近平新时代中国特色社会主义思想作为首要政治任务，认真落实习近平总书记关于坚持和完善人民代表大会制度的重要思想，重温“三篇光辉文献”，全面深化对新思想的理解把握，深刻感受真理光芒和实践伟力，“四个意识”进一步增强，“四个自信”愈加坚定，“两个维护”更为牢固。坚持党组会议第一时间、首要议题传达学习习近平总书记最新重要讲话、指示批示和党中央决策部署，及时组织学习宣传党的十九届四中全会精神，努力用马克思主义中国化最新成果武装头脑、指导实践、推动工作。注重辅导讲座和研讨交流等多种形式相结合，先后举办专题讲座5场，开展交流研讨6次，成立全省首家市级人大工作与理论研究会，在省级以上报刊发表具有吕梁特色的理论研究文章20余篇，为做好新时代人大工作提供了理论参考、注入了精神动力。

深入开展主题教育。紧扣“守初心、担使

命，找差距、抓落实”的总要求，在先学先查先改基础上，将主题教育与依法履职结合起来、与工作创新结合起来，推动学习教育入脑入心、调查研究走深走实、检视问题对标对表、整改落实立说立行。注重教育成效，精心组织红色革命教育、向典型学习等活动，在对标提升中坚守初心使命，筑牢信仰之基；开展庆祝新中国成立70周年和纪念地方人大设立常委会40周年系列活动，激发爱党爱国热情，激励担当作为精神；班子成员坚持问题导向，带头深入基层调研，广泛听取意见建议，聚焦社会关切，推动问题解决。通过学习教育，党员干部经受了思想淬炼、政治历练和实践锻炼，践行初心使命的思想和行动更加自觉坚定。

始终坚持党的领导。市委高度重视人大工作，多次专题讨论研究部署，为常委会依法履职指明了方向、提供了支撑。全面落实向市委报告工作制度，确保人大工作与市委决策部署同频共振、同向发力。坚持重要议题党组讨论决定，及时统筹谋划推进常委会工作，在脱贫攻坚、转型发展、生态建设和民生改善等关键领域积极作为，审议出台法规4件，听取审议专项工作报告21项，作出决议决定11个，跟踪监督审议意见的研究处理情况10项，确保党的决策部署通过法定程序得到全面贯彻和有效执行。

二、注重立法质量，筑牢法治根基

加强重点领域立法。聚焦打好污染防治攻坚战，在环境保护立法领域持续发力，及时将我市在环境整治实践中的成功经验上升为法规，出台《大气污染防治条例》《水污染防治条例》《横泉水库饮用水水源保护条例》，明确责任主体、量化地方标准、严格风险防控，建立生态补偿机制，引入大数据技术应用，与之前出台的4件环保法规，共同构筑起生态环境保护立体法网。着眼挖掘传承保护前人留下的宝贵遗产，制定《碛口古镇保护条例》，有效解决了长期困扰古镇保护的范围不清、体制不顺、责权不明、经费不足等问题，为古镇管理拔钉清障、引领护航，这是全省新授立法权地级市中首部关于古镇保护方面的法规，为我省同类立法提供了“吕梁经验”“吕梁样本”。年内还对河道管理条例进行了初审，对固体废物污染防治条例、电动自行车管理条例开展了立法调研，努力使所立法规更富特色、更可操作、更加管用。

完善立法工作机制。充分发挥常委会在立法工作中的主导作用，做到立法项目精心选定，起草修改全程主持，综合立法自主起草，具体制度主导设计，调研论证牵头组织，审议环节统筹协调，保障立法活动有序高效运行，常委会4年立法12件，稳居全省新授立法权地级市之首，省内外十余家兄弟市人大前来考察交流。深入推进科学立法、民主立法、依法立法，健全立法民主参与机制，发挥基层立法联系点、咨询专家库和人大代表作用，扩大公民有序参与，对涉及重大利益调整、存在争议的重要事项，开展论证咨询、引入第三方评估，广泛凝聚社会共识，充分表达各方意愿。

夯实法治工作基础。组织开展“12·4”宪法宣传日和法制宣传月活动，举办宪法修正案专题讲座，多形式、多渠道学习宣传贯彻宪法。坚持立法和普法结合，加大对新出台法规的宣传，召开新闻发布会诠释条例，运用报刊、电视广播、网站微信等多种载体公布条例，不断增强法规影响力，使立法过程成为宣传普及宪法法律和弘扬社会主义法治精神的过程，着力营造尊法学法守法用法的良好社会氛围。

三、提升监督效能，服务发展大局

依法护航经济高质量发展。加快全市预算

联网监督系统建设，出台《预算联网监督系统管理暂行办法》，推动预算审查监督重点向支出预算和政策拓展。加强对计划、预算、决算和审计工作的监督，作出批准“十三五”规划纲要部分指标调整方案的决议，适时调整市本级预算，切实防范化解金融风险，推动发展质量和效益不断提升。制定出台《贯彻落实市委关于建立市人民政府向市人大常委会报告国有资产管理情况制度的实施意见五年规划（2018—2022）》，首次听取审议企业国有资产管理情况的报告，促进国有资产保值增值。开展民营经济发展、重点工程项目建设情况专题调研，推动相关部门创优环境、搞好服务。

全面助力脱贫攻坚。坚决扛起打赢脱贫攻坚战的重大政治责任，听取审议脱贫攻坚、农业产业扶贫工作情况报告，推动强化产业扶贫，增加群众收入，提高扶贫效益。紧盯“两不愁、三保障”目标，听取审议易地扶贫搬迁、健康扶贫、农村饮用水安全保障等工作情况的报告，促进脱贫攻坚与乡村振兴有效衔接、脱贫质量持续提高。把防止返贫摆在更加突出位置，将“支持2018年脱贫摘帽县巩固提升脱贫成效”的建议确定为重点建议，加大督办力度，推动落实“四不摘”要求，确保贫困人口脱真贫、真脱贫、不返贫。

持续推动环境保护。综合运用立法规范、审议报告、出台决定、跟踪监督等形式，打出环保监督“组合拳”。常态化听取审议年度全市环境状况和环境保护目标完成情况报告并实施跟踪监督、满意度测评，助推全市年度环保目标较好完成，生态环境质量持续改善。听取审议林业工作情况的报告，合力做活“绿”文章，打造靓丽新吕梁。深入开展“吕梁环保行”活动，将人大监督与媒体监督充分结合，督促解决了一批突出环境问题，努力让“绿水青山就是金山银山”的理念深深扎根吕梁。

切实保障和改善民生。秉承“让群众舒心，就是我们的初心”信念，针对群众反映较为集中的市区集中供热问题，连续四年实施监督，年内听取两项报告，供热前集中视察，全方位、多角度督促相关部门积极作为，有效提升供暖质量。听取审议职业教育、招生工作、中医药等专项报告，推动职业教育产教深度融合，义务教育优质资源合理配置，中医药事业传承发展。依法依规办理群众来信来访，对加强医保监管、缓解停车难等关乎民生的5个代表重点建议挂牌督办，“小切口”破解群众操心事烦心事揪心事。

注重加强执法和司法监督。发挥“法律巡视”监督利剑作用，对劳动合同法实施情况开展执法检查，依法保障劳动者合法权益。对促进科技成果转化、妇女权益保障两部法律贯彻实施情况再检查再报告，全力推动科技成果转化，维护妇女合法权益。对全市禁毒工作开展监督，推动形成严打毒品犯罪高压态势，坚决打赢新时代禁毒人民战争。对民事执行工作开展“回头看”，督促全市法院加大对失信行为的联合惩戒力度，筑牢公平正义的最后一道防线。坚持对规范性文件进行备案审查，切实做到有备必审，有错必纠。

四、坚持两个统一，依法行使决定权任免权

认真行使重大事项决定权。坚持党委决策与人大依法决定相统一，出台《关于全面加强生态环境保护、依法推动打好污染防治攻坚战的决定》《关于加快推进全市旅游产业发展的决定》，促进生态环境保护，壮大旅游产业规模。着眼城乡一体化发展，及时作出《关于同意部分县（市）乡镇行政区划调整的决定》，助推小城镇建设。注重强化决定的地位作用，对《关于加快推进工业经济转型升级的决定》

贯彻落实情况实施监督，推进全市工业结构全面升级、发展动能深度转换。

扎实做好人事任免工作。坚持党管干部原则与人大依法任免相统一，按照过程严谨、程序规范、纪律严明的标准，完善党组会议统一思想、主任会议认真讨论、常委会会议慎重表决的任免机制，组织9批31人次向宪法宣誓，增强任命干部的仪式感、责任感和使命感。对个别涉黑涉恶代表，及时许可公安机关采取强制措施，坚决做到不护短、不手软。

五、优化服务保障，激发代表活力

尊重代表主体地位。坚持以人民为中心的发展思想和价值取向开展代表工作，拓宽代表履职平台，召开全市人大代表联络站建设推进会，推动建成人大代表联络站558个，实现乡镇联络站全覆盖，受到省人大高度肯定，《人民代表报》头版专题报道。紧紧依靠代表做好人大工作，完善“三联系”制度，常态化邀请代表对口列席常委会会议，组织269人次参加常委会立法、调研、视察、执法检查、建议督办等活动，推动“代表机关”建设迈出新步伐。

保障代表依法履职。发放市人大代表通讯交通补贴近90万元，提高无固定工资收入代表履职补贴，为代表执行职务创造条件、提供支持。采取以会代训、集中参训等方式，组织部分代表参加培训，提升依法履职能力。开展“向申纪兰学习，做人民好代表”活动，号召全市人大代表践行“人民选我当代表，我当代表为人民”的庄严承诺。健全代表履职档案，如实反映代表出席会议、提出议案建议、参加培训和视察调研等情况，支持代表当好重要的政治角色、庄严的法律角色、关键的社会角色。

丰富代表履职活动。举办全市人大系统演讲、征文、书画比赛，讲好人大故事，展现代表风采，激发履职动力。《人民代表报》年度宣传工作会议在我市召开，依托《人大之声》栏目报道代表先进事迹15期、代表建议办理8期，引导激励全市人大代表学用新思想、建功新时代、作出新贡献。

强化代表建议办理。市三届人大六次会议期间，代表们以高度的主人翁意识，认真行使管理国家事务权力，提出的180件建议与全市中心工作高度契合、密切相关。常委会高度重视代表建议的交办督办工作，坚持领导牵头督办、工委分工督办、重点建议办理情况分别测评的工作机制，挂图作战、对标推进，推动建议办理质量进一步提高。市政府召开专题会议研究办理事项，领导领办、部门承办、跟踪督办；市中院把办理代表建议与推动全面工作结合起来，一体推进；市检察院不断加大公益诉讼工作力度，回应代表新期待，一批人民群众关心的民生问题得到较好解决。

六、加强自身建设，提高履职水平

毫不动摇推进全面从严治党。常委会党组充分发挥把方向、管大局、保落实的重要作用，及时召开党组会议研究重要问题和重要事项，切实履行全面从严治党主体责任。坚持把纪律和规矩挺在前面，严守党章准则条例，深入开展警示教育，不断增强党员干部坚守“底线”、远离“红线”、不碰“高压线”的思想自觉和行动自觉。认真落实意识形态工作责任制，全力支持市纪委监委驻市人大机关纪检监察组工作，着力营造常委会机关良好政治生态。

坚定不移狠抓作风建设。常委会领导带头深入所包联的贫困村、重点工程、企业等开展帮扶，全体干部及时跟进，圆满完成包联帮扶任务。认真落实中央八项规定精神，驰而不息整治“四风”问题。大力倡导务实新风，以“改革创新、奋发有为”大讨论为抓手，坚持决定、审议之前先调研的工作方法，围绕市委确定的工作重点，就农村污水处理、易地扶贫搬迁等开展专题调研，全年共形成有价值的调研报告28篇，为市委、市政府科学决策提供参考。

持之以恒深化“三基建设”。认真贯彻新时代党的建设总要求，严格执行民主集中制、“三会一课”和党员领导干部双重组织生活制度，指导督促机关党组织标准化规范化建设，建立学习制度，编印学习手册，机关党建工作质量不断提升，在全市党建交流会上进行典型发言。修订出台各类制度26项，基本形成统一组织、协调配合的人大机关服务保障机制。组织机关干部参加各级各类培训6次，着力推动干部交流，优化队伍结构，进一步激发干部职工干事创业活力。选举产生社会建设委员会，机构设置进一步合理，“工作机关”建设取得新进步。

一年来，常委会认真落实习近平总书记关于密切上下级人大之间的联系，增强人大工作整体实效的重要指示精神，协同完成全国人大和省人大在我市的执法检查、调研和视察12项。常态化邀请县（市、区）人大常委会负责同志列席常委会会议，现场观摩交口、孝义代表联络站建设情况，召开全市人大社会建设、新闻宣传等工作会议，持续放大全市人大工作“一盘棋”效应。

2019年是我市人大工作创新突破的一年、激情奋斗的一年、成果丰硕的一年。这些成绩的取得，靠的是习近平新时代中国特色社会主义思想科学指引，靠的是中共吕梁市委坚强领导，靠的是“一府一委两院”密切配合，靠的是全市各级人大代表、常委会组成人员、各专门委员会和常委会各机构共同努力，靠的是市政协、社会各界和全市人民鼎力支持。

同时，我们也清醒地认识到，常委会工作中还存在一些不足，所立部分法规特色还不鲜明，监督方式尚未充分有效运用，服务保障代表履职还有差距，常委会及机关自身建设有待进一步加强。我们要高度重视这些问题，在今后工作中，采取有力措施，切实予以改进。

2020年工作安排

今年是决战完胜脱贫攻坚、全面建成小康社会之年，是“十三五”规划收官之年，也是众志成城、共同战“疫”的极不平凡之年。市人大常委会工作的总体要求是：在中共吕梁市委的坚强领导下，以习近平新时代中国特色社会主义思想为指导，全面贯彻党的十九大和十九届二中、三中、四中全会精神，认真落实习近平总书记关于坚持和完善人民代表大会制度的重要思想，深入学习“三篇光辉文献”，围绕省委“四为四高两同步”总体思路和要求，紧扣市委“1234”发展思路，坚持党的领导、人民当家作主、依法治国有机统一，与市委同向、与发展同力、与人民同心、与代表同行、与时代同步，忠诚担当、履职尽责，为确保“十三五”规划圆满收官，确保我市与全国、全省同步全面建成小康社会作出新贡献。

脱贫攻坚越到最后时刻越要响鼓重锤。常委会将按照市委“1916”脱贫攻坚决战完胜行动计划，充分发挥“问诊、把脉、开处方”积极作用，聚焦发力、实干担当，推动持续打响“三大品牌”、精准落实脱贫政策。各级人大代表要积极投身主场战斗中，立足本职发挥专长、建言献策、建功立业，为我市在一个战场打赢脱贫攻坚与生态治理两场攻坚战再发力再加劲。

今年以来，在全国上下和衷共济、全力抗击新冠肺炎疫情的关键时刻，我市各级人大代表尽显初心本色，积极捐款捐物5500余万元，用忠诚和爱心体现了人大的担当与情怀。我们将始终按照习近平总书记的指示精神，继续打好疫情防控阻击战歼灭战持久战，积极助力复工复产，全力维护人民群众生命安全，持续不断推动经济社会健康发展。

一、学深悟透，学以致用，以更加坚定的理想信念永葆初心、勇担使命

以党的政治建设为统领，持之以恒学懂弄通做实习近平新时代中国特色社会主义思想，不断强化“一句誓言、一生作答”的行动自觉，制定出台《关于常态化推进“不忘初心、牢记使命”主题教育的实施意见》，通过集中学习、专题讲座、交流研讨等形式，把“四个意识”“四个自信”“两个维护”熔铸在脑海里，体现在行动上，始终做到在政治立场、政治方向、政治原则、政治道路上同以习近平同志为核心的党中央保持高度一致。

坚持把学习作为强化使命担当、弘扬斗争精神、履行神圣职责的根本，深入贯彻习近平总书记关于坚持和完善人民代表大会制度的重要思想、“三篇光辉文献”，认真落实党的十九届四中全会决定，组织“牢记使命，忠诚履职”交流研讨，开展“展示人大担当，彰显制度优势”征文活动，守正创新、积极作为，切实把根本制度优势转化为推动治理体系和治理能力现代化的强劲动能。严格执行请示报告制度，自觉把市委领导贯穿于人大依法履职的全过程各方面，确保人大各项工作始终体现党的主张、符合宪法精神、反映人民意志、经得起历史检验。

二、突出重点，彰显特色，以更高水准的立法促进发展、保障善治

充分发挥立法在地方治理中的优势和独特作用，以“小切口”解决环境保护、城乡建设与管理中的难点堵点问题，打出立法“组合拳”，审议出台《河道管理条例》《城市道路挖掘管理条例》《电动自行车管理条例》，为保障行洪及生态环境安全、统筹有序安排道路施工、减少电动自行车交通事故提供坚实的法治保障；下好立法“先手棋”，就事关千家万户切身利益的集中供热管理开展立法调研，努力让人民群众在每个冬天都能感受到春天般的温暖。

完善党委领导、人大主导、政府依托、各方参与的立法工作格局，推行法规草案起草人大、政府“双组长制”，完善立法咨询、立法评估等工作机制，发挥基层立法联系点作用，着力丰富科学立法、民主立法、依法立法的吕梁实践。把法规实施放在与立法同等重要位置，加强法规宣传和执法检查工作，探索建立法规实施情况动态跟踪和主动报告制度，推动“谁执法谁普法”责任落实，确保“立一件、成一件”。召开全市规范性文件备案审查工作推进会，加快备案审查信息平台建设推广，着力维护国家法制统一。

三、围绕中心，贴近民生，以更富实效的监督助力转型综改乘风破浪、行稳致远

监督是为了更好地支持。我们要坚持新发展理念，寓支持于监督之中，更加注重结果导向，不断创新监督方式，综合运用常规监督、集中监督、联合监督、媒体监督、群众监督、委托第三方评估等，在履行好监督职责的同时，深化拓展“基层减负年”工作，尽量减轻被监督部门负担，使人大对“一府一委两院”的监督更有高度、准度、力度和温度。

聚焦高质量发展。听取审议计划、预算、审计、审计查出问题整改、市级行政事业性国有资产管理、重点工程项目建设、优化营商环境情况的报告，支持政府坚持“转型为纲、项目为王”不放松，深化“放管服效”改革不停步，推动解决长期制约转型发展的结构性体制性矛盾。

聚焦高水平崛起。听取审议“西干果”产业提质增效、农业供给侧结构性改革情况的报告，高位推动园区建设，打造农业发展标杆；组织视察铝镁新材料、“数谷吕梁·智赢未来”大数据等产业发展情况，助力我市千亿产业培育工程，助推特色优势产业提档升级。

聚焦高标准保护。听取审议2019年度环境状况和环境保护目标完成、环保督察发现问题整改情况的报告，组织开展以保护黄河流域吕梁段生态环境为目标，以“防治水污染、改善水环境”为主题的“吕梁环保行”活动，出台《关于严禁清明期间野外祭祀用火的决定》，支持政府加快美丽吕梁建设，守护好生态环境这个最普惠的民生福祉。

聚焦高品质生活。对《全国人大常委会关于全面禁止非法野生动物交易、革除滥食野生动物陋习、切实保障人民群众生命健康安全的决定》《山西省实施〈中华人民共和国野生动物保护法〉办法》贯彻落实情况进行执法检查，防范重大公共卫生风险，切实维护人民群众最根本权益；听取审议传染病防治、应急管理体系建设、优化中心城区基础设施及管理功能工作情况的报告，专题调研“吕梁山护工”培训就业情况，适时监督光伏扶贫收益分配使用情况，集中视察易地搬迁后续服务管理扶持情况，跟踪监督健康扶贫、中医药、招生工作情况报告审议意见研究处理情况，推动把人民群众对美好生活的向往变成现实；对农村宅基地有效利用情况开展专题调研，推动适度放活宅基地和农民房屋使用权，为乡村振兴注入新动能；听取审议全市检察机关公益诉讼检察工作情况报告，视察全市法院推进多元化纠纷解决机制和现代化诉讼服务体系建设情况，跟踪监督扫黑除恶、禁毒工作、劳动合同法贯彻实施报告审议意见研究处理情况，推动全市提高社会治理精治共治法治水平。

四、强化服务，创新机制，以更为广泛的平台保障代表依法履职、积极作为

始终把服务代表、联系代表作为基础性工作，围绕提升代表政治意识、履职能力，及时组织代表培训，持续引深“向申纪兰学习，做人民好代表”活动。拓展代表知情知政渠道，邀请代表参加常委会立法、监督形成制度，长期坚持。完善代表议案建议提出、交办、督办及办理质量评审和效能考评机制，召开代表议案建议办理推进会，开展优秀议案建议、先进办理单位评选活动，着力提高代表议案建议办理满意率和认可度，为代表直言建言撑腰鼓劲。

加强代表小组建设，搞好闭会期间活动，专题调研代表联络站建设运行情况，适时组织代表集中视察项目建设、生态保护、民生改善等工作。举办书画摄影作品展，组织代表学习践行抗疫典型的革命精神、为民情怀和责任担当，大力宣传代表先进事迹，引导代表在全面小康、脱贫攻坚、转型综改、疫情防控一线中贡献智慧和力量。

五、对标一流，固本强基，以更实更细的举措推动常委会及人大机关忠诚干净、务实担当

强化一流意识，以政治建设为统领，认真履行全面从严治党主体责任，持续加强常委会及机关党建工作，积极创建“三表率”模范机关和学习型、实践型、创新型工作机关。严守中央八项规定精神，力戒形式主义、官僚主义，支持市纪委监委驻市人大机关纪检监察组工作，强化党员干部教育管理监督，锻造忠诚干净担当的高素质干部队伍。

瞄准一流标准，以争创省级文明单位和“三零”示范单位为目标，健全工作制度和运行机制，发挥各机构职能作用，构筑“严细慎实、精益求精”的工作格局。开展监督法、代表法、组织法等法律法规培训，不断强化党员干部运用法治思维和法治方式解决问题的能力。加强理论研究和宣传工作，启动《吕梁人大志》编撰工程，办好《人大之声》栏目，配合省人大做好在我市的“代表风采行”活动，传递人大声音，树好人大形象。认真办理人民群众来信来访，积极回应群众关切，持续提高信访工作法治化规范化水平，保证人民赋予的权力始终用来为人民服务。

自觉接受省人大监督指导，不断加强与县乡人大工作联系，是市人大常委会的一项重要工作。常委会坚决贯彻实施省人大出台的法规和作出的决议决定，全力做好在吕梁开展履职活动的服务配合工作。指导县级人大推进预算联网监督全覆盖、县级政府向本级人大常委会报告国有资产管理情况，进一步完善主任会议成员联系县级人大制度和邀请乡镇人大（街道工委）负责人列席常委会会议制度，召开全市人大办公室主任工作座谈会，总结推广县乡人大的好经验好做法，探索建立上下联动、协同发力的工作机制，实现全市人大工作整体推进、同步发展。

我们坚信，有市委坚强领导，有各位代表不懈努力，有389万英雄人民支持，新的一年，市人大常委会一定能够不辱使命、不负重托，继往开来、再创辉煌！

英雄吕梁、红色沃土，吕梁精神、历久弥新。现在的吕梁风正帆劲、成绩喜人，各项事业前景光明、催人奋进。让我们更加紧密地团结在以习近平同志为核心的党中央周围，高举习近平新时代中国特色社会主义思想伟大旗帜，充分发扬吕梁儿女特别能吃苦、特别能战斗的优良品质，不忘初心、牢记使命，不负韶华、只争朝夕，为确保“十三五”规划圆满收官、决战完胜脱贫攻坚、全面建成小康社会，谱写高质量转型发展绚丽篇章而努力奋斗！

吕梁市中级人民法院工作报告

——在吕梁市第三届人民代表大会第七次会议上

吕梁市中级人民法院院长　杨泽民

（2020年4月22日）

2019年主要工作

一年来，全市法院在市委的坚强领导下，在市人大的有力监督和省高院的正确指导下，在市政府、市政协和社会各界的关心支持下，坚持以习近平新时代中国特色社会主义思想为指导，深入学习贯彻党的十九大精神和习近平总书记视察山西重要讲话精神，紧紧围绕“努力让人民群众在每一个司法案件中感受到公平正义”的目标，忠实履行宪法和法律赋予的职责，以审判为中心的各项工作取得新进展、新成效。2019年，全市法院共受理各类案件42468件，审执结41036件，结案率96.63%；其中，中院受理5464件，审执结5286件，结案率96.74%。在受案数量持续攀升的情形下，全市法院审判质效呈现重点突破、协调推进、整体提升的发展态势，审判质量效率、队伍素质能力和司法公信力在持续巩固中实现了新提升。

一、聚焦审判职能作用发挥，着力维护社会公平正义

（一）加强刑事审判工作，全力维护政治安全和社会稳定

持续推进扫黑除恶专项斗争。围绕“深挖根治”总目标，紧盯从严惩处、打财断血、打伞破网和综合治理。一审审结黑社会性质组织犯罪案件7件73人，恶势力犯罪案件140件580人，结案率96%；依法严厉惩处张志雄、孙志勇、杨爱军等重大涉黑恶案头目，判处五年以上有期徒刑101人、无期徒刑1人，对10名被告人没收全部财产，对273名被告人判处罚金1287.6万元；从严惩处涉黑恶腐败及“保护伞”案件12件14人；针对审理中发现的行业和管理漏洞，提出司法建议76份，全市法院涉黑恶案件综合审判质效位居全省前列。

依法惩治各类刑事犯罪。审结各类刑事案件4030件。认真落实总体国家安全观，始终把维护政治安全和制度安全作为首要任务，从严惩处“法轮功”“全能神”等邪教犯罪3件3人；审结故意杀人、伤害、抢劫、绑架等犯罪827件961人，审结盗窃、诈骗、抢夺、敲诈勒索等多发性财产犯罪578件866人，审结生产销售有毒有害食品及伪劣商品犯罪25件30人，严厉打击网络电信诈骗、网络传销等犯罪14件31人、涉案金额7.5亿余元，严惩贪污贿赂等职务犯罪50件67人，审结涉枪涉爆、涉黄赌毒等犯罪139件221人，对涉案毒品91公斤的宋毅等19人特大贩毒团伙予以严惩，依法保护人民群众的生命、自由、财产等各项权利，有效提升社会安全感。

加强人权司法保障。坚持惩罚犯罪与保障人权并重，在离石等7个县市区开展律师辩护全覆盖试点，一审案件律师辩护率49.81%，同比

提高19个百分点。坚持证据裁判、罪刑法定、疑罪从无，试行最高院《三项规程》，对150案进行补查补正，通知29名证人鉴定人出庭作证。坚持宽严相济，依法裁定特赦服刑罪犯18人，对确有悔改表现的492名罪犯予以减刑，对初犯、偶犯、未成年犯等情节较轻的1414名被告人适用缓刑，充分发挥刑罚的教育感化挽救功能，最大限度减少消极因素，促进社会和谐。

（二）加强民商事审判工作，全力维护各类主体合法权益

依法化解民事纠纷，强化民生权益司法保障。坚持民生案件快立快审，审结婚姻、继承、抚养、赡养等家事案件4535件，依法保护妇女、儿童、老年人合法权益；审结农村土地承包合同纠纷、宅基地使用权纠纷106件，切实维护农民土地承包权、宅基地使用权和集体收益分配权；审结教育、医疗、劳动争议、消费者权益保护等涉民生案517件，缓减免诉讼费2340余万元，让经济确有困难的当事人感受到司法温暖。

公正审理商事案件，能动调节经济社会关系。充分发挥商事裁判的教育、引导、评价功能，强化市场主体的契约意识、规则意识、责任意识，审结股东出资、股权转让等与公司有关的纠纷62件，审结票据纠纷、保险合同纠纷857件，依法制裁虚假宣传、侵犯他人商业信用、商业秘密等不正当竞争行为，促进市场要素自由流动、公平竞争，让市场交易更有活力、更加规范、更为有效。

注重知识产权审判，服务创新驱动发展战略。有效发挥司法保护主导作用，落实知识产权审判“三合一”工作机制，建立与公安、检察、行政机关的信息沟通机制，审结侵犯著作权、商标权、专利权和制售假冒伪劣商品违法行为99件，切实保护知识产权人合法权益，不断优化创业创新竞争环境。

（三）加强行政审判工作，全力保障行政相对人合法权益

强化诉权保障。审结一审行政案件478件，判决裁定行政机关胜诉264件，占比55.23%；撤销、变更、确认行政行为违法和责令履行法定职责104件，占比21.76%。坚持合法性审查，对土地房屋征收补偿、社会保障、市场管理等案件，在维护社会公共利益的同时，监督行政机关依法行政，中院行政庭审理的石某诉太谷县人民政府责令限期拆除案入选“全省行政审判十大案例”。坚持依法裁判和协调化解并重，促进行政争议实质性化解，协调化解行政争议案66件。

深化“府院联动”机制。大力推进行政机关负责人出庭应诉，解决“告官不见官”，法定“四类案件”行政机关负责人出庭应诉率达92.5%。健全完善法院与政府联席会议制度，向各级政府、行业发送司法建议20份，促进提高依法行政水平。落实国家工作人员旁听庭审活动常态化制度化要求，邀请66个行政机关负责人旁听案件审理，助力法治政府建设。

加强国家赔偿职能。审结国家赔偿案件25件，向人身权、财产权受到不法侵害的受害人支付赔偿金120.3余万元。办理司法救助案件31件，为陷入困境的涉诉群众发放司法救助金130.6余万元，彰显司法扶危济困的人文关怀。

（四）加强执行工作，全力兑现胜诉群众合法权益

持续巩固“基本解决执行难”工作成果。按照执行工作“五个常态化”要求，加大执行力度，积极开展“跨年执行十项专项行动”，全年执结10547件，执行到位13.98亿元，持续保持执行“3+1”核心指标高位运行。

持续构建综合治理执行难工作大格局。积极主动向党委报告执行工作，进一步健全完善“党委领导、政法委协调、人大监督、政府支持、

法院主办、部门联动、社会参与”的综合治理执行难工作大格局；市委政法委、市中院联合向辖区县委书记发出涉党政机关执行案件督办函11份，执结涉党政机关案件26件2600余万元。

持续加强联合信用惩戒机制。与多部门建立社会诚信联络员制度，推送失信被执行人法人组织35家，纳入失信被执行人名单2927人次，限制高消费5419人次，限乘飞机火车18368人次；从严惩处拒不执行、妨碍执行等违法犯罪行为40件，罚款10.3万元，司法拘留411人，判处刑事犯罪10人。

二、聚焦省委市委中心工作，着力服务保障高质量发展

服务保障“三大攻坚战”。始终将防范化解各类风险贯穿全年工作主线，制定《防范化解重大风险攻坚战实施方案》，按照省委市委“平稳重整、涅槃重生”的目标要求，积极推进联盛破产重整方案执行，从严惩处涉众型经济犯罪、金融诈骗等案件174件，依法审理民间借贷等各类金融民事案6012件，妥善化解非法集资、信托纠纷，持续防范化解区域金融风险；从严惩处偷排污水、盗伐林木等破坏生态环境犯罪34件73人，审结环境资源类民事行政案329件，审结环境公益诉讼案5件，助力打赢污染防治攻坚战；从严惩处扶贫领域贪污贿赂案15件22人，审结土地承包、流转、林权转让等涉农案204件，集中清理拖欠农民工工资案130件501万元，在中院定点帮扶村原建醋厂、酒厂等4大产业并为建档立卡贫困户持续分红16余万元的基础上，投资280余万元新建粉条加工厂和鱼塘，协助易地移民搬迁53户143人，积极服务精准脱贫。

服务保障经济转型发展。全市法院精准把握司法需求，妥善化解城乡一体化、重点工程和重点项目建设过程中引发的各类民商事、行政纠纷，公正审理涉民营企业和转型项目案62件；依法严惩重点项目建设过程中出现的强迫交易等不法行为18件173人，严厉打击非法插手工程建设的黑恶势力2件37人；发挥破产审判的市场拯救和净化功能，妥善处置僵尸企业，对8件新收破产案件依法开展审理工作，促进生产要素优化组合。

服务保障优化营商环境。中院制定出台服务保障民营经济发展“42条”措施，严格规范案件处置程序和强制措施运用，最大限度减少对正常经营活动的损害及影响，积极开展“民营企业开放日”“万名干部入企”活动，交城县法院成立“驻企法律服务中心”，切实维护民营企业和企业家合法权益。加大产权保护力度，平等保护各类市场主体合法权益，化解各类合同纠纷12282件，有效解决涉企执行难题，努力为深化“供改”“综改”营造良好的法治环境。

三、聚焦司法服务转型升级，着力满足群众多元司法需求

积极构建诉讼前端多元纠纷大格局。中院牵头印发加强人民调解和开展律师调解工作的实施意见，搭建在线调解工作平台，引入调解员322名，对接调解组织95家；文水县法院成立诉前人民调解委员会，孝义市法院与司法局共建矛盾纠纷多元调解网络平台，汾阳市法院运用人民调解、司法确认程序成功处置汾阳鼓楼东街棚户区改造烂尾工程，司法确认1200余件，化解纠纷6000余起，取得良好的社会效果。

积极构建立体化诉讼服务体系。深化“最多跑一次”改革，全市14家法院全部建成诉讼服务网，上线移动微法院，开辟微信、支付宝等网络交退费通道，推行掌上诉讼服务，初步形成“当场立、网上立、就近立、自助立”的便民立案模式，全年当场立案率达95%、跨域立案97件，网上立案421件，司法化解纠纷、服务群众的能力和水平进一步提升。

积极构建开放、动态、透明的阳光司法机

制。充分利用中国审判流程信息网、诉讼服务网、“12368”诉讼服务热线和短信平台，及时公开审执流程节点信息，公开文书32210份，庭审直播5245场次，让正义能够看得见、感受到。举办“执行开放日”活动，召开新闻发布会，持续开展法律“六进”活动，广泛开展巡回审判、以案说法、送法下乡入企，吕梁中院、文水县法院被评为“2019年全国法院司法宣传先进单位”。

四、聚焦司法体制改革创新，着力推进审判体系和审判能力现代化

进一步深化司法责任制改革。持续推进法官员额制改革，完成61名员额法官遴选，对4名入额法官启动退出程序，为23名法官评定职务等级和按期晋升，如期完成基层法院内设机构改革。全面落实院庭长办案工作机制，入额院庭长全部编入审执团队，审执结14316件，结案占比67.84%。

进一步深化案件繁简分流工作机制。完善速裁案件审限规则，制定要素式裁判文书模板，诉前调解1454件，适用简易程序审结14310件，诉中调解、撤诉8584件，占比66.09%，同比提高11.92个百分点，交口、石楼、岚县、方山等法院简易程序适用率均超过80%；积极稳妥推进认罪认罚制度适用，对764件870人从宽处罚，节约了诉讼资源，提高了诉讼效率，减少了社会对抗。

进一步深化涉诉信访工作机制改革。建立健全信访登记办理等“5+2”工作机制，加强全国法院信访信息管理系统应用，设立“律师参与化解和代理刑事申诉案件工作室”“律师参与接访工作室”以及法律援助站，实行工作日预约接待，圆满完成“二青会”、国庆等重大节点期间信访维稳工作，涉诉信访工作的信息化、规范化、法治化水平进一步提升。

进一步深化执行工作机制改革。健全完善“源头管控、动态监督、全程管理、案后评查”工作机制，安装执行指挥应急调度服务平台，加强到案到人、全流程精准监管与关键节点管控，积极构建以执行指挥中心为中心、执行员额法官为主导、合理配置执行辅助人员的集约化扁平化管理模式，全年执行办案周期同比缩短32.16天。

进一步深化科技应用工作机制创新。建立信息化常态化智能化审判监管新机制，实现电子阅卷、电子签章、智能语音识别、类案推送、法律文书智能生成，积极推进刑事“206”系统与办案平台有机融合，深入开展电子卷宗随案同步生成及深度应用，全市法院电子卷宗随案同步生成率99.09%，其中文水、岚县法院达100%。全市案件平均审理天数同比减少3.4天。

五、聚焦全面从严治党治院，着力打造“五个过硬”法院队伍

强化政治思想建设。始终把政治建设摆在首要位置，推动学用习近平新时代中国特色社会主义思想往深里走、往心里走、往实里走，扎实开展“不忘初心、牢记使命”主题教育和“改革创新、奋发有为”大讨论；严守政治纪律和政治规矩，坚持重大案件、重大事项向党委和上级法院报告制度；严格落实意识形态工作责任制，加强新闻宣传和正面引导，妥善处置重大敏感案事件报道和网络舆情，坚决捍卫主流意识形态和社会主义核心价值观。

严肃党内政治生活。坚持将支部建在庭上，实行党组成员兼任党支部书记制度，严格执行“三会一课”、民主生活会、组织生活会、民主评议党员、谈心谈话等制度，领导干部带头讲党课、带头过双重组织生活，积极开展批评与自我批评；树立鲜明用人导向，提拔任用科级干部16人。

强化司法能力建设。加强教育培训，选派业务骨干参加最高院各类业务学习109期1827人次，组织全市法院干警前往浙大、人大等著名学府开展干部综合能力提升培训。一年来，共有

3名个人获得全国表彰，3个集体、7名个人荣获省级以上表彰。

强化纪律作风建设。深入开展纪律作风整顿，对6个基层法院开展督察巡查，对全市法院审务督察全覆盖，实行廉政风险防控机制，按部门设置廉政监察员17名，全体员额法官按规定报告个人事项，廉政回访已结案39件，收集问题线索3件。严格落实中央“八项规定”，开展突出问题集中整治，支持派驻纪检监察组监督执纪，党纪政务处分12人。

六、聚焦接受社会各界监督，着力提升司法工作能力水平

一年来，市中院认真贯彻市三届人大六次会议决议，不断强化人大监督意识，向市人大常委会专题报告民事执行工作和代表建议办理情况，并根据审议意见要求抓好贯彻落实。加强与人大代表、政协委员日常联络，开展“代表开放日”活动，邀请视察法院、旁听庭审、见证执行，按期办结人大代表建议3件、政协委员提案3件，办复率100%。认真办理检察建议739件，审结各类抗诉案件77件，其中改判发回63件，共同维护司法公正。公开选任人民陪审员475名，陪审案件6917件，一审案件陪审率95.01%，让司法裁判吸纳更多人民智慧。全市法院一审案件改判率、发回重审率全部达标，服判息诉率86.85%，同比提高1.64个百分点。

过去一年全市法院所取得的成绩，是习近平新时代中国特色社会主义思想科学指引的结果，是市委坚强领导，市人大及其常委会有力监督，省高院正确指导，政府、政协、有关部门以及社会各界大力支持的结果，是人大代表、政协委员关心爱护的结果。在此，我代表全市法院向大家表示衷心感谢，并致以崇高的敬意！

在肯定成绩的同时，我们清醒地认识到工作中还存在不少问题和短板：一是党建工作和审判工作的深度融合不够；二是少数干警为民服务意识淡薄，工作方法简单，对群众诉求重视不够；三是部分法官业务能力素质亟待提升，办案“三效统一”的司法理念尚未树牢，就案办案、机械办案的现象仍然存在；四是审判权运行监督制约机制有待进一步健全，审判绩效考核机制和体系还需进一步完善；五是严格执行中央“八项规定”、纠“四风”方面还需进一步发力，司法作风仍需改进。对此，我们将争取各方支持，切实加以解决。

2020年工作安排

2020年，全市法院将坚持以习近平新时代中国特色社会主义思想为指导，全面贯彻党的十九大和十九届历次全会精神以及习近平总书记“三篇光辉文献”精神，深入贯彻落实省委市委经济工作会议精神，坚持党对法院工作的绝对领导，坚持以人民为中心的发展思想，坚持司法为民、公正司法，紧紧围绕“四为四高两同步”总体思路和要求，全面加强新时代党的建设，大力实施全市法院队伍素能、司法质效提升三年工程，统筹推进常态化疫情防控和审判执行各项工作，努力为建设更高水平的“平安吕梁”“法治吕梁”提供更加有力的司法保障。

一是强化理论武装，树牢正确政治方向。要坚持全面系统学、及时跟进学、联系实际学，充分利用法院系统党校平台，不断创新学习载体，持续推动习近平新时代中国特色社会主义思想入脑入心见行，持续巩固“不忘初心、牢记使命”主题教育成果，增强“四个意识”，坚定“四个自信”，坚决做到“两个维护”。要坚持党对法院工作的绝对领导，认真贯彻落实《政法工作条例》，严格执行请示报告报备制度，把讲政治与讲法律统一起来，把不折不扣执行党中央、省委市委决策部署与依法独立公正行使审判权统一起来，坚定不移走中国特色社会主义法治道路。要坚持以政治建设为统领，以更严的要求、更高的标准、更实的举措一体推进党的思想、组织、纪律、作风和制度建设，切实把党的领导和要求落实到法院工作各领域、各环节全过程，切实把“两个维护”体现在服务大局、司法为民和公正司法上。

二是围绕“四为四高两同步”要求，服务保障经济转型崛起和社会安全稳定。要紧扣“外防输入、内防反弹”疫情防控策略，建立完善预防和处置重大公共突发事件司法应急工作机制，依法严惩扰乱医疗秩序、防疫秩序、市场秩序、社会秩序等各类犯罪行为，妥善化解各类涉疫矛盾纠纷，全力保障复工复产和人民群众生命财产安全。要持续加强涉农、涉扶贫领域案件审判，做好定点帮扶村脱贫工作，服务保障决战决胜脱贫攻坚；持续从严惩处各类破坏生态环境违法犯罪行为，严厉打击涉野生动物违法犯罪行为，护航美丽吕梁建设；持续平稳有序推进联盛破产重整并确保如期圆满收官，实现政治效果、法律效果和社会效果的有机统一；持续用好破产和解、重整、清算等司法手段，防范化解区域性重大金融风险；持续服务保障转型项目建设，助力发展动能转换，促进企业转型升级。要紧紧围绕扫黑除恶三年为期工作目标，严格依法办案，紧盯重大涉黑恶案件审理，紧盯“深挖根治”，推动实现“长效常治”，确保扫黑除恶专项斗争取得压倒性胜利。要持续加大执行工作力度，强化失信联合惩戒，维护生效判决权威和司法诚信，促进社会诚信。要不断提高改进办案水平，坚决防止“就案办案、孤立办案”，努力营造法治化营商环境。

三是全面推进“两个一站式”建设，推动司法服务转型升级。要着眼于满足群众多元司法需求，健全先行调解、委派调解、诉调对接等工作机制，大力推进诉讼服务中心调解工作室和工作站建设，积极开展人民调解、行政调解、行业调解、专业调解和律师调解，促进申请司法确认无缝对接和矛盾纠纷就地化解，努力为当事人提供一站式多元解纷服务。要着眼于让群众“最多跑一次”“零跑腿”，完善立案登记、繁简分流、调解速裁、送达保全鉴定等一次性诉讼服务指南和工作规程，推动诉讼服务中心功能集约化，实现线下“一门通服”；依托信息化技术，推进导诉、立案、交退费、庭审、信访等全部诉讼服务网上办、掌上办，实现线上“一网通办”；加强“12368”诉讼服务热线建设及应用，便利当事人联系法官、诉讼咨询、案件查询和投诉举报，实现互动“一线通联”，努力为当事人提供更加优质高效便捷的一站式诉讼服务。

四是启动队伍素能和司法质效提升三年工程，推动法院工作提质增效。按照“五个过硬”法院队伍建设要求，坚决落实管党治党主体责任，推动政治督察、司法巡查全覆盖，从严教育、从严管理、从严监督，促进干警提升政治素养、严守纪律规矩、强化责任意识、改进工作作风，持续净化法院政治生态。要坚持“请进来”“走出去”，不断创新业务技能培训模式，增强教育培训的针对性实效性，促进干警提升专业司法能力。要坚持创新符合法院工作特点和司法规律的审判管理机制，积极构建与奖金分配、等级晋升、提拔使用挂钩的司法质效评估体系，切实发挥质效考评的“指挥棒”作用，促进提升司法效能。要坚持加强调查研究和业务指导，发挥二审审判监督职能，通过个案指导、类案指导、案例指导等不同方式，统一各类案件裁判尺度和法律适用标准，不断提高审判质量、促进司法公正、提升司法公信。

新的一年，全市法院将认真落实本次大会决议，在市委的坚强领导下，在市人大及其常委会的有力监督下，依法履职，担当进取，奋力开创全市法院工作新局面，努力为吕梁经济社会转型发展作出新的更大贡献！

吕梁市人民检察院工作报告

——在吕梁市第三届人民代表大会第七次会议上

吕梁市人民检察院检察长　郭　鸿

（2020年4月22日）

2019年工作回顾

2019年，全市检察机关在市委和省检察院的坚强领导下，在市人大及其常委会的有力监督下，在市政府、市政协和社会各界的关心支持下，坚持以习近平新时代中国特色社会主义思想为指导，全面贯彻党的十九大和十九届二中、三中、四中全会精神，深入贯彻习近平总书记视察山西重要讲话精神，坚决贯彻省委、市委工作部署，认真落实市三届人大六次会议决议，忠实履行新时代法律监督职责，各项检察工作实现新的发展和进步。

一、坚持党对检察工作的绝对领导，自觉接受人大、政协及社会各界监督

坚持把政治建设摆在首位。组织开展深入贯彻习近平新时代中国特色社会主义思想“大学习、大调研、大落实、大提升”活动，自觉增强“四个意识”、坚定“四个自信”、做到“两个维护”。出台请示、报告、报备重大事项《五个清单》，主动向市委、省检察院党组、市委政法委报告工作21次，把党的领导贯彻落实到具体检察工作中。认真接受省检察院党组政治巡视，制定整改方案清单，扎实推进48个反馈问题整改落实，同时，会同当地党委对6个基层检察院党组开展政治巡察，见人见事反馈问题242个。

扎实开展“不忘初心、牢记使命”主题教育。坚持把学习教育、调查研究、检视问题、整改落实一体推进，组织“学思践悟、三个融入”学习交流研讨，立行立改9个问题，推出上门发放司法救助金、群众来信件件有回复等服务举措，加强对各党支部和基层检察院党组的督促指导，推进习近平新时代中国特色社会主义思想融入日常、融入业务、融入内心。

自觉接受人大、政协及社会各界监督。共向两级人大及其常委会报告工作31次，办理代表意见建议8件，采取登门拜访、电话沟通、座谈交流等形式，加强与各级人大代表的日常联络。主动向政协和党外人士通报检察工作情况，诚恳听取意见建议，办理政协委员提案2件。邀请代表委员、工商联及社会各界人士参加检察开放日、公开听证等活动439人次，邀请人民监督员评查退补案件59件、监督办案活动4次。加强检务公开，主动发布案件信息和生效法律文书7658件次。

二、深入推进扫黑除恶专项斗争，坚决打好审查起诉法律仗

快捕快诉、依法严惩。2019年是认定证据、指控犯罪的攻坚之年。针对大量案件涌入审查起诉环节的实际，全市检察机关统筹调配办案力量，实行“一案一团队”，捕诉一体、专案专办，坚决不在检察环节贻误战机。全年共批捕涉黑涉恶犯罪408人，起诉394人，起诉审结率动态保持在95%以上，位居全省前列。开展“百日攻坚战”，22件积案全部清零。一批人民群众反映强烈的黑恶犯罪受到严厉打击，充分体现了市委夺取“扫黑除恶”专项斗争全面胜利的坚定决心！

严格把关、精准打击。坚持在法治轨道上对黑恶势力依法严惩，监督立案4人，追捕12人，追诉漏犯22人、漏罪7件，不捕42人，不诉8人，抗诉22人。实行“一案一督导”，两级院领导靠前指挥、领办督办，市检察院对案件定性统一把关，对以涉黑涉恶移送审查起诉的，依法不予认定9件，对未以涉黑涉恶移送的，依法认定1件。实行“一案一总结”，汇编《案例指导手册》3册，努力做到边推进、边总结、边提高。

加强配合、深挖根治。坚持“两个一律”，做到“三个不放过”，审查起诉涉黑涉恶腐败和“保护伞”案件5人；开展涉黑涉恶人员民事案件专项监督，发现“职业放贷”线索47件。实行“一案一深挖”，全面推行员额检察官签字背书制度，市检察院在全省首次通过刑事追诉，深挖出一起涉恶团伙案件。实行“一类问题一建议”，针对行业管理漏洞发出检察建议19件，推动突出问题综合治理。

三、主动服务发展大局，推进平安吕梁、法治吕梁建设

全力维护社会稳定。牢固树立总体国家安全观，紧紧围绕70周年大庆、“二青会”等重大活动，扎实做好维稳工作，努力营造安全稳定的社会环境。全年共批准和决定逮捕1982人，提起公诉3662人。深入开展反渗透、反邪教、反恐怖斗争，批捕3人，起诉11人。积极参与打击涉枪涉爆类犯罪专项行动，批捕22人，起诉48人。依法严惩故意杀人、绑架等严重暴力犯罪，批捕214人，起诉259人。起诉危险驾驶犯罪661人，临县检察院对郭某明知他人大量饮酒仍向其提供车辆的行为，以危险驾驶共同犯罪予以追诉。全面贯彻宽严相济刑事政策，依法不捕556人，不诉362人。

主动服务“三大攻坚战”。起诉非法吸收公众存款、集资诈骗、网络传销等破坏金融管理秩序犯罪49人，深入银行系统开展法治宣传，积极防范金融风险。出台《服务保障“吕梁山护工”品牌实施意见》，与“吕梁山护工”培训就业领导组建立双向联动工作机制，组织法治培训3600余人，努力为“十万护工出吕梁”提供检察服务。积极配合全市环保突出问题整治，在全省率先实现驻河长办检察室全覆盖，生态环境和资源保护领域公益诉讼立案388件，同比增长139%。

大力支持民营经济健康发展。积极助推“六最”营商环境建设，部署开展服务民营企业6个专项行动，起诉制假售假、侵犯知识产权、合同诈骗等破坏市场经济秩序犯罪281人，起诉强揽工程、欺行霸市等破坏公平竞争犯罪185人。秉持理性、谦抑、审慎理念，对涉案民营企业负责人依法慎用羁押性强制措施，不捕12人。举办“护航民企发展”检察开放日，组织开展“法律进民企”活动，问计问需，精准服务。

四、强化法律监督实效，努力维护社会公平正义

做优刑事检察。加强对刑事立案、侦查和审判活动的监督，监督立案53件、撤案38件，追捕61人，追诉漏犯116人、漏罪129件，纠正侦查活动违法197件、审判活动违法67件，对认为确有错误的刑事裁判提出抗诉59件。加强对刑事执行活动的监督，纠正刑罚执行和监管活动违法769件，纠正减刑、假释、暂予监外执行提请不当245人，提出变更强制措施97人，审查报请特赦18人。落实“1+5”工作机制，对临汾监狱和曲沃监狱开展异地交叉巡回检察，纠正各类问题13个。

做强民事检察。受理民事生效裁判、调解书监督案件211件，提出抗诉31件，法院采纳率94%。受理民事审判活动监督案件372件，提出检察建议364件，法院采纳率93%。受理民事执行活动监督案件252件，提出检察建议226件，法院采纳率91%。注重民事调查核实权的行使，市检察院办理了全省首例案外人控告申诉案件，抗诉后得到法院直接改判支持。

做实行政检察。受理行政生效裁判、调解书监督案件27件，同比增长125%，终结审查13件，不支持监督申请14件。依职权发现行政审判、执行活动监督案件205件，同比增长15%，提出检察建议204件，法院采纳率98%。深入开展行政非诉执行监督，全力服务法治政府建设，提出检察建议152件，法院采纳率100%，相关做法在全省推广。

做好公益诉讼检察。共立案并发出诉前检察建议605件，位居全省前列，实现了法律授权领域全覆盖。坚持保护公益与促进发展并重，督促清理河道60.5千米、水域25.28公顷、固废垃圾7.3万吨，整治污染企业33家、校园周边摊贩109家。坚持积极索赔与修复治理并重，督促修复农田、林地22.41公顷，挽回国有财产损失308万元，保护国有文物21处。坚持诉前程序与提起诉讼并重，对诉前到期未整改的，依法提起公益诉讼3件。认真落实十九届四中全会关于拓展公益诉讼案件范围的要求，开通公益诉讼“随手拍”举报平台，不断拓展公益诉讼案件线索渠道。交城县检察院针对校园周边商店向学生售卖单根香烟、“三无”小食品等问题，发出诉前检察建议，督促相关部门认真履职，努力维护青少年身心健康。

五、坚持为民司法，提供更优更实检察服务

积极维护民生民利。做实“三服务”工作，建立主动告知、精准识别、联合救助、综合帮扶工作机制，上门发放司法救助金204万元，同比上升157%。积极为弱势群体维权提供检察服务，支持起诉126件。临县检察院通过诉前调解，为陈某等105名农民工追回拖欠两年多的工资163万元。坚持情理法相统一，市检察院调取关键证据，为已故环卫工人闫某追回保险理赔金18万元。

积极做好未成年人检察工作。对犯罪情节轻微并有悔罪表现的未成年人，不捕6人，不诉26人，依法封存犯罪记录19人，并会同相关部门约束教育、严加矫治。对应当依法从严惩戒的，批捕25人、起诉39人。认真落实“一号检察建议”，两级院检察长和91名检察官受聘担任法治副校长，讲授法治课183场次。

积极参与社会综合治理。坚持和发展新时代“枫桥经验”，办理息诉案件68件。市检察院化解一起长达十年之久的工程欠款纠纷案，被评为全省和解息诉典型案例。完善“12309”检察服务，聘请律师共同化解涉法涉诉案件，接待312件，化解240件，工作做法在全省推广。依法及时处理群众信访诉求，对留有联系方式的522件群众来信，100%做到七日内程序性回复。开展社区矫正专项检察监督，纠正执行不当853人。开展“情暖山西、冬日暖阳”走进汾阳监狱公益活动，引导社会力量共同参与在押人员帮教。

六、全面落实改革任务，推进检察工作转型发展

深入推进认罪认罚从宽制度落实。认罪认罚从宽制度是新修改的刑事诉讼法确立的一项重要制度，是在立法和司法领域推进国家治理体系和治理能力现代化的重大举措。全市检察机关有力推进，共适用1330人，提出的确定型量刑建议法院采纳率89%，位居全省第二，被告人一审服判息诉率95%，同比提升11%。通过适用，不起诉和判处缓刑、拘役988人，占74%，建议适用速裁程序、简易程序498人，占37%，真诚认罪悔罪的被告人切实得到实体和程序从宽。

认真做好职务犯罪检察工作。建立高效顺畅的监检衔接机制，共受理监察机关移送职务犯罪67人，经审查决定逮捕42人，取保候审25人，提起公诉60人，向监察机关移送公职人员涉嫌职务犯罪线索52条。认真落实提前介入协作机制，着力提高职务犯罪案件办理的质量和效率，退回补充调查率同比减少7%。认真查办司法工作人员相关职务犯罪，立案侦查并起诉1人，法院已作出有罪判决。

不断优化检察管理机制。完成新一轮重塑性内设机构改革，"四大检察、十大业务"工作格局基本形成。担任检察官的院领导回归办案一线，办理各类案件2198件，占案件总数的20%，检察长依法列席同级法院审判委员会39次，司法责任制得到进一步落实。构建检察办案质效评价体系，建立检察业务态势定期研判、分析、通报制度，"三延两退"明显减少，"案-件比"降低至1.53，办案质效同比提升26%，位居全省前列。加大检务保障力度，积极推进206辅助办案系统运用，开展业务数据质量专项督查，在全省率先完成检察工作网建设。

七、努力建设过硬队伍，不断夯实检察发展根基

抓党建引领。出台《党组会议事规则》和《检察长办公会议事规则》，不断规范和改进党组工作。认真贯彻民主集中制原则，畅通党员参与讨论党内事务的途径，引导党员干部充分发挥先锋模范作用，不断增强党组织的创造力、凝聚力、战斗力。深化意识形态工作，推进检察文化建设，凝聚和弘扬检察正能量。一年来，全市检察机关共有5个集体、16名个人荣获省级以上表彰奖励，工作被市级以上媒体报道592篇次。

抓素能提升。以"改革创新、奋发有为"大讨论牵引全年工作，开展"业务素质提升年"活动，举办"道德讲堂"4期、"新时代检察官讲吧"7讲、"微党课"24期，组织干警参加各类培训760余人次，积极运用"检答网"学习提高，8名干警入选省级以上专业人才库。

抓纪律作风。认真落实"三个规定"，建立过问或插手、干预司法办案等重大事项报告制度，记录报告148件。认真纠治形式主义、官僚主义，发文数量同比减少38%。机构改革中增设检务督察局，加强日常检查和办案督察，努力筑牢司法廉洁防线。

一年来，全市检察工作的点滴进步，离不开市委和省检察院的坚强领导、市人大及其常委会的有力监督、市政府的大力支持、市政协的民主监督，离不开各位代表、委员、各民主党派、工商联、人民团体、无党派人士和社会各界的关心帮助。

同时，我们也清醒地认识到，检察工作还存在一些问题和不足，主要是：发挥检察职能服务保障全市工作大局做得还不够，前瞻性、精准度、实效性有待进一步提升；双赢多赢共赢等司法理念树的还不牢，思想观念仍需进一步转变；"四大检察"全面协调充分发展只是刚刚破题，法律监督成效还需进一步提高；落实全面从严治党责任仍有差距，队伍建设还需进一步加强；司法体制综合配套改革还没有完全到位，信息化建设还需进一步推进。对这些问题，我们将紧盯不放，认真加以解决。

2020年主要任务

今年是全面建成小康社会和“十三五”规划的收官之年，是脱贫攻坚决战完胜之年，也是我市在新的起点上推进高质量转型发展的关键之年。全市检察机关将在市委和省检察院的坚强领导下，坚持以习近平新时代中国特色社会主义思想为指导，全面贯彻党的十九大和十九届二中、三中、四中全会精神，深入学习贯彻“三篇光辉文献”，紧紧围绕省委“四为四高两同步”总体思路和要求，认真落实市委“1234”发展思路，增强政治自觉、法治自觉、检察自觉，以推进检察监督体系和监督能力现代化为主线，统筹抓好常态化疫情防控和宪法法律赋予职责的履行，全力服务经济社会发展大局，为全市与全国、全省同步全面建成小康社会、决战完胜脱贫攻坚、高质量转型发展提供坚强有力的法治保障。

一是以更高自觉把党对检察工作的绝对领导落到实处。坚持把深入学习贯彻习近平新时代中国特色社会主义思想作为首要政治任务，深入推进“三篇光辉文献”实践转化，不断增强“两个维护”的自觉性和坚定性。巩固深化“不忘初心、牢记使命”主题教育成果，时刻牢记“检察机关是政治性极强的业务机关，又是业务性极强的政治机关”，秉持客观公正、双赢多赢共赢和以办案为中心的理念，努力提升新时代检察工作质效。认真落实《中国共产党政法工作条例》《中国共产党重大事项请示报告条例》，切实把党的绝对领导贯彻到检察工作全过程、各方面。积极做好新形势下检察机关意识形态工作，为全市检察事业创新发展提供思想保证、方向指引、精神动力。

二是以更实举措服务市委“1234”发展思路。牢固树立总体国家安全观，坚持法治导向，树牢底线思维，弘扬斗争精神，坚决维护国家政治安全和社会稳定。聚焦常态化疫情防控，依法从严从快查处各类涉疫情违法犯罪，部署开展“禁止非法交易、滥食野生动物”和“严格动物产品检验检疫”两个公益诉讼专项活动，全力筑牢疫情防控检察防线。聚焦决战决胜“扫黑除恶”专项斗争，强化政治担当，优化捕诉一体，严格审核把关，有力指控犯罪，坚决打好清零战、歼灭战、质效战，确保“是黑恶犯罪的一个不放过，不是黑恶犯罪的一个不凑数”。聚焦决战完胜脱贫攻坚，坚决惩治扶贫领域违法犯罪，加大对涉案款物追缴力度，探索建立快速返还机制。聚焦高质量发展，出台《服务保障全市项目建设实施意见》，提供更优更实检察服务，努力为项目建设“保驾护航”。聚焦高水平崛起，组织开展服务企业复工复产“十个一”专项活动，支持保障民营经济健康发展。聚焦高标准保护，探索建立“刑事打击与公益诉讼一体化推进”的生态检察办案模式，加强环境治理的司法保障。聚焦高品质生活，开展落实“四个最严”要求专项行动，从严惩治教育、医疗、社会保障和食品药品安全等领域犯罪，守护人民群众舌尖上的安全。

三是以更强担当推进司法为民工作。主动融入社会治理大格局，综合运用刑事、民事和解，以及控申疏解手段化解矛盾纠纷，促进“三零”创建工作深入开展。健全“大控申”联动机制，认真落实“群众来信件件有回复”制度，加大12309检察服务中心建设，推动解决群众信访问题制度化、规范化。注重保护弱势群体合法利益，扎实做好司法救助和支持起诉工作。认真落实“一号检察建议”，建立检教联合督导检查常态化机制，持续抓好隐患排查整改，推动形成未成年人综合保护大格局。

四是以更高标准构建法律监督新格局。深入落实认罪认罚从宽制度，坚持依法“可用尽用”，切实履行好刑事诉讼主导责任，持续做优刑事检察。强化精准监督理念，加大对虚假诉讼、违法裁判的监督力度，不断做强民事检察。开展行政争议实质性化解专项监督，服务法治政府建设，保障人民群众合法权益，进一步做实行政检察。积极构建“大公益诉讼”格局，保持办案数量、提升办案质量，积极、稳妥拓展案件范围，推动公益诉讼检察工作行稳致远。

五是以更优机制提升检察工作现代化水平。以深化体制性、机制性改革为重点，做好司法责任制改革“精装修”。优化业绩考核机制，建立案件质量评查制度，集中开展“检察法律文书质量提升年”活动，突出对办案质量和“三个效果”的评价，激励员额检察官履好职、尽好责。加大检察信息化建设力度，积极参与政法部门联盟链、大数据协同平台建设，深入推进206辅助办案系统运用，不断提升新时代检察监督智能化、现代化水平。

六是以更大决心建设过硬检察队伍。持续推进能力素质建设，改进教育培训方式方法，健全完善检察人才库建设，探索上下级院骨干交流机制，大力发现培养选拔优秀年轻干部。深入开展“基层建设年”活动，加强分类指导，切实为基层减负、为基层服务。全方位加强检务公开，探索在办理审查逮捕、审查起诉、申诉案件中实行公开听证，倒逼办案质效提升。坚决把“严”的主基调贯穿到队伍建设始终，以巡视整改为契机，把全面从严治党、从严治检持续引向深入，努力打造一支党和人民信得过、靠得住、能放心的检察队伍。

欣逢“两个一百年”奋斗目标的历史交汇期，全市检察机关深感责任重大、使命光荣。我们将高举习近平新时代中国特色社会主义思想伟大旗帜，在市委和省检察院的坚强领导下，在市人大及其常委会的有力监督下，全面贯彻落实中央、省委、市委各项决策部署和本次会议决议，不忘初心、牢记使命，不断争创一流检察业绩，努力为吕梁市与全国、全省同步全面建成小康社会、决战完胜脱贫攻坚、高质量转型发展作出新的更大贡献！

关于吕梁市2019年国民经济和社会发展计划执行情况与2020年国民经济和社会发展计划草案的报告

——在吕梁市第三届人民代表大会第七次会议上

吕梁市发展和改革委员会主任 吴建军

（2020年4月21日）

一、2019年国民经济和社会发展计划执行情况

2019年是新中国成立70周年，是全面建成小康社会的关键之年。一年来，在市委坚强领导下，全市上下坚持以习近平新时代中国特色社会主义思想为指导，全面贯彻落实党的十九大和十九届二中、三中、四中全会精神，深入学习贯彻习近平总书记“三篇光辉文献”，严格落实市委、市政府工作安排，认真执行市三届人大第六次会议审议批准的2019年国民经济和社会发展计划，落实市人大财政经济委员会的审查意见，以“三大目标”为牵引，坚持稳中求进工作总基调，坚持新发展理念，深入推进供给侧结构性改革，认真实施“十大举措”，统筹推进稳增长、促改革、调结构、惠民生、防风险、保稳定各项工作，全市经济社会持续健康发展，计划执行情况总体良好。

（一）突出质效提升，经济运行总体平稳

全市地区生产总值完成1512.12亿元，同比增长5.7%，经济总量创历史新高。三次产业比例由上年同期的4.2：61.4：34.4调整为4.6：59.8：35.6。工业结构持续稳定反转。煤炭产业占工业经济比重为47.4%、下降0.9个百分点，制造业占比46.6%、上升1.2个百分点。投资增速大幅进位。固定资产投资完成523.33亿元，同比增长11.2%，高于全省1.9个百分点，增速全省第二。工业技改投资完成119亿元，总量全省第一。发展质量持续向好。财政收入在大规模减税降费背景下保持较快增长，一般公共预算收入完成192.66亿元，同比增长10.2%，高于全省7.8个百分点，总量全省第二，增速全省第三。就业形势平稳。城镇新增就业41856人，完成目标任务的104.6%。年末城镇登记失业率1.69%，低于4%的年度控制目标。价格总水平基本稳定。累计收储冻猪肉900余吨，及时启动物价联动机制并下达价格临时补贴。居民消费价格上涨3.2%，基本完成涨幅控制在全年3%左右的目标任务。城乡居民人均可支配收入分别比上年增长6.8%、10.3%，均跑赢GDP增速。

（二）持续攻坚克难，脱贫攻坚决战决胜

深入贯彻落实习近平总书记在解决“两不愁三保障”突出问题座谈会上的重要讲话精神，深入实施“三五工程”，全市投入24.8亿元攻坚深度贫困，临县、兴县、石楼3个深度贫困县脱贫摘帽，286个贫困村退出、7.69万人脱贫，贫困发生率降至0.18%。强化攻坚举措。出台解决“两不愁三保障”突出问题“10条”“28条”政策措施，市县乡村四级联动发

力，点对点、实打实解决事关群众切身利益突出问题。教育扶贫、健康扶贫得到中共中央政治局委员、国务院扶贫开发领导小组组长胡春华同志肯定。落实精准方略。连续三年实施荒山造林、退耕还林、经济林提质增效“3个100万亩”，全市森林覆盖率达到27.6%，荣获“2019年最具生态竞争力城市”。持续打造“诚信、勤劳、专业”的劳务品牌，“吕梁山护工”入选全国家政服务业发展典型案例。出台《光伏扶贫电站收益分配管理办法（试行）》，国务院扶贫办主任刘永富吕梁调研时指出：“光伏扶贫从这里起步，走向全国。”坚持试点先行。金融扶贫“吕梁模式”全国推广，“一码清”管理法、“一保通”扶贫保险等做法全省推广。

（三）全力夯实基础，转型步伐强劲有力

贯彻“巩固、增强、提升、畅通”八字方针，着力推动高质量转型发展。铝镁产业快速发展。建设吕梁（兴县）铝镁新材料产业集聚区上升为全省战略，中铝华润合金铝项目逐步投产，中德工业园轻量化铝镁部件等一批铝深加工项目落地。柳林县铝基新材料园区获批全省首批特色产业集聚区试点。铝镁产业占工业经济的比重达到9.5%。白酒产业稳定增长。推动汾酒集团与中汾酒城深度合作释放产能7万吨，全年白酒产量增长23.4%，增加值占工业经济比重达到11%。“双创”工作全省领先。新认定吕梁大万源商贸有限公司为山西省第三批省级“双创”示范基地，全市省级“双创”示范基地达到5个，全省排名第一。传统产业加快改造升级。顺利完成570万吨煤炭、211万吨焦炭、140万吨粗钢去产能任务。争取国家发改委《产业结构调整指导目录（2019年本）》将白酒产业调出限制类，为我市工业经济转型升级特别是白酒产业发展争取了重大政策机遇。文化旅游业发展迅猛。旅游景区累计接待国内游客人数、旅游收入均实现18%以上增长。第三产业对经济增长的贡献率达到46.7%。

（四）高位谋划推动，能源革命开局良好

坚持把能源革命综改作为高质量转型发展的首要任务，出台《贯彻落实〈山西能源革命综合改革试点行动方案〉的实施方案》，重点推进17项重大改革、25项重大事项、5项重大攻关、23项重大项目，把能源革命战略具体化、项目化。局域电网改革取得新突破。省政府常务会议审议通过吕梁局域电网推进方案，市政府出台《吕梁铝镁新材料产业园区局域电网过渡期后电价补贴暂行办法》，吕梁局域电网改革纳入山西能源革命改革试点，2019年12月输电线路二期工程开工建设。非常规天然气产业发展提到新高度。编制《吕梁市非常规天然气上中下游一体化发展方案》，举办全市非常规天然气产业发展座谈会、研讨会，率先在全省打响非常规天然气产业发展第一枪。2019年全市非常规天然气产量8.17亿立方米，同比增长39.4%。煤炭产业“减”“优”“绿”取得新成效。全市煤矿先进产能占比超过70%，释放先进产能1640万吨；大力推广无煤柱自成巷“110工法”和煤矿充填开采技术试点。电力供给结构得到新优化。新能源装机规模超过158万千瓦，占全市发电规模的17.8%；中阳华润5万千瓦、汾阳杨家庄10万千瓦风电项目并网发电，交口30万千瓦平价上网项目稳步推进。氢能产业开始起步。2019年12月孝义鹏飞集团与美国GCES公司签署战略合作协议，拟投资百亿元打造孝义氢能综合利用产业园。

（五）聚焦项目建设，有效投资持续扩大

把稳投资作为“六稳”工作的重中之重，深化转型项目建设年活动，全力打造五大产业集群。加大项目推进力度。市委召开常委会（扩大）会议专题研究和部署全市转型项目建设年工作，市政府出台深化转型项目建设年行动方案。深入开展“前期手续集中办理月”“项目集中开工月”“进工地到一线解难题”等专项活动，全方位跟踪和服务项目建设。全市重点工程项目开复工112个，完成投资203.95亿元，占固定资产投资比重达到39%。实行项目精细化管理。坚持把全年506亿元的投资任务落到767个项目上，从项目谋划、前期论证、手续办理、开工建设到竣工验收进行全流程监管。强化项目要素保障。坚持领导包联项目制度，筛选64个重大项目分解落实到32位市四大班子领导和13个市直主要职能部门。大力开展政银企对接，推动银行与企业签约72个项目，意向贷款金额达268亿元。开展PPP项目库规范核查。依托山西省PPP项目信息监测服务平台，开展市、县两级PPP项目信息录入和入库管理工作，新录入项目22个，进一步提高投资决策的科学性。

（六）强化改革自觉，改革红利加快释放

坚持向改革要动力，以改革促发展，着力破除制约发展的体制机制障碍，营商环境持续优化。深化企业投资项目承诺制改革。实施“五统一”事项办理，“一窗通办”模式和“最多跑一次”标准化建设迈出坚实步伐。2019年全市纳入试点项目105个，同比增长50%。加快国资国企改革。22户国有企业“三供一业”分离移交工作全部完成，离柳集团债转股进展顺利，汾酒集团实现整体上市，吕梁农商行获批筹建。深化开发区改革创新。8个省级经济开发区全部推行“三化三制”改革，方山生态文化旅游示范区获批。深入推动“放管服效”改革。全面推开相对集中行政许可权改革，实现“一枚印章管审批”；“数字政府”建设全面启动，“领导驾驶舱”加快建设，“吕梁通”APP上线运行，营商环境持续优化。强化社会信用体系建设。出台《关于在行政管理事项中使用信用记录和信用报告的实施方案》《吕梁市守信联合激励和失信联合惩戒名单管理暂行办法》《关于加强个人诚信建设的分工方案》等规范性文件，推动应用信用评价结果开展分级分类监管。2019年底我市城市综合信用指数在全国261个地级市中排名第163位，较2018年底上升91位，位列全省第二。

（七）积极内拓外联，开放水平稳步提高

着力解决城乡发展不平衡不充分，大力推进区域协调发展，对内对外开放格局加速形成。大力实施乡村振兴战略。成立红枣、核桃等8大产业联盟，加快推进“一县一业”。推进农业产业融合发展，孝义市被列为全国第二批农村产业融合发展示范园。石楼、临县、兴县率先开展“三变”改革试点。稳步推进新型城镇化建设。建立推进新型城镇化联席会议制度，印发《贯彻落实〈山西省2019年新型城镇化建设重点任务〉的实施方案》，全市常住人口城镇化率达到51.7%，比2018年提高1.1个百分点。积极融入山西中部盆地城市群。抓住省委、省政府推进山西中部盆地城市群一体化发展战略机遇，推动交城、文水、汾阳、孝义四县市一体化进程，与晋中市、太原市建立常态化协调共建机制。推进运输结构供给侧改革。编制《吕梁市推进运输结构调整实施方案》，全市战略装车点运力达到5145万吨。全年铁路货运量完成4728万吨，同比增长23.5%。发展空间不断延伸。太原—吕梁—绥德铁路客运专线项目列入省年度重点推进的前期项目，孝柳铁路至瓦日铁路连接线项目预可研编制完成。外贸进出口全部“破零”。第二届进出口博览会上成交总额1.92亿美元，全省排名第一。

（八）推进污染防治，生态环境持续改善

深入贯彻“绿水青山就是金山银山”的理念，推进经济社会发展和人口资源环境相协调，全市生态环境质量持续改善。加快构建生态文明体系。编制《吕梁市控制温室气体排放实施方案》《吕梁市2016年、2017年温室气体排放清单》。推进生态文明试点示范，重点支持孝义市国家生态文明先行示范区建设。深入推进循环经济发展。印发《吕梁市循环经济发展规划》，推动孝义、交城经济开发区列为省级园区循环化改造试点，推动柳林县铝循环工业园区列为全国27个环境污染第三方治理园区。编制《吕梁市生活垃圾焚烧发电中长期专项规划》。大力实施清洁能源替代工程。市区基本实现集中供热全覆盖，其他县市城区覆盖率达90%以上。市区优良天数280天，排名全省第二，PM2.5平均浓度、改善幅度、优良天数三项主要考核指标再次位居汾渭平原11个城市第一；全市9条重点河流12个国考断面中，5个断面水质实现好转，为今年12个国考断面全部稳定退出劣V类奠定了基础。

（九）抓实民生工作，民生福祉不断提升

坚持以人民为中心的发展理念，重点推动公共资源向贫困地区延伸、向贫困农村覆盖、向弱势群体倾斜，努力提高人民群众获得感。全年累计民生支出352.9亿元，同比增长3.98%，占总支出的81.95%。围绕提升中心城区功能与品质，完成“二青会”比赛场馆周边城市风貌整治、东川河人行步道等10项工程，国投财经中心、医疗卫生园区、群艺馆等项目加快建设，吕梁新区公共服务功能逐步完善。圆满完成省政府“六件民生实事”，启动吕梁一中等29个市区中小学、幼儿园建设项目，高考二本B类以上达线1.55万人，全省排名第二。全市综合医改信息化平台、县域内外“一站式”结算服务平台建成运行。建成“四好农村路”2223千米，全省名列前茅。积极推进采煤沉陷搬迁安置，集中新建安置16865户，竣工12787户；货币安置9686户，签订搬迁协议7803户。抓好冻猪肉储备和投放，及时启动物价联动机制，市县两级发放价格临时补贴3400余万元，保障困难群众生活基本稳定。安全生产形势持续好转，生产安全事故起数和死亡人数实现“双下降”。深入开展“扫黑除恶”专项斗争，打掉涉黑涉恶犯罪团伙123个，社会大局保持和谐稳定。

2019年，全市经济保持总体平稳、稳中有进的发展态势，但经济运行稳中趋缓、稳中有忧，还存在经济结构短板、开放合作短板、思想观念短板、要素支撑短板等问题。一是外部经济形势更趋复杂，市场有效需求总体趋弱，实体经济发展持续承压，企业“御寒”避险情绪上升，投资意愿不强，经济稳定增长基础仍不牢固。二是经济运行结构性矛盾较为明显。“一煤独大”的结构性问题还未从根本上解决，战略性新兴产业和高技术产业增加值仅占工业经济的3.3%、0.2%；金融支持实体经济还不够有力，民间投资积极性还需进一步激发。三是改革创新开放力度还需持续加大，开发区转型主引擎作用发挥不够，人才、科技、资本等要素仍是瓶颈制约。四是生态资源环境约束加大，以水污染防治为重点的生态环境问题还比较突出，结构性污染治理任务仍然艰巨。五是民生领域补短板任务依然繁重，城市能级和品质还需进一步提升，社会事业发展水平特别是城乡公共卫生服务体系与群众需求仍有一定差距。特别是新冠肺炎疫情的发生，对群众生活、企业生产、市场秩序形成较大影响。对于这些矛盾和问题，我们将采取有力措施，认真加以解决。

二、2020年全市国民经济和社会发展计划总体安排和主要任务

2020年是全面建成小康社会和“十三五”规划的收官之年，是实现“第一个百年”奋斗目标的决胜之年，也是为“十四五”良好开局和实现“第二个百年”奋斗目标打下更好基础的关键之年，克服疫情影响做好全年经济社会发展工作十分重要。分析国内外形势，我市既面临难得的发展机遇，也面临严峻的风险挑战。从全球看，国际疫情持续蔓延，世界经济下行风险加剧，不稳定不确定因素显著增多。从国内看，受新冠肺炎疫情、企业利润下滑、市场预期不稳等因素影响，工业、服务业受到较大冲击，投资增速持续下行，经济下行压力较大。但随着疫情防控成效的进一步巩固，经济社会秩序正在加快恢复，经济长期向好的基本面没有改变。国家大力推动中部地区崛起、黄河流域生态保护和高质量发展等重大战略，支持我省开展转型综改试验区建设和能源革命综合改革试点，省委省政府支持我市大力发展铝镁、白酒、大数据、文化旅游、干果加工业等产业集聚，都将为我市加快发展注入强劲动力。市委四届八次全体会议暨经济工作会议明确提出“1234”发展思路，确立了我市经济工作的总体要求和奋斗目标，市委市政府统筹抓好疫情防控和经济社会发展的各项决策部署，为正确处理好疫情防控和经济社会发展关系指明了方向，进一步坚定了全市迎难而上、砥砺前行的信心和决心。我们必须切实把思想和行动统一到党中央对当前形势判断和今年经济社会工作大政方针上来，统一到省委省政府决策部署和市委市政府工作安排上来，坚持底线思维，坚持在常态化疫情防控中加快推进生产生活秩序全面恢复，变压力为动力、变被动为主动，全力打好转危为机的战略主动战，以将转型综改进行到底的担当和勇气，奋力夺取疫情防控和实现经济社会发展目标“双胜利”，确保实现决胜全面建成小康社会、决战脱贫攻坚目标任务，不断拓展高质量转型发展新局面。

做好2020年全市经济社会发展工作：要以习近平新时代中国特色社会主义思想为指导，全面贯彻党的十九大和十九届二中、三中、四中全会精神，深入学习贯彻习近平总书记“三篇光辉文献”和关于统筹推进疫情防控和经济社会发展工作的重要指示精神，增强“四个意识”、坚定“四个自信”、做到“两个维护”，按照中央、省委经济工作会议部署和市委“1234”发展思路，紧扣全面建成小康社会目标任务，坚持稳中求进工作总基调，坚持新发展理念，坚持以脱贫攻坚统揽经济社会发展全局，坚持以供给侧结构性改革为主线，坚持转型为纲、项目为王、改革为要、创新为上，推动高质量发展、高水平崛起、高标准保护、高品质生活，加快建设现代化经济体系，加快建立同疫情防控相适应的经济社会运行秩序，坚决打好“三大攻坚战”，全面做好“六稳”工作，统筹推进稳增长、促改革、调结构、惠民生、防风险、保稳定各项工作，保持经济运行在合理区间，确保“十三五”规划圆满收官，确保我市与全省、全国同步全面建成小康社会，得到人民认可、经得起历史检验。

2020年全市经济社会发展主要经济指标计划安排是：

预期性指标：地区生产总值增长6.1%左右，全社会固定资产投资增长7%以上，社会消费品零售总额增长7%左右，一般公共预算收入增长2%左右，城镇居民和农村居民人均可支配收入分别增长7%以上和8%以上。城镇新增就业3.8万人以上，城镇调查失业率、城镇登记失

业率分别控制在6.5%左右、4.5%以内。

约束性指标：万元GDP综合能耗下降率、万元GDP二氧化碳排放量、万元GDP用水量降幅等减排指标，完成省定任务。6月底前汾河流域国考断面全部退出劣V类，年底前黄河流域国考断面全部退出劣V类。市区空气质量持续保持在全省前列。剩余农村贫困人口全部脱贫，城镇棚户区改造开工3890套。

为全面完成以上目标任务，需要做好以下十个方面工作：

（一）全面贯彻新发展理念，着力构建现代产业体系

坚持转型为纲，扭住产业转型这个关键，做大做强优势产业，培育壮大新兴产业，改造提升传统产业，着力打造经济发展和产业转型新引擎。

做大做强特色优势产业。充分发挥比较优势，深入挖掘产业潜力，提升产业规模和产业层次。现代煤化工产业。坚持“高端化、市场化、差异化、环境友好型”的发展思路，围绕煤制油、煤制烯烃和煤—焦—精细化工三条产业链，推动煤炭向清洁油品和化工品转变，化产加工由初级低端向中高端精细化转变，力争到2025年全市高端化学品达到500万吨以上，现代绿色煤化工产业产值突破1000亿元。重点推动交城宏特100万吨煤焦油精深加工、孝义金州30万吨煤焦油加工、孝义晋茂30万吨环已酮、孝义金岩25万吨LNG等项目建设。铝镁产业。以局域电网为支撑，以“铝水不落地、建设标准化厂房”模式，加大招商引资力度，力争到2025年形成250万吨的生产能力，产值超过1000亿元，建成国内重要的铝镁新材料产业集聚区。加快推动中润15万吨合金棒二期、中德工业园轻量化铝镁部件、山西苏龙有色铜杆和铝线材等项目建设。推动信发集团与柳林森泽集团合作建设铝基新材料产业集聚区，推进交口铝镁产业园区开展前期工作。白酒产业。抢抓《产业结构调整指导目录（2019年本）》中白酒政策由限制类调整为允许类的政策机遇，制定出台加快白酒产业高质量发展的实施意见，大力实施“酒+”融合发展战略，争取通过3—5年努力，使吕梁烈酒产区白酒产能由目前的24万吨增加到50万吨，白酒产值达到500亿元。

培育壮大战略性新兴产业。抢抓国家扩大专项债券、实施新基建战略等政策机遇，加快推进大数据、新材料等产业发展。大数据产业重点依托军民融合协同创新研究院和华为大数据中心两大品牌，引进一批大数据项目落户吕梁。推动大数据与实体经济融合发展，建设吕梁农数科技“五库两平台”、吕梁市厂矿企业综合信息采集平台、吕梁智能大数据产业研究院“空间地理信息平台”，努力打造“数谷吕梁”。新材料产业重点推进铝镁合金、碳纤维等新产品开发利用，支持山西中磁尚善科技有限公司与浙江大学共建产学研合作基地，开展应用领域复合材料关键技术研究与合作开发，推进新材料产业高端化、智能化、规模化发展。重点推进山西盛达威科技公司年产22万吨炭黑生产线、孝义嘉能年产5万吨超高模量碳纤维原料、山西金恒建材一期1万吨/年特种纳米碳酸钙及2万吨复合钛白粉等项目建设。新能源产业重点推动30万千瓦平价光伏项目投产、30万千瓦风电项目并网。

加快发展文化旅游业为重点的现代服务业。服务业是拉动经济增长的“主要引擎”，而作为“朝阳产业”的文化旅游产业，不仅是现代服务业的重要组成部分，而且是带动现代服务业快速发展的重要引擎。要以黄河旅游板块为重点，全面推进“黄河一号”旅游公路建

设，推动兴县、临县、离石、方山、交城等县（区）42个景区实现互联互通。支持交城、岚县创建国家全域旅游示范县，建设全域智慧旅游平台。支持交城卦山+玄中寺+英雄广场、孝义三皇庙+孝河湿地公园、汾阳贾家庄创建国家5A景区。举办首届吕梁文化旅游产业节、第二届吕梁文学季等一批旅游季活动，进一步提升“吕梁——一个令人向往的地方”旅游品牌，努力把文化旅游业培育成战略性支柱产业。围绕业态创新、模式创新，积极发展医疗健康、在线消费、5G应用等新型服务业。加快电子商务、商贸物流、健康养老等服务业集聚区建设，以离石、汾阳、孝义为重点，实施居然之家吕梁店二期、杏花村商贸仓储等商贸物流项目，建设区域性大型商贸物流园区；加快推进电子商务进农村，推动临县、兴县、方山、岚县、中阳、石楼6个示范县升级提升，继续完善县乡村三级电商服务体系；支持交城、文水建设大健康产业基地。

改造提升传统产业。加快推进传统产业升级改造，提升产业智能化、绿色化、高端化水平。加快推进中钢公司技术改造，建设新型矿山支护装备、材料生产基地。推动文水光华、岚县三鑫等企业，突破核心基础零部件、先进基础工艺等薄弱环节，提升机械制造业配套加工能力，推动交城利虎玻璃年产150万套汽车安全玻璃生产线、岚县盛华铸业年产10万吨铸造技术改造等一批项目投产。

（二）深入实施能源革命综改试点，打造能源革命先行区

坚持“增气减煤、控量提效、延长链条”的发展思路，以开放的思路推进能源革命，以合作的方式推进综合改革试点。

推动煤炭产业开采方式变革。大力推进煤炭智能绿色安全开采，推广柳林充填开采、110工法等煤矿新技术，试点推进2座充填开采矿井、2座智能化矿井以及3座智能化开采工作面矿井建设。开展煤炭绿色开采和井下矸石智能分选试点示范。积极探索“分质分级、能化结合、集成联产”的新型煤炭利用方式，支持汾阳、离石水煤浆项目建设。加强生态友好矿区建设，加大采煤沉陷区、工矿废弃地等生态修复治理。大力发展先进产能，加快临县晋煤三交一号煤矿、临县锦源煤矿2个600万吨优质产能矿井建设，完善西山晋兴能源公司斜沟煤矿1500万吨、霍州煤电吕临能化公司庞庞塔煤矿1000万吨等矿井手续。

加快非常规天然气增储上产。出台我市非常规天然气利用发展规划，加快实施柳林中海油中联、石楼中海沃邦等煤层气开采利用项目，推动山西天浩清洁能源公司日产50万方液化调峰等一批项目建成投产。加快推进煤层气外输通道与周边区域的输气管网联通。争取今年全市非常规天然气产量达到18亿立方米、产值突破30亿元，建成全省重要的非常规天然气产业基地。

提升吕梁局域电网供电能力。加快局域电网二期输电工程建设，进一步完善网架结构，推动煤、电、网、风、光系统集成、高效耦合，争取临县京能电厂入网运行，增强电源支撑能力，满足兴县铝镁新材料产业园区及柳林铝基新材料产业集聚区用电需求。加快推进局域电网混合所有制改革，形成利益共享、风险共担的电网建设运营新模式。

提升清洁电力发展水平。抓住国家发改委、国家能源局支持“坑口煤电一体化”项目的利好政策，重点推动临县京能2×35万千瓦、孝义晋能2×35万千瓦2个火电项目加快投产前准备工作，争取年内并网发电；推动华电锦兴2×35万千瓦电厂项目调出停建名单并开工建设。

鼓励30万千瓦级及以上煤电机组开展灵活性改造试点。全力推动以交口30万千瓦光伏平价上网基地为代表的风光发电平价上网项目建设。

深化能源体制机制改革。深化煤成气勘查开采管理体制改革，完善配套激励政策，解决“圈而不探”“占而不采”等问题。探索落实省增送电量输配电费用降低的灵活定价方式，努力降低用电成本。加快社会资本控股增量配电网改革，推动交城、文水开发区开展增量配电业务改革试点。深化电力市场化交易改革，争取全年交易电量达到60亿千瓦时。

发展壮大能源关联产业。加快能源资源优势转换，积极发展能源新产业新模式新业态，努力把能源技术及其关联产业培育成带动产业升级的新增长点。实施新能源全产业链行动计划，扶持文水晋能清洁能源公司做大做强。谋划推动氢能产业发展，重点推进焦炉煤气制氢、可再生能源制氢。推动孝义鹏飞集团与美国GCES公司合作的氢能综合利用产业园开工建设。

（三）持续扩大有效需求，充分挖掘市场潜力

坚持项目为王，充分发挥投资的关键作用和消费的基础作用，促进投资消费进出口协同发力，确保经济运行在合理区间。

继续扩大有效投资。把转型项目建设放在更加突出位置，持续推进项目建设大会战，确保完成投资增长7%以上的年度目标。产业转型方面，以8个省级经济技术开发区和1个省级生态文化旅游示范区为重点，实施现代煤化工、煤电铝镁材、酒与文化旅游融合发展、打造黄河旅游板块、培育新动能等248个产业升级项目。基础设施方面，继续抓住国家加大基础设施补短板力度的政策机遇，扎实做好交通网、铁路网、岸港网、民生网“四网会战”，实施227个具有支撑性的重大项目。公共服务方面，围绕群众关心关注的公共服务需求，实施汾河流域生态保护与修复、吕梁一中、吕梁高等师范专科学校等208个社会民生项目。

加强政府投资管理。认真贯彻落实《政府投资条例》，严格规范执行政府投资计划编制、下达、执行、调整和监督的政府投资行为，充分发挥政府投资作用，激发社会投资活力。建立和完善政府投资监管体系，建立政府投资责任追究制度，建立工程咨询、设计、施工、监理等方面的责任约束制度；逐步建立群众监督、社会监督、舆论监督等社会监督制度，鼓励社会各界和新闻媒体对政府投资项目的决策和实施情况与效果进行监督，发挥媒体对政府投资管理的监督作用，要求与政府投资相关的管理部门定期和不定期地对社会发布相关信息，接受公众监督。

做好重大项目推进工作。坚持“稳投资、补短板、调结构、促转型”的工作思路，把转型发展落实到投资和项目上。依托全省项目管理信息平台，进一步夯实项目建设库。加快推进项目前期，推动新开工项目及早具备开工条件。继续完善项目推进机制，全面落实县级以上领导干部和政府职能部门包联重大项目责任制及六项常态化工作机制，压紧压实县（市、区）和开发区推进项目建设的主体责任，坚持一月一调度、半年一观摩，强化跟踪服务，严格考核奖惩，推动项目落地见效。

着力拓宽项目融资渠道。紧密对接国家扩大专项债券、实施新基建战略等政策机遇，加强公共卫生、市政、城镇老旧小区改造、应急物资储备体系建设、5G数据中心、工业互联网等领域项目谋划储备。加大与金融机构对接力度，推动政银企常态化对接，完善信息、数据共享机制，着力保障项目资金。加大国际金融

组织和外国政府贷款争取力度。规范有序推进PPP模式，引导社会资本投资交通、能源、教育、健康医疗、养老等领域。

有效激发消费潜力。充分发挥消费的基础作用，落实好国家和省促进消费扩容提质的政策措施，引导居民外出消费、实体消费，扩大网络消费。加快制定我市促进消费政策举措，对城区建设商业综合体、便民超市、夜市、商业街等给予扶持，鼓励重点商贸企业利用“两节”、地方民俗节等开展促消活动，进一步丰富旅游产品和服务，加快释放消费潜力。大力发展夜间经济和假日经济。加快吕梁新区碧桂园、新城控股等商业综合体项目建设。

推进外贸稳中提质。深度融入“一带一路”建设，支持企业在沿线国家开展国际产能合作。全面落实山西省外贸主体培育三年行动计划和吕梁市对外贸易主体培育行动计划，培育一批自主出口品牌，进一步巩固各县（市、区）外贸“破零”成果。持续开展“千企百展”计划，组织企业参加境外及境内涉外展会，扩大国际市场份额。扩大利用外资规模，推动8个省级开发区利用外资年内“破零”。

（四）强化创新驱动建设，努力打造创新生态

坚持创新为上，以创新思维集聚创新资源，力争在企业创新能力提升、创新人才集聚、创新生态营造上取得新突破。

提升企业技术创新能力。认真贯彻全省科学技术大会精神，加快构建“1+N”科技创新政策体系，加快推动规上工业企业研究所全覆盖，大力推进教育医疗创新、人才培育引进等工作。围绕现代煤化工、铝镁新材料、白酒、大数据等重点产业，聚焦开发区和重点企业，建立实验室、中试基地、专业孵化器、院士工作站等科技创新载体。推广应用金融信贷“吕梁模式”，对转型发展科技型、战略性新兴产业的中小微企业给予信贷支持。落实企业股改、上市挂牌奖励政策，加强与华融晋商、山西证券等多层次资本市场对接，全力推进企业上市挂牌。实施高新技术企业倍增计划，力争高新技术企业达到60家、科技型中小企业达到55家。深入贯彻落实山西省推动创新创业高质量发展“20条”措施，在现有5个省级“双创”示范基地基础上，继续支持省市“双创”基地建设。

推动产学研深度合作。加大与中科院、中国工程院的技术成果合作，加快推进国际能源科技成果转化和国际人才共享（吕梁）分中心建设。深化与北航、北理工、中科协、国防科大等签约单位的合作，加强创新要素保障供给和配套支撑。鼓励大土河、美锦等民营企业，联合清华大学、中国矿业大学、华东理工大学等高等院校，建设煤矸石、粉煤灰高值化利用、煤机装备制造等6个省级以上工程技术研究中心和1个省级重点实验室，促进技术开发与共享。

加大高层次人才引进力度。聚焦人才“引得来、用得好、留得住、能发展”，继续实施“百千万人才工程”，积极引导吕梁籍在外优秀人才回乡创业，全面做好全日制博士研究生、“双一流”高校全日制硕士研究生的招引工作，事业单位引进全职工作的不受岗位职数结构比例限制，柔性引进的根据实际工作天数给予适当工作津贴。瞄准省内一流水平，进一步建强疾病控制科研队伍，培育领军人才，强化科研攻关，全面提升我市防疫科研能力和水平。

（五）加大改革开放力度，不断增强内生动力

坚持改革为要，坚定不移全面深化改革，不断将制度优势转化为治理效能和发展动能。

紧紧抓住扩大高水平开放机遇，全面提升我市对外开放能级。

推动开发区提质升级。加快吕梁、交口、岚县开发区和方山生态文化旅游示范区“三制”改革，鼓励园区探索企业化管理措施，推动开发区“区中城”“区中园”管运分离改革形成更多实践成果。实施“8118”工程，以8个省级开发区为载体，实施100个产业转型项目，收储0.07万公顷土地，建设80万平方米标准化厂房，以建设标准化厂房模式吸引一批企业拎包入住。

深化国资国企改革。对标对表省属国资国企改革的路径办法，全面推进竞争性国企混改，稳妥推进公益性国企混改，设立文旅、水务、电网等新的市场主体，推动改革取得实质性突破；坚持分类施策，在“理顺、完善、规范、推进”上下功夫，进一步完善市属国企现代经营管理机制，依法依规规范市属国企公司化运营，有效发挥资本投资、运营公司功能作用，不断增强国资国企的活力动力和竞争力，打造我市转型发展的新引擎。

着力扩大对内对外开放。积极参与“一带一路”，进一步巩固扩大利用外资规模。坚持“走出去”与“请进来”相结合，充分发挥招商会展平台作用，变“被动”为“主动”，积极参与京津冀、雄安新区协同发展，加大承接京津冀、长三角、粤港澳大湾区产业转移力度。加快对外开放交通体系建设，争取孝柳铁路至瓦日铁路连接线项目年内开工建设，争取太原—吕梁—绥德铁路客运专线项目于2021年开工建设。

持续加大招商引资力度。围绕现代煤化工、铝镁新材料、白酒、大数据等重点产业，建立招商引资项目库，完善招商图谱。以开发区为平台，以酒博会、煤焦产业论坛、“数谷吕梁”推介会等为媒介，大力发展会展经济，吸引更多央企国企、高新技术企业落户吕梁。用好吕梁绿色发展基金，广泛吸引社会资本和金融资金设立专业领域类子基金，实行基金招商。主动对接沿海发达地区、重点园区、知名企业，精准开展点对点招商、专业化招商、以企招商、以商招商、产业链招商。

大力支持民营经济和中小企业发展。全面贯彻落实中央和省支持民营经济和中小企业发展政策措施，认真落实我市支持民营经济发展“20条”和构建亲清新型政商关系“10条”措施，进一步创优民营经济和中小企业发展环境。落实好减税降费、信贷支持、银企对接、金融扶持等各项惠企利企政策，加快清理政府部门和国有企业拖欠民营企业、中小企业账款。继续实施民营企业家“三个一”素质提升工程，努力造就一支勇立潮头的企业家队伍。大力弘扬优秀企业家精神，着力营造企业家健康成长环境。

（六）营造“六最”营商环境，持续增强经济活力

坚持“三对”“六最”要求，持续优化营商环境，激发市场主体活力，促进实体经济发展。

加快推进“数字政府”建设。加快建立市级“一局一公司一中心”管理运营架构，承接好省级应用系统。加快建设市级“领导驾驶舱”，进一步提升决策科学化水平。启动市级政务云平台建设，建成民生服务、社会保障、精准扶贫、应急管理等一批主题信息资源库，初步形成“数字政府”政务大数据体系。开展“数字城管”全覆盖行动，加快建设数字化城市管理平台。加大“吕梁通”APP推广应用力度，推动更多公共服务事项“一网通办”。

深化“放管服效”改革。开展优化营商环境“六项专项行动”，继续拓展企业投资项目

承诺制改革，全面实现开发区一般工业项目“全承诺、无审批、拿地即可开工”。依托一体化在线政务服务平台，推动90%的审批服务事项实现“网上办”，开展政务服务进社区、进农村活动，实现民生事项“就近办”。建设市级“12345”政务服务热线平台，用好“13710”政务督查督办手段。

持续加快信用体系建设。引入信用服务机构进行综合一体化服务，完成信用信息共享平台升级改造。进一步完善信用制度体系，修订《吕梁市公共信用信息管理办法（试行）》。持续推动信用信息共享平台和一体化政务服务平台、公共资源交易平台及部门信息化平台的对接，为行政管理和服务提供信用信息查询和应用服务；加大诚信宣传力度，开展“诚信建设万里行”等宣传活动，努力形成“人人讲诚信、事事重诚信、处处有诚信”的良好社会氛围。

（七）坚决打赢“三大攻坚战”，提升全面小康成色

增强决战决胜的使命感责任感紧迫感，坚持问题导向、目标导向、结果导向，确保高质量完成任务。

决战完胜脱贫攻坚战。落实“四个不摘”要求，大力实施脱贫攻坚“1916”年度行动计划和“1+N”工作部署，以问题整改推动脱贫攻坚政策落实、措施落实、工作落实，紧盯“两不愁三保障”突出问题，完成好剩余2560户5482人的脱贫任务。持续打响生态扶贫、吕梁山护工、光伏扶贫“三张品牌”，加快补齐易地搬迁、产业就业等方面短板弱项，全面巩固提升脱贫攻坚成果。充分发挥“一码清”科学管理法，建立健全返贫监测预警和动态帮扶机制，研究解决相对贫困政策措施。

坚决打赢污染防治攻坚战。实施100多个总投资近100亿元的“双百”工程，坚决完成污染防治阶段性目标。打好蓝天保卫战，以吕梁市区及周边、汾文交孝为重点区域，持续推进“治污、控煤、管车、降尘”；大力实施清洁供暖工程，提高供热能力和质量。打好碧水保卫战，持续开展河流水环境整治专项行动，打好入河排污口整治和水污染防治重点工程、城镇污水处理厂冬季保（提）温措施、流域整体联防联控“1+3”组合拳，确保全市9条河流12个国控断面实现稳定退出劣V类。打好净土保卫战，有序实施重点地块治理与修复工程，持续开展采煤沉陷区综合治理、工业固废堆存场所环境整治。

防范化解重大风险攻坚战。加强债务风险防控，严格落实属地责任，用好政府专项债券，规范政府举债融资行为。积极防控信用风险，坚决打赢联盛重整计划执行收尾战，实现“平稳重整、涅槃重生”目标。完成汾阳、方山、交口3户农信社改制任务，力争临县、中阳农信社不良贷款出表。持续加强网络经济风险防控和金融秩序整顿，坚决打击网络传销、电信网络诈骗及非法金融活动，坚决守住不发生系统性、区域性金融风险的底线。

（八）统筹推进区域协调发展，打造高质量发展的强劲引擎

统筹平川与山区开发、经济建设与生态保护，向东融入中部盆地城市群，向西对接陕蒙两省区，当好晋西门户。

全面实施乡村振兴战略。继续深入推进农业供给侧结构性改革，加快发展农产品精深加工、乡村旅游、休闲康养、电子商务等新产业新业态新模式，推动农业功能向生产生活生态拓展，不断延长产业链、提升价值链。抓好园区建设示范工程。按照绿色（有机）、循环和综合利用的思路，大力推进“一乡一特一园区、一村一品一基地”建设。继续实施好农村

安全饮水、大中型灌区节水改造等民生工程建设。严格落实“菜篮子”市长责任制，强化粮食安全保障体系建设，健全粮食收储体系，实施好“优质粮食工程”。

扎实推进区域协调发展。抢抓中部地区崛起重大战略机遇，积极承接新兴产业布局和转移，引进一批产业转型的龙头项目、旗舰项目。推动平川四县（市）深度融入山西中部盆地城市群一体化发展，编制出台我市发展规划，围绕基础设施、产业发展、公共服务、生态环境等，继续谋划推进跨区域一体化项目；围绕构建组团城市半小时通勤交通网，推动开行公交化运营的客运班线，启动汾河滨河西路文水至平遥段、交城至太原滨河西路连接线等项目。鼓励山上九县（区）依托太中银铁路、青银高速两条大通道，加强与陕蒙两省区、大西北的沟通合作，建设对接一路一带（丝绸之路经济带）的重要物流集散地。加强同陕西延安、榆林，内蒙古鄂尔多斯等沿黄城市的协作力度，推动黄河峡谷生态建设。

全方位提升中心城市品质。围绕打造蓝绿交织、显山露水、山水相映、产城融合、宜居宜业的中心城市，开展中心城市建设行动，实施中心区域提质、居住环境改善、新区建设攻坚、中心城市拓展、产业发展支撑、城市管理精细化“六大工程”。启动市区—柳林快速路、新区盛地大道、新安大道改扩建等项目建设，大幅提升道路通行能力；坚持新城区、主城区一体化发展，年内完工图书馆、火车站候车大厅等在建项目，重点推进“三校四馆五中心两总部”等重点项目建设，进一步完善城市功能；推动“两下两进两拆”整治向周边延伸，提升城市“颜值”；启动19块小广场小游园绿地和市区停车场建设项目，着力优化城市生态空间。加快建立生活垃圾处理系统，市区实现公共机构生活垃圾分类全覆盖，建成吕梁市生活垃圾焚烧发电厂和餐厨垃圾处理设施。

加快推进新型城镇化。按照“一市四区”定位，争取柳林撤县设区方案批复，统筹推进中阳、方山“撤县建区”。加快供热、供气、教育、医疗等软硬件提升步伐，大幅提高城镇化水平。充分发挥新型城镇化暨城乡融合发展工作局际联席会议制度，统筹推进我市新型城镇化工作。积极创建城乡融合发展试验区，推进孝义、交城等国家新型城镇化综合试点，引导特色小城镇有序发展。

（九）以黄河流域生态保护为引领，提升生态文明水平

坚持生态优先、绿色发展，加强黄河流域生态环境保护和治理，大力发展循环经济和绿色产业，促进生态环境持续改善。

统筹推进黄河流域生态保护和治理。认真学习贯彻习近平总书记在黄河流域生态保护和高质量发展座谈会上的讲话精神，围绕流域治理、水利设施建设、生态保护修复、产业发展、文化旅游融合、城乡融合发展等重点领域，梳理谋划一批重大项目。紧盯国家、省规划编制进度，争取将我市发展思路和重大项目纳入国家和省规划，在高端要素配置、生态修复治理、重大工程建设等方面争取更多支持。

继续深化生态文明体制改革。逐步健全源头预防、过程控制、损害赔偿、责任追究的生态环境保护体系。加快推进市县两级国土空间规划，建立健全生态保护红线、永久基本农田、城镇开发边界三条控制线分类管控机制。加快推进采煤沉陷区综合治理、退耕还林、天然林保护、汾河等流域生态修复等，加快美丽吕梁建设。大力发展循环经济，加快构建资源综合利用和能源梯级利用的循环经济产业体系，促进循环经济向更高层次、更好目标迈

进。在孝义、交城经济开发区建设省级试点的基础上，继续推进汾阳、文水开发区循环化改造，积极争取优惠政策和资金，重点支持开发区基础设施和公共服务平台建设。

全面推进资源节约高效利用。争取推动柳林大宗固体废弃物综合利用产业基地列入国家大宗固废综合利用产业基地名录，支持柳林固废技术产业研究院、固废基新材料产业基地建设，提高煤矸石、赤泥、粉煤灰等工业固废资源化综合利用水平。结合我市生活垃圾分类工作实施进度，加快垃圾焚烧发电项目和垃圾处置项目建设。

（十）全力保障和改善民生，提升群众获得感幸福感

持续实施“大民生”战略举措，补齐全面建成小康社会短板，加强公共服务体系建设，抓好采煤沉陷区综合治理和天然气保供工作，提高保障改善民生水平。

加快建设现代化教育强市。建设45所普惠性幼儿园，争取全市普惠性幼儿园学龄儿童就读比例达到85%。建设55所农村寄宿制学校，确保每个乡（镇）至少有一所寄宿制学校；加快贺昌中学、吕梁学院附中、离石江阴中学等中学标准化建设，推动普通高中全部达标。以吕梁职业技术学院、吕梁师范高等专科学校为龙头，整合市卫校、会校、经管校、农校等市直中职教育资源，优化职教布局和专业。持续深化教育制度改革，打造一批一流名校，发展人民满意的教育。

补齐医疗卫生事业发展短板。坚决贯彻预防为主的卫生与健康工作方针，加强公共卫生防疫和重大传染病防控，进一步完善重大疫情防控体制机制，加快建立健全分级、分层、分流的传染病等重大疫情救治机制，完善突发重特大疫情防控规范和应急救治管理办法，提高应对突发重大公共卫生事件的能力。全力抓好新型冠状病毒肺炎防治工作，坚决打赢疫情防控阻击战。抓好孝义、中阳、方山等3个医院续建项目，开工建设汾阳、孝义中医院项目，推动吕梁医疗卫生园区、市人民医院门诊楼尽快使用，进一步提高人均医疗资源占有水平。全面完成基层医疗卫生机构标准化建设，引深县乡医疗卫生机构一体化改革，建立优质高效的医疗卫生服务体系。推进“互联网+健康医疗”，年内实现市、县、乡三级远程医疗“全覆盖”。

多措并举抓好就业增收。深入实施“人人持证、技能社会”工程，完善“一县一品牌、县县有特色”培训模式，开展订单式、菜单式培训，提升培训质量，拓展培训内容和范围。大力开展“吕梁山技师”“吕梁山工匠”“吕梁山司机”“吕梁山厨师”等培训，争取全市新增城镇就业3.8万人、转移农村劳动力3.55万人。继续深化收入分配制度改革，统筹推进农民工工资清欠工作。全面落实最低工资标准、提高公职人员工资和离退休人员待遇等政策，千方百计增加城乡居民收入。扩大失业保险覆盖范围，更好保障失业人员基本生活。

加快完善社会保障体制机制。积极推行县级医疗集团总额预算打包付费、医保支付方式改革。进一步提高低保和特困人员供养标准，保障好困难群众基本生活。严格落实退役军人、优抚对象各项政策，扎实做好退役军人服务管理工作。大力推进保障性安居工程建设，年内棚户区改造开工3890套，基本建成2030套。积极发展养老、托幼服务，每个县（市、区）建成1个中心敬老院、1个示范性婴幼儿看护中心，解决“一老一小”问题。

繁荣发展文化广电体育事业。牢记习近平总书记嘱托，大力弘扬“吕梁精神”，加强公

民道德建设。实施文明守望工程、文物保护利用工程和乡村文化记忆工程，加强碛口、杏花村等古村镇的保护开发。实施文化惠民工程，完成免费送戏下乡1045场。全面完成省下达的54块社会足球场地建设任务，为人民群众提供更多更好的公共文化服务。

扎实做好重要商品保供稳价。加强价格总水平调控，进一步健全价格监测分析、预警调控机制。强化对生猪市场和猪肉价格的监控力度，做好全市冻猪肉储备及保供工作。认真执行社会救助及保障标准与物价上涨挂钩的联动机制，及时发放价格临时补贴，有效保障困难群众基本生活。

持续抓好安全稳定工作。高度重视安全生产和社会稳定工作，持续深入开展煤矿、非煤矿山、危险化学品等重点行业领域专项整治，强化应急安全管理和应急救援体系建设，推动全市安全生产形势持续稳定好转。继续深化扫黑除恶专项斗争，切实维护社会和谐稳定和人民群众生命财产安全。

同时，高水平编好“十四五”规划。按照省委“四为四高两同步”总体思路和要求、市委“1234”发展思路，起草形成《吕梁市“十四五”规划基本思路》，并根据市委关于“十四五”规划的建议，高标准完成“十四五”规划《纲要》起草工作，启动编制一批市级“十四五”专项规划。

各位代表，全市经济社会发展任务仍然艰巨繁重，让我们在市委、市人大、市政府、市政协的坚强领导和监督支持下，高举习近平新时代中国特色社会主义思想伟大旗帜，牢记习总书记“把吕梁精神用在当今时代”的殷切嘱托，认真落实中央、省委、市委经济工作会议部署，不忘初心、牢记使命，开拓创新、锐意进取，全力推进疫情防控和经济社会发展各项工作，为促进我市高质量转型发展、圆满完成全面建成小康社会和“十三五”规划收官，实现第一个百年奋斗目标而奋斗！

附件1

吕梁市2020年国民经济和社会发展主要经济指标计划（草案）

序号	指标名称	单位	2019年					2020年	
			计划目标	增速（%）	实际	增速（%）	完成计划的（%）	计划目标	增速（%）
1	地区生产总值	亿元	—	6.5	1512.12	5.7	低于计划0.8个百分点	—	6.1
2	公共财政预算收入	亿元	187.6	7.3	192.66	10.2	102.7	196.52	2
3	固定资产投资	亿元	505	7.5	523.32	11.2	103.6	559.9	7以上
4	社会消费品零售总额	亿元	536	7.5	536.86	7.7	100.2	574.5	7
5	规模以上工业增加值	亿元	—	6	—	4.6	低于计划1.4个百分点	—	5.5
6	城镇居民人均可支配收入	元	29100	6.5以上	29181	6.8	100.3	31224	7以上
7	农村居民人均可支配收入	元	9760	8	9963	10.3	102	10760	8以上
8	居民消费价格(上年=100)	—	103	—	103.2	—	高于计划0.2个百分点	103	—

附件2

吕梁市2020年市级政府投资计划（草案）

单位：万元

序号	项目名称	建设阶段	总投资	累计到位资金	2020年计划	资金来源	实施单位	备注
	合计(45项)		1730585	571312	141676			
1	吕梁环城高速机场连接线水毁修复工程	完工	1152	600	551	一般债券	市交通局	
2	市区集中供热全覆盖工程	完工	126956	93608	3000	一般债券	市城管局	项目已结算
3	城南工业主题公园一期工程	完工	7692	4758	1000	一般债券	市城管局	
4	呈祥路续建二期	完工	13394	8706	1000	一般债券	市住建局	项目已结算
5	碧水桥及碧水路拓宽	完工	9273	5998	1000	一般债券	市住建局	项目已结算
6	吕梁大道一期	完工	163529	118729	10000	一般债券	市住建局	项目已结算
7	吕梁新城桥梁工程	完工	78179	37389	2000	一般债券	市住建局	
8	吕梁北川河生态治理沿河工程	完工	48467	31099	1000	一般债券	市住建局	项目已结算
9	吕梁北川河生态治理湖面工程	完工	105597	55520	1000	一般债券	市住建局	
10	吕梁广场项目	完工	20686	10374	2000	一般债券	市住建局	项目已结算
11	吕梁火车站站前广场	完工	46826	39453	1000	一般债券	市住建局	项目已结算
12	吕梁市城区污水处理厂(一厂)二期大修、技改及提标改造工程	完工	5635	3500	500	一般债券	市城管中心	
13	便民中心	完工	31137	27173	1000	一般债券	市建管中心	
14	中部综合组团次干道(一期)	完工	36650	28301	4000	一般债券	市建管中心	
15	图书馆暨文化广场建设项目	在建	23679	16010	2000	一般债券	市图书馆	
16	群众艺术馆暨文化广场	在建	16947	9385	2949	一般债券	市群众艺术馆	
17	东川河蓄水改造工程	在建	27712	4360	2000	一般债券	市水利局	
18	吕梁综合福利院一期(儿童福利院)建设项目	在建	13957	10836	2000	一般债券	市民政局	
19	吕梁火车站候车厅提升改造工程	在建	2526	1162	1000	一般债券	市城管局	
20	2019年市区雨污分流改造工程	在建	13311	7509	2000	一般债券	市城管局	
21	吕梁市新区湖面生态治理工程(7#8#湖)	完工	44512	6953	7000	一般债券	市住建局	
22	吕梁市综合展示馆暨城市广场	在建	21108	1489	2000	一般债券	市住建局	
23	纬十八路及十条道路(纬二十八路)	在建	1206	2767	3000	一般债券	市建管中心	
24	纬十八路及十条道路(支路三一期)	在建	1168			一般债券	市建管中心	

续表

序号	项目名称	建设阶段	总投资	累计到位资金	2020年计划	资金来源	实施单位	备注
25	纬十八路及十条道路（支路七一期）	在建	1284			一般债券	市建管中心	
26	纬十八路及十条道路（纬十八路）	在建	5753			一般债券	市建管中心	
27	吕梁新区(纬二十路)	在建	2527			一般债券	市建管中心	
28	纬十八路及十条道路（纬二十三路一期）	在建	2056			一般债券	市建管中心	
29	纬十八路及十条道路（纬二十四一期）	在建	1340			一般债券	市建管中心	
30	纬十八路及十条道路（纬二十七一期）	在建	5454			一般债券	市建管中心	
31	纬十八路及十条道路(支路一)	在建	1585			一般债券	市建管中心	
32	纬十八路及十条道路（纬三十二路）	在建	4037			一般债券	市建管中心	
33	学院路	在建	10744	1200	3000	一般债券	市建管中心	
34	经二路	在建	16940			一般债券	市建管中心	
35	经四路	在建	21319			一般债券	市建管中心	
36	纬十九路(二期)	在建	9927	145	1000	一般债券	市建管中心	
37	纬二十一路(二期)	在建	8508	155	1000	一般债券	市建管中心	
38	新城体育中心	在建	145704	15633	2000	一般债券	市建管中心	
39	吕梁国家储备林及林业扶贫专项债券项目资本金	新建	632108	5000	23876	专项债券一般公共预算	市规划和自然资源局	
40	2020年度“四好农村路”建设财政补贴资金	新建		3000	2000	一般公共预算	市交通局	
41	2020年度沿黄旅游公路财政补贴资金	新建		2000	2000	一般公共预算	市交通局	
42	国企改革和解困专项资金			2500	2000	一般公共预算	市工信局	
43	国道206吕梁新城区(方山县城至中阳金罗镇)段公路改线工程	新建		6000	9000	一般公共预算	市交通局	
44	棚户区改造项目资本金				22800	基金预算	市房产局	
45	市区基础设施建设			10000	20000	一般公共预算	市住建局等部门	

关于吕梁市2019年全市和市本级预算执行情况与2020年全市和市本级预算(草案)的报告

——在吕梁市第三届人民代表大会第七次会议上

吕梁市财政局局长 耿万林

（2020年4月21日）

一、2019年全市和市本级预算执行情况

2019年，面对复杂多变的宏观经济环境，全市上下坚持以习近平新时代中国特色社会主义思想为指导，全面贯彻落实党的十九大和十九届二中、三中、四中全会精神，深入学习贯彻习近平总书记“三篇光辉文献”精神，在市委、市政府的坚强领导和市人大及其常委会的监督指导下，坚持稳中求进工作总基调，深入贯彻新发展理念，认真落实高质量发展要求，全力打好防范化解重大风险、精准脱贫、污染防治三大攻坚战，积极推进供给侧结构性改革和转型综改试验区建设，全市经济继续保持了总体平稳、稳定向好态势，高质量转型发展迈出坚实步伐。与此同时，全市财政部门加强财政调控稳增长促转型，优化支出结构保基本保重点，推进科学理财提效能增效益，全市公共财政收入和支出规模创历史最高水平，财政保障能力和水平进一步提升，财政预算执行情况总体较好，推动全市经济继续保持稳定向好发展。

（一）一般公共预算执行情况

1. 全市预算执行情况

2019年全市预算经市三届人大六次会议审查批准后，各县（市、区）人民代表大会相继批准了本级预算。经汇总，全市一般公共预算收入为1994280万元，由于减税降费政策对财政收入的影响，年底调整为1889450万元。支出预算由3684990万元变动为4427674万元，主要是上级转移支付和地方政府债券增加所致。

2019年全市一般公共预算收入完成1926635万元，为调整收入预算的101.97%（与汇总预算相比，下同），增长10.22%（与上年实际完成数相比，下同）；2019年全市一般公共预算支出执行4306614万元，为调整预算的97.27%，增长5.39%。

2019年全市预算收支执行的具体情况如下：

（1）主要收入项目执行情况

——税收收入完成1461358万元，为调整预算的98.27%，同比增长5.75%。其中：增值税完成659379万元，为调整预算的93.40%，同比下降0.28%；企业所得税完成245002万元，为调整预算的101.09%，同比增长35.80%，增长较高的原因主要是受益于我市经济好转，企业效益提升以及汾酒集团股权转让所得税收入拉动；个人所得税完成17929万元，为调整预算的88.50%，同比下降30.77%；资源税完成263363万元，为调整预算的102.11%，同比增长14.30%。

——非税收入完成465277万元，为调整收入预算的115.65%，增长27.06%。其中：专项收入完成101921万元，为调整收入预算的

100.51%，同比下降9.49%；行政事业性收费收入完成29266万元，为调整收入预算的119.02%，同比增长2.39%；罚没收入完成89998万元，为调整收入预算的174.96%，同比增长95.79%；国有资源（资产）有偿使用收入完成227450万元，为调整收入预算的123.21%，同比增长42.27%，主要是两权价款一次性收入增加较多；其他收入完成16488万元，为调整收入预算的40.94%，同比增长2%。

（2）主要支出项目执行情况

公共安全支出执行175666万元，为调整预算的99.92%，同比增长11.14%；教育支出执行729461万元，为调整预算的98.14%，同比下降0.34%；卫生健康支出执行414278万元，为调整预算的97.76%，同比增长1.56%；社会保障和就业支出执行475685万元，为调整预算的98.64%，同比增长4.13%；交通运输支出执行149616万元，为调整预算的99.68%，同比增长102.92%；农林水支出执行796953万元，为调整预算的97.86%，同比增长3.70%；文化旅游体育与传媒支出执行99058万元，为调整预算的98.75%，同比增长38.82%；城乡社区支出执行410445万元，为调整预算的99.22%，同比增长38.39%；科学技术支出执行21344万元，为调整预算的90.55%，同比增长20.99%；节能环保支出执行255663万元，为调整预算的93.73%，同比下降5.83%。

2. 市本级一般公共预算执行情况

2019年市本级一般公共预算收入为370000万元，与备案预算一致。支出预算由690405万元变动为717244万元，主要是上级转移支付补助减少133万元，地方政府债券安排支出增加22500万元，上年结转数安排26445万元，调入资金增加安排3696万元，补充预算稳定调节基金等因素减少25669万元。

2019年市本级一般公共预算收入完成382609万元，为预算的103.41%，同比增长37.04%。一般公共预算支出执行685492万元，为调整预算的95.57%，同比增长9.06%。

2019年市本级预算收支执行的具体情况如下：

（1）主要收入项目执行情况

——税收收入完成271928万元，为年度预算的96.91%，同比增长8.20%。其中：增值税完成114924万元，为年度预算的86.65%，同比下降3.18%，下降的主要原因是落实增值税减税政策所致；企业所得税完成48101万元，为年度预算的108.44%，同比增长40.72%；个人所得税完成3497万元，为年度预算的83.52%，同比下降27.46%；资源税完成102785万元，为年度预算的106.23%，同比增长12.73%；环保税完成2621万元，为年度预算的97.84%，同比增长8.71%。

——非税收入完成110681万元，为年度预算的123.80%，同比增长297.08%。其中：专项收入完成1344万元，为年度预算的77.20%，同比下降19.62%；行政事业性收费收入完成2733万元，为年度预算的68.93%，同比下降39.95%，下降的主要原因是落实党中央、国务院减税降费政策因素；罚没收入完成18987元，为年度预算的633.11%，同比增长382.76%；国有资源（资产）有偿使用收入完成85136万元，为年度预算的108.29%，同比增长415.76%；其他收入完成2327万元，为年度预算的111.88%，同比增长92.16%。

（2）主要支出项目执行情况

公共安全支出执行30512万元，为调整预算的100%，同比增长37.48%；教育支出执行59679万元，为调整预算的98.09%，同比下降0.24%；卫生健康支出执行177434万元，为调整预算的97.26%，同比增长4.08%；社会保障和就业支出执行27667万元，为调整预算的100%，同比下降25.43%，下降原因主要是2018年市综合福利院债券项目支出占比较大；文化旅游体育与传媒支出执行33510万元，为调整预算的97.42%，同比增长54.53%；节能环保支出执行21426万元，为调整预算的91.46%，同比下降56.75%，下降原因主要是由于2018年城区集中供热全覆盖工程支出占比较大；农林水支出执行41171万元，为调整预算的99.28%，同比增长6.43%；交通运输支出执行48462万元，为调整预算的100%，同比增长89.90%。

3. 中央和省对我市、市对县（市、区）转移支付执行情况

——2019年中央和省对我市转移支付2174586万元，同比增长3.95%。其中：一般性转移支付1827137万元，同比增长40.97%；专项转移支付332149万元，同比下降57.45%，下降原因主要是转移支付结构调整因素。中央和省对我市的转移支付中分配市级211842万元（含中央和省对全市城乡居民医疗保险补助139939万元），分配县（市、区）1962744万元。

2019年市级财力对县（市、区）转移支付99713万元，同比增长1.04%，其中一般性转移支付34268万元，专项转移支付65445万元。

4. 市本级预备费使用情况

2019年市本级一般公共预算安排预备费10000万元。年度预算执行中未予动用，年终全部补充稳定调节基金。

（二）政府性基金预算执行情况

2019年全市政府性基金收入完成271056万元，为年度预算的81.72%，同比增长22.03%；政府性基金支出执行625203万元，为调整预算的94.12%，同比增长64.70%。

2019年市本级政府性基金收入完成113097万元，为年度预算的72.41%，同比增长156.30%；政府性基金支出执行158233万元，为调整预算的91.19%，同比增长187.81%。

（三）国有资本经营预算执行情况

2019年全市国有资本经营预算收入为零，上级补助收入26474万元（省财政“三供一业”移交补助），国有资本经营预算支出21864万元，年终结余4610万元。

2019年市本级国有资本经营预算收入为零，上级补助收入313万元，国有资本经营预算支出313万元。

（四）社会保险基金预算执行情况

2019年全市社会保险基金预算收入完成1165843万元，为调整预算的113.56%，同比增长3.05%；全市社会保障基金预算支出1020812万元，为调整预算的106.19%，同比增长4.51%，年末收支结余145031万元。

2019年市本级社会保险基金预算收入完成511268万元，为调整预算的122.88%，同比增长12.90%；社会保险基金预算支出460281万元，为调整预算的122.52%，同比增长5.56%，年末收支结余50987万元。

（五）债务情况

2019年，省财政厅转贷我市地方政府债券648654万元，其中：新增债券502474万元，市本级留用110000万元，转贷县（市、区）392474万元。新增债券主要用于精准脱贫、农村公路、污染防治、市政设施等重点民生领域基础性、公益性项目建设；再融资债券146180万元，市本级留用43506万元，转贷县（市、区）102674万元。再融资债券主要用于置换到期政府债务，对优化政府债务期限、防范化解财政金融风险发挥了积极的作用。

2019年全市政府债务限额2779000万元，其中市本级908500万元，各县（市、区）1870500万元。截至2019年底，全市政府直接偿

还责任债务2605896万元，其中市本级893848万元，各县（市、区）1712048万元。市县两级政府债务均未突破政府债务限额。

（六）落实市人大预算决议情况

1. 财政收支规模迈上新台阶。2019年全市一般公共预算收入完成192.66亿元，为年度调整预算的101.97%，超收3.72亿元，同比增长10.22%，收入总量再创历史新高，稳居全省第二位，增速位列全省第三。全市税收收入完成146.14亿元，同比增长5.75%，占财政收入的比重达75.85%，收入来源更加稳定，结构更加合理，质量稳步提升。与此同时，我们持续优化支出结构，最大限度盘活存量资金，大力争取上级财政支持，切实加快财政支出进度，全年支出规模达到430.66亿元，同比增长5.39%，增支22.04亿元，总量居全省第二位，有力保障了各项重点支出需求。

2. 助力脱贫攻坚取得新成效。持续强化对脱贫攻坚的财力保障力度，全市累计下达财政专项扶贫资金24.93亿元，市、县分别同比增长3.32%、13.11%，投入总量居全省前列。扎实推进财政涉农资金整合，完善了资金操作规范，制定了资金支持精准扶贫意见，全年实际整合资金33.01亿元，为计划整合数的95.01%，完成支出30.93亿元，支出进度89%。持续创新财政扶贫方式，为农业产业扶贫贷款风险补偿基金注资5000万元，为62户企业投放贷款4.4亿元，推动了全市核桃、红枣等八大农业产业快速发展。加强中小微企业转贷资金管理，使用转贷资金2.1亿元，为13户中小微企业转贷续贷提供了有力的资金保障。积极落实美丽乡村建设、扶持村集体经济发展试点等强农惠农富农政策，安排下达资金1.53亿元，助推乡村振兴。下达资金9.96亿元，健康扶贫、教育扶贫、兜底扶贫等政策全部落实到位，“两不愁三保障”基本标准得到有效保障。

3. 推动转型发展汇聚新动能。积极落实减税降费政策，出台了工作方案，列出了任务清单，建立了月报统计和督查检查制度，全年可为企业减负49亿元，9882户企业享受税收优惠政策，44.9万名工薪所得无需再缴纳个人所得税。大力推进国企国资改革，市级安排“国企改革和解困”专项资金0.27亿元，支持市属国有企业解决历史遗留问题。下达财政补助资金0.6亿元，加快推进12户国有企业“三供一业”分离移交改造。加大科技研发支持力度，市级安排科技研发和人才引进专项经费0.81亿元，投入技改和转型发展资金1.93亿元，大力支持高科技重点项目、“百千万人才工程”“数谷吕梁”建设以及企业技术改造、上规升级。积极推广PPP模式，全市纳入财政部综合信息平台项目达55个，项目投资总额365.48亿元，涉及集中供热、社会事业和交通道路等方面。

4. 保障改善民生续写新作为。2019年，全市财政用于民生方面的支出达352.91亿元，占一般公共预算支出的81.95%。积极支持学前幼儿资助、“两免一补”、公立医院取消药品加成、县乡医疗卫生一体化改革等各项民生事业发展，不断增强群众获得感幸福感。安排专项资金1.43亿元，支持市区公办学校改革和农村基础教育事业发展。城乡居民养老保险补助由人均每月85元提高到最低108元，基本公共卫生服务补助标准由每人每月55元提高到69元，基本医疗保险财政补助标准由年人均490元提高到520元。持续增加“三基建设”投入，累计投入10.42亿元，有力保障了36项重点任务顺利推进。设立市级污染防治专项资金1亿元，争取中央、省污染防治专项资金3.9亿元，重点用于蓝天、碧水、净土项目治理和大气、污染源普查、环境监测能力建设等，吕梁市区PM2.5平均浓度、改善幅度、优良天数三项主要考核指标再次位居汾渭平原

11个城市第一。

5. 财政改革发展开创新局面。制定了《吕梁市基本公共服务领域市与县共同财政事权和支出责任划分改革方案》，将8个方面28项涉及人民群众基本生活和发展需要的公共服务事项，确定为共同财政事权，市以下财政体制不断完善。积极推进预决算公开，市本级和市直100个部门全部在规定时间内公开了政府预决算、本部门预决算及“三公”经费预决算，实现应公开单位全覆盖。全年压减一般性项目支出3.43亿元，达到了中央压减幅度10%的总体要求。全力打好防范化解重大风险攻坚战，制定了《吕梁市贯彻落实省委、省政府防范化解政府隐性债务风险有关政策措施分工方案》，全年争取债券资金50.25亿元，同比增长51.63%；将市本级6.96亿元隐性债务纳入财政年度预算，全年实际共化解债务8.06亿元，确保隐性债务化解目标任务落在实处。积极推进国库集中支付电子化改革，市级已开展10户预算单位试点运行。创新政府采购模式，建立了吕梁市政府采购网上商城管理平台，对采购限额标准以下的通用类商品实现了政府采购全流程电子化操作、全过程在线监管，政府采购更加阳光、高效、透明。

总的来看，2019年，全市积极践行新发展理念，落实积极的财政政策，创新财政投融资机制，努力增收节支，在支持打好“三大攻坚战”和稳增长、促改革、调结构、惠民生、防风险等方面取得了新的进展，这是市委、市政府科学决策、坚强领导的结果，是市人大、市政协加强监督、有力指导的结果，是各级各部门和全市人民锐意进取、苦干实干的结果。同时，我们也清醒地认识到，全市财政在运行和管理中还存在一些突出矛盾和问题，主要表现在：财政增收后劲不足，“四梁八柱”格局尚未形成；财力紧张与资金沉淀的问题还没有得到根本解决；个别县市债务风险特别是隐性债务风险不容忽视，化解难度依然很大等。我们高度重视这些问题，正在采取有力措施认真解决。

二、2020年全市和市本级预算草案

（一）2020年全市财政预算工作的指导思想和基本原则

2020年全市财政预算工作的指导思想是：以习近平新时代中国特色社会主义思想为指导，全面贯彻落实党的十九大和十九届二次、三次、四次全会精神，认真落实中央、省和市委、市政府决策部署，坚持新发展理念，坚持稳中求进工作总基调，扎实落实积极的财政政策并加力提效，提高财政政策的精准度和有效性；全面落实减税降费政策，加强财政预算管理，厉行勤俭节约，反对铺张浪费，坚持过紧日子；有效盘活存量资金，调整优化支出结构；加快建立现代财政制度，推进财政事权与支出责任划分改革，完善转移支付制度，促进区域协调发展；建立全面规范透明、标准科学、约束有力的预算制度，全面实施预算绩效管理，提高预算管理水平和政策实施效果；强化地方政府债务管理，积极防范化解地方政府隐性债务风险，促进经济社会持续健康发展。

按照上述总体要求，2020年全市预算编制遵循的原则是：

一是坚持稳中求进，统筹安排财政预算。充分考虑我市经济社会发展新情况及落实减税降费等政策因素，实事求是编制财政收入预算。统筹一般公共预算、政府性基金预算、新增政府债务限额，盘活存量，用好增量，提升财政保障能力。二是坚持压缩一般性支出，带头落实政府过“紧日子”要求。切实落实中央提出的党和政府带头过紧日子的要求，严格控制和压减一般性支出。市级公用经费压减20%，市直部门一般性支出压减10%，市直部门“三公”经费压减3%。

三是坚持保战略保基本总纲，统筹有序安排各项支出。按照保工资、保运转、保基本民生、保债务风险化解和保“三大攻坚战”财政工作目标，认真落实市委四届七次全会暨经济工作会议部署，认真贯彻落实市委提出的“1234”发展思路，在“坚定不移走出具有吕梁特色的资源型地区转型发展新路”上更加积极作为。四是效益优先，推进预算绩效管理。坚持勤俭节约、效益优先，提高财政资源配置效率和使用效益。全面实施预算绩效管理，强化绩效运行监控和绩效评价结果运用，政策到期及一次性支出一律取消、低效无效支出一律削减、长期沉淀资金一律收回。

（二）2020年预算草案

为提高债券资金使用效益，更好地发挥积极财政政策作用，市财政将省财政厅提前下达我市的2020年新增政府债务限额212900万元（包括一般债券150000万元和专项债券62900万元）编入了年初预算并相应安排了支出。其中市本级82900万元（包括一般债券60000万元和专项债券22900万元），主要用于吕梁大道一期、中部组团次干道、市区集中供热全覆盖工程、吕梁新城桥梁等在建、续建及已完工资金缺口项目；分配县市区130000万元（包括体制型省直管县孝义市10000万元），主要用于易地扶贫搬迁、沿黄旅游公路、深度贫困地区基础设施建设、污染防治、棚户区改造、乡村振兴、生态环保等公益性基础设施建设。

1. 一般公共预算

根据市委四届七次全会暨经济工作会议精神，全市一般公共预算收入安排1965228万元，增长2%。这一目标一方面基于对全市经济形势稳步向好的基本判断；另一方面考虑了宏观经济下行压力和减税政策效应进一步扩大以及去年高基数的影响，预期增长指标坚持积极稳妥的原则，以更好引导各方面坚持稳中求进工作总基调，始终守住“稳”的大局，不断坚定“进”的方向，以稳促进，以进求稳，确保财政平稳运行。

2020年全市一般公共预算支出安排4001509万元，比2019年预算同口径增长10.74%。主要项目安排情况是：一般公共服务支出368892万元，同口径增长6.66%；公共安全支出149927万元，同口径增长1.13%；教育支出712589万元，同口径增长2.77%；科学技术支出26097万元，同口径增长12.85%；文化旅游体育与传媒支出60332万元，同口径增长23.03%；社会保障和就业支出439330万元，同口径增长6.65%；卫生健康支出390662万元，同口径增长2.43%；节能环保支出161793万元，同口径增长35.18%；城乡社区支出311982万元，同口径增长38.4%；农林水支出577106万元，同口径增长8.51%；交通运输支出148894万元，同口径增长45.62%；住房保障支出106771万元，同口径增长6.35%。

2020年市本级一般公共预算收入安排390261万元，比上年完成数增长2%。其中：税收收入安排286884万元，增长5.5%；非税收入103377万元，下降6.6%。市本级一般公共预算支出安排887252万元（不含市本级提前下达市对县的转移支付1223万元），比2019年预算增长28.51%。资金构成为：市本级一般公共预算收入390261万元，加上省补助和县市区上解429695万元，动用预算稳定调节基金46000万元，债务转贷收入150000万元，减去上解省和补助县（市、区）支出38704万元、债务转贷支出90000万元。

市本级主要支出项目安排情况是：一般公共服务支出69011万元，同口径增长21.17%；公共安全支出21613万元，同口径增长19.67%；教育支出65984万元，同口径增长5.08%；科学技术支出11436万元，同口径增长1.87%；文化旅游体育与传媒支出27021万元，同口径下降

7.75%；社会保障和就业支出22825万元，同口径增长6.74%；卫生健康支出176209万元，同口径增长9.48%；节能环保支出66186万元，同口径增长238.18%；城乡社区支出130642万元，同口径增长71.58%；农林水支出98391万元，同口径增长47.09%；交通运输支出38580万元，同口径增长22.69%；住房保障支出30193万元，同口径增长26.95%。

经汇总，2020年市本级行政事业单位使用财政拨款安排的“三公”经费预算3775万元，比上年预算减少115万元，同口径（下同）下降3%。其中：因公出国（境）经费100万元，与上年预算持平；公务接待费907万元，与上年持平；公务用车购置及运行维护费2768万元（其中公务用车购置100万元，公务用车运行2668万元），比上年预算减少115万元，下降4%。

2. 政府性基金预算

2020年全市政府性基金预算收入安排316180万元，增长16.65%，主要是国有土地使用权出让收入预算增加；全市政府性基金预算支出安排397243万元（包括专项债券转贷和上级补助收入），增长13.74%。

2020年市本级政府性基金预算收入安排156667万元，比上年增长38.52%。加上省级补助4411万元，专项债务转贷收入62900万元，收入总计223978万元；市本级政府性基金预算支出安排223978万元，其中：市本级支出180978万元（含上级补助收入4411万元），债务转贷支出40000万元，专项债务还本支出3000万元。

3. 国有资本经营预算

2020年我市国有资本经营预算收入安排0万元，2020年全市国有资本经营预算支出相应安排0万元。

2020年市本级纳入国有资本经营预算的企业仅有离柳集团公司一户，国有资本经营收支预算均为零。

4. 社会保险基金预算

2020年全市社会保险基金预算收入安排830445万元，全市社会保险基金预算支出安排798960万元，当年预算收支结余31485万元，滚存结余790512万元。

2020年市本级社会保险基金预算收入安排463562万元，市本级社会保险基金预算支出安排454923万元，当年预算收支结余8639万元，滚存结余437963万元。

三、完成2020年预算任务的主要措施

2020年，全市财政经济面对宏观经济下行压力较大、减税降费政策效应扩大、疫情冲击等因素影响，财政收支矛盾进一步加大。全市上下将认真落实减税降费政策，积极应对疫情对财政造成的减收增支压力，加强征管、挖潜增收、调整结构、压缩支出、盘活存量、统筹各类财政资金确保预算平衡。同时，市财政要加力提效落实积极的财政政策，大力支持企业复工复产，积极争取中央、省政策资金支持，确保市委、市政府确定的“三大攻坚战”、疫情防控等重点支出落实到位。

（一）聚焦“过紧日子”，确保财政平稳运行

提升财政保障能力。大力争取上级支持，争取将更多项目列入国家部委和省直厅局计划。抓住中央大幅增加地方政府债券，特别是专项债券的机遇，争取更多债券资金支持我市经济建设。强化收入征管，联合税务部门堵塞税收征管漏洞，提高税收征管效能，防止“跑冒滴漏”。主动挖潜增收，通过加快扫黑除恶罚没收入入库、加大重点企业两权价款清欠收缴力度、盘活长期低效运转和闲置的存量资金等方式弥补财力缺口，为财政正常运转和收支平衡提供支撑。

做实财政节支工作。坚持执守简朴、力戒浮华，所有支出都要明确标准、精打细算，勤俭

办一切事业。继续压减一般性支出，严控“三公”经费。今年市级公用经费预算支出压减20%，市直部门预算一般性支出再压减5%，较去年年初预算压减比例达到10%，“三公”经费支出压减3%。县级财政根据自身实际加大压减力度，通过节支改善财政收支平衡状况。大力硬化预算约束，严格执行同级人大审查批准的预算，从严控制预算调剂事项。加强预算管理，将支出不符合进度要求的预算资金统筹调整用于疫情防控、脱贫攻坚、污染防治等亟需资金支持的项目，对不具备实施条件、项目进展缓慢以及预计难以支出的项目，一律收回用于平衡预算。

坚决保障县级“三保”。进一步完善县级基本财力保障机制，支持基层和困难地区做好“三保”工作，建立县级“三保”预算编制事前审核机制。将交城县、文水县、离石区、临县和孝义市五个县市区列入省市“三保”压力较大县的“重点关注名单”，实施重点监控，通过加快库款调动等方式予以过渡性支持。国家标准“三保”支出保障不到位的地方，不得对现有民生政策自行提高标准或扩大范围。债务高风险县要通过大力压减一般性支出和“三公”经费安排一定财力偿还存量债务，除“三保”等必要支出外，优先确保债务还本付息支出，不留硬缺口。

（二）聚焦“提质增效”，助推经济高质量发展

巩固拓展减税降费成效。按照中央部署，不折不扣落实各项减税降费政策。实行常态化涉企收费目录清单管理，认真落实涉企收费清单制度，加大力度清理整治第三方截留减税降费红利等行为，畅通减税降费政策传导机制。合力监督政策落实，严肃查处政策执行不力、增加企业负担、损害群众利益等行为，充分发挥好减税降费政策效应。

积极支持扩大有效投资。积极争取中央、省预算内投资资金，支持重点工程和重大项目建设。规范推进政府和社会资本合作项目，引导民营资本广泛参与，加快项目融资落地。用足用好用活地方政府专项债券政策，要坚持“资金跟着项目走”，优先保障在建工程和补短板项目，扩大使用范围，形成对经济的有效拉动。

大力强化能源科技创新。设立吕梁能源科技创新专项资金，支持新动能重大专项、中试和平台基地建设，推进绿色开采、绿色消费、绿色建筑、绿色交通等方面技术攻关，加快以绿色能源为支撑的生产、生活方式改革。支持深化煤层气勘查开采管理体制改革，完善配套激励政策，解决“圈而不探”“占而不采”等问题。支持完善能源资源开发综合补偿机制，加强生态友好矿区建设。

着力提升城市能级和核心竞争力。启动市区—柳林快速路、新区盛地大道、新安大道、学院路、新区两条道路和10条纬路等项目建设，改造提升中心城区100条小街小巷，打通11条“断头路”，大幅提升城市交通能力。加快推进新城区、主城区一体化发展，推进图书馆、火车站候车大厅、城南主题公园二期等项目建设，进一步完善城市功能。大力实施“两下两进两拆两补”整治工程，全方位改善城市风貌。积极支持城市水、电、暖、气等公用事业改革，努力促进公用事业快速发展。

培育文化旅游产业发展。支持与省文旅集团的战略合作，通过基金、资产等多种合作方式，推动杏花村、北武当山、碛口古镇等重点景区保护开发取得重大进展。用好奖励政策，支持推进国家5A级景区创建。支持推进旅游厕所、游客集散中心等基础设施建设。支持做好首届吕梁文化旅游产业节、第二届吕梁文学季等一批旅游季活动经费保障工作，进一步提升吕梁旅游品牌。

大力支持打造创新生态。加大科技研发资金投入，支持我市军民融合研究院云服务平台、

大数据产业等重点科技项目及其他高新技术企业科技创新发展。支持工业企业产业转型升级，打造创新平台和开展创新活动，推动工业企业技术创新全覆盖。深化“放管服效”改革，拓展企业投资项目承诺制改革，推动“吕梁能”与“三晋通”贯通。继续支持实施“百千万人才工程”“三晋英才”专项计划，对引进的高层次人才给予工作津贴，加大高层次人才引进力度。

积极推进国企国资改革。深入推进国有资本投资运营体制改革，支持我市转型支柱企业发展壮大。着力推进“债转股”工作，优化债务结构，降低债务风险。支持做好市属国有企业“三供一业”维修改造和企业分离办社会职能工作，推动完成国企退休人员社会化管理。积极稳妥解决好职工“五险一金”等改革历史遗留问题，确保职工和企业稳定。

支持民营经济快速发展。认真贯彻4月7日国务院常务会议精神，实行财政金融政策联动，将部分到期税收优惠政策延长到2023年底。积极支持企业复工复产，继续落实好《吕梁市支持民营经济发展若干措施（试行）》，综合运用税收优惠、融资增信、以奖代补等方式，鼓励金融机构加大对民营企业特别是中小微企业的支持力度。发挥好政府性融资担保政策功能，用好民营企业纾困基金、应急还贷资金等个性化金融服务，缓解融资难融资贵问题。落实好各项财政资金奖补政策，加快清理政府部门和国有企业拖欠民营企业、中小企业账款。发挥政府采购的政策导向作用，利用信息化手段营造最优营商环境。

支持开发区改革发展。按照开发区管理体制改革要求，积极支持开发区建立分税制财政管理体制，对开发区实施增量返还政策。设立开发区建设发展专项资金，引导和撬动社会资本投入。国家、省、市安排的各类试点项目，优先在开发区落地。

（三）聚焦“补齐短板”，持续推进“三大攻坚战”

全力防范债务风险。坚持以稳为主、稳中求降的政策取向，化解政府债务风险。健全规范举债融资机制，严格落实债务限额管理和预算管理要求，严格保障到期债券利息支付，严禁借债还息。加强隐性债务风险管理，按照坚定、可控、有序、适度原则，对隐性债务存量进行分类化解，完成今年全市隐性债务化解39.87亿元的目标。健全全口径债务风险评估预警机制，特别是对高风险县市实施重点监控，坚决遏制隐性债务增量。建立化债奖惩机制，将政府债务率和隐性债务化解计划纳入目标责任考核事项，引导和监督高风险县尽快压减隐性债务规模，降低债务风险水平。按照十九届中央纪委四次全会提出的“把查处地方债务风险中隐藏的腐败问题列为今年重点工作之一”的要求，继续强化违规举债责任追究，联合审计、金融监管等部门加大抽查核查力度，做到终身问责、倒查责任。

决战完胜脱贫攻坚战。围绕2020年交总账，集中财力打好深度贫困歼灭战，资金重点向深度贫困地区倾斜，全面巩固提升脱贫成果。继续推动贫困县涉农资金整合，进一步提高贫困县自主安排统筹使用资金的能力。全面加强财政扶贫资金监管，强化扶贫项目资金绩效管理，提高项目实施效果。严格落实“四个不摘”重大要求，完善产业就业带贫利益联结，做好易地扶贫搬迁后续持续工作，兼顾和统筹解决脱贫难度大的非贫困县和非贫困村突出问题。紧盯“两不愁三保障”突出问题，保持攻坚劲头和力度，夯实义务教育、基本医疗、安全住房“三个保障”。研究建立解决相对贫困的长效机制，推动脱贫攻坚与乡村振兴政策有机衔接。严格落实定点扶贫责任，强化定点帮扶工作，确保脱贫攻坚各项措施落地。

支持打好污染防治攻坚战。贯彻落实习近

平生态文明思想，突出精准治污、科学治污、依法治污，推动生态环境质量持续好转。推进冬季清洁取暖全覆盖，平川四县要稳步推进城乡清洁取暖改造，农村地区清洁取暖改造完成70%。及时拨付上级补助资金，加快支出进度，提高资金使用绩效，打赢蓝天保卫战。用足用好上级转移支付政策，支持入河排污口整治和水污染防治重点工程、城镇污水处理厂冬季保（提）温措施、流域整体联防联控“1+3”组合拳推进，继续支持开展河流水环境整治“六大专项行动”，重点加快黄河流域生态保护与修复，打赢碧水保卫战。继续支持采煤沉陷区综合治理、工业固废堆存场所环境整治，打赢净土保卫战。以推进总投资65.7亿元、总规模16.6万公顷的国家储备林项目为抓手，支持推广合作社造林模式，持续推进吕梁山生态修复治理。

（四）聚焦“民生福祉”，兜牢兜底民生底线

推进农业农村发展。深化农业供给侧结构性改革，按照“一县一业一联盟、一乡一特一园区、一村一品一基地”发展思路，大力支持百园千村创建工程。继续加大高标准农田建设投入支持力度，稳定粮食生产能力。加大涉农资金统筹整合使用力度，集中财力支持我市重点农业项目建设。推进政策性农业保险提标、扩面、增品。支持推动省农业信贷融资担保有限公司在我市分支机构的建设工作，强化政策倾斜和资金支持力度，大力提升农担业务的覆盖广度和影响深度。主动与农担机构加强对接，协调各部门协助开展好项目筛查、客户识别、风险分担、追偿化解等各项农担业务。支持开展农村人居环境整治，推动美丽乡村建设提档升级。支持农村文化建设，开展基层文体活动。加强农村基层组织运转经费保障，扎实推进农村综合改革。

落实就业优先政策。保障就业资金持续稳定投入，加大对创业工作的投入力度，支持做好重点群体就业工作，对就业困难人员托底帮扶，实现零就业家庭动态清零。加强援企稳岗，将失业保险稳岗返还、在岗培训补贴等政策到期后再延长一年。全面开展职业技能提升行动，进一步强化产教融合、供需对接，实行订单式、菜单式培养，推动实现充分高质量就业。

支持发展教育事业。认真落实“一个一般不低于、两个只增不减”要求，持续优化教育支出结构，财政教育投入进一步向教育基本公共服务、教师队伍、薄弱环节、高水平发展倾斜。巩固城乡义务教育经费保障机制，加快义务教育薄弱环节改善和能力提升，建设改造55所乡镇寄宿制学校，支持消除义务教育阶段大班额。主动对接人社、教育部门，落实好“义务教育教师平均工资水平不低于当地公务员平均工资”的规定，所需经费足额列入年度预算。增加普惠性学前教育资源供给，建设认定75所普惠性幼儿园。实施办学标准化建设工程，深化市区8所公办初高中学校基础教育改革发展。建立普惠性民办幼儿园生均财政补助制度，按照生均不低于600元标准安排并列入财政预算。落实高中生均公用经费拨款制度，按照不低于1100元确定所属公办普通高中生均公用经费财政拨款标准。

加强公共卫生体系建设。按照《国家基本公共卫生服务规范》要求，进一步加大全市公共卫生领域投资和服务体系建设力度，全力保障疫情防控投入，提升全市公共卫生服务体系水平。深化公立医院改革，研究探索与县域一体化改革相配套的财政管理体制。继续提高基本公共卫生服务财政补助标准。支持“136”兴医工程，加快区域医疗中心、中医振兴计划等项目建设，努力提升医疗质量水平。全面完成基层医疗卫生机构标准化建设，引深县乡医疗卫生机构一体化改革，建立优质高效的医疗卫生服务体系，积极推进“互联网+健康医疗”，支持市、县、乡三级远

程医疗“全覆盖”，大力发展康养理疗产业，支持每个县启动建设一个康养中心。

持续加强社会保障。深入推进全民参保计划，稳步提高各项社会保险待遇水平。推进完善统一的城乡居民基本医疗保险制度和大病保险制度，积极支持企业职工基本养老保险和工伤保险基金省级统筹。做好社会救助兜底工作，支持完善社会救助、社会福利、慈善事业、优抚安置等制度建设，适时调整城乡低保等困难群众救助补助标准。通过建设补贴、运营补贴、民办公助、公建民营、贷款贴息等扶持政策，鼓励社会力量积极参与养老服务业发展。积极推行县级医疗集团总额预算打包付费、医保支付方式改革。进一步提高低保和特困人员供养标准，保障好困难群众基本生活。严格落实退役士兵社保接续各项政策，扎实做好退役军人服务管理工作。

（五）聚焦“改革创新”，建立完善现代财政制度

深化财政制度改革。全面落实中央、省改革精神，科学合理划分市以下财政事权和支出责任，加快推进教育、科技、交通运输领域财政事权和支出责任划分改革。超前谋划和编制财政“十四五”规划，全面贯彻新发展理念和高质量转型发展要求，紧扣转型发展出雏形的阶段性战略目标，聚焦省市部署的重点工作任务，把财政工作目标任务举措谋深谋细谋实。

健全预算管理制度。深化部门预算改革，进一步完善基本支出定员定额和项目支出分类管理，推进项目支出标准体系建设。加强项目预算评审，严格项目入库管理。深化财政国库管理改革，有序推进资金支出与政府采购管理等的有效衔接。强化预算执行动态监控，严格规范资金支付和清算业务，加强预算执行和财政资金安全管理。进一步贯彻落实中央深化政府采购制度改革精神，夯实采购人主体责任，加快构建优质优价优效的现代政府采购制度体系。深入抓好政府综合财务报告、国有资产报告等财政数据基础管理工作。高度重视网络安全管理，及时排除安全隐患和漏洞，全面提升财政网络整体防护能力及保障水平。

完善预决算信息公开工作。切实履行好政府预决算和部门预决算公开工作的组织、指导、监督责任，落实公开主体和内容。明确预决算公开各项工作要求，强化部门主要负责人预决算公开主体责任，推动预决算公开工作。

全面实施预算绩效管理。全面加强预算绩效管理工作，在机构设立、职责明确、人员配备和力量充实上做文章，在体系建设上下功夫，建立健全预算绩效管理相关制度及具体实施细则，增强可操作性；规范评价主体范围，强化财政部门、预算部门绩效评价主体功能，对重点项目支出统一设置绩效指标，细化量化绩效目标，引入第三方参与绩效管理工作，逐步提高我市预算绩效管理水平。

切实强化财政监督检查。结合财政业务核心一体化系统、信息数据库建设和内控内审等工作，建立健全财政资金分配使用全程留痕、责任可追溯的监管机制。发挥财政监督在完善预算管理中的作用，大力推进预决算公开规范化、常态化、制度化。健全完善专项检查机制，聚焦重点行业和突出问题，加大监督检查处理力度。建立健全内控制度动态调控机制，进一步抓好内控考评，研究制定更加客观、公正、合理的考评机制，全面提升内控成效。

2020年财政工作任务艰巨，责任重大。全市财政工作将在市委、市政府的正确领导下，在市人大和市政协的监督指导下，主动作为、扎实工作，坚定信心，笃定前行，确保完成2020年预算任务，为我市与全国、全省同步全面建成小康社会，圆满完成“十三五”规划收官作出新的更大贡献！

图书在版编目(CIP)数据

吕梁年鉴. 2020 / 中共吕梁市委党史研究室 吕梁市地方志研究室编. —北京：方志出版社，2020.12

ISBN 978-7-5144-4695-1

Ⅰ. ①吕… Ⅱ. ①中… ②吕… Ⅲ. ①吕梁 — 2020 — 年鉴 Ⅳ. ①Z522.53

中国版本图书馆CIP数据核字(2021)第026197号

吕梁年鉴（2020）

编　　者：中共吕梁市委党史研究室（吕梁市地方志研究室）
责任编辑：冯　松

出 版 者：方志出版社
地址　北京市朝阳区潘家园东里9号(国家方志馆4层)
邮编　100021
网址　http://www.zgfzcb.cn
发　　行：方志出版社图书经销中心
电话　(010) 67110500
经　　销：各地新华书店
印　　刷：北京市白帆印务有限公司

开　　本：889 × 1194　1/16
印　　张：31.5
字　　数：650千字
版　　次：2020年12月第1版　2021年6月第1次印刷
印　　数：0001~1000册

ISBN 978-7-5144-4695-1　　定　价：236.00元